EGON ERWIN KISCH

Gesammelte Werke in Einzelausgaben

Herausgegeben
von Bodo Uhse und Gisela Kisch
Fortgeführt
von Fritz Hofmann und Josef Poláček

9

EGON ERWIN KISCH

Mein Leben für die Zeitung

1906–1925

Journalistische Texte 1

Aufbau-Verlag

Erschien bei der 1. Auflage als Band VIII
der Gesammelten Werke in Einzelausgaben.

Kisch, Ges. Werke in Einzelausg.
ISBN 3-351-01986-6
Bd. 9
ISBN 3-351-02169-0

2. Auflage 1993

Einbandgestaltung Bert Hülpüsch/Christiane Preuße
Satz Leipziger Verlags- und Druckereigesellschaft
Druck und Binden Kösel GmbH, Kempten
Papier Werkdruck 80 g/qm holzfrei
1,25faches Volumen geglättet / Schleipen
Printed in Germany

1906–1913

DIE HAUSFRAU IM DIENSTE DER SOZIALEN IDEE

Über Einladung des Vereines „Frauenfortschritt“ erörterte gestern im Lesehallesaale Fräulein Marianne Tuma von Waldkampf vor zahlreichem Damenpublikum die Aufgaben, zu deren Erfüllung die Hausfrau im öffentlichen Leben berufen sein soll. Wohl als Folge der überknappen Zeit, die sich Fräulein Waldkampf zum Vortrage gegönnt hatte, ging sie auf die vielen unschätzbaren Dienste, welche die Hausfrau – schon durch häusliche Arbeit und allgemeine Kindererziehung – der sozialen Idee erweist, gar nicht ein und sah die hauptsächlichste Zukunftsaufgabe der Frau in politischer Betätigung, in politischer Erziehung und politischer Beratung von Gatten und Kind! Aus diesem Grunde beansprucht sie die Freigabe aller politischen Rechte für die Frau und glaubt, daß mit deren Einräumung auch zweifellos die – wie sie selbst zugibt – bis jetzt fehlende politische Erkenntnis der Hausfrau eintreten wird. Als Argumente für ihre Forderungen und Ansichten führte die Vortragende die Gleichgültigkeit des Gatten für Politik, das politische Unverständnis des Sohnes und die Geschichte an. Besonders mit dieser letzten Instanz dürfte Fräulein von Waldkampf kein Glück haben, denn gerade die Geschichte hat für die politische Tätigkeit der Frau nicht viele glückliche Beispiele anzuführen. Die wenigen Vorteile, welche die Frau vermöge ihrer diesbezüglichen Erfahrungen für Kindererziehung, Ehereform und Dienstbotenfrage erzielen könnte, kann sie indirekt, durch intelligente Einflußnahme auf den Mann, viel sicherer erhalten, und diese Vorteile wären, auch wenn diese Einflußnahme konstant erfolglos wäre, durch die Überhandnahme von politisierenden Mannweibern, deren schädlichem Beispiel und Einfluß mehr als teuer erkauft. Die agitatorische Argumentation der Vortragenden löste lebhaften Beifall aus, veranlaßte aber auch eine protestierende Debatte.

VORLESUNG KARL JOHANNES SCHWARZ

Im Vortragssaale der Lesehalle hielt gestern Dramaturg Karl Johannes Schwarz zugunsten eines unverdient mittellosen berühmten Schriftstellers eine Vorlesung eigener Dichtungen. Als assoziativen Faktor für die Märchen und Gedichte, die Herr Schwarz las, erzählte er – obzwar doch für Gedichte, die durch die jeweilige Stimmung entstanden und abgeschlossen sind, eigentlich nur das Leben selbst das Bindeglied bilden kann – ex abrupto den Entwurf eines psychologischen Romanes, „Die Gilde". Eine solche Vortragsform, die schon durch ihre Originalität anspruchsvoll auftritt und auch eine absolute Originalität der zu verbindenden Stücke heischt, bedarf eines glänzenden Erzählertalentes, eines bessern als das des Herrn Schwarz, der sich durch das seinige die Wirkung seiner Dichtungen etwas verminderte. Die gelesenen Märchen, von denen das „Märchen von der Liebe" das schönste ist, sind mit feiner Stimmungsmalerei geschrieben und enden mit treffenden satirischen Schlußpointen. Die Gedichte schmiegen sich zwar in ihrer Form manchmal der Konventionalität recht innig an, aber sie zeugen von starker Beobachtungsgabe und außerordentlich logischem Empfinden. Was den als Verbindungsbrücke verwendeten Entwurf des Romanes einer vergeblich nach Illusionen suchenden Seele anlangt, so ist dessen Beurteilung schlechterdings unmöglich, wie es beim Roman, der doch die Analysierung des wirr verschlungenen seelischen Lebens darstellt, viel mehr als bei jeder andern Dichtungsart auf die formale Gestaltung ankommt. Die interessante Vorlesung erweckte lebhaften Beifall.

GLÜCKLICH ABGEWÖHNT

Heute abend will ich meinen Freund Uhlich besuchen.

Merkwürdig genug, durch welchen Zufall ich mich entsonnen habe, daß er hier ist. Schon drei Monate bin ich in der fremden Millionenstadt. In der Zeit, da ich hier bin, habe ich nie an ihn gedacht. Das ist ja auch ganz begreiflich. Wir hatten zwar zwölf Schuljahre zusammen die Schulbank gedrückt und waren immer recht gute Freunde gewesen, aber in den acht Jahren, die seit unserer Maturitätsprüfung, seit unserem Abschiede von der Mittelschule verstrichen sind, haben wir – mein Freund Uhlich und ich – einander nicht mehr gesehen. Und wohl auch nicht viel aneinander gedacht. Im Anfange noch. Aber wenn die Prosa des Lebens kommt, der Beruf und der Gelderwerb, da ist die Gegenwart Alleinherrscherin, und man denkt nicht mehr an schöne Zeiten zurück. Wozu auch! Man würde nur zum Vergleich gedrängt und müßte neidisch werden. Ob man mit Recht neidisch würde? Ob jene vergangenen Zeiten wirklich so schön waren? Ja, heute, wenn ich rückblicke, heute erscheinen sie mir freilich sehr schön. Was waren denn das für Sorgen damals? Die Sorge um eine gute Schulnote, die Sorge, nicht vom Professor im Wirtshause oder beim Rauchen erwischt zu werden, und ähnliches. Ja, die Sorgen von damals drehten sich freilich nur um Dinge, die ich heute als Nichtigkeiten betrachte und die auch Nichtigkeiten sind. Aber damals erschienen sie mir eben als wichtige Dinge. Ja, wenn wir so die Vorzukunft wissen könnten, vielleicht würde uns dies über die Rauheit der Gegenwart hinwegzutrösten vermögen.

Heute ging ich, in Gedanken versunken, durch die Straßen. Da blicke ich einen Vorübergehenden an und glaube meinen alten Schulkollegen Uhlich zu erkennen. Ich gehe ihm nach und sehe, daß ich mich total geirrt habe. Von einer Ähnlichkeit mit Uhlich war gar keine Spur. Wieso war mir gerade Uhlich eingefallen? Ich hatte doch schon so lange nicht mehr an ihn gedacht! Aber jetzt mußte ich natürlich an ihn denken. Und da erinnere ich mich plötzlich, vor ein paar Jahren gelesen zu haben, daß er hier einen Redakteurposten erhalten habe. Ich gehe in das nächste Gasthaus und finde wirklich im Adreßbuche seine Adresse.

Heute abend werde ich zu ihm gehen. Ich freue mich schon so sehr auf das Wiedersehen! Ob er mich wohl sofort erkennen wird? Ob er noch Junggeselle ist? Da fällt mir ein, daß er mir ja vor vier Jahren die Nachricht gesandt hat, daß er sich mit Else Donndorf vermählt habe. Und ein Schatten senkt sich über meine Freude: Wenn er nun nicht glücklich mit ihr geworden ist, wenn er in ihr nicht dasjenige Weib gefunden hat, das er in ihr zu finden glaubte, wenn er sich in ihrem Charakter getäuscht hat, so bin ich nicht ganz schuldlos daran.

Mir ist die Geschichte von damals noch klar vor Augen.

Es war in der Oktava, vor der Maturitätsprüfung. Wir kümmerten uns aber weniger um die Matura als um die bevorstehenden

Tanzstunden. Es war nämlich Stadttradition, daß die jeweiligen Oktavaner Abituriententanzstunden veranstalteten, die sich bei den tanzstundenfähigen Backfischen der Gesellschaft großer Sympathien und regster Beteiligung erfreuten, und es war unser besonderer Ehrgeiz – wie wahrscheinlich derjenige aller vorhergegangener und nachfolgender Oktavaner –, die Tanzstunden in diesem Jahre besonders schneidig erscheinen zu lassen. Hiezu bedurfte es vor allem eines repräsentablen, energischen Obmannes, und über dessen Person bestand für uns kein Zweifel: Uhlich war der einzige. Er wäre auch zweifelsohne einstimmig zum Obmanne gewählt worden, denn er erfreute sich großen Ansehens unter den Kollegen. Aber die Sache hatte einen Haken: Uhlich wollte nämlich nicht. Gründe gab er keine an. Aber er wollte nicht.

In der Schule nahmen mich einige Kollegen beiseite. „Du mußt ihn umstimmen. Du bist sein Freund, und mit deinem Mundwerk wird es dir sicherlich gelingen." Ich nickte leutselig Gewährung. „Ich werde sehen, was sich tun läßt." Dabei ließ ich nicht merken, daß ich mich durch das Zutrauen zu meiner Überredungsgabe und mehr noch durch die Konstatierung meines Freundschaftsverhältnisses zu Uhlich sehr geschmeichelt fühlte.

Ob wir nun wirklich Freunde waren, das hängt von der Auffassung des Freundschaftsbegriffes ab. Tatsache ist aber jedenfalls, daß Uhlich und ich am meisten miteinander verkehrten. Ungleiche Pole ziehen einander an. Ich hatte mich ihm, obwohl er älter war, angeschlossen, weil mir – wie allen – sein ziel- und selbstbewußtes Wesen imponierte, er mochte mich, vielleicht aus ungefähr gegenteiligen Gründen, sehr gut leiden. Fast jeden Abend kam er zu mir, angeblich um zu arbeiten oder um Schach zu spielen. In Wirklichkeit rauchten wir und tauschten Weltverbesserungstheorien aus und hatten uns – wenigstens nach unserer Meinung – ein nahezu vollständiges System der Weltverbesserung geschaffen. Ich war damals Poeta laureatus unserer Klasse. In Kneipzeitungsredigierung, Mitschülersatiren, Professorenverspottungsgedichten und ähnlichem war ich einzig. Aber nach „Höherem" stand mein Sinn. Und so brachte ich auch „höhere" Motive in Reime, besonders Uhlichs und meine philosophischen Ideen. Einige Male las ich ihm auch etliche dieser Sachen vor, aber er verspottete mich und kritisierte die Kinder, die mir meine Muse geboren hatte, in solch scharfer Weise, daß ich ihm aus gekränkter Vaterliebe nie mehr etwas vorlas, ohne mich aber im Weiterschaffen beirren zu lassen. Erstens sind große Geister über alle feindselige Kritik himmelhoch erhaben, und zweitens spottete doch Uhlich wirklich über alles. Die heiligsten Dinge waren vor seinem Spotte nicht sicher.

Sogar über Else Donndorf und unsere Liebe zu ihr spottete er. Und Else Donndorf war doch tatsächlich ein selten fesches Mädel, und wir hatten sie alle aufrichtig gern. Es war für uns ein wirkliches Glück, wenn wir sie mittags aus dem nahe unserem Gymnasium befindlichen Mädchenschulgebäude heraustreten sahen und dann fast eine halbe Stunde hinter ihr her gingen. Auf den Anblick ihres hübschen Gesichtchens mußten wir bei diesem Nachlaufen freilich verzichten, konnten aber um so gründlicher den schönen dunkelblonden Zopf bewundern, der unten mit einer schwarzen Masche endigte und der aus der Matrosenmütze hervorbaumelte, die in rätselhafter Weise fast senkrecht am Hinterköpfchen befestigt war. Und war das eine Glücksfülle, wenn ihr ein Buch, ein Heft zur Erde fiel, wir schnell herbeisprangen, es aufzuheben, und wir uns ein freundliches „Danke" und einen freundlichen Blick verdienen konnten. Übrigens ließ uns Else Donndorf solche Huld nicht allzuselten zuteil werden, denn sie war wirklich ein sehr, sehr liebes Mädel. Es war daher kein Wunder, daß die Liebe zu Else Donndorf ein gemeinsames Gefühl unserer Klasse war, etwa so wie das Interesse für unsere bevorstehenden Tanzstunden oder die Furcht vor dem Klassenbuche, das auf dem Kathedertische lag und in das alle Unterrichtsstörungen und ungenügenden Noten eingetragen wurden, oder die Freude, die wir bei unvorhergesehenen Erkrankungen eines Professors und ähnlichen Glücksfällen empfanden, gemeinsame Gefühle unserer Klasse waren. Wir alle – mit Ausnahme von Uhlich – liebten sie. Uhlich war der einzige, der unsere Liebe zu ihr nicht teilte und Else Donndorf nicht leiden konnte. Er haßte sie sogar, obwohl er dies nie merken ließ, er haßte sie, weil er sich unsern Gefühlen nicht anschließen wollte und weil deshalb schon ihr Name als etwas Fremdes zwischen ihn und seine Kollegen trat. Und wir sprachen sehr viel von ihr: Wer wohl in den bevorstehenden Abituriententanzstunden am meisten mit ihr tanzen würde, ob wir mit ihr im Tanzsaale über unsere Straßenbegegnungen reden sollten, ob wir uns ihr wohl, wenn wir ihr im Tanzsaale vorgestellt wären, auch auf der Straße „anschmeißen" könnten und ähnliche wichtige Sachen. Je näher der Termin der ersten

Tanzstunde heranrückte, um so ausschließlicher sprachen wir von Else Donndorf, so daß der Haß Uhlichs seinen Kulminationspunkt erreicht haben mußte. Deshalb erfolgte auch bald der Rückschlag.

Uhlich hatte gefühlt, daß durch die Tanzstunden unsere Sympathie zu Else neue Nahrung erhalten würde, und hatte deshalb, aus etwas kleinlich-egoistischen Gründen, die Annahme der Obmannswahl verweigert, weil er insgeheim hoffte, hiedurch den ganzen Plan der Tanzstundenveranstaltung zu vereiteln. Als er aber sah, daß wir fest entschlossen waren, lieber den unansehnlichsten Krüppel der Klasse zum Komiteeobmanne zu machen als unseren schönen Plan aufzugeben, da ließ er sich endlich – scheinbar von mir überredet – dazu bewegen, sich zum Obmanne wählen zu lassen. Unser Jubel war groß; denn das, was Uhlich in die Hand nahm, führte er mit Entschiedenheit und Ehrgeiz durch.

Erste Tanzstunde … Wir standen in der Mitte des Saales und bildeten die „Herren"-Insel oder stolzierten in den schwarzen Anzügen, die wir den Eltern, im Hinweis auf die baldige Maturitätsprüfung, zu der man in Schwarz erscheinen muß, entlockt oder von älteren Brüdern entliehen hatten, im spiegelglatt gewichsten Saal umher und verbargen unsere Erregung unter dem Lächeln von welterfahrensten Lebemännern. Die Tanzstunde verlief, darüber gab es nur eine Stimme, wunderbar. Uhlich war aber auch wirklich tüchtig. Wenn er von Ferne ein Mauerblümchen erspähte, sprang er schleunigst hinzu und bat um einen Tanz oder beorderte einen anderen Kollegen zu diesem Geschäfte und sorgte für dessen rechtzeitige Ablösung. Mit Else Donndorf tanzte er nicht. Um so mehr ich. Ich tanzte überhaupt mit keiner andern, begleitete sie nach Hause und erbat mir ihren Fächer zum Bemalen.

In der nächsten Tanzstunde gab ich ihr den Fächer zurück, auf den ich ein Akrostichon auf ihren Namen gedichtet hatte. Sie war sonderbarerweise von diesem Gedichte ganz begeistert und bat mich am selben Abend, ich möchte ihr ein Akrostichon auf den Namen einer Freundin fabrizieren, aber hierüber strengste Verschwiegenheit bewahren, da sie es als eigenes Erzeugnis der Freundin ins Stammbuch schreiben wolle. Bei unserem nächsten Zusammentreffen erzählte sie mir davon, welches Aufsehen sie mit den Versen gemacht, wieviel neue Bestellungen sie erhalten habe und ob ich wieder so freundlich sein wolle? Ja, ich wollte wieder so freundlich sein. So hatte ich denn in sämtlichen Unterrichtsstunden alle Hände voll zu tun, um die Versfüße der Stammbuchreime zu zählen, mit denen mein Dichtergenie inkognito seine Anerkennung fand. Elses Dichterruhm war schon so hoch gestiegen, daß ich, um ihn auf gleicher Höhe zu erhalten, ihr alle meine „bisher unveröffentlichten" Gedichte überbringen und schwören mußte, keiner Menschenseele je etwas von meiner Autorschaft zu verraten. Ich schwor und war froh, daß mich ein Geheimnis mit einem schönen Mädchen verknüpfte.

Ich kam ihr aber nicht näher. Näher kam ihr ein anderer: Uhlich. Es dauerte nicht lange Zeit, und sie hatten sich ganz gefunden. Bei Uhlich war es nichts Besonderes, von einem Extrem in das andere überzuspringen, und was Else anbetrifft, so war es ihr schon vorher nicht unbemerkt geblieben, daß Uhlich sie ignoriert hatte, und was vermag einer schönen Dame mehr Ärger zu bereiten und mehr zu – imponieren, als wenn man ihre Schönheit sichtlich ignoriert. Ich trat zugunsten Uhlichs diskret den Rückzug an. Es fiel mir nicht schwer; denn meine Liebe zu ihr war eigentlich mit dem ersten Tanzstundenabende vorbei gewesen, mit dem Abende, mit dem sie aufhörte, der Backfisch mit der Matrosenmütze und den Schulbüchern zu sein, und dafür die Dame im Kränzchenkostüm wurde, die jeder vor soundso viel Zuschauern zum Tanze in die Arme schließen konnte, ohne Anstoß oder Neid zu erregen, und außerdem empfand ich beim Rückzuge doch ein gewisses Siegergefühl. Ich merkte bald an seinem Benehmen, daß sein Verkehr mit Else anfing, sich etwas herzlicher zu gestalten. Er schrieb Briefe, schien auch solche zu bekommen, schwänzte die Schule, jedenfalls zu Rendezvous-Zwecken. In der Tanzstunde bemerkte ich zufällig, wie ihm Else einen Zettel gab, und am selben Abend mußte ich ihr mein heiligstes Ehrenwort erneuern, keinem Menschen den wahren Urheber „ihrer" Gedichte zu verraten, selbst – meinem besten Freunde nicht. Ich begriff den Grund und mußte lächeln: Wahrscheinlich bekam Uhlich einige, ihm allerdings vorher unbekannte, Erzeugnisse meiner vielgehöhnten Poetengabe nun aus zweiter Hand und würde sie jetzt wohl loben müssen.

Ähnlich war es auch. Als ich, einige Tage darauf, ihn unerwartet in seinem Zimmer besuchte, schrieb er gerade in einem sehr schön eingebundenen Buche, das er bei meinem Eintreten hastig zuklappte. Auf meine Frage, was er da geschrieben habe, verweigerte er die Antwort. Ich kniff die Augen, schob die Unterlippe etwas in die Höhe und lächelte geringschätzig: „Furcht vor meinem Urteil?“ Er brauste auf: Er fürchte sich vor niemandes Urteil, am allerwenigsten vor dem meinen. Wenn er mir das Buch nicht zeige, so habe dies ganz andere Gründe, die ich eben nicht wissen dürfe. Ich nickte. „Ach so, es ist jedenfalls ein Geheimnis. Es ist ja selbstverständlich, daß du mir jetzt deine Geheimnisse schon nicht mehr zeigen kannst. Verzeih, daß ich dies vergaß.“ Meine Worte wurmten ihn. Er fühlte die Berechtigung meines Vorwurfes, daß er in seinen Liebeswochen unsere Freundschaft vernachlässigt habe. Ohne ein Wort zu sagen, reichte er mir das Buch. Auf der ersten Seite stand: „Gedichte von Else Donndorf.“ Auf den folgenden Seiten waren von Uhlichs Hand meine – Pardon – ihre Gedichte geschrieben. Innerlich kicherte ich Genugtuung, aber ich verzog keine Miene. Er bezeichnete mir einige Gedichte, die ihm besonders gefielen. Ich schaute ihn ironisch an. „Also jetzt bist du so verliebt, wie wir es schon vor langem waren.“ Erregt fuhr er auf: „Du wirst doch mein Tun nicht mit euren dummen Kinderstreichen vergleichen wollen! Ihr seid ihr nachgerannt, ohne mit ihr gesprochen, geschweige denn mit ihr gedacht zu haben. Aber ich ... Merkst du denn nicht, daß ihre Gedichte dieselben Motive, dieselben Ideen behandeln, die ich mit dir so oft verfochten habe? Siehst du, als ich erst wenige Male mit ihr gesprochen hatte, da war sie für mich ein recht liebes Mädel, das mir nur sehr sympathisch war. Aber nachdem ich erst zufällig einige ihrer Gedichte in die Hand bekommen hatte, da hat es die Übereinstimmung unserer Anschauungen bewirkt, daß ich mich in Else verliebt habe. Ja, verliebt. Und mehr als das: Ich habe ernste Absichten auf Else. Nächstes Jahr nimmt mich mein Onkel zu sich in seinen Verlag, in zwei Jahren bin ich volljährig, und dann, dann steht unserer Heirat nichts mehr im Wege. Dies zu deiner Kenntnis, damit du nicht wieder auf die blödsinnige Idee kommst, meine Liebe mit euren Dummheiten in einem Atem zu nennen.“

Ich war starr. Ich warf ein, daß ja die Gedichte auch nur erheuchelt sein könnten, daß ich ja, ohne seinen Beifall zu finden, gleichfalls unsere Ideen besungen habe, aber für alle meine Einwendungen hatte Uhlich nur ein mitleidiges Lächeln. So war ich ratlos. Konnte ich mein Ehrenwort, das ich ihr so oft erneuert hatte, brechen? Unmöglich! Aber ich wußte doch auch, daß Uhlich alle seine Vorsätze auszuführen pflegte, und konnte ich es zulassen, daß er sich durch unsern Streich zu einem so ernsten Schritt verleiten lasse? Auch dies schien mir unmöglich! Ich wußte nicht, was ich tun sollte. So schob ich meinen Entschluß auf und zerstreute meine Bedenken mit feigen Ausreden. Wie habe ich mir noch vor vier Jahren, als mir Uhlich seine Vermählung mit Else Donndorf anzeigte, Vorwürfe darüber gemacht, daß ich meinen Freund in eine wahrscheinlich unglückliche, auf erlogener Basis gegründete Ehe eintreten ließ.

Wie werde ich ihn heute abend wiederfinden ...?

Heute abend habe ich meinen Freund Uhlich besucht. Er empfing mich mit der Freude der alten, unverändert gebliebenen Freundschaft. Auch Else Uhlich begrüßte mich herzlich, mit einem kurzen schelmischen Komplizenblick. Dann preßte sie bedeutungsvoll die Lippen zusammen, was mir Stillschweigen gebieten sollte. Auf dem Teppiche spielte eine kleine blondgelockte Else. Und die liebesseligen Blicke, mit denen Uhlich bald auf sein Weib und bald auf sein Kind schaute, bestätigten mir seine Worte, daß er mit seinen beiden Elschen so unsagbar glücklich geworden sei.

Er begleitete mich, als ich heimging, ein Stück. Unterwegs konnte ich die Frage nicht unterdrücken, ob Else noch immer dichte. Da flüsterte er mir mit glückseliger Belehrung ins Ohr: „Das wäre eine schöne Beschäftigung für eine Hausmutter! Nein, nein, das habe ich ihr glücklich abgewöhnt."

VORTRAGSABEND ZUGUNSTEN DER STUDENTENHEIMSTIFTUNG

Zu einem so farbenprächtigen Bilde wie dem gestrigen hatte sogar der Wintergarten wohl noch nie den Rahmen gebildet. Fast sämtliche Prager deutschen Studentenverbindungen ohne Unterschied der Parteirichtung waren in corpore anwesend, und zu dem Farbengewirre ihrer Kappen bildeten die Waffenröcke der größtenteils „maigeborenen" Offiziere und die zartfarbigen Ballkleider der Damen einen angenehmen Kontrast. Zum Vortragsabende waren auch die Rektoren der beiden deutschen Hochschulen, Professor Dr. Rieber und Professor Dr. Wähner, sowie die Professoren Goldschmiedt, Lecher, Mikulaschek und Rzach erschienen. Das Programm des Abends verriet heißes Bemühen des Komitees, und man kann – ohne etwa durch den wohltätigen Zweck der Veranstaltung beeinflußt zu sein – sagen, daß die Leistungen in musikalisch-künstlerischer Hinsicht auf einer Höhe waren, welcher der bescheidene Titel eines „Vortragsabends“ durchaus nicht gerecht wurde. Als eigentliches Einleitungsstück des reichen Programmes war die Lisztsche „Hunnenschlacht“ in dem vom Komponisten herrührenden Arrangement für zwei Klaviere gewählt worden, und nur dem wirklich genial mitempfindenden Spiele der beiden Künstler, der Brüder Siegfried und Alexander Burgstaller, ist es zu danken, daß das waghalsige Experiment, eine so schwere Symphonie als erste Piece zu wählen, nicht nur nicht mißglückte, sondern sogar anhaltenden Beifall erntete. Weiteres Lob verdienen die temperamentvolle Geigenkünstlerin Miß Ethel Bankart und das junge Fräulein Valeska Burgstaller aus Pilsen, die uns das Mozartsche Krönungskonzert am Klavier mustergültig interpretierte. Wollte man jedoch den Primadonnen unserer Landesbühnen, Frau Frieda Langen-Langendorff und Frau Elsa Wollner-Reich, besonderes Lob spenden, hieße dies Eulen nach Athen tragen, und es sei nur konstatiert, daß sich beide, durch den anhaltenden Beifall gezwungen, zu Zugaben bequemen mußten. Die musterhaft vom UGV „Liedertafel der deutschen Studenten“ vorgetragenen Chorlieder – besonders „Friedrich Rothbart“ von Podbersky – ernteten wahre Beifallsstürme. Erst nach Mitternacht, also – trotz der Kunstgenüsse – viel zu spät für die tanzlustigen Gemüter, trat der Tanz in seine Rechte. Dies wurde aber reichlich nachgeholt.

LIEBE – SPIEL

Das Glück im Spiel kann mit dem Glücke in der Liebe
Man oft zum Gegensatze nennen hören;
Als ob die beiden nicht dasselbe wären:
Ist Liebe nicht ein Spiel, und ist das Spiel nicht Liebe?

Sind sie nicht alle beide unstillbare Triebe,
Entfesseln sie nicht beide wild des wilden Blutes Kraft,
In unzähmbarster, tollster Wahnsinnsleidenschaft?
Ist Liebe nicht ein Spiel, und ist das Spiel nicht Liebe?

Heißt es nicht gleich „Verspielen“ und „Verlieben“?
Wer sich verliebt hat, der hat auch verspielt!
Wohl dem, der dies nicht glaubt, der's nie gefühlt,
Daß Liebe nur ein Spiel und daß das Spiel nur Liebe.

DAS GESCHMEIDE

Wär jeder Tropfen meines Herzbluts ein Rubin
Und wär mein ungestillt gebliebnes Sehnen
Ein glänzender Saphir, hell, strahlend-hoffnungsgrün,
Und wären Perlen meine vielen Tränen,
Ich würde sorgsam sie zusammenflechten
Zu einem Prachtgeschmeid, ersehntes Weib, für dich;
Weil sie dann mich dir mahnend zeigen möchten;
Denn Tränen, Blut und Sehnen: Wisse, das bin ich.

DAS JUBILÄUM EINES VERGESSENEN

Heute vor sechzig Jahren, am 17. Oktober des Jahres 1846, fand in Prag eine Totenfeier statt. Auf dem Wolschaner Friedhofe wurde in Gegenwart der ganzen Prager Gesellschaft die Einweihung eines Grabsteines vorgenommen, den der damalige Direktor des ständischen Theaters einem im selben Jahr verblichenen Schriftsteller gewidmet hatte.

Der Schriftsteller – Wolfgang Adolf Gerle hieß er – ist nun schon lange tot, so tot, daß wohl keiner eine Zeile von ihm gelesen hat, der nicht zufällig unter Urväter Hausrat ein Werk aus seiner Feder fand. Die Nachwelt hat – wozu sie den unbestreitbaren Rechtstitel besitzt – das Todesurteil über ihn gesprochen, indem sie seinen Namen in das Grab der Vergessenheit gesenkt, und es würde nur eine verblendete Pietät bedeuten, an dem Längstvermoderten künstliche Wiederbelebungsversuche anzustellen. Ob es das Einsamkeitsgefühl des alten Mannes war, der schließlich die literarischen Ideale seiner Jugend belächelt und verspottet sah, das den greisen, früher auch außerhalb der Stadtmauern Prags hochgeachteten Nestor der damaligen Prager Schriftstellerwelt bewog, sich von der Kettenbrücke in den noch allein in der gleichen Richtung dahinströmenden Fluß zu stürzen, oder ob er den brennenden Schmerz über die Undankbarkeit seiner jungen, ihn nicht mehr verstehen wollenden Schriftstellerkollegen in den oktoberkalten Fluten der Moldau löschen wollte, ist heutzutage kein Gegenstand unserer Erörterung mehr. Sein Tod kann uns heute nicht mehr aus menschlichen Gründen, sein Leben nicht aus literarhistorischen Gründen interessieren.

Und doch lohnt sich's der Mühe, einmal mit schnellem Blick eine Lebensbeschreibung Gerles zu durchfliegen. Wie gesagt, nicht um seiner Persönlichkeit willen. Aber seine literarische, journalistische und gesellschaftliche Tätigkeit begrenzt die Prager Literaturepoche der ersten Hälfte des vorigen Jahrhunderts, durch diese drei Punkte ist ein Kreis gegeben, der wirklich hochinteressante Kreis, der das damalige Prag zu einem Zentrum der gesamten deutschen Literatur machte. Das Herz des Lokalpatrioten könnte vielleicht Stolz und Wehmut zugleich über die längst entschwundene literarische Blütezeit Prags empfinden. Aber auch wer keinen Lokalpatriotismus für Prag besitzt, wird mit staunenden Augen von dem geistigen Leben lesen, das damals, zu einer Zeit, da das Damoklesschwert einer allzu mißtrauischen und rücksichtslosen Zensur über jedem offenen Worte schwebte, anderseits aber freilich die nationalen Gegensätze sich fast gar nicht geltend machten, innerhalb der Stadtmauern Prags pulsierte.

Ein Miniaturbild dieses Lebens bietet das kürzlich erschienene vortreffliche Werkchen, das der Chefredakteur der „Prager Zeitung", A. G. Przedak („Vergessene Söhne Prags", Literarhistorische Skizze aus dem Vormärz von A. G. Przedak, Buchdruckerei der k. k. Statthalterei), in subjektivem Pietätsgefühl, aber glücklicherweise ohne den bei solchen Gelegenheiten nur allzu häufigen Dithyrambus der Begeisterung hauptsächlich seinem Vorgänger bei dem gleichen Blatte, W. A. Gerle, gewidmet hat. Da finden wir auf jeder Seite Namen, welche die ihrer Zeitgenossen überdauert haben und noch lange überdauern werden. Männer wie Karl Egon Ebert, Herloßsohn, Alfred Meißner, Ferdinand Raimund (der als Gast in seinen Stücken im ständischen Theater und in einer lustigen Probeszene in der Wohnung seines Freundes Gerle auftrat), Uffo Horn, Professor Anton Müller (der erste Theaterkritiker der „Bohemia"), Ludwig August Frankl, Josef Adolf Hanslick (der Vater des Musikästhetikers) und der Klaviervirtuose Mozart (der jüngere Sohn

Mozarts), Siegfried Kapper, Ignaz Kuranda, Clemens Brentano und viele, viele andere bildeten damals das geistige Prag, und ebenso illustre Geister standen von außen her durch briefliche und schriftstellerische Tätigkeit mit ihnen in innigstem Kontakt.

Alle von den Aufgezählten standen mit Gerle in regem Verkehr, ob sie mit ihm zugleich in der Wochenschrift der „Prager Allegoriker" oder im „Journal für Liebende" die literarische Rennbahn betraten oder ob sie fast ein halbes Säkulum später unter Anleitung des greisen Nestors ihre ersten schriftstellerischen Gehversuche unternahmen. Sein Haus bildete den Vereinigungspunkt aller künstlerischen und schöngeistigen Bestrebungen, und es waren wohl nicht viele von den vielen Talenten, welche Prag damals beherbergte, die nicht ständige Gäste in seinem Hause gewesen wären. Jahre darauf hat ein Größerer als Gerle, Karl Egon Ebert, gleichfalls ein schöngeistiges Prag in seinem Hause vereinigt. Aber Ebert hatte nicht mehr so viele hervorragende Zeitgenossen, und so konnte er niemals in sein Haus den Glanz von so vielen bedeutenden Namen bannen, als es einst im Vormärz Wolfgang Adolf Gerle noch vermochte.

Heute vor sechzig Jahren, am 17. Oktober des Jahres 1846, fand in Prag eine Totenfeier statt.

SPRÜCHE

Der Grund

Du hast zum Stolz doch keinen Grund,
Was trägst du stolz dein Haupt?
„Damit man doch an einen Grund
Zu meinem Stolze glaubt!"

Einem Künstlerkreis

Zum Kampf gen Clique habt ihr den Bund geschlossen,
Vereint durch euer gleiches Mißgeschick.
Ihr wurdet immer treu're Kampfgenossen
Und – wurdet so am Ende selbst zur Clique.

Schmeichlern

Vertraue allen, die dir schmeicheln,
Zwar lügt das Wort in Schmeichlers Lob,
Doch ist's gewiß, daß er dich hoch erhob,
Da er dich wert hält, dir zu schmeicheln.

IN DER STRAFANSTALT

Das Zwinguri strafender Gerechtigkeit auf der Höhe von Pankratz stand noch vor kurzem isoliert da. Aber immer näher und näher rückt Prag heran. Neue Zinskasernen und Geschäfte erstehen unweit der Anstalt, und wenige Minuten vom Haupttor wogt bereits brausender Lärm durch breite Stadtstraßen. Und doch: Die vorsichtig hohen Gefängnismauern sind ein undurchdringlicher Grenzwall, sie lassen nichts von der Außenwelt in den weiten Raum, den sie umschließen. Hier gibt's keine Spur von der bunten Menge, keine Spur vom Straßenlärm, keine Spur von planlosem Menschengetriebe. Die Sträflinge, die hier jahrzehntelang schwere Schuld zu büßen haben, hören jahraus, jahrein kaum viel mehr als das Klirren der Zellenschlüssel, den Schritt des Gefangenenwärters auf dem Korridor, des Wachpostens auf dem Hofe. Kein Hauch der Freiheit dringt in ihre Einsamkeit.

Aber der Kulturfortschritt hat auch vor Kerkermauern nicht haltgemacht. Er hat sich nicht damit begnügt, die Spielbergzellen und die Bleikammern abzuschaffen, sondern er hat auch den Sträflingen die weitgehendste Humanität erschlossen. Weitgehendste Humanität – harte Strafe – klingt's nicht wie eine contradictio in adjecto? Nun, man kann rühmend sagen, daß die Pankratzer Strafanstalt durch ihre modernen Einrichtungen dieses Dilemma in größtmöglicher Weise gelöst hat. Gestern waren die Teilnehmer des Kongresses für „Zwangserziehung und Fürsorge", der gegenwärtig in Prag tagt, nach Pankratz gekommen, um sich über die Art dieser Einrichtungen zu informieren. Der Anstaltsleiter Oberdirektor Janota und Landesgerichtsrat Dr. von Sedlaček in Vertretung des Staatsanwaltes machten in Begleitung der Seelsorger P. Boch und P. Starka und des Beamten- und Lehrpersonals der Anstalt die Ciceronen.

Natürlich waren es vor allem die vor kurzem kreierten Jugendabteilungen, die das meiste Interesse erweckten. Hier liegt die herbste Tragik: Hier hat unüberlegter Knabenübermut, kindlicher Unverstand und hauptsächlich verelendete Erziehung, also nicht eigene Schuld, sondern die Schuld der Eltern, des Milieus, der Verhältnisse wehrlose Geschöpfe dem Verbrechen in die Arme getrieben. Für alle Zeit ist ihnen das Kainszeichen des Verbrechens auf die Stirne gebrannt. Allerdings: „Kainszeichen" ist ein biblisches Bild, und das Wort „Verbrecherphysiognomie" hat nur eine bedingte Berechtigung, denn den Knaben in den Anstalts-Werkstätten und Schulen sieht man das Furchtbare nicht an, das sie begangen haben.

Einer der Kongreßteilnehmer wendet sich an einen pausbackigen hübschen Knaben, dem die Unschuld im Gesichte geschrieben zu stehen scheint.

„Wie alt bist du denn, mein Junge?"

„Fünfzehn Jahre."

„Und wie lange mußt du hierbleiben?"

„Vierzehn Monate hab ich schon abgesessen. Jetzt hab ich noch etwa vier Jahre."

„Was hast du denn angestellt?"

„Ich hab mit meinem Bruder jemandem die Uhr wegnehmen wollen."

„Aber dafür bekommt man doch nicht fünf Jahre?"

„Ja, wir haben ihn aber zuerst niedergeschossen."

„Also Raubmord?"

„Ja. Mein Bruder hat mehr gekriegt, aber weil ich nur vierzehn Jahre alt war, hab'n sie mir nur fünf Jahre gegeben."

Also ein Raubmörder ist der kleine pausbackige Bursche mit dem unschuldigen Kindergesicht! Und auf die Frage, ob er nach seiner Freilassung ein ordentlicher Mensch werden wolle, zuckt er gleichmütig mit den Achseln. Ja, der Kerl neben ihm, mit dem verzerrten Gesicht, dem eingekniffenen Auge, der sieht schon ganz anders aus. Dem wäre wohl ein solches Verbrechen zuzutrauen – so denkt man. Weit gefehlt! Gerade der Bursch ist ein Affektsverbrecher, einer von jenen, die in Gemütsaufwallung die Besinnung verloren und die Mordwaffe ergriffen haben. Man straft sie nicht hart und sollte sie noch milder strafen. Denn schon im Augenblicke, da sie die Wirkung ihrer Tat plastisch vor Augen sehen, bereuen sie diese bitter, und Rezidiven wären bei ihnen nicht zu befürchten.

„Er hat voriges Jahr“, so erzählt ein Anstaltsbeamter, „ein Mädchen, das er seit seiner Kindheit geliebt, mit der er den Verlobungsring getauscht, angeschossen, als er sie dabei ertappte, wie sie ihn mit einem andern betrog. Als er die Geliebte zusammenbrechen sah, hat er einen Schuß in sein Auge abgefeuert, um sich zu töten. Er genas, das Mädchen kam nicht so glimpflich davon. Jedoch erblindet der arme Bursche nach und nach. Starker physischer Schmerz erhöht die furchtbaren Gewissensbisse, die ihn ununterbrochen martern.“

Der Arme ist während der Erzählung seiner Leiden schluchzend auf den Werkstättentisch gesunken. Er birgt sein Gesicht in den Händen, sein ganzer Körper zuckt konvulsivisch. Ein Verbrecher?

Viele solche sind da. Einer, der in der Freiheit arbeitsliebend, brav, der Ernährer seiner Eltern war. Beim Tanz hat er einen höhnenden Nebenbuhler getötet. Einen Nichtswürdigen, dessen Mutter dem Mörder noch dafür dankte, daß er sie von dem eigenen Sohn befreit.

Aber auch mancher blutige Kriminalroman tritt hier zutage. Da ist einer, der seine Meisterin erschlug und dann den Mord „entdeckte“; er wollte einen Diebstahl, den er begangen hatte, durch den Mord verdecken, den Verdacht auf den Mörder lenken. Manche leugnen, manche schieben die Hauptschuld auf den bekannten „Unbekannten“, manche sind verstockt und geben überhaupt keine Antwort. Aber alle sind willig bei der Arbeit, denn Resistenz würde ihnen wenig helfen. Und die drei Klassen, in welche die Jugendabteilung geteilt ist (1. wenig und minder schlechte Sträflinge, 2. besserungsbedürftige und 3. Sträflinge, von denen kaum Besserungsfähigkeit angenommen werden kann), sind ein Ansporn; man kann degradiert werden und kann avancieren. So herrscht tüchtige Arbeit in der Tischlerei, der Schusterei, der Schneiderei und der Buchbinderei. Seit kurzem sind auch geprüfte Lehrer aus jedem Berufe angestellt, und unter ihrer Leitung machen die Zöglinge die vorzüglichsten Fortschritte.

Von der Jugendabteilung geht's weiter. Zuerst in die Bibliothek, die 7236 deutsche und tschechische Bücher didaktischen und gut belletristischen Inhalts enthält und die eine eigene, streng gesonderte Abteilung für die Tuberkulösen hat. Dann in die Turnhalle, wo durchwegs moderne Geräte aufgestellt sind. Weiter in die schöne

Anstaltskapelle, die kunstvolle Schnitzereien von Sträflingshand besitzt, dann in die Küche, die Bäckerei, den Waschraum, zu den Zellen der Erwachsenen. Und endlich ins Spital, wo die mit dreifachem Gebrest, mit körperlichem Leid, mit dem Gefühl der Schuld und der Last der langen Strafhaft Behafteten darniederliegen.

Der ehemalige Präsident der St.-Wenzels-Vorschußkassa, der einstige Monsignore P. Drozd, der in Einzelhaft seine Millionendefraudation abbüßt, gehört auch zum Krankenstand. Er ist alt und marastisch geworden. Auch während seiner Krankheit hat er eine eigene Zelle. Ich werfe einen Blick in das Guckloch: Drozd steht ans Kavallett gelehnt. Seinen Rock hat er ausgezogen und unter das Kopfpolster gelegt, wohl um des Nachts weicher zu liegen. Nur die braunen Sträflingshosen und die braune Sträflingsweste hat er an; um den Hals hat er ein wollenes Tuch geschlungen. Er liest: Einen alten Kalender, dem die Deckel fehlen, hält er ganz nahe an seine Augengläser. Auch sein Augenlicht hat in den Jahren seiner Haft gelitten.

Zum Schluß begeben sich die Teilnehmer in das Direktorat, wo der Präsident des Kongresses, Herr Landesausschußrat Dr. Hueber, den liebenswürdigen Führern herzliche Dankesworte sagt. Dann geht's zum Ausgang. In tiefen Zügen atmet man die novemberkalte Abendluft, und in den Mienen der Scheidenden spiegelt sich deutlich das Gefühl der Befreiung von dem quälenden Alp, der, solange sie unter den Enterbten des Schicksals geweilt, auf den Gemütern gelastet hatte. Und beflügelten Schrittes eilen sie de profundis der lichten schönen Welt der Freiheit zu.

FEUERBESTATTUNG

Die Leichenverbrennung ist einst, im Kindesalter der Menschenkultur, bei vielen Völkern obligatorisch gewesen, heute scheint man in Österreich den Wunsch, sie wahlfrei wieder zu gestatten, in die Reihe der „Umsturzbewegungen" einzubeziehen. Und doch datiert diese Bewegung, welche die Wiedereinführung der Kremation auf hygienisch und technisch moderner Grundlage erstrebt, schon seit mehr als einem Jahrhundert und hat in den meisten Staaten Erfolge zu verzeichnen. Die Bewegung zählt viele Anhänger, auch in Prag, wie die vom Verein „Freier Gedanken" einberufene Manifestationsversammlung, die gestern abends im Saale der Produktenbörse stattfand, bewies: Sie war von Hunderten von Personen besucht. Dem Referenten, Herrn Professor Rudolf Böck aus Wien, darf man das Lob zollen, daß er bei strenger Sachlichkeit stets im Rahmen des populären Vortrags blieb und auch ununterbrochenes Interesse zu erwecken wußte. Der Vortragende beleuchtete das Thema vom geschichtlichen, vom volkshygienischen, vom rechtlichen und vom ästhetischem Standpunkte. (Als besonderes Detail von Lokalinteresse sei aus den Ausführungen die Tatsache erwähnt, daß für Prag eine Leichenverbrennung im Krematorium Chemnitz samt Transportkosten und allen übrigen Nebenspesen fünfhundert Kronen kostet.) Die Skioptikonbilder, an Hand derer Herr Professor Böck seinen Vortrag erläutern wollte, kamen leider nicht deutlich genug zur Geltung. Bei manchen, welche die abstoßenden Phasen der Erdverwesung zum Sujet hatten, braucht man dies allerdings nicht zu bedauern. Die Wirkung des Vortrags wurde jedoch hiedurch nicht geschmälert, und der anhaltende Beifall am Schluß galt nicht nur der vertretenen Sache, sondern auch dem Vortragenden.

ORIENTREISEPECH

Seekrankheit hatte mich schon von Anfang meiner Reise genug gemartert, und so war ich nicht so gierig, mich mit eigenem Wagen von der Richtigkeit der Aussage zu überzeugen, daß der allerärgste Teil einer Fahrt auf der procellis frequens Adria die Umschiffung des Peloponnes sei und daß selbst die wetterfestesten Seeleute vor Cap Matapan von der Seekrankheit befallen werden.

Ich zog es vor, auf der Westküste Griechenlands, in Patras auszusteigen und mit der Bahn nach Athen zu fahren, in dessen Hafen mein Dampfer erst zwei Tage später eintreffen mußte. So hatte ich zwei Tage und eine Nacht zur Besichtigung Athens. Obwohl die Eckhäuser Athens nur griechische Straßentafeln tragen, deren Lettern den Fremden unlesbar sind (man kann sich denken, wie ich als Prager über diese unglaubliche Rückständigkeit dachte), fand ich mich doch in den Straßen zurecht. Die besser angezogenen Einheimischen gaben mir in französischer Sprache Auskunft, und weil mich die Namen der Firmainhaber nicht interessierten, so habe ich es nicht bedauert, auf der Realschule Französisch, statt am

Gymnasium Griechisch gelernt zu haben, um so weniger, als mir Zitate aus dem Homeros oder Xenophon weder zur Unterhaltung noch zur Orientierung kaum allzuviel genützt haben würden. So konnte ich an den beiden Tagen das „Auge von Hellas" betrachten und finden, daß es viel von seinem Glanze eingebüßt hat, daß die weißen Familienhäuser wie Backöfen aussehen, daß der Staub quantitativ auch nicht geringer ist als der Prager usw.

Die Einfahrt in den Bosporus bietet eines der herrlichsten Bilder. Leider konnte ich mich von dieser allgemein bekannten Tatsache nur in sehr beschränktem Maße überzeugen; denn als wir um fünf Uhr früh einfuhren, sandte Allah pluvius Regenmassen hinab, und Stambul, die Perle der Türkei, trug einen dichten Schleier von Nebelmassen. Verhältnismäßig glücklicherweise war dieser Schleier nicht so undurchdringlich wie jener, den die übrigen Perlen der Türkei zu tragen pflegen, und durch die engen, bizarr geformten Nebellücken konnte ich von Zeit zu Zeit einen Blick ins Märchenland werfen, auf Augenblicke den Anblick der ungeheuren Moscheekuppeln mit den goldenen Spitzen, der nadeldünnen Minaretts mit ihren filigranen Balkonornamenten oder einen Frontteil der hellmarmornen Uferpaläste erhaschen. Wie herrlich muß sich erst all diese orientalische Pracht bei klarem, nebelfreiem Wetter ausnehmen!

In Konstantinopel hatte ich natürlich auch nicht mehr Glück als zuvor. Schon bei der Landung lernte ich das Bakschischunwesen und die türkischen Paß- und Zollplackereien kennen; ich glaube keine zu arge Übertreibung zu begehen, wenn ich, um die unzureichenden Räumlichkeiten des Zollgebäudes in Galata anzudeuten, diese mit jenen des Prager Hauptzollamtes vergleiche. Natürlich war gerade Bairam, der Festmonat der Türken, die heulenden Derwische zu Skutari und die tanzenden Derwische zu Pera hielten Feiertagsruhe, vieles, was sonst zu sehen ist, war gesperrt.

Aber alles das hätte mich nicht geniert. Viel ärger war mir die Nachricht, daß der türkische Polizeiminister Sheffik Pascha infolge der Umtriebe der attentatslustigen Armenier einen sehr strengen Ukas erlassen habe, welcher allen Fremden den Eintritt in die Moscheen Konstantinopels verbietet. Insbesondere hinsichtlich der Agia-Sophia-Moschee wird dieser Ukas mit unnachsichtiger Strenge gehandhabt, und das österreichische Konsulat hatte sich erst vor kurzem vergeblich bei den türkischen Behörden bemüht, für einige vornehme Österreicher die ausnahmsweise Bewilligung zum Besuche der Agia Sophia zu erhalten.

Was, auf die Besichtigung der Sophienkirche, dieses grandiosesten Denkmals altchristlicher Baukunst, sollte ich verzichten, das mit den weltberühmten Mosaiken und Fayencen getäfelte Rieseninnere nicht sehen, heimkehren, ohne die Aja Sophia betrachtet zu haben? „Ha, nimmermehr", schwor ich mir mit dem Pathos ehrlichster Entrüstung zu. Ich beschloß, als Türke verkleidet, hineinzukommen. Den Hotelportier weihte ich in mein Geheimnis ein und verlangte von ihm Instruktionen. Der erschrak. Er warnte mich vor den vielen Polizeiagenten, vor der Langwierigkeit türkischer Haft. Aber das half ihm nichts. Beim nächsten Kiosk erstand ich um vierzehn Piaster einen echt türkischen Fez (made in Strakonitz) und im Großen Basar einen Tespih, den türkischen Rosenkranz, dessen Glieder aus Rosenholz geschnitzt sind und der eine große Quaste trägt. So ausgerüstet schritt ich als bodenständiger Musleimin, die Füße nach einwärts, wie alle Türken – das kommt vom Sitzen mit unterschlagenen Beinen – gehen, auf den Platz Augusteion und von hier in den Vorhof der zur Moschee umgewandelten Kirche. Ich war natürlich nicht wenig aufgeregt, und als ich mich im Narthex meiner Schuhe entledigte, glaubte ich Herzkrämpfe zu bekommen.

Dann lüftete ich mit bebenden Händen die schwere Matte, welche – so wie in der Peterskirche zu Rom – auch über dem Eingang aller Moscheen hängt. Ich war im Innern. Anfangs wagte ich mich kaum zu rühren. Ich blieb zögernd beim Eingang stehen, und erst nach und nach begann ich die rhythmischen Körperschwingungen des ahnungslosen Mohammedaners, der neben mir betete, zu imitieren. Und als sich mein Nachbar auf die Strohmatte warf, welche den Fußboden deckt, tat ich ein Gleiches. Als ich sah, daß man noch immer keinen Argwohn gegen mich hege, begann ich freier aufzublicken und die imposante Wirkung des hohen Riesenraumes, die Schönheit der Marmortäfelung, der Säulen, der Fayencen, der Mosaiken in mich aufzusaugen. Allmählich vergaß ich, daß ich mich in Gefahr befinde. Wurde aber bald wieder daran erinnert. Ein junger Türke, jedenfalls ein Priester oder Moscheebediensteter, ging von einem der Betenden zum andern, sprach sie mit einem kurzen Satze an und erhielt ein Wort als Antwort. Jetzt kommt das Verhängnis, dachte ich, als ich den Mann – viel zu spät, um unauffällig verschwinden zu können – kommen sah. Ich verdoppelte meine Körperbewegungen, und als der unangenehme Geselle mich mit seinem Sätzchen behelligte, ließ ich mich in meiner Tartüff-Frömmigkeit nicht stören und murmelte nur einen – tschechischen Ausdruck als Antwort. Der Peinliche war zufrieden, ich aber drehte mich um, ließ mir im Vorsaale kaum Zeit, meine Schuhbänder zu knüpfen, und verschwand im Einhundert-Yard-Tempo aus dem gefährlichen Bereich. Und weshalb das Abenteuer? Um einer Sehenswürdigkeit willen, die bis zur Mitte des heurigen Jahres jeder Fremde bequem und programmgemäß hatte betrachten können.

In Konstantinopel wollte ich auch einen Freund besuchen, der mir einmal geschrieben hatte, er sei dort bei der österreichischen Post angestellt. Einen lieben, lieben Freund. Fast ein Dutzend Jahre, in der Volksschule und auf der Realschule hatten wir dieselbe Schulbank bekratzt, erstaunlich gleiche Schularbeiten abgegeben, und sein Name bildete mit dem meinen eine oft protokollierte Kompaniefirma in den Blättern des Klassenbuches. Was wollten wir für Erinnerungen tauschen!

Aber auf dem Postamte sagte man mir, mein Schulkamerad sei zwar früher in Konstantinopel gewesen, jedoch bereits vor zwei Jahren nach Smyrna versetzt worden, wo er noch immer als österreichischer Postbeamter wirke. Zwar lag Smyrna weitab von meinem Reiseplan, und ich hatte keine besondere Leidenschaft, die Stadt kennenzulernen, von der ich nicht viel mehr wußte, als daß sie mit sechs anderen Städten um die Ehre streitet, der Heimatort Homers zu sein, und daß hier die mir unerschwinglichen Smyrnaer Teppiche gewebt werden. Dennoch gab es für mich keinen Zweifel, daß ich nach Smyrna fahren, einen Zeitraum von drei Tagen und den Fahrtpreis von hundertzweiundzwanzig Tscheireks opfern und meinen alten Komplizen besuchen müsse. Die Dampferfahrt auf der „Khedivial Mail“ war nicht sympathisch, aber ich verschönte sie mir durch den Gedanken auf das Wiedersehen.

Ich malte mir aus, welche Erinnerungen wir austauschen wollten. Zuerst sollten wir von jenen Professoren sprechen, die, nun im Grabe ruhend, für immer vor der Gefahr geschützt sind, noch zwei solche Schülerexemplare zu bekommen, wie wir es waren. Und dann wollten wir uns unserer gemeinsamen Streiche in Schulstunde und Zehnuhrpause entsinnen, uns in Reminiszenzen an unsere altklug-feuchtfröhliche Aktivitas bei der blausilbergrünen Mittelschulverbindung „Normannia“ ergehen, uns die Liebesaventiuren rekapitulieren, die wir auf unseren Fußballfahrten in die Provinz und nach Deutschland zum größten Ärger des sportlich gesinnten Mannschaftskapitäns bestanden hatten. Und vieles dergleichen.

Dann stellte ich mir vor, welche Überraschung mein Freund haben würde, wenn er mich sehen würde. Er hatte gewiß bisher im kleinasiatischen Oriente kaum einen Bekannten aus seiner Schülerzeit getroffen, und der erste, den er nach Jahren sehen würde, das würde sein bester Freund sein. Das Gesicht, das er machen wird! Ich werde ihn nicht aus dem Amt herausrufen lassen, sonst könnte er schon die Ahnung haben, es sei ein alter Bekannter da. Nein, ich werde in das Zimmer oder an den Schalter treten, bei welchem er beschäftigt ist. Und dann werde ich eine ganz gleichgültige Miene aufsetzen und werde ihn mit „Servus Rudi“ begrüßen, als ob ich ihn gestern verlassen hätte. Ich glaube, er wird aufschreien vor Freude, vor Verblüffung!

Ich gestehe, daß ich vor Erwartung zitterte, als ich in Smyrna angelangt war und – mein erster Weg – die Passage Tenekidis hinauf, zur österreichischen Post eilte.

„Ja, der Herr ist hier angestellt“, entgegnete man mir auf meine Frage, „aber er ist gerade auf Urlaub.“

„Ww – a – a – s?“

„Er hat einen sechzehntägigen Urlaub und ist nach Saloniki gefahren, wo sein Vater Direktor der orientalischen Bahn ist.“

„Wann kommt er denn zurück?“ stieß ich heraus.

„Etwa in zehn Tagen.“

Dann erfuhr ich noch, daß dieser Urlaub der erste gewesen war, den mein Freund in den zwei Jahren seines Smyrnaer Aufenthaltes erhalten hatte.

Das Leben, die Lage Smyrnas ist wundervoll. Ich hatte keinen Genuß davon. Mir war Smyrna verleidet.

VORLESUNG MAX MILRATH

Vor allem ist an dieser Vorlesung eines zu tadeln: Die Prätention, mit der sie eingeleitet wurde. Das Recht, die Passanten durch Straßenplakate zu einer Vorlesung, einem Vortrage zu rufen, sollte doch nur für bewährte Größen beansprucht werden. (Ist aber auch da nicht nötig; bei „Concordia“-Vorlesungen hervorragendster Meister gab's keine Affichen und doch die würdige Hörerzahl.) Für noch unberühmte einheimische Schriftsteller genügt eine knappe Ankündigung in der Zeitung. Aber vielleicht ist Herr Max Milrath, der gestern im Halle-Saal eigene Sachen las, unschuldig an der Affichierung der Plakate. Von ihm jedoch war es anspruchsvoll, daß er in einem Einleitungssatz die erste der gelesenen Sachen, eine hinreichend abgeschlossene Novelle, ungefähr als „das in die Form einer Skizze gegossene Problem eines Romanes, der mich beschäftigt“, bezeichnete. Jedenfalls waren die vorgelesenen Sachen nicht so anspruchslos, als man nach den anspruchsvollen Präludien hätte vermuten sollen. Max Milrath sieht das Leben mit guten Augen, hat originelle Einfälle und Mutterwitz. Die Arbeit „Angst“ behandelt ein neues Problem: Die Leiden einer Frau, deren große Liebe zu Kindern stets unerwidert bleibt und die nun an furchtbarer Angst krankt, auch ihr eigenes Kind könnte sie zu hassen beginnen. In der Plauderei „Tang“ gibt Milrath im Rahmen einer nett gezeichneten Landschaft die witz- und pointenreiche Geschichte eines Flirts. Der Humoreske „Der Unverstandene“ liegt die nicht allzu neue Verspottung eines Lyrikerlings zugrunde, und es war wohl mehr ihrer lokalen Schlüsselform zu danken, daß sie bei dem überaus zahlreichen Publikum die beabsichtigte Heiterkeitswirkung und lauten Beifall auslöste.

DER GOLEM

Und es erzählt die Prager Ghettosage,
Wie dem Gebild, das ohne Leben war,
Das volle Menschentum gegeben war
Durch seines Bildners Hauch. Mit einem Schlage

Ward draus ein Mann, der treu ergeben war
Dem hohen Rabbi Löw und ohne Klage
Den schwersten Knechtdienst tat die langen Tage
Und dem nur will'ge Fron zum Streben war.

Als ich dich sah, dich Schönste du der Schönen,
Ward ich in sinnenloses Nichts getaucht.
Weltfremd ward ich durch mein verzweifelnd Sehnen,

Ein Lebensstrom schien in die Luft verraucht.
Bis mir dein Kuß das Leben eingehaucht.
Jetzt will ich dir in harter Knechtschaft frönen.

,,RECHTSFREUNDE" (VEREINSTHEATER)

Im Deutschen Dilettantenverein gab es gestern eine Sensationspremiere. Das Schauspiel „Rechtsfreunde" von Felix Knoll, das bereits in Wien erfolgreich aufgeführt worden ist, erzielte nun auch in Prag nachhaltige Wirkung. Allerdings drang in die stürmischen Beifallsausklänge der drei Akte auch Widerspruch hinein. Der galt der dicken Schichte von Theatralischem und Tendenziösem, die über Handlung und Exposition des Dramas lagert. Aber diese Schichte abgelöst, bleibt noch immer genug übrig, nämlich ein lückenlos interessantes Justizdrama mit gut gesehenen Lebenstypen. Übrigens braucht man dem, was über Mängel des Gerichtsverfahrens, Leumundszeugnis etc. von der Bühne herab gesagt wurde, auch wenn dies in so theatralischer Form geschah, noch nicht die Genehmigung zu versagen. Der Titel „Rechtsfreunde" ist sichtlich ironisch gemeint, und dieser Plural gibt dem Stücke schon äußerlich die Marke des Tendenziösen. Der unehrliche Rechtsfreund ist der verwünscht gescheite Blutsauger und Hof- und Gerichtsadvokat Dr. Schönberg, welcher im Auftrage der russischen Ärztin Dr. Kutusow eine Anklage gegen den Müßiggänger von Berghammer, Sohn eines Millionärs und Handelskammerpräsidenten, erheben soll. Der junge Berghammer besticht ihn aber. Dr. Schönberg rät dem leichtsinnigen jungen Manne zur Widerklage, zur Fälschung, zur lügenhaften Zeugenaussage usw. Als diese Klage zur Verhandlung kommt, „verteidigt" Dr. Schönberg die Ärztin scheinbar geschickt, in Wirklichkeit aber so, daß die Schuldlose ins Zuchthaus kommt. Aber der wirkliche Rechtsfreund im Stücke, der Advokat Dr. Winter, nimmt sich uneigennützig der Märtyrerin an, entlarvt seinen unwürdigen Berufsgenossen Dr. Schönberg und läßt ihn verhaften, nachdem sich dessen Opfer, der junge Berghammer, durch einen Sprung aus dem Fenster getötet hat. Nach dem besonders wirksamen zweiten Akt, einer Gerichtsszene, äußerte sich die Anteilnahme des Publikums am lebhaftesten, und der Autor konnte, von brausendem Beifall überschüttet, eine ganze Ladung Lorbeerkränze in Empfang nehmen. Im Auditorium waren diesmal übrigens – ganz einer Sensationspremiere würdig – eine Menge Persönlichkeiten der Gesellschaft zu bemerken, die sonst das kleine Theater nicht durch ihren Besuch auszuzeichnen pflegen. Die Darsteller sind mit hohem Lob zu bedenken. Vor allem war Fräulein Krosnov als die russische Ärztin in Sprache und Spiel einer Berufsbühne würdig. Die Hauptrolle – Advokat Dr. Schönberg – war Herrn Max R. Abele aus Karlsbad anvertraut; die bereits gerühmte elegante Erscheinung dieses Darstellers, vereint mit der glänzenden Beherrschung des Parts wirkten zu einem einheitlichen abgetönten Bilde zusammen. Eine Chargenrolle stattete Herr Reinhold mit hinreißendem Gefühl prächtig aus. Fräulein Berta Müller holte sich mit der drastischen Verkörperung einer „Hausmeisterischen" lebhaften Lacherfolg. Herr Romanovsky, der jede Woche große Rollen innehat, hält sich immer brav.

„DER SUBSTITUT"

Eisenbahndrama von S. Steyregger (Erstaufführung im Vereinstheater)

Vor kurzem war das Advokatenstück „Die Rechtsfreunde" im Vereinstheater für Prag aus der Taufe gehoben worden, vorgestern gab es wieder eine interessante Erstaufführung. Wieder ein Standesdrama mit viel Tendenz und vielen Geschehnissen. Aber es gab keine Premierenstimmung: Man kannte schon von irgendwoher die Worte, die man bei der vorgestrigen Erstaufführung des Eisenbahndramas „Der Substitut" hörte. Man kramte in den literarischen Erinnerungen: Ein rothaariges Eisenbahnerkind, die helle Freude des Vaters, wenn sein kleines Kind auf Befragen die Absicht äußert, es wolle auch einmal ein Eisenbahner werden, ferner der durch die mehr oder minder vernachlässigte Pflicht des eigenen Vaters ums Leben gekommene Bahnwächterbub – die waren uns schon vor Jahren einmal begegnet. Ach, richtig: Im „Bahnwärter Thiel", in Gerhart Hauptmanns Jugendnovelle. Aber man darf nicht ungerecht sein. Es sind nur Details, wenn auch typische Details, welche diese Reminiszenz wachrufen. Die spannende Fabel des Dramas hat mit der Hauptmannschen Novelle nichts gemein. Agnes, die Gattin des Vorstehers einer kleinen Station und Nur-Pflicht-Menschen, Texel, hat ihren Mann bewogen, auf Urlaub zu gehen und zu seinem

Substituten den Beamten der Bahndirektion Brenzler vorzuschlagen. Und Texel ist auf Urlaub gefahren, ohne eine Ahnung davon zu haben, daß seine Gattin schon seit ihrer Mädchenzeit mit Brenzler ein sträfliches Verhältnis unterhalte und daß ihn dieser nicht nur im Dienste substituieren werde. Während Texels Abwesenheit geschieht ein Unglück: Der Weichensteller Miletzky hat sich, beim Biere sitzend, ganz auf die Kontrolle durch Brenzler verlassen und die Weiche nicht gestellt. Aber gerade diesmal hat Brenzler – abgehalten durch ein Schäferstündchen mit der Gattin des Substituierten – die Überprüfung der Weichenstellung unterlassen. Diese Pflichtverletzungen fordern ein Menschenleben: Der kleine Miletzky, der mit anderen Kindern am Geleise „Eisenbahn" gespielt hat, wird von der Lokomotive ergriffen und zermalmt. Der zurückkehrende Texel macht Brenzler und insbesondere Miletzky die heftigsten Vorwürfe, den letzteren verurteilt er zum Selbstmorde. In seiner sinnlosen Erregung entwischt Miletzky seinem Vorgesetzten gegenüber eine Andeutung über den ehebrecherischen Verkehr dessen Weibes mit dem Substituten, und Texel gewinnt bald in einer Auseinandersetzung mit seiner Gattin die volle Gewißheit. Während dieser heftigen Szene vergißt er selbst die Weichenkontrolle zu üben – eine furchtbare Eisenbahnkatastrophe ist die Folge. Und Texel muß selbst zum Stricke greifen, das Todesurteil an sich selbst vollstrecken, das er wegen Nichterfüllung der Pflicht über andere gefällt ... Man sieht, die Handlung ist reich an Interessantem. Leider kann man dies nicht vom Dialog behaupten. Es wird viel zuviel theoretisiert, und besonders die (übrigens mit der Handlung in nur minimalem Zusammenhange stehenden) Ausfälle gegen die „Herren vom grünen Tisch", die Direktionsbeamten, erschienen deplaziert. – Die Aufführung war sehr gut. Fräulein Else Kerner spielte die ungetreue Frau mit Intelligenz und vermochte auch in den Szenen der höchsten Erregung die richtigen Töne zu treffen. Den farblosen Part des leichtlebigen Direktionsbeamten Brenzler hatte Herr Romanovsky übernommen und führte ihn vorzüglich durch; nur hätte er die Dekadenz und Schwäche des nervösen Frauensklaven andeuten sollen. Den schwerbestraften Alkoholiker Miletzky stattete Herr Reinhold in Maske, Spiel und Sprache ergreifend aus. Glaubhaft hatte Herr Alpner die Figur des Stationsvorstehers Texel ausgearbeitet.

Die Aufführung fand zugunsten des Kurhausfonds des Österreichischen Bahnbeamtenvereins statt. Die Mitglieder dieses Vereins haben gewiß der Regie dabei geholfen, daß das Milieu der kleinen Station und die Hörwirkung der Schlußkatastrophe mit so verblüffender Echtheit zur Geltung kamen. Die Inszenierung war besser als seinerzeit die von Bendieners Drama „Die Strecke“ – im Neuen Deutschen Theater.

L'ARRONGE-FEIER IM DEUTSCHEN VEREINSTHEATER

Die Aufführung von L'Arronges „Mein Leopold“, das einst unsere Eltern zu Tränen gerührt, ist zu einer Feier für den siebzigsten Geburtstag des Autors durchaus nicht schlecht gewählt: Gerade dieses Stück, welches auch ein gleichaltriger Zeitgenosse, ja sogar ein Vorläufer Nestroys geschrieben haben könnte, demonstriert durch das spießbürgerliche Sujet, die veraltete Technik und rührsame Psychologisierung am deutlichsten, daß es schon ein patriarchalisches Alter ist, das der Autor des Stückes erreicht hat. Aber man darf nicht leugnen, daß die alten Mittel ihre Wirkung auf die Gefühlsnerven noch immer nicht verfehlen, was sich vorgestern im Vereinstheater neuerlich bewies. Allerdings war auch die Aufführung im allgemeinen recht freundlich. Eine famose Leistung war die Darstellung des affenliebenden Vaters durch Herrn Hans Berger; insbesondere in den Momenten, da dem Alten von seiten seines vergötterten Sohnes die furchtbarsten Enttäuschungen werden, war Herr Hans Berger trefflich, ohne daß er die gebräuchlichen Erregungs-Mätzchen angewendet hätte. Von den übrigen Spielern sei Fräulein Mizzi Geißler zuvörderst hervorgehoben, welche dem alleweil fröhlich singenden und plaudernden Rechnungsratstöchterchen vermöge ihrer oft gelobten Stimme und ihres feschen Temperaments die Züge der Lebenswahrheit verlieh. Auch ihre Schwester im Stück, Fräulein Else Kerner, sah die Mühe, die sie für ihre sentimentale Rolle aufwandte, von Erfolg gekrönt. Ebenso spielte Fräulein Berta Rode herzerfrischend. Herr Romanovsky war in der Titelrolle so wie immer, Herr Theo Berger hat seinen Lacherfolg als Klaviervirtuose nicht gerade auf Konto diskreter Komik zu setzen. Fräulein Mizzi Traut spielte talentvoll, aber das nützte wenig: Die Rolle der Klara Weigel muß eben in der Maske des ältlichen Mädchens gegeben werden.

RUND UM EUROPA

Wir, die wir unser Zeitalter eitlerweise das des Verkehrs nennen, wir haben eigentlich von Verkehr und Reisedistanzen im allgemeinen keine Idee. Einerseits staunen und entsetzen wir uns darüber, daß jemand nach Berlin oder nach Wien gefahren ist und dort seinen ehemaligen Schulkameraden X oder seinen Verwandten Y gar nicht aufgesucht hat, und vergessen, daß die Entfernungen in der Großstadt derart sind, daß ein solcher Besuch nicht viel weniger Zeit in Anspruch nimmt als die ganze Eisenbahnfahrt in die fremde Stadt. Andererseits vergessen wir, daß die Erde in die Netze der Bahnschienen und der Dampflinien gepreßt und ganz, ganz klein geworden ist. Nicht nur, daß uns die Jules Vernesche Erdreise in 80 Tagen noch als unerreichbares Phantasiegebilde erscheint, aber selbst wenn man von einer Dampferfahrt um Europa hört, denkt man wohl an eine monatelange, an Seekrankheit und anderen Fährnissen reiche Abwesenheit vom Hause, während es im allgemeinen eine Spielerei, allerdings eine wundervolle Spielerei darstellt. Da hat uns zum Beispiel am Sonntag Herr Rechtsanwalt Fr. Kratt aus Pforzheim in dem vom Deutschen kaufmännischen Vereine und vom Vereine absolvierter Handelsakademiker veranstalteten Vortrage in höchst amüsanter und lehrreicher Weise von einer Reise um Europa erzählt, hat aus eigener Anschauung vom Badeleben auf Wight und in Biarritz, von Stiergefechten auf San Sebastián, von Bremen und Triest, von Dänemark und Spanien mit allen herrlichen Eindrücken landschaftlicher und ethnographischer Natur berichtet – und seine ganze, durchaus nicht hastige Reise hatte nicht mehr als zweiundzwanzig Tage gewährt. Natürlich war auch von Fährnissen keine Spur, sondern es war eine höchst bequeme Spazierfahrt in angenehmer Reisegesellschaft und den fröhlichen Unterhaltungen und Spielen, wie sie im Fumatoio und auf dem Verdeck der eleganten Österreichischen Lloyddampfer an der Tagesordnung sind. Von allen diesen Dingen plauderte Herr Dr. Kratt in hübsch facettierter Form und führte als zugkräftigste Argumentationsstücke für die Schönheit seiner „Thalia“-Fahrt die vorzüglichen Lichtbilder ins Treffen, die er auf der Reise aufgenommen.

Der Säulensaal war vom Auditorium vollgequetscht, die Temperatur demgemäß; aber noch nach zweistündiger Dauer des

Vortrages empfand man es verfrüht, daß das Schiff in den Hafen lief und die hübsche Spazierfahrt um Europa zu Ende war.

DIE MARTERN RUSSISCHER DEPORTIERTER

So ungefähr hätte der Vortrag richtiger heißen sollen, den vorgestern Herr Ingenieur Johann Meißner als Gast des „Vereines deutscher Arbeiter" unter dem schlicht geographischen Titel „Die Insel Sachalin in Wort und Bild" angekündigt hatte. Was aber durchaus keine Vorspiegelung falscher Tatsachen sein sollte. Denn das mehrhundertköpfige Publikum, das den Konviktsaal bis aufs letzte Plätzchen füllte, war durch die Vornotizen und die Straßenaffichen über das wirkliche Thema und die Persönlichkeit des Vortragenden eingeweiht und eben dadurch herbeigerufen worden. Es lauschte mit gespanntester Aufmerksamkeit, welche durch die etwas schleppende Ausdrucksweise und die fremdländische Aussprache des Vortragenden nicht getrübt wurde, den Ausführungen Meißners, welcher selbst lange Jahre in Sachalin als Gefangener viel Leids erfahren und nun von seinen und seiner Gefährten Schicksale ein Bild entwarf. Die Farben, mit denen er malte, waren düsteres Grau und blutiges Rot, dick und grell aufgetragen, wie eben jedem die selbsterlebten Schicksale erscheinen. Aber auch von diesen subjektiven Vergrößerungen ganz abgesehen, sind die Greuel der auf die Insel Sachalin Verbannten ganz furchtbare, und wenn sich bei manchen Stellen des Vortrages das Menschlichkeitsgefühl des Auditoriums dagegen sträubte, den blutigen Schilderungen zu glauben, gab die projizierte Photographie einer Marter oder einer gräßlichen Justifizierung den jeden Zweifel ausschließenden Beweis. Der allseitige Beifall, der dem Vortrage folgte, war nicht nur der Dank für die interessanten Ausführungen, sondern auch eine Manifestation des Mitgefühls für Ingenieur Meißner, der selbst die Leiden langjähriger Deportation in Sachalin erduldet, und ein Protest gegen jene russischen Machthaber, welche Schuld an solchen Greueltaten tragen.

IM HEIM DER VERWAHRLOSTEN

Die landläufige Vorstellung, daß zwischen Form und Stoff, zwischen Außenseite und Inhalt oft ein Kontrast bestehe, drängte sich mir auf, als ich – Ostersonntag war's –, vom Bahnhofe kommend, zum erstenmal an der Landesbesserungsanstalt für jugendliche Korrigenden zu Grulich vorüberkam: Ein helles Haus, von einem lauschigen, an imposanten Bäumen reichen Parke eingefaßt; auf den blitzblanken Kiesplätzen funkeln Sonnenflecke, und die goldenen Flügel der Schutzengel-Statue beim Eingangstor reflektieren die Ostersonntags-Sonnenstrahlen weit über die Landstraße hinaus. Und innen – so dachte ich – ewiger Zank, ewiger Streit, ewige Strafen. Sind doch die jugendlichen Aspiranten der Korrektionsanstalten moralisch verkommener und bedauerlicher als jugendliche Verbrecher. Diese werden wegen eigener Schuld eingesperrt, sie haben oft aus Unverstand gegen das Gesetz gesündigt, vielleicht, durch die Lektüre eines „Rinaldo"-Romanes aufgestachelt, im Wegelagern einen analogen Heldenruhm gesucht, vielleicht, von schlechter Gesellschaft gereizt, den Schritt vom Wege des Rechtes getan, vielleicht im Wutanfall – in meinem Feuilleton über die Jugendabteilung der Strafanstalt Pankratz habe ich vor kurzem manche solcher Affektsverbrechen aufgezählt – eine Untat begangen. Sie büßen ihr Verbrechen und begehen möglicherweise nie mehr ein zweites. Anders die armen Häftlinge der Korrektionsanstalt. Denen ist teils vom Gerichte die „Nachkur" zugesprochen, weil man von der Strafhaft allein keine Heilung der moralisch Kranken erwarten durfte, teils kamen sie über Antrag der Polizeibehörde hierher, weil sie während ihrer Freiheit die Sicherheit des Eigentums gefährdeten; oder wurden sie über Ansuchen der eigenen Eltern und Vormünder in die Strafanstalt eingeliefert, weil sich diese der kleinen Taugenichtse nicht erwehren konnten, oft werden sie hier interniert – und das ist die traurigste Kategorie! –, weil sie schon kriminell waren, bevor sie das strafpflichtige Alter von zehn Jahren erreicht hatten.

Also durchwegs arge Gäste, diese Kleinen. Aber mit der grellen Disharmonie, die, wie ich glaubte, zwischen dem stillen Aussehen und dem Innern des Anstaltsgebäudes bestehen müsse, hatte es doch nicht seine Richtigkeit. Das konnte ich bald bemerken, als ich, vom umsichtigen Direktor des Instituts, Herrn Radauer, geleitet, am nächsten Tage in das Innere der Anstalt kam: Es ist gerade der Hauptzweck der Anstalt, den Pfleglingen das diesen bisher unbekannte Schöne der friedlichen Arbeit und des geordneten Hauswesens vor Augen zu führen und ihnen Ehrgefühl beziehungsweise Ehrlichkeitsgefühl einzuimpfen. Die Strafen sind gleichsam nur eine Maßregel der moralischen Notwehr.

„Lieber neunundneunzig sehr Schuldige laufen lassen als einen unschuldig bestrafen“, meint der Direktor mit vollem Recht.

Nun, es bleiben immerhin noch genug zu strafen, und Rügen in allen Härtegraden, Entziehung von Ehrenämtern, wie das des Aufsehers, des Ministranten, des Zimmerältesten, und der Erlaubnis, einkaufen zu gehen, ferner Zuweisung schlechter Arbeiten, Auferlegung von Fasten und Züchtigungen durch die Birkenrute (nie vor Kameraden) müssen leider nicht allzuselten angewendet werden. Sogar die bereits beantragte oder bereits bewilligte Entlassung aus der Anstalt mußte schon strafweise sistiert werden. Jedoch Belobungen und Belohnungen halten den Strafen zumindest das Gleichgewicht. Im Speisesaal hängt eine eingerahmte Tafel; sie ist in Rechtecke eingeteilt, und in diese werden von Zeit zu Zeit die Namen der Bravsten eingetragen. Die Eintragung ist eine dauernde, und nur schlechte Aufführung kann die Löschung von der Ehrentafel bewirken. Manche Rechtecke tragen einen dicken goldenen Rand und einige außerdem einen oder gar mehrere goldene Punkte neben dem Namen des hier Verewigten.

„Das sind die besonders Braven“, erklärt mir der Direktor.

„Natürlich nur relativ genommen?“

„Oh, durchaus nicht bloß relativ. Das sind wirklich besonders brave Burschen, die nur unter dem Einfluß des angefaulten Milieus ihrer Kinderstube schlecht geworden, aber jetzt vollständig gebessert sind. Die werden uns gewiß auch nach ihrer Entlassung keine Schande machen, darüber bin ich unbesorgt.“

Lobende Anerkennungen sind wohl ein guter Ansporn, aber so ganz läßt sich das Utilitätsgefühl der Pfleglinge nicht absorbieren, und es muß außer Ehrentafeln, Ehrenstellen, Versetzung in höhere Schulklassen und dergleichen auch realere Belohnungen geben wie die Entlassung von niederer Arbeit usw. Die Besten dürfen alljährlich mit dem Direktor einen ganztägigen Ausflug machen, der ihnen als lockendstes Ziel gilt.

An Gelegenheit, sich auszuzeichnen, ist kein Mangel, nachdem die Pfleglinge in der Schule, in den Werkstätten, in der Gärtnerei, in der Küche usw. hinreichend differenzierte Arbeitsgebiete haben. Die deutsche und die tschechische Anstaltsschule sind je in zwei Klassen gegliedert, in welchen wiederum nach Möglichkeit auf Alter und Fortgang des einzelnen Rücksicht genommen wird. Auch hinsichtlich der Handwerke ist der Begabung und Neigung des einzelnen genügend Spielraum geboten. Die Kleinsten, deren Kraft noch nicht zur Ausübung schwererer Arbeiten reicht, werden mit Kartonagen- und anderen Buchbinder-Hilfsarbeiten beschäftigt, sie verfertigen – eine Verquickung von Spiel und Arbeit – Papierflechtwerke für Uhrenständer, Wandkörbchen, Lampenschirme und dergleichen oder üben, wenn sie geschickter sind, Kerbschnitzerei und Laubsägearbeit, und die hergestellten Schlüsselkästchen, Zeitungshälter, Bilderrahmen, Servierbretter, Notenständer und Hausapotheken-Schreine sehen ganz nett und sauber aus. In der Schuhmacherwerkstätte, die mit ihren ganz niedrigen Schemeln und ihrer peinlichen Sauberkeit und Ordnung wie das Miniaturmodell einer wirklichen Schusterwerkstätte wirkt, sowie in der Schneiderwerkstätte wird Nützlicheres geleistet: Hier werden von den kleinen Arbeitern die gesamte Beschuhung und die gesamte Bekleidung aller Pfleglinge, sogar der bereits interimistisch entlassenen, hergestellt. In der im Keller untergebrachten Schlosserwerkstätte wird hauptsächlich die Ausbesserung und Instandhaltung aller Fenster- und Türverschlüsse sowie aller eisernen Einrichtungsgegenstände besorgt, in der Spenglerei werden die für das Haus notwendigen Klempnerarbeiten (ausgenommen die Dacharbeiten) durchgeführt, und in der Tischlerei erfolgt die Anfertigung, Ausbesserung und Instandhaltung der hölzernen Einrichtungsstücke aller Art, der Türen und Fußböden mit eingerechnet. Ein hier besonders geschickter Pflegling darf sogar die Fachschule für Holzindustrie in Grulich besuchen. Überdies werden die Anstreicher- und Maurerarbeiten in der Anstalt von den Zöglingen geleistet, und sogar die Küche besorgen sie, unter der Leitung eines Aufsehers, ganz allein. Hingegen wurde die Korbflechterei-Werkstätte restringiert, weil diese Beschäftigung auf die noch in zartem Alter befindlichen Korrigenden – das Minimalalter ist sechs Jahre, das Maximalalter für die Aufnahme ist vierzehn Jahre, die obere Altersgrenze für die definitive Entlassung achtzehn Jahre – gesundheitsschädlich zu wirken pflegt.

Schließlich liegt den Korrigenden noch eine wichtige Arbeit ob, eine Arbeit, die wohl die wenigsten von ihnen vor ihrer Aufnahme in die Anstalt gekannt haben: Sie haben für Ordnung und Reinlichkeit zu sorgen. Sie haben hier diese ihnen unbekannte Kunst gar gründlich erlernt. In den Schlafsälen stehen die kleinen Kavalletts in schnurgerader Reihe ausgerichtet, und die Bettdecken darauf sind in einer Weise gefaltet, daß auch der strengste Kasernkommandant bei militärischer Inspektion seine helle Freude daran haben müßte. Und die Steinfliesen der Korridore, die Schreibtische in den Kanzleien, die naturgeschichtlichen und physikalischen Apparate im Lehrmittelzimmer, die Bänke und Tafeln in den Klassensälen, die Bücher und Schränke im Bibliothekslokale, die Werkzeuge und das Material in den Werkstätten, die Wannen und Wände der Badezimmer, die Betten und Fußböden in den Schlafräumen und im Anstaltsspital, die Kacheln und Gefäße in der Küche, die Geländer und Stufen des Stiegenhauses usf. strotzen förmlich von der gleichen blitzblanken Sauberkeit. Das ist nicht nur eine pädagogisch überaus wichtige Maßregel, sondern wirkt auch, in Gemeinschaft mit dem Aufenthalte in freier Luft, als gesundheitliche Präventive. Und da auch am Aufenthalte in freier Luft kein Mangel ist – im zwei Hektar großen Anstaltsgarten, in welchem heuer über Anregung des Landeskulturrates auch eine Obstbaumschule angelegt wurde, sind die Pfleglinge täglich einige Stunden mit Gemüse- und Zierblumenzucht beschäftigt –, so ist der Gesundheitszustand der Korrigenden, welche doch gewöhnlich vor ihrer Aufnahme auch körperlich verwahrlost waren, ein vortrefflicher.

Das Anstaltsspital beherbergte an dem Tage, an welchem ich dort war, nur einen einzigen Patienten. Der hatte in der vorhergegangenen Nacht eine heftige Blutung aus der Nasenhöhle erlitten und lag nun kreidebleich, verbunden und unbeweglich in seinem Bette in der Ecke des Saales.

Auf dem Krankentischchen lag neben dem Wasserglase, durch dessen Kanten die Frühlingssonne ein Spektrum zauberte, ein Feigenkranz, den die Pfleglinge nach eingeholter Erlaubnis ihrem kranken Kameraden hierhergebracht hatten. Durch das offene Fenster drang das Jauchzen der Knaben, die sich unten im Garten mit Haschen und Schlagball vergnügten, in die Krankenstube herauf. Das mußte wie Lockrufe auf das Ohr des Kranken wirken, aber dieser sah wohl selbst ein, daß er sein Bett nicht verlassen könne.

Doch am Bettrand sitzt des kleinen Kranken Freund. Der könnte herunter zum lustigen Spiel und möchte wohl auch sehr, sehr gern. Aber er drängt die Spielbegierde zurück, um seine Freundespflicht zu erfüllen und dem bettlägerigen Kameraden Gesellschaft zu leisten. Er liest ihm aus einem Geschichtenbuche vor und hält nicht inne, wenn ein besonders lauter Jubelruf aus dem Garten schallt. Er opfert dem Freunde die Freiheit des Ostermontags.

Das sind helle Bilder im dunkelsten der Gebiete, auf welche sich die Kinderfürsorge erstreckt. An solchen hellen Bildern ist in der Landesbesserungsanstalt für jugendliche Korrigenden zu Grulich kein Mangel. Was würde es aber nützen, wenn sich die Pfleglinge nur während ihres Aufenthaltes im Institute gut betragen würden, aber nach ihrer Entlassung die Gelegenheit wieder ergreifen würden, die Bahn des Lasters neuerdings zu beschreiten und womöglich das Versäumte mit vervielfachtem Eifer nachzuholen! Diesbezüglich sei statt jeden Schlusses die nackte statistische Tatsache hiergesetzt, welche der Tätigkeitsbericht der Anstalt meldet: „Das Verhalten der im Jahre 1907 in ein Lehr- oder Dienstverhältnis untergebrachten Pfleglinge ist bei 15 sehr gut, bei 33 gut, bei 3 mittelmäßig, bei 3 schlecht, von denen einer, welcher sich ein Vergehen gegen die Sicherheit des Eigentums zuschulden kommen ließ, sich nun weiter tadellos verhält."

PROFESSOR DR. UNOLD ÜBER „VOLKSBILDUNG UND VOLKSGESUNDHEIT"

Professor Unold aus München, der gestern im dichtbesetzten Spiegelsaale über Einladung des Vereines „Freie Schule" einen Vortrag hielt, ist der Typus des Monistenbündlers: teils strenger Gelehrter, teils vorzüglicher Propagandist für die „alleinseligmachende" Lehre des Monismus. Und so geschah es, daß sich der gestrige Vortrag für jeden Hörer, selbst wenn dieser nicht so sehr von der vollkommenen Richtigkeit, geschweige denn von der kulturellen Universalheilwirkung der monistischen Lehre durchdrungen war, überaus interessant gestaltete. Professor Unold sprach über „Volksbildung und Volksgesundheit", indem er zunächst hervorhob, daß sich die Schule nicht allein auf die Übermittlung von Kenntnissen erstrecken und nicht – wie es bisher geschieht – die sittliche Ausbildung der Kirche überlassen möge. Die moderne Zeit verlange, daß die sittliche Erziehung, von welcher doch die leibliche und seelische Volksgesundheit abhängig ist, auf wissenschaftlicher Grundlage aufgebaut werde. Ursprünglich ließen sich wohl die Menschen von ihren Trieben und Instinkten mehr oder minder willenlos leiten, später wichen jedoch diese mechanisch vollführten Handlungen unter dem Einflusse der Kultur einer gewissen Unsicherheit, und dieser Zustand mußte auf dem Wege der sittlichen Erziehung behoben werden. Diese Funktion übernahm nun in einer späteren Phase des kulturellen Lebens die Kirche. Diese verlangt jedoch den Glauben an die Überlieferung, der heutzutage durch die Wissenschaft widerlegt worden sei, und lehrte den Dualismus von Mensch und Natur, Leib und Seele, Gott und Welt, also Unterschiede, welche die monistische Lehre überhaupt nicht anerkennt. Dieser Lehre sollte man hauptsächlich unser Unterrichtswesen anpassen. Professor Unold gab diesbezüglich die Anregung auf Ausgestaltung und obligate Einführung der „Bürgerkunde“, ein Gebiet, auf welchem insbesondere die „Freie Schule“ bahnbrechend zu wirken vermöchte. Mit einem Appell, sich von den überkommenen Vorurteilen frei zu machen, schloß der Vortragende, von stürmischem Beifall bedankt.

DER FALSCHE PARALYTIKER

„Allerdings, ganz normal war der Poldi ja nicht, aber paralytisch war er gewiß nie.“ Mit diesen Worten durchbrach ich das Schweigen, das so eisig über unserer Tafelrunde gelagert hatte, daß man darin eine Pommery-Batterie hätte hinreichend einkühlen können. Aber heute gab's gerade keinen Champagner: Poldi von Rauch, der ihn gewöhnlich gezahlt hatte, war heute in ein Sanatorium für Geisteskranke gebracht worden. Daher das eisige Schweigen.

Meine Worte brachten unseren Kreis in Bewegung. Wenn bei einem Physiker-Kongreß der berühmteste der Teilnehmer apodiktisch verkünden würde, daß die Schwerkraft nicht nach abwärts, sondern nach aufwärts wirke, so hätte dies auch nicht annähernd einen solchen Aufruhr hervorrufen können wie hier mein kurzer Satz.

Man denke aber auch: Poldi von Rauch wäre nie paralytisch

gewesen! Poldi von Rauch, der schon in Gestalt und Sprechweise, von seinem übrigen Wesen ganz zu schweigen, seit jeher der Typ des progressiven Paralytikers gewesen war, wäre nicht paralytisch gewesen. Und diese Behauptung fiel nicht etwa in einem Kreise von wildfremden Plebejern, sondern inmitten der Tafelrunde „Schampus", deren größter Stolz es gewesen war, einen unverfälschten Paralytiker, nämlich Poldi von Rauch, zu ihren eifrigsten Mitgliedern zu zählen. Und die Behauptung stellte gerade kein anderer auf als ich, der ich doch am meisten mit Rauch verkehrt hatte! Entrüstung, Widerspruch, Unglauben wurden von meinen Worten ausgelöst. Endlich faßte Herbert Porges, der in unserem Kreise der verhältnismäßig Witzigste war, unter allgemeinem Beifall das Urteil gegen mich in dem Satz zusammen: „Wenn du sagst, daß der Poldi nicht paralytisch war, dann bist du selbst paralytisch."

Die Stimmung war gegen mich. Das hatte ich mit meinem Satz nicht beabsichtigt. Der war mir nur so plötzlich aus dem tiefsten Unterbewußtsein in meinen Mund hinaufgehüpft und diesem entwischt, bevor ich mir überlegt hatte, welches unliebsame Aufsehen die Veröffentlichung dieses umstürzlerischen Gedankens bei den Mitgliedern des „Schampus" erregen müsse. Aber jetzt mußte ich wohl oder übel meine Behauptung beweisen, wenn ich nicht in den Verdacht kommen wollte, daß ich, ohne mir etwas zu denken, einen Satz ausgesprochen habe. Dies kam zwar in unserer Gesellschaft fortwährend vor, aber diesmal handelte es sich um eine furchtbare Beschuldigung, man hätte mich für einen niedrigen Verleumder halten können – kurzum, ich mußte mit der Sprache heraus.

„Mit dem Poldi ist das so gewesen", erklärte ich. „Seine Eltern waren lange Jahre kinderlos, und als sich endlich ein Sprößling einstellte, wurde dieser verhätschelt und verzärtelt. Ihm zuliebe reichte der Vater, als er nach vierzigjährigem Staatsdienst pensioniert wurde, um die Verleihung des Adels ein. Er erhielt ihn. Poldi war damals dreizehn Jahre. Tertianer. War riesig stolz darauf, ein Adeliger zu sein, und ließ das seine Mitschüler fühlen. Einmal warf er sogar einem Mitschüler mit verächtlicher Gebärde dessen bürgerliche Abstammung vor. Der war nicht faul und lachte: besser als Tornister-Adel!

Tornister-Adel! Dieses Wort wurmte den Poldi furchtbar. Er glaubte, jeder müsse ihm ansehen, daß er gar kein Uradeliger, sondern nur ein Tornister-Adeliger sei. Deshalb begann er an sich zu arbeiten, sich anzustrengen, als dekadenter Sproß eines alten Geschlechts zu erscheinen. Zunächst gewöhnte er sich eine ungeheuer vornehme Handbewegung an: Er strich sich mit dem Goldfinger der rechten Hand über die Nasenwand und verschob dabei den offenen Mund für den Bruchteil eines Augenblicks nach rechts. Ferner kam er einige Male nicht ins Gymnasium. ‚Ich konnte mich absolut nicht erinnern, wo die Schule ist', entschuldigte er sich.

Als er ein nächstes Mal nicht in die Schule kam, äußerte er, am nächsten Tag über sein Fernbleiben befragt, naiv: ‚Ja ist denn gestern nicht Sonntag gewesen?' Nein, gestern war Dienstag gewesen. Und dergleichen.

Schließlich ließen ihn seine Eltern aus der Schule austreten, weil er fortwährend über Nervosität klagte. Doch das waren nur Kleinigkeiten. Aber nun hatte Poldi hinreichend Zeit, sich ungestört und systematisch ruinieren zu können. Das letzte Buch, das er las, war ein Buch über Paralysis progressiva. Von da ab las er nichts mehr. Nicht einmal die Heftchen der ‚Pikanten Bibliothek' oder der ‚Blutigen Novellen' las er, um sich zu bilden. Gar nichts. Jedem, der es hören wollte, teilte er es mit, daß er dem Lesen entsagt. Auf die Frage, weshalb er dies getan habe, entgegnete er stereotyp: ‚Mein Monocle ist zerbrochen. Vor zwei Jahren. In Monte Carlo. Und ohne Monocle kann ich nicht lesen.'

‚Ja, warum kaufst du dir kein neues?' fragte man naturgemäß.

‚Aber wozu denn diese blödsinnigen Umstände?'

Ungebildet können auch Nicht-Paralytiker sein, und Nicht-Lesen genügt nicht zum Beruf des Paralytikers. Deshalb tat Poldi noch ein übriges. Die Wissenschaft erklärte er glattweg für Schwindel. An Elektrizität und ähnliche Sachen glaubte er nicht; das werde alles abergläubischen Leuten nur so vorgespiegelt. Typhus gäbe es in Prag nicht, und der Fresl sei ein sehr vornehmer Politiker. Und wer Geld verdiene, sei ein Lausbub. Und dergleichen mehr. Sein Grundsatz war: ‚Das Leben ist ein Tennis-Rakett.' Näheres war hierüber aus ihm nicht herauszubringen.

In seiner äußeren Erscheinung vervollkommnete er sich ähnlich. Er ließ sich ein Mittel besorgen, das den Haarausfall beschleunigte, und hatte bald – kaum neunzehn Jahre alt! – eine fashionable Glatze. Obwohl er hinreichend mager war, machte er eine Entfettungskur durch, so daß er binnen kurzem nur aus Haut und

Knochen zu bestehen schien. Den aristokratisch gebogenen Gang konnte er sich nicht angewöhnen, weshalb er sich einen Gradhalter anschaffte, über dessen Vorzüglichkeit er im Gespräche nicht genug Worte des Lobes verlieren konnte, um so von seinem Rückgrat die Schuld für seinen unvornehm aufrechten Gang abzuwälzen.

Diese Methode der Abwälzung wandte er auch hinsichtlich eines anderen Mangels an. Ihm fehlte nämlich die sichtliche Müdigkeit, die sich konstant auf den Gesichtern der Dekadenten spiegelt und sich überdies oft auch inmitten eines selbst gesprochenen Satzes durch Gähnen äußert. Das konnte sich Poldi nicht aneignen. Was tat er? Er ließ sich tagtäglich eine Kampferspritze geben, trank tagtäglich vierzehn Tassen schwarzen Kaffee und rauchte dazu ununterbrochen seine mit Navy-cut gestopfte kurze Pfeife, um – wie er jedermann erklärte – sich auf diese Weise künstlich wach zu erhalten, sonst würde er auf der Straße zusammenbrechen.

Natürlich blieben diese Manieren und diese Mittel auf den körperlichen und geistigen Zustand Poldis nicht ohne nachteilige Wirkung, so daß selbst ich, der ich doch von Poldis Verwandten und ein wenig auch von ihm selbst darauf aufmerksam gemacht worden war, daß er seine Paralyse nur simuliere, manchmal stutzig wurde. Zwar den von euch so bewunderten, scheinbar impulsiven Satz Poldis, ‚Chauffeur, wie heiß ich?‘, bei welchem er sich immer so nachdenklich auf die Glatze griff, habe ich seit jeher als gekünstelt erkannt. Aber vor einigen Tagen traf ich ihn in der Parkstraße. Ich wußte nicht, daß wenige Stunden vorher seine Mutter gestorben sei, und fragte ihn, wie gewöhnlich, wie es ihm gehe.

‚Na danke, soso-lala; heut ist meine Mama g'storben. Auch peinlich.‘

Dabei verzog er keine Miene. Und wie er den Tod seiner von ihm heißgeliebten Mutter mit dem Worte ‚peinlich‘ charakterisierte, kam es mir vor, daß er sein angestrebtes Ziel bereits erreicht habe, paralytisch geworden sei. Und möglich, daß er nun wirklich krank in das Sanatorium gebracht worden ist. Aber möglicherweise hat er sich nur dort internieren lassen, um die Komödie bis zu den letzten Konsequenzen durchzuführen. Ich weiß selbst nicht.“

Nachdem ich geendet hatte, ließen die Mitglieder des „Schampus“ die Hälse sinken. Es herrschte die Stille des Grabes, in das man einen schier unerschütterlichen Glauben gebettet hatte. Endlich unterbrach Herbert Porges die Lautlosigkeit. Was er sprach, war ein vernichtender Satz, ein Todesurteil. Es war der letzte Satz, den man über Poldi von Rauch gesprochen. Und also sprach Herbert Porges: „Er gibt sich für einen Paralytiker aus und ist gar keiner. So ein Hochstapler!"

MORRIS-ROSENFELD-MATINEE

Als eine eigenartige, eine durch und durch interessante Erscheinung in der zeitgenössischen Literatur ist Morris Rosenfeld heute bekannt und gewürdigt. Durch seinen Werdegang und seine Persönlichkeit ebenso wie durch die Sprache, in der er dichtet, und durch das Motiv, das durch jedes einzelne seiner Lieder tönt: Ein Angehöriger des New-Yorker Ghettos, ein vielgeplagter armer Schneider, sang und singt er seinen Genossen vom jüdischen Proletariat in dessen Sprache, dem Jargon „jiddisch", das Lied von seiner und ihrer Not und Plage. Keine Tyrtäusklänge sind es, obwohl er hie und da mit Bewunderung von großen Söhnen Judas spricht, die im Kampfe für ihren Glauben standen. Er dichtet vielmehr vom dumpfen, hoffnungslosen Schmerz seiner Leidensbrüder, dem doppelten Schmerz, zur Rolle einer Maschine verdammt zu sein und den armen heimatlosen Juden des Ghettos anzugehören. Er findet für dieses sein sentimentales Sujet immer die richtigen Töne und weiß die lyrischen Schilderungen beispielsweise im Liede „Die Nachtigall zum Arbeiter" oder im Gedichte „Sturm" mit unübertreffbarer Meisterschaft zu geben. Der Jargon, in welchem er, der amerikanische Jude, dichtet, ist ein deutscher, für jedermann unvergleichlich leichter verständlich als zum Beispiel das Plattdeutsch, und so wirkten die vom Dichter vorgestern gesprochenen Gedichte vollkommen ursprünglich, und das Publikum, das in enormer Zahl zu der vom „Zentralverein zur Pflege jüdischer Angelegenheiten" in dankenswerter Weise einberufenen Matinee hauptsächlich deshalb gekommen war, um dem berühmten Lyriker von Angesicht zu Angesicht gegenüberzustehen, wurde von dessen Vorlesung vollkommen ergriffen.

Die Veranstaltung leitete Friedrich Adler mit einem Essay über Morris Rosenfeld ein. In liebevoller Weise feierte er des Ghettodichters Wesen, Werdegang und Bedeutung, würdigte ihn als einen deutschen Dichter, in dessen Sätzen und Worten sich sogar noch manche aus dem Hochdeutschen bereits verschwundene deutsche Wendung vorfindet, und verbreitete sich im Verlaufe des Vortrages auch in brillanter Weise über die dichterische Verwertung des Judenschmerzes in der Weltliteratur, über Dialektdichtung, Heimatkunst usw. Sodann interpretierten zwei Bühnenkünstler, Herr Onno und Fräulein von Helling, und ein Dilettant, Herr Wittmann, Hochdeutsch-Übertragungen aus des Dichters Werken. Herr Onno gab in seinem Vortrag den Werkstattgedichten den Ausdruck des bebenden Schmerzes, Fräulein von Helling den Liedern die schlichten herzlichen Töne, und Herr Wittmann versuchte mit Erfolg durch kraftvollen Vortrag den Gedichten den Charakter von Kampfliedern zu verleihen. Die drei Vortragenden wurden mit reichem Beifalle bedacht, der sich aber in lang anhaltende Ovationen verstärkte, als Morris Rosenfeld selbst erschien und mit einfachem Vortrag einige prächtige Balladen aus seinen „Liedern des Ghettos“ und aus dem Manuskript ein Spottgedicht auf einen reich gewordenen Schuster las, der nun von seinen einstigen Kameraden im Ghetto und von seiner einstigen Umgangssprache nichts mehr wissen will.

NUR NICHTS VON LIEBE

Flink, Meister Spielmann! Spiel ein Lied,
Doch nur kein Lied von Liebe!
Denn wär es traurig oder froh,
Mich stimmt' es immer trübe.
Sängst du ein Lied von Minneglück
Gedächt ich meines Leides,
Das zög ich grollend in Vergleich
Und würde voll des Neides.
Und sängest du von Liebesqual,
Verglich ich's meinen Leiden
Und merkte schluchzend beim Vergleich,
Was größer ist von beiden.
Drum, Meister Spielmann, spiel ein Lied,
Jedoch: Kein Lied von Liebe!
Denn wär es traurig oder froh,
Mich stimmt es immer trübe.

LOTTERLEBEN

Wir sind zwei Sünder, hartgesotten.
Wir leben lustig in den Tag,
Und sorglos durch die Nacht wir trotten:
Wir sind zwei Muster von Falotten
Aus unverfälschtem Lumpenschlag.

Wir Don Juans der ersten Klasse
Wir machen manches Weib verrückt.
Komtessen haben wir in Masse
Und feile Dirnen von der Gasse
Noch öfters an die Brust gedrückt.

Der Durst steht stets auf unsrer Fahne,
Wir trinken Branntwein und Absinth.
Was schert's, daß der Philister mahne!
Wir bleiben durst'ge Zechkumpane,
Und bleiben jung, so lang wir's sind!

Das Glas, das Weib an unsrem Munde,
So führen wir den Lebenslauf.
Ein Leben wie die Lumpenhunde.
Wir gehen beide dran zugrunde
Und sind doch beide stolz darauf.

DER SCHAUPLATZ VON GOETHES „NOVELLE"

Ruine Hassenstein bei Kaaden

Die heutigen Goethe-Forschungen mögen wohl im allgemeinen nicht viel neue Details mehr zutage fördern. Das Leben des Dichters liegt klar wie nicht so bald ein anderes vor uns. Was er nicht selbst in seiner „großen Konfession", seinen Werken berichtet, weil es ihm zu unwesentlich schien, haben unzählige Literarhistoriker längst ergründet, paraphrasiert und ausgestaltet. Und welchen Wert könnte es noch haben, wenn irgendwer den historischen Schauplatz irgendeines Werkchens von Goethe zu finden vermöchte?

Aber da hat ein Prager Gelehrter, der Dozent unserer deutschen

Universität, Herr Dr. Wukadinovič, eine literarisch-topographische Entdeckung gemacht, die doch nicht ohne tieferes Interesse ist. Nicht gerade nur für uns, deren Aufmerksamkeit schon dadurch wachgerufen wird, daß es sich um einen Ort in Böhmen handelt, sondern für die ganze deutsche Literatur. Es handelt sich um den Ort der Handlung von Goethes wundervoll lyrischem Prosawerk, der „Novelle". Goethe selbst hat seinen durch drei Jahrzehnte gehegten und von Schiller gebilligten Plan, den Stoff in Reimen und Strophen zu verarbeiten, fallengelassen und nur deshalb Prosa gewählt, weil es ihm – wie er sich selbst zu Eckermann äußert – auf genaue Zeichnung der Örtlichkeit sehr angekommen sei. Tatsächlich ist dem Dichter die Schilderung der verfallenen Stammruine, in die der aus der brennenden Menagerie entsprungene Löwe geflüchtet ist und aus der er von dem kindlichen Flötenspieler gelockt wird, in plastischer Anschaulichkeit des Gesamteindrucks und aller Einzelheiten geglückt. Diese prägnante, ins kleinste gehende Lokalschilderung hat den Literarhistorikern viel Stoff zu Konjekturen gegeben, da es doch wertvoll war, zu wissen, ob des Dichters Phantasie ein derartiges Bild ganz aus Eigenem und Freiem geschaffen, oder aber, ob er eine einmal geschaute Landschaft mit solch seelischer Deutlichkeit wiederzugeben vermocht hat. Es fragte sich, ob der zufällige Anblick einer Ruine dem Plan, mit dem sich Goethe seit dem Ende des achtzehnten Jahrhunderts beschäftigte, die Gestalt gegeben habe, in welcher er ihn im Winter 1826 bis 1827 verarbeitete.

Es war kein müßiger Streit. Denn abgesehen von der wertenden Äußerung des Dichters zu Eckermann, zeigt schon die ganze Anlage der Novelle, wieviel ihrem Schöpfer auf die Landschaft ankam. Einen großen Raum nimmt deren Schilderung ein, und sie bewegt sich in enthusiastischen Worten. „Tiefe Blätterschichten wegräumend", erzählt der fürstliche Oheim, der die Wildnis der uralten Stammburg zugänglicher machen ließ, „haben wir den merkwürdigsten Platz geebnet gefunden, dessengleichen in der Welt vielleicht nicht wieder zu sehen ist." Und weiter sagt er schwärmerisch: „Wir wollen mit diesen Bildern unseren Gartensaal zieren, und niemand soll über unsere regelmäßigen Parterre, Lauben und schattigen Gänge seine Augen spielen lassen, der nicht wünschte, dort oben in dem wirklichen Anschauen des Alten und Neuen, des Starren, Unnachgiebigen, Unzerstörlichen und des Frischen, Schmiegsamen,

Unwiderstehlichen seine Betrachtungen anzustellen." Das Verlangen der schönen Fürstin, die Ruine zu sehen, ist auch der Anlaß, den Ritt zu unternehmen, der sie in das gefahrvolle Abenteuer mit dem entsprungenen Tiger und zu dem rührenden Erlebnis mit dem Löwen führt.

Übrigens ist die Anlage der Ruine, wie aus dem Sicherungsplan bei der Löwenjagd hervorgeht, außerordentlich kompliziert, und man vermag trotz der liebevollen Beschreibung Goethes keine genaue Vorstellung von dem Wege des flötespielenden Knaben, von dem Standort Wärtels und Honorios und vom Ruheplatz des Löwen zu erlangen. Es ist dies eine Wirkung der Knappheit des Goetheschen Stiles, aber auch ein Beweis der Tatsache, daß das Gesamtbild einer Landschaft doch nur der Pinsel des Malers und nie die Feder eines Dichters – selbst die Goethes nicht – geben kann. Die Literarhistoriker bemühten sich, das Urbild der romantischen Stammburg herauszufinden. Düntzer meinte, der Schauplatz sei die Ruine Greifenstein bei Rudolstadt. Simrock sagte, daß es das Lichtensteinsche Schloß sei. Hermann Baumgart nennt ein Schloß in der Dornburger Gegend das Modell der Stammburg. Seuffert in Graz wies auf Grund später gestrichener Stellen in Goethes Entwurf und auf Grund der Tagebuchblätter unwiderleglich nach, daß der Dichter bei der Örtlichkeit nur Böhmen im Auge gehabt haben konnte. Doch seine Annahme, daß Teplitz und der Schloßberg das Vorbild von Goethes Landschaft gewesen sei, war hypothetisch.

Dozent Wukadinovič ging auf den Spuren Goethes in Böhmen. Die Tagebuchblätter vom 8. bis 12. September 1810 wiesen ihm den Weg in das Lobkowitzsche Schloß Eisenberg bei Brüx. Und er hat damit sofort eine Gleichung gefunden: Schloß, Stadt, Fluß und Stammburg = Eisenberg, Brüx, die Biela und die Ruine Hassenstein bei Kaaden.

Auch die Person des Fürsten sowie die seiner Gemahlin ist damit gegeben. Es ist Fürst Ferdinand Lobkowitz, der sich am 9. September 1826 mit Prinzessin Marie Liechtenstein vermählte und acht Tage später mit ihr seinen Einzug in der Eisenberger Residenz hielt. Genau um die Zeit, da Goethe von diesem Einzug des Paares, mit dessen Eltern er in eng freundschaftlicher Beziehung stand, Kenntnis erhielt, begann er das Werk. Es kann nicht an einen Zufall geglaubt werden, wenn jetzt alles, was Goethe über das „neuvermählte" Paar und über den Vater des Fürsten sagt, so wunderbar auf den Fürsten

Ferdinand Lobkowitz, dessen junge Gemahlin und auf den Fürsten Josef Franz Maximilian von Lobkowitz – Goethes einstigen Gastgeber auf Eisenberg – paßt. Der Fürst-Oheim dürfte Wenzel Fürst Liechtenstein, der Onkel der Braut, sein, auf den unter anderem die Kenntnis Hollands und seine Teilnahme an einem gräßlichen Brande hindeutet.

Wukadinovič legt in dem Buche über seine Entdeckung, das er demnächst erscheinen läßt, zunächst die Umstände des Goetheschen Besuches auf Eisenberg dar, um zu erweisen, welchen Einfluß diese auf die Gestaltung der geplanten Jagdgeschichte hatten. So mußte Goethe, als er von Eisenberg nach Hassenstein fuhr, durch Brüx, wo gerade das bunte und lärmende Treiben des Ägidi-Marktes wogte, das charakteristische Jahrmarktsgewühl, das er in der „Novelle" mit so prächtigen Farben geschildert. Nicht nur den Marktplatz passierte Goethe auf seiner Fahrt, sondern auch die Prager Vorstadt, wo ihm eine riesige Brandstätte nicht entgangen sein kann: Knapp vorher, am 7. August 1810, hatte hier eine Feuersbrunst neun Scheuern mit der eben eingeheimsten Ernte vernichtet. Kein Wunder, daß sich in der Phantasie des Dichters das fröhliche Treiben des gerade gesehenen Jahrmarktes mit der Vorstellung von der Panik eines Riesenbrandes verknüpfte! Nimmt man dazu, daß dem Dichterfürsten ein Jagdabenteuer erzählt wird, das ein sehr illustrer Gast vorher auf Hassenstein gehabt hatte, nämlich daß Prinz Louis Ferdinand von Preußen durch einen wütenden Eber angerannt und nur durch einen das Tier tötenden Lanzenwurf des Fürsten Wenzel Liechtenstein (eben des Fürst-Oheims) gerettet worden war, so haben wir den realen Teil der Novelle fast vollständig. Aber die Novelle hat neben dem realen – wie Goethe selbst sagt – auch einen „ideellen Charakter". Und dieser beruht teils in dem Zauber der Landschaft, teils in dem Auftreten des märchenhaften Knaben.

Was dieses Wunderkind anbelangt, schließt sich Wukadinovič der Ansicht Seufferts an, daß Goethe zu dessen Modell einen ärmlichen, aber reinlichen Knaben aus Teplitz genommen, den er auf dem Schloßberg getroffen, in dem er „den schönsten Knaben von der Welt" gesehen und dem er die ganze Barschaft geschenkt habe, die er bei sich trug. Wukadinovič jedoch bringt dieses gefällige Abenteuer auf dem Teplitzer Schloßberge, von dem Goethe in seinem Tagebuche mit solcher Begeisterung schreibt, in unmittelbaren Zusammenhang mit den zwei Tage vorher empfangenen Eindrücken von Eisenberg und Hassenstein. Erst in der Verbindung mit der Eisenberger Reise wird die harmlose Begegnung zum befruchtenden innern Erlebnis.

Mit peinlichster Sorgsamkeit müht sich Wukadinovič, die Analogie der Novellenlandschaft mit der Eisenberger und Hassensteiner Gegend zu erhellen. Und es gelingt ihm nicht nur darzulegen, daß sich auf dem Wege von Eisenberg die Stadt Brüx genauso darstellt, wie in der Novelle die Fürstin und ihre beiden Begleiter die „Stadt“ erblicken. Sogar den Weg, den die Personen der Novelle genommen haben, weiß Dr. Wukadinovič zu rekonstruieren, gibt eine genaue Schilderung der Burg Hassenstein und legt schließlich ihren Grundriß bei, an Hand dessen sich die Goethesche Novelle tatsächlich mit einer deutlicheren lokalen Vorstellung liest. Sogar an scheinbar geringfügigen Details läßt der Prager Literarhistoriker seinen Forscherblick nicht vorübergehen und hat zum Beispiel herausgefunden, daß das große Teleskop, durch das die Fürstin die Gegend betrachtet hat, noch heute vorhanden ist und sich jetzt im Raudnitzer Schloß der Lobkowitze befindet, während das kleine Fernrohr, durch welches Honorio die Feuerwolken entdeckt, noch heute auf Eisenberg aufbewahrt wird. Der Baum am Fuße des Bergturmes, der seitliche Mauerdurchbruch, die hundertjährige Buche, die Situation der Wärtelwohnung und viele, viele Feinheiten im Bilde stimmen verblüffend.

Die Studie Doktor Wukadinovičs ist mehr als eine Angabe des Schauplatzes von Goethes anmutigstem Prosakunstwerk. Sie gibt einen neuen Beweis von Goethes wundersamem Sinn für die Landschaft, der es bewirkt, daß er – wie er selbst von sich sagt – „die Natur bis in ihre kleinsten Details nach und nach auswendig gelernt, dergestalt, daß, wenn ich als Poet etwas brauche, es mir zu Gebote steht und ich nicht leicht gegen die Wahrheit fehle“. Und daß der größte Deutsche gerade eine Landschaft Deutschböhmens „als Poet gebraucht“, daß Goethe gerade an einer Landschaft Deutschböhmens sein Gedächtnis für Naturschönheit so stark erwiesen, indem er sie nach zehn Jahren bis in das kleinste Detail zu reproduzieren vermocht, gereicht unserer Heimat just auch nicht zur Schande.

UNSELIGE SELIGKEITEN

Novellen von Ernst Feigl (Stuttgart und Berlin, Verlag von Axel Juncker)

In dem schön ausstattenden Verlag von Juncker läßt Ernst Feigl (Auscha), dessen Feder man aus Zeitungen, Zeitschriften und Witzblättern kennt, sein erstes Buch, eine Novellensammlung, erscheinen. Nun ist Feigl genaugenommen kein Novellist. Ihm liegen komplizierte Stoffe mit komplizierten Naturen viel ferner als eine lustige Schilderung und ein schnurgerader Charakter, und wo er literarisch wird, von „schwülwonnigem Rausche", von „lohenden Seligkeiten, die flügelbebend über die Welt flattern", von „hieratischen Wohlgerüchen einer gewissen Anständigkeit", von „Seidenmänteln und schleppendem Purpur der Liebe" und dergleichen spricht, da mag man ihm die Echtheit nicht gerne glauben. Vermeint eher, daß er dadurch nur seinen Skizzen das Novellistische geben wollte, was ihm aber nicht gelang. Doch offenbart Feigl in seinen Sachen einen kräftigen Blick für die Kleinstadt. Er sieht und fühlt in den alten Häusern und den alten Plätzen, an den Stadttoren und vor den Heiligenstatuen die zugehörigen Menschengestalten aus alter und neuer Zeit, er hört die Ratsherren und Kammerschreiber in ihren Halskrausen und Braträcken mit den Knaufstökken durch die greisen Gassen stapfen, die hier auch nichts anderes sind als die Landstraße, auf der sich bloß ein dickköpfiges Straßenpflaster breitmacht. Er fühlt die Stimmungen und Handlungen, die sich an diese Stellen und diese Menschen knüpfen, und weiß sie schier wortgetreu zu erzählen. Alle die Geschichten finden den Weg zum Leser, und trotzdem sie zumeist kurz sind, bleiben sie in der Stimmung haften. Und die letzte in dem Buche, die Lebensbeschreibung des ehrsamen Tuchwirkers Johann Georg Kern, der am Stammtisch über die Frauen nichts als die nichtssagende Phrase „Das sind so Sachen" zu sagen weiß und der dennoch soviel Schönes und soviel Böses von der Liebe erfahren, greift besonders tief.

„Ra-che, Ra-che", sagten die Haar- und Schattenstriche jedes Buchstaben in dem Briefe, den Disponent Glöckner nochmals schreiben mußte, weil der Chef den ersten Brief zerrissen hatte.

„Ra-che, Ra-che" – der Disponent hauchte aus Unwillen über die überflüssige Arbeit den Strichen diese Sprache ein, und bald lag das dumpfe Rachegefühl des Unterdrückten gegen den Vorgesetzten in breiter Schicht über dem Briefpapier der Mais-Großhandlung Edmund Schellhammer. Glöckner atmete diese Ausdünstung seines eigenen Revanchegelüstes tief ein. „Rache, Rache!"

Als dann der Disponent den abgeschriebenen Brief kopieren lassen wollte, war der Praktikant nicht da, zu dessen Amtsobliegenheit das Kopieren gehörte. In seiner ärgerlichen Stimmung eilte Glöckner zum Chef, um über den Praktikanten Klage zu führen, der im Bureau immer überall zu finden sei, nur dort nicht, wo man ihn brauche. Der ohnedies verzögerte (hier war die gegen den Chef gerichtete Spitze) Brief werde noch länger verzögert, da der Lausbub nicht hier sei.

„Was wird es Ihnen schaden, wenn Sie den Brief selbst kopieren werden? Die Kopierpresse hat noch keinen Menschen getötet."

In Glöckners Augen flackerte das Rachegelüst auf, als er diese Antwort des Chefs auf eine im Geschäftsinteresse vorgebrachte Beschwerde erhielt.

„Oh, Herr Chef, da irren Sie sich sehr!"

„Was sind das für blöde Reden? Wie soll eine Kopiermaschine jemanden töten können?"

„Bitte sehr, Herr Chef, darf ich Ihnen das ganz kurz erklären. Das wird Sie sehr interessieren."

„Na, ich bin neugierig."

„Sehen Sie, Herr Chef, das ist so eine Geschichte aus meinem Leben. Nachdem ich die Handelsakademie absolviert hatte, kam ich in Reichenberg in ein kleines Agenturgeschäft. Der Chef war größtenteils auf Reisen, und ich führte alles allein. Außer mir war noch ein altes, verhutzeltes Fräulein da, welches Schreibmaschine tippte und die Briefe kopierte. Dieses Fräulein – Charlotte Baumberg hieß es – war brustkrank, und man sah ihr an, wie sie die Arbeit nur unter Überwindung physischer Schmerzen bewältigte. Die Arbeit war auch darnach. Fehler im Manuskript, und auf der

Rückseite der kopierten Briefe war fast immer die Kopie des nächsten Geschäftsbriefes deutlich zu entziffern, weil das Ölblatt schlecht oder gar nicht eingelegt war. Ich ärgerte mich furchtbar, aber das Fräulein, das mir erzählte, mit welcher Not sie zu kämpfen habe, da sie von den sechzig Kronen Gehalt sich und ihre seit Jahren bettlägerige Schwester ernähren müsse, flößte mir Mitleid ein. So ließ ich Fehler Fehler sein, und wenn es mir meine Zeit halbwegs gestattete, kopierte ich wichtigere Briefe selbst. Aber davon durfte der Chef, der ohnedies dem Fräulein schon oft Krach gemacht hatte, beileibe nichts erfahren. Er hätte die Baumberg gewiß entlassen, weil sie den wichtigeren Teil ihrer Pflicht nicht auszuüben vermöge.

Einmal war der Chef im Bureau, diktierte einige dringende Briefe und ging fort. Ich kopierte die Schriftstücke, und da passierte mir bei einem – weiß Gott, wieso – dasselbe Malheur, das ich der alten Baumberg so oft ausgesetzt. Ich wollte den Brief überschreiben lassen, als Schritte auf dem Korridor hörbar wurden: Der Chef kehrte zurück.

‚Fräulein, stecken Sie den Brief schnell ins Kuvert, damit der Alte nichts merkt', flüsterte ich der Baumberg zu und tat, als ob ich in den Büchern zu tun hätte. Das Fräulein machte sich, nachdem sie den verpatzten und die übrigen kopierten Briefe in die Umschläge gegeben und diese verklebt hatte, wieder an der Kopierpresse zu schaffen.

‚Ich bin zurückgekommen, weil der Brief an Pollak in Chrast geändert werden muß. Geben Sie ihn her, Fräulein', sagte der Chef. Der Brief an Pollak in Chrast war gerade der verdorbene. Und die Katastrophe blieb nicht aus. Der Chef wütete, als er sah, daß auf der ‚leeren' Seite des Briefpapiers eine Kopie zu finden war. ‚Das ist schon das zweitemal, daß mir das vorkommt, Fräulein', schrie er erregt, ‚jetzt hab ich's satt. Sie sind ab Ersten gekündigt.'

Die Erregung des Alten war eigentlich begründet. Er handelte mit so diskrepanten Artikeln und hütete sich, seine Kunden wissen zu lassen, wie vielseitig seine Agentur sei. Er hatte zwanzigerlei Briefpapier. Mit den Gummifabriken verkehrte er auf Briefbogen, auf denen unterhalb des Firmanamens die hochtrabende Aufschrift ‚I. Reichenberger Generalagentur für Gummiwaren' stand. Mit den Zündhölzchenfabriken als ‚Generalagent österreichischer Streichholz-Unternehmungen'. Mit den Getreidefirmen als ‚Remisier der Produktenbörse'. Und so fort. Da konnte er es doch nicht dulden, daß seine Vielseitigkeit den Kunden durch die Schlamperei einer Angestellten verraten werde.

Fräulein Baumberg war kreidebleich, als sie die Kündigung erhielt. Ich hätte ihr gerne geholfen und die Schuld, die ja wirklich diesmal die meine war, auf mich genommen. Aber ich hätte dem Fräulein damit nicht genützt, weil das Kopieren ihre Sache war und sie mich zu der Presse hätte gar nicht lassen dürfen. So schwieg ich. Um zwölf Uhr mittags gingen wir nach Hause.

Als ich nachmittags wieder ins Bureau kam, war Fräulein Baumberg noch nicht da, wohl aber der Chef. Der empfing mich auffallend heiter.

‚Sie, Glöckner', lachte er, ‚mir ist da, durch die Schuld des Fräulein Baumberg, etwas Angenehmes passiert. Die Kreditbank in X, mit der wir wegen der Automobilreifen in Verbindung stehen, schreibt mir da, daß sie durch eine zufällig auf unseren Brief gekommene Kopage eines anderen ersehen hätten, daß wir auch in Mais handeln. Da sie mit der Prager Agentur ohnedies in letzter Zeit nicht zufrieden sei, wäre sie geneigt, uns eventuell ihre Generalagentur für Böhmen zu übertragen. Einstweilen sende sie uns einen Auftrag auf achtzehntausend Sack Mais ...'

Das Telefon klingelte. Ich eilte in die Zelle und hatte die telefonische Anfrage der Polizeidirektion zu bejahen, daß bei uns ein Fräulein Baumberg angestellt sei. Daraufhin wurde ich davon in Kenntnis gesetzt, daß eben eine Dame in die Neiße gesprungen sei und auf der Brücke einen Brief mit der gedruckten Aufschrift unserer Firma zurückgelassen habe, auf dessen Rückseite als Absenderin Charlotte Baumberg angegeben war. Der Brief war gleichfalls an ein Fräulein Baumberg gerichtet. Die Leiche habe man noch nicht aus dem Wasser gezogen.

Als ich aus der Telefonzelle kam, schmunzelte der Chef noch immer. ‚Ich werde die Kündigung der Baumberg zurückziehen und ihr eine Gehaltszulage geben, denn als künftiger Generalagent der X-er Kreditbank kann ich mir das spendieren ...'

Ich unterbrach den Chef mit der Mitteilung, daß es schon zu spät sei.

Seit jener Zeit rühr ich keine Kopierpresse mehr an. Denn das Fräulein war ja durch meine Ungeschicklichkeit getötet worden, während ihre Ungeschicklichkeit meinen Chef reich gemacht hat. Der hat sich mit dem Maisgeschäft ein großes Vermögen erworben, wie ich später gehört habe. Aber ich glaube, er wird nie glücklich geworden sein. Es klebt ja Blut an diesem Geld."

Herr Schellhammer, der mit fieberndem Interesse zugehört, unterbrach seinen Disponenten. „Wie hieß Ihr damaliger Chef?"

„Markus Bachmann."

„Das war mein seliger Schwiegervater."

Glöckner schien erschrocken. „Oh, hätte ich das gewußt, Herr Chef ..." Er hatte es aber gewußt. Und deshalb hatte er ja die alberne Geschichte erzählt. Aus Rache.

ACHT JAHRE ZUCHTHAUS

Von Sepp Oerter. Verlag der „Tribüne" in Berlin

Der Autor dieses Buches, das die Literatur der Gefängnismemoiren vermehrt, hatte das Londoner Anarchistenblatt „Autonomie" nach Deutschland geschmuggelt und dort verbreitet. Deshalb wurde er – man blickte damals auf die Anarchisten in Deutschland noch mit heilloser Angst – der Anstiftung zum Dynamitverbrechen schuldig erkannt und zu acht Jahren schweren Kerkers verurteilt. Acht Jahre Zuchthaus sind gewiß eine hinlängliche Legitimation zu einer Schilderung des preußischen Gefängniswesens, und Oerter besitzt dabei eine ausgezeichnete Beobachtungsgabe. Die Gerichtsverhandlung, bei der sich Vorsitzender, Verteidiger und Geschworene langweilen, ist lebenswahr skizziert. Aber Herr Oerter sollte nur nicht immer den von seiner segenbringenden Mission überzeugten Anarchisten, nicht den gemarterten Märtyrer hervorkehren. Er hätte sich damit begnügen sollen, das Zuchthauswesen in der ihm eigenen, sehr interessierenden Weise zu schildern. Die Meditationen über sein eigenes Schicksal hätte er sich sparen können. Silvio Pellico und Oscar Wilde sagen da Besseres.

DER PRAGER FREUND GOETHES

Bibliothek deutscher Schriftsteller aus Böhmen.
Herausgegeben im Auftrage der Gesellschaft zur Förderung deutscher Wissenschaft, Kunst und Literatur:

Kaspar Graf Sternbergs Ausgewählte Werke.
II. Band: Materialien zu meiner Biographie.
Herausgegeben von Wladimir Helekal

Bislang hat Graf Kaspar Sternberg den Tschechen gehört. Sie hatten den Freund Goethes, „den ehrwürdigen Priester der Naturkunde und den väterlichen Freund und Aufmunterer aller jungen Naturforscher", für sich reklamiert, und der tschechische Nationalhistoriograph Palacký hatte nicht nur die Dokumente des Grafen redigiert, sondern auch einen akademischen Vortrag über des Grafen Leben und Wirken herausgegeben. Wie hätten da die guten Deutschen an der tschechischen Gesinnung des Grafen zweifeln können?

Nun, da die Autobiographie des Grafen Kaspar Sternberg, „im Auftrage der Gesellschaft zur Förderung deutscher Wissenschaft herausgegeben", erscheint, fragt man sich also, warum die deutsche Förderungsgesellschaft die Werke des Tschechen neu auflegt. Die Veröffentlichung des ersten Bandes, der den Briefwechsel des Grafen mit Goethe enthielt, war durch die Person des Olympiers begründet. Aber ein Memoirenwerk?

Man liest das Buch, und man findet – das Gegenteil des Erwarteten. Man findet Beweise für Sternbergs deutsches Wesen und fragt sich, wie die Tschechen darüber hinweg den Grafen für ihren Konnationalen erklären konnten. In der vortrefflichen Einleitung macht Helekal eine interessante Mitteilung hiezu: In einem Briefe an den Kurerzkanzler Karl von Dalberg hat Sternberg die Worte „empört sich das Gefühl eines jeden rechtschaffenen Deutschen" gebraucht. Palacký aber hat aus dem Worte „Deutscher" das Wort „Mannes" gemacht. Als belanglos konnte diese „Redigierung" nicht aufgefaßt worden sein, denn sonst hätte Palacký sie nicht vorgenommen, nicht um eines Wortes willen seinen Ruf als Gelehrter aufs Spiel gesetzt. Er wußte wohl, weshalb er die Eskamotage vornahm, und sie ist ein wertvolles Geständnis.

Der postum korrigierte Brief stammt aus dem Jahre 1806. Zu dieser Zeit war Graf Kaspar Sternberg fünfundvierzig Jahre alt (er ist in Prag am 6. Jänner 1761 geboren und bei St. Galli getauft worden) und lebte in Regensburg. Da wäre die Annahme möglich, daß er, der temperamentvolle, für Freiheit begeisterte Mann sich nur der Begeisterung angeschlossen habe, die damals, zur Zeit der Freiheitskämpfe gegen Bonaparte in Deutschland eine allesumfassende gewesen ist, daß er aber später, als er als alter Mann aus Deutschland nach Prag zurückgekehrt war, Sympathien mit den Tschechen empfunden und seiner Vergangenheit entsagt habe. So sucht man, angeregt durch die in der Vorrede enthaltene Bemerkung über Palackýs Änderung, nach Beweisen eines späteren Gesinnungswechsels des Grafen. Aber in dem 312 Seiten starken Buche, in dem nicht nur nichts „korrigiert" ist, sondern auch geringfügig divergierende Lesarten ausdrücklich vermerkt sind, ist bis zum Tode Sternbergs nichts dergleichen zu finden. Nur Dokumente deutscher Denkungsart. Ja, wenn heute jemand in Prag solche Worte sprechen würde, wie sie Graf Kaspar Sternberg im Jahre 1837 anläßlich des Prager Naturforschertages beim königlichen Gastmahl auf dem Hradschiner Schlosse getan, wie würde man ihn auf tschechischer Seite als „Pangermanisten", als „Hochverräter" brandmarken! Er sagte: „Kaiser Franz hat das vereinende Band um Deutschlands Naturforscher in Wien geschlungen, Kaiser Ferdinand hat es in Prag fester geknüpft. Die kalte polarische Teilung ist verschwunden. Nord und Süd, Ost und West sind miteinander verschlungen: es gibt nur *ein* Deutschland wie nur *eine* Naturforschung, wenngleich sie den ganzen Erdball umfängt, und mir ist es gegönnt, noch vor meinem Ende die Erfüllung eines langgehegten Wunsches zu schauen."

Das waren nicht Phrasen, wie sie bei Festreden üblich sind. Graf Kaspar Sternberg wußte gar wohl, was er gesprochen hatte. Er gibt diese Sätze im Wortlaut wieder und fügt hinzu: „Die älteren Mitglieder, die seit 1826 fast allen Versammlungen gefolgt waren, verstanden den eigentlichen Sinn ..." Solche Beweise von deutschem Fühlen gibt es in Sternbergs Leben überall. Er wehklagt über die mangelhafte Verbreitung der deutschen Zeitschrift und erklärt, daß er sich deshalb für seine Nation und sein Zeitalter schäme etc. Für die Tschechen hat er nur das liebenswürdige Entgegenkommen des Aristokraten, der die Stellung des Adels als eine gewissermaßen den Hof vertretende, die Tätigkeit des Adels als vermittelnd und ausgleichend ansah.

Der nationale Streit hat alles zersetzt. Erst wenn man sich aus dem Buche über die Nationalität des Grafen Kaspar Sternberg informiert hat, wenn man erfahren hat, daß er ein deutscher Landsmann war, gibt man sich voll und ohne Mißtrauen den Berichten dieses großen Mineralogen, berühmten Sammlers und Gründers des Prager Museums hin. Dann erst liest man mit verdoppeltem Interesse von des Grafen Kaspar Sternberg Beziehungen zu Goethe, den er 1822 in Marienbad kennengelernt hatte. Bald wohnten die beiden Gelehrten, der nun einundsechzig Jahre alte Graf Sternberg und der um elf Jahre ältere Minister, unter einem Dache, speisten mittags und abends zusammen, mineralisierten gemeinsam und blieben nach dem Abendessen stundenlang beisammen. 1827 ist Sternberg als Gast des Großherzogs in Weimar, verbringt mit Goethe einige Stunden allein, einige Stunden in Gesellschaft geistig angeregter Zeitgenossen, bespricht mit ihm den Plan einer geistigen Verbindung zwischen Süddeutschland und Norddeutschland und vieles andere. Fünf Jahre später gedenkt Sternberg anläßlich des Wiener Naturforschertages mit Schmerz Goethes, dessen Name, mit Cuvier vereinigt, von den Naturforschern ausgesprochen wird, „als sie den ausgezeichneten Vorangegangenen ein Lebehoch in die unbekannte Natur nachriefen“. Gar viel erzählt das Buch von Goethe und seinem Prager deutschen Freund.

SCHWERINS TODESSTÄTTE

Zum Jahrestag der Prager Schlacht

In dem Gedenkbuch, das der Invalide am Schwerindenkmal in Stierbohol jedem Fremden vorlegt, kehren die Namen der Prinzen von Preußen, der Grafen Bismarck, Bülow, Zedlitz, die Namen fast sämtlicher preußischer Adelsgeschlechter und anderer reichsdeutscher Besucher viel häufiger wieder als österreichische Namen. Stierbohol gehört den Annalen der preußischen Geschichte an: Die Prager Schlacht ging den Österreichern verloren. Aber ist denn nach hundertvierundfünfzig Jahren die Totenklage nicht schon längst verstummt, sollten anderthalb Jahrhunderte nicht zur Herbeiführung objektiver Beurteilung genügen? Fühlen wir denn heute noch die Wirkungen jener einen Schlacht, ist nicht – wenn man schon das Endergebnis jenes mörderischen Kampfes in Betracht ziehen will – der Sieg, den „König Friedrichs Macht“ bei Prag errang, ein Pyrrhussieg gewesen, und hätte es ohne Prag ein Kolin gegeben? Für die österreichischen Schulen ist die Erinnerung an jenen beispiellos erbitterten Kampf verklungen. Nur in Prag hat sie Generationen hindurch sich doch einigermaßen wachgehalten. Zum welthistorischen Moment tritt das örtliche hinzu.

Unmittelbar vor den Toren der schicksalsreichen Stadt liegt das mit Heldenblut gedüngte Schlachtfeld. Eine gute halbe Stunde hinter den Straschnitzer Friedhöfen, zwischen den Dörfern Stierbohol und Kyje. Dort steht auf einem Boden, der dem Studienfond der Prager Universitäten zu eigen ist, ein Monument. Es trägt die Inschrift: „Curth Christoph Graf von Schwerin, kgl. preuß. Generalfeldmarschall, starb hier den Heldentod mit der Fahne im Arm am 6. Mai 1757.“ Das mächtige Denkmal ist aus Eisen gegossen, hoch ist der aufgeschüttete Hügel, auf dem es ragt. Dennoch wird es dem von Prag Kommenden spät erst sichtbar, wenn er hinter Stierbohol links in die Chaussee einbiegt. Es befindet sich innerhalb einer Einsenkung, die durch den Taborberg gegen Prag gedeckt ist. Diese Ebene dehnt sich in strahlendem Grün bis zu einer langen Hügelkette, von der – im Nordosten – die Dächer von Chwala und Potschernitz herüberblinken. Es ist nur diese Wiesenlandschaft, welche das Schwerindenkmal beherrscht. Aber es ist ein weites Gebiet. Hier haben hundertzwanzigtausend Österreicher gegen achzigtausend Preußen gekämpft, und es ist Raum für fünfundzwanzigtausend Tote und Schwerverwundete gewesen ...

Damals wurde dieses Landschaftsidyll zum Schauplatz eines furchtbaren Nahkampfes. Man bekommt ein Bild davon, wenn man die Schlachtpläne ansieht, die in der Invalidenwohnung beim Schwerindenkmal an der Wand hängen. Riesenstriche markieren die Fronten. Der linke Flügel der Österreicher allein reichte vom Žižkaberg bis auf den Taborberg hinter Straschnitz. Der rechte Flügel, gegen den Friedrich es abgesehen hatte, hielt bis weit gegen Osten hin die Hügelgrenzen des Feldes, an dem heute das Denkmal steht, besetzt. Die preußischen Husaren und Dragoner unter General Ziethen hatten die Schlacht mit einem dreimaligen Ansturm auf die österreichische Kavallerie eröffnet, der keinen Erfolg gebracht hatte. Nun gingen die Bataillone des ersten preußischen Treffens zum Kampfe vor. Aber die Wiesen bei Stierbohol sind sumpfig. Heute wie damals. Die Soldaten blieben stecken, die

Reihen verloren die Direktion, gerieten in Unordnung. Das sah General Brown und ließ die österreichischen Grenadiere mit gefälltem Bajonett gegen die Preußen vorrücken. Er selbst sank, von einer Kanonenkugel getroffen, mit zerschmettertem Fuße vom Pferd, aber seine Grenadiere warfen das erste Treffen der Preußen. Da riß der dreiundsiebzigjährige Feldmarschall Graf Schwerin einem fliehenden Fähnrich die Fahne aus der Hand, und weithin erscholl sein Ruf: „Heran, meine Kinder! Wer ein braver Kerl ist, der folge mir." Wieder ging es vorwärts. Aber nur wenige Schritte: Vier Kartätschenkugeln hatten das klug gewählte Ziel nicht gefehlt. Schwerin sank tot zu Boden, an der Stelle, wo heute sein Denkmal errichtet ist.

An der Wand der Invalidenwohnung hängen zwei Bilder. Sie vergegenwärtigen den Schmerz Friedrichs, der durch sein Eingreifen die Schlacht noch rettete, über den Tod seines Generalissimus. Das eine stellt den großen König an der Bahre Schwerins auf der Terrasse in Břewnow, das andere bei der Einsegnung des toten Grafen in der Břewnower Kirche dar. Es sind Illustrationen zu Friedrichs Worten: „Schwerins Tod, der allein mehr als zehntausend Mann aufwog, machte die Lorbeeren des Sieges welk, der mit zu kostbarem Blut erkauft war." Die Soldaten dachten nicht anders als ihr König. Drei Seydlitz-Husaren besingen den Tod Schwerins in einem fliegenden Blatt, das uns aus dem Siebenjährigen Kriege erhalten ist:

„Als die Preußen marschierten vor Prag
Vor Prag, die schöne Stadt,
Sie haben ein Lager geschlagen,
Mit Pulver und mit Blei ward's betragen,
Kanonen wurden draufgeführt,
Schwerin hat sie da kommandiert.

Darauf rückte Prinz Heinrich heran
Wohl mit achtzigtausend Mann:
‚Meine ganze Armee wollt ich drum geben,
Wenn mein Schwerin noch wär am Leben!'
Oh, ist das nicht eine große Not,
Schwerin ist geschossen tot!"

Die Trauer um Schwerin war allgemein. „Sa mort“, schreibt Friedrichs Schwägerin Prinzessin Heinrich am 10. Mai 1757 an Wilhelm VIII. von Hessen-Cassel, „a répandu bien de l'amertume sur la joie publique que cause la gain de la bataille, bataille la plus meurtrière que le roi ait encore donnée vu le nombre excessif du monde qui a péri.“

Der Hilfsverein deutscher Reichsangehöriger in Prag hat gestern, wie alljährlich, das Monument des für das Vaterland gefallenen Toten mit einem riesigen Lorbeerkranz geschmückt. In dem heurigen Jubeljahr dieses Vereines sind die letzten Restaurierungen des preußischen Militärkirchhofes beendet worden, der vor fünf Jahren von dem Verein für die Gebeine der 1757, 1813 und 1866 in der Nähe Prags gefallenen Krieger rings um das Denkmal des großen Soldaten Schwerin errichtet worden ist. Und diese Gräber sind nun ehrenvoll und würdig besorgt, was viel besagen will, da jeder Grabstein von besonderen Heldentaten erzählt. Der eine von nicht weniger als achtundzwanzig Soldaten, zwei Offizieren und einem Portepeefähnrich, die durch eine Explosion beim Entladen einer österreichischen Granate auf dem Laurenziberge am 25. August 1866 ein grauenvolles Ende in Erfüllung ihrer Soldatenpflicht fanden. Der andere von einem Manne, der es dank seiner Tapferkeit schon in einem Alter von zwanzig Jahren zum Premierleutnant und Verdienst-Ordensritter gebracht hatte und der in diesem jugendlichen Alter an einer in Dresden 1813 erlittenen Verletzung in Prag starb. Ein dritter von einem freiwilligen Jäger, der 1813 sein siebzehnjähriges Leben lassen mußte. Noch viele andere. Eine Oase in eintöniger Ebene ist geschaffen worden. Prächtige Kieswege, eine mit Kugelakazien gezierte, undurchdringliche Weißdornhecke, schöne Schlingpflanzen, welche die hohe Mauer des Denkmalshügels und deren Geländer umranken, herrliche Parkbäume zeugen von der Sorgfalt, mit der die Prager reichsdeutsche Kolonie die toten Soldaten ehrt. Und zeugen von der Liebe zum Vaterland, dem ja auch die hier Bestatteten ihr Leben geopfert haben, so gut wie die Kinder Österreichs, die damals verbluteten.

GAUNERSTREICHE

Ein dieser Tage erschienenes Buch heißt „Gauner- und Verbrechertypen“ und sein Verfasser Erich Wulffen. Es steckt sehr viel Material in diesem Buche, und das kann niemanden wundernehmen, da Herr Wulffen Staatsanwalt in Dresden ist und Tatbestandsakten doch der Staatsanwälte ureigenstes Gebiet sind. Aber nicht gleich häufig ist es, daß Staatsanwälte den Stoff ihrer staubbedeckten Akten der Öffentlichkeit in so liebenswürdigem Plaudertone, in so reizvoller Form übergeben, wie sie dieses ausgezeichnete Buch Wulffens besitzt.

Ein kriminalistisches Fachwerk als Unterhaltungslektüre, Akten in Feuilletonform? Ich sehe schon einige Leute entsetzt die Hände über dem Kopf zusammenschlagen und höre ihre Argumente, ein populär geschriebenes Buch über wirkliche Gauner und Verbrecher sei ärger als alle Kriminalnovellen und Detektivromane der Welt. Diese legten nur in Charaktere, die zum Verbrechen disponiert sind, den Antrieb zur Verübung von Straftaten, ein populäres Fachwerk aber weise ihnen außerdem den Weg zur Geheimhaltung ihrer Tat und lehre den „geneigten“ Leser, die Spuren zu vermeiden, die in den aufgezählten Fällen zur Ermittlung des Täters geführt haben. Ein solches Buch sei ja geradezu ein „Lehrbuch des Verbrechens ...“ Es ist es. Allen Verbrechern und solchen, die es werden wollen, müßte man es von Amts wegen auf das wärmste empfehlen. Wenn wirklich ein zukünftiger oder gegenwärtiger Verbrecher soviel Intelligenz besitzt, um bei der Lektüre der unterschiedlichen Gaunertricks auch herauszufinden, wie er der Entdeckung vorzubeugen vermag, dann besitzt er auch die Intelligenz, sich zu sagen: Die moderne Kriminalistik, die dazu geführt hat, daß mein selbstschöpferisches Vorbild bei diesem Verbrechen trotz aller seiner Schlauheit und trotz aller seiner Vorsichtsmaßregeln erwischt wurde, wird auch meine Nachahmung durchschauen. Und eine gewisse Beklommenheit, ein Gefühl der Ohnmacht gegenüber den Erfolgen der zeitgenössischen Kriminaltechnik wird vielleicht den durch Not oder Verführung zur Verbrecherlaufbahn Gedrängten im letzten Momente davon abhalten, sie zu beschreiten.

Noch aus einem anderen Grunde ist das Wulffensche Werk besonders empfehlenswert. Der Autor hofft, die Wirkung auf das Publikum werde jener ähnlich sein, die bei den Besuchern der kriminalistischen Abteilung der vorjährigen Internationalen Photographischen Ausstellung in Dresden bemerkt werden konnte. Er spricht von dem „beruhigenden Gefühl der Sicherheit, dem das Publikum angesichts der glänzenden kriminaltechnischen Leistungen sich sichtlich hingab". Ich wage es, entgegengesetzter Ansicht zu sein als der Verfasser des Buches: Ein Mißtrauen wird nach der Lektüre dieser vielen Hunderte von Kriminalfällen bei dem Leser wachgerufen, ein Gefühl der Unsicherheit angesichts des auf jeder Seite des Buches erbrachten Beweises, daß die Verbrechergilde an keiner Lücke der menschlichen Gesellschaftsordnung achtlos vorübergeht, daß man in keiner Situation vor Gauner- und Verbrecherfallen sicher ist. Man stutzt und wird – vorsichtig. Und weil den aufgezählten Typen fast eine enzyklopädische Vollständigkeit zukommt, so weiß man in analoger Lage die Absicht des Verbrechers zu durchkreuzen, sie zu vereiteln. Das ist das Beste an dem guten Buche: Es ist ein Lehrbuch des Verbrechens für den Nichtverbrecher.

Fast keiner der großen Verbrechercoups kann sklavisch wiederholt werden, wenn er in der Öffentlichkeit Aufsehen hervorgerufen hat. Auch nicht in Variationen. So konnte zum Beispiel ein großer Betrug, der in den siebziger Jahren an einem Pariser Juwelier begangen worden ist, trotz seiner Einfachheit und Einträglichkeit bis heute keine Reprise feiern. Damals war eine hochelegante Dame bei einem Juwelier in der Rue de la Paix vorgefahren, hatte sich hier als die Gattin des ersten Pariser Irrenarztes vorgestellt und einen prachtvollen Schmuck zum Hochzeitsgeschenk für ihre Tochter verlangt. Lange schwankte die Käuferin zwischen einem herrlichen Brillantschmuck und einer erlesen schönen Rubinengarnitur. Schließlich kam sie auf den Gedanken, ihrem Manne die Entscheidung zu überlassen. Sie ersuchte den Juwelier, einen seiner Angestellten mit den beiden Schmuckstücken in das Ordinationszimmer ihres Mannes zu entsenden, da dieser wegen seiner großen Praxis zu einem Besuch des Ladens keine Zeit finde. Daraufhin fuhr der Angestellte mit der Dame in deren Wagen nach dem Sanatorium des Arztes. Im Empfangssalon hieß die Dame den Angestellten warten und begab sich mit den Juwelen in das danebenliegende Konsultationszimmer ihres Gatten. Der Angestellte wartete eine Viertelstunde. Dann wurde er unruhig und trat in das Nebenzimmer. Zu seinem Entsetzen sah er die Dame nicht, sondern nur den Arzt, dem er in aufgeregter Weise den Grund seiner Anwesenheit eröffnete. Der Psychiater hieß den Angestellten sich niedersetzen und richtete an ihn einige Fragen, ohne auf die Juwelengeschichte näher einzugehen. Aber der Schreck des Goldarbeitergehilfen über den Verlust der Edelsteine wurde immer größer, seine Worte immer drängender, und als er sah, daß der Arzt ihm keine Beachtung schenke, schrie, tobte er. Daraufhin wurde er in eine Zwangsjacke gesteckt, aus der den inzwischen fast wirklich wahnsinnig gewordenen Mann erst nach zwei Stunden das Erscheinen des Juweliers befreite. Nun klärte sich der Betrug auf: Die Dame, eine dem Arzte unbekannte Hochstaplerin, hatte diesem erzählt, daß ihr Sohn an der Wahnidee leide, ihm seien Pretiosen von unermeßlichem Werte gestohlen worden. Die Betrügerin hatte den Arzt gebeten, den Sohn in das Sanatorium aufzunehmen, hatte für vierzehn Tage die Verpflegungstaxe bezahlt und hatte dann den Psychiater ersucht, er möge sie, um ihr den quälenden Abschied von dem Sohne zu ersparen, durch einen anderen Ausgang entlassen. Das hatte der Psychiater ohne Bedenken getan.

Der Fall hat sich seither nicht wiederholt, weil das Aufsehen, das er hervorgerufen hatte, zu groß und damit auch die Kenntnis der Tricks zu weit verbreitet war. Man hat wohl aus dem gleichen Grunde niemals davon gehört, daß Einbrecher das Rekognoszierungsfaktum wieder verwendet hätten, um dessentwillen vor etlichen Jahren ein Einbruch in der russischen Gesellschaft großes Aufsehen hervorgerufen hatte. Die Geschichte sei hier knapp erzählt: Ein russischer Beamter kommt um zwei Uhr nachts mit seiner Gemahlin nach Hause und vernimmt im Eßzimmer ein Geräusch. Er durchsucht die Wohnung, findet nichts Verdächtiges und kehrt wieder in das Speisezimmer zurück, in dem ein lebensgroßes Porträt des Großvaters der Frau vor einer Nische an der Wand hing. Plötzlich schreit die Frau entsetzt auf und deutet auf das Bild: „Es hat mich jetzt mit wirklichen Augen angesehen." Der Mann beruhigt lächelnd sein kindisches Frauchen. Am nächsten Morgen aber entdeckt er den Abgang von Pretiosen und findet, daß die Augen des Porträts ausgeschnitten sind. Der Einbrecher hatte durch diese beiden Lücken des Bildnisses seine beobachtenden Blicke auf das Ehepaar geheftet.

Aber wenn die aufsehenerregenden Tricks der Großen im Verbrecherreiche nicht oft in derselben Weise zu benützen sind – die

Kniffe und Praktiken der Alltagsgauner, der Darlehens-, Turf-, Kautions-, Schatz- und Heiratsschwindler, der Laden-, Museums-, Taschen-, Bahnhofs-, Juwelen- und Kollidiebe, der Bauernfänger und Paletotmarder sind fast immer die gleichen. Eine besondere Entschlußkraft gehört zum Vertiefen in Wulffens Enzyklopädie dieser eigentümlichen Wissenschaft nicht, denn das Interesse für Kriminalistisches liegt den meisten Menschen im Blut. Dabei sind die wahren Verbrechergeschichten viel seltsamer, spannender und erschütternder als die Phantasieprodukte der begabtesten Kriminalnovellisten. Und unwahrscheinlicher.

DER „OSMAN" IST GESTORBEN

Herr Moritz Milde, der unter dem Namen „Osman Pascha" bekannte Wirt des Studentenwirtshauses „Schipkapaß", ist gestern gestorben

„Als der alte Osman noch lebte ..." So werden also jetzt die ungezählten und unzählbaren Prager Studentengeschichten beginnen, deren Schauplatz die alte Exkneipe auf den Höhen nördlich von Dejwitz ist. „Als der alte Osman noch lebte ..." So werden von heute ab die Alten Herren und Inaktiven die Erinnerung aus ihrer Jugendzeit einleiten müssen, die sie den aufhorchenden Söhnen und den künftigen Kommilitonen zum besten geben werden. Und die feuchtfröhlichen, übermütigen Geschichten werden durch diese Einleitungsformel einen sentimentalen Glanz erhalten, und die Erzähler werden sich gealtert vorkommen, als die Vertreter einer alten Studentengeneration. Der Studentengeneration, die da heranwuchs, „als der alte Osman noch lebte".

Gestern um halb drei Uhr nachts ist er an einem Erstickungsanfall gestorben. Vor etwa einer Woche hatte er sich beim Speisen durch ein Knöchelchen verletzt und hatte seither Halsbeschwerden. Vorgestern früh war er trotz seiner Schmerzen noch munter gewesen. Um fünf Uhr nachmittags wurde er von einem Erstickungsanfall befallen, von dem er sich jedoch bald erholte. Unmittelbar darauf verfaßte er sein Testament, in dem er seine Gattin, Frau Anna Milde geb. Gärtner, zur Universalerbin einsetzte. Kurz nach zwei Uhr nachts erlitt er einen zweiten Anfall, und der trotz seiner achtundsechzig Jahre noch kerngesunde, hünenhafte Mann erstickte. Die Nachricht war schon gestern in der ganzen Stadt verbreitet, ein Student erzählte sie dem anderen, und überall rief sie reges Bedauern nach. Ist doch das Gasthaus des Osman bei den Prager Deutschen sehr populär. Eigentlich ist das merkwürdig. Etliche Kilometer vom Prager Graben entfernt, auf steiler Höhe hatte sich da ein einsames deutsches Wirtshaus durch Jahrzehnte erhalten, deutsch erhalten, und wenn auch der Kampf gegen das Deutschtum in Prag noch so erbittert geführt wurde, oben florierte das Geschäft. Der Wirtsbetrieb bewegte sich besonders in der letzten Zeit in aufsteigender Richtung.

Der Gasthausbetrieb auf der „Zlatnice", dem Hause Nr. 56 in Dejwitz, datiert seit dem Jahre 1876, und ebensolange führt die Liegenschaft den Kneipnamen „Schipkapaß". Vorher war die „Zlatnice" ein gewöhnliches Bauerngut gewesen, das dem Glasermeister Milde von der Prager Kleinseite gehört hatte. Anno 1876 brachte aber ein Sohn Mildes, der Forstmeister auf dem kaiserlichen Gute Ploschkowitz gewesen war, seine Braut, eine schöne Wirtstochter aus dem Dorfe Ritschen bei Leitmeritz, nach Prag, um sie seinem Vater vorzustellen. Aber das Mädchen verliebte sich hier in den Bruder ihres Bräutigams, den Herrn Moritz Milde, Absolventen der Liebwerdaer landwirtschaftlichen Akademie, der damals Kanzleibeamter des Grafen Desfours in dessen Palais in der Florenzgasse (heute im Krasnopolskischen Besitz) gewesen war. Moritz Milde heiratete die Wirtstochter und zog mit ihr auf die „Zlatnice". Einige Landsleute der jungen Frau, die in Prag studierten, kamen von Zeit zu Zeit zu Besuch und plauderten von der Heimat. Dabei wurde natürlich wacker dem Biere zugesprochen, das Herr Milde aus der „Generalka" holen ließ. Der Weg zur „Generalka" war aber weit, die Bierrechnungen, die zu bezahlen waren, wurden immer größer, und so beschloß Herr Milde, einen eigenen Bierausschank zu errichten. Als dann der russisch-türkische Krieg ausbrach und in Prag, wie überall, die Gemüter erhitzte, kamen einige Studenten auf die Idee, den gastlichen Engpaß oberhalb der Scharka mit dem damals populären Namen „Schipkapaß" zu belegen. Herr Milde war einverstanden und bot noch ein übriges, um das türkische Milieu zu vervollständigen. Er schaffte sich einen roten Fez an, und von da ab hieß er allgemein „Osman Pascha", seine Frau „Suleika" und die Köchin „Zoraide". Der Hund, der ohnedies „Sultan" geheißen hatte, brauchte sich keiner Namensänderung zu unterziehen.

Von da ab kann man alles im fünften Kapitel des Stroblschen Romanes „Der Schipkapaß“ nachlesen, der im Jahre 1907 in der „Bohemia“ erschienen ist. Hier ist Osman, sind die Räume und Einrichtungen des Wirtshauses, die Gäste, der verdienstvolle emeritierte Balkanverwalter „Abraham“ und die Landschaft meisterlich beschrieben.

Aber auch nicht durch die Brille des Poeten gesehen, ist das Milieu dieses west-östlichen Diwans interessant. In dem „Balkanbuch“, in dem Osman Pascha mit minutiöser Genauigkeit und mit der ihm eigenen Derbheit täglich die ruhmreichen Taten eingeschrieben hat, welche die „Flamender“, die „Oberflamender“ und die „Veteranenflamender“ am nahen „Königsee“, im „Observatorium“, im „Adlersaal“, im „Spiegelsaal“ und in der „Hofküche“ vollbracht haben, findet man den Namen manchen Mannes, der später bewiesen hat, daß er sich auch bei ernsterem Beginnen den Erfindungsgeist und die Tatkraft bewahrt hat.

MIT EINEM STRAUSS GELBER ROSEN

„Pflücke“, sprach ich heut zum Gärtner,
„Einen Strauß von goldnen Rosen
Zum Geschenke für mein Schätzchen.“
Doch der Gärtner meinte lachend:
„Goldne Rosen soll ich pflücken?
Goldne Rosen gibt es nicht.“
Und ich schwieg. Wußt ich’s auch besser,
Kenn doch selbst ein solches Röslein
Mit dem goldnen Blumenköpfchen.
Später sagte ich zum Gärtner:
„Du hast recht! Nimm gelbe Rosen.
Goldne Rosen pflückt man nicht.“

VORLESUNG RODA RODA

Jahre ist es her, seit Roda Roda – damals noch ein Unbekannter – sich nach der Uraufführung von „Dana Petrowitsch“ vor dem Prager Publikum verneigte. Gestern war er wieder da. Er hat seither nicht nur an Leibesfülle, sondern auch an Namen und Schätzung zugenommen, und gestern mußten Hunderte an der Kassa umkehren, die keine Billetts mehr zu erhaschen vermochten. Sie müssen es bedauern. Denn Roda Roda spricht, wie er schreibt: Ohne literarische Prätension, voll von Originalität, und er trägt die Pointen nicht auf, sondern läßt sie nur verschmitzt aus der Lücke hervorlugen, die zwischen zwei aufeinanderfolgenden Sätzen klafft. Er liest nicht, sondern erzählt. Erzählt, wie man es im Café, im Freundeskreise tut, aus einer kleinen Conférence die Brücke zur ersten Anekdote herüberleitend, mit einer scheinbar nebensächlichen Bemerkung eine seiner halb psychologischen, halb drastischen Humoresken beginnend, an die Entzündung seiner Zigarette ein liebenswürdiges Geschichtlein von seinem Feuerzeug anknüpfend. Erzählt mit den Augen und dem Mund, mit Gesten und Gebärden. So war ihm stürmische Wirkung von allem Anfang an sicher, und es hätte dessen gar nicht bedurft, daß er aus seinem unerschöpflichen Schatz an komischen Sachen mit Sorgfalt köstliche Prager Persiflagen für diesen Abend hervorgeholt hatte. Beifall: Jubelnd.

VORLESUNG KARL KRAUS

Karl Kraus, der vorgestern als Gast der Lesehalle hier vortrug, gilt den Leuten, die auch ohne die „Fackel" die Druckfehler in der „Neuen Freien Presse" entdecken, als der verschmockteste Schmock von Wien. Ich bin nicht ganz dieser Ansicht, der Superlativ ist übertrieben. Es gibt in Wien und anderswo in allen Berufen viele Schmöcke, die in ihrem Genre geradeso tüchtig sind wie Herr Karl Kraus, wenn sie auch nicht ununterbrochen sich selbst loben und die anderen beschimpfen. Sie haben vor Kraus sogar etwas voraus – die Anonymität. Im übrigen ist der Fackelkraus ein ganz ungefährlicher Herr. Er hat zwar vor Jahren eine brandrote Zeitschrift gegründet, um seine weltbewegenden Ideen zum Ausdruck zu bringen; Herr Feigl vom „Extrablatt" und Herr Hirsch von der „Presse" müssen „vor Wut platzen". Aber er entthronte diese Größen nicht. Während Harden, der von Kraus als Idiot hingestellte Berliner Konkurrent, wirkliche literarische und politische Größen und Pseudo-Größen stürzte, sind die Herren Feigl, Bukowic, Münz e tutti quanti aus dem Feuer der „Fackel" unversehrt hervorgegangen. Durch solche Mißerfolge verstimmt, verlegte sich Kraus auf die Philosophie und prägte „geistvolle Antithesen", die aufs Haar jenen gleichen, welche Benjamin Eckelhaft, der Held des ausgezeichneten Romans „Ezechiel der Zugereiste" von Fritz Wittels, zu verfassen pflegte. Außerdem schrieb er über weltbewegende Ereignisse, so zum Beispiel über die Entwendung eines Pelzes im Kaffeehause, allerhand Paraphrasen – die Geschichte „Der Biberpelz", die er vorgestern im mystischen Halbdunkel las. Die Vorlesung war ausgezeichnet besucht, und das Publikum klatschte lebhaft. Karl Kraus (oder sollte es vorher nicht schon Julius Stettenheim ausgesprochen haben?) hat es selbst gesagt: „Der größte Stiefel hat den größten Absatz."

IM JÄNNER VOR FÜNFZIG JAHREN

In den dickbäuchigen „Bohemia"-Bänden, die im Vorsaale und auf den Korridoren der Redaktionsräume in versperrten Schränken geordnet stehen, kann man nachlesen, wie es früher bei uns aussah. Ich hole mir den Band hervor, auf dessen Rücken „I. – 1861" steht.

Die Zeichen einer bewegten Zeit sprechen aus den Spalten. Die Lombardei ist noch nicht verschmerzt, und der Gedanke, daß Österreich auch Venetien verlieren werde, wird schon fürchtend erwogen. Auch über die Leitha blickt man mit Besorgnis. Das Oktoberdiplom des verflossenen Jahres, das den Ungarn die Wiederherstellung der ständischen Verfassung gewährt, die Entlassung der österreichischen Beamten aus den Komitaten, die teilweise Aufhebung der österreichischen Gesetze genügen den Magyaren nicht, und in spaltenlangen Berichten liest man von der Gärung in der östlichen Hälfte der Monarchie.

Daheim geht's auch nicht ruhig zu. Am zweiten Jänner berichtet die „Bohemia", daß die erste Nummer der „Národní listy" erschienen sei: „Das Format ist etwas höher als jenes des ‚Čas' (ein im vorhergegangenen Jahre gegründetes und bald eingegangenes Blatt), der Druck größer und nicht so compreß. Das ganze Exterieur sehr gefällig." Dieser freundlichen Mitteilung folgt die Reproduktion eines Artikels aus dem neuen Tschechenblatt, der sich in heftiger Weise gegen den Ministerpräsidenten Schmerling kehrt.

Dann wird das Feuilleton der neuen Zeitung besprochen, in dem verlangt wird, daß die Hälfte der Vorstellungen im ständischen Theater tschechisch sei. Die „Bohemia" bemerkt dazu, daß das ständische Theater „bereits einmal wöchentlich durch drei Abende den tschechischen Vorstellungen geöffnet und Herr Dr. Trojan, der unter den Hauptmitarbeitern der ‚Národní listy' genannt erscheint, zum Intendanten für diese tschechischen Vorstellungen bestimmt war. Wenn es von der Übung der drei tschechischen Vorstellungen wieder abkam, so war der schwache Besuch, den dieselben an Werktagen fanden, die Ursache hievon. Die Schmälerung der Gleichberechtigung, über welche die ‚Národní listy' jetzt klagt, ward also – wenigstens zum Teil – durch die eigene Lässigkeit des tschechischen Theaterpublikums veranlaßt." Wie man sieht, wurde die Polemik, welche die „Bohemia" nun durch ein halbes Jahrhundert gegen die „Národní listy" führt, von jener in der denkbar sachlichsten Weise begonnen. In welcher Weise die „Národní listy" sich wehrten, kann man am 13. Jänner nachlesen, an welchem Tage in der „Bohemia" ein polemischer Artikel des Tschechenblattes abgedruckt wird, in dem es heißt: „In dieser Kritik zeigt sich die ganze geistige Verkommenheit, die moralische Krüppelhaftigkeit, die Kleinlichkeitssucht und philisterhafte Engbrüstigkeit, welche der stabile Typus jener Partei ist, der die ‚Bohemia' zum Organ dient." Dieser Artikel, der nebenbei von persönlichen Invektiven strotzt, ist ein Dokument, das leider nicht nur in dieser längst entschwundenen Zeit seinesgleichen fand.

An der Spitze der „Bohemia" erschienen in dieser bewegten Zeit die Fortsetzungen eines historischen Romanes, „Weiberrevolte", ein heiteres Genrebild aus den Tagen des Dreißigjährigen Krieges; sein Verfasser ist W. Ernst, der nach der Revolution von 1848 schwere Kerkerhaft erdulden mußte und der voriges Jahr in Wien als Schulrat hochbetagt gestorben ist. Nur hie und da wird einem besonders wichtigen Telegramm der Vorrang vor dem Roman gewährt, und es kommt an die leitende Stelle des Blattes. So am 3. Jänner: „König Friedrich Wilhelm IV. ist heute nachts um zwölf Uhr vierzig Minuten entschlafen. Ein Extrablatt des ‚Staatsanzeigers' meldet, daß der Prinz-Regent als ‚König Wilhelm' die Regierung fortführt." Sonst nichts.

Die „Lokal- und Provinzialchronik" meldet vom 1. Jänner, daß eine Deputation der Gelehrten Gesellschaft dem neu ernannten k. k.

Statthalter Grafen Anton Forgách (dem Vater des gegenwärtigen Gesandten Österreichs in Belgrad) ihre Aufwartung gemacht habe. Tags darauf wird über einen unliebsamen Zwischenfall berichtet, der sich in der Silvesternacht zugetragen: „Nach Mitternacht zog ein größerer Trupp junger Leute, das ‚Hej, slované' im vollen Chor singend, vom Karlsplatz herab. In der Brenntengasse begegnete der Zug einer Militär-Polizeiwachpatrouille, an deren Spitze sich ein Polizeibeamter befand. Der Polizeibeamte ermahnte den die nächtliche Ruhe störenden Haufen, ruhig auseinanderzugehen. Da dieser Ermahnung nicht Folge geleistet werden wollte, sah man sich veranlaßt, den Trupp gewaltsam auseinanderzutreiben. Hiebei trug ein junger Mensch eine Verletzung am Kopfe davon. Nebst ihm wurden noch vier Personen verhaftet."

Diese Silvesterszene wächst bald zu einer großen Affäre. Am nächsten Tag bringt die „Bohemia" nähere Mitteilungen von Augenzeugen, zwei Tage später die Mitteilung, daß der verletzte Mann ein Bulgare war und daß seine hier lebenden Landsleute wegen des Vorfalles eine Beschwerde an den türkischen Gesandten in Wien gerichtet haben. Die „Národní listy" hatten den Vorfall gleich zum Anlaß genommen, um ihren Radikalismus und ihren Panslawismus darzutun, und ihr Bericht war anders gehalten. Die Wache hätte gerufen: „Haut die slawischen Hunde nieder", und dies tue dar, daß in der Militärpolizei ein slawenfeindlicher Ton vorherrsche und daher ein Wechsel in deren oberster Leitung notwendig sei. Und ähnliche Behauptungen, die auch aus der Geschichte der allerletzten Jahre bekannt sind. Die Behörde dementiert energisch; sie erklärt, daß „kein den erwähnten Ausruf bestätigender Umstand hervorgekommen ist, daß vielmehr sowohl der betreffende Beamte als auch die zur Patrouille gehörigen Wach-Individuen zum größten Teile der slawischen Nationalität angehörten und im Laufe der diesfälligen Untersuchung auch in der böhmischen Sprache vernommen werden mußten und ihre Aussagen darin abgegeben haben". Gegen dieses Dementi beziehungsweise gegen einige Stellen darin verfaßten nun einige Augenzeugen des Vorfalles eine Gegenerklärung, die im „Tagesboten aus Böhmen", im „Čas" und in den „Národní listy" unter der Rubrik „Eingesendet" erschien. Die Wirkung dieser Gegenberichtigung ließ nicht lange auf sich warten: Dr. Julius Grégr als Redakteur der „Národní listy", Dr. Alois Krása als Redakteur des „Čas" und David Kuh als Herausgeber des „Tagesboten aus Böhmen“ wurden „wegen Aufnahme eines gegen einen amtlichen Erlaß der k. k. Polizeidirektion gerichteten ‚Eingesendet‘ von der k. k. Polizeidirektion zu 14 Tagen Arrest und 200 fl. öst. W. Geldstrafe verurteilt“.

Die „Bohemia“ verurteilt diese Knebelung der Presse vom Standpunkt des Freisinns in einem langen Artikel auf das heftigste. Aber es kommt noch ärger. Schon am Tage nach der Publizierung dieses Urteils wird berichtet, daß den tschechischen Redakteuren des „Čas“, Wawra, Liblinski und Barak (der nachmalige Urheber der Kuchelbader Schlacht), amtlich aufgetragen wurde, ihre journalistische Tätigkeit sofort einzustellen. Die beiden erstgenannten Journalisten waren in die Ereignisse von 1849 verwickelt gewesen und zu Freiheitsstrafen verurteilt worden, nach deren Abbüßung sie unter strenger Polizeiaufsicht standen. Trotzdem war ihnen die publizistische Betätigung gewährt worden, aber der Silvestervorfall hatte die Entziehung dieser Erlaubnis zur Folge. Trotz des eisigen Windes, der gegen die Journalistik wehte, trotz der scharfen Polemik, in der der „Čas“ mit der „Bohemia“ begriffen war, nahm diese in einem geharnischten Artikel gegen das Verbot Stellung: „Vielleicht werden manche Anschauungen, welche sich im ‚Čas‘ bisher kundgegeben haben, von niemandem weniger geteilt als von uns, aber nichtsdestoweniger vindizieren wir ihm das Recht, sie auszusprechen.“ So war es damals um die Solidarität bestellt, wenn es sich um die Freiheit des Wortes handelte. Aus dem zwanzigsten Jahrhundert wären viele gegenteilige Fälle zu berichten, allerdings von der Gegenseite.

Zwei Todesfälle, die besondere Teilnahme in der Stadt hervorriefen, fallen in den Jänner vor fünfzig Jahren. Am 4. wird der Tod des Fabrikanten und Direktors der Filial-Kreditanstalt Franz Richter – Alexander Richters Vater – gemeldet und am 7. über sein Leichenbegräbnis, welches ein kolossales war: „Von der Zahl der Kutschen und Equipagen, welche dem Leichenzuge folgten, mag man sich einen Begriff machen, wenn wir sagen, daß dieselben vom Friedhofe zu Koschiř bis weit in die Hauptstraße des Smichow reichten.“ – Der zweite Sterbefall, der größeren Raum in den Spalten des alten Jännerbandes einnimmt, ist der des Bibliothekars am Prager Nationalmuseum, Wenzel Hanka, des „Entdeckers“ der Königinhofer Handschrift. Diese hielt man damals noch für echt. „Unmittelbar hinter dem Leichenwagen“, so heißt es in dem Begräbnisbericht, „trugen Mitglieder des akademischen Lesevereines die Orden des Verewigten und ein junger Graf Kaunitz die mit Lorbeer umkränzte Königinhofer Handschrift."

Von den übrigen Tagesereignissen sind es nur die Vorbereitungen zur Prager Gemeindewahl und der diesbezügliche Aufruf des „Wahlkomitees liberaler Verfassungsfreunde", denen die Zeitung größeren Raum gewährt. Die übrigen Vorfälle, eine Feuersbrunst, die während der Frühmesse in der Hradschiner Schloßkapelle während der Anwesenheit Kaiser Ferdinands ausgebrochen ist, die Tatsache, daß ein Mann auf der Straße erfroren ist, die Vermählung des Theaterdirektors Thomé mit Fräulein Günther, der Besuch des Komponisten Offenbach in Prag und dergleichen, werden nur in ein paar Worten registriert. Trotz diesem Lakonismus wird auf poetische Wendungen gesehen, und die Notizen sehen aus, als ob sie Romane gewesen wären, die ein erbarmungsloser Blaustift bis zur Unkenntlichkeit zusammengestrichen hat. So erfahren wir zwar nicht den Namen der Frau, die in ihrem Gewölbe in der Eisengasse verbrannte, aber wir erfahren, daß sie eine rüstige Frau war. So erfahren wir nicht, wie der Hirtenknabe hieß, der im Allgemeinen Krankenhause in Prag an der Wasserscheu starb, nicht, wann und wo er gebissen wurde, wohl aber, daß der Hund, der ihn gebissen hat, „mit wilder Hast dahergerannt kam". Der Bäckergesell, dessen Vergiftung auf Seite 142 (die Zeitung ist bis zum Schluß des Jahres fortlaufend paginiert) registriert wird, hat sich – dieses Detail wird als besonders wichtig vermerkt – „um einen Neukreuzer" Schwefelsäure gekauft.

Sonst scheint nichts die Zeit zu bewegen. Es wäre denn, daß man den Stadtratsantrag, das Aujezder Tor zu entfernen und statt desselben offene Torpfeiler mit Gitterflügeln anzubringen, oder die Mitteilung, daß in Karolinental „demnächst" (bis heute ist dies noch nicht erfüllt) ein stehendes Theater errichtet werden wird, oder die Nachricht, daß das bürgerliche Grenadierkorps dem Vernehmen noch heuer drei Reunionen und einen Ball zu veranstalten gedenke, oder das Gerücht, daß zwei neue Strecken der Pferdebahn errichtet werden sollen, oder die betrübliche Tatsache, daß der Zirkus Blennow sich von Prag nach Breslau gewendet hat, oder das erfreuliche Avancement des Herrn Offizials Karl Ullmann, der „in die höhere Gehaltsstufe von 700 fl." versetzt wurde, als bedeutsame Ereignisse ansehen wollte. Sie mögen es damals gewesen sein, und man muß sich hüten, sie jetzt von der Höhe eines Menschenalters herab zu mißachten. Werden doch wohl auch die Prager von 1961 mit nachsichtig lächelnder Miene in der Tageschronik von heute blättern und besonders über die Verwegenheit belustigt sein, daß ein Chronist dieser rückständigen Epoche es wagte, einen Rückblick auf eine Zeit zu werfen, die kaum rückständiger war.

EINE UNTERSCHLAGUNG

Die Wiener Tageblätter pflegen über die kleinen Skandal- und Revolverblättchen, deren es dort eine Unmasse gibt, im allgemeinen keine Notizen zu veröffentlichen. Da also die „Fackel" nicht in der Wiener Presse erwähnt wird, so wurde ihr Herausgeber ein wütender Feind aller Zeitungsnotizen. Das hinderte ihn aber nicht, in herz- und magenerhebender Weise darüber ein O-Weh-Geschrei anzustimmen, daß man ihm keine solche Notiz gewähren wolle, daß man ihn „totschweige". So hat er auch Maximilian Harden in einer Flut von kriecherischen und widerwärtigen Briefen um eine Notiz in der „Zukunft" angebettelt; als diese Notiz nicht erschien, ward Kraus Hardens Feind. Da Karl Kraus von allen anständigen Menschen, denen er sich in seiner klettenhaften Art anhängte, so behandelt wurde, so griff er bald die meisten anständigen Menschen an und wurde ein „mutiger" Mann. Der Mut des Herrn Kraus geht nun so weit, daß er in der gestern erschienenen Nummer der „Fackel" die Kritik, die im „Deutschen Abendblatt" anläßlich seiner Prager Vorlesung erschienen ist, ohne Glosse abdruckte. Dieses Referat hatte den Wiener Schmock Karl Kraus ganz unverblümt charakterisiert, und es wäre daher wirklich mutig gewesen, wenn er es sinngemäß abgedruckt hätte. Dazu war aber der „mutige" Herr Kraus doch zu feig, und er nahm zu einem Mittelchen Zuflucht, das selbst der korrupteste Mann der von ihm so heftig angefeindeten Journalistik nur als eine schamlose Fälschung bezeichnen könnte. Herr Kraus ließ nämlich in unserem Referate alle Stellen, die ihm nicht paßten, einfach fort und ersetzte sie durch Punkte. Ja selbst diese hat er an manchen Stellen weggelassen und den Satz, dem er die Mitte, den Sinn gestohlen hatte, nicht einmal als Satzfragment charakterisiert! Aus Platzmangel hat Herr Kraus den Vergleich zwischen ihm und Benjamin Eckelhaft, dem Helden des brillanten Romans „Ezechiel der Zugereiste“ von Wittels, nicht weggelassen, aus Platzmangel hat er nicht weggelassen, daß die anderen Schmöcke von Wien vor ihm die Anonymität voraushaben, aus Platzmangel hat er nicht die Andeutung verschwinden lassen, daß eine seiner Pointen einem andern „Humoristen“ entlehnt ist etc., etc. Hat doch Herr Kraus in seinem Blättchen sogar Raum für den Abdruck unfreiwilliger Knittelverse, die ihm angeblich während seines Prager Aufenthaltes zugekommen sind und die entweder von ihm selbst oder von einem zwölfjährigen Schulmädchen stammen dürften; hat doch der Presse-Verächter Kraus Raum genug, alle ihn lobenden Referate naiver Zeitungsschreiber mit Worten des Gegenlobes abzudrucken. Die Unterschlagung, der er sich schuldig gemacht hat, ist daher durch keine Ausrede zu entschuldigen, und wenn Herr Kraus in der Geschichte der österreichischen Journalistik Pendants für sein Manöver suchen würde, würde er nur eines finden: den Vorfall, um dessentwillen es seinerzeit Herrn Kraus untersagt wurde, weiter in der „Neuen Freien Presse“ Buchkritiken zu schreiben.

DER NEUE BÜHNENLEITER

Ein absonderlicher Zustand: Im Musentempel gebietet ein Verlassenschaftsverwalter, und das materialistische Geschäft, den Erben nach dem verstorbenen Theaterdirektor eine möglichst große Summe zu verdienen, fiel einem Idealisten zu. Dabei kann dieser Idealist das materielle Geschäft durchaus nicht idealistisch führen, denn der Ertrag seiner neunmonatlichen Direktionszeit ist die einzige Pension, welche den Erben des Direktors von seiten des Instituts zufällt, dem er durch ein Vierteljahrhundert vorstand. Und das Vermögen, das Angelo Neumann hinterlassen hat, ist durchaus nicht so groß, wie man glaubt.

Es ist also eine gar seltsame Mission, die Heinrich Teweles in der vorigen Woche vom Landesausschusse übertragen erhielt. Aber noch seltsamer wird sie, weil Teweles auch für die ständige Direktion unserer Landesbühne in Aussicht genommen ist. Als Vertreter der Erben soll er keine Investitionen machen, auch wenn sich deren Unterlassung schon nach Jahresfrist zehnfach rächen würde, als Idealist und als künftiger Direktor soll er an die Zukunft mehr als an die Gegenwart denken; als Vormundschaftsvertreter soll er vor allem sparen, als Kunstfreund soll er keine Mittel scheuen. Wer hilft aus dem Dilemma!

Nun, der Name des provisorischen Leiters darf alle Bedenken zerstreuen: Heinrich Teweles, der als Dramaturg das Getriebe der Bühne gründlich kennengelernt hat, war sich wohl der Schwierigkeit seiner Aufgabe bewußt, als er sie übernahm, und sein Charakter, seine Vergangenheit bürgen dafür, daß er sie wünschenswert lösen wird. Von Jugend auf ist er mit der Kunst verwachsen, er kann sie auch an der leitenden Stelle nicht verleugnen. Er ist einer der letzten aus jener Zeit, in der noch ein geistiges Leben reich an gegenseitiger Anregung und Konzentration in dieser Stadt pulsierte. Mit Menzel, der heute als gefeierter Jurist in Wien lebt, mit Hermann Bachmann, dem Chefredakteur der „Vossischen Zeitung" in Berlin, mit Emil Kuh, dem brillanten Leitartikler des „Neuen Wiener Tagblatt", und vielen anderen Markanten war er im Freundeskreis der „Gelben Esel" vereint, unter David Kuh, dem geistvollen Publizisten und Abgeordneten, genoß er seine journalistische Schulung und wirkte dann als Gleichwertiger in dem Journalistenkreis, dem ein Josef Walter, ein Josef Willomitzer, ein Franz Tobisch, ein Oskar Teuber, ein Hermann Katz, ein Fritz Mauthner, ein Josef Stern, ein Friedrich Adler und ein Alfred Klaar angehörten. Keiner dieser Männer wirkt heute mehr neben Teweles, sie sind in manchen Berufen in der Welt zerstreut – einige auch aus der Welt geschieden. Aber er selbst ist ein Junger, das Musterbild einer Arbeitskraft geblieben, welche die Lust und Liebe zum Beruf beseelt.

Im Jahre 1887 hat Angelo Neumann, den Teweles mit Sachkenntnis und Feuereifer bekämpft hatte, diese Sachkenntnis und diesen Feuereifer für sich zu gewinnen gewußt: Teweles wurde sein Dramaturg und blieb es durch dreizehn Jahre, blieb es länger – bis zu Angelo Neumanns Tod und bis über den Tod hinaus. Er hatte als Dramaturg das Getriebe des in Prag besonders komplizierten Theaterlebens auch von der Reversseite kennengelernt und war so – tout comprendre, c'est tout pardonner – sein Anwalt geblieben, auch als er seine journalistische Nebenbeschäftigung zum Hauptberuf gemacht hatte. Als Kritiker bedeckte er manches mit dem Mantel gütigen Verstehens und wählte gewöhnlich das sanfte Wort, aber im Privatgespräche mit dem Direktor hielt er nicht mit seiner Meinung hinter dem Berge und tadelte schärfer als mancher, der in den Zeitungsspalten nach dem Ruhm des „mutigen Kritikers" buhlte. Eine solche Kritik und unter vier Augen war kein leichtes Beginnen – einem Angelo Neumann gegenüber. Nun wird er sich selbst raten, sich selbst kritisieren müssen. Er wird es mit größerer Unerbittlichkeit tun, als er es gegen andere tat. Es ist nur schade, daß ihm sein Beruf nicht Zeit läßt, auch seiner ganzen publizistischen Tätigkeit obzuliegen. Nicht nach dem Wochenfeuilleton allein, das er gewöhnlich in letzter Minute aufs Papier wirft und das daher nicht immer formvollendet, wenn auch stets flott und geistvoll ist, darf man ihn werten. Im Leitartikel, im lokalen Teil, im politischen Tagesbericht und in der Beilage, in allen Rubriken der drei Prager Blätter, denen Teweles angehört hatte, wirkte und wirkt sein Geist. Sein Stil ist plaudernd und doch voll Gehalt, er ist an jenem Börnes und Heines (mag immerhin auch etwas von M. G. Saphirs Geiste darin sein) gebildet. Als vornehmer Mensch hat Teweles niemals eifersüchtig darüber gewacht, daß nicht vielleicht jemand seinem Können zu nahe komme. Im Gegenteil. Er hat die Jugend mit Eifer und mit Liebe seine Kunst gelehrt und den Jüngern seinen journalistischen Grundsatz immer wieder eingeprägt: „Wer's nicht nobel und edel treibt, lieber weit weg vom Handwerk bleibt." Durch Mißerfolg ließ er sich nie abhalten, von neuem Talente zu suchen, zu entdecken und zu fördern – eine der vielen Eignungen, die Teweles zum Theaterdirektor prädestinieren. Aber freilich: Es bedarf auch des Glückes, auch des Vertrauens des Publikums. Und daß ihm dieses gewährt sein möge, ist der Wunsch eines einstigen Schülers, der heute seiner Gunst und seines Schutzes nicht mehr bedarf und der ihm in freudiger Dankbarkeit dieses Blatt der Liebe weiht.

„STUDENTEN, LADENSCHWENGEL UND DIENER"

„Es ist sonach Tatsache, daß das Stehparterre der beiden Hoftheater in je zwei Hälften geteilt ist, von denen die eine Hälfte den Offizieren und den Offiziersaspiranten angewiesen ist, während die *andere* völlig koordinierte Hälfte außer für Zivilpersonen, die zwei Kronen oder als Hochschüler gar nur eine Krone und zwanzig Heller bezahlen, auch für die *Dienerkategorien* des Hofes reserviert ist." Wenn man nicht schon aus der stilistischen Fassung dieses Satzes erkennen würde, daß er aus „Danzers Armee-Zeitung“ stammt, müßte man glauben, er richte sich gegen ein Privileg der Offiziere. Denn wenn den Offizieren ein Teil des Stehparterres vollkommen reserviert ist und sich in dem anderen Teil Zivilpersonen, darunter Hochschüler mit Dienern drängen müssen, so kann doch nur von einer Benachteiligung der Studenten die Rede sein. Aber „Danzers Armee-Zeitung“ bleibt ihrer Tradition treu: Sie ist der verkehrten Ansicht und stellt dem eingangs erwähnten Satze nachstehende Folgerung hintan.

„Diese Feststellung genügt wohl, um folgende Forderung für vollkommen berechtigt zu erklären: Das gesamte Stehparterre der beiden Hoftheater wird zur Gänze ausschließlich den Offizieren eingeräumt. Wien wird auch dann noch immer eine Spezialität besitzen, über die sich mancher Fremde verwundern wird, aber der kaiserliche und königliche Offizier braucht dann doch wenigstens nicht mehr mit *Studenten, Ladenschwengeln und Dienern* Ellbogen an Ellbogen stehen und sich mit diesen Kategorien als gleichwertig betrachten.“

Man braucht sich über diesen albernen Satz und über die Zusammenstellung von Studenten mit Ladenschwengeln und Dienern nicht weiter aufzuregen, da man weiß, daß wir in „Danzers Armee-Zeitung“ „noch immer eine Spezialität besitzen, über die sich mancher Fremde wundern wird“, nämlich eine dumme, von skrupelloser Sensationsmache beherrschte Zeitschrift für unser Offizierskorps, dessen Intelligenz unbestrittene Hochachtung verdient, eine Zeitschrift für ein ritterliches Offizierskorps, die ein zu jeder Genugtuung Unfähiger herausgibt. Aber eine Mahnung kann da nicht unterlassen werden: Mag das k. u. k. österreichische Offizierskorps es sich gefallen lassen, daß dieses Blatt, das den Namen Armee-Zeitung schändet, auch weiterhin seine Kameraden der Reserve beschimpft, die im Kriege wie im Friedensdienste ihre soldatischen Tugenden bewiesen haben, mag diese Zeitschrift, die mit jedem Satze klar dartut, daß sie von Leuten geschrieben ist, die jedes Studium kaum vom Hörensagen kennen, vergessen, daß hervorragende Offiziere aus akademischen Kreisen hervorgegangen sind, mag sie auch noch so mit dem Stolze und der Verachtung der deutschen Studenten derartigen Anwürfen gegenüber rechnen, eines Tages dürfte doch einem die Geduld reißen, und dann könnte es ihr geschehen, daß sie mit Studenten, die ja auch mit „Ladenschwengeln und Dienern Ellbogen an Ellbogen stehen“ müssen, derart in Berührung gerate. Sagt doch auch schon der einstige Student Goethe, den Herr Danzer wahrscheinlich gar nicht ins Parterre gelassen hätte: „Hei, mit dem Ellenbogen!“

DIE KATASTROPHE

Eine Prager Geschichte

„Karl, das Gaudium.“ Man hätte nach der Katastrophe diesen Beinamen für ironisch halten müssen. Aber nach der Katastrophe wußte ja niemand mehr etwas von dieser Bezeichnung. War doch der Kreis, der Karl diesen Titel gegeben hatte, auf furchtbare Weise zerstört. Marcel Bleyer, der wohl in unmittelbarer Nähe des schadhaften Kessels gestanden hatte, war, als dieser explodierte, in hundert Stücke gerissen worden. Robert Dirnböck war unter den zusammenbrechenden Trümmern des Dampfschiffes ertrunken. Die Leiche Engelbert Naaks zog man erst neun Tage nach dem Unglück bei Melnik aus dem Wasser. Der Kopf Mathias Blechas war auf den Kai geschleudert worden. Den Fritz Fritz hatte man zwar lebend aus dem Wasser gezogen, aber er starb nach sechstägigen Fieberqualen, ohne daß er das Bewußtsein wiedererlangt hätte.

Karl Duschnitz, „Karl, das Gaudium“, war gerettet worden. Achtundzwanzig Minuten hatte er sich an einer Planke des in kleine Stücke zertrümmerten Moldaudampfers festgehalten. Er glaubte sich verloren, weil er in der Mitte des Stromes schwamm, zu weit vom Ufer, als daß man in dem Jammer, Gestöhne, Geächze und Lärm seine Stimme zu hören, ihn inmitten des Tohuwabohus von schwimmenden Balken, Leichen, Bänken, Gliedmaßen und Tüchern zu sehen vermocht hätte. Aber es war gerade sein Glück, daß er in der Mitte der Moldau war. Denn so bemerkte ihn der Flößer Johann Chrapot, der von seinem Häuschen auf der Insel Kampa, also vom linken, dem entgegengesetzten Ufer der Moldau, in seinem kleinen Boote zur Unglücksstätte gerudert kam, zuerst. Chrapot packte Karl beim Oberarm und versuchte, ihn in den Kahn zu ziehen. Das mißlang, weil Karl Duschnitz mehr tot als lebendig war und keine Anstrengungen machen konnte, seinem Retter behilflich zu sein. Er hielt sich nur krampfhaft mit den Händen am Bootsrande fest. Da zog Chrapot die Ruder ein, beugte sich über den Rand des Kahnes, packte den Halbtoten um die Hüften und hob ihn – fast wäre die Nußschale umgekippt – in das Innere des Schiffchens. Dort sank Karl Duschnitz ohnmächtig hin. Chrapot ruderte nun, so schnell er konnte, zur Insel Kampa zurück.

Hier standen schon Tausende von Menschen. Einige waren behilflich, den Bewußtlosen aus dem Boote zu heben, und trugen ihn in Chrapots Wohnung. Dorthin war inzwischen auch das Weib des Flößers gekommen. Sie sperrte die Tür auf, und man legte den Fremden auf den Tisch. Die Stube war voll von Neugierigen, und auch auf der Stiege drängten sich solche. Chrapot schob alles zum Hause hinaus und machte sich dann daran, den Bewußtlosen zum Leben zu erwecken. Kaum hatte er die Schläfe Karls eingerieben, als dieser die Augen öffnete und tief aufatmete. „Leg ihn zu Bette und heize ein", sagte der Flößer und entfernte sich eilig, um von neuem zur Unglücksstatt hinzufahren. Auf die Widerrede seines Weibes hörte Johann Chrapot nicht.

Frau Chrapot zerrte des Fremden Stiefel von den Füßen, seine Kleider und Wäsche vom Leibe. Karl Duschnitz lag apathisch auf dem Tische und ließ alles mit sich geschehen. Auch als die Chrapot mit ihrem ganzen Körper den Tisch ruckweise bis zum Bette schob, regte er sich nicht. Er schaute mit weiten Augen auf die Zimmerdecke und atmete tief. Als ihn aber das Weib anpackte, um ihn auf das Bett zu legen, schaute er sich zuckend in der Flößerstube um und fragte: „Was ist?"

„Ihr seid bei der Dampferexplosion ins Wasser gefallen, und mein Mann hat Euch hergebracht. Das ist unsere Wohnung. Ich will Euch jetzt in das Bett legen."

Karl Duschnitz drückte seinen linken Zeigefinger der Länge nach auf die Schläfe und starrte vor sich hin. Er besann sich lange. Nach und nach schien ihm der Zusammenhang der Ereignisse klarzuwerden. Wie die Tafelrunde auf dem Dampfer zur Pfingstfahrt versammelt, das Schiff zur Abfahrt bereit war, wie plötzlich ein beispiellos furchtbarer Knall ertönte, wie er sich dann auf dem Wasser fand, eine Planke umfaßte und dann von einem fremden Mann in dessen Boot gezogen wurde.

„Wo ist Euer Mann?"

„Der ist fort", sagte Chrapots Weib zerstreut. Sie hat den großen fremden Herrn, mit dem sie da so allein in ihrer Stube ist, unverwandt angeblickt, während er zum vollen Bewußtsein erwachte. Da er sie nun fragt und sie nun antwortet, weilt sein Sinnen anderswo.

Den Blick fühlt Karl Duschnitz. Er erwidert ihn, indem er das Flößerweib mustert. Ein dralles junges Weib. Karl ist wieder ganz bei sich. Und fragt im Tonfalle eines Gespräches: „Wo ist denn Euer Mann hingegangen?"

„Der ist wieder zur Unglücksstätte hingefahren ... Auf mich wollte er nicht hören. Was kümmert sich der um mein Reden ... Läßt mich da allein."

„Ihr habt auch Kinder?"

„Nein, Kinder haben wir nicht. Mein Mann ist krank ..." Das Weib sagt diesen Satz im Tone der Resignation. Dann aber schaut sie auf, als ob sie ihn als Argument aufgefaßt wissen wollte. Ermunternd.

„Karl, das Gaudium", springt auf und nähert sich der Frau mit einem unverwandten Blick. Frau Chrapot weicht nicht zurück. Auch dann nicht, als der Fremde ihr ganz nahe ist. Auch dann nicht, als sie der Fremde bei der Hüfte packt. Im Gegenteil. Sie schlingt ihren linken Arm um seinen Hals, und mit der rechten Hand schließt sie die Türe.

Im Wagen fuhr Karl allein nach Hause. Drei Wochen hütete er, leicht fiebernd, das Bett. Das Schicksal seiner Fahrtgenossen wollte man ihm verheimlichen. Aber er ließ keine Ruhe. Was mit Fritz Fritz geworden sei, mit Matthias Blecha, mit Naak, Dirnböck und den anderen, wollte er wissen. So brachte man ihm nach und nach schonend bei, daß sie alle tot seien. Als man Naak als Leiche aus der Moldaumündung fischte, wollte man's ihm schon nicht mehr mitteilen. Er hatte sich bei jeder der vielen Todesmeldungen zu sehr aufgeregt. Aber schließlich bekam es Karl durch seine Fragen doch heraus, daß man auch das Geschick Engelbert Naaks kenne. Und nun nahm er die Botschaft vom Tode des letzten der Tafelrunde apathisch auf.

Nach Karls Heilung war sein Weg, das Haus seines Retters zu suchen. Das war leicht, denn am Ufer der Kampa-Insel stehen wenige kleine Häuser. Es sind nur große, dreistöckige Mietshäuser dort, und wenn der Gesuchte in einem von diesen gewohnt hätte, dann wäre es nicht leicht gewesen, es herauszufinden. Denn diese Häuser sind alle gleich in ihrer Seltsamkeit. Da die eine Front nach vorne auf die mit großen Linden bewachsene und unbepflasterte Hauptstraße blickt, auf der die Kinder mit Kugeln „Labeda“ spielen und die Töpfer ihre Märkte abhalten, und die andere Front gegen die Moldau gerichtet und von der Karlsbrücke aus sichtbar ist, so wußten die Erbauer dieser billigen Häuser nicht, welchen Teil sie als Rückseite, welchen als Vorderseite deklarieren sollten. Der Ausweg aus diesem Dilemma war durch die Erwägung gegeben, daß Mörtelanwurf und Friesverzierung teuere Dinge seien. So machte man denn überhaupt keine Vorderfront.

Inmitten dieser Gebäude war das quadratische Häuschen Chrapots nicht zu verfehlen, und Duschnitz konnte sich die peinlichen Fragen nach der Wohnung des ihm dem Namen nach unbekannten Flößers ersparen. Schräg gegenüber der Schenke „Zur Hölle“, in der König Wenzel in der Todesnacht seines Vaters, des vierten Kaisers Karl, mit der Dirne Božka Vesna gezecht und um ihretwillen blutig gerauft hatte, war es gelegen. Frau Chrapot war allein zu Hause. Ihr Mann sei fort, auf dem Floße nach Hamburg. Wann er zurückkomme? Nun, so fünf Wochen werde es noch dauern. Und wieder der ermutigende Blick von damals. Ohne Wirkung diesmal. Karl Duschnitz nannte seinen Namen und seine Adresse. Er verreise jetzt nach dem Süden und werde nach der Rückkunft seinem Retter ein Geldgeschenk überbringen. Das Geld hatte er bei sich; aber er wollte es dem Weibe nicht überantworten, das solche Blicke schickte. Er ging.

Auf einer der dalmatinischen Inseln nahm er Aufenthalt. „Im Süden, am Meer werden Sie sich von Ihrer Anstrengung erholen“, so hatte der ärztliche Rat gelautet. Aber die Wellen des Quarnero waren nicht hellblau, sondern von grünem Dunkel, fast schwarz. Karl Duschnitz sah dort kein sanftes Gestade, das die Wässer umspült hätten, sondern nur zerklüftete Klippen und steile Felshänge, an welche die flüssigen Massen mit Getöse wild heranstürmten und dröhnend zurückfielen. So weit seine Sehkraft reichte, verzehrte sich das Meer in fortwährendem Kampfe mit sich selbst, in steter Unruhe, in stetem Gewoge. Das nasse Element, das da wieder und wieder gegen den Strand, auf dem er stand, herandrängte, war dasselbe, das erst vor kurzem seinen Tod gefordert, den seiner Freunde, aller seiner Freunde erlangt hatte. Und wie war er selbst diesen gräßlichen Fängen entgangen, welche noch jetzt nach ihm, dem einmal ausersehenen Opfer, auf die Klippen heraufgriffen, Haß, Geifer und Drohungen verspritzend, wieder zurückschlugen und schon von neuem die Jagd aufnahmen, als wären sie gewiß, doch endlich ihr Opfer zu fassen? In seine Frage hinein tönte seine Antwort. Mochte er sie mit einem erkünstelten Lachen als spießbürgerlich und lächerlich skrupelhaft zurückweisen, mochte er sich auch immer und immer wiederholen, daß er ja „Karl, das Gaudium" sei, für den alles nur ein Gaudium bedeute ..., die Antwort kehrte mit der grausen Beharrlichkeit zurück, mit der zu seinen Füßen die Wogen an das Ufer klatschten. Immer die gleiche Antwort, daß er von einem Manne gerettet worden war, dem er Lebensrettung und Gastfreundschaft mit Ehebruch gelohnt. Noch in der gleichen Stunde. Jeder Anprall der Wogen brachte ihm den Vorwurf, jedes Stöhnen der Wellen hallte dumpf in seinem Brustkasten wider. Die Schläfen schmerzten.

Drei Monate verbrachte Karl Duschnitz, so sich selbst zerwühlend, am sich selbst zerwühlenden Meer. Dann kehrte er zurück. Man konnte nicht finden, daß er sich im Süden erholt habe. Aber er vermochte sich zu Gesprächen mit den Verwandten und Bekannten zu zwingen, die er traf. Nur den Fragen über die Katastrophe wich er aus. „Lassen wir das Thema, das regt mich zu sehr auf." Und sprach von etwas anderem.

Als er wieder in das Haus kam, in dem der Flößer Johann Chrapot wohnte, begegnete ihm dessen Gattin auf der Pawlatsche.

„Ich habe meinem Mann alles gesagt." Und als sie Duschnitz groß anschaute, fügte sie noch hinzu: „Er hätte es bald auch selbst bemerkt."

Erblaßt drückte Karl Duschnitz seine Hände an das Geländer, als er das erfuhr.

„Was – was – hat – Euer Mann – erwidert?"

„Na, er hat sich halt geärgert. Aber er hat sich doch selbst immer ein Kind gewünscht. Übrigens", das Weib schlägt trotzig den Kopf zurück, „hab ich zu Hause zu reden." Und dann: „Kommen S' herein, er ist drinnen im Zimmer."

Johann Chrapot liegt ohne Rock auf einem sofaähnlichen Möbelstück.

„Steh auf, der Herr Duschnitz ist da."

„Herr Chrapot, ich komme, Ihnen tausendmal zu danken und Sie um Vergebung zu bitten."

„No jo", brummt der Flößer, der beim Eintritt des Fremden

aufgestanden ist, mit ernstem Gesicht und denkt nach, was sich da so erwidern ließe.

Aber Karl Duschnitz kommt ihm zuvor. Er zieht die Brieftasche und reicht dem Chrapot zwei Banknoten. Der nimmt sie und dreht sich mit sehr großen Augen nach seinem Weibe um. Sein Gesicht glüht jetzt vor freudiger Aufregung.

„Tausend Gulden." Der Gedanke, daß er jetzt tausend Gulden habe, ist ihm über die Lippen gehuscht. Dann bemüht er sich, ein würdiges Lächeln zu zeigen. „No jo", sagt er laut und trägt das Geld zum Schrank.

Die Mitteilung der Flößerfrau nahm Karl Duschnitz den Rest jener Substanz von Lebenskunst, welche ihm früher ermöglicht hatte, über alle Situationen und alle ihm gleichgültigen Menschen sein Gaudium zu feiern. Er ließ sich auch äußerlich gehen, verließ selten sein Heim und gab auf Fragen kurze oder gar keine Antwort.

Daß der Flößer Chrapot so glatt abgefunden war, kam für Karls Gemütszustand kaum in Betracht. Er fürchtete das Kind. Die tausend Gulden hatten dem Flößer die Besinnung geraubt, das wußte er. Aber das Kind, das Kind werde sie ihm wiederbringen. Das Kind werde den Flößer immer und immer wieder daran erinnern, daß er einem Schuft das Leben gerettet, der noch am nämlichen Tage sein einziges Glück vernichtet, sein Heim für immer geschändet hat. Duschnitz haßte und fürchtete sein Kind. Wenn es doch nur tot zur Welt käme, das war die Hoffnung, die er nährte. Die einzige Hoffnung. Und als einmal der Flößer Chrapot ihm sagen kam, daß das Kind ein Knabe sei, da ging, kaum daß ihn Chrapot verlassen hatte, Karl Duschnitz in das Nebenzimmer, füllte den Lauf seiner geladenen Pistole mit Wasser, schoß ab, und als man die Türe sprengte, lag Karl auf dem Boden ohne Kopf, und nur vom Halse hingen Hautfetzen.

Die Katastrophe hatte ihn um den Verstand gebracht, sagten die Leute. Das stimmte. Aber sie wußten nicht, was die Katastrophe war.

DER ABSOLVIERTE HANDELSAKADEMIKER UND DIE PRESSE

Sie fragen mich über die Aussichten der absolvierten Handelsakademiker bei der Presse. Die Beantwortung Ihrer Frage muß in zwei Teile zerlegt werden.

Im *redaktionellen* Betrieb haben sich bei uns in den letzten Jahren die Handelsakademiker nicht bewährt. Das ist ein vernichtendes Urteil – aber nicht für die Handelsakademie-Absolventen, sondern für unser Zeitungswesen. Unsere Tagespresse verleugnet noch immer ihre Abstammung von der Zeitschrift nicht, sie trägt einen vorwiegend belletristischen, verlogen literarischen und verlogen bildungsfreundlichen Charakter. Während man sich in Amerika, in England und in Deutschland längst zu der Überzeugung durchgerungen hat, daß vor allem die Seriosität und Richtigkeit des Nachrichtendienstes, die nüchterne und klare Beurteilung der Ereignisse die Güte einer Zeitung ausmachen, wird bei uns in Österreich noch immer auf feuilletonistischen Schnickschnack, auf Mitteilungen aus der Werkstätte und aus dem Privatleben populärer Persönlichkeiten der größte Wert gelegt. Die verschrobenen Ansichten gehen so weit, daß man in den Redaktionen der großen österreichischen Tageszeitungen selbst für die Handelsrubrik, für die doch einzig und allein die Verläßlichkeit des Nachrichtendienstes und deren praktische Beurteilung entscheidend ist, lieber verbummelte Studenten anstellt als kaufmännisch geschulte Persönlichkeiten. Allmählich dämmert es allerdings auch bei uns. Erst vor kurzem wurde in einer Auseinandersetzung die Tatsache als beachtenswert hingestellt, daß in der Prager deutschen Journalistik, die früher fast ausnahmslos aus humanistisch vorgebildeten Leuten bestand, jetzt eine große und qualitativ nicht zu unterschätzende Zahl von Redakteuren (ich nenne Josef Stern, Karl Tschuppik, Adolf Zemann und Alfred Korn) zu konstatieren ist, die aus der Realschule hervorgegangen sind. Das ist der Anfang, und für die Handelsakademiker wird gleichfalls bald Raum sein. Um so mehr, als der glänzende Organisator und kaltblütigste Kopf in der Prager Journalistik, Rudolf Keller, ein absolvierter Handelsakademiker ist. Der Gründlichkeit halber muß ich hier noch erwähnen, daß sich zwei absolvierte Handelsakademiker, die gerade in Ihrem Vereine eifrig tätig sind, als Schriftsteller einen Namen gemacht haben:

Ernst Feigl-Auscha, der witzige Satiriker, und Karl Ernst Schlesinger, der bittere Ironiker.

Im *administrativen und expeditionellen* Zeitungsbetrieb Österreichs ist an geeigneten Handelsakademie-Absolventen immer Bedarf, und hier liegt ein weites, fast unbebautes Feld zur Betätigung offen. Bauen Sie auf diesen Grundstücken Zeitungspaläste, wie man sie an den Boulevards und Avenuen schon seit langem sehen kann!

DIE WALLENSTEIN-FESTSPIELE IN EGER

Eger, 30. Juli

„Es war einmal." Die Steine Egers sprechen diese Formel, die altertümlichen Namen der Straßen, die zackigen Portale, die prunkvollen Erker, die wohlgefälligen Giebel und die prächtigen Dachreiter der Häuser, die Tore, die Bilder und Objekte des Museums, die Listen und Briefe der Archive, die Türme und Mauern und vor allem der stolze Rolandsbrunnen, das Wahrzeichen des eigenen Stapelrechts von Eger, erzählen vom alten Glanze vernehmlicher als von der Gegenwart. Es wäre irrig, zu glauben, daß erst die Mordtat vom 25. Feber 1634 Egers geschichtliche Sendung ausmacht. Wir sehen noch heute im Pachhelbelhause die herrlich getriebenen Löwenköpfe, die die Bürgerschaft des großen Nürnberg der würdigen Schwesterstadt Eger vor Jahrhunderten zum Geschenke machte, wir sehen in der Stadtsammlung die goldene Sonne, die einst Egers Fleischerinnung bei Erstürmung der Feste Neuhaus nächst Elbogen erbeutete. Nicht ohne Grund verlangte der Schwedenoberst Wrangel zum ersten Beweis der ehrlichen Gesinnung Wallensteins, „das Grenzschloß Eger den Schweden einzuräumen". Man muß an Lübeck oder an Venedig denken, an einstige Macht und Reichtum, wenn man durch die Winkelgassen Egers schlendert.

Gestern und heute ward alter Glanz lebendig. Ein Gewoge von Menschen, deren Zahl man auf fünfzigtausend schätzen darf, belebte die Gasthöfe und alle Wege. Stolz aufgezäumte Pferde führt man aus den Marställen, prachtvolle Generale mit Stulpenhandschuhen und breiten Pluderhosen gehen durch die Stadt. In den Geschäften wimmelt es von Käufern.

Und neben den Fürstlichkeiten aus des Friedländers Heer sind auch wirkliche Fürsten hier. Vielleicht hat es das alte Eger in den alten Tagen seines höchsten Glanzes nicht erlebt, daß die Sprossen zweier Kaiserhäuser Europas in seinen Mauern weilten. Waren gestern die beiden Söhne Kaiser Wilhelms II., Prinz Adalbert von Preußen und Prinz Dr. August Wilhelm von Preußen mit dessen Gemahlin, Prinzessin Viktoria Alexandra von Preußen geborene Prinzessin von Schleswig-Holstein, zum Festspiel auf der staufischen Kaiserburg ob der Eger erschienen und hatten ihren begeisterten Beifall den Veranstaltern offen kundgetan, so war heute die Enkelin Kaiser Franz Josephs, Erzherzogin Elisabeth, mit ihrem Gemahl, dem Fürsten Otto zu Windischgrätz, zum Festzug gekommen und lobte mit nicht minderer Anerkennung das wandelnde Gemälde. Erst vorgestern war die Fürstin zur Kur in Franzensbad eingetroffen, und gestern nachmittags um drei Uhr kam sie bereits im Automobil nach Eger. Die Fürstin, die eine weiße Toilette mit Valenciennes-Spitzen, ein Perlenkollier um den Hals und einen blauen Hut mit grauen Straußfedern trug, wurde vor dem Gebäude der Bezirkshauptmannschaft von Statthaltereirat Kaiser und Bezirkskommissär Dr. Neudert sowie vom neuen Bürgermeister Egers, Herrn Josef Krader, empfangen, der ihr einen imposanten Rosenstrauß mit schwarzgelben Streifen überreichte und sie im Namen der Stadt begrüßte. Die Fürstin dankte mit vieler Herzlichkeit, gab ihrer Freude darüber Ausdruck, die Wallenstein-Festspiele sehen zu können, und wurde dann zu dem Fenster geleitet, das für sie bereitgehalten war.

Auch sonst sah man viele Aristokraten unter den Festgästen, darunter den Prinzen Asenburg, den Prinzen Salm, Freiin von Haas usw. Ferner seien unter anderen der provisorische Intendant des Deutschen Landestheaters, Abgeordneter Dr. Karl Maria Herrmann, mit dem technischen Direktor, Parcival de Vry, der Bürgermeister von Marienbad, Abgeordneter Dr. Reiniger, und der berühmte Wallenstein-Forscher Hofrat Hallwich aus Wien erwähnt. Besonders von den Bayreuther Festspielen waren zahlreiche reichsdeutsche Gäste nach Eger gekommen.

Kein Gewitterwölkchen störte heute die Darbietungen. Mit Wallensteins Einzug in Eger begann um halb neun Uhr früh der Tag. Dieses Massenaufgebot von Menschen (zweitausendfünfhundert Personen, also nicht weniger als ein Zehntel der Bevölkerung Egers!), die reiche Kostbarkeit der Gewänder, die enorme Menge der Reit- und Bespannungspferde, die teils echten, teils täuschend rekonstruierten Riesengeschütze, die Fuhrwerke mit den kolossalen Schanzkörben, die Munitionswagen mit den Strohwischen, die sorgfältige Echtheit und minutiöse Genauigkeit in der Wahrung des historischen Charakters vereinigten sich zu einem Eindrucke überwältigender Großartigkeit. Von einer Ermüdung war beim Publikum trotz der Länge des Zuges nichts zu merken, ja im Gegenteil, immer mehr und mehr fühlte man sich auch innerlich in Stimmung, Anschauung und Milieu des Dreißigjährigen Krieges getaucht.

Reitet doch im Zuge Fürst Albrecht von Wallenstein selbst, ernst und echt, wie ihn kaum ein Mime darzustellen vermag. Ihm folgt sein Stab, alle die Generäle, die wir aus der Schillerschen Trilogie kennen. Dort sprengt der junge Max von Piccolomini heran, dort blitzt der rotseidene Mantel und der breite Kalpak des Grafen Isolani, dort reitet bedächtig in schwarzem Kleid der Astrolog Seni, in dessen weißbärtigem Gesicht sich düstere Kenntnisse spiegeln. Die Gestalten des Dragonerobristen Buttler und des Generalwachtmeisters Holk sowie der anderen berühmten Heerführer des Friedländers fehlen gleichfalls nicht.

Auf dem Marktplatz begrüßen die Räte in ihren schwarzen Talaren mit den Spitzenkragen den Herzog mit ehrfurchtsvoll gezogenem Hut und bitten ihn, den Lustbarkeiten beizuwohnen, die die Bürgerschaft ihm zu Ehren veranstaltet. Wallenstein gewährt gnädiglichst die Bitte, und die Zünfte kommen herbei, um ihre Gebräuche und Künste vorzuführen. Zunächst reichen die Bäcker dem Gaste den Willkommtrunk, dann führen fünf Mitglieder der Metzgerinnung das alte Ehrenrecht des Fahnenschwingens vor. Sie schreiten einzeln zu den Klängen der Stadtpfeiferkapelle den Marktplatz ab, die schwere Innungsfahne waagrecht über dem Kopf schwingend, ohne daß sich das breite Fahnenband verfitzt; die Geschicklichkeit und die Kraft des Handgelenks erwecken stürmischen Beifall des erstaunten Publikums. Dann führen die lieblichen Bürgertöchter von Eger, rote und weiße Seidenbänder schwingend, mit züchtiger Koketterie einen zierlichen Reigen vor, und hierauf tanzen die Tuchmacher einen altertümlichen, wirkungsreichen Reigentanz. Zum Schluß der Lustbarkeiten ein Lanzenfechten der Landsknechte; zum Klang des Hohenfriedberger Marsches geht alles zunächst in Quadrilleform schön abgemessen vor, aber dann entspinnt sich ein übermütiger Kampf, von dessen

Ernst es zeugt, daß viele wirklich zerbrochene Hellebarden das Marktplatzpflaster bedecken; auch Zweikämpfe mit kurzen Schwertern führen die Landsknechte vor.

Die Spiele sind zu Ende, und Wallensteins Heer rückt in unabsehbarem Zuge heran.

Ungeheuere Kolonnen dröhnend ausschreitender und stramm einherreitender Soldateska. Holkische Jäger, Pappenheimersche Kürassiere, Freyburgsche Kanoniere, Buttlersche Dragoner und Chieschasche Kroaten, der „Basilisk“ und die „schlimme Grete“ auf ihren von je vier breiten Ackergäulen bespannten Riesenlafetten, die Mörser, die Pulverkarren, die Fanfarenbläser mit den gestickten Standarten an den Trompeten, die Musketiere, Pikeniere, die Bogenschützen und die Arkebusiere. Eine kriegerische Impression jagt die andere, immer neue Truppen, neue Geschütze ziehen vorüber. Es währt lange, bis endlich der Heerestrain mit dem Rumormeister an der Spitze herankommt. Nun wird das Bild der Feuerbüchsen und Morgensterne von den unvermeidlichen Begleiterscheinungen des Lagers abgelöst. Die Bagagewagen kommen. Schmierige Kinder, in zerrissene Lumpen gehüllt, die Schlingel, die im Waffenlärm des Lagers zur Welt gekommen sind, springen von den Leiterwagen hinab und balgen sich um die Geldstücke, die die gutgelaunten Leute ihnen zuwerfen. Im nächsten Wagen Marketenderinnen, die dank ihrer hübschen Lärvchen wohl allen ihren männlichen Konkurrenten die Kundschaften wegschnappen konnten. Dann der bewachte Gefangenenwagen. Dahinter schreitet langsam – Bewegung geht durch die schauenden Massen – der unheimliche Begleiter des Lagers, der Scharfrichter in scharlachrotem Talar; das breite Richtschwert blitzt drohend auf seiner Schulter. Links neben ihm schleicht (gleichfalls in grelles Rot gekleidet) der Henkersknecht, mit Eisenketten rasselnd, rechts vom Scharfrichter geht ein spitzbärtiger dürrer Mönch.

Und wieder fröhliches Treiben. Seht, von diesem Wagen winken die fahrenden Leute, die Komödianten und Tausendkünstler. Auf dem nächsten sind die Koffer mit Kriegsgerät aufgetürmt, auf dem folgenden die riesigen Feldkessel und das Kochgeschirr und Fouragevorräte. In einer wunderschönen uralten Kalesche rollt jetzt der feiste Kapuziner vorüber und zieht freundlich sein braunes Käppchen, der akklamierenden Menge zu danken. Der Zug neigt sich dem Ende zu. Ungeheure Stiere, Ochsen, Kühe und Kälber werden von peitschenknallenden Knechten und Soldaten vorbeigeführt – der lebende Proviant für Wallensteins Lager beschließt den Zug. Der Beifall will schier kein Ende nehmen.

Der Menschenstrom ergießt sich hinauf auf die Kaiserburg, wo die Reprise des Festdramas „Auf der Kaiserburg" erfolgreich vor sich geht. Nachmittags brachte der Festzug den Höhepunkt der Spiele. Die vormittags eingezogenen Truppen des Friedländers vereinigten sich mit den Ratsherren, der Bürgerschaft, den Stadtsöldnern, den Stadtpfeifern und den Bürgermädchen in diesem Zug, der, brausende Beifallsstürme, das wiederholte Lob der Erzherzogin und immer neues bewunderndes Staunen weckend, in mehr als anderthalbstündiger Dauer vorbeimarschierte.

Der wirkliche Wallenstein, der zu Questenberg mit Spott über die Schaulust der Wiener sprach, hätte an diesem „Spektakel" selbst seine helle Freude gehabt.

DAS LIBOCHER HEIMATFEST

Liboch, 6. August

Von Dauba her hat die Natur bis zur Elbe im Südwesten aus bizarren, wildromantischen Sandsteinhöhen einen breiten Wall aufgerichtet, einen Riegel gegen das Tschechentum, das sich aus dem Süden und aus dem Westen herandrängt. Es ist wirklich eine Grenzlinie, die zwei Sprachgebiete deutlich voneinander scheidet.

Bei der Bahnfahrt merkt man vielleicht die Schroffheit des Übergangs nicht so sehr. Aber wer seit Jahren zu nächtlicher Fußwanderung auszieht, der freut sich schon darauf, bis hinter Schopka und Mlasitz die Morgensonne die Reichsstraße beleuchtet und die biederen Libocher mit dem freundlichen Gruße „guten Morgen" vorbeikommen. Sogar durchs Wasser zieht sich die Grenze, und der Flößer Kolinský, der bisher die Kantineure des Moldau- und Elb-Ufers durch seinen sehnsüchtigen „Pivo"-Ruf alarmierte, läßt von Liboch ab nur den Ruf nach „Bier" ertönen, wenn auch im Podskaler Patois.

Nur die Hetzer am grünen Tisch respektieren die von der Natur gezogene Grenze nicht und wagen immer wieder mit zäher Ausdauer die Anstürme auf das friedliche Gelände. Jetzt aber ist auch dieses zur Abwehr gerüstet, und [sie] sind [nicht] gewillt, die Scholle der Väter den anderen preiszugeben. Gestern und heute war das vernehmlich dargetan.

Böse Begleitumstände schienen die Festesfreude stören zu wollen. Heute, knapp vor Beginn des Festes, brachen in zweien der am Feste beteiligten Gemeinden Feuersbrünste aus. In Jeschowitz brannten dreieinhalb Hektar des zur Allodialherrschaft Liboch gehörigen Forstes, dessen Eigentümerin Gräfin Marie zu Lippe-Beisterfeld-Weißenfeld ist, vollständig nieder, in Tupadl wurde die Mühle der Herren Franz Topič und Anton Arlt und die beiden angrenzenden Gebäude der Brüder Franz und Josef Tutl ein Raub der Flammen. Bald aber waren beide Brände lokalisiert, und nach kurzer Verzögerung konnte der Festzug unter Massenbeteiligung beginnen.

Um sechs Uhr abends ging strömender Regen nieder. Aber die schönen Damen hatten bereits den Großteil ihrer Waren zugunsten des Libocher Anwesengrundstocks zu hohen Preisen losgeschlagen, und die Luft kühlte sich infolge des Regens ab, so daß man um so besser bis in die Morgenstunden in der Turnhalle dem Walzer huldigen konnte.

Der erste Festtag

Schon Samstag dröhnten Böllerschüsse durch das Tal des Libocher Baches. Sie grüßten die Fremden, die zum Beweis der Kampfgenossenschaft an fröhlichem Tage an die Sprachgrenze kamen, sie grüßten die Söhne der Stadt, die lang fort waren und doch nicht fremd geworden sind – denn heute kamen sie herbei.

Von den Bergen aber, über die sich das stille Dunkel warmer Sommerabende gebreitet hat, kam am Samstag, abends, noch ein Willkommsgruß. Zackige Höhenfeuer loderten auf, nach alter deutscher Festessitte. Wartfeuer waren es, die vom vorgeschobenen Grenzposten hinüber und herüber leuchten, Warnung nach der einen, Zuversicht nach der anderen Seite tragend. „Lieb Vaterland, magst ruhig sein."

Abends um acht Uhr versammelten sich die Libocher Vereine. Um halb neun Uhr fand auf dem Marktplatze eine schöne Serenade statt, und an diese schloß sich ein Fackelzug des Turnervereines, des Veteranenvereines, der Jungmannschaft, der in außerordentlich großer Zahl mit den „Alten Herren" erschienenen Prager Universitätssängerschaft „Barden", der Liboch vom Volksrate als Schutzort zugewiesen ist und die schon viel für die Stadt geleistet haben, und des Leitmeritzer Schüler-Rudervereines durch die Straßen der Stadt, in denen alle Häuserfronten geschmückt, alle Fenster illuminiert waren.

Gegen halb zehn Uhr abends begann im Turnsaale unter Vorsitz Bürgermeister Dr. Fröhlichs der Begrüßungsabend. Der Saal war dicht besetzt. Unter anderen waren die „Barden“ sowie die Verbindungen „Gaudeamus“ und „Markomannia“ aus Prag vollzählig zu dem Feste gekommen. Vom Deutschen Volksrate in Trebnitz, von der Bundesleitung des „Bundes der Deutschen in Böhmen“, von der Abteilung für nationale Schutzarbeit der „Lese- und Redehalle der deutschen Studenten in Prag“, vom k. k. Amtsleiter Grohmann in Dauba, von Rektor Dr. Grünert, von L.-A.-B. Dr. Werunsky, von den Ehrenbürgern Redakteur Gierschick und Křepek, vom Abgeordneten Professor Dr. Bendl, Oberlandsgerichtsrat Sander, MUDr. Schön und vielen anderen waren Begrüßungsschreiben eingelangt. Dr. Fröhlich begrüßte in herzlichen Worten namens der Gemeinden des Libocher Pfarrsprengels (Liboch, Geweihtenbrunn, Schelesen, Hubina, Tupadl und Jeschowitz) die Erschienenen und wies auf die Bedeutung des Festes hin. Namens der „Barden“ sprach Herr Techn. Rudolf Trapp auf Liboch und auf das deutsche Volk. Sodann wurden Rundgesänge angestimmt, Fräulein Finkesch (Wien) entzückte vermöge ihre pastosen Stimme und schönen Erscheinung durch Liedervorträge, die „Barden“ sangen prächtige Männerchöre, und Herr Erwin Sprenger rezitierte sehr nett und sympathisch Scherzgedichte in Libocher Mundart. Man blieb lange beisammen.

Der zweite Festtag

Am Sonntagmorgen hielt auf dem Friedhofe Herr P. Wenzel Slansky aus Jeschowitz eine würdige Gedenkfeier für die verstorbenen Heimatsgenossen ab; seine schlichten Worte gingen tief zu Herzen.

Von zehn bis zwölf Uhr vormittags fand auf dem Marktplatze ein Promenadenkonzert statt. Gegen halb zwei Uhr nachmittags, während die Herren Lehrer Rudolf Reichelt und Schriftsteller Adolf Hartig aus Settenz mit der Aufstellung und dem Arrangement des Festzuges beschäftigt waren, brachten mehrere Bewohner Tupadls die Nachricht: „Es brennt in Tupadl!“

Den zum Feste erschienenen Feuerwehrleuten und insbesondere

den Bewohnern des etwa sechs Kilometer entfernten Tupadl wurden sofort Wagen und Pferde zur Heimkehr zur Verfügung gestellt. Auch Herr Franz Tutl, der als erster Fanfarenbläser im Festzuge fungieren sollte, fuhr angsterfüllt nach Hause, da die Botschaft gekommen war, daß die Mühle, die an sein Gehöft angrenzt, in Flammen stehe; unterwegs erfuhr der Bedauernswerte bereits, daß sein Haus von den Flammen ergriffen worden sei.

Um Viertel zwei Uhr, also knapp vor dem angesagten Beginn des Festzuges, nachdem die meisten Tupadler nach Liboch aufgebrochen waren, war in der Scheuer der Tupadler Mühle, die in tschechischem Besitze ist, aus unbekannter Ursache Feuer ausgebrochen. Die Mühle gehörte den Herren Franz Topič und Franz Tutl, sie beschäftigten einen Obermüller und zwei Müllergehilfen; die Mühle war versichert. Sie stand unweit von der Tupadler Walhalla, etwas abseits von der Hauptgruppe der Häuser am Libocher Bache und war von einem Garten umgeben. An diesen grenzte das Gehöft des Franz Tutl, während die dessen Bruder Josef Tutl gehörige Wirtschaft auf dem anderen Ufer des Baches unmittelbar gegenüber der Mühle stand. Die Mühle loderte binnen wenigen Minuten als Flammenmeer zum Firmament empor, alle Einrichtungsgegenstände verbrannten, und sämtliche Bäume des Obstgartens wurden versengt. Die Funken flogen bald auf die beiden benachbarten Tutlschen Gehöfte über, und trotzdem die Feuerwehren rasch zur Stelle und das Wasser des Baches in unmittelbarer Nähe war, waren die beiden Häuser nicht mehr zu retten. Die Brüder Tutl waren nicht versichert.

Die Feuerwehren arbeiteten nun mit fieberhaftem Eifer daran, das Übergreifen der Feuersbrunst auf die übrigen in der Nähe befindlichen Häuser – diese sind durchwegs mit Schindeln gedeckt – zu verhindern. Die Lokalisierungsbestrebungen hatten bald Erfolg, und nun konnte an die Löschungsarbeiten geschritten werden. Binnen drei viertel Stunden war das Feuer gelöscht.

Am Brandplatze waren unter anderen Minister a. D. Dr. Schreiner und Landeskulturratsinspektor Hoffer erschienen. Eine vom Inspektor Hoffer sofort eingeleitete Sammlung für die Abbrändler hatte ein vorläufiges Ergebnis von sechsundsechzig Kronen.

Kaum war der Brand gelöscht, als schon die Feuerwehren aus Tupadl nach Jeschowitz eilen mußten, woher die Nachricht kam, daß dort der Wald in Flammen stehe. Das Feuer war in dem an das herrschaftliche Waldrevier der Gräfin Marie Luise zu Lippe-Beisterfeld-Weißenfeld angrenzenden Privatforste entstanden und hatte auf das Herrschaftsrevier übergegriffen. Im Nu standen dreieinhalb Hektar des ausgedörrten Waldes in Flammen. Wasser war nicht vorhanden, und so war an ein Löschen nicht zu denken. Durch Aufwerfen von Lehmwällen und durch Graben wurde jedoch das Feuer eingedämmt, bevor es das ganze riesige Revier vernichten konnte.

Nach Einlangen der Botschaft vom beendeten Löschungswerk in Tupadl begann in Liboch der Festzug. Er war imposant. Berittene Herolde, Fanfaren blasend, eröffneten ihn; Knappen führten ihre Pferde. Dann Musik. Dann wieder Reiter: Die Chargierten der Prager Universitätssängerschaft in Vollwichs. Das blauweißblaue Banner wird ihnen nachgetragen, die übrigen „Barden" folgen in Farben. Die jungen Leitmeritzer Ruderer in schmucker Dress sind die nächsten. Ein bunt beputztes Gig mit einem Miniaturkutscher und zwei entzückenden Kindern erregt Beifall. Ein unabsehbarer Zug von Schulkindern reiht sich an; an ihren Kappen und den bunten Fähnlein, die sie schwingen, sind die Gruppen als „Österreicher", „Thüringer", „Holländer" und als „Schwarzwälder" kenntlich. Die Abgeordneten und die übrigen Ehrengäste, von den Gemeinderatsmitgliedern geleitet, werden jubelnd begrüßt.

Aufsehen und stürmische Akklamationen erregen die Festwagen. Zuerst die „Landwirtschaft", ein von prächtigen Zugstieren gezogener, bunt geschmückter Leiterwagen, auf dem schöne Schnitterinnen goldene Ähren zum Kranze winden. Als zweiter Wagen der „Weinbau": Bacchus thront hier auf mächtigen Fässern und schwingt den Thyrsus, weinlaubbekränzte Heben lassen goldene Becher kreisen. Als dritter der Wagen der „Forstwirtschaft": Eine schöne Diana (Fräulein Kargl) lauert mit ihrem Bogen auf das Edelwild, die Füchse und Luchse und Auerhähne und Hasen, die man hinter den mächtigen Baumstämmen sieht; zwei prächtige Jagdhunde zerren ungeduldig an der Leine. In Begleitung Dianas sind zwei schmucke Jäger, und auf einem Baumstrunk kauert ein bärtiges Waldmännchen. Dann kommt der „Germanen“-Wagen, der stürmische Heilrufe erweckt. Prager Sommerfrischler (Frau Forstinspektor Knotek, Fräulein Paßqualini, Fräulein Scharffe, Fräulein Leontine und Sylvia Ballabene, die Herren Ludwig und Fritz Wartha, Leo Ballabene, Hans Scharffe, Anton Brunner, Willy Grimm und Konrad Mayer) sind die Insassen des schönen Wagens. Im Gig „Alt-Wien“ nehmen sich Herr Loos und Fräulein Linkesch sehr fesch aus. Musik, Veteranen, die aus der Fremde herbeigekommenen Heimatskinder beschließen den prächtigen Zug.

Gartenfest

Nachdem sich der Festzug unter Jubel des Spaliers durch Libochs Gassen bewegt hat, mündet er in den Schloßpark, wo das Volksfest beginnt. Gräfin Lippe hat ihn in zuvorkommendster Weise als Festplatz zur Verfügung gestellt und sich so den Dank der Bevölkerung verdient. Dieser Park, in dem der Gärtner Kunst so diskret und erlesen gewaltet hat, als ob sie die Natur nicht in ihrem phantastischen Traume stören wollte, dieser Park, dessen melancholische Baumgruppen von den verstohlen plätschernden zwei Armen des Libochbaches durchschwommen werden, sucht seinesgleichen in der Welt.

Auch das Schloß selbst, das die Form des glückverheißenden Hufeisens hat, stellte die Gräfin teilweise zur Verfügung. So wurde zum Beispiel der Glückshafen in der Sala Terrina untergebracht – nicht bald wird sich ein stimmungsvollerer Rahmen für eine Verkaufsstelle finden lassen. Auf die gewölbte Decke hat vor Jahrzehnten eines Künstlers Hand die Szenen und Gestalten aus Karl Egon Eberts epischem Gedichte „Wlasta“ gemalt, und trotzdem die Gemälde nur nach Art der gewöhnlichen Wasserfarben verfertigt sind, leuchten sie in so frischer Pracht, als wären sie heute hingemalt. In schönem Kontrast zu den helleuchtenden Fresken steht deren dunkle Einfassung; eine gotische Säulenordnung, dünne Eichenstämme und mattes Laubwerk, Braun in Braun angelegt.

Die gerade Seite des zweistöckigen Hufeisens ist dem Süden, der Elbe zugekehrt. Vor ihr stehen die Zelte, die unter der minutiösen Aufsicht und nach den strikten Angaben der schönen Libocherinnen und der feschen Pragerinnen, die hier auf Sommerfrische weilen, ganz abweichend von dem ewigen Einerlei der gewöhnlichen Festbuden mit Geschmack erbaut worden sind.

Der Garten ist von einem nach Tausenden zählenden Publikum dicht gefüllt, und die verkaufenden Damen machen überall glänzende Geschäfte. Besonders Frau Razen-Wolrab und Fräulein Hede Weisl sollen erstaunliche Einnahmen erzielt haben.

Die Festreden

Nachdem von der Terrasse des Schlosses herab ein Schulkind in herzerfrischender Weise den Gästen einen Begrüßungsspruch gesagt hatte, betrat Bürgermeister Dr. Fröhlich die Rednertribüne und hielt folgende hochbedeutsame Festrede:

„Werte Festgäste!

Nach der Ihnen soeben aus schlichtem Kindermunde zuteil gewordenen Begrüßung sei es auch mir gestattet, Ihnen allen, verehrte Festgäste, den herzlichsten Willkommensgruß namens der Bevölkerung unserer deutschen Sprachgrenzorte Jeschowitz, Liboch, Schelesen und Tupadl zu entbieten und einige Worte bezüglich unseres Heimatfestes an Sie zu richten. Weshalb feiern wir ein Heimatfest, und welchem Zwecke soll es dienen? Ein landbautreibender Bezirk wie der unsere ist nicht imstande, alle seine Kinder auf heimatlicher Scholle festzuhalten und zu ernähren, des Lebens eiserne Notwendigkeit zwingt sie, beizeiten nach dem Wanderstabe zu greifen und das Elternhaus, den Heimatort zu verlassen und hinauszuwandern in die kalte weite Welt und dort im Kampfe ums Dasein zu ringen um des Lebens Bestand. Deshalb ist auch bei uns die Zahl jener, die der Heimat frühzeitig den Rücken kehren mußten, verhältnismäßig groß. An alle diese nun ist der Ruf ergangen, sich frei zu machen für einige Tage von den Fesseln, die Notwendigkeit und Gewohnheit in der Fremde um sie geschlungen, sich loszureißen von dem fremden Boden und wieder aufzusuchen die Stätte trauter Kindheit, fröhlicher Jugendspiele, liebender Geschwister und Eltern.

Zahlreich und freudig haben sie dem Rufe Folge geleistet, und weit über dreihundert Heimatkinder freuen sich, zurückgekehrt zu sein für kurze Zeit in den Kreis, aus dem sie entsprossen.

Aber auch alle jene haben wir gerufen, die das Lebensschicksal einst zu uns gebracht, die einen geringeren oder größeren Bruchteil ihrer Lebenswirksamkeit bei uns entfaltet haben und die des Lebens Welle dann wieder hinwegspülte von dem Boden, in dem sie bereits Wurzel geschlagen. Und auch alle diese haben sich eingestellt, teils persönlich, teils mit schriftlichen Kundgebungen, die beweisen, daß ihnen jene Zeit, die sie bei uns zugebracht, noch nicht aus der Erinnerung geschwunden.

Und auch Sie alle, deutsche Korporationen und deutsche Sommerfrischler, haben wir zu diesem Feste geladen und freuen uns innigst ihrer Teilnahme, weil ja unsere Heimat ist ein Teil unserer aller Heimat, ein Teil des dem Deutschböhmervolke gehörigen Landes, das deutsch zu erhalten wir alle ohne Ausnahme die Pflicht haben." (Stürmischer, lang anhaltender Beifall.)

„Seit einunddreißig Jahren brandet des slawischen Meeres Sturmflut an unserer Küste und sucht gierig den Damm zu durchbrechen und hinwegzuspülen. Seit dreißig Jahren halten wir, getreu unserer Pflicht und unterstützt von ihnen, scharfe Wacht am Elbestrand. Gott sei Dank, bis jetzt haben wir Genüge tun können den Anforderungen, die unser Gewissen und unsere Heimatliebe an uns stellen, und das heutige Fest möge dazu beitragen, den Kreis jener zu vergrößern, die uns in diesem schweren Kampfe unterstützen, möge dazu beitragen, die Liebe zur deutschen Heimat neu zu beleben.

Dann werden wir auch imstande sein, deutsch zu erhalten, was deutsch war bis heute und was deutsch bleiben muß fürder und immerdar. Heil unseren Gästen und Gönnern an der Sprachgrenze, Heil unserer deutschen Sprachgrenze, Heil unserem deutschen Volke!" (Brausende Heilrufe, lebhafter Beifall.)

Minister a. D. Dr. Schreiner, lebhaft begrüßt, ergriff sodann das Wort: „Es ist mir vom Festausschusse die ehrenvolle Aufgabe zuteil geworden, den Libochern und den anderen Bewohnern der Sprachgrenze, mit der mich seit mehr denn dreißig Jahren innige Beziehungen verknüpfen, die Aufforderung zu weiterem Mut und Ausdauer in dem Kampfe zuzurufen, den sie nicht gesucht haben, den man ihnen aufgezwungen hat und der zum heiligen Kampfe geworden ist. Vor allem muß ich jener Männer gedenken, deren Namen mit den Kämpfen für die Sprachgrenze auf das innigste verknüpft ist. Als erster war es der Apotheker Zink aus Prag, der darauf aufmerksam gemacht hat, daß es nicht angehe, in die weite

Ferne zur Sommerfrische hinauszugehen und das Prag am nächsten gelegene deutsche Liboch dem slawischen Ansturm preiszugeben. Ich möchte aber auch dankbar der Libocher Schirmherren, der „Barden“ gedenken, welche als erste der studentischen Körperschaften die große Aufgabe erfaßt und erfüllt haben, daß die Studentenschaft vor allem dazu bestimmt ist, ernste nationale Arbeit zu leisten, weil ihr noch die Aussicht auf die Zukunft, der Idealismus, der Mut und die Jugendkraft zugehört. Ferner möchte ich noch des Schulinspektors P. Dornans gedenken, der bewiesen hat, daß man ein guter katholischer Priester und doch ein treuer Sohn seines deutschen Volkes sein kann, und der Sinn für das Volkstum den Kindern schon in der Schule in das Herz gepflanzt hat.“

Dr. Schreiner kommt dann auf die Bedeutung des Heimatfestes zu sprechen, hebt hervor, daß aus der Liebe zur Heimat die Liebe zum Volke und zum Vaterlande, die Kaisertreue erwachse, die das deutsche Volk immer bekannt und nie – wie es andere taten – zum Gegenstande von Tauschgeschäften gemacht hat.

„Wir haben“, fährt Dr. Schreiner fort, „niemals nach fremdem Gut gestrebt, aber dasjenige, was unsere Vorfahren mit durch schwieliger Hände Arbeit erworben haben, wollen wir für unsere Nachkommen erhalten wissen und rufen daher: Hand weg vom deutschen Sprachgebiet. Wenn uns immer wieder vom nationalen Ausgleich gepredigt wird, so bin ich überzeugt, daß wir alle mit einem solchen einverstanden sein werden, aber nur wenn der Ausgleich so vollzogen wird, daß uns unserer Väter Scholle gewahrt bleibt. Jeder andere Ausgleich ist für uns unannehmbar.“ (Stürmischer Beifall.)

Dr. Schreiner schließt mit der Aufforderung, auch die anderen Orte an der Sprachgrenze zu unterstützen. Die Rede löst jubelnde Heilrufe aus, man stimmt die „Wacht am Rhein“ an.

Die Festgäste

Aus der unendlichen Zahl der Festgäste seien genannt: die Abgeordneten Minister a. D. Schreiner, Krützner und Ungermann, Großindustrieller Theodor Grohmann von Hohenwidim, Dr. Franz Wien, Kammerrat Direktor Wartha, Fabrikant Wolrab, Forstinspektor Dozent Knotek, Fabrikant Becher, kais. Rat Turnauer,

Direktor Slansky, Direktor Scharffe, Professer Scharff, Inspektor Hoffer vom Landeskulturrate, Offizial Utischill von der Prager deutschen Universität, Herr Waschmann vom Deutschen Landestheater, die Bürgermeister und Gemeindevorsteher aus der Umgebung, die gesamte Mitgliedschaft des Deutschen Radfahrklubs „Schwalben" aus Prag etc., etc.

Der Festausschuß

Der Festausschuß hat wacker gearbeitet und darf es füglich auf seine Rechnung setzen, wenn das erste Libocher Heimatfest so prächtig gelang. Der Obmann des Bauausschusses, Herr Kurt Loos, hat im Festparke wirklich sehr Originelles und Tüchtiges geleistet, und dem Obmann des Vergnügungsausschusses, Herrn Postbeamten Josef Kutschera, könnten angesichts dieser Warenhäuser und der ihm unterstellten wunderhübschen Verkäuferinnen die schönsten Erfolge nicht versagt bleiben. Der verdienstvolle Obmann des Empfangsausschusses, Herr Lehrer Wenzel Burghardt, hatte eifrig zu begrüßen und Auskünfte zu erteilen, doch konnte er trotz des großen Fremdenandrangs alles glatt erledigen, da vor allem Herr Moriz Weis (Obmann des Wohnungsausschusses) mit ausgezeichnetem Takt und großer Mühewaltung die Quartiere zugewiesen hatte. Die bei allem wichtigste Seite, die finanzielle, lag in Herrn Emil Bauers Händen – und niemand versagt seinem Eifer das höchste Lob. Die Seele des Festes war Herr Lehrer Rudolf Reichelt, der sich schon beim Libocher Schulvereinsfest vor zwei Jahren durch die Herausgabe einer politisch und literarisch höchst bedeutsamen Festschrift ein nicht leicht vergängliches Verdienst erworben hat und auch diesmal seine hohe Intelligenz und seine Organisationstalente von früh bis abends im Interesse des Festes unermüdlich betätigte. Vom Obmann des Ausschusses, Herrn Bürgermeister MUDr. Ernst Fröhlich, wäre nur Überschwengliches zu sagen.

Nicht unerwähnt darf auch Herr Herrschaftsverwalter Anton Wittek bleiben, der aus den köstlichen Schätzen der herrschaftlichen Kellereien Libochs vortrefflich mundende Weine zur Verfügung gestellt hatte. Ebensowenig darf des Dekorateurs Herrn Ernst Mende aus Teplitz eifrige und Geschmack beweisende Tätigkeit bei Ausstaffierung der Wagen und Zelte vergessen bleiben.

Die Mühe aller war nicht vergebens. Liboch hat nicht nur die Heimatliebe seiner fernen Söhne neu geweckt, es hat sich auch viele neue Freunde erworben.

EDISON IN PRAG

Eine Unterredung mit dem Erfinder

Die Ankunft

Thomas Alva Edison ist gestern um drei Viertel sechs Uhr abends aus Brünn in Prag eingetroffen. In seiner Begleitung befand sich seine Gattin Mrs. Minna Edison, seine Tochter aus erster Ehe, Frau Marion Estella Edison, und deren Gemahl, der reichsdeutsche Major Oskar Oeser aus Mühlhausen im Elsaß, seine zwanzig Jahre alte Tochter aus zweiter Ehe, Mrs. Madeleine Edison, und sein jüngster, dreizehn Jahre alter Sohn Theodor Edison. Der ältere Sohn Edisons, der zwanzig Jahre alte Charles Edison, hat anfänglich die Europareise mitgemacht, hat aber diese in Budapest gegen seinen Willen und auf ausdrücklichen Wunsch seines Vaters unterbrochen, um nach Boston zurückzureisen, wo in den nächsten Tagen der Unterricht an der „Polytechnical school", deren Hörer er ist, beginnen wird; gestern früh hat sich der junge Edison auf dem Dampfer „Victoria" aus Hamburg nach Amerika eingeschifft. Mit Edison reist auch noch der sonst in Paris ansässige europäische Korrespondent der „New-York-World", Mr. Edward A. Valentine, der von seinem Blatte als Spezialberichterstatter auf die Europareise Edisons gesandt wurde.

Edison war nach seiner Ankunft sehr übermüdet. Er hatte in Brünn vorgestern nachts mit einem ehemaligen Mitarbeiter sehr lange geplaudert und war zeitig morgens aufgestanden, um seine Automobilreise nach Prag fortzusetzen. Bis Iglau waren das Automobil Edisons (ein Daimler-Wagen) und das seines Schwiegersohnes gemeinsam gefahren. Während aber Major Oeser mit seinem Wagen direkt auf der Reichsstraße weiterfuhr, hatte sich der Chauffeur Edisons um halb ein Uhr verirrt und war auf beschwerlichen Seitenwegen geraume Zeit nach dem anderen Wagen in Prag eingetroffen. Infolge dieser beschwerlichen Fahrt war Edison – er ist sechsundsechzig Jahre alt – sehr abgespannt und legte sich, nachdem er im Hotel de Saxe einen Kaffee zu sich genommen hatte, in den im ersten Stockwerke gelegenen Fürstenzimmern dieses Hotels zu Bette. Sodann nahm er auf dem Zimmer das Dinner ein, von dort wollte er sich sodann in den Speisesaal des Hotels begeben, wohin ihn ein Prager Freund gebeten hatte.

Auf der Stiege stellte ich mich dem Erfinder vor. Edison kehrte mit mir in sein Zimmer zurück, in dem sich nun ein längeres Gespräch entspann. Dieses war dadurch erschwert, da Edison das Bostoner Englisch spricht und überdies sehr schwerhörig ist. Er legt, wenn er eine Frage oder eine Antwort erwartet, die Hand schalltrichterartig auf das rechte Ohr, und nur wenn man ihm in dieses hineinschreit, versteht er die Worte.

Edison sieht, trotzdem sein in der Mitte des Kopfes gescheiteltes Haar silbergrau erglänzt, im allgemeinen jung aus. Sein Gesicht ist voll, seine Haltung aufrecht, weder die Augen noch die Mundwinkel weisen Falten auf.

Prag

„Sie sind zum ersten Male in Prag, Herr Edison?“ war meine erste Frage.

„Jawohl, zum ersten Male.“

„Und haben Sie von unserer Stadt bereits einen Eindruck gewonnen?“

„Nun – soviel man eben aus dem Automobil sehen kann. Aber die Straßen, durch die ich fuhr, haben ein sehr bizarren, altertümlichen Eindruck gemacht. Prag ist eine polnische Stadt, nicht wahr?“

„Nein, Mr. Edison, Prag ist böhmisch.“

„Ach ja, ja – es stimmt schon. Nun, morgen werde ich mir die Stadt genauer ansehen.“

„Wie lange gedenken Herr Edison hier zu bleiben?“

Das Reiseprogramm

„Ich werde wahrscheinlich morgen weiterfahren. Zunächst nach Dresden zur Ausstellung, dann nach Berlin, wo ich mindestens eine Woche bleibe, dann nach Hamburg. Von dort segle ich am 27. des Monats nach Amerika zurück.“

„Haben sich Herr Edison überzeugt, daß in Europa ihre Erfindungen hinreichend ausgenützt worden sind, daß wir hier in technischer Beziehung weit fortgeschritten sind?"

„Ich müßte Ihnen ein leeres Kompliment machen, wenn ich diese Frage ohne weiteres bejahen wollte. Ich war seit zweiundzwanzig Jahren nicht mehr in Europa und damals nur zu ganz kurzem Aufenthalte. Ich war hierhergekommen, um in der Pariser Ausstellung vom Jahre 1888 etwas einzurichten, und bin damals außer in Paris nur in Köln und in Aachen gewesen, ohne mir die industriellen Betriebe näher ansehen zu können. So kann ich Ihnen nicht aus eigener Erfahrung sagen, ob Sie hier fortgeschritten sind. Aber was ich in Fabriken und Unternehmungen gesehen habe, ist ganz respektabel. Allerdings – anderes hat mir weniger imponiert."

„Darf man wissen, was Sie meinen?"

Latifundien – Farmen

„Ja – aber mein Eindruck kann ein trügerischer sein. Ich meine die Landarbeit. Hier ist der Grundbesitz auf dem Felde – wenigstens soviel ich gehört habe und wie mir auch vorgekommen ist – in verhältnismäßig wenig Händen konzentriert. In Amerika haben die meisten Leute, die nicht in den Städten wohnen, ihre eigene Farm – wenigstens eine kleine, eine ganz kleine. Die Hilfsarbeit auf den Feldern ist Gelegenheitsarbeit für Stellungslose, für Studenten, die auf Ferien sind, und dergleichen. Aber ich kann mich irren. Meine Reise führt mich ja hauptsächlich in die Städte."

„Hat Ihre Reise einen geschäftlichen Zweck?"

„Nein, nein. Ich will mich bißchen erholen, ein wenig mit meiner Tochter hier (Edison weist auf Frau Oeser) beisammen sein. Das sehen Sie schon aus meiner Reiseroute. Hätte ich mich sonst von Paris direkt über Aix-les-Bains in die Schweiz und in die Dolomiten gewendet? Natürlich habe ich in Wien und Budapest auch mit Fachkollegen geschäftliche Angelegenheiten berührt, aber ich wollte nicht etwa Geschäfte abschließen. Auch in Berlin werde ich mit Leitern befreundeter industrieller Unternehmungen zusammenkommen."

„In Prag nicht?"

„Nein. In Prag will ich mir nur die Sehenswürdigkeiten ansehen."

„Herr Edison, über Ihre Lebensweise sind verschiedenartige Gerüchte verbreitet; beruhen diese auf Richtigkeit?"

„Ich weiß, was Sie meinen. Man dichtet mir allerhand puritanische Eigenschaften an. Nun, das ist stark übertrieben. Wie Sie sehen, rauche ich meine Zigarre mit Behagen. Allerdings ich bin Antialkoholiker, und nur gestern habe ich in Brünn eine Ausnahme gemacht – ich habe dort ein Glas Bier getrunken. Auch esse ich sehr wenig. Vom Frühstück angefangen bis zum Nachtmahl nehme ich überhaupt keine Speise in den Mund. Ferner schlafe ich nur fünf oder sechs Stunden. Das viele Schlafen und das viele Essen mordet die meisten Menschen."

„Man sagt, daß Ihr Vater hundertzwei Jahre alt geworden ist und daß Sie immer erklären, Sie wollen genau so alt werden."

„Das ist beides unrichtig. Mein Vater ist leider im Alter von achtundneunzig Jahren von der Treppe gestürzt und hat sich getötet. Aber mein Großvater war hundertvier Jahre alt, als er starb. Ich will" – so fügt Edison lächelnd hinzu – „nicht hundertzwei Jahre alt werden, sondern hundertfünfzig. Alle Menschen könnten sehr alt werden, wenn sie richtiger zu leben verstünden. ‚Don't worry' (sorge dich nicht) ist der wichtigste Grundsatz. Man soll sich dem Schmerz, den Befürchtungen und den Kümmernissen nicht allzusehr hingeben. Vor allem aber: Die Arbeit erhält uns am Leben. Sehen Sie, mein kleiner Junge (der dreizehnjährige Theodor), der muß auch auf unserer Reise lernen, und im Automobil muß er unter Anleitung des Chauffeurs selbst chauffieren."

Herr Edison zeigt mir sodann eine Visitkarte des Oberdirektors Dr. Kolben, die ihm eben überreicht wird, und fragt mich: „Kennen Sie den Herrn?"

Ich antwortete bejahend.

„Mein alter Mitarbeiter und Freund. Ich freue mich, ihn wiederzusehen."

Einige Dankesworte von meiner Seite, ein herzlicher Händedruck Edisons, und das Gespräch war zu Ende.

DIE ÄRA TEWELES

Nicht hohle Glückwunschworte waren es, die Heinrich Teweles an dieser Stelle grüßten, als er – noch provisorischer Leiter – die Landesbühne zur Obhut empfing. Der, der hier den Gruß schrieb, kannte den neuen Bühnenleiter, dessen pathosfreies Wesen, dessen sich immer erneuendes Interesse, die Frische im Schauen und (noch!) im Lernen. Von der literarischen Bedeutung ganz abgesehen. Das war sichere Gewähr; keine Prophezeiung hatte sich zu erfüllen, sondern die Meldung, daß alles gut sein werde, mußte zum Präsens werden. Sie wurde zum Präsens.

Die Theaterpreise sind erhöht worden, und dennoch füllen die Abonnenten noch die letzten Parkettreihen. Nie war das Abonnement so zahlreich. Zugegeben: Das ist nicht die Hauptsache. *Eine* Hauptsache bleibt es doch. Vornehmlich in Prag.

Kommt doch auch der Idealist auf seine Kosten: Pflege des klassischen Dramas. In den letzten Jahren schob man nur an Dichtergeburtstagen die alten Kulissen für das klassische Schauspiel aus dem Magazin. Und wer denkt nicht mit Schrecken an die „volkstümlichen" Lessing- und Schilleraufführungen im alten Theater. Teweles gab Besseres. Eine großzügige „Faust"-Tragödie in Wilbrandts, die große Dichtung auf drei Abende verteilende Einrichtung; die technischen Errungenschaften der modernen Regie wurden – in Prag zum ersten Male – für die klassische Bühne verwendet. Es gab stimmungsvolle, durchaus malerische Bilder und abgetönte Beleuchtungseffekte. Auch die Wiederaufnahme der seit Jahrzehnten nicht mehr gegebenen Grillparzerschen Historie „Ein Bruderzwist in Habsburg", die des buhlerisch schönen Prag Vergangenheit suggestiv heraufbeschwört, war ein Verdienst der neuen Leitung und die bündige Einlösung eines Versprechens, das Teweles – dem eigenen Trieb gehorchend, nicht der Not – gegeben hatte, als von Professor Sauer und Dr. Eppinger, dem besten Nationalen, im vorigen Winter die Pflege des klassischen Dramas zur Debatte gestellt wurde.

Der moderne Spielplan wird von vortrefflichen Neuerwerbungen belebt, und der angenehm ehrgeizige Grundsatz tritt zutage, in puncto wesentlicher Premieren mit Wien und Berlin gleichzeitig herauszukommen. Den offiziellen Beginn der Tewelesschen Ära bildete die Aufführung von Schnitzlers „Das weite Land", das am selben Abend in der Burg und im Lessingtheater in Szene ging. Man hatte Sorgfalt auf die Prospekte verwendet, und wenn auch die Hauptrolle nicht sinngemäß mit einem Spieler von warmem, herzgewinnendem Wesen, sondern mit dem Intrigantendarsteller besetzt worden war, errang das Stück keinen minderen Erfolg als in Berlin. Genau soviel, als es verdiente.

Das Ensemble? Es ist noch in der Umbildung begriffen, aber schon jetzt verjüngt und selbst für große Aufgaben leistungsfähig gemacht. Die Oberregie ist vor wenigen Tagen an den Dr. Paul Eger übergegangen, der während der letzten zwei Jahre des Neumannschen Regimes als Dramaturg tätig war und sich später als Regisseur des modernen Dramas versuchte. Angelo Neumann hatte dem jungen Mann ein sehr beschränktes Tätigkeitsgebiet zugewiesen, trotzdem ihm der schmiegsame Eklektiker immer in der Nähe war. Neumann wollte, daß das Theater dem Theater gehöre, und der Dr. Eger ist Literat, trotzdem er die schlechte „Reigen"-Kopie „Operette" geschrieben hat. Sie sei ihm herzlich gerne verziehen, wenn er in der Oberregie Gutes vollbringt.

Zwei Neuengagements, die in die bereits nachneumannsche Zeit fallen, sind hervorzuheben: das der Jugendlich-Sentimentalen, Fräulein Neff, die als Gretchen im „Faust" den ersten Erfolg ihrer vor allem geistigen Begabung errungen hat, und das der Naiven, Fräulein Hackelberg, in der – so scheint es wenigstens – ein der Eysoldt ähnliches Talent heranwächst; noch ist sie aufgeregt auf der Bühne, aber schon ist sie sympathisch. Ab 1912 tritt ein interessanter jugendlicher Charakterspieler, Dr. Karl Thumser, ein, der als Mephisto gastierte. Ein Darsteller von ungewöhnlich starken Temperamenten, starker geistiger Schärfe, mit einem Hang zum Grellen und Grotesken.

In manchen Fächern steht, wie es die Entschließungen einer Übergangsepoche notwendig mit sich bringen mußten, eine endgültige Besetzung noch aus. Unsicher ist, wie man hört, auch die Frage der Besetzung des jugendlichen Heldenfaches; ein Ersatzmann für Herrn Tiller hat mit Mißerfolg gastiert. Nur mit Bedauern würde man die feurige Kraft Tillers missen. Hoffentlich hält man ihn?! Einer Vermehrung bedürftig sind unsere Bonvivants: Es fehlt ein jugendlicher Bonvivant-Spieler mit Charme. So drastisch und vielseitig und lustig Herr Hofer auch in Operette, Schwank und Posse ist, so fehlt doch ein Komiker für das Schauspiel.

Über die Oper zu sprechen fühlt sich der Schreiber dieses Artikels nicht berufen. Aber Alexander von Zemlinsky gilt einstimmig als ein ganz Ausgezeichneter, und auch sonst fand selbst Felix Adler langentbehrte Worte warmen Lobes.

Von der Theaterverdrossenheit kann nirgends die Rede sein. Sie hat freudigem Optimismus Platz gemacht. Gutes wurde geboten, und Gutes darf man noch erhoffen.

NÄCHTLICHE VERSAMMLUNG

Der Schnee beleuchtet den Riegerpark, der wohl noch nie in der Nacht so viele Menschen gesehen hat. Straßenbahner klimmen die Rampe hinauf, die von der Nerudagasse und der Smetanagasse zum Park hinaufführt. Der Schnee knarrt unter den Riesenstiefeln.

Dort, wo sich die Wege kreuzen, stoßen Gruppen zueinander. Die Mitternachtsstunde, der Weg durch die häuserlosen Flächen, das Gefühl der Entschlossenheit, der Verantwortung und der Erwartung gibt so etwas wie eine Rütlistimmung.

Im nordöstlichen Winkel des Parkes der Volkspavillon. Die Wände sind aus Glas, und der Lichtschein glänzt weithin durch den Park. Der Polizeirevierinspektor Linhart geht in schnellem Schritte auf und ab, um sich ein bißchen zu wärmen. Ein Polizist steht in seiner Nähe. Die übrigen Wachleute drängen sich im Korridor, der von der Wirtshausküche zur Wohnung des Restaurateurs führt, und nur den Journalisten, die zum Telefon eilen, sind sie sichtbar.

Beim Eingang in den Saal kommt man nur ruckweise vorwärts. „Holleschowitz hierher", tönt es von links, „Lieben hierher", schreit man von hinten den Ankommenden entgegen. Das Riesenhufeisen ist im Nu voll von Menschen.

Die meisten sitzen in der Uniform da, in den Mänteln mit Pelzkrägen und Silberknöpfen; in der Mitte der Tische sind die Uniformkappen und die Pelzmützen aus Astrachan-Imitation hoch aufgeschichtet. Auch Arbeiter des Elektrizitätswerkes sind hier; an ihren rußigen Gesichtern und Händen, an ihren Schaffelljabots sind sie kenntlich. Viele Frauen sitzen an den Tischen. Eigene Versammlungen sind ihrer Information gewidmet gewesen, und nun sind sie von ihrer Bedeutung überzeugt. Unter den Menschen, die sich um das Podium drängen, erkennt der Eingeweihte einige Detektives.

Kellner balancieren mit Biergläsern zwischen den Tischreihen durch. Von Würsteltellern qualmt der Rauch. Das Licht der Glühlampen an den geschnitzten Holzsäulen durchschneidet die Zigarrenwolken.

In der Ecke des Podiums beraten die Führer. Ihre Blicke schweifen von Zeit zu Zeit über die Versammlung; wird sie sich bremsen lassen? Die Stimmung ist eine erregte, das kann man sich nicht verhehlen. Schon die rein formale Frage, ob die Versammlung mit dem vorgeschlagenen Präsidium übereinstimme, weckt ein brausendes „alle“, als ob die Kabinettsfrage gestellt worden wäre.

Vorsitzender ist Abgeordneter Vojna. Er unterscheidet sich stark von seinen Fraktionsgenossen. Er hat ein sympathisches Gesicht, das kurze Haar aus der Stirn gekämmt – keine Fanatikermähne, keine breite Demonstrationskrawatte und keinen schwarzumränderten Provokationszwicker nennt er sein eigen, und er schüttelt auch nicht nach Demagogenart die Röllchen aufgeregt in den Händen. „Mit dem Verstand, nicht mit dem Gefühl entscheidet!“ sagt er.

Seine Rede wird ruhig angehört, ebenso die des Referenten und die des Sozialdemokraten, der die Solidaritätserklärung seiner Partei überbracht hat. Dann spricht Fresl, der kleine blasse Fanatiker mit den eingekniffenen Augen. Ein gewiegter Volkstribun. Zuerst lehnt er sich nachlässig an den Präsidententisch und spricht, als doziere er abstrakte Philosophie. Aber bald fuchteln seine Hände in der Luft, und er schreit in die Menge hinein, daß die Gemeinde auch soziale Pflichten zu erfüllen habe, er schreit es, als ob er sich mit diesem Satz von der menschlichen Gesellschaftsordnung lossagen würde, als künde er die furchtbarste Wahrheit. Brausender Jubel bricht los. „Ganz recht hat er.“ Das gibt ihm Mut, die schwere Aufgabe zu erfüllen, die ihm als dem erfahrensten Redner übertragen wurde: zu sagen, daß man noch warten müsse oder – wie er sich ausdrückt – noch warten könne. Aber kaum hat er so begonnen, bricht ein Wutgeheul los.

„Schufterei, Lumperei“, brüllt man, und die Hände fliegen aufgeregt umher.

„Reaktionär“, schreit einer dem Abgeordneten Fresl ins Gesicht. Das Fremdwort paßt fast gar nicht. Aber der blasse Fresl wird noch um eine Nuance blässer.

„Wir wollen nicht mehr warten!“ – „Die Frist ist um.“ Das erste

Straßenbahnerpfeifchen schrillt durch den Saal. Es ist das Haltsignal auf der Strecke. „Bravo! Wir fahren nicht." – „Wir bleiben hier."

Ein graubärtiger Alter in Uniform gebärdet sich wie toll. „Nein, nein. Wir lassen uns nicht bremsen." Vielleicht ist er vor Jahren noch mit der Trambahn über den Roßmarkt gefahren und hat sich dann im Stall beim Waschen der Vorspannpferde die Zeit so ideal gedacht, in der man ohne Pferde fahren werde. Nun aber schreit er: „Nein, nein. Wir lassen uns nicht bremsen."

Eine Frau drängt sich an das Podium. Die Tränen rinnen ihr von den Wangen, ihr Schluchzen übertönt den Lärm. Sie hebt die geballten Hände gegen das Versammlungspräsidium und stößt die Worte hervor: „Wir haben Hunger!" Armes Weib! Du glaubst, daß du dich satt essen wirst, wenn man streikt?

Die Versammlung hat sich in zwei Lager gespalten. Für und wider den Streik. Beschimpfungen schwirren von einem Tisch zum anderen hinüber, an manchem Tische gibt es zwei Lager, dort streiten sich Mann und Frau, dort heben sich drohend die Hände, und Beschimpfungen arger Art fallen.

Einige sind aufgestanden. „Das ist eine Komödie. Das Präsidium ist vom Verwaltungsrat bezahlt. Die Verwaltungsräte werden uns auslachen, wenn wir sie morgen nach Hause fahren werden."

„Kusch", ruft einer einem solchen Streiklustigen zu. „Du eilst ja in die Remise. Hier hetzt du und würdest als erster die Kurbel drehen, wenn wir den Streik beschließen würden."

„Wir streiken", ruft einer dröhnend in den Saal.

„Warum hast du die Dienstnummer vom Rock genommen, du Held?" apostrophiert ihn einer von der Gegenseite.

„Damit du mich nicht denunzierst, du Streber."

Und die Worte der Redner, um die Resolution scheren sich die wenigsten. Dialoge und Szenen in allen Winkeln des Riesensaales. Besonders vor dem Podium.

„Herr Vojna, das wird schlecht ausfallen", schreit ein junger Kondukteur dem Präsidenten seiner Organisation zu.

„Vielleicht", sagt Abgeordneter Vojna. „Vielleicht ist euer Lärm taktisch gut. Man wird sich sagen, daß wir euch abhalten wollten, aber daß wir zu schwach sind. Wenigstens kann man nicht behaupten, daß ihr verhetzt worden seid."

„Wir können nicht mehr warten!"

„Wir wissen vieles, was wir hier nicht sagen können", antwortet

Vojna. „Aber wenn ihr so lange gewartet habt, könnt ihr noch weitere zwei Tage warten."

„Wir können nicht wieder eine Nacht durchwachen."

Am Präsidialtisch sitzt der Polizeikommissär Slaviček, und sein Bleistift fährt über das Papier. Die Augen vieler sind hoffnungsvoll auf ihn gerichtet. Wenn er jetzt nur die Versammlung auflösen würde, dann wäre man fein heraus. Die Regierung habe den Streikbeschluß vereitelt, könnte man sagen. Aber der Herr Kommissär stenographiert in all dem Getöse seelenruhig seine Relation.

Nach und nach schieben sich die letzten Gruppen aus dem Saal, noch immer streitend und schimpfend. Aber im Morgengrauen des 25. Febers 1908, als die Prager Straßenbahnkondukteure auf der Schützeninsel den Beginn des Dienstantrittes verstreichen ließen, war die Stimmung ja auch nicht besser.

Erregte Menschen gehen durch den weißen Park.

VORLESUNG KARL KRAUS

Um einem fühlbaren Bedürfnis abzuhelfen, hat der beliebte Vortragskünstler Herr Karl Kraus aus Jitschin gestern hier eine Vorlesung abgehalten. Einige Stehplätze waren ausverkauft, und es war nur ein Akt der Dankbarkeit, daß deren Inhaber zum Sitzen aufgefordert wurden. Die überwiegende Majorität der Anwesenden wurde in die Loge Nr. 6 gebeten, die ebenso wie alle anderen unverkauft geblieben war. Herr Kraus ließ diesmal mit der ihm eigenen Bescheidenheit seinen von ihm entdeckten Kollegen Shakespeare und Jean Paul (sie waren nicht Mitarbeiter der „Neuen Freien Presse"!) den Vortritt. Zuerst langweilte er eine Stunde lang durch die Vorlesung einiger Szenen aus „Timon von Athen" und vermittelte dabei die wertvolle Erkenntnis, daß die Athener im Dialekte der Jitschiner Handelsleute zu sprechen pflegten. Dann sagte er ein Kapitel aus dem „Kampaner Tal" im pathetisch-verständnislosen Tonfalle eines arroganten Sekundaners auf und las zuletzt eigene Geistesblitze. Zum Beispiel: daß die Osternummer des „Neuen Wiener Tagblatt" einen sehr großen Umfang habe. (Bewegung.) Schließlich nannte Herr Kraus die „Neue Freie Presse". Alles lachte. Die Krone aber setzte Herr Kraus seinem Humor auf, als er – ganz unvermittelt! – den Namen „Harden" nannte. Herr

Polatschek jun. in Firma Mareš & Polatschek bekam einen Lachkrampf. Man bedenke: Mitten in einem scheinbar ernsten Satze hatte Kraus den Namen Hardens, dieses „Trottels" genannt! Es war zum Quietschen.

DAS ENDE DER „GIFTHÜTTE"

Kürzlich wurde der Regulierungsplan für die Umgebung der Sankt-Apollinar-Kirche genehmigt und die Errichtung zweistöckiger Bauten anstelle der „Gifthütte" und ihrer Nachbargebäude beschlossen. Damit schwindet eine Stätte des studentischen Lebens in Prag während der zweiten Hälfte des vorigen Jahrhunderts.

Wie lebhaft aber ging es in der Gifthütte zu, welche den Studenten als Kantine schon zu jener Zeit diente, da das Gebärhaus noch unter der Kirche im alten Kapitelgebäude untergebracht war, wo jetzt eine Filiale des Irrenhauses steht. Mittags gab es hier ein billiges Essen, und abends versammelten sich hier die Mediziner mit ihren Schönen zu den bekannten „Jodoformkränzchen". Ein ehemaliger Prager Student, Dr. Keim, hat sie in einem auch im Lahrer Kommersbuch enthaltenen bekannten schnurrigen Gedicht „verewigt", das aus dem Jahre 1853 stammt: „Auf den Windberg, auf den steiligen, möcht' ich zu den Jungfrau'n eiligen ... wo zum Tanz die hezká holka nach dem Klang der muntern Polka den Primär am Bändchen führt." Schon aus diesem Text ist ersichtlich, daß Deutsche und Tschechen damals friedlich an den Unterhaltungen teilnahmen, die von den Primärärzten, Assistenten, Studenten besucht wurden. Den weiblichen Teil stellten die dienstfreien Wärterinnen, Hebammenkandidatinnen und die Köchinnen der Professoren aus den umliegenden medizinischen und philosophischen Instituten bei. Daß es da recht ungebunden zuging, läßt sich denken. Ein in Prag wirkender Universitätsprofessor berichtet aus seinen eigenen Erinnerungen Folgendes: „Im niedrigen ‚Salon' der Gifthütte, wo ein etwas längerer Mensch mit dem Kopf an die Wand stieß, der geschwärzt wie eine Schmiede und voll Tabakrauch war, fand jeden Mittwoch und Samstag der ‚Schwof' statt. Tänzerinnen waren die beiden lieblichen Wirtstöchter und deren umfangreiche Mutter, Hebammen und Wärterinnen. Einmal hatten wir auch vornehmen Besuch, und das kam so. In der Nähe wohnte eine verwitwete alte Hofrätin mit ihrer schon stark verblühten Tochter. Zu ihr begab sich eines Tages eine zweigliedrige Abordnung unter Führung des damaligen Moldaven-Mediziners Eckstein, der seither auch schon an seinem Herzfehler gestorben ist, und lud das Fräulein zur ‚Reunion' in die Gifthütte. Nichtsahnend kam sie mit ihrer Mutter in einem weißen bändergeschmückten Sommerkleid, langen weißen Handschuhen und Rosen im Haar zu unser aller Erstaunen und Verlegenheit. Aber da zeigte sich wieder einmal die Sicherheit der Damen. Als ob sie nicht bemerken würden, daß die übrigen ‚Damen' einer anderen Gesellschaftsklasse angehören, nahmen sie Platz, die Tochter tanzte mit den Studenten, ohne auch nur ein Wort über die Mystifikation zu verlieren, während sich die Urheber derselben in den Winkel verkrochen. Nach einer halben Stunde nahmen die Damen Abschied, und wir alle blieben sichtlich betroffen zurück. Daß unsere übrigen Tänzerinnen nicht ebenso spröde waren, half uns über die Minuten der Depression bald hinweg.

Damals, zu Beginn der achtziger Jahre, verkehrte in der Gifthütte eine rein studentische Gesellschaft, welche sehr häufig nach Mitternacht von dort nach dem Schipkapasse zog. Dort wurde der erste Ausflug der Lesehalle nach Wegstädtl angeregt und vorbereitet, wobei statt einer Fahne ein großer Öbstlerinnenschirm mit schwarzrotgelben Federn überkleidet den Mittelpunkt bildete. Damals wurde in der Gifthütte auch ein berühmtes Schulvereinsfest mit Preiskegelschieben und Preisen gefeiert. Der erste Preis war ein künstlicher lebender Papagei; ein gewesener Wiener Brune, der immer voll guter Einfälle stak, hatte eine Taube mit den schreiendsten Farben bemalt. Im Garten herrschte unter den schwarzrotgoldenen Lampions ein lustiges Leben: Da war Gabriel Anton, heute Geheimrat und Professor der Psychiatrie in Halle, Karl Fleischmann, Professor und Frauenarzt in Wien, Adolf Menzel, heute Hofrat, Professor und Mitglied des Reichsgerichtes in Wien, Paul von Portheim, der früh Dahingeschiedene, dessen Gedichtsammlung ‚Silentium pro Paul von Portheim' eine Erinnerung für alle damaligen Studiengenossen bildet. Auch die jetzigen Abgeordneten Pacher und Wolf waren damals Gäste der Gifthütte. Pacher, der schon am Gymnasium den Spitznamen ‚Robespierre' bekam, zeigte freilich schon zur Gifthüttenzeit Anwandlungen seiner späteren Überzeugung. Kamen einmal studentische Gäste aus dem Reiche, so holte die Wirtin das alte berühmte, mit Zeichnungen versehene, leider nun abhanden gekommene Stammbuch hervor, welches Namen hervorragender Persönlichkeiten der medizinischen Wissenschaft enthielt, die sich während ihrer Tätigkeit in der Prager Gebäranstalt in dasselbe eingetragen hatten."

Einen ähnlichen Spaß wie mit der Hofrätin leisteten sich die Studenten mit einem in Begleitung zweier Töchter nach Prag gekommenen Professor der Medizin, die ebenfalls zum Kränzchen in die Gifthütte geladen wurden. Natürlich blieben alle drei sprachlos in der Türe stehen, als sie das gar zu ungebundene Treiben sahen: die Tänzer in Hemdärmeln, die „Damen" in Schürzen und das Lokal eine Spelunke. Die Mediziner holten aber die durchaus nicht zimpferlichen Professorstöchter und drehten sie derart im Kreise, daß die eine derselben bei ihrem nächsten Prager Besuche als Frau Professor sich recht gern ihres damaligen Ballettdebüts erinnerte. Gegen das Treiben in der Gifthütte wandte sich der Pfarrer von Sankt Apollinar sogar mit einer Eingabe an den Professor Weber von Ebenhof, einen Bruder des damaligen Statthalters. Er richtete aber nichts aus, der Professor, der selbst zum Frühschoppen unter die Studenten ging, legte den Akt beiseite. Mit der „Schlacht bei Kuchelbad" und der Teilung der Universität hörte das gesellige Studentenleben in der Gifthütte auf, deren studentischer Charakter ging verloren.

DAS SEELENLEBEN DER VERBRECHER

Vortrag des Staatsanwaltes Wulffen

Unter den Praktikern der modernen Kriminalistik in Deutschland hat sich neben Aschaffenburg, den vor allem die psychopathische Seite des Verbrechers interessiert, und neben Lindenau, der als Nachfahre von Groß und Niceforo hauptsächlich der Ermittlungstechnik sein Augenmerk zuwendet, der Dresdener Staatsanwalt Dr. Erich Wulffen einen bedeutenden Namen gemacht. Wulffen hat auf dem Gebiete der Verbrecherpsychologie eine umfassende Tätigkeit entfaltet, und diesen soziologisch wichtigen Komplex hatte er auch zum Thema seines Vortrages gewählt, den er vorgestern als Gast der „Concordia" im dicht besetzten Spiegelsaale des Deutschen Hauses hielt. Daß sein Vortrag des doktrinären Tones entraten würde, wußten die Kenner der Wulffenschen Bücher im vorhinein, denn in diesen widmet er selbst den trockensten Fragen den edlen Schwung eines Stils, der seine Herkunft aus dem literarischen Jugendlande Wulffens nicht verleugnet. Aber daß dieser gründliche Gelehrte und treffliche Stilist auch ein Redner von geradezu beispiellosen Qualitäten sei und durch mehr als anderthalb Stunden zu atemlosem Hören zwingen könne – das hatte man in Prag nicht gewußt, und am Schlusse des Vortrages dankte das Auditorium, in dem sich die Vertreter der kriminalistischen Medizin, der Polizei und der juristischen Kreise befanden, stürmisch und immer wieder für die Vermittlung dieser Kenntnis.

Der Vortragende räumte vor allem mit der landläufigen Ansicht auf, daß der Verbrecher einfach zu kategorisieren sei, und wies an kurzen Begebnissen (der Mörder, der den Kanarienvogel füttert, der Räuber, der die Katze mit Lebensgefahr rettet, der Diebstahl, um einer armen Frau zu helfen) bezwingend nach, daß der Verbrecher an die absolute Bosheit nur angrenze, daß selbst der am tiefsten Stehende, der Verrohteste und der Idiotische, seine sympathischen Züge besitze, die für die Beurteilung von Wichtigkeit sind. Reue, Gefühlsweichheit, die mit der Willensschwäche des Verbrechers zusammenhängen, gehören hierher, und oft ist auch der Zynismus bloß die Reaktion auf die Aufregungen vor, bei und nach der Tat. Der Galgenhumor ist ein solches Kennzeichen eines sympathischen Zuges. Andere der grausamsten Verbrecher glauben sich zum Werkzeug der Rache ausersehen, wie die Bürgermeisterstochter Grete Bayer, die ihren ungetreuen Liebsten tötete und dann trotzig zum Schafott schritt, als hätte sie bloß ihre Pflicht getan. Auch zur Geißel der menschlichen Gesellschaft fühlt sich mancher, der sich im Leben ohne eigene Schuld geschädigt glaubt, berufen, und dieser Wahn führt dann zu Fällen der Selbstverherrlichung, wie wir es in den Memoiren des Meisterdiebes Manulescu und im Geständnis des Leipziger Raubmörders Coppius erkennen können.

Dr. Wulffen besprach dann die innere Neigung zum Verbrecher und ließ das Wort Lombrosos vom „geborenen Verbrecher" nur insoweit gelten, als die angeborenen Veranlagungen die moralischen und sozialen Hemmungen nicht immer unbedingt überwinden müssen. Der Trieb des Kriminellen wohne auch im Nichtverbrecher. Und wer weiß, ob der Karlsschüler Friedrich Schiller nicht „In tyrannos" manche unbesonnene Tat verübt hätte, wenn er nicht seinen ganzen furchtbaren Haß und Unmut in den Gestalten der „Räuber“ niedergelegt hätte, sich nicht durch eine Gewalttat innerlich frei gemacht hätte, sondern durch eine Dichtung. Hier liegen die Berührungspunkte des Genies und des Verbrechers. Die heimliche Kriminalität ist diejenige, welche die Schwelle der Tat nicht überschreitet, aber schon das Spielen mit dem Gedanken – siehe „Wallenstein“ und „Macbeth“ – ist gefahrdrohend. Ebenso ist der Nachahmungstrieb oft von verhängnisvollster Wirkung. Die logischen Defekte selbst des raffiniertesten Verbrechers und die Einseitigkeit seiner Intelligenz, seine Phantasie und seinen Instinkt (oft wird die Tat mit der unbewußten Sicherheit des Nachtwandlers verübt) erörternd, kam Staatsanwalt Wulffen auf die sozialen Ursachen des Verbrechens zu sprechen, die allzudüstere Arbeit, Krieg, Hunger. Merkwürdigerweise unterließ es hier der Vortragende, den Einfluß der Liebe auf das Verbrechen auch nur zu streifen, einen Einfluß, den er in seinem Buche der „Sexualverbrecher“ eher als zu groß als zu gering darstellt. Hingegen ging der Ausklang des Vortrages über die Notwendigkeit des Bösen, eine Frage, über die Literaturen existieren, über den Rahmen des Themas hinaus, aber der Appell, die Kraft, die stets das Böse will und stets das Gute schafft, als ein in der sittlichen Evolution notwendiges psychisches Geschehen zu werten, mußte ungeteilte Zustimmung wecken.

LIEBESLIED

Mein weißes Lieb,
Mein heißes Lieb,
Du bist mein alles, das mir blieb
Aus Tagen eines Glückes.

Mein glühend Kind,
Mein blühend Kind,
In Jahren, die voll Wehmut sind,
Bist Trost du des Geschickes.

Mein schlanker Schatz,
Mein blanker Schatz,
Das Gold schmückt deinen Busenlatz,
In deiner Glut versengst du

Und stirbst für mich,
Verdirbst für mich,
Ich fasse dich und küsse dich,
An meinem Munde hängst du.

Mein weißes Lieb,
Mein blühend Lieb,
Mein heißes Lieb,
Mein glühend Lieb,
Ach, wenn ich dich nicht hätte!
Du bist doch alles, das mir blieb,
Du meine Sportzigarette!

ZWEI BEGRÄBNISSE

Der Streit um die Königinhofer Handschrift

Eine erschütternde Notiz, vor allem das Wort von der „menschlichen Eitelkeit" erschütternd. Da erfuhr man von einer übermenschlichen Bescheidenheit. Das Material zu den 1858 erschienenen Artikeln David Kuhs über die Königinhofer Handschrift hatte Regierungsrat Anton Zeidler geliefert – so stand es eine Woche nach Zeidlers Tode in den Blättern. Was weiter? Eine Information, wie sie die Journalistik täglich etliche Male erhält, wird man glauben. Aber es war mehr, ein ungeheures Werk, und daß es sein Schöpfer bis zu seinem Tode verschwieg, das stempelt ihn zu geradezu gigantischer Größe.

Schon die Entdeckung, daß die Königinhofer Handschrift ein Falsum sei, war epochal. Zwar waren schon in der slawischen Gelehrtenwelt Zweifel aufgetaucht, und 1857 hatte ihnen Paul Josef Šafařik in einem Briefe an den russischen Gelehrten Pogodin Ausdruck gegeben, aber einleitend bemerkt: „Für Sie allein." Und am Schluß: „Aber davon muß man schweigen ..." Und nun hatte ein kleiner fünfunddreißigjähriger Bibliotheksbeamter, ein Deutscher, der nichts von den ängstlich gehüteten slawischen Zweifeln wissen konnte und höchstens durch Hankas Feind, den Bibliothekar Nebeský, auf eine solche Möglichkeit aufmerksam gemacht worden war, an seinem Schreibtisch festgestellt, daß das große, von der ganzen Welt bewunderte Werk – nichts weiter sei denn eine Fälschung. Tausend Zweifel, tausend Skrupel jagten ihm durch die Brust, bevor er den Weg wagte, den er vorher und nachher in seinem neunzigjährigen Leben nicht mehr gegangen war: den Weg in die Öffentlichkeit. Auch diesmal schlich er ungesehen. Er wahrte die Anonymität, vielleicht weil er Staatsbeamter war, vielleicht weil er verhüten wollte, daß der Kampf, der sich furchtbar entfachen werde, seine Gelehrtenstube ergreife. Und wie entbrannte der Kampf! David Kuh, der im Gegnerlager gefürchtete Wortführer der Deutschen, wurde vor Gericht gezerrt, verurteilt, wieder verurteilt, und als man ihn in Wien schließlich von der Schuld freisprach, glaubte die Welt doch, die aufsehenerregenden Artikel seien nicht mehr gewesen als eben aufsehenerregende Artikel. Und wie groß war die Sensation gewesen, die sie hervorgerufen. Alles fragte sich, wer sie inspiriert hatte, wessen wissenschaftlichen Ergebnissen David Kuh den Schwung seiner Feder, die Kraft seiner Bildung geliehen. Aber die Gegner der Artikel, Palacký, die Brüder Jireček und die empörten Massen, konnten es nicht erfahren, und David Kuh zuckte selbst auf die Fragen seiner intimsten Freunde bloß die Achseln. Auch Zeidler schwieg noch immer, vielleicht – so möchte man glauben – aus Gründen der Bescheidenheit, der Karriere und aus Angst.

Aber es gingen zwanzig Jahre ins Land. Der Wiener Tscheche Professor Šembera wagte es wieder, an der Echtheit des Königinhofer Nationalheiligtums zu zweifeln. Šembera wurde als Verräter gegeißelt, und ihm, dem vorher Vergötterten, verweigerte selbst das letzte tschechische Winkelblatt zwei Zeilen der Berichtigung. Doch nach weiteren zehn Jahren nahmen Gebauer und Masaryk im tschechischen Gelehrtenblatt „Athenäum" den Kampf von neuem auf, einen Kampf, der mörderisch und lange währte, aber doch mit dem vollen Siege der für die tschechische Nation so niederschmetternden Wahrheit endete.

Der Kampf war ausgefochten, und an der Spitze seiner Geschichte mußten jene Artikel aus dem Kuhschen Tagesboten stehen. Auch Johann Herben, der publizistische Führer der tschechischen Bewegung gegen die Handschriften-Echtheit, spricht in seinem Buche „Boj o podvržené rukopisy" (Der Kampf um die unterschobenen Handschriften) von den Artikeln des „Tagesboten" gleich im ersten Absatz. Jetzt hätte sich Zeidler nicht mehr fürchten müssen. Jetzt war er nicht Staatsbeamter mehr, jetzt war die Wahrheit seiner

Untersuchungen glanzvoll und strahlend erwiesen, und jene der tschechischen Nation, die Masaryk und Gebauer nicht bloß um ihres nationalen Mutes willen, sondern auch um der wissenschaftlichen Grundlagen ihrer Beweise bewunderten, die hätten in ihrem Innern nun auch tausendmal mehr den Deutschen wohl oder übel bewundern müssen, der schon siebenundzwanzig Jahre vor ihnen das Werk in Angriff genommen, ein vielfach größeres Gelehrtenwerk, da es sich um eine Entdeckung handelte, um den Zweifel an etwas bis dahin Anerkanntem und nicht bloß um eine bloße Prüfung von Für und Wider.

Aber Zeidler schwieg noch immer ...

Er hätte ein Großer sein können und blieb für die Welt ein Kleiner.

Am Komenskyplatz war seine Wohnung, ebenerdig, gleich hinter dem Bierausschank. Auf der Straße überfahren, konnte er das Zimmer nicht verlassen, aber schon früh ließ er sich täglich aus dem Bett heben und las in spanischen, englischen und mittelhochdeutschen Werken, oder er schrieb. Nur selten empfing der alte Junggeselle Besuch. Sein bester Freund, der berühmte Ästhet Josef Bayer, war schon längst nach Wien übersiedelt und ist dort vor zwei Jahren gestorben. In der Vorrede zu Bayers letztem Buch steht: „Weiter in meinem Lebensgange zurückblickend, drängt es mich aber, meinen besten und ältesten Freund, den Regierungsrat und em. Vorstand der Prager Universitätsbibliothek, Anton Zeidler, zum Schlusse in diesem Vorworte persönlich anzusprechen: Einen brüderlichen Gruß des Greises an den lieben, mir so teuern Greis. Lasse es mich vor aller Welt dir sagen, wie gar so viel ich dir von meinen frühen Jahren bis in unser hohes Alter zu danken habe. Mit deiner umfassenden Gelehrsamkeit und tiefgegründeten Bildung bist du mir oft tief einsichtsvoller Ratgeber, liebreich besonnener Beurteiler gewesen, wie du denn vom ersten Federzuge an mit treuestem Freundesblick wachtest. Hier sind nun einige der letzten Federzüge: Möge in der Stille dein Segen ihnen nicht entgehen."

In den letzten Jahren kamen nur noch die Schwester des vor kurzem verstorbenen Orientalisten Hofrats Ludwig, Virgil Grohmann, und Ottomar Keindl häufiger zu ihm zu Besuch. „Zu Herrn Keindl habe ich noch kurz vor dem Tode einen Brief vom Herrn Regierungsrat getragen", erzählt mir die alte Wirtschafterin, eine

Nichte des Pfarrers Brož in Podol, die mit diesem den alten Zeidler pflegte.

Also zu Ottomar Keindl. Der zeigt mir gleich den Brief, ein neues Dokument von einer ungeheuern Bescheidenheit: „An meinen lieben, guten, edlen Freund Herrn Ottomar Keindl! Es wäre vergeblich, nach meinen zwei Schriften, ‚Der Mammon in der Weltgeschichte' und ‚Ein Humanistenkreis in den Vogesen', zu suchen. Seit fünf Jahren verhindert, an diesen beiden Schriften zu arbeiten, habe ich die für niemand brauchbaren Fragmente vernichtet. Über meine Entdeckung eines Nibelungenbruchstückes in dem lateinischen Werke der k. k. Universitätsbibliothek, ‚Sermiones-Pomerii tratris Pelbarti de Thèmesvar. Hagei naw per Henricum', Gran 1500, 8. die Juni (fol.), findet sich einiges in Pfeifers ‚Germania' vom Jahre 1862. Mit herzlichen Grüßen A. Zeidler."

Am fünfzehnten Jännertage des Jahres 1861 trug man Wenzel Hanka zu Grabe. Eine Trauerfeier, wie sie Prag vorher nie gesehen. Schwarze Fahnen wallten von den Giebeln, alle Glocken läuteten, Hunderte von Fackelträgern, Laternenträger, Sänger, die Kapuziner, die Franziskaner, Studenten, der Statthalter Graf Forgách, der Adel, die Domherren, die Professoren, der Stadtrat von Prag, die dankbare Bürgerschaft der „königlichen Leibgedingstadt Königinhof", Bulgaren, Serben, Kroaten, Vertreter fremder gelehrter Gesellschaften und zwölftausend Trauergäste schritten im Zuge, die Nation stand Spalier. Die Spitze des Konduktes bog bereits zum Tor der Wyschehrader Zitadelle ein, während die Reihe der Equipagen und Lohnwägen erst den Hohlweg zwischen Emaus und der Kirche Skalka (beim Karlsplatz) hinabrollte. Während des ganzen Weges trugen Franz Palacký, Fürst Rudolf Thurn-Taxis, Dr. Brauner, Dr. Rieger, Professor Tomek, Schulrat Wenzig und Dr. Frič das Bahrtuch, Mitglieder des Lesevereines trugen Hankas Orden und Graf von Kaunitz die – mit Lorbeer umkränzte Königinhofer Handschrift.

Denn der Königinhofer-Handschrift-„Entdecker" war es, den man da zu Grabe trug. Die Artikel im „Tagesboten" hatten seinem ungeheuern Ruhm keinen Abbruch zu tun vermocht.

Morgen ist es eine Woche her, daß man Anton Zeidler, den deutschen Gelehrten in Prag, zu Grabe trug. In der Stefanskirche wohnten Hofrat Sauer, Professor Grünert, Oberbibliothekar Regierungsrat Glaeser, die Schwester Hofrat Ludwigs, Ottomar Keindl und zwei Verwandte Zeidlers aus Wien der Einsegnung bei. Etwa ein Dutzend Menschen ...

GEFÄNGNISERLEBNISSE VON PRAGER STUDENTEN

Gefängnismemoiren. Vom Hauch der Marter erfüllt, der von den kahlen, kalten Mauern einsamer Zellen von allen Seiten auf Herz und Geist eines empfindsamen und anregungsbedürftigen Häftlings fröstelnd niederweht. Gefängniserlebnisse, in ihrer Art nicht minder ergreifend wie die Casanovas aus Venedigs Bleikammern, die Morosows aus der Schlüsselburger Festung, wie die Pellicos und die des Pandurenobristen Trenck aus den Kasematten des Spielbergs. Freilich nicht von so schweren, sich selbst zerwühlenden Gedanken, nicht von soziologischen und philosophischen Betrachtungen über Recht und Unrecht und über die Haftwirkungen auf das Ich getragen ist dieses neue postume Buch, das Deutschböhmens Dichter W. Ernst kurz vor seinem Tode geschrieben. Im Gegenteil. Er ist so ungeheuer bescheiden, dieser Autor, der das Buch auf das Drängen seiner Freunde niederschrieb, nirgends tritt seine eigene Person stärker hervor als die seiner Haftgenossen, immer tritt sein eigenes Leid zurück hinter die Leiden seiner Gefährten, und doch war er, ein zwanzigjähriger Student, zu der gräßlichen Strafe von fünfzehn Jahren verurteilt gewesen, und doch war er, der Feinbesaitete, von Kerker zu Kerker, von Böhmen bis weit ins Ungarland geschleppt worden. Mit Stolz hätte er, da er als Achtzigjähriger diese Erlebnisse niederschrieb, von der Unbill erzählen dürfen, die er als Jüngling erlitten: Mit aller Macht seines Idealismus, ohne Hemmungen ängstlichen Erwägens und Bedenkens hat er sich in die vordersten Reihen der Freiheitsbewegung von 1848 gestellt, als einer der ersten war er verhaftet, von einer der härtesten Strafen ereilt worden. Ein Märtyrertum für eine des Studenten würdige, den Mann ehrende Idee. Und wie spricht er von seinem Anteil an dieser großen Zeit? Nur zwischen den Zeilen kann man es lesen, wie eifrig er sich beteiligt hatte, eher eine Verringerung als eine Vergrößerung seines Tuns spricht aus dem Werk. „Es kostete bei uns allen keine Überredung, die jugendlichen Gemüter waren nur zu sehr geneigt, jeder freiheitlichen Bewegung unbedingt sich anzuschließen. Wir waren nämlich alle sicher, daß es nur an dem bösen Willen eines kleinen oberen Kreises liege, wenn das ersehnte Völkerglück nicht erblühen könne. Darum glaubten wir, es brauche nur dieses Hindernis entfernt zu werden und die Volksseele werde Raum zu ihrer Entfaltung haben. Wenn das geschehen, dann werde ein Goldenes Zeitalter von Glück und Freiheit anbrechen. Für einen erbärmlichen Feigling galt jeder in unseren Augen, der sich dem Kampfe für die höchsten Güter der Menschheit entziehen wollte." Aber gerade um der Bescheidenheit des Autors willen wirken seine Memoiren mit der ganzen Kraft einer nicht retouchierten Darstellung, und niemand kann sich ihrer gewaltigen Wirkung entziehen.

Aus den ersten Seiten des Buches wächst die Weltgeschichte hervor, wie sie sich auf Prag projizierte. In Dresden bereiteten sich die Maiereignisse von 1848 vor, von dort waren Emissäre nach Prag gekommen, Röckel, Straka und der leidenschaftliche Agitator aus Rußland, Bakunin (der später Gefängnisnachbar Ernsts wurde), hielten hier Besprechungen mit den Freisinnigen Prags ab. Gleichzeitig mit Deutschland sollte sich Böhmen, wo die Auflösung des Kremsierer Reichsrates die politische Unzufriedenheit noch genährt hatte, im Aufstande erheben. Die Vorbereitungen, Bakunins Drängen auf Beseitigung der ultranationalen Bestrebungen unter den Tschechen und die Begeisterung in der Studentenverbindung „Markomannia", der Ernst angehörte. Und dann – am 10. Mai die Verhängung des Belagerungszustandes! Auf dem Hradschin wird das Kriegsgericht etabliert, die „Markomannen", Mitglieder anderer deutscher Verbindungen, die Mitglieder des „Českomoravské bratrstvo" und tschechische Publizisten werden in strenge Haft genommen, viele stieben flüchtend in die Welt, viele bleiben frei, bis auch sie die Militärjustiz abholt. Ernst ist an einem wundersommerlichen Junisonntag mit Freunden in den Krtscher Wald gezogen und zog die Düfte der Bäume tief in sich hinein – als ob ihm eine Ahnung sagen würde, daß ihm Gottes Natur nun lange, lange nicht mehr atmen würde. In der folgenden Nacht weckt ihn in seiner Studentenbude am Leonhardiplatz der Lichtschein aus der Laterne des Polizeikommissärs.

Nun setzt die Tragödie ein. Von der Georgskaserne in die Ursulinenkaserne und vor das Kriegsgericht im Prager Schlosse werden die Prager Studenten aus dem Freiheitsland des Traumes gezerrt, härter ist ihr Schicksal als das ihres älteren Kommilitonen im Reich, als das Fritz Reuters, sie werden nach Josefstadt, nach Olmütz, in ungarische Stationen, nach Munkacz, nach Komorn und Kufstein verschleppt, sie erkranken an Körper und Geist und sterben innerhalb der sechs Sargwände zum zweiten Male – den letzten, besseren Tod. Man muß nicht denken, daß sie durchaus wehmütig sind, diese Memoiren. Die jungen Studenten lassen auch im Käfig die Köpfe nicht hängen, auch hinter den schwedischen Gardinen gibt es mancherlei Unterhalt, der die Endlosigkeit der Jahre verkürzt. Sie dichten und deklamieren darauf los, sie studieren Sprachen, Chemie und andere Wissenschaften, sie erzählen einander ihre Schicksale, sie pflegen Blumen und ein Eichhörnchen, sie lesen geschmuggelte Botschaften aus der Welt, während des Transportes nach Munkacz geben ihnen die gegen Österreich erbitterten Bürger von Szarospotak ein Sympathiebankett im Gemeindesaal, und die Entschuldigung einer magyarischen Schönen, daß sie den Gruß mit der kettenbeschwerten Hand nicht erwidert habe, bildet sozusagen ein Liebesabenteuer. Aber immer und immer wieder naht – pünktlich wie die Strafverschärfungen – die Wirklichkeit und reißt die im Elend vom Glück Träumenden mit Profossenhand in ihr Reich. Bald erkrankt der eine, bald zieht der andere Freund in eine andere Haft, bald denkt man an den Weihnachtsabend daheim, und noch wenn man schon draußen in der Freiheit lebt, schneidet das Leid des einstigen Zellengenossen tief in das Herz. Alle, alle sterben, und schließlich sieht sich der Schreiber der Memoiren mit einem anderen Kommilitonen als einziger Überlebender von den einst mit Ketten Aneinandergeschmiedeten allein auf der Welt. Man kann sich denken, wie sich im Dichtergemüte Ernsts diese Ereignisse unverlöschlich ausprägen, und ältere Leser dieser Blätter wissen, daß er auch gemütvoll zu schreiben verstand. Denn als er, ein Begnadigter, aus den Kerkerqualen entlassen worden war und nun endlich seine Studien vollenden konnte, mußte er erfahren, daß er wegen seiner politischen Vergangenheit das Recht verwirkt habe, eine Anstellung im Lehramte finden zu können, und verdiente sich sein Brot als Schriftsteller. Die „Bohemia“, auf deren Seiten der Name keines Tüchtigen fehlt, der in Deutschböhmen die Feder führte, hat ihn zu ihren Mitarbeitern gezählt, und W. Ernst war einer der geschätztesten Autoren. Man lese dieses Buch, das in jedem einstigen und heutigen Studenten Prags Gefühle der Ehrfurcht und Ergriffenheit auslösen muß, man lese dieses Buch, das tausend neue

Sachen sagt und tausend vertraute Namen nennt, man lese dieses Buch eines Toten, der für die Geistesfreiheit seine Jugend geopfert.

ZEIDLERS ANTEIL AN DER AUFDECKUNG DER HANDSCHRIFTENFÄLSCHUNG

Der Nachhall, den der in diesen Blättern erschienene Artikel über Anton Zeidlers Autorschaft an den „Tagesboten"-Artikeln des Jahres 1858 geweckt hat, ist im allgemeinen frei von Polemik gewesen, ja sogar in die sozialdemokratische Presse wurde der Vergleich zwischen dem pomphaften Leichenbegängnis des tschechischen Fälschers Hanka und der stillen Beerdigung des deutschen Gelehrten Zeidler als Charakteristikum des Fälschungsstreites übernommen. Auf zwei Angriffe, die anläßlich der neuen Preßkampagne gegen Zeidler erhoben wurden, muß jedoch knapp reflektiert werden. In der tschechischen Revue „Středa" veröffentlicht der Dozent für Slawistik an der tschechischen Universität, Dr. Hýsek, der sich speziell mit Studien über die Handschriften-Fälschungen einen Namen gemacht hat, über den Anteil des Mährers Julius Fejfalík an der Aufdeckung der Fälschungen eine längere Abhandlung, in der er auch die Nachricht von der Autorschaft Zeidlers behandelt. Dozent Dr. Hýsek schließt die Abhandlung mit folgenden Worten: „Redakteur E. E. Kisch hat hierauf in der ‚Bohemia' die Bescheidenheit Zeidlers gefeiert, mit der dieser dem Ruhm für seine Artikel entsagt hat. Ich glaube, daß die Mitteilung über Zeidlers Autorschaft nicht vollständig ist. Aber entschieden kann ich nicht mit der übertriebenen Bewunderung Kischs übereinstimmen: Größer als die verdachtige Bescheidenheit Zeidlers war sicher die männliche Heldenhaftigkeit Fejfalíks, der aufrichtig aufzutreten verstand und ehrlich das zu ertragen wußte, was ihm sein offenes Auftreten eintrug: Verachtung in Böhmen und das Brandmal des unwissenschaftlichen Chauvins. Unsere Bewunderung verdient er nicht bloß hiefür, sondern auch für seine glanzvollen Ausführungen."

Hiezu ist zu bemerken: Die Mitteilung über Zeidlers Autorschaft ist vollständig. Die diesbezügliche Unbefriedigung des Dozenten Dr. Hýsek bezieht sich wahrscheinlich auf die (in dem Artikel der „Bohemia" erwähnte) Anteilnahme oder Ispiration des Bibliothekars Wenzel Nebeský an den Artikeln des „Tagesboten“, die unter anderem auch in dem Herbenschen Buche als feststehend hingestellt wird. Nun hat aber Nebeský schon am 20. Dezember 1860 öffentlich erklärt, daß er an den Veröffentlichungen nicht bloß gar keinen Anteil hatte, ja, er erklärte sogar, daß ein solcher Anteil „eine abscheuliche Perfidie“ gewesen wäre, und sprach sich entschieden für die Echtheit der K. H. aus. Auch Professor Hanuš, der Autor der Biographie Nebeskýs, hat diesen „Verdacht“ entkräftet. Ebenso ist ein Anteil des Dr. Gustav Th. A. Legis-Glückselig niemals zu eruieren gewesen, und diese Hypothese fällt durch die Mitteilung von der Autorschaft Zeidlers in nichts zusammen. Professor Vlček spricht sich nunmehr („Národní listy“ vom 7. Feber 1913) uneingeschränkt dafür aus, daß Zeidler der Verfasser und auch durch seine Kenntnis der alten Kultur, Literatur, Schriften und dergleichen hiezu befähigt war. Es trifft also nicht zu, daß die „Mitteilung über Zeidlers Autorschaft nicht vollständig“ sei.

Was den Vorwurf anbelangt, daß Zeidlers Bescheidenheit, mit der er fünfundfünfzig Jahre lang das Geheimnis wahrte, „verdächtig“ sei, kann nur wiederholt werden: „Verdächtig“ hätte das Schweigen bloß sein können, solange Zeidler Staatsbeamter war und solang der Widerstreit der Meinungen um die Echtheit noch tobte, vielleicht sogar solange noch Zeitgenossen lebten, die ihm unlautere Motive oder doch eine Beeinflussung hätten vorwerfen können. Aber als er im Ruhestande lebte, der Kampf ruhmreich zugunsten der von ihm verfochtenen Theorie ausgekämpft war, als seit Erscheinen jener Artikel mehr als fünfzig Jahre verstrichen und alle Beteiligten von damals längst ins Grab gesunken waren, hätte er sich stolz als Autor bekennen dürfen. Daß er es nicht tat, war aber Bescheidenheit, eine Bescheidenheit, die ein anderes Epitheton verdient als jenes, das Dozent Hýsek gewählt hat. Der Mut, mit dem einst die tschechischen Gelehrten sich zur Bekämpfung der Handschrift entschlossen und den Kampf gegen den Haß des eigenen Volkes aufnahmen, wurde hier ausdrücklich anerkannt und von einem besonderen Mute oder einer Kampflust Zeidlers nicht gesprochen. Aber die Muskulatur der strengen Sachlichkeit, die in den Artikeln „Handschriftliche Lügen“ und der darauffolgenden Polemik „Herr Palacký und der kategorische Imperativ seiner paläographischen Moral“ durch die Rüstung der Sprache David Kuhs sichtbar ist, war das Werk des deutschen Gelehrten Zeidler. Schon sie muß Ehrfurcht einflößen, so wie seine stille, scheue Gelehrtennatur. Ein Universitätsdozent sollte doch nicht diese Bescheidenheit als „verdächtig“ und die Bewunderung für den Gelehrten als „übertrieben“ empfinden.

VON EINEM SCHOLAREN, DER VOR VIERHUNDERT JAHREN NACH BÖHMEN KAM

Mancherlei des gar Trefflichen ist einem klar gedruckten und farbig gebundenen Büchlein zu entnehmen, das der Insel-Verlag zu dem wundersam wohlfeilen Preis von nicht mehr als fünfzig Pfennigen in den Handel bringt und das benamset ist: „Des Johannes Butzbach Wanderbüchlein. Chronika eines fahrenden Schülers. Aus der lateinischen Handschrift übersetzt von Dr. J. Becker.“ Der nachmalige Abt von Laach, der hochgelahrte und fruchtbare Humanist Johannes Butzbach hat dieses Buch geschrieben, in Form von Briefen an seinen Stiefbruder Philipp Drunck, der zu Münster dem Studium oblag, zu dessen Lehr und Frommen. Diese schlichten Lehren von Bruder zu Bruder – der ältere hat sie lateinisch geschrieben, damit der jüngere beim Lesen übe – sind das wundervollste Dokument über die Wanderjahre eines Scholaren geworden.

Ohngefähr zwölf Jahre war unser Chronist alt, als eines Nachbars Sohn, ein großer Schüler, wie man sie „Beanen“ oder „Bacchanten“ zubenennet, von fremden Schulen nach Miltenberg heimgekehrt war und sich mit gleisnerischen Vorspiegelungen an den Vater des kleines Johannes heranmachte. Der Vater möge den Hans zu ihm in die Lehre geben. Der Scholar versprach, Hans würde als „Schütze“ bei ihm mehr Fortschritte in den Wissenschaften machen als bei dem prügelnden Bakkalaureus von Miltenberg in langen Jahren. Unter Tränen und Lehren und Gaben zieht nun der kleine Schütze mit seinem Herren und Meister in die Welt, der gar bald sein wahres Gesicht enthüllt. Hans muß für ihn betteln, arbeiten und Geflügel stehlen, in den Herbergen läßt sich's der große Beane gar wohl sein und hält etwelche Verwandte für Hänschens Zehrgeld frei, während Hänschen hinter dem Ofen sitzen und traurig und hungernd dem fetten und fröhlichen Schmausen zuschauen muß.

Auf den Landstraßen bedroht und in den Bursen prügelt der Bacchant sein Leibfüchslein, und dieses wird zu allem eher angehalten als zur Gelahrsamkeit.

Vom Bayerlande wandern Herr und Knecht nach Eger, wo sie aber keine vakante Burse finden können, und schon nach zwei Tagen machen sie sich auf den Weg gegen Böhmen hin. Hans muß hier in die Dörfer betteln gehen und alles dem Burschen bringen, der am Dorfausgange wartet und das Gute selbst verschlingt. Manchmal nehmen Frauen, von der Schüchternheit und Zartheit des kleinen Bettelmannes gerührt, diesen ins Haus und geben reichliche Erquickung. Aber der mißgönnische Student zwingt seinen Sklaven öfters den Mund mit warmem Wasser auszuspülen und dieses dann auszuspeien, um zu erkennen, ob er nicht etwas Fettes von dem Bettel für sich allein behalten habe. Wehe unserem Hans, wenn diese Prüfung seine „Schuld" verrät. Dann fällt der Große mit schweren Faust- und Stockschlägen über ihn her. Das sind nicht die einzigen Martern, die dem Studentlein in Böhmen widerfahren. Oft bleibt er bei den Bettelgängen tief im Kote stecken, oft fallen ihn Hofhunde an, beißen ihn, und beinahe wird er in Stücke gerissen.

In Kaaden werden die beiden ungleichen Wanderer von den Rektoren der Schule zum Bleiben eingeladen und erhalten eine Kammer in der Burse. Hier wohnt Hänschen der öffentlichen Lektion bei und singt im Chore; die Nacht aber pflegt er mit den anderen Schützen des Kollegiums wegen der Kälte in der Stube auf einem hölzernen Durchgang über dem Ofen zu bleiben. Einstmals fällt er im Schlafe hinunter, verletzt sich am Kopfe und beschädigt den Ofen, wofür er noch eine scharfe Rüge erhält.

Von Kaaden geht es nach dem Flecken Komotau; darin leben Ketzer mit Christen zusammen. Der Beane und sein Schütze bleiben wegen der überhandnehmenden Pest allda nur kurze Zeit und ziehen dann nach Maschau, dessen Bewohner einen Grafen von unbarmherziger Grausamkeit über sich haben. Von des Grafen Gottlosigkeit, Ketzertum, Hartherzigkeit und Schwarzkunst erzählt Butzbach in vier Kapiteln mancherlei Historien. Da Hänschen des Tschechischen, „der Sprache jenes barbarischen Volkes", unkundig ist, muß er manches Ungemach erdulden. Er fragt einen aus Böhmen gebürtigen Mitschüler, wie man die Frauen zu grüßen habe. Der böswillige Kamerad lehrt ihn einen unflätigen Satz, und ahnungslos bringt Hänschen den vermeintlichen Gruß bei einer Jungfrau vor, die sich empört mit dem Spinnrocken auf ihn stürzt und ihn verfolgt.

Auch nach Maschau dringt die Pest, über Elbogen und Karlsbad, wo sie in wunderbaren warmen Quellen baden, ziehen die beiden Scholaren wieder nach Eger zurück, wo sie bei reichen Familien als Korrepetitoren Unterkommen finden. Dem Größeren ist der Posten des Kleineren nicht recht, er will, daß Hänschen nun zwei ihm befreundete Beanen den sklavischen Schützen abgebe. Der kleine Butzbach weigert sich, muß von den dreien furchtbare Mißhandlungen erdulden und schließlich nach Karlsbad fliehen, wo er in einem Gasthause Stellung findet, um die Badegäste zu bedienen. Ein vornehmer Böhme raubt den Knaben und nimmt ihn als Knappen auf sein Gut Sigulow, von wo aus Hans zu einem anderen Herren in Luditz in Dienste kommt, der ihn – obzwar er verehelicht ist – dazu bringen will, ihm junge Mädchen zu unerlaubter Liebe zu werben. Dann wird der Knabe einem „Pan Schefforsyt" in Zoscheck, innerhalb der Grafschaft des Heinrich von Dagoff, nicht weit von Petersburg bei Rakonitz, zum Geschenk gemacht, erlebt allerhand Abenteuer mit Wunderkuren und Räubern und reitet eines schönen Tages mit seinem Herren an den Hof nach Prag.

Nun erzählt Johannes Butzbach seinem Bruder in etwa dreizehn weitläufigen Kapiteln von Prag, von der Lage und Schönheit dieser Stadt, von den drei Stadtvierteln, die voneinander durch je eine Mauer getrennt sind, von einem Mordversuch der Ketzer an König Wladislaw, von der Steinernen Brücke und ihren vierundzwanzig Bogen, von dem bewehrten tiefen Graben zwischen Altstadt und Neustadt, vom Richthaus auf der Altstadt und gar besondere und erstaunliche und unerhörte Dinge von einem einstigen Reichtum aus noch früherer Vergangenheit dieser Stadt, die „kurz nach Abrahams Zeiten gegründet worden". Hans schreibt in dem lateinischen Text der Briefe das Credo und das Vaterunser in tschechischer Sprache, „um dir einen Begriff von diesem böhmischen Kauderwelsch zu geben ... Das, ja das ist die barbarische Sprache der überbarbarischen Böhmen."

Von der Lebensweise der Böhmen weiß Johannes Butzbach mancherlei des Wahren und mancherlei des Falschen zu erzählen. Das tschechische Volk, berichtet er uns, ist ein grober Menschenschlag und liebt, viel und stark gewürzte Speisen zu essen. „Daher pflegt man zu sagen, daß ein Schwein in Böhmen mehr Safran frißt als ein Mensch in Deutschland sein ganzes Leben lang." Ein anderes Sprichwort zitiert er bei Erwähnung der Frömmigkeit: Ein Böhme ist eher so kühn, ein Pferd aus dem Stalle zu stehlen, als freitags ein Ei zu essen. Seltsam ist folgende Beobachtung: „Die Reicheren sind meist gleich den Epikureern also fett, daß sie genötigt sind, den vorstehenden Leib in Binden zu tragen, welche am Halse befestigt sind. Auch die Weiber sind fleischig und wohlbeleibt."

Vom Liebesleben weiß uns Johannes Butzbach absonderliche Dinge zu berichten: Wenn die Bauern, vor der Schenke sitzend, eine Frauensperson erblicken, dann stoßen sie die wunderlichsten und unverschämtesten Töne aus, just wie der Hengst die Stute anwiehert. Diese schöne Sitte ist in den vierhundert Jahren seit Butzbachs Aufenthalt in Böhmen ganz aus der Mode gekommen, ebenso wie leider auch ein anderer Gebrauch der Hofleute aus damaliger Zeit nicht mehr erhalten ist. Wenn nämlich Adelige mit dem Gefolge ausritten und zufällig an einer Burg oder einem sonstigen Hause vorbeikamen, darinnen man Jungfern oder Frauen vermutete, so pflegten Aristokrat und Gefolge wie toll und rasend den geschwindesten Galopp sowie die gefährlichsten Sprünge querfeldein zu wagen, indem man Arme und Beine über dem Kopf in die Lüfte erhob und laut die Lockungen schrie: „Ju, ju heya, hoya, hossa, hossa! O nula peck na grasna pana" (die letzten vier Worte dürften richtig „milá, pěkná, krásná panna", d. i. liebe, gute, schöne Jungfrau, heißen). Den Frauen scheint diese Art des Eindruckschindens nicht übel gefallen zu haben, denn sie hängten weiße Kissen in die Fenster auf, um jene glauben zu machen, es seien mehr Damen in den Fenstern.

Sieben Jahre hat Butzbach zu dulden, aus dem Schützen Hänschen ist inzwischen ein schlanker Knecht Johannes, aber seine Leiden um seiner Ehrsamkeit und Frömmigkeit willen sind nicht geringer geworden. Insbesondere auf der Burg Chlum hat er viel zu erdulden, weil er die Buhle des Grafen nicht als Schloßherrin ehren will. Doch eines Tages flieht er von dannen, und unter neuen Fährnissen kommt er in die Heimat zurück. Das Glück der Rückkehr wandelt sich in Trauer, sein Vater ist tot, und bald muß er von neuem auf die Wanderschaft, von der er gleichfalls des Ausführlichen in diesem Buche erzählt.

Es ist kein übermütiges Buch, dieses Wanderbüchlein Johannes Butzbachs, im Gegenteil, es ist von Didaktik, von keuscher Frömmigkeit, von Zitaten aus den Klassikern des Altertums und von unendlichen schweren Leiden eines zarten Knabengemüts durchsetzt. Aber dennoch lebt in diesem Buche in bunten Farben die ganze Romantik einer Zeit auf, da der Scholar von Burse zu Kollegium, von Herberge zum Rektor, vom Bettelgang zum Unterrichtgeben in der Welt umherzog, eine Zeit, da die Poesie der Landstraße blühte, und eine andere schönere Zeit: die Jugendzeit dessen, der uns das Buch geschrieben.

EIN PRAGER ROMAN

Wir haben keinen Prager Roman. Seit hundert Jahren hat die deutsche Literatur mit Prag den innigsten Kontakt unterhalten, unter den Namen, denen in der Geschichte der Weltliteratur ein Platz eingeräumt werden mußte, fehlt es nicht an Söhnen dieser Stadt – und doch: Den Prager Zeitroman hat uns keiner geschrieben. Sie verloren sich im Rausche an den Mythen vergangener Zeit, sie tasteten nach der Romantik des Ghettos, sie vergafften sich in die märchenschöne Ansichtskartensilhouette des Hradschins und in die schnurrigen Gassen der Kleinseite, sie griffen mit flackernder Sinnlichkeit nach der tschechischen Dienstmagd und höhnten mit verbittertem Gesicht die Gesellschaftsmoral der Stadt und ihrer Leute, von Stadtfremden hat uns Saar die Novelle des Wyschehrad, Franzos die Rassentragödie des Ghettos, Raabe die Novelle vom Judenfriedhof und Hans Müller die Geschichte vom Wahnsinn Rudolfs II. geschenkt – aber keiner hat es in dieser von wilder Eigenart durchbluteten Gegend vermocht, in den schlichten Worten der Prosa den Konflikt dieser Stadt zu geben. Den Roman dieser Stadt, in der ewig der Kriegslärm tobt, alles zerstört, Schulkinder erfaßt und Greise verbittert und die gerade deshalb so staunenswert eigenartig ist, so verstiegen schön, daß sie jeder lieben muß, jeder, dem sie ihren Zauber erschlossen. Ganz, ganz kleine Anfänge haben wir. Friedrich Mauthner hat einst zur Zeit, da noch die Satire von der heiligen Königinhofer Handschrift über den hundert Türmen lachte, ein famoses Buch von der Böhmischen Handschrift geschrieben. Rainer Maria Rilke hat die Kellerromantik der Omladina-Zeit in eine Novelle von dunkler Schönheit ergossen, von Auguste Hauschner gibt es neben einer nicht typischen Prager

Familiengeschichte eine ganz kleine Skizze, in der eine herzzerreißende Tragödie vom Run auf die Böhmische Sparkassa lebt, und die Kuchelbader Schlacht hat ein schlechtes Buch von Julius Kraus zum Hintergrunde. Nirgends etwas Ganzes, etwas Umfassendes.

Der erste, dem der Wurf gelang, war kein Prager: Karl Hans Strobl. Auf die Carola Ferdinandea gekommen, war ihm das für ihn ungeheure Glück widerfahren, das seine Leute zu Hause in Brünn wohl zitternd als furchtbares Unheil empfanden: das Sturmjahr 1897 zu erleben, als Couleurstudent zu erleben, um einer schwarzen Mütze und eines verräterischen Schmisses willen vogelfrei zu sein, zu jenen gehören, die gehetzt, mißhandelt wurden und selbst zu Hause nicht vor dem Wahnwitz der Gasse sicher waren, mitzuerleben, wie gebrandschatzt und zertrümmert wurde, wie der Feuerschein des nationalen Wahnsinns durch die aufgebrochenen Ladentüren und die zertrümmerten Fensterscheiben züngelte, überallhin, wie plötzlich durch die vorhin noch menschenvollen, heulenden und klirrenden Gassen die Hufe der Kavalleriepferde klapperten, die Trompeten Sturm bliesen, die Säbel und Bajonette in klarer Ordnung im Gaslichte blitzten. Das war des jungen Studenten Erlebnis, alle Aufregungen der Schlägerpartien, alle Finessen des Quodlibets, all die düsteren Eindrücke aus den Nachtlokalen des stinkigen Assanationsrayons, alle Haarspaltereien der Couleurpolitik und der Duft der verwesten Mystik aus der Gruft Tycho de Brahes rückten weit dahinter zurück. Und als der junge Student ein junger Doktor und wieder in der Heimat war, da glätteten sich allmählich die Wellenkreise des Sees, in die ein Stein geschleudert worden war, halb verschwanden sie ganz, und nun spiegelte sich klar und deutlich in dem Wasser das Bild einer märchensamen Stadt mit all ihrem Leben voll fiebernder Gier. Und dieses Bild warf der junge Doktor mit guten Farben auf das Papier. Denn er war ein Dichter.

Auch in Prag gibt es Dichter. Aber sie, die hier geblieben waren, sahen, wie sich allmählich die Straßen von den wütenden Horden leerten, die Stelle, wo einst um eines deutschen Schriftstellers willen gedroht worden war, die Elektrische anzuzünden, wurde ihm nächstens zum Orte des ersten Stelldicheins mit einer Tschechin von freundlicher Nachgiebigkeit – das Schlachtenbild verschwamm, während es sich dem fernen Dichter der „Václavbude“ noch klar im Hutterteiche spiegelte. Strobl hat sich seither an andere, verstiegenere Stoffe mit Erfolg gewagt, Landschaften des Phantasielandes so treffend gemalt, wie einst die der realen Stadt, aber in Intervallen zwang es ihn wieder nach dem Gemütszustand „Prag 1897" zurück. Nach dem Roman, dem die Václavbude in der Geistgasse den Titel lieh, gab er uns ein Buch, das die studentische Exkneipe auf dem Schipkapasse zum Namen hat. Und jetzt ist ein dritter Prager Roman Strobls erschienen – wieder mit einem Prager Gasthausschild im Titel: „Das Wirtshaus zum König Przemysl" (Verlag L. Staackmann in Leipzig). Ein Kapitel dieses Buches wurde am Sonntag den Lesern der „Bohemia" geboten.

Es ist diesmal ein anderer Rahmen, in den der Dichter das Panorama des Krieges unter den hundert Türmen spannt, der Rahmen einer Liebe. Ein „buršák" und die Tochter eines Sokolgastwirtes lieben einander im Jahre 1897. Das ist das ganze Problem. Aber jeder, der schaudernd jenen Prager Dezember miterlebt hat, der kann sich denken, wie die katzenhaften Triebe des Hasses gegen alles, was „Farbe bekannte", in das Herz einer solchen „widernatürlichen" Liebe krallen mußten. Die Blutrache der Capoleti und Montecchi, die einander auf der Straße nur im offenen Zweikampf erstochen, ist ein idyllisches Milieu für Romeos Liebe im Vergleiche zu dieser Neigung eines Couleurstudenten zu einem tschechischen Mädel. Einem tschechischen Mädel noch dazu, dessen Vater Sokolwirt ist und dessen Bräutigam lange Haare trägt und die Exzedenten führt, einem tschechischen Mädel, das hart am „Výčep" ihres Vaters, dem Wirtshaus „Zum König Przemysl" wohnt. Die Luft aus diesem typischen „Výčep" ist in Ludmillas Zimmer gedrungen, diese Luft des hemmungslos-wüsten Fanatismus hat die ganze Stadt erfüllt, und Ludmilla Manda muß sich doppelte Zärtlichkeiten von ihrem löwenmähnigen Bräutigam Jaroslaw gefallen lassen, damit der tödlich verhaßte „Burschak" wüte, der seine Augen zu ihr aufzuheben gewagt. Das ist auch wirklich die ärgste Strafe, viel ärger als die Zertrümmerung seiner Bude und als die erschütternde Roheit, daß die Eingedrungenen seiner unendlich gütigen weltfremden Kostfrau alle Kanarienvögel aus den Käfigen entfliehen lassen und ihre Markensammlung verbrennen – was die alte Frau dem stillen Wahnsinn in die Arme treibt. Doch was will das alles gegen das blühende Schwellen einer Liebe sagen, die sich in das Versteck flüchten muß, aus dem sich der Haß hervorgewagt, einer Liebe, die dennoch Siegerin blieb! Alles versinkt in dieser

Liebe, der den Deutschen verbotene Eintritt zum biederen Puppenspieler Kwapil, das mißglückte Fensterln am Gesimse vor Ludmillas Stube, die haßerfüllte Prophezeiung der Kartenlegerin auf dem Hradschin. Der Frühling demonstriert jetzt in Prag, an den verwittert-grauen Steinen der Daliborka klimmt jubelnd das Grün hinan, tief, tief unter dem Fenster der Landstube, aus der einst Martinitz und Slawata auf einen Düngerhaufen geschleudert worden waren, atmen die Syringen, auf den Hängen des Laurenziberges tanzen die Blumen, und sogar die Moldau scheint blitzblank zu sein. Ludmilla ist eins geworden mit dem deutschen Studenten, den sie einst haßte, weil er ein deutscher Student war, und den sie jetzt gerade deshalb noch stärker liebt. Denn im Herzen ist die Tochter des Gastwirts vom „König Przemysl" eine Deutsche geworden. Aber der Frühling läuft von dannen, der „König Przemysl" hat seine entartete Tochter mit Gewalt eingefangen, und da der Student doch zu der Eingekerkerten einzudringen wagt, fährt ihm ein Messerstich von rückwärts tief in die Lunge, das Mädchen aber wird von ihrem einstigen Bräutgam mit einem Hammerhieb erschlagen, weil sie ihn und ihr Volk „verraten".

Das ist nur das äußere Geschehen. Dazu kommt die Plastik der Stroblschen Sprache, der Sinn für die Nippsachen der Ereignisse, die Symbolik des Ortes und die Phantastik der Gedanken in diesem doch durchaus realistischen Werk. Man liest es atemlos, denn das Literarische erschlägt die Handlung nicht. Straff und kraftvoll ist alles gefügt, der seelische Zwang dirigiert das Hasten der Ereignisse, und in den gewalttätigsten Sinnlosigkeiten der Exzedenten, in den Ungeschicklichkeiten der theaterprobenden deutschen Studenten, in den Willkürlichkeiten der Prager Madame Lanormand ist Logik und Symbol. Aber nichts an den Haaren Herbeigezerrtes, keine kleinlichen Klügeleien vor lähmendem Erschrecken. Ein Satz des bibelfesten Zweitchargierten, ein lüsterner Blick des Don Juans „Lord Kolophonium", eine erschreckte Mädchengeste an die Brosche, die Schlußfolgerung des ausgeplünderten Trödlers, die Hände der neuen Vermieterin, die Žižkatrommel am Wirtshausschild werden knapp registriert, und Charaktere und Situationen stehen nackt und deutlich im vollen Licht. Das ist die technische Meisterschaft Strobls, die sich zu seiner unendlichen dichterischen Kraft gesellt. Gegen manches kann man etwas einzuwenden haben, wie zum Beispiel gegen den Eichen- und Kornblumenkranz am

Grabe Ludmillas, der ein billiges Symbol scheint. Aber im ganzen muß jedem dieses Buch lieb und wert sein, am meisten jenem, der das Prag Strobls kennt.

Das „Prag Strobls“ ist freilich noch nicht das ganze Prag. Mit dem Mai 1908 ist Prag für den Dichter, der promoviert nach Mähren zurückkehrt, vorbei. Aber für die anderen lebt es noch, und unendlich viel ist noch über die Zeit zu sagen, da sich der fauchende Haß aus der kalten Dezemberluft wieder in die muffigen Keller verkrochen hat, über die Zeit, da durch die früher wütenden Gassen freundliche Mädchen gehen. Diese Zeit konnte uns der Stadtfremde nicht geben, und deshalb ist auch „Das Wirtshaus zum König Przemysl“ noch nicht der Prager Roman. Aber es ist ein Prager Roman. Und ein sehr, sehr guter.

UNTER SPIONAGEVERDACHT

6. Mai

In einem österreichischen Feldlager im Taraboschgebirge, hart an einem winzigen Städtchen, dessen Namen ich nicht nennen will, um nicht des Verrats militärischer Geheimnisse geziehen zu werden, ist mir heute ein Abenteuer begegnet.

Mit einem Herrn, den ich in Spizza getroffen hatte, hatte ich gemeinsam eine Barke gemietet, die uns von ... – nein auch den Namen dieses Ortes nenne ich nicht – in der Bocche spazierenfahren sollte. Obwohl auf den Gipfeln und Kämmen der graugrüngrauen Karstmassen wuchtige Nebelschwaden drohend aufgefahren waren, trotzdem die Wellen der Adria sich damit vergnügten, mit unserem Magen Bocca zu spielen, war es doch eine Fahrt von beklemmender Schönheit. Durch die Nebelrisse blitzten die Schneefelder des Pestingrad, die man von Cattaro aus nicht zu sehen vermag, die Wasser zwischen den Fjorden entziehen sich dem Blick, man glaubt auf einem See der Schweiz umherzurudern, die Bäume und Sträucher, die Ranken und Zweige, die in die grünen Fensterläden der Spielzeughäuschen einsteigen möchten, vervollständigen das Idyll. Das Schönste aber ist, daß die Bauten der Natur nichts nachgeben: Wenn man hart am Ufer vorbeifährt, die prunkvollen Steinbalkone und die Plastiken an den Toren der mittelalterlichen Häuser bestaunt, darf man sich im Canale Grande träumen. Auch die Festung mit ihrem putzigen Campanile stammt noch aus der Venezianerära, einer Zeit, da der Anspruch auf das Epitheton „gebieterisch“ noch das ästhetische Moment mit dem strategischen vereinte. In einer der an den Küstenrand hingebauten Häuserketten (es war jenes, dessen Namen ich bereits eingangs verschwiegen habe) stiegen wir ans Land. Eine unsäglich elende Hütte zeigte neben der Aufschrift „Prodeja pica i jediva“ auch einen österreichischen Reichsadler mit verwitterter Umschrift. Also eine Tabaktrafik. Und da der Raucher seine Begeisterung über unverderbte Luft nicht besser auszudrücken vermag, als indem er Zigarettenrauch einatmet, kehrten wir ein.

Herrgott, war das eine Butike. Auf dem Kaufmannstisch standen Schnapsflaschen samt Stamperln, an den Balken der Decke hingen Tücher, Bürsten, Stricke und Besen zum Verkauf, daß der Händler kaum sichtbar war.

Rechts in der Ecke ein Tisch, an dem paar Soldaten hellgrüner Aufschläge zechen. Sie sprechen tschechisch und erzählen von Prag. Schnell ist ein Gespräch zwischen mir und ihnen im Gange. Sie wehklagen. So fern von Wrschowitz und allen anderen Stätten der Kultur müssen sie ihr Dasein verbringen. Kein Kinematograph, kein Wirtshaus, kein Mädel. Fünf Tage sind sie nicht aus den Kleidern gekommen, sie schlafen in den Zelten zwischen Landstraße und Meer, und vorwitzige Wellen schlüpfen nächtlings eins, zwei auf die Parketten. Einer ist schon sieben Wochen von daheim fort, von Weib und Kind. Sorge plackt ihn und etwas noch Würgenderes: Eifersucht.

„Ich bitt Sie, jung ist sie und hübsch.“

Alle schimpfen auf die rotmützigen Feinde da drüben hinter den Bergen. Wenn's nur schon losginge. Von Panslawismus keine Spur, hierher reicht die Stimme der falschen Propheten nicht. Immer nur Schützengräben hacken, Stacheldrahthindernisse bauen – es ist ein Jammer.

Einer hat den Kopf verbunden. „Bin in ein Drahthindernis gefallen. Einen Millimeter tiefer, und das Auge wär weg gewesen.“

„Dabei geht's uns noch gut. Sechs Stunden höher, auf dem Kamm, sind unsere Bataillonskameraden.“

Wir verabschieden uns herzlich und brechen auf. Noch ein kleiner

Spaziergang längs der Zelte. An Pflöcken angebunden, suchen Maulesel hartnäckig im kahlen Kalkboden nach Gras. Hie und da telegrafiert ein Soldat durch Fahnenschwingen, und vom Grat hinab schwingen ihm Fahnen die Antwort zu. Wir wollen von der Landstraße zum Meer abbiegen, um unsere Barke heranzuwinken, aber ein heraneilender Zugführer verwehrt uns den Weg. So kehren wir langsam zum Landungsplatz zurück und wollen unser Boot besteigen.

Da – man hört Soldatenstiefel laufen. Wir wenden uns um. Ein Offizier, ein Feldwebel und paar Infanteristen mit dem Gewehr in Balance rennen auf uns zu. Zwei Soldaten queren von der Landstraße ab, rennen diagonal auf das Boot zu, das wir noch nicht betreten haben, und packen den Strick. Im selben Moment sind auch die anderen da.

DER HAUPTMANN (wenn ich nicht irre, war es Hauptmann Ullmann aus Prag): Bitte sich zu legitimieren.

Wir ziehen unsere Reisedokumente aus der Tasche: Paß, Journalistenlegitimation und dergleichen.

DER HAUPTMANN: Woher kommen die Herren?

WIR: Aus ...

DER HAUPTMANN: Und was haben Sie hier gemacht?

WIR: Eine Spazierfahrt in der Bocche.

DER HAUPTMANN: Soso. Es ist mir nämlich gemeldet worden, daß Sie sich auffallend benommen hätten.

WIR: Pardon, wir haben uns durchaus nicht auffallend benommen.

DER HAUPTMANN: Ja, davon haben wir andere Auffassungen. Ein Spion wird sich hüten, sich im landläufigen Sinne auffallend zu benehmen. Schließlich – in solcher Gegend ist jeder auffallend. Man muß hier auch vorsichtig sein.

WIR: Gewiß, Herr Hauptmann, das sehen wir vollständig ein.

Ein Wink des Offiziers, die Soldaten lassen das Seil los, und wir betreten das Boot.

DER HAUPTMANN: Grüßen Sie mir Prag!

Was ich hiermit bestelle.

GESCHICHTCHEN VON DER MONTENEGRINISCHEN GRENZE

Spizza, am 6. Mai

Hinter Szalaria, ganz nahe an der Cetinjer Serpentine, wo die Häuschen der Schlosser, der Fuhrleute (ihr Eselsstall ist immerhin schöner als ihr Wohngebäude) und der Häusler stehen, spielen einige schmierige Kinder mit Aloeblüten, mit Pyramidenglockenblumen und mit wilden Rosen. Ich gehe mit paar Marinemaaten vorbei und verlange von einem der Kinder, es möge mir seinen Blütenstrauß geben. Ohne weiteres erhalte ich ihn, aber den Kreuzer, den ich dem Kinde dafür reiche, will es absolut nicht nehmen. Zuerst schaut es scheu die Münze an, dann mich, dann meine Begleiter, dann seine Spielgefährten, dann läuft es schnell und freudig mit dem Geldstück davon.

Da wir nach einer halben Stunde auf demselben Wege zurückkommen, lauern uns schon etwa dreißig Kinder mit Blütensträußchen auf, heben bettelnd die Händchen in die Höhe und sind nicht abzuschütteln. Ich habe sie mit meinem Kreuzer verdorben ...

Infolge meiner „Kriegs"berichterstattermission bin ich schon so monoman geworden, daß ich bei dieser harmlosen Szene an die österreichische Millionenentschädigung für Bosnien und die Skutarifrage denken muß.

Die Mützenkunde ist für jeden Balkanreisenden eine unendlich wichtige Wissenschaft. Türken haben rote Feze mit schwarzer Quaste; die Kroaten tragen Pomigl'oro, flache rote Mützchen; Bosniaken sind am roten Fez ohne Quaste kenntlich; die Montenegriner schmückt ein schwarzes Flachkäppi mit rotem Deckel, auf dem die Initialen des Königs mit Gold gestickt sind; die Herzogowzen besitzen einen Fez von ganz dunkelroter Färbung; auf dem Hinterkopf sitzt ein winziger „Tonsurdeckel" aus kahlem Lammfell; die Malissoren und die Miriditen krönt ein hoher weißer Leinenfez. Et cetera. Das wichtigste aber: Die verheirateten Frauen der Montenegriner tragen ein schmuckes schwarzes Tuch, das aus einem Haarschopf auf dem Hinterkopf über den Rücken rollt – zum Unterschied von den Montenegrinermädchen, die ein schwarzrotes, goldgesticktes Mützchen ziert, auf daß die jungen Männer sehen können, daß sie noch frei seien. Nun mag es vielleicht traurig anmuten, wenn man eine grauhaarige Montenegrinerin sieht, die das schwarze Kopftuch nicht erworben hat und noch im ehrwürdigen Alter die kokette „kapica" der Unverheirateten tragen muß, aber es ist doch ein unendlich beruhigendes Gefühl, zu wissen, daß man den Yatakan keines Ehegesponsen zu fürchten hat, wenn man irgendwo mit einer mützengeschmückten Schönen diplomatisch Beziehungen anzuknüpfen versucht, die über Demarchen und Blockaden hinausgehen. Wie sicher fühlt man sich da.

Man freut sich, daß die Frauenwelt der Schwarzen Berge nichts von Prag und der Bewegung „Fräulein oder Frau" weiß. Wie leicht könnte dann irgendwo die Erklärung erscheinen: „Ljubice Karacic und Mejrima Ruhovic teilen mit, daß sie auf die Anrede ‚Frau' Anspruch erheben und von nun an statt der Kapica das schwarze Tuch tragen werden." Dann wäre alles in bange Zweifel gehüllt, und jede Begegnung mit einer Dame wäre eine Balkanfrage.

In Zara stieg ein südslawischer Journalist zu uns an Bord. Auch er gehe für paar Wochen als Kriegsberichterstatter in den Süden. Wo er sein Gepäck habe? Oh, er brauche keines. Wenn sein Hemd schmutzig sein werde, schmeiße er es weg und kaufe sich ein neues. „Und Zahnbürstchen, Kamm?" fragte ihn sein besorgter Kabinengenosse. „Aberr geh ich doch nicht auf Korso, geh ich doch in Krieg", war die Antwort.

Ja, ja, der Balkankrieg birgt Gefahren.

Ein blutjunger Fähnrich, eben heruntertransferiert, begann über die Einförmigkeit der Speisen zu schimpfen.

„Aha, die Schafskrankheit", lächelte ein Hauptmann.

„Pardon", brauste der Fähnrich auf.

Das sei eine Balkankrankheit, der jeder verfalle. Jeden Tag Lammskeule, Schöpsenschlegel, Hammelrücken, Lammsbraten, Schöpsenkarree, Lammsbrust, Hammelkeule, Schöpsenbraten, Hammelbrust. – Das übe schon seine Wirkung. Und nun erzählte man dem Fähnrich die grauslichsten Geschichten. Ein gewisser Echinger hatte bei der Okkupation diese fortwährenden Schafsgerichte nicht vertragen. Zuerst schimpfte er acht Tage, dann erbrach er acht Tage, dann fastete er acht Tage, dann aß er von früh bis abends Lammsbraten, begann sich einzubilden, daß er ein Hammel sei, weil er schon ganz aus Hammelfleisch bestehe, blökte den ganzen Tag und wollte geschlachtet werden. Er schrieb sein

Testament, in dem er seine Hammelbrust dem dienstführenden Feldwebel seiner Kompanie vermachte, seinen Hammelrücken seinem Burschen und dergleichen. Dann schlachtete er sich selbst mit einem Küchenmesser.

„Armer Kerl, der Echinger“, schloß der Hauptmann, „gerade so hat's mit ihm angefangen, wie bei Ihnen, Herr Fähnrich.“

„Schrecklich, schrecklich“, stöhnte der Fähnrich, „ich hatte mir einen edleren Tod fürs Vaterland ausgedacht ...“

Es ist ganz unwahr, daß man in Österreich der Presse kein Verständnis entgegenbringt. An der Marina von Cattaro liegt bekanntlich das österreichische Schiff „Metcovich“ seit fünf Wochen verankert, das zur Rettung der Zivilbevölkerung aus Skutari bestimmt war. Auf dem Großtopp weht das Rote Kreuz. Auf diesem Schiff wohnt und speist ein Kriegsberichterstatter. Es ist gewiß bloß ein Zufall, daß es derselbe Herr ist, der im Balkankrieg in der ganzen Welt durch sein edisonhaftes Talent von sich reden machte, mit dem er ganze Schlachten erfand. Es ist ganz gewiß bloß ein Zufall, daß es der Berichterstatter der christlichsozialen „Reichspost“ ist. Es ist ganz gewiß bloß ein Zufall, daß auf seinem schwimmenden Hotel das Rote Kreuz flattert, das Zeichen der Unverletzlichkeit.

Auf den Märkten der dalmatinischen Städte kann man täglich am Vormittag montenegrinische Frauen und Mädchen sehen, die über den Küstenkarst herübergekommen sind, um hier Eier, Grünzeug, lebende Lämmer, Reisigbesen, Holzbündel und ähnliches zu verkaufen. Sie stehen vor ihren Verkaufskörben und setzen die Stricknadeln auch während des Feilschens und Verkaufens nicht außer Betrieb. Ein Arzt des Roten Kreuzes erzählt mir von einer Frau, die vor kurzem einen etwa dreißig Meter tiefen Abgrund hinuntergestürzt war. Die Hilfsexpedition fand die Arme schwerverletzt, unter furchtbaren Schmerzen strickend. Sie wurde ins Spital gebracht und mußte narkotisiert werden, damit man ihr das Bein abnehmen könne. Den Strickstrumpf legte sie auch auf dem Operationstisch nicht aus der Hand und arbeitete mechanisch weiter. Als sie aus der Narkose erwachte, fehlte ihr der rechte Fuß, aber der Strumpf war fertig.

ABENTEUER IN MONTENEGRO

Skutari, 9. Mai

Njegus ist die erste montenegrinische Stadt, die man, aus Österreich kommend, berührt. Ein Nest. Und hier ist der Stammsitz des Fürstengeschlechtes, hier wurde König Nikita geboren. Sehr dankbar haben sich die Herrscher ihrem Ursprungsorte nicht gezeigt. Kein Zeichen ihrer noch irgendeiner Huld ist zu erblicken, trotzdem man sich bei der Rast – hier ist montenegrinische Paßrevision – die Augen danach ausschaut. In dieser elendsten aller Königsstädte der Welt sind Steinblöcke unvermörtelt und unvertüncht zu Häusern gefügt, so daß sie zur Dämmerung von den Felsen, an die sie lehnen, gar nicht zu unterscheiden sind. Nur das Königsschloß, das Nikita im Sommer bewohnt, ist – ganz gelb getüncht und von Rasen umgeben. Es wäre ungerecht, wollte ich bei Besprechung der Sehenswürdigkeiten von Njegus das Briefkastel totschweigen, [das] jedenfalls für die Fremden bestimmt ist, deren jeder bei der Paßrevision so lange aufgehalten wird, daß die anderen reichlich Zeit zu Grüßen an die Ferne finden. Der Paß wird sorgsam geprüft, man muß angeben, wie viele Tage man innerhalb des Schwarzen Bergreiches zuzubringen gedenke, alles wird eingeschrieben, und beim Berichterstatter verlangt man, auch wenn im Reisepaß bloß der Beruf „Journalist" vermerkt ist, ausdrücklich den Namen der Zeitung zu wissen, der er angehört.

Es ist gerade fünf Uhr. Ein rothemdiger Hirte treibt eine Herde zottiger Bergziegen über den Dächern der Häuser die senkrechten und schier glatten Felsblöcke hinab. Der Reflektor der untergehenden Sonne wirft ihm flammende Strahlen auf den Weg, und der Städter aus Zentraleuropa muß sich bei diesem pittoresken Stück der Natur in das Kino versetzt träumen.

Den Karstsattel Krvačko-Drijelo hinauf, geht die Weiterfahrt des Laurin- u. Klementschen Autobus. Hoch oben auf dem Kamm der Berge sieht man den Obelisken für Peter Petrowitsch von Montenegro, den Helden, Staatsmann und Dichter. Er hat vor kaum siebzig Jahren in Montenegro durch drakonische Maßnahmen wenigstens jene Ordnung zu schaffen vermocht, die heute dort herrscht.

Mitten auf der Straße hält ein junger Bursche mit aufgeregten Gesten schreiend das Automobil an: „Revoluče."

Revolution. Der Redakteur des Budapester „A Nap", der mit im Autobus fährt, hat deutlich diesen Ausruf des Burschen gehört. Das Auto bleibt stehen. Während der montenegrinische Junak noch immer aufgeregt mit unserem Chauffeur verhandelt, stehen wir ratlos am Wege.

Werden wir weiter können? Aber jeder hatte es sich schon längst gedacht, daß die Revolution ausbrechen werde. Das Kabinett hatte gestern demissioniert, der König hatte den Verzicht auf Skutari ausgesprochen – die Revolution war ausgebrochen, Nikita wurde vielleicht ermordet, Serbien vereinigt sich mit Montenegro zum gefürchteten großserbischen Reich. Was ist los? Wir wollen vom Chauffeur Näheres hören.

Ach nichts! Der Bursche biete sich nur an, für die Garage Brennholz nach Cetinje zu bringen. Warum er so aufgeregt sei? Ja, damit ihm niemand der anderen Holzverkäufer zuvorkomme. Und warum schrie er „Revoluče"? Aber woher denn, er hat doch bloß „Drvoluč" geschrien, das heißt „Brennholz". Lachend begraben wir die Revolution, indem wir wieder in den Wagen steigen. Alle Passagiere sind plötzlich der Meinung: Warum sollte auch eine Revolution in Montenegro ausbrechen, es gibt ja gar keinen Anlaß dafür.

„Drvoluč, drvoluč", hören wir nun wiederholt auf der Weiterfahrt, noch dringender, noch aufgeregter. Aber es beunruhigt uns nicht mehr.

Der Karst verliert allmählich seine unheimliche Bizarrerie. Unten tief im Tale sieht man Cetinsko Selo, blühendes Land. Saftgrüne Felder mit steinernen Zäunen gegen das Abschwemmen des Ackerbodens, Kreise, in denen mahlende Pferde trotten, Zisternen, rote Häuserdächer einer Stadt, die sich schnurgerade in geordneten Straßen erstreckt.

Cetinje. Wir verlassen das Auto. In der Katunska ulica promenieren Montenegriner in ihrer Duschanka, der roten Weste mit dem schwarzgoldgestickten Rand und zwei goldenen Knöpfen oder den Zajmadan mit den hängenden Ärmeln um den Hals geschnürt, die schwarzrote Kapa kokett in der Stirne, Revolvergriff und Messerstiel schauen aus den bunten Gurten. Riesige Gestalten, schön in ihrem gebräunten Gesicht. Sie wissen es auch und stolzieren umher wie Hähne. Ihre Arbeit ist: umherzustolzieren und die Herren, Streiter und Mehrer ihres Reiches zu sein. Dagegen die armen Frauen! Scheu huschen sie zu ihrer Arbeit, unbeachtet und unheimlich rasch alternd, gehen sie dahin, ehrfurchtsvoll wie Sklaven bieten sie dem begegnenden Manne den Gruß, auf dem Felde placken sie sich und rackern sich, und auf dem steilsten Karstwege laden sie huckepack das Brennholz auf, das ihr Maulesel nicht mehr zu tragen vermag. Die Hähne aber lieben den Kampf.

Man kann sich von der Unbildung, von der Lässigkeit und der Unwissenheit in Montenegro gar keinen Begriff machen. Die Ärzte des Roten Kreuzes waren empört über die Behandlung, die ihnen zuteil wurde. Sogar die tschechische Hilfsexpedition war vielfach über ihre Behandlung von seiten ihrer slawischen Brüder geradezu bestürzt. Man stand während des Krieges auf dem Standpunkt, man möge die Verwundeten sterben lassen. Wer kampfunfähig sei – wozu brauche der zu leben? Der Stadtarzt von Cetinje, Dr. Matanovich, entzog den fremden Ärzten das Verbandsmaterial, Requisiten, Instrumente und Hilfskräfte. Nur der Hof und insbesondere die Kronprinzessin Militza, eine deutsche Prinzessin aus dem Hause Mecklenburg-Schwerin, zeigten Verständnis für die Krankenpflege und mühten sich um die Verwundeten.

Alle Kasernen sind in Krankenhäuser verwandelt. Türken, Serben, Montenegriner, Albanesen füllen die Räume, in denen nur spärliches Licht brennt. Die Luft ist entsetzlich, Karbol, Ausdünstungen und Zigarettenrauch. Alle rauchen. Einem, der nach einem Bajonettstich eine Bauchfellentzündung bekommen hatte, wollte der Arzt das Zigarettenrauchen verbieten. „Lieber sterben", erklärte der Kranke. Die meisten der Kranken sitzen schmerzverzerrten Gesichtes oder stieren Auges mit gekreuzten Beinen auf den Betten. Zu Skeletten abgemagert, irrsinnig und stöhnend werfen sich auf ihren Lagern die Serben umher, die in der Schlacht auf dem Berdica-Berg zum linken Flügel der Slawenarmee gehört hatten und gefangen nach Skutari gebracht wurden. Furchtbarer Hunger wurde im Verlies, in dem sie vom 30. Oktober vorigen Jahres bis zum Falle von Skutari schmachten mußten, ihr Los, viele sind gestorben, die anderen kämpfen ihre letzte Schlacht: mit dem Tode.

Ein junger Montenegriner liegt in einem der Kavallette. Bei einem Sprung von den Bardinjol-Schanzen hat er einen Bajonettstich in die Lunge erlitten und mußte ins Spital gebracht werden. Dort saß sein greiser Vater bei ihm und pflegte ihn. Nach der Operation gab der Alte seinem Sohn trotz eines ausdrücklichen scharfen Verbotes Schafkäse zu essen, der Zustand des Operierten verschlimmerte sich, und ärgerlich verboten die Ärzte dem Greis den Aufenthalt im Spital. Aus Gram darüber ging der Greis in den Krieg und wurde beim Generalsturm auf Skutari durch eine Handbombe verletzt, die er selbst geschleudert hatte. Auf seinen Wunsch bettete man ihn neben seinen Sohn, und er liegt nun da, mit weißem Haar und weißem Gesicht, kaum sichtbar auf dem Linnen. Er stirbt, aber ist glücklich: Ist er doch bei seinem Sohn.

Ein junger Dichter liegt auch da. Der Fuß wurde ihm weggeschossen, und da er nicht mehr kämpfen kann, will er ein Tyrtäus sein und veröffentlicht vom Krankenlager aus Gedichte.

Am Abend saß ich im unverschämt teuren Grand Hotel in Cetinje an der Table d'hôte. Neben mir saß ein junger Beamter einer Gesandtschaft. Es war ein ausnehmend kluger Mensch und wußte viel über die europäische Balkanpolitik zu sagen. Besonders das zielbewußte Raffinement der russischen Diplomatie konnte er nicht genug rühmen.

„Und die österreichische Diplomatie?" fragte ich. Ein mokantes Lächeln spielte um die Mundwinkel meines Tischnachbarn. „Oh, die österreichischen Diplomaten sind in der ganzen Welt geachtet. – Sie sind die besten Tennisspieler."

VON CETINJE ZUM SKUTARISEE

Die Blockade hat Benzinmangel mit sich gebracht, und das Automobil von Cetinje nach Rijeka fährt nicht. So verbringe ich den Vormittag damit, in Cetinje umherzuschlendern. Dabei habe ich auch den König gesehen. Er stand, von einigen Gardesoldaten umgeben, vor dem Regierungspalast und erteilte einigen Gehilfen einer Roten-Kreuz-Expedition Audienz. Er rauchte Zigaretten. Wenn er eine frische ansteckte, zog er ein Feuerzeug aus der Tasche, das einer der Söldlinge anreiben mußte. Seine Majestät ist ganz in Gold und Silber, Blau und Rot gekleidet, hat ein markantes Gesicht und die größten Röllchen, die ich in meinem Leben gesehen. Als er mich bemerkte – ich war der einzige Neugierige, der sich anstellte –, fragte er einen Söldner, wer ich sei. Der Gardist kam auf mich zu und richtete nun die Frage an mich.

„Novinar iz Praga."

Der Söldling überbrachte meine Auskunft. König Nikita dachte einen Augenblick nach und rief mir dann zu: „Na zdar!"

Er lachte, erfreut darüber, den tschechischen Gruß gefunden zu haben, dann winkte mir König Nikita von Montenegro freundlich zu und verschwand im Palast.

Zur Fahrt nach Skutari bedarf es ministerieller Erlaubnis. So ging ich ins Regierungspalais. Im ersten Stock sind einige Krankenzimmer, vor denen Verletzte und ihre Angehörigen auf dem Korridor warten. Auf einer Türe stand die Aufschrift „Minister des Auswärtigen". Ich klopfte und trat ein, ein junger Mann in der roten Duschanka stand am Fenster. Höflich fragte ich ihn, ob er der Minister sei. Nein, er sei nur der Diener, und was ich wolle. Einen Paß nach Skutari. Da müsse ich mich an den Sekretär des Ministeriums des Innern wenden, aber der sei noch nicht da. Ich wartete also im Präsidialbureau des „Kr. C. Ministarstvo unutrašnich diela", das in seiner inneren Struktur ungefähr dem Altstädter Postamt in Prag gleicht, auf den Ministerialsekretär Milo Ramadonovich. Der kam und stellte mir den Passierschein aus.

Dann machte ich mich auf, um zu Fuß nach Rijeka, an die Ostseite Montenegros zu gehen.

Nach kaum dreiviertelstündigem Marsche war ich nun am sogenannten Belvedere, einem Hügel, von dem aus sich ein herrlicher Prospekt ins Tal gegen den Osten Montenegros eröffnet. In weiter Herrlichkeit lag der Skutarisee da, die Albanesischen Berge dahinter strahlten im Glanze ihrer Firne, nicht mehr in der düsteren Höllenwirkung des Karstes, sondern in der majestätischen Pracht einer Alpenlandschaft. Am Ufer der Rijeka, die unten fließt, sproßten die Pflanzen des Mediteranzone in Farbenfreude. Es dauerte freilich noch vier Stunden, bevor ich nach kurzer Einkehr in die grottenartige Behausung einer weinkredenzenden Hexe abends in Rijeka ankam.

Unterwegs wurde ich durch Schüsse beunruhigt, die von den Bergen zehnfach widerhallten. Sollte der Krieg bereits ausgebrochen sein? Die Herkunft der Schüsse klärte sich bald auf: Die montenegrinische Jugend vergnügte sich damit, mit ihren ausgefaßten Moskowitgewehren und ihren russischen Patronen auf „uklevy“, kleine Fische, zu schießen.

Landschaftlich ist Rijeka ungemein schön. Eschen, Eichen, Maulbeer, Quittensträucher, Granatenbäume und Feigen durchtränken die Luft mit dem Hauch ihrer Blüten. Aber die Stadt! Albanesisch, schmutzig, verfallen. Die Hoffnung Rijekas war Skutari als montenegrinische Hauptstadt; durch den Verkehr zwischen der alten und der neuen Metropole hätte Rijeka, das am direkten Wege liegt, gewiß gewonnen. Aber damit ist es nichts. Rijeka bleibt, was es ist.

Am Wege sah ich einen alten Mann, der die montenegrinische Kappe trug, lesen. Es war der erste Mensch, den ich auf der Fahrt durch das Land der Schwarzen Berge lesend antraf. Über seine Achsel schauend, sah ich, daß es Seiten einer deutschen Monatsschrift waren, die er in der Hand hielt. Ich fragte ihn, wo ich in Rijeka übernachten könnte, und schnell ist mit Herrn Karl Otischek aus Teschen ein Gespräch im Gange. Ich erfahre, daß er einst bei der österreichischen Kriegsmarine gedient hat und von dieser vor nun achtunddreißig Jahren als Maschinenmeister auf die Jacht des Fürsten Nikita von Montenegro beordert wurde. Jetzt versieht sein Sohn dieses Amt, aber er selbst erfreut sich noch der königlichen Huld, und die alten deutschen Zeitungen aus dem Schlosse werden ihm gesandt.

„Und woher sind Sie?“ fragt er. – „Aus Prag.“ – „Ah, aus Prag; da muß ich Sie gleich meinem Freund vorstellen. Der ist auch aus Böhmen. Kommen Sie nur in den Palast.“ In welchen Palast? „In den Winterpalast des Königs, mein Freund ist dort Gärtner.“ So lerne ich auch den Hofgärtner Machaček kennen, der uns die Treibhäuser, Altane, Palmen und Lorbeerbäume im Schloßgarten zeigt.

Eines der schäbigsten Häuser der schäbigen Stadt ist das „Hotel“. Und das Äußere straft das Innere nicht Lügen. Demgemäß ist die Nacht, die ich dort verbringe.

IM ZERSTÖRTEN SKUTARI

Skutari, 11. Mai

Von Rijeka fährt der überfüllte Dampfer zuerst die Mündung des Rijekaflusses entlang, bis sich das Flußbett ins ungemessene weitet: Wir sind im Skutarisee. Der ganze See ist von Vegetation erfüllt, von Bäumen, die bis an die Kronen im Wasser stehen, von Blattpflanzen, die sich glatt an die Oberfläche des Wassers schmiegen, und von hohem Schilf. Durch diese Wasserflora führt der Weg des Schiffes kreuz und quer, durch Pflöcke gekennzeichnet. Rechts und links die Albaner Berge, sich weit aneinandertürmend, an Lesandro geht's vorbei, wo vor 1877 die größte türkische Festung stand, an Grmošur, wo das Zuchthaus Montenegros steht. Nach zwei Stunden sind wir in Virpasar. Hier steigt man um und fährt mit dem „Neptun" gegen Skutari. Rechts wird das Krunjagebirge sichtbar und dann der Tarabosch, das Dörfchen Ckla, wo Kronprinz Danilo die Parlamentäre Essad Paschas empfing. Dann die Dörfer Zogaj und Sirocki Vir, über deren Dächer hinweg von der letzten Position auf dem Tarabosch täglich Tausende und Abertausende von Schüssen krachten. Links die Bergkette Bardinjol und rückwärts das Bertica-Gebirge.

Aus dem Wasser ragen zwei Kamine eines gesunkenen Dampfschiffes und das Heck hervor. Dann wieder verlaufen von einem starken Mast Dreiecke ins Wasser – ein Segelschiff, das von den Bergen in Grund und Boden geschossen wurde. Dort wieder der Segelmast eines Wracks. Wieviel Menschen liegen da unten im See?

Oben auf dem Kamm sieht man kilometerweite Stacheldrahtanlagen. Auch die steilen Abhänge hinab haben die Türken die verfilzten Stacheldrahtkörper aufgestellt, bis tief an das Ufer, ja weit, weit über das Ufer hinaus in den See, um das unbemerkte Herankommen von Schiffen zu verhindern.

Die Zitadelle wird sichtbar, der Mrnjačviča-Grad über dem Bojano mit der blaurotweißen Montenegriner Fahne auf der Zinne.

Darunter die Altstadt, aus der die letzten Flammen des Brandes emporschlagen, in ungeheuere Rauchmassen gehüllt.

Und gleich darauf wirft der „Neptun" Anker, ganz nahe der Stelle, wo der Skutarisee als Bojano in die Adria abfließt. Die Bojano ist nicht schiffbar, aber Montenegro träumte schon von ihrer

Regulierung, die Skutari zum montenegrinischen Hafen gemacht hätte. Vielleicht sogar zum Kriegshafen? Große Barken mit schmutzigen Albanerbuben drängeln sich an das Schiff, keifend und zerrend versucht jeder in sein Fahrzeug die meisten der aussteigenden Dampferpassagiere zu locken, um sie gegen ein Fährgeld von einem Piaster zur Bojanobarre zu rudern. Ein montenegrinischer Soldat visitiert die Passierscheine. An Maismagazinen geht der Weg entlang, bis er plötzlich in die Hauptstraße des „Tepé", des alten Basarviertels, abbiegt.

Hier ist die ungeheure Brandstätte. Soldaten sperren strenge den Eintritt, aber der Paß des Ministeriums ist ein „Sesam, öffne dich". Freilich mag die Schatzkammer, die Ali Baba durch diesen Zauberspruch betrat, ein bisserl anders ausgesehen haben als diese Stadt der Vernichtung. Grausiger Brandgeruch erfüllt alles. Nichts steht von den Häusern als Reste der Seitenwände. Dazwischen liegen Schutt, Ziegel, Steine, Zinngeräte, Lederstücke, Federnreste, Tischstühle, alles verbrannt, verkohlt, vernichtet, ein wertloser Brei von Dingen, die gestern den Käufer locken sollten und locken mochten und heute nicht mehr wert sind, vom letzten Bettler aufgeklaubt zu werden. Nichts hat das Feuer verschont, sogar das Blechstück eines Portemonnaies, das am Wege liegt, ist geschmolzen und verbogen, und die daneben liegenden zerschmolzenen Kupferstückchen waren hart abgespartes Geld ... Und noch immer glimmt es unter der Asche, und aus den Schuttvulkanen und den glosenden Holzresten steigt in dichten Schwaden der Rauch zur Höhe. Ganze Straßen sind so bis an die Mauern verbrannt, ganze Häuserblocks, und da man weitergeht, sieht man, daß es das ganze Viertel war, das das Feuer der Tarabosch-Geschütze überstanden hatte, aber in einer einzigen Nacht dem Angriff des Elements erlag.

Die, deren Habe gestern in Rauch zergangen ist, wurden eingelassen in diese Siedelung von Feuerresten. Aber kein Wehklagen hört man. Weiber suchen in den Scheiterhaufen nach irgendeinem Kleinod ihres Krames, Kinder spielen mit bizarr zerschmolzenen Leuchtern und Tassen. Vor einem der leuchtenden Kegel sitzt ein Türke auf niederem Schemel und schaut ins Leere. Durch die lange Zigarettenspitze saugt er tiefe Züge, und die Tabakdose und Seidenpapier liegen, zu schnellem Ersatz bereit, zu seinen Füßen. Sein Gesicht ist quittengelb, die Falten in den Augenwinkeln, die Falten von der Nasenwurzel zum Mund haben ihm Koffein, die rivalen Lockungen seiner Frauen und Nikotin gepflügt, den hohlen Blick aber gab ihm sein Stamm und sein Glaube: Das Schicksal ist dir vorbestimmt – das Dogma eines apathischen Steinklopferhans.

Eine Feuerspritze steht erschöpft da. Sie hat gestern das Löschungswerk zu verbringen versucht. Sie allein. – Der Rauch schnürt die Kehle ein, der Gestank dringt in die Nase und in die Tränendrüsen. Fort aus dem Bereich, in dem das Element durch Parallelstellung zeigen wollte, daß es den verheerenden Wirkungen der Menschen noch verheerendere entgegenzusetzen vermag!

Aus der Stickluft führt der Weg durch einen moslemitischen Steinfriedhof, der an die berühmte Gräberstätte des anderen Skutari erinnert. Aber mag die Totenstadt des albanischen Skutari auch kleiner sein, idyllisch ist sie doch. Du gehst durch einen heliotropfarbenen See von Blüten. Schwertlilien sind es, die auf und um die Türkengräber wachsen und die verschnörkelten Koransprüche auf den schrägen Steinen verdecken. Rechts eine Moschee. Von ihrem Minarett wird kein Muezzin mehr „Alle illa Allah“ rufen, denn ein Kanonenschuß hat die zarte Säule mitten ins Herz getroffen.

Dann betritt man die Hauptstraße der Stadt. Niedrige Häuser mit geflochtenen Fenstern, ein Flüßchen führt Schmutz und Kot die Häuser entlang. Aber Rosen ranken sich die Stiegen hinauf, und Akazien duften. Unter Ulmen stehen die Tische der Kaffeehäuser, das Nargileh steht auf dem Tisch und vereinigt mit seinen Schläuchen alle Gäste zu gemeinsamem Rauchen. Die Verkaufsläden haben keine Fenster, nur horizontale Bretter, auf denen mit verschränkten Beinen die Inhaber und ihre Gäste hocken. Tabakläden überwiegen. Vor braunen Bergen von Zigarettentabak sitzen die Verkäufer, und zwei herabhängende Kaufmannswaagen sind ihr Verkaufsgerät. In den offenen Bäckereien werden seltsame Kuchen und weißes Brot coram publico von wenig vertrauenswürdigen Händen gebacken. Schuster sitzen da, Händler mit Feigen, mit Schafkäse, Datteln, Brennholz, Zwiebeln, Mais und mit den Blütenrippen des Sumachbaumes, der nur hier wächst und dessen Blüten in der ganzen Welt zum Gerben und zum Schwärzen der Felle, zum Säuern des Essigs und Aromatisieren des Tabaks verwendet werden.

Durch die ganze Stadt verläuft das Geleise einer schmalspurigen Förderbahn, auf der man auf den Tarabosch und den Bardinjol Munition und Proviant nachschob.

Es ist Abend, da ich ankomme. Auf dem riesigen Kasernhof, der von drei Kasernentrakten und jenseits der Straße von dem im Bau begriffenen Spital gebildet wird, stehen die montenegrinischen Truppen in Reih und Glied zum Gebet. Mit einem Aviso zum Živio-Ruf, der von tausend Stimmen wiederholt wird, wird abgetreten. Über die niedere Wegmauer gelehnt, stehen Türken und Albanier und schauen staunend zu.

Welch ein Gewirr von Rassen, Sprachen, Münzen! Achttausend montenegrinische Soldaten sind da, die meisten in ihren braungrünen Felduniformen, aber auch der krapproten Duschanka mit den zugehörigen blauen Leinwandhosen begegnet man auf Schritt und Tritt; viele mit blaurotweißen Dienstschleifen und Gewehren an der Schulter, Patrouillen zu Fuß und zu Pferd, abgemagerte und zerlumpte Türkensoldaten in der moosgrünen Feldmontur, montenegrinische Offiziere mit Goldepauletten und grauen Tellermützen mit dem „Grb", türkische Offiziere mit ihren Säbeln und den hohen Pelzmützen, reiche Albanerinnen mit rosasilberdurchwirkten Blusen, goldgestickten Bändern im Kopfhaar, weiter geblümter Tunika und faßartigen schwarzen Pluderhosen, Türkinnen in Schwarz und verschleiert, türkische Bäuerinnen mit weißen Männerhosen aus Leinwand unter dem kurzen Rocke, Skipetaren, Arnauten, Malissoren, helle Gegen und negerfarbene Tosken, die Männer in weißer Fustanella, einem plissierten Damenrock, Strümpfe aus gegerbter Schafshaut und Schnabelschuhe, wie wir sie von den Bosniaken kennen, Zigeuner in Lumpen und Zigeunerinnen in Teppichstoffen.

Alle Typen, die das „Land der Skipetaren" von der Adria bis zum Pindus, von Skutari bis zum Golf von Arta beherbergt, haben ihre Repräsentanten hergesandt. Albanesisch spricht man in allen Mundarten, türkisch, griechisch, serbisch und italienisch, auf ein österreichisches Goldstück bekommt man dreierlei Geld zurück: türkisches, montenegrinisches und griechisches.

In Skutari gibt es zwei Hotels, aber im dritten finde ich auch keinen Platz. Zum Glück begegne ich dort dem türkischen Polizeipräsidenten und Stadthauptmann von Skutari, Suleiman-Bey, der nach der Einnahme von Skutari nach Cetinje gereist war. Dort hatte ich ihn an der Table d'hôte kennengelernt. Eine offizielle Angelegenheit habe ihn nach Skutari zurückgeführt. Er bietet mir ein Bett an, das in seinem Hotelzimmer steht, eine Freundlichkeit, die ich natürlich mit überströmenden Dankgefühlen quittiere. Dann geht Suleiman-Bey mit mir durch die abendliche Stadt. Es muß ihm furchtbar zumute sein, in seiner einstigen Machtsphäre die Feinde schalten und walten zu sehen. In diesen Gassen, wo ihn einst alles furchtsam und ehrerbietig grüßte, schaut man dem wegen seiner goldstrotzenden Uniform nur Auffallenden verächtlich, höhnisch nach. Suleiman-Bey weist auf ein Café, in dem sich viele Montenegriner gütlich tun.

„Hier tranken wir in Eile einen Kaffee, wenn wir einen Augenblick Zeit hatten. Jetzt sitzen *die* den ganzen Tag da."

Und dann schärft er mir ein, in der Zeitung zu vermerken, daß die Türken Skutari heldenhaft verteidigt haben. „Wir waren am Schluß nicht mehr als acht Bataillone hier. Von Konstantinopel aus hat man uns im Stich gelassen."

Dann gehen wir schlafen. Unser Zimmer ist eine Rumpelkammer, alles ist voll Schmutz. Ich denke sehnsüchtig an mein schönes Bett im Prager Asyl für Obdachlose. Ich liege im Bett, Suleiman-Bey sperrt die Türe ab. Dann legt auch er sich in sein Bett. Aber bald springt er auf, und ich packe meinen treuen Wandergefährten Browning etwas fester. Aber der Herr Polizeipräsident sperrt nur die Türe auf, um zu sehen, wer draußen auf der Stiege Geräusch verursache.

„Natürlich montenegrinische Offiziere", knurrt er. „Die Kerle trampeln wie die Pferde."

Dann schläft er ein. Ich nicht.

Der Hunger regiert die Stadt. Es ist freilich nicht mehr so arg wie vor vierzehn Tagen. (Während der Belagerung sollen vierhundert Erwachsene, zweihundert Kinder Hungers gestorben sein.) Die Maulesel dürfen wieder unbehindert aus den fruchtbaren Geländen von Buschati Kukuruz und Mais in die Stadt bringen, und die Schiffe, die die Ferkel in geflochtenen Käfigen über den Skutarisee fahren, brauchen die furchtbaren Schüsse vom Tarabosch nicht mehr zu fürchten. Aber noch immer sind die Spuren der Hungersnot nicht verwischt. Bleich, hohlwangig, lallend und wankend betteln

Große und Kleine um ein Stückchen Brot und laufen, wenn man ihnen einen Para schenkt, in gieriger Hast zum nächsten Laden, um Brot zu kaufen. Aber wehe dem Wohltätigen! Gleich stellen sich zahllose andere an, mit gläsernen Augen auch um eine Gabe zu flehen. Das entschiedenste „Hadasch" genügt nicht zu ihrer Abwehr. Sie berühren dich mit ihren Händen, weichen nicht von deiner Seite, bis du in dein Haus flüchtest, und lassen dich auch dort nicht frei.

Noch ist die Teuerung nicht gewichen. Noch immer kostet Mehl und Schafkäse das Fünffache des normalen Preises. Käufer gibt es genug. Besonders die montenegrinischen Soldaten sehnen sich nach Eiern und Käse und Fleisch. Seit einem Jahr haben sie nichts anderes gegessen als immer ihre Tagesration: ein Kilogramm Brot, zweihundertfünfzig Gramm Reis oder Bohnen.

Am schrecklichsten sehen die Hunde aus, die hier – wie in den meisten Städten des Orients – herrenlos vor den Häusern liegen. Sie mögen auch sonst nicht wohlgepflegt sein. Aber der furchtbare Hunger hat sie zermürbt, sie liegen apathisch und zu Skeletten abgemagert da und betteln nicht mehr. Nur hie und da suchen sie im Straßenschmutz nach Nahrung.

Zigaretten aber sind spottbillig.

Achttausendfünfhundert Kanonenschüsse wurden in die Stadt abgefeuert. Wer es weiß, auf welcher Stufe der Häuserbau im Orient steht, kann sich vorstellen, daß es nicht mehr als eines Kanonenschusses bedurfte, um ein Haus zum Zusammensturz zu veranlassen. So sieht es in manchen Straßen aus, als ob man durch Pompeji schritte. Nur die zwei, drei untersten Mauerreste sind stehengeblieben und berichten, daß hier ein Haus stand. Und berichten, daß hier Menschen einmal glücklich waren, die nun irgendwo obdachlos und hungernd und ohne Habe umherirren und abends im steinigen Inundationsgebiet des Kir ihre Häupter zur Ruhe betten.

Die Gebäude, die an die in Grund und Boden geschossenen Häuser angrenzen, zeigen so bedrohliche Risse, daß man sich unwillkürlich an die andere Seite der Straße drückt.

Die eine Seite der großen katholischen Kirche liegt in Schutt und Trümmern. Der Turm der schönen Kathedrale ist unversehrt. Aber von den Lufterschütterungen der Geschosse sind alle Fensterscheiben und die bunten Glasmosaiken über den Torsegmenten in tausend Stücke zersplittert. Auch die Schulen, die Österreich errichtet hat, sind durch Schüsse fast demoliert, das österreichische Konsulat, in dem die Familie des Konsuls Zambauer wochenlang im Keller wohnen mußte, weist fünf Kanonenschüsse auf.

Die Mäntel der Artilleriegeschosse sind ein beliebtes Kinderspielzeug. Auf dem Tisch, an dem ich mein Abendbrot (Eier und Schafkäse) verzehre, stehen zwei braune Geschoßmäntel als Vasen. Herrliche Blumen stecken darin und duften. Möge das ein Sinnbild sein!

DIE LEICHEN VOM BARDANJOL

Skutari, 11. Mai

Am 25. Jänner griechischen Kalenders, das ist am 10. Feber des Jahres, hatten die Montenegriner auf dem Bardanjol, der Hügelkette nördlich von Skutari, nach dreitägigem Kampfe zwei Positionen der Türken eingenommen. Ein Schlachten war's, nicht eine Schlacht zu nennen. Die Montenegriner zählten zweitausendfünfhundert Tote und Verwundete, von den Türken fielen viertausend Mann. Seither sind drei Monate verstrichen. Auf den eroberten Flächen hatten die Montenegriner Zelte aufgestellt und hüteten den teuer erkauften Bardanjol. Auch Wachen und Patrouillen hüten den Berg.

Heute ging ich, mir dieses Schlachtfeld zu besehen. Die Straße Domus-Bazar entlang, bis vor die Stadt, am katholischen Kirchhof vorbei. Hierher hat sich Skutari nicht ausgedehnt, denn dieses Gebiet setzt der Skutarisee alljährlich unter Wasser. Flache, glatte Steine und Sand markieren das unendliche Inundationsgebiet. Kein Grashalm, kein Strauch unterbrechen das Wüstenland. Aber der schmale Schienenstrang der Rollbahn ist ein sicherer Führer. Dort, am Horizont, übergeht der Sand in glitzerndes Silber, aber erst später erkennt man, daß es ein Fluß ist, der die kahle Landschaft durchströmt. Eine Holzbrücke führt über den Kir, doch vor dem weißen Schilderhäuschen mit dem roten Halbmond steht eine starke Montenegrinerwache und hält mich an. Ein Griff nach meiner Brieftasche, in der der Passierschein verwahrt ist, und das nachlässig hingeworfene Wörtchen „Ministarstvo“ bewirken, daß man mich salutierend passieren läßt. Am Fluß waschen Soldaten mit nacktem

Oberkörper ihr Hemd und breiten es dann zum Trocknen aus. Weiter geht es über Holzflächen und in sengendem Sonnenbrand, bis man zu einem Gehölz kommt, dessen Boden von Farrenkräutern überwuchert ist.

Ein kahles Plätzchen ist die erste Spur des Kriegslagers. Aufgeschichtete verkohlte Holzscheite, ein kreisrunder Abdruck im Boden, vom Kessel stammend, belehren, daß hier eine Feldküche stand. Und bald darauf steht man staunend vor dem ersten, das heißt vor dem letzten Schützengraben. „Graben" ist nicht das richtige Wort, „Schützenschlucht" sollte es heißen. Denn in die braunroten Felsen haben eifrige Hacken einen Ritz gekerbt, hoch genug, daß ein aufrecht stehender Mann darin Deckung und Ausschuß hat. Und mit dem geförderten Steinmaterial wurde die Deckung oben noch maskiert. Vielleicht einen Kilometer lang ist die künstliche Böschung. Und an ihrem oberen Rand liegen Sandsäcke zum Auflegen der Gewehre, tausend, zehntausend an der Zahl. Alle die Säcke sind versengt. Von zwanzig zu zwanzig Schritten ist in den Schützenverhau eine kleine Hütte gegraben; hierher krochen die türkischen Soldaten, wenn sie – von zweistündigem Feuern ermüdet – aus der Schwarmlinie abgelöst worden waren. Ich überklettere diese Festung, und nun geht es die Hänge des Bardanjol hinauf. Überall die hundertfach verfitzten Stacheldrahtrechtecke, durch die kein Weg führt und die man entlanglaufen muß, wenn man vorwärts kommen will, bis wieder eine dieser dornigen Hürden, höhnisch auseinandergespreizt, den Weg versperrt. Damit die Annehmlichkeit dieser Promenade erhöht werde, ruft mir von der Höhe eine montenegrinische Vedette einen Halt-Ruf zu und hält das Gewehr in Fertigstellung gegen mich. Ich schwinge als weiße Fahne meinen Ministerialschein und darf weiter. Zur nächsten Position. Hier sieht es schon anders aus. Welch furchtbares Feuer hat hier gewütet! Der Fuß stapft in einem Meer von Kartons vorwärts, den Emballagen der Patronenmagazine. Bei jedem Schritt stößt man klirrend Patronenhülsen der Mausergewehre zur Seite. Und zur Ergänzung liegen mattglänzende, an der Spitze plattgedrückte Bleikörperchen auf der Erde – die Gewehrgeschosse von drüben. Man kann sie ruhig in die Hand nehmen, die kleinen Dingerchen, sie sind so ganz ungefährlich, so ganz harmlos. Sie haben ihr Leben ausgelebt in einer Sekunde, die vorbei ist. Dieses hübsche Blechstückchen, das ich spielend durch meine

Finger gleiten lasse, sieht es nicht aus wie ein Zinnsoldat? Vielleicht ist es sausend und glatt durch ein Gehirn gefahren. Allzuweit verirrt hat es sich nicht, denn hart am Erdwerk der Feuerlinie ist es zu Boden gefallen.

Unten am Schützengraben liegen zerfetzte Monturstücke, zerbrochene Hufeisen, durchlöcherte Brotsäcke, eine Spitzhacke, ein Tornisterfell, eine abgebrochene Bajonettspitze, schmutzige Tücher, Patrontaschen, Papiere, Stiefelsohlen, Stiefel und immer wieder Patronenhülsen und Patronenverschläge. Hier ist das Erdreich in weitem Umkreis aufgewühlt, und die Bäume und Gräser und Farrenkräuter [sind] verwelkt: Die Aufschlagstelle eines Kanonengeschosses.

Die Luft ist schwanger vor Hitze und üblem Geruch. (Wochenlang haben hier Soldaten gelagert.) Den Zigarettenrauch, den man in krampfhaften Zügen emporwirbelt, durchschwirren die Bremsen, Fliegen und Hummeln, als ob es blauer Äther wäre. Dort streckt ein Pferdekadaver vier gebleichte Knochen von sich; die braunen Fellfetzen mögen sich bewegen, wenn abends ein Windhauch vom See zum Bardanjol streicht. Das Pferd hat um der orientalischen Frage willen das Leben lassen müssen. Was war ihm Skutari, was der Sandschak?

Wieder ruft mich ein Posten an. Er ist barfuß aus dem Schilderhaus getreten, sein Hemd ist gelb vor Alter und Schmutz, seine Kleider zerrissen, das ganze Gesicht von leichten Tüchern umwickelt. Nach meiner Legitimation biete ich ihm Zigaretten an, und man plaudert. Von früh bis abends steht er hier auf Posten. Es scheint ein besonders armer Schlucker von Soldat zu sein, den man nur zu solchem Dienst verwendet. Vielleicht steht er auch für andere hier als Wache, die ihm dafür einige Para bezahlen. „Du bist verwundet?“ frage ich ihn, um seiner Tücher willen.

„Nein, das schützt mich bloß vor den Mücken.“

„Und was bewachst du da?“

„Hier, die Mitrailleuse.“

Ich folge seiner weisenden Hand und sehe wirklich die alte Gewehrkanone vor mir. Sie ist ganz famos gedeckt, man bekommt vor Hassan Rizas militärischem Verteidigungstalent ordentlichen Respekt. In einer gehackten Grube steht die alte Mitrailleuse auf ihren Rädern, eine zweite Grube, mit Wellenblech gedeckt, diente zum Munitionsdepot und zum Aufenthaltsort für den feuerleitenden Offizier und die Bedienungsmannschaft. Hoch aufgeschichtet liegen noch volle Geschoßverschläge da. Und nun kommen mir zahlreiche der türkischen Kanonen zu Gesicht. Alle brillant gedeckt, Lafette und Rohr hinter Verkleidungen aus Rasen und Erdwerk geborgen, nur die Mündung hervorstarrend, aber längst nicht mehr Schrecken einflößend. Granaten, Schrapnelle liegen ungebraucht dabei. Und alles voll mit Wattastücken, die sich die Artilleristen bei dem mörderischen Krachen in die Ohren gestopft hatten.

Dort an dem Felsen lehnt mit gebrochenen Holmen eine Tragbahre aus rotem Tuch. Aus rotem Tuch? Näher tretend sehe ich, daß die Imprägnierung unregelmäßig ist. Es ist geronnenes Blut ...

Krähen und anderes Gevögel kreist nahe am Fußboden durch die Luft. Dort drüben eine Kuča mit tausend schwarzen Punkten auf dem Mörtel – den Aufschlagstellen der Projektile. Das muß ein wichtiges Ziel für die Türken gewesen sein, wahrscheinlich feuerten aus den Fenstern die Montenegriner.

Nahe dem Haus steht eine Pyramidenstadt. Die Zelte des Wachdetachements. Dorthin will ich noch gehen, aber weiter nicht mehr, der Dunst ist nicht mehr auszuhalten. Nur schnell vorwärts. Ich stoße in einen Körper und fahre entsetzt zurück: Da liegt ein Mensch. Sein braungrüner Fez ist aus dem Gesicht gedrückt, und leere Augenhöhlen eines Kopfskeletts, über das sich wirre Haare schatten, schauen mir ins Gesicht. Nur schnell weiter. Da wieder einer, auf dem Rücken liegend, die Knochen der Arme in die Luft gestreckt. Und dort wieder einer mit verkrampften Händen, und wieder einer, und wieder einer. Dann ein totes Pferd, daneben zwei Menschenleichen.

Die Luft wird etwas kühler. Ein Wässerchen blinzelt in die Sträucher. Aber im Wasser liegt wieder ein toter Türke; die Wellen spielen mit den losen Knochen, deren viele schon fortgeschwemmt sind.

Ein montenegrinischer Wachposten zeigt mir ein Massengrab seiner Waffenbrüder: mit einer Steinplatte gedeckt, ein niedriger Grabstein mit Namen in kyrillischen Lettern. Der Pestgeruch, der empordringt, ist stärker als der um die freien Leichen.

„Und warum begrabt ihr nicht auch die Türken?“

„Was kümmern uns die. Haben sie *unsere* Toten begraben?“

Da oben bei dem Haus füllen Tschernogorzen aus dem Zeltlager ihre Feldflaschen an einer Quelle. Hier ist der Ursprung des Bächleins, das unten an der Türkenleiche zerrt.

OBERST REDL IN ZAHNBEHANDLUNG

Es ist eine stille Gasse, die Alešgasse in Dejwitz. An beiden Seiten sind Bäumchen gepflanzt, und von der unmittelbar angrenzenden Prager Gasse von Bubentsch winkt dichtes Laubwerk der Kastanienallee herüber wie ein Wald. Hieher kommt selten ein Wagen, geschweige denn ein Automobil. Und wenn gar in dem Automobil ein Generalstäbler sitzt, auf dessen gesticktem Goldkragen drei Oberstensterne funkeln, dann wissen sich die biederen Bewohner der Alešgasse vor Staunen über die Ehre, die ihrer Gegend widerfährt, gar nicht zu fassen. Vielleicht ist unter ihnen ein Infanterist, und der erzählt dann der aufhorchenden Nachbarschaft, daß es kein anderer ist als der Generalstabschef selbst, der da in die Gasse kommt, der Mann, der die Kriegspläne ausarbeitet und bewahrt.

Der Generalstabschef und sein Automobil waren beileibe nicht bloß zufällige Passanten dieser Gasse, sondern sie kamen fast allabendlich, und immer entstieg der Oberst vor dem Hause Nr. 241 seinem aufsehenerregenden roten Galaauto, um erst nach einer Stunde, manchmal auch noch später, zurückzukehren. Wohin er ging, hatten die Neugierigen bald heraus. Er verschwand immer in der Türe, die nur die Aufschrift „Zahnambulatorium" schmückte. Was er aber dort tat, das wußte niemand.

Und nun kam die Nachricht: Oberst Redl war ein Spion. Ganz Österreich, die ganze Welt war von der aufregenden Entdeckung voll, aber gewiß war nirgends die Aufregung größer als in der Alešgasse zu Dejwitz. Und stärker als je drängte sich dort die Frage auf die Lippen aller: Was hatte Oberst Redl in dem Zahnambulatorium gemacht? Aha: Deshalb war er also häufig in Zivil hichergekommen und oft mit dem geheimnisvollen Doktor, der gar nicht in dem Hause wohnte und von dem man nichts wußte, davongefahren!

Die Gerüchte drangen auch zu uns, und einer unserer Berichterstatter machte noch abends dem Zahnambulatorium einen Besuch. In dem fast unbeleuchteten Hause war es schwer, sich zurechtzufinden. Aber schließlich wies eine Frau, die mit Bierkrug und Kind von der Stiege kam, den Weg.

„Dort drüben ist das Ambulatorium, aber es ist jetzt niemand dort. Hier rechts wohnt, glaube ich, der Assistent."

Also zum Assistenten! Auf das Läuten hin stecken zwei Frauen in Küchenjacken den Kopf aus der Türe auf den stockdunklen Korridor.

„Was wünschen Sie?"

„Ich möchte mit dem Herrn Doktor sprechen."

„Mit welchem, bitte: Molek oder Waltera?"

„Mit Herrn Doktor Molek", antwortete der Journalist, der beide Namen zum ersten Male hörte.

„Der ist nicht da."

„Also mit Herrn Doktor Waltera."

„Einen Augenblick."

Ein Augenblick dauert fünf Minuten; auf den Korridor dringt durch die wieder geschlossene Türe der Lärm, den ein Stuhl beim Umstoßen verursacht, ein Kind weint, ein Streichholz wird angezündet, die Türe öffnet sich wieder, und ein junger Mann kommt auf den Gang und stellt sich vor: „Waltera."

„Ich bitte, ich bin von der Zeitung. Ich möchte gerne wissen, ob es wahr ist, daß Oberst Redl hier verkehrt hat."

Der junge Mann zögert einen Augenblick und sagt dann: „Jawohl, der hat sehr oft hier verkehrt. Seit langer Zeit mehrere Male in der Woche. Er hat sich hier die Zähne behandeln lassen ... Von welcher Zeitung sind Sie, bitte?"

„Von der ‚Bohemia'."

„Wer hat Ihnen das gesagt, daß der Herr Oberst hier verkehrt hat?"

„Es spricht sich doch alles herum. Der Fall hat soviel Aufsehen hervorgerufen, und der Oberst soll hier im Automobil vorgefahren sein, manchmal in Zivil."

„Ja, manchmal auch in Zivil, aber viele Offiziere kommen zu uns in Zivil."

„Es kommen also viele Offiziere her?"

„Ja, der Herr Doktor Molek ist Regimentsarzt, und da kennt er die Herren alle. Der Herr Doktor selbst hätte Ihnen am besten Auskunft geben können, er ist aber nicht hier."

„Nun, mich hat nur interessiert, was dem Obersten Redl eigentlich fehlte, ob seine Zahnbehandlung viel kostete ...?"

„Gezahlt hat er gar nichts. Ich führe die Bücher und weiß es also. Natürlich, jetzt nach dem Tode werden wir gar nichts kriegen. Dabei war die Behandlung schon fast fertig, ich habe nur mehr sein Zahnfleisch behandelt."

„Was hat ihm eigentlich gefehlt?“

„Ich möchte Ihnen nichts sagen. Das ist so ein heikler Fall ... Sie können sich vorstellen, wie uns das berührt hat. Ich sehe ihn noch immer vor mir, wie er im Ordinationszimmer sitzt. Und der Herr Doktor war doch gar gut mit ihm – das heißt ‚gut‘ kann man nicht sagen, der Herr Doktor steht mit allen Patienten auf bestem Fuße. Na und jetzt: So ein Ende! Wer hätte das geglaubt, wer hätte das geglaubt.“

Wer hätte das geglaubt, in der Alešgasse, daß Oberst Redl im Zahnlaboratorium war, um sich – die Zähne behandeln zu lassen.

HERR KARL KRAUS

Herrn Karl Kraus ist einmal eine Auszeichnung widerfahren, die noch immer seine angenehmste Erinnerung darstellt, trotzdem ihm bei dieser Gelegenheit von Paul Wiegler und mir derart auf die Finger geklopft wurde, daß er nur ein ohnmächtiges „Ei-Wei“-Geschrei auszustoßen wußte. Herr Karl Kraus hat einmal die Ehre gehabt, in der Lese- und Redehalle der deutschen Studenten in Prag vortragen zu dürfen.

Herr Karl Kraus hat aber auch noch eine schöne Hoffnung besessen: Er hat gehofft, noch ein zweites Mal in der Lesehalle vortragen zu dürfen. Daraus ist nichts geworden, und Herr Kraus kann es nicht verwinden. Hugo Salus sei schuld, schluchzt er noch heute, nach fast zwei Jahren, in seinem Blättchen. Nun, vor Salus haben sich die Prager Studenten gewiß nicht gefürchtet, vielleicht vor Karl Kraus!

Es ist auch zum Weinen. So schön war es bei den Prager Studenten! Um hundert Autogramme sei er gebeten worden – so brüstet er sich mit altjungferlichen Erinnerungen. Niemand hat nachgerechnet, niemand darf den Zweifel wagen: Sollten es vielleicht nicht hundert, sondern nur sechs und von diesen drei bestellte gewesen sein? Glauben wir ihm die hundert Autogramme! In Österreich gibt es kaum einen achtzehnjährigen Selbstverleger lyrischer Gedichte, keinen Choristen und Statisten, der nicht hundertmal von kleinen Mädchen um Autogramme angegangen worden wäre, aber Herrn Kraus scheint es erst in Prag passiert zu sein. Na ja, in Wien wird er von der Presse totgeschwiegen, und in seiner

Heimatstadt Jitschin war er wohl schon lange nicht mehr. Man begreift die Sehnsucht, daß er gerne wieder zu den Prager Studenten gekommen wäre: Vielleicht hätte er noch um zwei Autogramme mehr unterschrieben – das wären dann zweihundert gewesen. Aber es hat nicht sollen sein. „Hugo Salus!" grollt er.

Herr Kraus ist dann doch nach Prag gekommen. Aber über den Besuch dieser Vorlesung soll nicht gesprochen werden. Ich respektiere den Willen des Herrn Kraus, der damals beim Nachdruck meines Referates nur die Feststellung weggelassen hatte, wie gähnend leer der Saal des Hotels Zentral damals war.

Es blieb bloß die Erinnerung an jene schöne erste Vorlesung, es blieb nur die Rache. Um sie anzubringen, fand sich endlich ein entsetzlicher, weltbewegender Anlaß: Unter den Sympathiekundgebungen, die Gerhart Hauptmann anläßlich der Absetzung seines Festspieles erhalten hatte, befand sich auch eine Zuschrift der Lesehalle. Ja, wußte denn die Lesehalle nicht, daß Gerhart Hauptmann an einem Bankett der Wiener „Concordia" teilgenommen hatte? Herr Kraus regt sich auf. Er mauschelt, der zweite Vortrag sei nicht veranstaltet worden, „weil der zweitzurückgezogenste Dichterfürst, der Hugo Salus, etwas dagegen hat und weil deutsch gesinnte Jünglinge in einem Lande, wo Haß, Heuchlertum – bei den Tschechen – gar manche Erfolge zu zeitigen vermochten, auf die Gefahr aufmerksam gemacht wurden, daß es ihnen in der Karriere schaden könne".

Herr Karl Kraus überschätzt sich und den Einfluß des Dichters Dr. Hugo Salus, der naturgemäß überall in der Welt stärker verehrt wird als in Prag. Herr Kraus überschätzt beides, wenn er glaubt, daß eine Einladung an ihn oder der Haß des Dr. Salus den Studenten in ihrer Karriere schaden könne. Aber das sei ihm hier nicht auseinandergesetzt. Interessanter ist doch, daß sich – vorausgesetzt, daß ich die zitierte Stilblüte richtig verstanden habe – Herr Karl Kraus aus Jitschin hinsichtlich der Tschechen auf den Standpunkt der „Neuen Freien Presse" stellt. Das kommt etwas plötzlich! Vor einer seiner Prager Vorlesungen erschien in der tschechischen Tagespresse eine Reklame- und Bettelnotiz, die mit dem Hinweise zum Besuche lud, Herr Karl Kraus bekämpfe die Wiener Presse. Diese Notiz war gewiß nicht von Herrn Kraus, denn der kümmert sich doch nicht um Zeitungsnotizen, am allerwenigsten um solche, die seine Person betreffen. Aber man muß doch dankbar sein. Wenn zum Beispiel die „Akademia“, der katholische Studentenverband, davon erfährt, so unterläßt sie es vielleicht aus Furcht vor der gleichen Undankbarkeit, Herrn Karl Kraus, trotzdem er in Wien die Geschäfte der Christlichsozialen mit Eifer besorgt und dafür von der „Reichspost“ mit Wohlwollen behandelt wird, zu einer Vorlesung einzuladen. Und dann wäre Karl Kraus um die letzte Möglichkeit gebracht, doch noch einmal vor Prager deutschen Studenten vorzulesen.

Herr Kraus schilt selbst immer, daß seine ehemaligen Freunde gegen ihn undankbar seien. Er merkt nicht, daß er sich nur par distance Sympathien erwerben kann, wie man eben vielen Leuten nur durch gemeine Angriffe imponiert. Er wird mir selbst recht geben, wenn ich zum Beispiel sage: Ist es nicht ein beschämendes Faktum, daß den Dramatiker Oskar Friedmann in Deutschland und Österreich kein Mensch kennen würde, wenn man nicht wüßte, daß er Herrn Karl Kraus ein paar saftige Ohrfeigen gegeben hat? So ist es nun einmal. Aber die Sympathien mit dem Angreifer Karl Kraus können nicht innerlich und nicht dauernd sein. Wenn auch der ausgezeichnete Berliner Schriftsteller Franz Pfemfert nicht zufällig dabeigewesen wäre, als Herr Kraus im Café des Westens Ansichtskarten mit dem eigenen Porträt in den Postkartenautomaten stecken ließ und dann wartete, bis sich jemand diese Karte kaufen werde – wenn auch Herr Pfemfert das alles nicht mit angesehen hätte –, früher oder später hätte er sich doch mit Abscheu von Herrn Karl Kraus abgewendet. Vielleicht wäre der Anlaß hiezu die Photographie gewesen, die Herr Kraus in seinem Blättchen veröffentlichte, um zu zeigen, daß er schöner sei als eine (ihm in Wirklichkeit schmeichelnde) Karikatur.

Die Sympathie mit dem vermeintlichen Mute des Herrn Kraus und mit seinem vorgeschwindelten Märtyrertum hatten damals die jungen Studenten zu der ersten Einladung verführt; sie hatten aber bald Herrn Kraus durchschaut. Die Leute, die ihm als Anhängerschaft geblieben sind, rekrutieren sich größtenteils aus Männern weiblichen und Weibern männlichen Geschlechtes, aus Hysterischen und Unkritischen, aus Leuten, die ihr ganzes Wissen aus irgendeinem Wiener Blatte schöpfen und bei Angriffen auf die betreffende Zeitung das schadenfrohe Lachen von Schulkindern haben, die den Lehrer über das Podium stolpern sehen. Sie können nicht verstehen, daß der „Mut“, mit dem er einflußreiche Zeitungen und diesen nahestehende Persönlichkeiten angreift und selbst vor den stärksten Ausdrücken nicht zurückschreckt, kein Mut ist. Die Sache verhält sich so: Herr Kraus hatte schon bei Gründung der „Fackel" von dem Einflußreichtum der Wiener Presse nichts Günstiges zu erhoffen, da ja die Tagesblätter von den zahllosen Winkelblättchen, Skandalzeitschriften usw. naturgemäß nicht Notiz nehmen können und ja auch Herr Kraus seine Zeitschrift als scharf polemische gedacht hatte. Er versuchte also durch Angriffe auf die Tagespresse und sogar durch Mystifikationen wenigstens in Form einer Abwehr für sich eine Erwähnung, eine kleine Reklame durchzusetzen. Man lachte in den Wiener Redaktionen nur darüber und bildete sich ein, der Mond zu sein, der da ohnmächtig angebellt werde. Darüber wurde Herr Kraus immer wütender – immer mutiger; denn zu verlieren hatte er nichts, und auch durch einen Prozeß hätte er nur an Reklame gewinnen können; aber selbst diese war vollkommen ausgeschlossen. Daß er nun in seiner ohnmächtigen Wut unflätige Ausdrücke gebrauchte, ist das Mut zu nennen?

Keine Zeitung hat durch die schriftstellerische und vorleserische Tätigkeit des Herrn Kraus auch nur einen Deut von ihrem wirklichen oder scheinbaren Einfluß eingebüßt, und auch die Persönlichkeiten, deren Rockschößen er sich mit der Fackel genähert hat, sind nicht verbrannt. Und doch gibt es für jeden Eingeweihten gegen jene Zeitungen Angriffsgründe und Angriffspunkte genug, und doch sind die angegriffenen Persönlichkeiten bloß arme Tinterln aus der Preßhefe des Volkes von Wien. Wieso dies kommt? Alle Angriffe des Herrn Kraus entspringen nur gekränkter Eitelkeit, oder – wie Herr Kraus es selbst ungefähr nennt – er „wehrt sich bloß seiner Haut". Die Publizistik ist aber nicht dazu da, ihr Urteil zu persönlichen Zwecken zu mißbrauchen. Auch dieser kleine Beitrag zu einer Monographie des Herrn Karl Kraus kann sich nicht selbst dagegen schützen, als Reklame seiner Eitelkeit ausgenützt zu werden. Sollte er ihn aber abzudrucken wagen und wieder einige ihm nicht genehme Stellen weglassen, ohne die Weglassung durch Punktierung anzuzeigen, dann müßte ihm so energisch auf die Finger geklopft werden, daß ihm die Fackel aus der Hand fällt.

1914–1919

WIE MAN EIN REDNER WIRD

Hochschule für Redekunst

Man soll seine Pläne, seine Absichten nicht verraten. Sonst wird man verhöhnt, wenn man das gesteckte Ziel nicht erreicht. Das weiß ich wohl. Aber diesmal darf ich meinen Zukunftsplan enthüllen, denn der Erfolg ist gewährleistet. Also: Ich will Abgeordneter werden. Es war schon immer mein Traum gewesen, im Reichstag zu sprechen, die Reaktionären für Kulturfreiheit zu begeistern oder durch die Macht meiner Rede ein Mißbilligungsvotum für den Reichskanzler durchzusetzen, das dann natürlich seine Demission zur Folge hätte. (So ist es doch?) Aber ich verzweifelte an der Verwirklichung dieses Traumes. Wo sollte ich denn meine rednerische Ausbildung vornehmen? Ich ließ mir die Hälfte meines Kopfhaares rasieren, um mich am Ausgehen zu verhindern, und brüllte mit Stentorstimme zu Hause ciceronische Reden. Aber Berlin ist nicht Athen; die Hausleute stürmten gleich bei Beginn meiner Redeübungen mit Wasserkannen und Stöcken entsetzt, hilfsbereit, fluchend, kreischend in mein Zimmer, das mir doch ausdrücklich mit dem Bedeuten vermietet worden war, daß es sturmfrei sei. Auch der zweite Versuch, nach System Demosthenes, scheiterte an der Unzulänglichkeit der Landschaft. Ich suchte mir schöne Kieselsteine aus, die ich in den Mund stecken wollte, um dennoch die Brandung des Meeres zu übertönen. Nur die Brandung fehlte. Vergeblich fuhr ich an den Wannsee – er brandete nicht. Ich gab es auf. Mit begrabener Lebenshoffnung irrte ich durch die Straßen Berlins. Aber jetzt bin ich wieder glücklich und hoffnungsfroh.

Wie es kam? In einer Straße des Zentrums drückte mir jemand einen roten Zettel in die Hand. Ich nahm ihn gleichmütig. Was konnte darauf stehen? „Billiger Mittagstisch", „Wahrsagerin", „Die Sehnsucht der Nonne – das spannendste Kinodrama des Altertums, des Mittelalters und der Neuzeit" oder bestenfalls „Alte Kleider zu verkaufen". Aber wie erstaunte ich, als ich las: „*Jedermann ein Redner! Hochschule für Rhetorik*. Tausende von Anerkennungsschreiben von Abgeordneten, Predigern, Stadtverordneten, Rechtsanwälten usw.! Billiger Unterrichtspreis! *Erfolg garantiert*!" Ich drückte den roten Zettel an mein Herz und eilte zu der Schule, deren Adresse auf meinem roten Zettel angegeben war. Das Haus war nicht weit vom Neuen Palais. Nur eine kleine Blechtafel verkündete, daß ich hier mein Wahnfried gefunden habe: „Hochschule für Rhetorik. Drei Treppen."

Ein junger Mann, Mitte der Zwanzig, empfing mich in einem kleinen Zimmer, das nicht ohne eine gewisse Geschmacklosigkeit ausgestattet war. Besonders die Nippesfiguren am Sofa und die Reproduktionen der Astischen Frauenbildnisse erregten mein künstlerisches Entzücken. „Ich möchte Redner werden", erklärte ich freimütig auf die Frage des jungen Mannes. „Bitte sehr." Er wies auf einen Fauteuil, in den ich mich begrub. Was ich sei. „Jurist", hochstapelte ich und fragte nach den Bedingungen. „Der Kurs zu *fünf Stunden kostet fünfzehn Mark*, der Kurs zu *acht* Stunden nur *zwanzig* Mark." Er empfehle mir – ganz offen – den längeren. Er sei gründlicher. Ich beteuerte, daß ich schon nach drei Wochen verreisen müßte und deshalb vorerst nur das kürzere Kolleg belegen wolle. Dann holte der Herr ein Notizbuch hervor und fragte mich nach meinem Namen. Dann bezahlte ich die Inskriptionstaxe.

„Ich habe diese Woche einen Kurrs begonnen, aber errst eine Stunde abgehalten. Ich werde diese Stunde allein mit Ihnen nachholen, und Sie können dann eintrreten."

Also dieser junge Mann war selbst der Lehrmeister. Ich blickte ihn mit unverhohlener Bewunderung an. Dieser junge Mann mit dem Doppel-R ist es, der die Tausende von Aposteln in die Welt gesendet hat, Abgeordnete und Rechtsanwälte, Stadtverordnete und einfache Vereinsordner. Menschen, die wieder Hunderttausende in den Bann ihrer Rede zwangen, mit der Macht ihres Wortes besiegten und ihrem Meister in glühendem Dank die Anerkennungsschreiben geschickt hatten. Aber der Meister ist nicht stolz geworden und lebt und lehrt hier in der schlichten Stube. Ich begann ihn scheu zu verehren.

Wann ich den Unterricht beginnen wolle?

Ich bebte vor Wissensdurst: Am liebsten gleich. Er war bereit. Er lehnte sich stehend an den Schreibtisch und begann einen langen Vortrag. Ich kann seine Aufklärungen hier nicht im Wortlaut wiedergeben, da ich den Schutz des geistigen Eigentums respektieren muß. Nur die Grundidee, soweit sie mir im Gedächtnis geblieben ist: Was hier gelehrt werde, sei nicht etwa Deklamation oder Vortragskunst, sondern die *vollständig freie Rede.* Es gebe keine geborenen Redner – oder besser: jeder Mensch sei ein geborener Redner, denn er habe eine Zunge. Zum Reden gehöre eigentlich *nur eins: Selbstvertrauen.* Dieses Selbstvertrauen zu wecken, zu vertiefen und zu lehren sei die Hauptaufgabe der Hochschule für Rhetorik. Es kommt nicht darauf an, was man sagt und was man zu sagen hat, sondern darauf, *wie* man es sagt. Nicht die Wahrheit des Gedankens, sondern die Wahrheit des Ausdruckes entscheide über den Erfolg, die Lebendigkeit und Wuchtigkeit des Redners lasse den *Mangel* an Inhalt oder die *Unrichtigkeit* des Argumentes immer *vergessen.* Dies sei aber nur durch Ruhe und Festigkeit zu erreichen. Auch in Momenten scheinbarer Erregung müsse der Redner innerlich vollkommen ohne Aufregung sein. *Rednerpult, Notizen oder gar ein Manuskript* oder eine *Flasche Selterwasser,* aus der man sich ein Glas einschenke, um dabei über die Fortsetzung des Sermons nachzudenken, seien zu *verwerfen. Ohne Vorbereitung* müsse sich der Redner auf das Podium stellen und, seine Hörerschaft nicht einen Augenblick aus dem Banne seiner Augen lassend, seine Rede beginnen. Und nun müsse er die Sache darlegen, so wie er sie in seinem Interesse, im Interesse seiner Partei *oder aber* nach seiner *Überzeugung* darstellen will. Nach der in seinem Sinne gefärbten Darlegung des Sachverhaltes schilderte er die *segensreichen Folgen* einer Erledigung in seinem Sinne und hierauf die unheilvollen Folgen einer Erledigung der Angelegenheit im gegenteiligen Sinne. Dann komme er zum Antrag, zur Zusammenfassung oder zum Appell. Das sei das ganze Grundsystem der freien Rede.

Freilich seien noch einige Details zu beachten: So zum Beispiel müsse man auf die Zusammensetzung und Stimmung des Auditoriums achten. So dürfe man ein Gelehrtenpublikum nicht etwa in der gleichen Weise ansprechen wie eine Versammlung von Landarbeitern, und es sei ebenso falsch, wenn man bei einer Hochzeit oder einer Silvesterfeier in dem gleichen trübseligen Tone sprechen wollte wie bei einer Grabrede. „... was ja übrigens selbstverständlich ist", fügte der Lehrer bescheiden dieser Beobachtung hinzu.

Während ich das alles noch überdachte, war der Hochschullehrer der Beredsamkeit bereits auf ein anderes Gebiet übergegangen: auf die *Wichtigkeit der Zitate, „der Blüten auf dem Baume der freien Rede“*. Er *lehre* während des Kurses *eine Reihe von Zitaten*, die sich bei fröhlichen oder bei traurigen Anlässen wirkungsvoll anwenden lassen. So zum Beispiel könnten Reden bei Gedenktagen, Stiftungsfesten und Silberhochzeiten immer mit dem Goetheschen Zitate geschmückt werden:

„Liegt dir Gestern klar und offen,
Wirkst du heute kräftig frei;
Kannst auch auf ein Morgen hoffen,
Das nicht minder glücklich sei.“

Dieses Zitat verfehle nie seine Wirkung, und solcher Zitate gebe es eine ganze Menge. Auch *poetische Phrasen, seltene Ausdrücke und Fremdworte, Vergleiche aus dem Mythos oder aus der Geschichte* (der Professor bezeichnete das bekannte „Bei Philippi sehen wir uns wieder“ als besonders empfehlenswert für Oppositionsreden) werden im Verlaufe des Kurses gelehrt beziehungsweise wiederholt.

Als *wichtigstes* Moment aber komme für den Redner – der Lehrer sagte das mit erhobener Stimme, und ich glaubte schon, er werde auf das Gedankliche zu sprechen kommen – die volltönende, deutliche *Sprechweise*, die Modulation der Stimme und die richtige Aussprache der Vokale und Konsonanten. Beim Unterricht dieser Grundlage halte eben der Kurs, zu dem ich mich Montag um halb neun Uhr abends einfinden möge.

Ich fand mich ein. Noch vier andere Jünglinge, vom gleichen Ehrgeiz beseelt wie ich, saßen in dem Zimmer des Lehrers, dem Hörsaal. Ich sah mir meine künftigen Reichstagskollegen gut an, aber ich kann nicht vorhersagen, welcher Partei sich der Herr mit der Glatze und die drei kaum zwanzigjährigen Jünglinge anschließen werden. Werden wir einander einst als Fraktionskollegen begrüßen, oder werden wir uns als Gegner bekämpfen – mit den gleichen Zitaten, Fremdworten und Vergleichen?

Unser Lehrer sprach über Phonetik. Wir mußten beim „A“ den Mund sehr weit öffnen, beim „O“ den Mund schön rund machen und dergleichen. Auch zu Hause müssen wir noch wacker üben. Hernach erst werden wir zu Übungen in freier Rede, in der Diskussion, in der Leitung von Versammlungen, im Protokollführen und dergleichen zugelassen werden.

Einstweilen halte ich mich den P. T. Wahlvereinen wärmstens empfohlen. „Bei Philippi sehen wir uns wieder!“

PRAG VOM KUTSCHBOCK

Die Memoiren eines Kleinseitner Fiakers

Im Jahre 1879 kaufte Herr Franz Kleček der Frau Katharina Kofron, deren Mann kurz vorher vom Kutschbock geschleudert worden war und durch diesen Sturz den Tod erlitten hatte, ihr Gespann ab, bestehend aus einem Paar prächtiger russischer Schimmel, einem Sommer- und einem Winterwagen mit der Nummer 52. Franz Kleček war nun Prager Fiaker und kutschierte sein Zeugerl dreißig Jahre über das Prager Straßenpflaster, von den Adelspalästen ins Theater, vom „Staffel" in Nachtcafés, von der Hochzeit auf den Bahnhof, von den Ballokalen in die Privathäuser und aus der Kirche auf den Friedhof. Und als Herr Kleček in den Ruhestand trat, da langweilte er sich, und es schmerzte ihn, daß die Spur von seinen Erdentagen in Äonen untergehen solle. So beschloß er denn, sich Langeweile und Schmerz zu verscheuchen, indem er seine Memoiren aufsetzte und – sich zum Zeitvertreib und der Nachwelt zur Kenntnis – niederschrieb, was er Großes auf dieser Welt erlebte. Und als er es niedergeschrieben hatte, ließ er seine Denkwürdigkeiten drucken und im Kommissionsverlag J. Šváb unter dem Titel „Aus den dreißigjährigen Erinnerungen eines Kleinseitner Fiakers" tschechisch erscheinen.

Und wirklich, er hat Großes erlebt. Schon am Anfange seiner Tätigkeit bewegte ihn eine schwere Sorge: Sein Vorgänger hatte den Stall im Hause des damaligen Oberstlandmarschall-Stellvertreters Baron Peche auf dem Maltheserplatz Nr. 177 inne. Der neugebackene Fiaker fürchtete die Kündigung, denn von Baron Peche kursierte in Prag das Gerücht, daß er – man bedenke! – ein Deutscher sei, ein böser und harter Deutscher. Franz Kleček kaufte sich also einen neuen Zylinder, zog sich schwarze Kleider an, rasierte sich die Wangen glatt und ging in die Höhle des Löwen. Aber er erkannte sofort, daß seine Befürchtungen überflüssig gewesen waren, Baron Peche war gar kein solcher Deutscher, wie man sich erzählte, sondern im Gegenteil ein sehr freundlicher Herr. Der Baron vermietete ihm den Stall weiter und ernannte den vor Freude zitternden Kleček sogar zu seinem Hausfiaker. Damit begann die Ruhmeslaufbahn des Kleinseitner Fiakers Franz Kleček. Kronprinz Rudolf residierte damals im Prager Schlosse, die gesellschaftlichen Ereignisse jagten einander, und die Fiaker rasten allabendlich von einem Adelspalast, von einem Hotel zum anderen. Und am meisten hatte „Nummer 52“ zu tun. „Fürst Carlos Auersperg“, bemerkt der Verfasser der Memoiren von seinem Standpunkte über den damaligen Oberstlandmarschall, „Fürst Carlos Auersperg war nämlich ein bequemer Mann, der selten irgendwohin fuhr und mit allem seinen Stellvertreter betraute.“ So hatte Herr Klеček mit der Vertretung des Oberstlandmarschalls keine kleine Arbeit.

Dem Herrn Kofron, dem „Vorfahren“ Klečeks in der Inhaberschaft von Nummer 52, war das größte Glück widerfahren, das wohl damals einem Fiaker zuteil werden konnte. Er hatte wiederholt den Kronprinzen seinen Fahrgast nennen dürfen. Dies war Herrn Kleček nicht mehr beschieden, aber dafür war er in einem historischen Moment mit einer großen Rolle betraut. Er war bei der feierlichen Einholung des Kronprinzenpaares in Prag. Die Stadt war beflaggt, illuminiert, geschmückt, und Triumphbogen standen bereit, und auf dem Wenzelsplatz, an der Stelle, an der heute das Museum steht, war eine Nachbildung des belgischen Lustschlößchens errichtet, in dem der Kronprinz seine Braut kennengelernt hatte. Der Memoirenschreiber malt das alles in leuchtenden Farben, als ob diese Festlichkeiten ihm gegolten hätten, und schließt seine Schilderung mit den Sätzen: „Der damalige Einzug des Kronprinzen nach Prag war wahrhaftig ein triumphaler. Ich fuhr damals als erster hinter den Hofwagen, denn ich fuhr den Stellvertreter des Oberstlandmarschalls, der die königlichen Neuvermählten auf dem Franz-Josefs-Bahnhofe begrüßt hatte und in das Schloß begleitete.“

Nun vergrößerte sich die Zahl der Festlichkeiten in Prag noch mehr, die goldene Ära der Mietfahrzeuge war angebrochen, und Franz Kleček konnte zum „Zweiundfünfziger“ noch drei andere Fiaker zukaufen. Sein Stall genügte nicht mehr, und er mußte dem Baron Peche, dessen Kündigung er wenige Jahre vorher so zitternd erwartet hatte, nun selbst kündigen. Es ist wirklich rührend zu lesen, wie schwer ihm dieser Schritt wurde, wie er, vor seinem ersten Wohltäter stehend, die Worte hervorwürgen mußte. Aber Baron Peche wünscht seinem Kutscher viel Glück und verspricht ihm weiteres Wohlwollen. „Und damit ich mir auch zu Hause die Erinnerung an Sie bewahre, werde ich den Stall niemandem vermieten.“ Es ist begreiflich, daß den alten Fiakristen bei der Erinnerung an diese Güte die Rührung übermannt. In ihrer schlichten Einfachheit wirken die anschließenden Sätze ergreifend: „Leider sollte ich nicht mehr lange fahren. Kurz darauf wurde an Stelle des Fürsten Auersperg Fürst Georg Lobkowicz zum Oberstlandmarschall ernannt, und zu seinem Stellvertreter wählte man nicht mehr Herrn Baron Peche. Und über Baron Peche brachen schwere und grausame Familienverhältnisse herein, seine Frau starb, und bald darauf starb auch er. So stand ich denn an seiner offenen Gruft auf dem Wolschauer Friedhof mit bitteren und großen Tränen im Auge. Am Grabe meines ersten Wohltäters."

In seiner Selbstbiographie fortfahrend, erzählt der Schriftsteller vom Kutschbock, daß er Don Carlos, Infanten von Spanien, in Prag gefahren hatte, als dieser zu seiner Hochzeit mit Prinzessin Rohan, der Schwester des Fürsten Alain Rohan, nach Prag gekommen war; er fuhr den Bräutigam zur Trauung in die erzbischöfliche Kapelle und dann das junge Paar auf dessen erste gemeinsame Fahrt zum Bahnhof. Auch war er einmal beordert, den König und die Königin von Portugal, die inkognito im Hotel Englischer Hof weilten, in Prag spazierenzufahren. Dann zählt er seine ständigen Kundschaften aus aristokratischen und kirchlichen Kreisen auf, bemerkt, wen er zwanzig, wen er fünfundzwanzig Jahre fahren durfte, und bei Aufzählung seiner militärischen Passagiere ist die Liste von Baron Philippovich über den jetzigen Minister Georgi bis zu der Schar übermütiger Einjährig-Freiwilliger sehr groß.

An diese sachlichen Details knüpft der pensionierte Kutscher in seinem Buche eine Reihe von erlebten Geschichten, die einen gewissen literarischen Ehrgeiz und gekünstelte Pointierung zeigen und lange nicht mehr so interessant sind wie die einleitende Selbstbiographie. Eine dieser Geschichten berichtet von einem jungen Burschen, der den Zug versäumte und seine kranke Mutter nicht mehr lebend gefunden hätte, wenn ihn nicht Klečeck aus Barmherzigkeit nach Beraun gefahren hätte. Eine andere erzählt von einem Soldaten, der über die Zeit geblieben war und von Klečeck zum Scherz als Schwerkranker in der Bruskaserne abgeliefert wurde. Von einer Verfolgungsfahrt eines flüchtigen Liebespaares nach Schlan, von einem Schmuggelscherz an der Prager Verzehrungssteuer und davon, daß er aus moralischer Anwandlung einen Fremden auf unendlichen Umwegen aus der Eisengasse in das Nachtcafé Goldschmied in der Gemsengasse fuhr, handeln die anderen dieser Fiaker-Novellen. Sympathischer wirkt das Nachwort, in dem er ungekünstelt von den Verhältnissen im Fiakergewerbe erzählt. Sehr ergreifend ist darin die Episode von Professor Haas, dem Primarius des Barmherzigen Brüderspitals. Dieser hatte während der Flecktyphusepidemie bei Tag und Nacht Hunderte von unentgeltlichen Krankenvisiten in allen Teilen Prags gemacht, alle im Klečekschen Fiaker. Professor Haas infizierte sich aber selbst, starb an der Ansteckung, und nun sprengten wohlmeinende Kollegen Klečeks aus, es sei gefährlich, in dessen Wagen zu fahren. Tatsächlich verlor Kleček, der gewiß in dieser Weise an dem menschenfreundlichen Werk Professor Haas' mitgewirkt hatte, damals alle seine Kundschaften und sah sich vis-à-vis de rien. Erst lange Zeit später kam sein Geschäft wieder in Blüte. Auch in der Fiakergenossenschaft hatte er Konflikte, weil er Anträge zur Reform des Wagentarifs stellte und dergleichen. Er wurde müde. Schließlich hatte er dreißig Jahre lang kutschiert. „Ich verabschiedete mich von meinem geliebten Zweiundfünfziger bei meiner letzten Fahrt, die ich mit zwei Generälen als Fahrgästen zum Begräbnis des Barons Ringhoffer in Smichow unternahm. Dann verkaufte ich Wagen und Gespann." So schließt das Buch.

WIE ICH EINE FRAU SUCHTE

Verhöhnet mich nicht, wenn ich euch sage, daß ich vom ersten Tage meines Berliner Aufenthaltes eine Frau suchte. Solange ich möbliert wohnte, kränkte es mich, wenn ich jeden geheizten Ofen, der mich während des Monats kalt gelassen hatte, am Ersten auf der Rechnung fand, wenn mir jede Streichhölzchenschachtel, jedes Bad und jede Büchse mit Schuhcreme böse angerechnet wurde. Als ich in die Pension zog, ärgerte es mich, daß immer die einzigen Speisen aufgetischt wurden, die ich nicht esse, daß das Beste schon von anderen verspeist war, wenn ich einmal zu spät zu Tische kam, und daß Gespräche geführt wurden, denen meine bescheidene Bildung keineswegs gewachsen war. Zu diesen Miseren rein wirtschaftlicher Natur kam noch, daß ich's nur gestehe, die Sehnsucht nach der Liebe, von der ich schon allerhand Lobendes in Romanen und Zeitungsnachrichten gelesen hatte. So reifte in mir der Entschluß, mir mein eigenes Heim zu gründen, mich – oh, verhöhnet mich nicht! – zu verehelichen.

Der Entschluß, mir eine Frau zu suchen, war mir wahrlich nicht leichtgefallen. Unvergleichlich schwerer wurde mir aber die Ausführung.

Nach manchen üblen Erfahrungen mußte ich wie Kolumbus beim Anblick des Landes empfinden, als ich in der Zeitung von der Errichtung des Heiratsautomaten las. Schöne Damen, von der gleichen Sehnsucht bewegt wie ich, blickten aus dem Schaufenster, Liebe heischend und Liebe verheißend, auf den Bewerber. Natürlich nicht in natura, aber in getreuen Photographien. Und jedes Konterfei wurde dadurch zum portrait parlé, daß darunter die Höhe der Mitgift und die übrigen Gemütseigenschaften der feilgebotenen Schaufensterdame verkündet wurden. So stand es schwarz auf weiß in der Zeitung. Man brauche nur zu wählen und dem Automatenbesitzer die Nummer der Dame zu nennen, und er führe sie dann bis hart an den Traualtar. Ich zog meinen allerelegantesten Anzug an, suchte von meinen Krawatten die schönste aus, ich träumte von einer Liebe auf den ersten Blick ins Schaufenster, und mein Herz klopfte eine Furlana, als ich aus der Leipziger Straße in die Gefilde der Seligen einzog. Aber wehe, wehe! Der Laden stand leer, und aus dem Schaufenster, aus dem noch vor kurzem manch ermunternd photographierter Frauenmund dem Beschauer ein „Bediene dich selbst" zuzurufen schien, gähnte der Rachen einer öden Leere. Ich hoffte zwar noch, daß Frau Hymen mit ihrer Verkaufsstelle bloß übersiedelt sei, aber ich mußte erfahren, daß die Polizei den Heiratsladen geschlossen habe. Ob sie die Vermittlung von Ehefrauen als unsittlich empfunden oder ob vielleicht eine der heiratslustigen Damen gegen die Schaustellung ihres Konterfeis Verwahrung eingelegt hat – ich vermochte es nicht zu erfahren. Gebrochen eilte ich von dannen ...

Als ich aber in die Friedrichstraße kam, erwachte ich zu neuem Leben. Einer von jenen Berliner Camelots, die auf der Antarktis des Rückens eine Tafel mit der Aufschrift „Hier ist die ... Zeitung erhältlich" tragen, schrie mir eine andere Anpreisung ins Ohr: „Das Blatt der Heiratslustigen". Wie Harfentöne der Erfüllung erklangen mir diese Worte. Zitternd opferte ich zwanzig Pfennig für „das Blatt der Heiratslustigen", zitternd eilte ich mit der Zeitung nach Hause, die ja ein Inserat meiner Zukünftigen barg, und zitternd entfaltete ich sie (natürlich die Zeitung).

An der Spitze des Blattes fand ich eine fettgedruckte Bemerkung: „Da durch die Auswechslung der Chiffrebriefe in den Großstädten viel Ulk und Schwindel getrieben wird, öffne ich sämtliche Chiffrebriefe.“ Nachdem ich mich gleichermaßen über die Roheit der Großstädte und die Vorsicht des Herausgebers gefreut hatte, begann ich den Leitartikel zu lesen, der „Arturs Bekehrung“ hieß. Was mir besonders darin auffiel, war die stilistische Meisterschaft, mit der der Autor (ein Dr. H.) alles Schleppende vermieden hat. Er wendet immer die direkte Rede an, und die handelnden Personen sprechen die knappen Sätze des gewöhnlichen Lebens, so wie ihnen der Schnabel gewachsen ist. Zum Beispiel sagt Artur vor seiner Bekehrung unter anderem in einem reinen, einfachen Satz: „... weil ich von der Ehe eine so hohe, edle Vorstellung habe, daß ich sie kaum irgendwie mit einem Geschäft in Verbindung zu bringen vermag und wenn es das solideste ist, obwohl ich auf Grund meiner ärztlichen Tätigkeit, die mich mit so vielem Niedrigen, Schmutzigen in Berührung bringt, deinen Ausführungen sympathisch gegenüberstehen muß, die schließlich danach angetan sind, mir meine Ideale zu erhalten.“

Nach dem Leitartikel kamen gleich die Inserate der heiratslustigen Damen und hernach die mich nicht mehr interessierenden Annoncen der Herren, meiner Leidensgenossen. Das erste Dameninserat, das mir gefiel, trug die Nummer 15 704. Sehr gerne hätte ich mich um jenes „Fräulein: 23 J.; 1,60 m groß; Vater Beamter, eig. Verm., Eltern auch wohlh.“ beworben, wenn sich das Fräulein nicht seltsamerweise auf eine *passende Lebensgefährtin* kaprizieren würde. Vielleicht ist dies bloß ein Druckfehler – aber die Auswahl anderer Damen in meinem Blatte ist ja groß genug.

„Haushälterin, 1,75 Meter groß, 42 Jahre alt, 3 000 Mark bar und Aussteuer.“ Herrgott, das wäre etwas für mich! Wie trefflich würden wir uns ergänzen! Ich bin weder Haushälter, kaum 1,50 groß, noch lange nicht 42 Jahre, und weder von 3 000 Mark noch von Aussteuer ist bei mir etwas zu finden. Aber die große Haushälterin mag mich nicht. Sie versteift sich auf einen Unterbeamten von der Post oder von der Bahn.

Eine andere Inserentin, Hausdame bei einem Major, verschweigt ihr Alter und ihre Größe und betont dafür, daß sie aus guter Familie sei. Aber sie legt Wert darauf, daß ihr künftiger Ehegemahl ein gebildeter Mensch sei. Da bin ich noch eher ein Haushälter.

An dem dreißig Jahre alten Fräulein, 1,55 groß, 30 000 Mark bar und Ausstattung, später mehr, störte mich bloß die Angabe, daß sie eine ausgezeichnete Klavierspielerin sei.

Zu der „schuldlos geschiedenen Frau, 38 J. a.“, lockte mich besonders die Angabe hin, daß sie eine Wohnungseinrichtung mit Renaissancemöbeln besitze. Aber sie will mich gewiß nicht, denn sie reflektiert auf ein sympathisches Äußeres, und ich weiß weder, ob mein Äußeres sympathisch ist, noch ob es zu Renaissancemöbeln paßt.

Auch die „junge häusl. Dame, 22 Jahre alt“, würde ich auf der Stelle heiraten, wenn ich wüßte, wie ich die Abkürzung verstehen soll: „$^{1}/_{2}$ Mill. Mitgift; 1 Mll. später“. Ein halbes Mille wäre etwas zu wenig, eine halbe Million und noch eine Million etwas zuviel für mich bezahlt.

So sollte sich meiner Wahl immer ein Hindernis entgegensetzen. Die eine will partout einen Kellner, die jung geschiedene Frau in seltsamer Logik „einen älteren Herrn, der viel gelitten“, eine dritte gefällt mir nicht, weil sie sich als außerordentlich sportliebend preist, bei einer vierten deckt sich ihr Beruf – sie ist Fleischbeschauerin – nicht mit meiner idealen Veranlagung, und bei einer fünften scheint es mir auffallend, daß sie trotz Jugend, hübscher Erscheinung, großer Mitgift und schöner Aussteuer von ihrem Zukünftigen nichts weiter verlangt, als daß er *sehr* vorurteilsfrei sei. So fand ich unter den vielen Annoncen nicht eine einzige, die mir gepaßt hätte. Das Blatt entsank meiner Hand, Glaube, Liebe und Hoffnung meinem Herzen.

Die letzte Möglichkeit, die ich ergriff, war ein Besuch bei einer Heiratsvermittlerin in der Gipsstraße. Die alte Dame gefiel mir zwar anfangs gar nicht, aber später leistete ich ihr Abbitte: Trotzdem sie schon unzählige Partien in Millionärs- und Aristokratenkreisen zusammengebracht hat (was sie mir selbst anvertraut hat), ist sie doch nicht hochmütig geworden und hat weiter im dritten Stockwerk eines Hauses in der Gipsstraße eine einfache Wohnung inne, die bloß aus einer Küche und einem Zimmer besteht und in der weder auf Luxus noch auf Reinlichkeit übertriebener Wert gelegt wird. Die gütige Frau notierte meine Personalien auf und versprach felsenfest, mir eine junge, schöne, reiche und nette Gattin zu finden. Freudig und dankerfüllt gab ich ihr die zehn Mark, die sie für Überprüfung meiner Angaben und Vorspesen verlangte, aber mir nach Erhalt der Mitgiftprovision wieder zurückstellen wird. Die brave Frau gibt sich gewiß mit der Auswahl meiner Zukünftigen die denkbar größte Mühe, denn trotzdem seit jenem Besuche schon ein Monat verstrichen ist, habe ich noch nichts von ihr gehört. Gut Ding will Weile haben!

DIE MODE DER NICHTIGKEITEN

Roms galante Damen tranken Terpentin. Zu welchem Zwecke, kann man in Heines „Wintermärchen" nachlesen. Die Pariser galanten Damen von heute trinken Äther. Zu welchem Zwecke – das wissen sie meistenteils selbst nicht. Und doch ist dort wie hier der Grund der gleiche: Die Mode will es. Und das ist das wunderlichste an dieser wunderlichen Tyrannin: daß sie sich nicht damit begnügt, die Kleidung, den Kunstgeschmack, die Sitten und Lebensformen von oben bis unten umzukrempeln, sondern daß sie auch bei allen großzügigen Umwälzungen und Reformen den Kopf für die kleinsten Kleinigkeiten nicht verliert. Ja, gerade für die Bagatellen wird das unerhörteste Raffinement von Unlogik aufgewendet. Und nur das Unlogische kann Mode werden. Baudelaire (es kann auch Verlaine gewesen sein) führte auf den Boulevards eine Languste am Stricke spazieren. Nach der Erklärung dieser bizarren Idee befragt, erwiderte Verlaine (es kann auch Baudelaire gewesen sein): „Meine Languste frißt weniger als ein Hund und ist noch einmal so treu." Das war absurd. Es war aber logisch, da er (Baudelaire oder Verlaine) gleichfalls absurd war – wenigstens für die Philister. Und weil es logisch war, ist die arme Languste kein Modetier geworden.

Vorläufig wird jeder bessere junge Mann, der nur etwas auf sich hält, sein Haushündchen zwischen dem zweiten und dritten Westenknopf tragen, während es sich für Damen noch immer empfiehlt, den Muff als Hundehütte zu benützen. Unlängst sah ich sogar eine Dame im Café, die ein Zwergäffchen im Rockärmel trug. Ich muß sagen, daß ich das „todschick" fand und darin auch kolonialpolitisch große Perspektiven erkannte. Wie ertragreich könnten unsere Schutzgebiete werden, wenn sich die Mode ihrer bemächtigt und sich ein reger Handel von Affen zwischen Kamerun und unseren Berliner Cafés entfaltet! Leider versicherte mir mein Friseur, eine Autorität auf diesem Gebiet, daß diese liebenswürdigen

Tiere unser Klima verabscheuen und hier an Lungenspitzenkatarrh laborieren.

Während man Hunde und Affen nicht essen kann, kann man dies mit Pastillen, Cachous und dergleichen auch nicht tun. Aber man tut es. Kaugummi und Menthol-Zigaretten nehmen hinsichtlich ihrer Genießbarkeit eine Mittelstellung ein. Ich hoffe nicht zu langweilen, wenn ich die wissenschaftliche Bemerkung mache, daß Horaz (65 bis 8 v. Chr.) in seinen Satiren sich zu wiederholten Malen über die Leute lustig macht, die nach Pastillen rochen. Ich bin in dieser Beziehung ganz anders als Horaz, der mir überhaupt nicht sympathisch ist, am allerwenigsten in Modedingen. Es gibt Damen, die auf das graziöseste Kaugummi zu lutschen verstehen, während bei Männern das Gummikauen oft ein gleichwertiger Ersatz für Konversation ist.

Mit vielem Glück benützt unsere heutige Mode Einfälle, die sie fremden oder entfernten Kulturen entnimmt. Ich habe schon seit Jahren (auf Grund meiner Kenntnisse der altägyptischen Mode) prophezeit, daß man die Haare violett, grün und blau färben werde, und ich tippe jetzt auf changeant, schottisch und bronze. Man braucht auch keineswegs zu glauben, daß in mir übersinnliche Kräfte walten, wenn ich schon heute verraten kann, daß die Mode von morgen in blauen, roten und schwarzen Zähnen bestehen wird: weiß ich doch, daß die Hawara-Indianer sich seit urdenklichen Zeiten die Zähne färben und spitzig feilen. Hugh! Leute, die unserer Kultur voraus sind, wie die Moskauer Futuristen, färben sich heute schon das Gesicht gleich den Medizinmännern der Indianer. Noch nicht ganz soweit sind unsere Damen. Immerhin: wenn eine den Abendpuder mit dem Tagespuder verwechseln würde, so gäbe es das gleiche Aufsehen, als wenn ein Herr irrtümlich statt der Pumps zum Frack seine Wasserstiefel anziehen würde. Nicht minder wichtig, aber für mich uninteressant sind die Fingernägel, weil ich schon längst jede Hoffnung aufgeben mußte, daß sich in dieser Saison eine andere Farbe als Rot einbürgern werde.

Mit den Zylinderkrempen kennt sich kein Mensch mehr aus. Sie sind wie die Lawinen: Einmal gehen sie hinauf, einmal gehen sie herunter. Anfangs habe ich auf einer Fiebertabelle die einzelnen Schwankungen gewissenhaft notiert, weil ich glaubte, es würde eine Figur entstehen, ein Schwein, ein Stern oder etwas Ähnliches. Aber es kam nichts Vernünftiges heraus. Weil wir gerade von Zylinderkrempen sprechen, sei der Perlen nicht vergessen. Ich muß wahrheitsgemäß berichten, daß es jener Dame, mit der ich neulich im Bouillonkeller für Millionäre bekannt wurde, nicht gelungen ist, Kleopatra zu übertrumpfen. Sie versuchte vergeblich, ihre Perlen in einem Essigfläschchen aufzulösen. Wahrscheinlich war der Essig nicht echt. (Oder die Perle?) Brillanten trägt man jetzt nicht mehr an akzentuierten Stellen, wie an der Korsage, am Finger oder am Strumpfband, sondern unauffällig am Schuhabsatz, am Griff der Puderquaste oder am Hutnadelschützer.

Die Griffel, mit denen man noch im Altertum Briefe auf Wachstafeln schrieb oder in Ziegelsteine kratzte, sind, wie ich von verläßlicher Seite erfahre, in letzter Zeit ganz aus der Mode gekommen; an ihre Stelle sollen Füllfederhalter getreten sein, die in der Westentasche tadellos funktionieren. Das Siegellack, auch Spanisches Wachs genannt, hatte schon unseren Vorfahren dieselbe Freude gemacht wie uns. Ach, war es bunt! Rot, blau, schwarz – *ja sogar grün!* All das gibt es auch heute noch. Die weniger gebildeten Volksschichten benutzen goldenes Siegellack, während meine Kreise gesprenkeltes oder parfümiertes vorziehen. Schon gegen das Ende des Westfälischen Friedens hatte das Siegellack eine scharfe Konkurrenz gegen die Oblate zu bestehen – eines der aufregendsten Kapitel in der Geschichte der Kleinigkeiten. Heute ist dieses Ringen durch die Reklamemarke vorzeitig abgebrochen worden. (Postkarten werden mit Reklamemarken nicht versiegelt!) Früher trug man Petschafte als Berlocken. Diese Berlocken waren überhaupt eine feine Einrichtung. Man pflegte nicht nur die eigenen Milchzähne und die seiner Kinder anzuhängen, sondern die Berlockensammlung vertrat überhaupt die Stelle eines Familienmuseums. Sooft man angeschossen wurde, wurde die Kugel pietätvoll am Bauche deponiert. Die Haare der ersten Geliebten und vierblättriger Klee, ein Hufeisen, das besonderes Glück gebracht hatte: Alles wurde an die Kette gelegt! Wenn damals schon die Blinddarmentzündung erfunden gewesen wäre, so hätte man – dafür stehe ich ein – auch den operierten Blinddarm an der Uhrkette baumeln lassen. Mit dieser schönen Zeit ist es nun vorbei. Wir bewahren keine teuren Andenken mehr auf, nicht einmal die Rechnungen.

Selbst die Nichtigkeiten der Mode sind nichtig geworden. Aber nur die Nichtigkeiten der Mode von gestern.

BEI DEN HEIZERN

An Bord der „Vaterland“, am 2. Juni 1914

Der Lift fährt in die Unterwelt. Zehn Stationen gibt es auf dieser Strecke. Und da wir weit unten die Maschinensäle staunend durchwandert haben, geht es noch tiefer bergab. Es ist kein angenehmer Weg. Die Eisentreppe ist steil, man tut besser, rückwärts zu gehen, um nicht kopfüber in die Tiefe zu stürzen. Und die Geländerstange der Treppe können wir nicht mit bloßer Hand berühren, denn sie glüht. Je tiefer wir tappen, desto heißer schlägt es uns um Stirn, Wangen und Hals, desto schwerer ringt sich der Atem aus dem Munde los. Wir fühlen, daß die Augen rot aus den Höhlen treten. Wahrhaftig, es ist kein angenehmer Weg.

Aber da die Leiter ihr Ende hat und wir Boden betreten, da uns die beiden Farben der Hölle in Höllenglut umfangen, wird uns fast ängstlich zumute. Unsere gemarterten Augen beginnen schwarze Teufel zu sehen, die schattenhaft aus Wänden treten und in Wänden verschwinden, von Zeit zu Zeit peitscht uns ein roter Lichtstrahl grausam über die Augen, und aus einem Höllenrachen faucht eine Hitzwelle empor, uns zum Bewußtsein bringend, daß wir Gerösteten noch immer nicht unempfindlich gegen Hitze sind. Wehe der armen Seele, die hier im Kessel brät. Wem sie auch gehören möge, einem Brandstifter, einem Raubmörder, einem Abgeordneten, einem Professor, einem Personalchef oder einem Zeitungsschreiber – er hat seine Schuld tausendfach gebüßt.

Wir gehen weiter in dem Ofen und gewöhnen uns einigermaßen daran. Alles ist Gewohnheit – vielleicht geht es dem Professor hier im Fegefeuer gar nicht so schlecht, und er erinnert sich eben, daß er den Langen Viktor noch nicht „aus“ dem Dritten Punischen Krieg geprüft hat, und der Raubmörder denkt darüber nach, daß er den reichen Petroleumfabrikanten aus der Parkstraße eigentlich leicht hätte erledigen können. Alles ist Gewohnheit. Unsere dantesken Visionen weichen zurück, und wir versuchen in die Realität zurückzuklettern. Orientieren wir uns zunächst. Nur langsam! Also wo sind wir? An Bord der „Vaterland“. Stimmt! Also in welchem Teile des unwahrscheinlich großen Schiffes? Nur langsam! Hübsch logisch folgen! Wir sind im Lift in den Maschinenraum hinabgefahren und von dort auf einer Stufenleiter noch tiefer hinabgeklommen. Also sind wir in den Heizräumen. Gut. Nun wollen wir uns umsehen, wie es hier, fünfundfünfzig Meter unterhalb der Oberkante des Schornsteins, aussieht.

Wir sind an der Heckseite, also im Kesselraum 4. Was das doch für ein bescheidener Ausdruck ist: „Kesselraum"! Dieser „Raum" hat zwei breite Hauptstraßen von je dreißig Meter Länge und vier enge Seitengassen, je fünfundzwanzig Meter lang. Diese Stadt hat zwölf Wolkenkratzer: die Kessel. Den beiden breiten Avenuen sind die Fronten zugekehrt, und von hier aus führen in jedes Gebäude drei mächtige Tore, die in der schlichten Sprache des Technikers „Feuerlöcher" heißen. Es gibt vier solcher Kesselräume, nur der dem Bug zugekehrte nennt nicht zwölf, sondern bloß zehn der Hochöfen sein eigen. Also sechsunddreißig haushohe Kessel mit dreimal sechsundvierzig hungrigen Mäulern. Hundert Meter hat man geradenwegs vom Anfang bis zum Ende dieser Stadt von Kohle, Stahl, Ruß und Feuer zu gehen.

Hier gibt es keine Nachtruhe. Schon im Hafen wurden die unermeßlich großen Bunker außenbords mit Kohle gefüllt, ein Werk, das zu vollbringen die Kohlenelevatoren zwanzig Stunden brauchten. Dann ging für zweihundert Heizer und für zweihundert Trimmer die Arbeit los, ihre eigene Werkstätte in eine Hölle zu verwandeln. Die Rachen der Kessel verlangen ihre Nahrung. Aus den Bunkern stürzen die Kohlenmassen in die stählernen Schubkarren hinab, die nun, von den Trimmern geführt, beladen zwischen die schmalen Zwischenräume der Kesselwände schwanken. Es geht zu den Feuern. Die Glocke schrillt. Sie schrillt vierundzwanzigmal in der Stunde. Das ist das Knurren des Magens, das ist das Zeichen zur Fütterung, das ist die Musik der Kesselstadt. Und nun greifen die zweihundert nackten Heizer mit ihren Schaufeln in die Kohle und stoßen sie dem Raubtiere in den Rachen. In den beiden Unterkesseln, in den Wasserröhren und halb auch im Oberkessel beginnt das Wasser zu sieden. Dampf wallt auf, und man hört, wie er oben im Maschinenraume die Speichen der Räder bewegt, wie die Turbinen, die vier Wellen und die vier Schrauben mit den Kräften von neunzigtausend Pferden zu atmen, zu leben und zu wirken beginnen.

Und unten füllt der Heizer, der alles vollbracht hat, sein Arbeitsfeld mit Rauch, mit Kohlenstaub und mit Glut, und er wird selbst zur Kohle. Sein Gesicht ist schwarz wie alles ringsumher, und nur wenn er mit der Schaufel neues Futter in den Schlund stößt, wenn er mit der vier Meter langen Durchstoßbrücke das Feuer glatt über den Rost streicht oder wenn er mit der nicht kürzeren Schleuse alle vier Stunden die Schlacke losbricht und Asche forträumt, dann fällt das rote Licht eines Reflektors über sein Gesicht, nur dann sieht man weiße Streifen um seine Augen und an seinen Mundfalten und sieht, daß er ein Mensch ist. Nur Mimikry ist es, das ihm das Aussehen einer Kohlenformation verliehen hat.

Wie der Heizer dasteht, vor dem gierigen roten Blicke! Sein Oberkörper ist waagrecht vorgeneigt, sein Unterkörper ist zum Sprung nach rückwärts bereit. So zurückweichend – vorwärtsstrebend stehen einander Ringkämpfer gegenüber oder Fechter. Und die Harpune in seiner Hand fährt gehässig dem Feinde in den Leib, der ihm dafür seinen Basiliskenblick und seinen giftigen Odem entgegenfaucht. Dann klappt die Balancetüre des Kessels zu. Es wird wieder dunkel in den Straßen der Dampffabrik. Pause. Man sieht Silhouetten vorbeihuschen. Wenn nahe von uns eine Gestalt stehenbleibt oder sich zu Boden kauert, sieht sie aus wie ein schwarzer Stalagmit. Man hört, wie die Trimmer weiter Kohle in ihre Karren schippen, man hört, wie die Feuer in ihren Kerkern toben.

Der Heizer kann jetzt eine Dusche von Luft nehmen. Er tritt im Heizstollen einige Schritte zur Seite, und schon lockert ein kühler, wirbelnder Windzug die eben von Schweiß an die Stirn gepappten Haare und läßt sie fröhlich flattern. Der Mann steht unter der Öffnung eines Ventilators. Sechs solche Lüftungsmaschinen sind da, jede hat zweihundertfünfzig Pferdestärken, und sie reinigen die Luft des Raumes. Sie können gerade noch den Aufenthalt zu etwas Menschenmöglichem umwandeln, aber sie können die Luft nicht kühl machen, können nicht verhindern, daß Stufen und Karren und Geländer glühend und die Arbeiter schweißgebadet sind. Was will auch diese Menge frischer Meeresluft gegen die Hitze besagen, die tausend Tonnen Kohle täglich hervorrufen. Auch was die Luftzufuhr anbelangt, sind die Kessel bedeutend besser daran: Vier Kesselgebläse mit einer Gesamtleistung von zweitausendzweihundert Pferdekräften führen ihnen Verbrennungsluft zu. Unsichtbare Rauchfänge packen die Rauchmassen, schleppen sie durch Kasematten und Kanäle rings um die Schiffswand bis hinauf in die drei ockergelben Riesenschornsteine, die das Wahrzeichen des Schiffes sind. Die Schlote aber ziehen den Rauch behaglich ein und paffen ihn dann in die Höhe.

Oberhalb des Kesselraumes hören wir, wie sich die Kolben der beiden Zentrifugalluftpumpen auf und nieder bewegen, zweimal eintausendeinhundert Pferdekräfte. Sie arbeiten dafür, daß der Dampf nicht verlorengehe, wenn er seine Pflicht getan hat. Gleich muß er wieder in die neue Arbeit. Kaum ist er aus den Niederdruckturbinen ausgetreten, führen ihn die Luftpumpen in die Kondensatoren, wo er niedergeschlagen wird. Dieses wiedergewonnene Kondensat wird in den Druckvorwärmern auf eine Temperatur von hundertzwanzig Grad gebracht und durch Kesselspeisepumpen wieder zu den Kesseln gedrängt, wo es wieder verdampft. Und der bereits einmal ausgeatmete Dampf strömt wieder in die Turbinen, sorgt dafür, daß deren Leben nicht erlöscht. Das ist der Kreislauf der Natur. Auch die Sonne, die jetzt im Westen wie ein Ertrinkender mit den Wellen kämpft, wird morgen neugebadet ihre goldenen Locken schütteln.

Freilich, nicht alles vom kostbaren Dampf kann ewig erhalten bleiben, durch Leckage und Undichtigkeiten geht Wasser verloren. Da wird denn in den Evaporatoren Ersatzwasser aus Seewasser erzeugt und dem Kondensat zugeführt. Es darf aber nur destilliertes Wasser in den Kesselrohren verwendet werden, Seewasser würde sie schnell ruinieren.

Der Heizer aber steht unten an der Feuerung und schiebt dem nimmersatten Raubtier immer neues Futter in den Rachen. Aber nach vier Stunden dürfen die Heizer und die Schlepper aus der Arena treten, und die andere Hälfte der Leute tritt an. Nach weiteren vier Stunden geht es wieder los. Wie beim Sechstagerennen. Auch die Überfahrt dauert sechs Tage.

In den vier Stunden der Arbeitsunterbrechung sieht man, wie oben in den Badesälen die Abgelösten baden, duschen und reine Wäsche anlegen. Dann essen sie an den langen Tischen, sie klettern in ihre Bettstatt oder sie sprechen im Betriebsgang mit ihren Arbeitsgenossen. Es sind deutsche Arbeiter; keine Neger oder Chinesen, die unten im Kohlenbereich zu Kohle werden. Es sind deutsche Arbeiter: Sie sehen ein Ziel vor Augen, sozusagen ein sportliches Ziel. Je mehr sich die Bunker leeren, desto leichter wird das Schiff. Um die Balance wiederherzustellen, füllt man zwar die Ballasttanks mit Wasser, aber was hilft's?! Wasser ist leichter als Kohle, und je mehr sich die Reise des Schiffsgiganten ihrem Ende nähert, desto höher steigt der Bug. Manchmal um einen Meter, manchmal um mehr. Der Heizer aber glaubt es zu fühlen, daß er auf schrägem Boden steht, und es jauchzt in ihm: Das habe ich getan, ich habe den größten Meeresriesen vorwärts bewegt und aufwärts gehoben!

DAS „CAFÉ GRÖSSENWAHN" VON WHITECHAPEL

Die puritanisch strenge Einhaltung der Sperrstunde in London und die dadurch bewirkte Lahmlegung des Nachtlebens, das Fehlen von Kaffeehäusern kontinentalen Stiles und vielleicht die abgesonderte Lage des keineswegs sturmfreien britischen Eilands mögen bewirkt haben, daß die Fäden der internationalen Kaffeehausboheme, die sich vom Lilienschloß des Pariser Poetenfürsten Paul Fort in die unterschiedlichen „Cafés Größenwahn" von Berlin, München, Wien, Prag und selbst zum jenseitigen Seine-Ufer spannen, nicht auch den Weg über den Ärmelkanal gefunden haben. Draußen im östlichen London, im Sprengel der einstigen weißen Kapelle, wo die Desperados aller Länder und Weltteile ihren Unterschlupf gefunden haben, dort, inmitten von Hunger, Frost, Krankheit, Schmutz, Verbrechen, Angst und allen anderen Varianten des Elends, gibt es nun allerdings ein Stammlokal der Literatur. Aber es ist nicht der Treffpunkt von internationalen Schriftstellern, sondern trägt den nationalen Stempel seines Umkreises: Man spricht und schreibt hier bloß „jiddisch", jenes Sprachgemisch aus Mittelhochdeutsch, ein paar hebräischen Worten und einigen slawischen Wendungen, die der Deutsche sofort verstehen würde, wenn die syntaktischen Formen nicht so verschlungen und die Schrift nicht hebräische Buchstaben wären. Das ist die Umgangssprache der Juden in Rußland, Galizien, Polen und Rumänien und demgemäß auch in Ostlondon. Und in dem Whitechapeler „Café Größenwahn" sitzen die nach London kommenden Lyriker, Essayisten, Dramatiker und Journalisten dieser räumlich getrennten Brüder.

Um den Vorbeigehenden zu sagen, daß hier Juden aus Rußland, Polen, Galizien, Rumänien und Palästina verkehren, heißt das Lokal „New-Yorker Restaurant". Es liegt in Whitechapel Road, der Hauptverkehrsader der Geusenstadt, dem jiddischen „Pavillon-Theatre" just gegenüber. Ein langgestreckter Raum. Vom Büfett am unteren Ende her steigt der Duft gebratener Fische allen jenen

Gästen angenehm in die Nase, denen der Duft gebackener Fische eben sympathisch ist. Kein Tisch, dessen Marmorplatte gelegentlich von einem Michelangelo des Cafés bemalt und dann unter ein schützendes Glasdach gespannt worden ist, kein Plakat eines hydrotherapeutischen Literaturkabaretts und kein an Zahlungs Statt angenommenes Wandgemälde verraten, daß wir eine Heimat der Kunst betreten haben. Auch aus dem Trommelfell erschütternden Klappern der Dominosteine würden wir es kaum schließen können, und höchstens der Umstand, daß an einigen Tischen junge Leute mit unerbittlich großen schwarzen Schlipsen etwas schreiben, würde unseren Verdacht wachrufen. Und einige glattrasierte Gesichter sind in diesem vollbärtigen Stadtviertel auffallend, und wir können sie um so leichter als Schauspielerphysiognomien erkennen, als über ihre Mundwinkel die charakteristischen Falten des Mimikers verlaufen.

Aber spielen wir uns nicht als große Physiognomiker auf! Verraten wir lieber, was wir von den Leuten wissen. Stellen wir zuerst den geistigen und physischen Nährvater vor, Mr. Steinwolf. Während in zentraleuropäischen Städten die Literaturhistoriker und Patentbohemiens darüber des langen und breiten Dispute führen müssen, ob es dieser oder jener war, der das neue Übermenschentum in einem Café versammelte, steht es hier außer Frage: Es war der Wirt. Denn wenn der Besitzer eines Cafés literarische Neigungen verspürt – welcher Literat würde nicht lieber sein Lokal betreten als das eines Banausen, der für die Güte des Cafés und für ihre Bedienung mehr Verständnis hat als für deren Werke! Und Mister Steinwolf hat literarische Neigungen. Er ist nebenamtlich Manager des jiddischen Theaters gewesen. (In Paranthese: Man bedenke den Zulauf junger Dramatiker, wenn ein Berliner Theaterdirektor ein Café eröffnen würde.) Und außerdem hat M. Steinwolf literarisches Gedächtnis, und ob man ihm nun die neueste Untat der Suffragetten oder eine amüsante Straßendebatte mit Innenmissionären oder sonst etwas berichtet, er wird immer eine Fabel von Krylow, dem russischen Äsop, zu erzählen wissen, die genau auf den vorliegenden Fall paßt.

Der Herr, mit dem er soeben spricht, der mit dem Spitzbart, ist der Dr. Margolin. Jeder grüßt ihn, wenn er durch die Minories geht, aber nur wenige wissen seinen wirklichen Namen; die Leute kennen ihn nur als „Awriomele“, dem Pseudonym, mit dem er seine satirischen Artikel veröffentlicht. Sein Lebenslauf ist für die Ansiedlung von Intellektuellen in Whitechapel charakteristisch. Er ist der Sohn eines Wälderhändlers aus Brest-Litowsk und mußte den größten Teil seiner Gymnasialstudien zu Hause absolvieren, da der in Rußland bestehende Numerus clausus für jüdische Schüler überschritten war. So gab es für ihn in seiner Jugend keine Assimilation. Er kam als Mediziner nach Berlin, machte sein Doktorat und lernte hier die schöne Tragödin Klara Bleichmann kennen und lieben, die mit der jiddischen Truppe ihrer Eltern in Berlin im heutigen Puhlmann-Theater in der Schönhauser Allee und im Concordia-Theater in der Brunnenstraße gastierte. Um nicht jahrelang auf die Aushändigung seiner russischen Legitimationspapiere warten zu müssen, heiratete er in London, sah Whitechapel, sah das jüdische Volksleben mitten in der Weltstadt, siedelte sich hier als Arzt und Publizist an und spricht eben mit dem Wirt. Dort sitzt W. Boruchow, einer der Begründer der poalezionistischen Arbeiterbewegung und jiddischer Literaturforscher. Er hat eben in der Bibliothek des Britischen Museums das vieraktige jiddische Drama eines Autors mit Namen Wolfsohn entdeckt, das 1796 in Posen in zweiter Auflage erschienen ist, und macht nun daran seine Studien.

Dem Besitzer und Direktor des „Pavillon-Theaters", Mr. Josef Keßler, können wir die Bewunderung über seine treffliche Inszenierung des Gordinschen Dramas „Der jüdische König Lear", das wir gesehen haben, nicht versagen; auch verhehlen wir nicht, daß wir die Leistung seines Protagonisten Mr. Hochstein, die ernste Würde von Mrs. Wallerstein, die chassidischen Tänze des Komikers Hamburger, die Geschicklichkeit des Kapellmeisters, der im Zwischenakt und bei melodramatischen Stellen mit einer Hand Harmonium spielt und mit der anderen Hand das beträchtliche Orchester zu dirigieren versteht, und vor allem das Publikum bewunderten, das seiner hemmungslosen Anteilnahme und Aufregung in Ton und Gestus beredten Ausdruck gab. Direktor Keßler erkundigt sich herzlich, wie es Rudolf Schildkraut gehe, und freut sich zu hören, daß er in Berlin große Erfolge erringt. Auch nach Schalom Asch wird gefragt, und es ist der Stolz des Londoner Ghettos, daß dieser Dichter mit Max Reinhardt während des Londoner Ensemblegastspiels im unerreichbar fernen Westen Londons in einem der vornehmen Hotels von Piccadilly seine Diners eingenommen hat, dagegen hier beim Steinwolf wohnte. Auch den Besuch des anderen großen jiddischen Dramatikers Mark Arinstein aus Warschau, der ein Freund des in München lebenden deutsch-polnischen Dichters Stanislaus Przybyschewski ist, des hebräischen Lyrikers Abram Raisin, des Humoristen Scholem Alechem und vornehmlich des amerikanischen Dichters Morris Rosenfeld hat man hier besonders zu würdigen gewußt. Wir lernen hier den gelehrten Literaten Dr. Melamed kennen, dessen Drama „Lia Feiwkes" im Münchener Schauspielhaus in diesem Jahre zur Uraufführung gelangen wird; er wohnt in einem der Londoner Villenviertel, aber er kommt häufig genug nach Whitechapel, um andere „Schatten und Gestalten" zu sehen als jene, die er beschrieben, und um neues Material für seine „Psychologie des jüdischen Volkes" zu finden. Von anderen gelegentlichen Besuchern, mit denen wir uns hier bald befreunden, seien vor allem Oskar Kartoschinski genannt, der unter anderen Altenberg, Stefan George, Hofmannsthal, Schnitzler und Wedekind ins Russische übersetzte, der junge Dr. Coralnik, der eine Reihe philosophischer Schriften auch in gelehrten Zeitschriften Deutschlands veröffentlichte, der schweigsame russische Nationalökonom Dr. Bukspahn und der Satiriker Schajak, der des unternehmungslustigen und erfolgreichen Verlegers Myer tüchtiger Mitarbeiter ist.

Zu den ständigen Gästen gehören Journalisten. Whitechapel hat seine große Journalistik. Es gibt hier drei jiddische Tagesblätter, die im großen Format der Londoner Zeitungen erscheinen: „Die Zeit", „Jüdisches Journal" und „Expreß". Sie sind in ihrer politischen Färbung voneinander verschieden, nur gegen die Agitation der in Whitechapel stark vertretenen Missionshäuser, für die Abänderung des Emigrationsgesetzes und gegen den Antisemitismus kämpfen sie alle mit der gleichen Vehemenz. Auch Zeitschriften erscheinen in jiddischer Sprache. Interessant ist, daß eine von diesen, der anarchistische „Volksfreund", von einem Christen aus Deutschland, Rudolf Rocker aus Mainz, redigiert wird, der eigens das Jiddische erlernte, um in der Volksvorstadt Londons durch Vorträge und Artikel für die Idee wirken zu können. Rocker spielt in dem von Mackay so eindringlich geschilderten englischen Anarchismus eine große Rolle, eine größere Rolle als heute der Fürst Peter Kropotkin, der im nahen Brighton greis und grau und zurückgezogen lebt, und als Karpowitsch, der durch seinen tödlichen Schuß gegen den Kultusminister Bogolepow den Anstoß zur russischen Revolution von 1901 gegeben, aber jetzt als Masseur in

London eine bürgerlich einwandfreie Existenz gefunden hat. Ich hörte Rocker vor einer vielhundertköpfigen Korona bei der anarchistischen Gedenkfeier anläßlich des hundertsten Geburtstages Bakunins eine flammende, geistvolle Rede halten, und ich verstand, wie der einstige Mainzer Handwerksmeister auf die jüdischen Flüchtlinge Rußlands in London so machtvoll einwirken mußte – selbst dem greisen Tscherkessoff wurde nicht so spontan zugejubelt, obwohl er in seiner Jugend an der Seite Bakunins auf den Barrikaden gekämpft hatte. Durch seine Funktion ist der Schweizer Journalist John Nideroest bemerkenswert, der gleichfalls zu den christlichen Stammgästen des Whitechapeler „Café Größenwahn" gehört. Er ist aus der Fleetstreet hierher gesandt, gleichsam als Korrespondent der großen englischen Tagesblätter über das Whitechapeler Volksleben.

Auch im Bohemecafé von Whitechapel fehlt die Type des „literarischen Kellners" nicht. Zwar braucht er nicht über eine Armee von Zeitungen zu verfügen wie Richard III. der Berliner Melange-Literatur, aber dafür ist in London der „Waiter John" im Kreise der Autodidakten nicht bloß eine beliebte, sondern auch eine angesehene Persönlichkeit, eine Instanz in Fragen der Wissenschaft. Denn Mr. John ist ein studierter Mann, er war an der Universität Bern Hörer der Philosophie und kam nach London, um seine Studien fortzusetzen. Weil er kein Geld hatte, wurde er Kellner und blieb es. Und niemand vom Whitechapeler Café Größenwahn kann wissen, ob er seine Stammgäste verachtet oder beneidet, die die weltgeschichtliche Unstetheit des Judentums mit der nervösen Heimatlosigkeit des Bohemiens vereinen.

DER MANN MIT DEM BLAUEN BAND

Ein literarhistorischer Vortrag

Natürlich, das kommt davon, wenn sich unsere Literarhistoriker nur um Shakespeare kümmern, um Schiller, um Kleist und andere Trottel, die längst erledigt und abgetan sind, statt lieber ihren Blick der Gegenwart zuzuwenden! Was nützt es, wenn in den germanistischen Seminaren den Literaturbeflissenen die Gedanken und Stimmungen gelehrt werden, die Goethe bei der Abfassung des „Faust" beseelten? He, was nützt das? Wenn sie dann ins Leben hinauswollen, um es Goethen gleichzutun, dann stehen sie vor der Literatur wie der Ochs vor einem kubistisch bemalten Haustor. Man sollte sie lieber lehren, wie sie es anstellen sollen, um heute die Klassiker von morgen zu sein. Aber was kann man von den Gelehrten erwarten? Nun, der Vortrag, der zu halten wäre, sei auf Grund wissenschaftlicher Forschungen hier publiziert:

Meine Herren! (Wir sind im Germanistenkolleg, wo Damen bekanntlich nicht zugelassen sind.) Meine Herren! Es wäre ganz verfehlt, zu glauben, daß sich die jungen Dichter von heute damit begnügen, sich durch Schlapphüte, wehende Krawatten, wallendes Haar und die übrigen Embleme, die wir schon zu Ende des achtzehnten Jahrhunderts während der Sturm- und Drangperiode zu beobachten Gelegenheit hatten, von den Philistern zu unterscheiden. Mitnichten! Einerseits die fortschreitende Entwicklung der Kultur, andererseits die sich mächtig geltend machende Entwickelung des Geisteslebens, dritterseits die allgemein fühlbare Verfeinerung des Geschmackes haben es mit sich gebracht, daß auch die Verachtung der Mode von der Mode nicht verschont geblieben ist. Aber natürlich lag den jungen Männern von heute und morgen nichts ferner, als sich der Männermode zu unterwerfen, id est jenen drakonischen Gesetzen, die seit altersher für das männliche Geschlecht reserviert waren. Im Gegenteil! Sie haben die trennenden Schranken der Geschlechter durchbrochen und sich mit männlichem Mute die Frauenmode zu eigen gemacht, während sich hinwiederum die Frauen der Poetengilde durch Herrenhüte, kurzgeschorenes Haar, Sweater und Herrenröcke der Männermode anbequemen, was jedoch nicht Thema der heutigen Vorlesung ist.

Berlin, und zwar der westliche Teil dieser Großstadt, der seit langem in allen Fragen vornehmen Geschmacks fürwahr mit mächtiger Hand die Führung an sich gerissen hat, gebührt der Ruhm, die Wiege dieser goldenen Ära der deutschen Literatur geworden zu sein. Und dennoch hat es selbst in dieser für alles Edle begeisterten Stadt nicht an Mißtrauen gefehlt, als die Pioniere der männlichen Frauenmode das Blachfeld betraten. Und es kann leider durchaus nicht als ausgeschlossen gelten, daß der Poet, der zum erstenmal in ein Literaturcafé im alten Westen mit einem neckischen blauen Bande im Haar kam, statt Bewunderung nur Hohn geerntet hätte, wenn man nicht von Freunden und Verehrern des Genies die achtungsgebietende Kunde vernommen hätte, er glaube, daß sein

Band angewachsen sei. Nur durch die Kenntnis dieser wahrhaft dichterischen Einbildung wurde er vor Mißdeutungen geschützt, obwohl jeder von dem Dichter dessen großzügigen Grundsatz kannte, daß er niemals eine Zeile niederschreiben, geschweige denn jemals publizieren werde, weil solche Tätigkeit nichts anderes sei denn eine „prostituierende Emanation der Subjektivität". Einen solchen Genius hätte man auch ohne Kenntnis seines Wahnes von der untrennbaren Zugehörigkeit des Bandes zum Kopfe um seines Kopfschmuckes willen bewundern müssen, um so mehr, als es noch niemand Herrn Goethe verübelt hat, daß dieser einst „mit einem bemalten Bande" nahte, obwohl dieser Dichter sich bekanntlich durch die Niederschrift vieler Gedanken dem eben angezogenen Verbrechen einer prostituierenden Emanation der Subjektivität schuldig gemacht hatte.

Der nächste große Dichter, der den Geist der Zeit wahrhaft erfaßte, war jener, der mit Ohrringen behängt in der Literatur erschien. Er war schon ein unsterblicher Mann gewesen, denn er hatte im „Orthozentrisch-hydrotherapeutischen Kabarett Moschus" ein Fragment aus seinem elfzeiligen Epos „Der hohle Zahn und seine feiste Stiefmutter" vorgelesen, und wir wissen auch, daß er seit Jahren mit enormem Fleiße an dem Titel für eine Novelle arbeitet. Dieser Mann scheute sich nicht, offen zu erklären, daß er mit seinen Ohrringen einen realen Zweck verbinde: Er sehe nicht ein, warum dieser herrliche und gesunde Schmuck des Ohres nur den Frauen reserviert bleiben solle. Leider vermochte er es nicht, durch Ausdauer die staunenden Philister an den Anblick von männlichen Ohrringen zu gewöhnen, denn schon am nächsten Tage trug Heloise Lanormand – so heißt bekanntlich Fräulein Johanna Kubinke in den Kreisen der Berliner Boheme – die Ohrringe in ihren Ohren, was natürlich ihren Freund mit einigem Mißtrauen gegen sie erfüllte und gewiß nicht ganz ohne Einfluß auf die Tatsache war, daß er am Tage aus dem Kabarett „Moschus" austrat und die „Neohysterische Dichtergemeinschaft der freien Fischottern" gründete. So hatten die männlichen Ohrringe zu einer tiefgreifenden Spaltung in der deutschen Dichtkunst, aber auch zur Schaffung einer neuen, begrüßenswerten Literaturrichtung geführt.

Die nächste Errungenschaft auf dem Gebiet des modernen Skythentums war der Mann mit der Ponyfrisur. Man merke die tiefere Bedeutung dieser Haartracht, während die Talente von gestern nervös die Haare aus dem Gesicht strichen, wodurch die breite Denkerstirn (Gerhart Hauptmann, Richard Strauss usw.) noch stärker zur Geltung kam, versinnbildlichte der Pionier der Ponyfrisur das rein Sensitive der Modernen, die einer Krücke der Geistigkeit nicht mehr bedürfen. Das war wohl der Grund, weshalb er seine Haare in die Stirn kämmte und oberhalb des Zwickers in gerader Linie abschneiden ließ. Wenn er nicht die Beachtung fand, die er verdiente, so liegt das daran, daß man ihn des Plagiats beschuldigte – in Wien habe schon jemand durch die gleiche Behandlung seines Kraushaares endlich die heiß ersehnte Beachtung der Kaffeehauswelt errungen.

Das Neueste auf dem Gebiete der Dichtung ist das „Korallenkettlin". Das ist nicht etwa das gleichnamige Drama von Dülberg, und es wäre auch ein unvergleichlich ärgeres Verbrechen, wenn das Korallenkettlin, von dem hier die Rede ist, etwa samt seinem Träger konfisziert würde, wie es dem Dülbergschen Drama geschehen ist. Unser Korallenkettlin wird um den Hals getragen (selbstredend von einem Herrn), auf der Brust in einen Knoten geschlungen und hebt die Persönlichkeit des jungen Mannes, der sich dem staunenden Kaffeehausphilistertum auf dem Kurfürstendamm allabendlich zeigt und den altmodischen Dichtern stolz dartut, daß sie mit dem sattsam bekannten Sänger kleinlaut die Verleihung einer solchen Ehrenkette ablehnen mußten: „... die Kette gib den Rittern, vor deren kühnem Angesicht der Feinde Lanzen splittern."

Und vor unserem prophetischen Auge sehen wir nun die Zeit nicht mehr ferne, da die Männer der deutschen Dichtung in geschlitztem Frauenrock, das Pompadourtäschchen in der Hand und einen flachen Hut mit Mairosengarnierung auf dem Haupte vor den staunenden Blicken des Philisters neue Gipfel des Parnasses erklimmen werden.

DER KAMPF UM DIE LETZTE FRIST

Der Zusammenbruch der großserbischen Ideen
Ein Feldpostbrief

Serbischer Kriegsschauplatz, Ende November

Ich möchte eine kurze Gefechtspause benützen, um die aus eigener Anschauung geschöpfte, freudige Erkenntnis mitzuteilen, daß der

Strafzweck unseres Krieges als vollkommen erfüllt anzusehen ist. Über den Grund des Krieges wird die Weltgeschichte das endgültige Urteil fällen, was aber schon heute jeder weiß, ist die Tatsache, daß Serbien der Anlaß gewesen ist. Und zur Hetzpropaganda gegen Österreich, zur Aufwiegelung in Bosnien, Syrmien und Slawonien und zum Meuchelmord von Sarajevo hat dieser Staat nur in der sicheren Erwartung den zweifelhaften Mut gefunden, daß der große Bruder im Norden dem Bestrafenden in den Arm fallen werde. Das hat der große Bruder zwar versucht, aber vergessen, daß es gewöhnlich zwei Arme gibt. Und mit dem anderen Arm hat der serbische Staat seine Züchtigung bekommen, von der er sich niemals mehr, auch nach drei Generationen nicht mehr, erholen kann. Seit fast vier Monaten sind wir hier in Feindesland; so schonend wir auch mit dem fremden Eigentum umgehen, daß eine Armee zur Verbesserung der Felder, Hütten, Zäune, Gärten, Geflügelhöfe und Stallungen wenig beiträgt, läßt sich denken.

Meilenweit war am Anfang unserer Vorrückung Hütte und Haus verlassen, und man hätte nicht einmal gewußt, wem man das requirierte Vieh und Geflügel bezahlen solle. Nur rumänische Zigeunerhorden sah man, die die verlassenen „Kutjen“ ausgeplündert hatten. Wenn sich aber in einem der serbischen Häuser doch jemand fand, so waren es Frauen, die ihre Söhne oder ihre Gatten verloren hatten und die österreichischen Soldaten sehnsüchtig als die Bringer des Todes erwarteten; denn man hatte ihnen weisgemacht, daß wir Weiber und Kinder erbarmungslos schlachteten. Sie waren fast bestürzt darüber, daß wir ihnen ihr Leben ließen, das ihnen wertlos schien. In unbefestigte Dörfer zogen wir ohne Kanonenschuß ein. Aber die serbischen Granaten und Kartätschen zerschmetterten die serbischen Häuser, Dörfer und Städte, da uns der Feind darin vermutete. Kein Stein blieb auf dem anderen. In der letzten Zeit kommen uns ungeheuere Kolonnen von abgehärmten Rückwanderern entgegen, die wissen, daß sie bei uns nichts zu verlieren haben. Jeder der Männer beteuert unter devoten Verbeugungen, daß er unser „poddajny slazabnik“ (ergebenster Knecht) sei, und wenn wir vorübergehen, rufen sie „Zivio“ auf Österreich. Das ist natürlich pure Heuchelei und Angst, aber es wird schwerhalten, diese Leute jemals wieder zu einer ehrlicheren Begeisterung für großserbische Ideen zu pressen, ihnen den (durch zwei Kriege entstandenen Glauben) an die Unbesiegbarkeit der serbischen Armee wiederzugeben. Die Landstraßen sind von verwesten Serbenleichen besät, Pferdekadaver und niedergebrochene Fuhrwerke beweisen die Eile des serbischen Rückzuges.

In den verwüsteten Städten findet man frische Kirchhöfe mit Kreuzen, die aus Patronenverschlägen zurechtgezimmert sind, Soldatengräber. Sie beweisen uns, daß unsere Projektile ihr Ziel nicht verfehlt haben. Und wenn man auf dem Kreuz den Namen eines Ortes entziffert, in dem man selbst in der Schwarmlinie stand, steht man nachdenklich an dem Grabhügel, von der Frage bewegt, ob man den Armen da unten nicht selbst vom Leben zum Tode befördert hat ... Aber lieber ist mir der Anblick der Gefangenen, jener, die unverwundet in unseres Regiments Hände gefallen sind (in den letzten drei Tagen über tausend), teils Überläufer, teils Umzingelte, teils solche, die darüber glücklich sind, daß sie den Gefahren entronnen, teils Trotzige. Vorgestern hatte ich einen solchen Trotzigen, einen Ingenieur aus Arangelowac. Er sprach ein gutes Französisch und betonte, daß er an einer Wendung nicht zweifle und daß der endgültige Sieg den Serben gehöre. Nur eine Schlappe, sagte er, werden wir nie verwinden: daß sich die Serben Bosniens nicht gegen uns erhoben und daß die Slawen Österreichs gegen „die serbischen Brüder" die Hand erheben konnten. Bemerkenswert war, daß er mir erklärte, wenn Serbien den Krieg gewonnen haben werde, werde es von Österreich vor allem verlangen, daß der Unterricht in der kyrillischen Schrift an den kroatischen Schulen Österreichs wiederaufgenommen werde. Denn ohne serbische Schrift gäbe es auch kein kulturelles Großserbien mehr, wie es sicher trotz aller „österreichischen Persekution" bestanden habe. Ich aber glaube, daß in dieser Ruine eines Staates, unter den Millionen von Geschossen, mit den verwüsteten Landschaften, vernichteten Familien, verkrüppelten Menschen und mit den vielen, vielen Tausenden von jungen Toten alle großserbischen Ideen begraben sind. Denn zu den Toten des Schlachtfeldes gehört vor allem der Glaube des serbischen Volkes an sich selbst.

So steht die Sachlage. Wir sind ununterbrochen in der Offensive, ununterbrochen in Feindesland, jeder Tag bringt Gefechte und Schlachten, und seit dem 9. September haben wir alle ausnahmslos siegreich bestanden. Nun noch die Erklärung, warum wir noch nicht fertig sind. Die Serben fliehen, stellen sich wieder, fliehen und opfern so ihr Land und ihre Leute, um die Entscheidung so lange hinauszuziehen, bis oben die Entscheidungen gefallen sind, weil sie dann günstigere Bedingungen für den Friedensschluß erhoffen. Sie kämpfen um eine Galgenfrist.

DER HELDENTOD DES HAUPTMANNS WIERONSKI

In Wien starb diese Woche Hauptmann Stanislaus Wieronski des Infanterie-Regiments Nr. 11 an den Folgen eines schweren Lungenleidens, das er sich in aufopferungsvollem Tag- und Nachtdienste als Kommandant des 4. Bataillons zugezogen hatte. Der Name dieses vielseitig gebildeten Truppenoffiziers ist mit der Geschichte der „Paraschnitza", des blutgetränkten Zipfels an der Drina- und Save-Vereinigung verknüpft, deren Eroberung einen fünfzigtägigen ununterbrochenen Kampf unter der Erde, in Sappen und Laufgräben kostete und mit deren endlichen Erstürmung auch unser Weg nach Serbien frei wurde, von dessen Wirkung sich die Serben durch Generationen nicht mehr erholen werden, wenn auch derzeit durch die Verschiebungen der österreichischen Truppen die Beurteilung der Sachlage vielfach eine falsche sein dürfte. Hauptmann Wieronski hat diesen Vormarsch nicht mehr mitmachen dürfen, trotzdem er, den dringenden Vorstellungen aller Ärzte und seiner Kollegen zum Trotz, fiebernd, hüstelnd und todeskrank in der Schwarmlinie unermüdlich seinen Dienst versah. Dabei blieb er kampfbegeistert und hat in schwungvollen Versen sein liebes Maschinengewehr besungen, das er selbst bediente, sobald ihm seine Kommandoführung dies erlaubte. Schließlich brach er doch kraftlos zusammen und mußte es schmerzlich gewähren lassen, daß man ihn vom Schlachtfelde trug. Sein Nachfolger im Kommando des 4. Bataillons von 11 wurde nun Oberstleutnant Wilhelm Gärtner, dessen Heldentod bereits gemeldet wurde.

DÜRERS UNGARISCHE VATERSTADT

Gyula, Oktober 1916

Hier, in der steinernen Unendlichkeit des Alfölds, gibt es nicht Grabmäler noch Hausportale, Denksteine oder Statuen, die Spuren vergangener Jahrhunderte darstellen würden, und als Offizier hat man es in der Fülle des Dienstes hier, wo nicht einmal ein deutsches Konversationslexikon aufzutreiben wäre, besonders schwer, nach Einstigem zu forschen. Und doch ist die Vergangenheit der heutigen Komitatsstadt Gyula für die Geschichte deutschen Wesens und deutscher Kunst wichtig. Wo die Straßen der deutschen Vorstadt in Feldern, Weingärten und Tümpeln verschwinden, stand Ajtós, der Stammsitz von Albrecht Dürers Ahnen, und in Gyula selbst kam des Meisters Vater zur Welt. Sein Sohn hat diesen Geburtsort mit geographischer Gründlichkeit angegeben, die jeden Zweifel ausschließt: „Albrecht Dürer der Ältere ist aus seinem (seinem?) Geschlechte geboren im Königreich Hungarn, nicht fern von einem Städtlein genannt Jula, acht Meil Wegs weit unter Wardein, aus einem Dörflein zunächst dabei gelegen mit Namen Eytas, und sein Geschlecht hat sich genährt der Ochsen und Pferde. Aber meines Vater Vater ist genannt gewest Antoni Dürer, ist knabenweis in das obgedachte Städtlein kummen zu einem Goldschmidt..."

Nicht nur die Herkunft des alten Dürer ist also ungarisch, auch sein Name kann nichts anderes als eine Übersetzung des Heimatortes sein, das Wort „ajtó" bedeutet „Türe", und die Schreibweise „Thürer" hat auch der Vater des Meisters ursprünglich für seinen Namen angewendet. Der Name soll also entweder eine Übersetzung des Wortes „ajtósi", das ist „der Ajtóser", oder des Adelsprädikats „Ajtosy" darstellen.

Soweit liegt Erweisliches für die seltsame Tatsache vor, daß der deutscheste Meister väterlicherseits dem Ungarlande entstammte – ein Kuriosum, das natürlich oft erörtert wurde. Es schien wohl schwer, zu glauben, daß eines Fremdländers Sohn, auch wenn man seiner Mutter und seiner Geburtsstadt Nürnberg noch soviel Einfluß einräumen will, das Wesen des Deutschtums so machtvoll in sich aufgenommen hätte, und es ist begreiflich, daß in deutschen Landen die Vermutung Raum gewann, Albrecht Dürer der Ältere sei ein deutscher Kolonist in Ungarn gewesen. Nun scheint aber diese Behauptung überall mit Leichtfertigkeit niedergeschrieben zu sein. Einem Satz wie diesem zum Beispiel fehlt der Beweis: „Diesen für einen Magyaren zu halten liegt kein ausreichender Grund vor." (Zucker, „Albrecht Dürer", 1905.) Oder die Bemerkung im Thieme-Beckerschen Künstlerlexikon: „So ergab sich die Frage ..., ob Dürer ... jenem magyarischen Adelsgeschlecht (de Ajtosy) entsprossen ist oder ‚ajtósi' in Gyula nur die Herkunft des Anton Dürer aus Ajtós verzeichnete, welchen Beinamen er vielleicht selbst bereits, *falls er germanischer Herkunft* war, in Thürer verdeutschte." Als ob nicht ebenso leicht auch ein kernmagyarischer Goldschmied, der nach Deutschland auswandert und hier Bürgerrecht und Zunftgemeinschaft erwerben will, seinen Namen germanisieren könnte.

In den ungarischen Werken wird mit ähnlich minderer Genauigkeit einfach angeführt, daß Dürers Vater den Namen „Ajtósy" geführt habe, also dem ortseingesessenen Adelsgeschlecht angehörte. In den lokalgeschichtlichen Publikationen des Gyulaer Kreises, ja nicht einmal in der ausführlichen Komitatsgeschichte von Johann Karácsony werden die Fragen nach Dürers Abstammung näher erwähnt; in den drei dicken Bänden sind nur wenige Zeilen über Dürer selbst gesagt, und auch diese weniger um des Meisters selbst willen als zum Beispiel zur Erhärtung der Tatsache, daß im fünfzehnten Jahrhundert eine Gilde der Goldschmiede in Gyula bestanden habe oder daß sich die von Dürer gebrauchte geographische Angabe der Geburtsstadt seines Vaters mit den Worten einer vom Jahre 1556 datierten Steuerliste beinahe vollständig deckt.

Trotzdem bietet die Lokalgeschichte eine ganze Reihe von Anhaltspunkten über die Herkunft von Dürers Geschlecht. Vor allem muß ich bemerken, daß sich unter den zahlreichen Familienwappen auf den Urkunden des Komitats sowie auf den ältesten Grabsteinen des in der Nähe des einstigen Ajtós befindlichen Josefffriedhofes nirgends ein heraldisches Emblem vorfindet, welches Dürers oft gemaltes Hauswappen, der geöffneten und schräg überdachten Türe auf dem Dreiberge, auch nur ähneln würde. Wäre nun Dürer ein Sprosse des Adelsgeschlechts Ajtósy gewesen, so ist nicht einzusehen, weshalb er als Hauswappen ein anderes als das seiner Familie angewendet hätte, und dieses Emblem der so verbreiteten Familie müßte sich irgendwo finden. Handelt es sich aber bloß um ein sogenanntes „redendes Wappen", das ist um die Illustration des Namens (Thüre), so ist wiederum anzunehmen, daß diese bildliche Namensdarstellung in einer so in Edelmetall arbeitenden Familie herkömmlich gewesen und hier heute noch irgendwie erhalten wäre. Da dies nicht der Fall ist, besteht kein positiver Grund dafür, daß des Meisters Ahnen Ajtósy geheißen hätten. Der Meister selbst hat sich dieses redende Wappen geschaffen, seine Ahnen haben überhaupt keines besessen.

In Ludwig Haans ungarischer Schrift „Albrecht Dürers Familienname und der Stammsitz seiner Familie“ wird als feststehend angenommen, daß die Dürers der Familie Ajtósy entsprossen sind. Aber „Ajtósy“ hießen zu jener Zeit alle Leute, die in dem Dorfe Ajtós Bodenbesitzer waren. Sie haben diesen Namen vielleicht zum Teil als Familiennamen, weitaus zum größten Teil aber als Prädikat und Herkunftsbezeichnung geführt. So tritt die Witwe des Bekeser Burghauptmanns Ladislaus Szakolyi, die jahrelang in den Dokumenten Anna Necspáli genannt wird, in einem Briefe von 1490 als „Anna Ajtósi“ auf, bloß auf Grund der Tatsache, daß sie ein Grundstück in Ajtós besessen hatte. Jene Familie Ajtósy aber, welche 1517 einen Bodenanteil in Kigyos an Johann Olah („Olah“ bedeutet: Rumäne) abtrat, ist wieder mit einer Familie Bradács identisch. Das einzige uns bekannte Mitglied dieser Familie ist Nicolaus Bradach de Ajtós, der sein Gut in Kigyos dem Johann Olah de Gywla vermachte – ein Beweis, daß die „nobili“ nicht gerade dünn gesät waren beziehungsweise mit der adeligen Anrede bei Bodenbesitzern nicht gespart wurde. Andere Ajtósy sind wieder Török (das heißt „Türke“). Ein Johann Török von Ajtósy war ein Zeitgenosse und engerer Landsmann des Goldschmieds Anton; er war Unterkapitän der Burg Gyula und erhielt zwischen 1490 und 1504 von Johannes Corvinus ein in der Kárkolgasse Gyulas liegendes Haus für seine treuen Dienste zum Geschenk, sein Sohn gleichen Namens hat es 1515 dem Gyulaer Gespan Gál verkauft. Noch heute heißt ein an der Stelle des alten Ajtós gelegener Winkel in der Vorstadt Gyulas „Törökzug“ („Türkenwinkel“), seit jener Zeit, da die Familie Török hier wohnte. Auch Familien „Déak-Ajtósy“ und „Keresztély-Ajtósy“ gab es zu jener Zeit.

Aus allen diesen Daten geht aber nicht bloß hervor, daß die Namensbezeichnung „Ajtósy“ nicht bloß keine präzise ist, sondern gerade in und um Gyula und ganz besonders in Ajtós viele fremde Kolonisten gewohnt und sich mit diesem Beinamen geschmückt haben. Die Namen „Olah“ und „Török“ („Rumäne“ und „Türke“) sagen dies nicht minder als die südslawischen Namen „Neczpáli“ und „Bradács“ (der Bärtige), welche rein slawischen Ursprungs sind. Auch „Horváth“ (Kroate) und „Bosnyak“ (Bosnier) finden wir unter den Fronbauern – eine krasse Widerlegung der

Haanschen Behauptung, daß es im fünfzehnten und sechzehnten Jahrhundert keine anderen Nationalitäten in der Gegend gab als Ungarn. Aber nicht nur kroatische und serbische Flüchtlinge waren es, welche die Furcht vor der Türkenflut aus ihrer Urheimat in die südlichsten Gebiete gejagt hatte, sondern es kamen auch vom jenseitigen Ufer der Donau Ansiedler in die fruchtbare Gegend, wo große Herren wohnten und Geld unter die Leute brachten.

Auch viele deutsche Namen nennt uns die Geschichte der Stadt Gyula, in die bald Herzog Georg, Pfalzgraf von Brandenburg und Burggraf von Nürnberg, einzog, und das einzige aus dem sechzehnten Jahrhundert erhaltene wahre Konterfei der Stadt Gyula mitsamt der Befestigung des Schlosses ist ein Stich von Mathias Zündt, in Nürnberg ediert und mit deutscher Legende versehen. Und man kann es für mehr als einen Zufall, für eine Systematik im Weltgeschehen ansehen, daß dort, wo einst des deutschesten Meisters Ahnen wohnten, eine deutsche Gemeinde lebt, die seit Maria Theresias Zeiten inmitten kernmagyarischer Gegend nicht magyarisch gelernt hat, hier, in der deutschen Vorstadt Gyula, ihrem Gottesdienst nachgeht, ihren Sitten lebt und ihre Mundart spricht wie vor Jahrhunderten in ihrer württembergischen Urheimat.

AUF DER WACHT GEGEN DIE SERBEN

Ada Kaleh und der Krieg

Dort, wo Ungarn, Serbien und Rumänien zusammenstoßen, ist ein Stückchen türkischster Türkei unversehrt übriggeblieben. Im Strome des Christentums liegt es da, eine Insel des Islam. Und nicht nur bildlich ist es eine Insel. Die Donau schützt das Stückchen Orient von allen Seiten mit starken Wellen, und als ob sie den okzidenten Einfluß von dem Eilande recht, recht fernhalten wollte, hat sie sich eigens hier zwischen ihren Stromengen von Kazan und des Eisernen Tores zu einer Breite von neunhundert Metern gedehnt. Genau in ihrer Mitte liegt Ada Kaleh, die Festungsinsel.

Denn hier war eine starke Festung, auf deren Zinnen die Fahne des Propheten wehte und die den Bergen ringsumher Angst einflößte und – ein Gibraltar der Donau – den Strom beherrschte, den Zugang vom Morgenland zum Abendland sperrend. Noch stehen die Festungsmauern, aber die Jahrhunderte und die Kultur der

Menschen, die sich in der Erfindung von kriegerischen Neuerungen erschöpft, haben den Wellen und Zinnen und Türmen und Kasematten von Ada Kaleh ihre Macht genommen, und nur mit Neugierde, nicht mit Schrecken sah man von den Grenzbergen und von den Schiffen auf die putzige Bärbeißigkeit der greisen Feste.

Und doch hat auch sie im Weltkriege ihre Pflicht getan. Zuerst gegen Serbien. Freilich mußten, um zu verhindern, daß sich die Serben hier festsetzten und so den besten Aussichtspunkt über den Strom und eine günstige Überschiffungsstelle nach Ungarn gewinnen könnten, statt der schwerfälligen Festungsmauern modernere Präservative angewendet werden: Schützengräben, Stacheldrähte und ein Maschinengewehrstand. Siebenundfünfzig ungarische Landstürmer waren hier durch fünfzehn Monate gegen die Serben Wacht an der Donau gestanden, von der Heimat abgeschnitten, da der Feind jedes Boot mit einem Kanonenschuß vernichten konnte, in der Verpflegung größtenteils auf sich selbst angewiesen, indem sie ein Kartoffelfeld anlegten, einen kleinen Kuhstall selbst instand hielten und sogar einen eigenen Brunnen graben mußten, vom Feinde glänzend gesehen, der jeden ihrer Schritte mit Gewehrschüssen und Schrapnells begleitete. Dazu kam, daß die Donau das Eiland überschwemmte und die Deckungen unter Wasser setzte. Im Wachthaus konnten die Soldaten gleichfalls nicht bleiben, denn die serbischen Patronen zerschnitten dessen Wände wie Butter. Da mußten sich denn die alten Landstürmer in Wind und Wetter auf die Ziegelwälle hinauflegen, nur durch eine schnell aufgeschichtete Brustwehr vor dem Feinde geschützt. Der Posten an der Ostspitze fuhr nachts auf einem Kahne über die überschwemmte Insel zu seinem Standplatz, mit Brot und Speck als Wegzehrung für einen ganzen Tag versehen. Denn er mußte in seiner windigen, feuchten Stellung vierundzwanzig Stunden liegen – erst bei Anbruch der Dunkelheit konnte die Ablösung heranrudern. Soviel man auch in diesem Kriege an Kaffeehaustischen und in den Zeitungen von heldenmütigen Taten hören kann, an passivem Heldentum ist er dennoch reicher.

Bulgaren und die Armee Mackensen eroberten im Oktober 1915 das Königreich Serbien. Nun kam ein ruhigeres Jahr für die Insulaner von Ada Kaleh. Wieder kamen neugierige Gäste herüber. Der Weg hatte sich freilich seit den Friedenstagen, da die Kurgäste von Herkulesbad sich die wohlfeile Gelegenheit zum Besuch des

„Orients“ nicht nehmen ließen, etwas verändert. Die Landstraße, die vom Hafen Alt-Orsovas längs der Donau gegen Vodicza und Verciorova führt, war nicht mehr bloß durch altes Geländer und durch Gebüsche, sondern auch durch dichtverfitzte Drahthindernisse von der Donau getrennt. Und nahe am Ufer schaukelten die Wracks von Schleppern im Wasser, die entweder bei nächtlichen Unternehmungen gestrandet oder zusammengeschossen waren.

Aber der granatensichere Unterstand, den die türkischen Fährleute in die Uferböschung gehackt hatten, war nicht etwa eine Errungenschaft des Krieges. Hier hatten sie immer schon gehaust, schon in Friedenszeiten immer ihren Kaffee gebraut, sich am Herdfeuer gewärmt, Trick-track gespielt und der Passagiere geharrt, die auf die Insel wollten. In den fünfzehn Monaten, da auf den Höhen am Serbenufer feindliche Geschütze gestanden waren, hatten sie allerdings pausieren müssen. Aber nun gab es wieder Fahrgäste genug. Seit das gegnerische Ufer gesäubert war, hatte Orsova nicht bloß den Charakter eines Welthafens errungen, sondern auch einen internationalen Personenverkehr aufzuweisen, und die eintreffenden deutschen, österreichischen und türkischen Offiziere nützten gerne ein freies Stündchen, um dem exterritorialen Stückchen des Orients ihre Visite zu machen.

Wie einst sprangen wieder der Ruderer und der Steuermann in den Nachen und fuhren los. Es scheint, daß sie stromaufwärts lenken, sich von der Inselspitze, die von brüchigen Ziegeln rot ist, als ob sie von Korallenriffen umrankt wäre, entfernen wollten. Aber wir nähern uns geradewegs der Insel: Die alten Fährleute haben längst auf empirischem Wege die Komponente herausgefunden, die sich aus der Kraft ihres Armes und jener der Strömung ergibt und die genau zu ihrem Ziele führt. Hier wechselt die Donau ihre Stromrichtung, sie nimmt plötzlich, die bisher nordöstlich floß, Direktion nach Südosten, und genau, wie sie sich biegt, ist auch die Insel gebogen: Die Insel des Halbmondes hat auch eines Halbmondes Form.

Nach fünf Minuten landete man am Westzipfel und besah die seltsame Welt und den Schaden, den serbische Geschosse angerichtet hatten. Selbst das hölzerne Minarett der Moschee hatten sie nicht verschont. Aber die Türken von Ada Kaleh hatten sich an die Schrapnells gar schnell gewöhnt, wie das in belagerten und bombardierten Städten immer der Fall ist. Auch die Überschwemmung empfanden sie nicht als allzu furchtbar, denn so arg wie 1897, da die Häuser der Insel bis über den Schornstein unter Wasser waren und die Bewohnerschaft in Wind und Wetter auf die höchsten Punkte der Wälle hatte flüchten müssen, war sie diesmal doch nicht gewesen. Aber viel ärger hatten sie gespürt, daß sie nicht nach Orsova konnten, wo sie dreimal in der Woche den Skelah-Markt abgehalten hatten. Dort hatten sie „Rachat" feilgeboten, das Sultansbrot, Kaffee und Zucker, welche ihnen steuer- und zollfrei geliefert werden und die sie an die Orsovaner weiterverkauften, allerdings nur ein Höchstquantum von drei viertel Kilogramm an je einen Käufer. Als während des Balkankrieges die im Berliner Vertrag vergessene Insel der Monarchie inkorporiert wurde, wurden die Bewohner von Ada Kaleh von den Ungarn mit dem spöttischen Wortspiele gefragt: „Adó kell e?" („Steuern brauchst du?") Aber das Privileg ihrer Zollfreiheit blieb unangetastet, und man ermöglichte ihnen schließlich sogar den Verschleiß während des Krieges: Im Zollamt von Alt-Orsova, wohin sie bei Nacht ruderten, durften sie ihre Waren gleich verkaufen, die sie dort ausgehändigt erhielten. Auch zum Kriegsdienste wurden sie nicht ausgehoben. Aber als die Fahne des Propheten entfaltet wurde, zum Dschihad Akbar aufrufend, zum Heiligen Krieg, meldeten sich die wehrfähigen Bewohner von Ada Kaleh freiwillig ins Feld.

Als Serbien gefallen war, ruderten sie wieder bei Tag ans ungarische Ufer, und am Donauufer von Orsova konnte man das Bild eines türkischen Marktes genießen.

GANZ KLEINE ROMANE AUS BÖHMEN

Man sieht den Hradschin und muß sich – so gut es eben jeder kann – seinem Zauber hingeben. Man sieht auf Schritt und Tritt Vergangenheit und muß, anstandshalber, etwas von der Geschichte der Stadt wissen. Aber was weiß man? Etwa die Sage von Libussa, Karl IV., daß Rudolf der Zweite ein Mystiker war, etwas von der Schlacht vom Weißen Berg, von Fritzens Schlacht bei Stierbohol und – durch Großpapas Erzählungen– von 1866. Da kommt einer nach Böhmen, durch den die Kulturen der Welt durchgegangen sind, der die beste Weltliteratur in deutscher und die beste Geschichte der deutschen Literatur in französischer Sprache geschrieben hat und ein Deutsch schreibt wie jetzt kein Lebender. Kommt nach Böhmen; und Szenen aus fremdsprachigen Manuskripten, Korrespondenzen und Erwähnungen erhalten ihren Schauplatz, die Wurzeln sind zu sehen, und es entstehen Bilder. Bilder der Zeit, Dramolets, ganz kleine Romane. Chateaubriand fährt nach Prag, um seinen König im Exil zu besuchen. Und nun lähmt ihn die Stadt, die grauen Türme, die dumpfen Glocken, die Simse mit Wappen, die modrigen Säle der Burg, eine bezechte Dirne, die, in rauher Sprache lallend, nach ihm hascht. Eine ganz, ganz fremde Stadt. Visionär wirkt sie, zusammenhanglos, auf den Herrn aus Vallee-aux-Loups. Noch nirgends wurde Prag so innerlich gegeben wie in dieser Studie. Oder: Der zahnlose Gentiluomo Casanova von Seingalt prügelt sich im Duxer Schlosse, das er sich als geruhigen Altenteil gedacht hat, mit Schloßverwaltern, Hausoffizieren, Ossegger Mönchen, Bäckern und Hausmädchen. Ein anderes Bild: Goethe am Karlsbader Sprudel, in allerdevotesten Versen „Ihro der Kaiserin Majestät" zu ihrer Ankunft besingend:

Aber heute neu mit Machten
Sprudle, Quell, aus deinen Höhlen!
Faltet aus die frischen Prachten,
Ihr, des grünen Tals Juwelen ...

Dann das Leben der Frau von Kalergis, die von Gautier besungen, von Heine angeschwärmt, von Napoleon begehrt, mit Bismarck und allen anderen Großen der Zeit bekannt war. Trefflich sind die Ratschläge, die sie ihrem Schwiegersohn, dem Grafen Coudenhove, nach Böhmen schreibt, seine Kinder dem politischen Dienst zu erziehen, trotzdem es ihm vielleicht scheinen mag, „daß es in Österreich sich nicht lohnt, sich mit dem politischen Leben zu befassen". Eine Momentaufnahme: Paul Claudel, katholischer Mystiker und Geschäftsträger der französischen Republik in Prag, blickt aus seinem Kaifenster auf Sophieninsel und auf den Zwiebelturm der Schitkauer Mühlen, an deren Ummauerung der Eisgang der Moldau kracht. Und in einer Novellette der häßliche Postassistent Jaromir Novotny, der eine tschechische Sängerin liebt, ihr dann – verschmäht – anonyme, unflätige Briefe schreibt und beim Nationaltheater ins Wasser springen muß. – Das sind einige Episoden aus Paul Wieglers neuem Buch „Figuren" (Verlag der Weißen Bücher in Leipzig), das sechsunddreißig Szenen enthält. Viele spielen unter fremden Himmelsstrichen, manche sind an keinen Raum gebunden, aber die aus Böhmen sollten uns aus Böhmen doppelt wert sein.

FEUILLETON

Ich sitze im Kaffeehaus und warte auf Helene.

Um drei Uhr wird sie pünktlich hier sein, das hat sie mir diesmal fest versprochen. Jetzt ist es halb vier. Ich habe also noch eine gute halbe Stunde Zeit. Was fange ich an? Zeitungen lesen? Nein, es ist zu heiß. Nur keine geistige Anstrengung! Ich will Ihnen lieber ein Feuilleton schreiben.

Herr Oberkellner, einen Bogen Papier und Tinte!

Danke. So, da hätte ich also das Werkzeug. Ich weiß bloß nicht, worüber ich schreiben soll. Ich werde jedenfalls als Titel das Wort „Feuilleton" hinschreiben. Das paßt immer. Hab schon.

Jetzt werde ich aufschreiben, daß ich im Kaffeehaus sitze, auf Helene warte, mich zu einem Feuilleton entschlossen, beim Kellner Papier bestellt und den Titel „Feuilleton" auf das Blatt gesetzt habe – kurz, all das, was der Leser in den sechzehn ersten Zeilen dieses Artikels gefunden hat. Ich halte jetzt in der Beschreibung meiner Arbeitsleistung bei den beiden Schlußworten „Hab schon" des vorigen Absatzes.

Jetzt sollte ich eigentlich die Niederschrift der letzten zehn Zeilen (von „jetzt werde ich ..." bis „Absatzes") protokollieren, aber auf diese Weise ginge es ins Unendliche, ohne daß ich imstande wäre, mich einzuholen, auch wenn ich das Resumé meiner vorangegangenen Arbeit noch so knapp fassen würde. Ich bliebe immer um einen Absatz zurück. Es wäre ganz hübsch, einige Spalten lang immer hinter mir her zu laufen, mir immer näher auf die Fersen zu rücken, ohne mich aber ganz einholen zu können. Damit würde ich doch wenigstens einmal die Feststellung entkräften können, daß meine Artikel „sachlich, beinahe wissenschaftlich und präzis" sind, was jedenfalls soviel wie „langweilig, phantasielos, pedantisch und sklavisch an den Tatsachen klebend" bedeuten soll.

Aber ich will heute keinen Gegenbeweis liefern. Ich will lieber, wie es sich geziemt, gar keine Umschweife machen, gleich in medias res übergehen. Aber in welche res? Worüber dichtet man? Aha, ich weiß schon: Über irgend etwas, das ich vor mir sehe, damit ich mich nicht anstrengen muß. Also einmal über etwas, wozu man keine Vorstudien und keine Erlebnisse braucht. Vor mir liegt irgendeine Zeitung, die mein Vorgänger an diesem Tische gelesen und liegengelassen hat. Welches Blatt es ist, weiß ich nicht, denn es liegt auf dem Kopf. Und umdrehen werde ich die Zeitung nicht, dazu bin ich viel zu faul. Ich sehe also nur die Inseratenseite. Darauf sind einige Pferde abgebildet, ein Schwein und eine Dreschmaschine. Hm, ich weiß schon, welche Zeitung das ist: die „Deutsche Tageszeitung" aus Berlin. Ich bin froh, daß ich sie nicht umgewendet habe, vorne ist sie gar nicht interessant, ich weiß im voraus, was darinnen steht: ein scharfmacherischer, antiösterreichischer Leitartikel vom Grafen Reventlow, Berichte vom Kriegsschauplatz und dann einige schlagkräftige Vergleiche zwischen der Hungersnot der preußischen Großagrarier und dem Überfluß der Städter. Da sind die Annoncen viel, viel schöner.

Sie lächeln! Sie glauben natürlich, daß das eine faule Ausrede, eine ausredende Faulheit ist, damit ich das Blatt nicht umwenden muß. Sie irren; für meine Leser ist mir keine Unbequemlichkeit zuviel. Aber Inserate sind wirklich immer anregender als der Text. (Meine Feuilletons natürlich ausgenommen.) In den Anzeigen spricht nicht der Schriftsteller in der Schriftsprache, das Volk in der Volkssprache und der Fachmann in Fachausdrücken. In den Schweizer Blättern werden zum Beispiel oft Saaltöchter gesucht, was soviel wie „Kellnerinnen" bedeutet, die Anordnung der Sitzplätze im Stadttheater wird als „Bestuhlungsplan" bezeichnet, im Partezettel wird „der Hinschied" des Herrn Bürgers XX kundgetan, und der Advokat heißt im Schwyzer Dütsch nicht Rechtsanwalt, sondern „Fürsprech". Noch seltsamer sind die Anzeigen in Fachblättern für den Laien. Und die „Deutsche Tageszeitung" ist eben sozusagen ein agrarisches Fachblatt und ich in agrarischen Dingen ein Laie.

Da finden Sie zum Beispiel ein „Adeliges Gut" in Holstein angepriesen. Haben Sie je gewußt, daß auch Güter in den Adelstand erhoben werden können? Es gibt sogar ganze Rangstufen, ganz genau wie im Gothaischen Hofkalender und im Genealogischen Taschenbuch. Das alles können Sie aus den Inseraten ersehen: „Fürstlicher Besitz", „Gräfliche Domäne", „Freiherrnsitz", „Rittergut mit Schloß", „Feudale Herrschaft mit Jagdgrund", „Hochadeliges Gut" und „Adeliges Gut", „Herrschaftshof", „Landgut" und „Landhaus mit Äckern" – alles können Sie haben! Merkwürdig genug, das Rittergut ist gegen sechshunderttausend Mark jährlich zu pachten, der Fürstliche Besitz ist schon um vierhunderttausend Mark sofortiger Zahlung käuflich zu erwerben, und das Hochadlige Gut ist um tausendzweihundert Morgen kleiner als das Adelige. Hier ließe sich eine Reihe von geistvollen Varianten über das Thema „Titel und Mittel", über Ehre und Geld, über „Schmach, die Unwert schweigendem Verdienst erweist" usw. anstellen – wenn nur nicht so heiß wäre.

Aber da finden wir eine ganze Reihe von viel reizenderen Anzeigen. Statthalter werden gesucht, Statthalter und wieder Statthalter. Aber man sucht keine gewöhnlichen Statthalter, sondern solche mit guten Zeugnissen, solche, die befähigt sind, Landwirtschaften von achthundertfünfzig Morgen zu leiten, und längere Zeit in fester Stellung waren. Darunter steht: „Lebensstellung." Oh, ich könnte mir Vermittlerhonorar verdienen, ich wüßte schon Bewerber genug, wenn nur nicht die Bedingungen gar so schwer wären.

Wenn die Güter den Fürstentitel führen, wenn die Statthalter Lebensstellungen auf Meierhöfen haben, warum sollten da nicht Hofmeister für die Ochsen bestellt werden? Kaum ist mir dieser kühne Gedanke aufgetaucht, so stößt mir schon folgendes Inserat auf:

Gesucht wird zu sofort oder 1. Oktober d. J. ein erfahrener Ochsenhofmeister, der bereits in Rübenwirtschaften tätig war; die Stelle ist auch für Kriegsinvaliden geeignet. Offerten mit Gehaltsansprüchen an die Verwaltung der Domäne Schladen. Schladen am Harz.

Es wäre aber gemein von mir, nur von den Ochsenhofmeistern zu sprechen und verschweigen zu wollen, daß es auch gewöhnliche Hofmeister gibt. Ein solcher wird zum Beispiel für zwei Gymnasiasten gesucht und von ihm verlangt, daß er Altphilologe und von geduldigem Temperament sei. Davon, daß auch er „erfahren" sein möge und sich mit Zeugnissen einer früheren Tätigkeit in Rübenwirtschaften ausweisen könne, ist nicht die Rede. Aber daraus zu schließen, daß man für die Ochsen einen geeigneteren Hofmeister suche als für die beiden Junker, wäre ein Fehler. Wird doch wiederum für die Behandlung der Ochsen kein geduldiges Temperament verlangt.

In deutschen Agrarkreisen scheint man sehr um die Gunst der Schweizer zu buhlen. Ha, welche Lust, neutral zu sein. In fünfzig

Anzeigen werden Schweizer gesucht, aber beileibe keine gewöhnlichen Schweizer, sondern es werden immer ausdrücklich „Oberschweizer“ verlangt, was jedenfalls die höhere Rangklasse bezeichnen soll, analog zu „Oberleutnant“, „Oberkommissär“, „Oberdirektor“ usw. Halt! Da scheine ich mich blamiert zu haben, hier liegt wohl ein Terminus technicus vor, und es handelt sich bei diesen Oberschweizern nicht um Menschen, sondern um Zuchtbullen. Da steht es ja ausdrücklich: „Zur Hebung der Zucht wird ein tatkräftiger Oberschweizer für zweiunddreißig Kühe und zwanzig Färsen gesucht. Gute Zeugnisse erforderlich.“ Das mit den guten Zeugnissen gefällt mir. Im Tierreich ist also schon die moderne Forderung nach dem ärztlichen Eheattest verwirklicht. Ich möchte aber gerne einmal ein solches Zeugnis eines Bullen anschauen. Sittliches Betragen: minderentsprechend. – Fleiß: ausdauernd. – Und so weiter bis: Turnen. – Und die Formel „Ist zum Aufsteigen in die höhere Klasse berechtigt!“ wird auch keinem braven Stiere vorenthalten und auch ihm bezeugt werden, daß er zum Aufsteigen berechtigt ist.

Aber ich sehe, daß ich mich neuerlich blamiert habe! Es handelt sich ja gar nicht um Stiere, sondern um Menschen, denn die Anzeigen der Oberschweizer stehen nicht unter der Rubrik „Viehkäufe“, sondern unter „Offene Stellen“. Es dürften also Molkereibedienstete sein, von denen hier soviel verlangt wird.

Während das neutrale Ausland dermaßen gesucht wird, sind Abkömmlinge des feindlichen Auslandes abzugeben. Yorkshire-Eber, Berkshire-Schweine und Lancaster-Sauferkel, deren Stammbaum ungefähr bis in die Zeit der Königsdramen reicht, sind zum Zwecke der Schlachtung zu verkaufen. Lange genug waren sie in Konzentrationslagern vereinigt, jetzt hat ihr Stündlein geschlagen. Gott strafe England!

Dagegen genießen die noblen Schweine auf den noblen Gütern eine noble Erziehung. Die schwarze Edelsau und das veredelte deutsche Landschwein werden, wie das Inserat einer Zuchtanstalt meldet, in verschiedenen, streng nach Rasse und Altersklasse getrennten Abteilungen aufgezogen. Dem Gesetz der Analogie folgend, vermute ich, daß die Lüneburger Zuchtanstalt für Heideschnuckenlämmer (jung, vollwollig) einem Mädchenpensionat gleicht. Sicher trippeln sie paarweise auf die Weide und kichern, wenn ein Hammel vorübergeht.

Aber das Allerkomischeste kommt erst, es findet sich nämlich in den ...

Pardon, da kommt Helene. Sie hat sich etwas verfrüht. Ich muß schließen.

RÄUBER UND POLIZEI

Ein Kapitel aus der Wiener Kriegsausstellung

Im serbischen Pavillon der Wiener Kriegsausstellung bekommt man das einzigartige Bild einer Polizei zu sehen, die sich nicht im Schatten des heimischen Verbrechertums allmählich entwickelt, deren Vervollkommnung sich nicht dadurch vollzogen hat, daß sie mit ihren Klienten mitschülerhaft gleichen Schritt hielt, die ihre Arbeit ohne den wichtigsten Behelf, die „polizeibekannten Individuen", leisten mußte. Wenn ein biederer Ersatzreservist in dreijähriger tapferer Felddienstleistung zum Leutnant aufgestiegen ist und plötzlich beim Ersatzbataillon mit gezogenem Säbel vor einem inspizierenden General eine Defilierung kommandieren muß, könnte er – möcht man sprechen – nicht hilfloser vor dieser Aufgabe stehen als eine neue Polizei in solcher Lage. Aber die k. u. k. Militärpolizei in Belgrad hatte keine Zeit zur Hilflosigkeit.

Mit Plakaten kündigt sich der Einzug einer neuen Unternehmung an. Wir sehen diese ersten Dokumente in ein Buch gebunden – so groß gedruckte Bücher mag es wenig geben. Es sind dreisprachige Kundmachungen, die zur Ruhe und Ordnung auffordern, solche, die Verbote des Waffentragens, Warnung vor politischer Betätigung, Strafandrohung für Vorschubleistung bei der Flucht von Kriegsgefangenen enthalten und dergleichen. Und nun sieht man, wie nach und nach und doch rapid die moderne Polizeiverwaltung von Belgrad entsteht. Schon vor der Eroberung war ein Geschäft der gleichen Branche in der Stadt. Seine Firmatafel ist ausgestellt: „Kraljska srbska glovna Polizija." Aber von all seinen Einrichtungen sind wohl bloß die Werkzeuge eines Falschmünzers mitsamt einigen hundert Dinaren seiner eigenen Prägung vom neuen Betrieb übernommen worden, ein Corpus delicti, ein Museumobjekt für die Kriegsausstellung.

Die Beweisstücke für die großserbische Propaganda, die Wappen aller „unbefreiten" südslawischen Länder, die Beilstöcke, Revolver und Schlagringe aus dem Fundus des Kulturverbandes „Narodna obrana", die in der graphischen Anstalt des serbischen Generalstabs hergestellten propagandistischen Lithographien, das Exemplar der in Syrmien verbreiteten Trinkfläschchen, der sogenannten „Cutoras", mit den großserbischen Aufschriften und die Sammelbüchse aus dem Versammlungslokal der „Narodna obrana" in der Resavskagasse sind wohl schwerlich von der „Srbska Polizija" konfisziert worden. Die Propaganda! Dem Säugling gab man keine Ratsche in die Hand, die nicht mit den serbischen Farben bemalt war. Was scherte es, daß Farben giftig sein können. „Wer leben will, soll sterben, wer sterben will, soll leben!" So steht es auf der Herme des Kronprinzen Alexander, die in der Freimaurerloge „Pobratim" stand.

Ein Säbel hängt da, der gehörte dem Herrn Major Voja Tankosic, der als Hauslehrer für Bombenwerfen durch seine Schüler Princip und Gabrilovic in weitesten Kreisen bekannt geworden ist. Major Vojta Tankosic ist tot. Hätte ihn Serbien vor drei Jahren ausgeliefert, vielleicht lebte er noch und viele, viele andere auch. Und es gäbe keine Kriegsausstellung in Wien, in der sein Säbel hinge.

Eine Flugschrift, die von den Anhängern der Obrenović nach dem Morde an König Alexander (1903) verbreitet worden ist, liegt auf dem Tisch. Es ist ein politisches Testament, und Fürst Alexander Karageorgiewitsch, der die Verschwörung gegen den regierenden Fürsten Michael Obrenović und dessen Mord im Čosutujaker Wildpark angezettelt hat, soll es an seinen Sohn, den jetzigen König Peter, gerichtet haben: „Viel Geld gab ich, bis ich mit dem Sträfling Nenadanovic und mit meinem Diener die Verschwörung organisierte." Und er gibt dem Sohn väterliche Ratschläge: „Mit geheimen Verschwörungen und mit Mord kann man alles erreichen!" Sein Sohn hat denn auch alles so erreicht. Der Enkel des einst Ermordeten wurde ermordet, Prinz Peter wurde dann König von Serbien und sieht nun aus weiter Ferne, daß man alles erreichen kann.

Eine Mappe, aus Holz und Leder in Buchform hergestellt, mit oxydierten Kupferbeschlägen, kunstvollster Mannschaftsarbeit, hat die respektable Größe von anderthalb Meter im Quadrat. Sie enthält das Curriculum vitae des k. u. k. Polizeikommandos Belgrad: die Tätigkeitsgebiete der Departements, Werdegang des Meldewesens, der Fischereiregelung, der Polizeihundestation, der Kündigungsvorschriften und Lizitationen, der Handels- und Gewerbe-

Vorschriften, der Feuerwehr, der Maßnahmen gegen Bettelwesen, des Schub- und Strafvollzugs, des polizeiärztlichen Dienstes und der Sittenpolizei. Photographien vieler Damen, sehr vieler Damen sogar ... Der Photograph scheint aber auf das übliche Aviso vergessen zu haben, auf das „Bitte, recht freundlich!".

Das Absonderlichste in dieser Ausstellung ist aber, daß wir uns plötzlich dem Beweise für eine Romantik gegenübergestellt sehen, die immer unser Gefühl bewegt, die aber unser Verstand nie geglaubt hat. Hier ist Rinaldo Rinaldinis Räuberhöhle photographiert, hier hängen die Mordwaffen des Schinderhannes an der Wand, und ein plastischer Tisch mit Hügeln, Tälern, Terraineinschnitten, Häuschen, Gärten und Wäldern gibt das Bild des Streifzuges, den Karl May mit seinen Getreuen in den Schluchten des Balkans zur Aushebung des „Schut" unternahm. Die Komitadschi! Niemand kann definieren, was die Komitadschi sind. Glühende Patrioten und habgierige Raubmörder, Elite des Kriegsvolkes und politische Machthaber, exekutive Gewalt der Militärbehörden und gemeine Verbrecher. Sie haben kein einheitliches Gewand, kein Abzeichen und keine einheitliche Organisation, ihr gemeinsames Merkmal ist Hemmungslosigkeit, wilde Hingabe an Edles wie an Verbrecherisches. Unsere Truppen hatten längst die serbischen Armeen verjagt, das Land besetzt, aber das Land gab noch lange nicht Ruhe, und unsere Feldgendarmen hatten noch einen wahren Guerillakrieg gegen die Komitadschikomitees auszukämpfen. Das Kossowe polje, das blutgedüngte Amselfeld, war die Operationsbasis dieser Banden. Dieses bizarr zerklüftete Gebirgsmassiv und seine Risse und Höhlen boten ihnen Schlupfwinkel, nach denen unsere Feldgendarmerie wochenlang fahnden und die sie dann noch länger belagern mußte, bevor man der Räuber habhaft wurde. Man braucht nur die Photographien des Wegelagerernestes im Ripanjer-Tunnel anzuschauen, um sich von den Schwierigkeiten der Ausfindigmachung und der Ausräucherung einen Begriff zu machen. Die Lisavicaer Höhle war zwei Meter hoch, fünf Meter lang und drei Meter breit. Waffen, Munition für wochenlange Kämpfe, Proviant für Monate fanden sich darin, aber auch eine Bibliothek. Ein Feldzug nach allen Regeln der Strategie war es, den die k. u. k. Streifkorpsabteilung 13/II gegen Mojmir-Christian an der montenegrinischen Grenze unternommen hat. Wir haben das Panorama dieser übermenschlich schweren Razzia an einem Terrainmodell vor uns. An den Seitenwänden dieses Pavillons hängen Waffen, wie man sie drüben, im historischen Waffensaale der Kriegsausstellung, nicht findet. Es sind Räuberwaffen, Flintenstöcke, verkürzte Mausergewehre, adaptierte Mannlicherstutzen, geraubte Karabiner, selbstfabrizierte Flinten, unförmige Riesenrevolver, altertümliche Pistolen mit Perlmuttereinlage und Patronen mit gehacktem Blei. Auf weißen Kartonblättchen haben die Aussteller verewigt, wem diese Dinge gehörten, dem Raubmörder Ljuba Federovic, dem Komitadschihäuptling Dusan Milosavljevic aus Grosnica oder gar dem Radovan Perovic aus Zabojnica, der der Schrecken des Slepaker Bezirkes gewesen war. Im Dezember 1916 ist es erst gelungen, ihn unschädlich zu machen. Grosnicaer Feldgendarmerie umzingelte ein Haus, in dem er sich verborgen hielt, aber Perovic gab sich nicht gefangen, er feuerte aus seinem Mannlicher gegen die Belagerer, bis ihn eine Kugel tödlich traf. Mit Ungeduld muß jeder serbische Kriegshetzer ersehnen, daß sein Land vom fremden Joch befreit und wieder Frieden werde. Und nicht mit Unrecht wird er befürchten, daß es lange dauern dürfte, bevor wieder die traulichen Zustände eintreten, die zur Friedenszeit in Serbien bestanden haben.

SCHILLERS „JUNGFRAU“

(Neues Deutsches Theater)

Ganz originell, ganz originell, Nachmittagsvorstellungen am Abend zu spielen! Man sagte gestern Schillern zum Geburtstag einen schönen Wunsch auf: „Die Jungfrau von Orleans“. Kein Stück paßte besser in die Zeit. Wir erleben die Schlachtfelder von der hohlen Phrase entblößt und neigen – da keine irdische Macht vor Schrapnellkugeln, kein Heldenmut vor Flammenwerfern und keine Weisheit vor Sprengminen schützt – zum Glauben an mystische Regelungen des Weltgeschehens. Das Epos von der Verzückten aus Domremy könnte eben jetzt der pathetischen Heroinentradition entrissen, der Glaube kriegführender Völker an die Sendung transzendentaler Kräfte dargetan werden, indem man dieses (nicht bloß bezüglich der Kriegsschauplätze) moderne Stück von der edlen Somnambulin modern spielte. Man könnte...

Die gestrige Aufführung hatte es auf Luxus angelegt, indem die Regie keine Kosten gescheut hatte, die Titelrolle dem Fräulein Elly

Rotter anzuvertrauen. Die Dame ist blitzsauber, sie hat ihre Verse so gut auswendig gewußt und so deutlich deklamiert, daß man ihr wohl oder übel glauben mußte, es schlage unter Schuppenpanzer und Batistleibchen ein fürs Vaterland begeistert Herz. Auch daß sie sich in der kriegerischen Rüstung so gar nicht bewegen zu können schien, war eine gute Idee: Ich bin ja ein Hirtenmädchen, sollte das sagen. Für Lionel, den Lord, der das kämpfende Weib durch seinen Anblick entwaffnet, brachte Herr Feher just den richtigen Märchenpanzer auf die Bühne. In seiner Gelassenheit und Einfachheit fiel der König des Herrn Mühlberg auf, Herr Wurmser spricht menschliche Töne, und der Todeskampf Talbots (Herr Koch) war wohl die stärkste Episode des Abends. Des Wortes achtet auch Herr Zeisler gut, wer aber, um Himmels willen, hat ihm eingeredet, daß lothringische Ritter im Schornsteinfegerkostüm wandelten?

Die szenische Ausstattung verriet Sorgfalt und viele neue Gedanken. Hiefür ist Herrn Seipp ehrlich zu danken. Das Haus war bumsvoll. Besonders viele junge Leute waren da, die es mit jubelndem Beifall begrüßten, wenn ein Zitat dem bösen Engelländer eines auswischte.

ATJA WINTERNITZ GEFALLEN

Mit Tränen in den Augen werden alle Mitglieder des DBK „Sturm" die Nachricht vernommen haben, daß ihr „Atja", Oberleutnant Arthur Winternitz, im Kriege gefallen ist. Vom ersten Kriegstag an eingerückt, hat er selbst inmitten schwerster Strapazen und Gefahren immer für das Schicksal aller Klubgenossen an anderen Frontteilen gesorgt, ihnen geschrieben, ihr Schicksal mit Liebesgaben und mit der Hoffnung auf das Wiedersehen zu mildern versucht. Niemand aber wußte so schmerzvolle Briefe zu schreiben wie er, wenn der Tod immer von neuem aus den Reihen „Sturms" Opfer forderte. Und nun ist er selbst gefallen, der Beste! – Arthur Winternitz war als kleiner Untergymnasiast dem DBK „Sturm" als Zögling beigetreten, dem sein älterer Bruder Josef angehörte. Und durch fünfzehn Jahre ist er den schwarzblauschwarzen Farben treu geblieben und hat jede Lockung des Ehrgeizes, die dem brillanten Endback anderwärts Ehren und Reisen und Popularität verschafft hätte, weit von sich gewiesen. Er begnügte sich, den Sport als Sport zu betreiben und der „Atja vom Sturm" zu bleiben. Aber nicht nur als Spieler hat er sich für den Verein geopfert, auch als Organisator war er unermüdlich, und es gibt keinen „Stürmer“, der in ihm nicht den treuesten Freund geliebt hätte. Auch in den anderen Sportvereinen achtete man den jungen Arthur Winternitz als einen unbedingten Ehrenmann des Spieles, und sein Urteil rief man oft genug als Schiedsspruch an. Seine Klubkollegen aber sind über sein Hinscheiden nicht bloß von maßloser Trauer erfüllt, sondern es gibt auch keinen, der ihm durch stetes Gedenken nicht das vergelten wird, was Arthur Winternitz allen gehalten: die Treue.

WESEN DES REPORTERS

Der Gebrauch des Wortes „Reporter“ als Synonym für Lokalreporter ist eine vollständig sinnlose Kürzung. Jeder gute Journalist ist Reporter: der Politiker wie der Volkswirt, der auswärtige Korrespondent wie der Sportredakteur, der Militärkritiker wie der Theaterreferent, der Parlamentsjournalist wie der Kriegsberichterstatter, der Leitartikler wie der Feuilletonist. Ohne zu reportieren, das heißt, ohne das meritorische und (für die Behandlung des Stoffes) wichtige Material herbeizuschaffen, gibt es keine geistige Behandlung eines Themas. Auch für den Gelehrten, für den Dichter nicht. Flaubert reiste um der „Salammbô“ willen nach Algier, Zolas Studien auf der Lokomotive, in den Eisenwerken, in den Hallen und Elendenvierteln sind biographisch bekannt und aus jeder Zeile der Werke erkennbar. Jeder Schriftsteller, auch der Nichtrealist, bedarf der Milieustudie, und jede Milieustudie ist Reportage.

Ganz sinnlos aber ist der geringschätzige Unterton der Bezeichnung „Reporter“, dem eine kolossale Überschätzung des Leitartikelschreibers, des Kunstrezensenten, des Verfassers nationalökonomischer Artikel und besonders des feuilletonistischen Plauderers gegenübersteht. *An sich* ist immer die Arbeit des Reporters die ehrlichste, sachlichste, wichtigste. (Daß der Theaterkritiker ein Regenerator, mancher Reporter ein Lügner und mancher Wortwitzler im Grunde eine ethische Persönlichkeit sein kann, hat damit nichts zu tun.) Ich spreche nur vom Reporter als solchem. Er mag übertreiben, unverläßliche Nachrichten bringen – dennoch ist er immer von der Tatsache abhängig, immer von der Sachlichkeit, immer ist ein Patrouillengang, ein Weg, ein Gespräch oder ein

Anruf die Grundlage selbst der kleinsten Notiz. Der Leitartikler an sich ist immer in der Lage, ohne von seinem Sessel aufzustehen, über irgendein Thema zu schreiben. Es gibt auch immer irgendein Thema. Er kann es mit glänzender Sachkenntnis behandeln und mit trefflich passenden Zitaten belegen. Zitate aber stammen aus Publikationen, also aus zweiter Hand. Die Ergebnisse der Recherche sind aus erster Hand, sind aus dem Leben.

Natürlich ist die Tatsache bloß die Bussole seiner Fahrt, er bedarf aber auch eines Fernrohres: der „logischen Phantasie". Denn niemals bietet sich aus der Autopsie eines Tatortes oder Schauplatzes, aus den aufgeschnappten Äußerungen der Beteiligten und Zeugen und aus den ihm dargelegten Vermutungen ein *lückenloses* Bild der Sachlage. Er muß die Pragmatik des Vorfalles, die Übergänge zu den Ergebnissen der Erhebungen selbst schaffen und nur darauf achten, daß die Linie seiner Darstellung haarscharf durch die ihm bekannten Tatsachen (die gegebenen Punkte der Strecke) führt. Das Ideal ist nun, daß diese vom Reporter gezogene Wahrscheinlichkeitskurve mit der wirklichen Verbindungslinie aller Phasen des Ereignisses zusammenfällt; erreichbar und anzustreben ist ihr harmonischer Verlauf und die Bestimmung der größtmöglichen Zahl der Durchlaufspunkte. Hier differenziert sich der Reporter von jedem anderen seiner Gattung, hier zeigt sich der Grad seiner Begabung, genauso wie sich an dem Linienzug durch die gegebenen Punkte der Tatsachen und der Tendenz die Kunst des politischen Redakteurs, des Kritikers usw. zeigt.

Der Berichterstatter ist der Prosaist der Ballade. Man stelle sich zum Beispiel „Die Kraniche des Ibykus" in den Spalten einer Zeitung fortlaufend gesetzt und mit den üblichen Untertiteln versehen vor, und man hat den Bericht einer in Poseidons Fichtenhain (Bezirk Akrokorinth) begangenen Mordtat zweier Landstreicher an einem griechischen Sänger mitsamt den Personalien des Ermordeten, der genauen Schilderung des Schauplatzes, der Tat, der Entdeckung der Mörder („Kraniche als Detektive!") während einer Theatervorstellung, ihrer Festnahme und dem Geständnis („Zum Kampf der Wagen und Gesänge, der auf Korynthus' Landesenge der Griechen Stämme froh vereint, zog *Ibykus*, der Götterfreund. Ihm schenkte des Gesanges Gabe, der Lieder süßen Mund Apoll. So wandert' er an leichtem Stabe nach Ilion ...").

Wogegen des Feuilletonisten Ideal die Lyrik ist. Der Plauderer, der schlechteste Feuilletonist wird Tatsachen unterdrücken; kann er dies nicht, so gibt er sich wenigstens den Anschein, daß er sie nicht *genau* wisse, um das „rein Gedankliche und rein Gefühlsmäßige" seiner Ausführungen, seine „Unabhängigkeit von dem Meritorischen" und die „Mühelosigkeit seiner Produktion" darzutun. Derartige Unterschlagungen und absichtliche Ungenauigkeiten sind noch schimpflicher als das Protzen mit Informiertheit, das sich in der wahllosen, unorganischen Anhäufung unverarbeiteter Fakten und Zitate kundtut.

Der Leser merkt die selbständige Arbeit des Reporters um so weniger, je besser sie ist! Wie ja auch der Durchschnittsleser die von jedweder Sachlichkeit unbeschwerten Hintertreppenromane mit ihren Erwähnungen von exotischen Reisen, von vergrabenen Schätzen, von Verausgabung ungeheurer Geldsummen, von zufälligen Begegnungen, abenteuerlichen Verkleidungen, hochgestellten und geheimnisvollen Persönlichkeiten und dergleichen als Ergebnisse wunderbarer Phantasie ansieht und anstaunt und die wirklich wunderbare Phantasie nicht erkennt, die zum Beispiel in den wahrheitsgetreuen Memoiren eines Bismarck oder in den exakt deskriptiven Reisebüchern eines Humboldt steckt.

Reporter sind naturgemäß vom Sujet abhängig. Aber doch darf für ihre Wertung nicht etwa das von Schopenhauer über die Verfasser gewisser Bücher gefällte (und auch für diese nicht zutreffende) Urteil angewendet werden. Schopenhauer sagt: „Ganz gewöhnliche oder platte Menschen können vermöge des *Stoffs* sehr wichtige Bücher liefern, indem derselbe gerade nur ihnen zugänglich war: zum Beispiel Beschreibungen ferner Länder, seltener Naturerscheinungen, angestellter Versuche, Geschichte, deren Zeuge sie gewesen oder deren Quellen aufzusuchen oder speziell zu studieren sie Mühe und Zeit verwendet haben."

Das ist nun vom ersten bis zum letzten Worte – sagen wir: übertrieben. Ein *ganz* gewöhnlicher oder *ganz* platter Mensch wird niemals ein wichtiges Buch schreiben können und wenn er selbst Augenzeuge der Sündflut, Kammerdiener der Semiramis oder Reisebegleiter des Pizzaro gewesen wäre. Er wird entweder gar nichts zu sagen haben oder aber alles mögliche zusammenschwätzen, alles – nur das Wichtige wird er nie als solches erkennen.

Der Maler braucht keine Staffelei bei der Hand zu haben, keine Palette und keine Farben, ihm wird ein Bleistift und ein Stück Papier zu einer Skizze genügen, nötigenfalls wird er, ohne zu skizzieren, das Bild in seinem künstlerischen Erinnerungs- und Auffassungsvermögen festhalten. Aber dem Photographen nützt kein Gedächtnis für die Situation, er muß die präparierte Platte eingestellt haben, sonst ist es für ihn (als Photographen) so, als ob er nicht dabei gewesen wäre.

Der ganz hohle Mensch hat eben diese Platte für das Erleben, für das Beobachten, für das Sehen nicht, und haben wir nicht zu Hunderten Leute gesehen, die im Weltkriege in ihre Tagebücher nichts als übernommene Zeitungsphrasen einschrieben oder denen von anderen großen Ereignissen, an denen sie beteiligt waren, nur die dümmsten Äußerlichkeiten haftengeblieben sind? Und ebenso wird der gelehrte Hohlkopf nicht einmal imstande sein, wichtige Quellen zusammentragen zu können; er wird immer an den zwecklosesten Dingen arbeiten, die nie als Beitrag zur Lösung einer Frage dienen können. Lesen wir uns nur einmal die Titel unterschiedlicher Dissertationen durch!

Was nun das Wiedergeben des Erlebens anlangt, so verfügt über jene lichtempfindliche, eingestellte Platte, deren der Künstler nicht bedarf und die der Durchschnittsbürger (geschweige denn Schopenhauers „ganz gewöhnliche oder platte Menschen") nicht besitzt, ein Dritter: der Journalist.

Wie denn dieser überhaupt zwischen Künstler und Bürger die (von beiden Teilen angefeindete) Zwischenstufe ist und ihr Mittler.

DOGMA VON DER UNFEHLBARKEIT DER PRESSE

Den Zeitungsredakteur kennzeichnet Überkompensation eines Minderwertigkeitskomplexes. Schon sein Eintritt in die Journalistik hat sein Kleinheitsgefühl bewiesen. Im allgemeinen ist er ja der Bürger, der den bürgerlichen Beruf verfehlt hat, ist er ja der Künstler, der doch nicht soviel Künstler ist, um es zu wagen, der Unbill des Verstoßenseins, des Nichtgesichertseins und des persönlichen Mißerfolges zu trotzen. Man kann ihn den „Nichtkünstler aus Skepsis" nennen oder den „Nichtbürger aus Anmaßung".

Charakteristisch für die Geringschätzung seiner selbst ist die Ausrede der Aktualität. Obwohl dem Publikum die Aktualität absolut unwichtig ist (siehe Sympathie für Briefkasten, Handschriftendeutung, Feuilleton, kleine Chronik, also zumeist vollständig unaktuelle Rubriken), redet er sich und dem Leser ein, daß dieser in der Zeitung nur das „Neue“ suche. Sich: um die Verwegenheit, daß er etwas schreibe, vor sich selbst damit zu entschuldigen. Dem Leser: um dessen (auf Unkosten des Bücherlesens gehende) Vorliebe für die Zeitung schmeichlerisch mit dem Aktualitätsbedürfnis zu begründen und ihn um Verzeihung zu bitten, daß er, der arme Journalist, das Wort zu ergreifen wage: „Ich bitte, ich spreche nur, weil ich zufällig der erste war, der's erfuhr.“

Der Journalist leidet an dem Zwiespalt zwischen der subjektiven Überzeugung von seiner Unersetzbarkeit und der Erfahrungstatsache, daß im allgemeinen jeder jederzeit ersetzt werden kann, ohne daß der Leser etwas merkt. Er leidet an der Tatsache, daß es ein Zufall war, der ihn gerade einer minder geachteten, zu individueller Betätigung schwerer geeigneten Rubrik zuteilte, der ihn gerade bei einer Vorstadt- oder Provinzzeitung Stellung finden ließ. Von seinem ersten Schritt aus der Bürgerlichkeit hängt seine Wertung für die Zukunft ab. Von einem Zufall! Hätte er seine erste Schrift an einen Bücherverlag oder an eine vornehme Zeitschrift gesendet und Erfolg gehabt, wäre er ein Dichter, ein Schriftsteller geworden. Aber er hat dies eben aus Skepsis nicht getan, ist Journalist geworden, hat an eine Tageszeitung eingeschickt oder sich um eine Anstellung bei einer solchen beworben. Welche hat er gewählt? Die, die ihm am nächsten lag, die, zu der er eine äußere Beziehung hatte, die, bei der er einen Redakteur kannte, oder die, von der er wußte, daß sie eben eines Mitarbeiters bedurfte. Und in welche Rubrik war er eingeteilt worden? Ja, hätte er wählen können – es gibt keinen Adepten, der nicht für Feuilleton und Theater tätig sein möchte. Auch Politik, Volkswirtschaft wären – wie er später einsieht – sehr schön gewesen. Aber es war nur ein Stenographenposten frei, eine Adlatusstelle beim Lokalreporter oder die Vereinsnachrichten. Aber der Konkurrenzkampf, die Publizität und Hast und Wirkung seiner Arbeit, das Besserwissen und Frühererfahren reizen ihn und reißen ihn mit, er gibt sein Ich aus oder einen Teil seines Ichs.

Er leidet auch an dem Gedanken an das Alter. Er weiß, daß der dümmste Kadettenschüler – wenn er's unpensioniert erlebt – einmal General werden muß und daß der bornierteste Ministerialkonzipist schon sehr borniert geblieben sein muß, wenn er im Alter von sechzig Jahren nicht mehr als Hofrat ist. Es gibt keine sechzigjährigen Fähnriche und keine sechzigjährigen Konzipisten. Vor Generalen und Hofräten reißen die Niederen die Türe auf, salutieren, kriechen ... Der Journalist ist mit zwanzig Jahren ein „kommandierender General", apperzeptionsfähig, begeistert, talentiert, verwendbar. Mancher jüngere aber, der nach ihm eintritt, wird sein Vorgesetzter, jedes Morgenblatt und jedes Abendblatt nützt den Menschen ab, und wenn man sechzig Jahre alt ist, ist man Feldwebel – bestenfalls.

Vom Tage seines Eintrittes in die Zeitungsredaktion an ist man schon ein Opfer seines Berufes. Die Notwendigkeit, immer schußbereit an der Schießscharte der Zeit zu stehen, bewirkt naturgemäß eine völlige Nichtachtung der Umwelt und eine Vereinseitigung des Bewußtseins, wodurch der Redakteur freudlos wird und freudloser als der andere Mensch, der die Muße hat, sich am Bestehenden und vermittels des Bestehenden zu ergötzen. Er ist motorisch, während die Leser sensorisch sind. Der Redakteur mit seinem elegischen Zynismus gegenüber der Kunst, besonders gegen Lyrik, Symphonie, Malerei und Landschaft, ist für die ruhigen, sich ewig gleichbleibenden Erscheinungen des Daseins nicht bloß stumpf, sondern sogar – harrt er doch an der Schießscharte nur des Neuen, nur der Bewegung, nur des Ereignisses! – geradezu blind. Er hat es verlernt, die Dinge in ihrer objektiven Ruhe zu sehen. Er projiziert sie immer und immer auf die Zeitung, er setzt im Geiste Titel und Untertitel, Spatien und Durchschüsse in sie, teilt sie den Rubriken seines Blattes zu, mißt ihre Wirkung auf die Abonnenten (er denkt nie aus sich selbst heraus, sondern immer „aus unserem Leserkreis") und kommt um den Genuß ihres eigentlichen Inhalts. Er verhält sich zum Leser wie der Bauer zum Sommerfrischler, der Sennhirt zum Touristen. So kann es kommen, daß der gewiegteste Journalist vor dem kleinsten Menschen, der das Blatt eines Baumes beschreibt, wie vor einem Wunder steht. Das ist ein Blatt, in dem er nie gelesen und für dessen Herstellung er sich nie interessiert hat. Aber er beginnt zu ahnen, daß er – weil er immer am laufenden ist – an allen Wahrheiten vorbeiläuft, die von Ewigkeit zu Ewigkeit aktuell sind und für ihn ewig im Übersatz bleiben müssen.

Wie hilft er sich? Indem er den Touristen, der der veralteten Tracht einer Bäuerin verzückt nachschaut, als Trottel bezeichnet. Aber nur vor sich: Touristen bringen Geld ins Land, man will sie, also muß man ihren Wünschen auch Rechnung tragen und behält die Trachten bei. So wird man ihr Diener, und zähneknirschend beugt man sich unter das Joch ...

Er ist unglücklich. Stundenlang kann er in der Redaktion müßig herumstehen, aber macht er einen Sonntagsausflug, so stirbt Bismarck, und sein Nebenbuhler arrangiert die Extraausgabe und schreibt den Leitartikel; ist er mit der Geliebten in der verborgensten Gelegenheit zum Glücklichsein, so stört ihn der Gedanke, daß eben der Stefansturm einstürzen kann, und geht er um seines kranken Kindes willen ins Spital, so kann ein Telegramm die Ermordung des Herzogs melden, und sein Fehlen ist ein Grund zum Vorwurf, zur Androhung der Entlassung.

Auch scheint ihm vor der Größe der Ereignisse, die er zu behandeln hat, sein eigenes Leben und das seiner Familie nicht wichtig. Soll er das „Koblenzer Tagblatt" wegen des rückständigen Telegrammhonorars von zwanzig Kronen einklagen, wenn er eben einen fulminanten Artikel über die Erhöhung irgendeines Aktienkapitals um zehn Millionen Kronen geschrieben hat? Soll er, der jetzt – nicht ohne eigene Anteilnahme geht das! – eine erschütternde Einleitung über die Dampferkatastrophe und ihre dreitausend Tote geschrieben, zu Hause seinem Söhnchen eine lange, wütende Philippika halten, weil der ein Nichtgenügend auf die mathematische Schularbeit bekommen hat? Soll er, nachdem er ein sechs Halbspalten langes Feuilleton über eine Aufführung geschrieben und gefeilt hat, sich hinsetzen, um seiner Frau auf dem Lande einen genauen Bericht über die Ordnung im Haushalt und die Ausgaben der Köchin zu erstatten? Außerhalb des Bureaus will er nur Ruhe, Schlaf oder Betäubung, für private Reformen hat er keine Zeit, und das Porträt des Journalisten ist: Daniel Spitzer, monatelang auf den verpackten, transportbereiten Möbeln seiner gekündigten Wohnung sitzend und doch in die neue, längst bezahlte, nicht einziehend. Dabei kann man bei aller hier wirklich „restlosen" Hingabe an Ereignis, Beruf, Blatt, Rubrik doch der Tücke des Alltags nicht entgehen. Auch den Tobsüchtigen schmerzen Wanzenstiche.

Und das Publikum wird einen Journalisten nie mit Konrad Bolz oder einem anderen der braven Freytagschen Journalisten vergleichen, sondern gerade nur der arme, arme Schmock ist populär und als typisch aufgefaßt worden, Bismarck hat seinen journalistischen Helfer Opper-Blowitz verleugnet, seine eigene Mitarbeit an den „Hamburger Nachrichten" geheimgehalten und das Wort von den Leuten verfehlten Berufes geprägt, Schnitzler dramatisiert das Doppelspiel eines Gesinnungslumpen aus der Zeitungsbranche ... und ... und ...

Um das Unglück voll zu machen, weiß der Journalist das alles. Er versucht sich zu retten. Er überkompensiert seinen Kleinheitskomplex gewaltig, oft bis zu Dünkel und Größenwahn, und rächt sich an der Mißachtung – durch Rache. Selbst J. J. David, der bei aller Bitterkeit gegen die Zeitung doch immer geneigt ist, dem Journalisten die geringste Schuld beizumessen, muß vor der Gesellschaft die belastende Zeugenaussage machen: „Es entwickelt sich eine ganz merkwürdige Art von Selbstbewußtsein und Eitelkeit, die kein anderer Stand so kennt, ein völliges Durchdrungensein davon, man sei an der Stelle durchaus unentbehrlich, da man steht ... Kein Statist, kein Penny-a-liner, der nicht schwört, er, just er dürfe nicht fehlen, ohne daß sich eine sehr schmerzliche Lücke auftue."

Solcher Glaube, das stolze Schlagwort von der siebenten Großmacht, das scheinbare Vertrauen, dessen der Staatsmann den Journalisten würdigt, und die Macht der Zeitung sind das Narkotikum für den Journalisten. Und erst wenn er stellungslos wird, bricht jäh sein (ihm ja nicht von Natur gegebenes) Selbstgefühl zusammen, er wird verbittert, trotzt mit dem Schicksal, verkommt. Sehr schnell wenden sich die Kollegen von ihm ab. Er ist weltkluger als Borkman und weiß, daß man ihn nicht holen wird. So hat er nicht einmal die Hoffnung. Es gibt keinen Stand, dessen stellungslose Mitglieder ein so grausames Bild in der Verwahrlosung und Verbitterung bieten als die Journalisten und Schauspieler.

Diese Empfindlichkeit des Journalisten äußert sich nun in der Zeitung vor allem dort, wo er seine Findigkeit ins rechte Licht setzen will. Nehmen wir an, daß er erfährt, der Landesausschuß habe von neuem die Möglichkeit einer Steuer auf Hufeisen in Erwägung gezogen. Käme die Nachricht vom Korrespondenzbureau, so würde er sie entweder auf zwei Zeilen zusammenstreichen und mit kleinstem Druck ins Blatt geben oder sie ganz wegschmeißen, weil die Angelegenheit schon wiederholt da war, von der Regierung noch nicht genehmigt, nicht wichtig ist. Aber der Journalist hat eben von dem Beschluß durch einen besonderen Vertrauensmann erfahren, den die Konkurrenz nicht hat. Er weiß also genau, daß die Konkurrenz auch die Nachricht nicht hat (das weiß man fast immer voraus), und nun legt er, von dem „Blattgefühl" des Chefredakteurs und der Kollegen unterstützt, los! Ein Leitartikel: Der Landesausschuß mache sich die Sache leicht, er wolle die Wirkungen der Obstruktion im Landtage, statt ihre Gründe legal zu beseitigen, einfach dadurch wettmachen, daß er von der Regierung die Bewilligung zur Einführung von Umlagen erstrebt. Hufbeschlag besteuert, Landwirtschaft geknebelt, Pferdezucht bedroht. Aber vor allem: das Prinzip. Appell an den Budgetausschuß, Hetze gegen den Oberstlandmarschall, Drohung an den Landesausschuß, Erwartungen vom Landeskulturrat, von den Landesabgeordneten, Bezirksausschüssen. Und schon Stimmen von diesen: „Nie und nimmer ..." Dann der genaue Bericht über die „denkwürdige" Landesausschußsitzung, sensationell aufgemacht. Am nächsten Tage treten die Ausschüsse, die Stammtische zusammen, besprechen den Fall und protestieren, und beschämt gesteht der Leser der Konkurrenz sich ein, daß er von all dem nichts wisse. Das lustigste aber ist, daß selbst der Journalist in einer anderen Zeitung nicht erkennt, was Mache und Spekulation oder Sensation aus wirklicher Wichtigkeit ist. Der Kollege von der Konkurrenz, der selbst die Nachricht seelenruhig in den Papierkorb befördert hätte, sagt sich, wenn er sie – so aufgemacht – im anderen Blatte liest: „Da sind wir tüchtig aufgesessen!" Die Zeitung und der Journalist sind viel unbestechlicher, als die Öffentlichkeit meint, sie sind zumeist gegen Geld überhaupt unbestechlich. Aber für eine Nachricht ist man immer dankbar, eine Quelle darf man nie versiegen lassen, und für eine gute Information gibt die Zeitung die Gesinnung her. Das Regime Sieghart in Österreich ist von dieser Seite zu fassen, und was in der Politik auf Kosten von Blattgefühl, Konkurrenzneid der Blätter und auf Verschaffung von Solonachrichten zu setzen ist, würde Bücher füllen.

Es ist Unkenntnis, wenn man die Zeitung als Spiegel (Konvexlinse) der Zeit auffaßt. Sie ist nur ein Spiegel der Neigungen ihrer Redakteure. Diese sind freilich hie und da – persönliche Bekanntschaft und Zuschriften – von ihren Lesern beeinflußt, aber sehr gering, da gerade der alle Welt protegieren könnende Journalist genau weiß, daß diejenigen am meisten von ihm wollen, die der verlangten Dienste am unwürdigsten sind, und der daher gegen jede Art von Beeinflussung mißtrauisch ist.

Er verläßt sich daher auf seine eigenen Neigungen. Und diese sind vor allem von der Eitelkeit diktiert. Gerade der Journalist, der vor jedem Spießbürger Kotau machen, jeden zufällig obenauf befindlichen Dummkopf interviewen muß, weil es Tradition oder Chef verlangen, über den sechzigsten Geburtstag einer wohltätigen Gans oder über das Begräbnis des Vereinsobmannes der Schuhoberteilerzeuger zu berichten, und sich hinter die Sache zu stellen verpflichtet ist, muß durch all das in seiner Eitelkeit bestärkt werden. Weil er genau und mit allem Rechte weiß, daß er klüger ist als die meisten, die er zu Beiträgen auffordert und an seiner Statt sprechen läßt, weil er manchem Kommersredner die Rede und manchem Abgeordneten die Interpellation verfaßt hat und den lauten Erfolg seines Golems und die Unbekanntheit seiner Mitwirkung sieht, so glaubt er, daß er nicht nur gescheiter ist als eben diese Dümmeren, sondern als alle. Das Recht der Kritik, das ihm die Zeitung gibt, trägt er innerlich mit sich.

Und er veräußert es nur für einen Tribut an seinem Selbstgefühl. Mit Nachrichten kann er sich brüsten – ob es der steinreiche Herausgeber oder der zerschlissene Melder ist. Mit geschickter Nachrichtenschenkung an Journalisten kann der schlechteste Staatsmann sich und die schlechteste Politik über dem Wasser der öffentlichen Meinung halten. Der Künstler aber hat keine Nachrichten zu vergeben. Gegen den Künstler kann sich der Journalist ausleben, wenn er will. Und er will oft genug. Gerade weil er sich selbst entäußert hat, rächt er sich an dem, der es nicht getan hat. Der Redakteur wettert gegen die Zensur! Dabei vergißt er, daß er selbst immer Zensur übt. Schopenhauer kann Bibliotheken schreiben, Kunstrichtungen können gegeneinander toben, Zeitschriften können gegründet werden, eine neue Oper im Auslande Triumphe feiern – es ist dem Journalisten leicht, all das unter den Tisch fallenzulassen, was er mag. Speidel verriß Hebbel, Hanslick verriß Wagner, Nordau verriß Wilde, Goldmann verriß Hauptmann – so geht es. Nur wenige Künstler sind bei uns von der Presse durchgesetzt worden, nur wenn sich einer durchgesetzt hatte, dann kam sie und bat ihn um Beiträge für die Weihnachtsbeilage.

Bei uns? Gilt denn das nur bei uns? Ja, nirgends in dem Maße wie in Zentraleuropa. (Ungarn ausgenommen.) In Österreich erachtet der Kaiser einmal den Herausgeber einer Zeitung für so recht geeignet, Mitglied des Herrenhauses zu werden; aber die Herren einer Partei, die von der Gunst des Kaisers und jenes Blattes leben, lehnen ihn ab. So geschieht es täglich, wenn auch nicht im Herrenhaus. In Deutschland kommt es nicht einmal zu einer Herrenhausberufung. Die kapitalistischen Zeitungsunternehmungen sind vor allem ängstlich darauf aus, journalistischen Handlungsgehilfen (man stelle sich vor, daß zum Beispiel Clemenceau, Jaurès, Rochefort dem Handlungsgehilfengesetz unterstünden wie die österreichischen Redakteure!) zur Anonymität zu verhalten, um zu vermeiden, daß sie die Beliebtheit des Publikums und die Aufmerksamkeit der Konkurrenzunternehmung auf sich lenken. Von außen Feindschaft, von innen Feindschaft. So kommt es, daß sich der Redakteur in seine Ressentiments einspinnt.

Aber, beginnt er zu glauben, das Zeitungsgeschäft verstehe doch nur ich! Ein Leser schickt etwas ein? Papierkorb! (Wenn's nicht gerade eine Zugverspätung, eine Beschwerde wegen Straßenbeleuchtung, ein verspätet eingelangter Brief oder sonst eine Harmlosigkeit ist.) Ein Leser will eine politische Meinung haben? Papierkorb! Ein Leser will auf die Haltung des Blattes einwirken? Papierkorb! Eine Berichtigung? Die muß man bringen, aber wir wollen zeigen, daß wir *nicht* müßten und daß sie ein Fremdkörper in unserem Blatte ist. – Dabei zeigt man doch nur, daß man sich ärgert, wenn man ewig die Floskel hinsetzt: „Mit Berufung auf § 19 (11), was natürlich vollkommen überflüssig war, sendet" ... Oder: „Herr X sendet uns eine Berichtigung, die zwar den Anforderungen des Preßgesetzes nicht entspricht, die wir aber trotzdem im Auszuge etc." Dem Leser fiele natürlich in der Regel gar nicht ein, in einer Berichtigung etwas für die Zeitung Entwürdigendes zu sehen. In den „Letters to the Editor" arbeitet die ganze Leserschaft unentgeltlich mit, es ist dies die wichtigste Rubrik der englischen Blätter, man trägt dort die größten politischen Kämpfe aus (die Trennung Norwegens von Schweden wurde dort diplomatisch verhandelt) und beschimpft seelenruhig und, im Meritorischen unzensuriert, den Editor und die Zeitung. Bei uns ist so etwas ausgeschlossen, die Zeitung wahrt ängstlich den Schein der Unfehlbarkeit, und die Wirkung ist, daß diejenigen als die Übergescheiten gelten, die in Revuen einfach das Gegenteil von dem sagen, was die Zeitungen über eine Angelegenheit urteilten, und daß sich das Publikum bärisch darüber freut, wenn in irgendeiner Zeitschrift die Druckfehler, Stilblüten oder Mystifikationen der Tagesblätter in gehässiger, schadenfroher Weise breitgetreten sind. Das verärgert dann die Presse erst recht, und sie wird noch unnahbarer, sie schließt sich hermetisch ab, und so kommt es auch, daß kein Schriftsteller in einer Zeitung, außerhalb des Feuilletons, zu Worte kommt und daß unsere besten Journalisten nicht Redakteure sind.

Die Gegner des gegenwärtigen Pressezustandes wenden sich immer bloß gegen die Zeitung als ein Werkzeug der Kapitalsvermehrung. Das ist sie, und da die heutige Gesellschaftsform eine amorphe Masse aus Utilitarismus, Sensationslüsternheit, Interessiertheit, Kulissenriecherei und Geilheit ist, so können der Journalist und seine Zeitung keine erfreulichere Erscheinung sein, als es sonst jemand in der Gesellschaft ist. Aber sie sind Symptome, und Organismen werden nicht gerettet, indem man Symptome beseitigt. Mit der Kapitalisierung der Presse muß sich jeder abfinden, der sich mit der Kapitalisierung der Zeit abgefunden hat. Aber auch im Rahmen des Kapitalismus ist die Reform der Presse möglich: Wenn man sich ihrer Entwicklung bewußt ist, ihrem Entstehen aus der Mitteilung von Tatsächlichem oder der Meinung *einer* Persönlichkeit. Heute werden Begabungen unter der selbstverständlichen Bedingung gekauft, daß sie jene Meinungen zu vertreten haben, auf welche sich der Herausgeber der Zeitung, ihre einstigen und gegenwärtigen Redakteure in allen Fragen festgelegt haben. Aus diesem Schienenstrang kann niemand heraus. Also ist schon dieser Menschenkauf unsittlich, die Welt aber verurteilt ihn als solchen erst dann, wenn der Redakteur bei einem schwenkenden Blatte verbleibt oder wenn er zu einer Zeitung anderer Richtung geht. Das erste Engagement des Journalisten ist für ihn in der Geltung nach außen ehrenvoll, auch wenn seine Anschauung der des Blattes polar entgegengesetzt ist. Das nächste Engagement an ein anders eingestelltes Blatt oder sein Verbleiben bei einer die Richtung wechselnden Zeitung geht als charakterlos, wenn auch die neue Richtung endlich seiner Überzeugung entspräche.

So läßt ihn das „Blattgefühl" auch dann nicht frei, wenn er es von sich werfen will. Das „Blattgefühl", das er sich selbst geschaffen, die Meinung, die er selbst vertreten, das Dogma von der Unfehlbarkeit seiner Zeitung, das er selbst verkündet hat, erdrosseln ihn materiell und gesellschaftlich. Und wenn er es nicht verlernt hat, psychologisch zu denken, so erkennt er die tragische Schuld: die Unduldsamkeit seiner Zeitung und seine eigene.

AUF DEN TOD EINES WIENER SCHRIFTSTELLERS

Der Sterbefall Alfred Bratt ist mehr als der Tod eines bloß siebenundzwanzigjährigen Schriftstellers. Er ist nicht der spanischen, sondern der österreichischen Influenza in Deutschland erlegen. Der Fall Alfred Bratt ist typisch für das Wiener Talent – kraß geworden durch letalen Ausgang. Man las in einigen Blättern seine Biographie und mußte sich wundern, wie sich ein so beträchtliches Quantum von journalistischer, dramaturgischer und schriftstellerischer Leistung in dieser Minimalität von Lebensjahren zusammendrängen konnte. Hätte sich noch mehr gewundert, wenn man die schwächliche, nervöse Wesenheit des jungen Mannes gekannt hätte, der bei dem Viel seiner Beschäftigungen keineswegs ein Stubenhocker, sondern ein Genußfroher war voll wienerischer Liebenswürdigkeit, voll Gefälligkeiten, von Mädchen intensiv geliebt und doch enfant gaté des ganzen Literatentums im C des Westens. Dieses Wienerische, Freundschaftsbedürftige, Bezaubernde in ihm machte wohl seinen ersten Erfolg in Berlin aus, und dies beschämt empfindend, wollte er den zweiten Erfolg schon dem Berlinerischen verdanken. (Das nicht mehr *in* ihm lag, sondern außerhalb.) Nun stürzt er sich in dieses Komplementärsegment, überamerikanisiert das amerikanische Berlin, wird mit neunzehn Jahren Dramaturg bei Meinhard-Bernauer, mit zwanzig außerdem Adlatus des Abgeordneten Georges Weill in der Korrespondenz der „Humanité", schreibt zwanzig Sketchs, hundert Buchkritiken und zweihundert Novellen, schwärmt von Weltreisen, chefredigiert eine Vorzeitung, ist Lektor im Verlag Erich Reiß, verherrlicht die Gelddienerei in seinem Stück („Der Mann auf der Schaukel") und seinem großen Roman („Die Welt ohne Huscher"), beginnt den Roman „Groß-Berlin", hat Zukunftspläne, will's den Wienern schon zeigen und muß siebenundzwanzigjährig sterben, weil er eben doch keinen Brandenburger Körper hat, sondern im Klima der Donaustraße aufgewachsen ist. Und erschüttert und verstehend lesen die Freunde, wie Alfred Bratt, der sich als Weltmann fühlte und fühlen durfte, in den Armen seiner aus Wien herbeigeeilten Mama sein Leben ausgehaucht hat.

Geflügelte Boote stehen vor den Hallen.

Ihre Elemente sind das Wasser und die Luft, und im übertragenen, kriegerischen Sinne – auch das Feuer. Nicht aber die Erde. Es ist nicht ihr normaler Zustand, wenn sie hier Landaufenthalt nehmen. Aber vierzehnhundert Hände sind am Werk, sie schnell wieder flügge zu machen.

Der schlanke Holzbau, der das Gewicht der Flieger, der Motore, der Maschinengewehre und auch der Bomben durch die Lüfte tragen soll, die Motore, die in ununterbrochener Explosion ihres Zylinderinhaltes erzittern, die Propeller in rasender Geschwindigkeit um deren Achse jagen und den Apparat vorwärts und aufwärts führen, die Steuerung, die dem Pilot die Luft in Fahrkanonen und Schienenstränge einteilen, und vor allem die Luftkämpfe und feindlichen Geschütze – man muß diese Zartheit des Organismus in Vergleich zu seinen ungeheuren Leistungen und Gefahren setzen. Dann begreift man, daß der brave Apparat manchmal erholungshalber „aufs Land“ muß.

Das Seefliegerarsenal hilft von allem Gebrest.

Was beim Dampfschiff Knochen sind, sind beim Flugzeug Gräten. Weniger bildlich gesagt: Dem Eisengerüst der Seeschiffe entspricht bei den Hydroplanen ein hölzernes. Die Spanten und Holme und die Beplankung, die wir auf den Kreuzern aus hochwertigem Stahl und aus Panzerplatten wissen, werden hier in der Bootstischlerei aus Eschen-, Linden- und Fichtenholz zurechtgeschnitten, gehobelt, gewölbt, benagelt, festgeschraubt und geleimt. In der Tragflächenwerkstätte wird das zarte, federleichte Geäder von Spieren und Holmen zurechtgemacht, das dann, mit Leinwand bespannt – wir sehen nähende Frauen an der Arbeit –, die Flügel des Apparates bildet; wenn wir von der Erde aus einen Aeroplan sehen, so halten wir diese Tragflächen für einfach aufgespannte Leinwand und ahnen nicht, daß in ihr komplizierte Tischler- und Schlosserarbeit verborgen ist. In den Propellerwerkstätten werden die großen Schiffsschrauben der Luft zurechtgeschnitzt und sogar poliert, nicht etwa damit es schöner aussieht, sondern um der Herabminderung des Luftwiderstandes willen. Eine seltsame Waage ist hier die Propeller-Balancevorrichtung, wo der fertige Propeller in seiner Achse frei drehbar aufgehängt wird; er muß nun bei jedem Drehungswinkel, mag man nun den linken oder rechten Flügel noch so tief hinunterneigen, immer in Ruhe bleiben, weil ein Flügel dem andern das Gleichgewicht halten soll. Ist dem aber nicht so, dann gerät der Propeller auf dem Balanceapparat in rotierende Bewegung, an Steckgewichten muß der Unterschied im Gewichte der beiden Teile festgestellt, dann abgehobelt und abgefeilt, dann wieder gewogen werden – ein langes, höchste Genauigkeiten erforderndes Geduldspiel. Wenn die Arbeit am Propeller beendet ist, dann wird dieser dem Motor vorgespannt, auf dessen Kurbelwelle gesetzt und der Motor eingeschaltet. Das geschieht auch – zur Erprobung der Motoren – im Bremsstand, der am Ufer steht und gegen die See zu keine Wand hat. Dort hinaus kann sich ein enormer Luftstrom der entfesselten Schraube ergießen, ohne Schaden anzurichten, und nur der betäubende Schall der Rotation (tausendvierhundert Umdrehungen in der Minute ist die Betriebsanzahl der Motore) tönt weithin über die Adria.

Übrigens: so ganz kann auch der Außenbau des Wasserflugzeuges nicht des Metalls entraten. Der Propeller hat am Ende einen Messingbeschlag, damit das Wasser seine Räder nicht beschädigt. Die Flugzeugschlosser verfertigen Eisenbeschläge für das Boot, und auch im großen Saal der allgemeinen Werkstätte drehen sich nicht bloß Maschinen, die Bestandteile für die Motore fabrizieren, sondern noch andere Drehbänke, Bohrmaschinen, Spindelpressen mit Stanzen, Automaten zur Herstellung von Schrauben und sechskantigen Schraubenmuttern und Revolverdrehbänke, auf denen sich sechs verschiedene Arbeitsprozesse abspielen können.

Alle diese metallenen Bestandteile werden, soweit sie nicht zum Motor gehören, in der Flugzeugwerkstätte von den Schlossern fertiggearbeitet oder im Schweißraum von Männern mit schwarzen Brillen und mit – vom Widerschein der Stichflamme aus Dissousgas und Sauerstoff – fahl erscheinenden Gesichtern für das Flugzeug zusammengeschweißt.

Gleichzeitig wird natürlich mit Intensität an den Motoren gearbeitet. Ständig sind in der Motorenwerkstätte etwa hundert Daimlers und Hieros und Rapps in Arbeit, werden geprüft, geputzt, zerlegt und ergänzt. Wir sehen hie und da einen großen Zwölfzylinder in seiner Gesamtheit auf dem Operationstisch liegend, aber wohin wir uns sonst wenden, finden wir Einzelteile seines Innenorganismus aufgeschraubt, und der Überblick und die Erinnerung an die Anatomie des Motors gehen uns fast verloren, da nun all das, was so sinnvoll zur gegenseitigen Belebung ineinandergefügt, fest verwachsen war, plötzlich, vom Körper amputiert, als selbständiges Präparat behandelt wird. Aber keine Angst! Der zerstückelte Leichnam wird drüben in der Motorenmontage wieder zusammengefügt, zu neuem Leben erweckt und kann an der Wasserbremse wahre Pferdekraft erweisen. Vorher aber muß einmal hier die Arbeit beendet sein: der Vergaser, der das brennbare Bezingemisch erzeugt, der Zylinder, dessen Luft- und Benzingemisch durch die elektrischen Funken des Zündapparates in Explosion versetzt wird, der Kolben, der hiedurch nach unten gedrückt wird und diese Abwärtsbewegung in ein Rotieren der Kurbelwelle mitsamt dem Propeller umsetzt, von Verschmutzungen, Verölungen, Verrußungen und Verstopfungen befreit, wieder verdichtet, ausgebessert, ausgeschleift und überprüft werden.

Für den raschen Austausch fehlender Teile ist ein veritables Geschäftslokal da. Auf den hohen Regalen des Motorendepots liegen fein säuberlich in Fächern und mit genauen Zetteln versehen Schmierölpumpen, Lagerschalen für die Kurbelwelle, Magnetapparate, Achsen, Bolzen, Hähne, Büchsen, Stahlkugeln für das Kugellager von Schrotgröße bis zu einem Radius von acht Millimeter, Vergaser, Schwimmer und dergleichen. Jeder Typ hat einige hundert solcher Bestandteile, und bei unserem Seefliegerkorps stehen mehrere Motortypen in Verwendung.

Auch Barometermacher sind auf dieser Zauberinsel des Seefliegerarsenals: In einer Werkstätte reparieren sie und regulieren sie nach Skalen, welche die Beziehungen zwischen Luftdruck und Seehöhe bei bestimmten Temperaturen anzeigen, mit Luftpumpen die unter Glassturz befindlichen Höhenmesser (eigentlich sind es Barometer), die Tourenzähler und die Uhren, die Anzeigenapparate für Benzindruck (eigentlich sind es Manometer) usw. Das Munitionsdepot hat bombensichere Räume für Bomben aller Art, Aufschlag-, Brand- und Durchschlagbomben, für Maschinengewehre und MG-Munition und ähnliche Sachen, im Materialmagazin sind Stahl- und Messingsorten, Telefone, welche Pilot und Beobachter verbinden, Stahltaue und anderes Ergänzungsmaterial.

In den großen Montagehallen (Hangars) werden Motor und Boot wieder zur Einheit verbunden, und aus den Booten, Tragflächen, Motoren, Schwimmern und Propellern sind im Nu Doppeldecker aller Arten geworden: einsitzige Abwehrapparate, große Bombenflugzeuge, Rekognoszierungsfahrzeuge. Mit ausgebreiteten Schwingen stehen sie da, die mutigen Schwimmvögel. Keine organische Krankheit spüren sie mehr, und keine offene Wunde ist noch zu sehen, nur Narben, vernähte und verheilte Verletzungen auf Brustkorb oder Flügeln, Erinnerungen an Kämpfe und Sturzflüge.

Sie sind wieder bereit, über die Unendlichkeiten unberührter Elemente zu fliegen, durch das Meer und durch die Luft, wo sie niemandem begegnen als Freund und Feind.

WELTGESCHICHTE

Gestern ist der Urgroßvater meiner Frau gestorben. Ururgroßvater meines ganz kleinen Buben. Er war über achtundneunzig Jahre alt.

Wann mein Urgroßvater das Zeitliche gesegnet hat, weiß ich nicht, geschweige denn ist mir über Existenz und Todesdatum meines Urgroßvaters etwas bekannt. Aber mein Großvater starb 1840, und es ist anzunehmen, daß sein Vater viel, viel älter war als Robespierre, Goethe, Napoleon, Beethoven. Dessen Vater aber hat wahrscheinlich Prinz Eugen, Leibniz, Voltaire und Gottsched persönlich gekannt.

Wenn ich mein Sohn wäre, so wäre es mein Ururgroßvater, der gestern gestorben ist. Und er hätte mir vorher sehr viele Geschichten aus dem siebzehnten Jahrhundert, aus dem sechzehnten Jahrhundert erzählt. Ich würde seinen zeitgenössischen Berichten manches glauben, was ich heute nicht glaube. Denn ich kann mir beim besten Willen nicht vorstellen, daß es einen Napoleon und einen Goethe oder gar – welch plumper Schwindel – einen Shakespeare wirklich gegeben hat, daß man solchen Leuten auf der Straße begegnen konnte, daß sie eine halbe Stunde lang beim Schneider standen, um sich einen Rock anmessen zu lassen, daß sie kleine Bedürfnisse verrichteten und sich beim Marktweib Äpfel kauften. Sie lächeln? Also, Sie stellen sich wirklich vor, daß Agamemnon tatsächlich gelebt hat oder der Prophet Jeremias oder Caligula und daß sie sich die Füße wuschen? Nun also, wo ist die Grenze …?

Wenn ich meinen Ururgroßvater und der den seinen noch gekannt hätte, würde er mir nach dessen zeitgenössischen Berichten von der Entdeckung Amerikas erzählen, daß dort, wo heute pfiffige Munitionsfabrikanten, Wolkenkratzer und Werften sind, nur Rothäute seien, nackte Menschen mit Federschmuck, nur Wigwams.

Nun, so dumm bin ich denn doch nicht, und auch das Vertrauen in die Glaubwürdigkeit eines Ururgroßvaters hat seine Grenzen.

Nicht einmal mein Bub wird es mir glauben, wenn ich einmal von heute erzählen werde. Er wird meine Geschichten von Gasangriffen und Trommelfeuer mit den Märchen aus „Tausendundeine Nacht“ in einen Topf werfen, höchstens wird er diese schöner finden.

Aber es wird ihm nicht einfallen, daß sie wahr sind. Ich hoffe es sogar, denn ich hoffe, daß er ein gescheiter Bub werden wird, der sich solchen Unsinn nicht einmal von seinem eigenen Papa einreden läßt.

Und so wird plötzlich der nächste Weltkrieg da sein.

ANATOL ALS THEATERDIREKTOR

Wien, 16. September

Cora, Gabriele, Annie, Bianca und Ilona und ihre Schwestern sind heute – alle zusammen – wieder zu ihrem Anatol gekommen. Als hätte sich sein Wunsch erfüllt, der Wunsch, den er angesichts seiner in Pakete geordneten Liebestrophäen von sich bläst, als hätte er das Zauberwort „Einziggeliebte“ ausgesprochen, und alle, alle kamen, sitzen wieder bei ihrem Anatol.

Cora, Gabriele, Annie, Bianca und Ilona und ihre Schwestern sitzen wieder bei ihrem Anatol, den sie betrogen, bewundert, belächelt, verwechselt, gefrozzelt und geliebt haben, lieben ihn wieder und hängen an seinen Worten. Sitzen in roten Plüschfauteuils des Wiener Volkstheaters.

Anatol hat eben bei Weihnachtseinkäufen mitgewirkt, der Fiaker ist fortgefahren, und Gabriele, Annie usw. rufen ihn zurück, durch Händeklatschen.

Aber er kommt nicht. Er ist schon in seiner Garderobe oben und heißt nicht mehr Anatol, sondern Leopold Kramer, ist nicht mehr Lebejüngling, sondern Theaterdirektor von Prag, und sein Gegenspieler ist nicht mehr der skeptische, nüchterne Max, sondern ein skeptischer, nüchterner Interviewer.

... sondern Theaterdirektor – .

Anatol hängt den Winterpelz an den Haken, zieht den Straßenanzug aus, springt in kurzen Batistunterhosen und langen Zwickelstrümpfen mit dunklen runden Strumpfbändern zum Haken, wo seine schwarze Salonhose hängt, die man zu einem Abschiedssouper bei Sacher braucht.

... sondern Interviewer – .

Max denkt an sein erstes Interview: Angelo Neumann saß in seinem Thronsessel und sprach feierlich Sätze von großer Länge. Er zelebrierte das Interview. Der Adept aber ging eingeschüchtert von dannen und schrieb die Verkündigung fein säuberlich nieder, um sie dem Chefredakteur zu überreichen. Der Chefredakteur aber hieß Heinrich Teweles und milderte in dem Manuskript die allzu feierlichen Feierlichkeiten. Nach Angelo Neumann und Heinrich Teweles ist Leopold Kramer Prager Theaterdirektor.

Eben pudert er sich unter seiner blondgescheitelten Perücke und schiebt die Hosenträger über die Schultern, dieweil der Interviewer Max einige Einwendungen äußert:

„Man fürchtet in Prag, Herr Kramer, daß Sie – als Bonvivant – sozusagen Unwiderstehlicher, als Herzensbrecher – als Träger von Erfolgstücken, daß Sie – wie soll ich sagen – am Theater zu sehr das Theater lieben werden ..."

Anatol runzelt die Stirne. Er ist ganz Kramer. Mehr als das: Er ist ganz Theaterdirektor. „Man braucht sich in Prag nicht fürchten! In Wien wird man gleich festgelegt, man ist für ewige Zeiten als Bonvivant festgelegt. Das ist einer der Hauptgründe, weshalb ich von Wien weggehe. Gewiß, ich spiele hier zumeist Bonvivants, aber ich arbeite an der Rolle, ich denke sie individualpsychologisch durch, ich lasse mich nicht von Mätzchen und plätschernden Dialogen tragen. Und ich habe auch Charakterrollen gespielt ..."

„Ich habe Sie als Marinelli und als Don Carlos im ‚Clavigo' gesehen und weiß, daß Sie mehr sind als ein Anatol ..."

„Ja, als ein Anatol. Immer bin ich in Wien nur der Anatol. Ich möchte mehr Charakterrollen spielen. Mich reizen vor allem zwei Rollen: Den Mephisto möchte ich gerne spielen ..."

(An der Wand hängt ein lebensgroßes Bild von Kramer im Frack mit rotem Vorstoß, es stellt ihn in Molnars „Teufel" vor.)

„... und vor allem lockt mich Nathan der Weise ..."

Kramer bindet seinen schwarzen Schlips zu einer Masche, zu einer bewunderungswerten Masche.

Das Klingelzeichen ertönt, er zieht den Smoking an, wie es nie einen schöneren beim Abschiedssouper bei Sacher gab.

„Glauben Sie mir, daß ich zwischen Augenblickwirkung und Ewigkeitswert wohl zu unterscheiden vermag. Und die Aufgabe der dramatischen Kunst sehe ich darin: der Ewigkeitskunst Bühnenwirkung zu geben!"

Das ist ein schönes Wort, und die Glocke läutet zum zweitenmal, Kramer muß hinunter, Anatol zu sein. In der chambre particulière mit dem Freunde zu beraten, wie man's dem Wiener Mädel beibringen soll, daß alles aus ist. Aus sein muß.

Während der nächsten Umkleidung (Straßenanzug für „Episode") wird über Musik und Regie verhandelt.

Von Zemlinsky spricht Direktor Kramer mit größter Wärme, will ihn mit Befugnissen und Titel ausstatten. Über Regiekunst sich äußernd, leuchten seine Augen. Er hat die „Wallenstein"-Trilogie mit den echtesten Wirkungen regiert, auch sonst immer den Regisseur gemacht, selbst wenn nicht am Zettel stand: Regie Leopold Kramer.

„Auf der Bühne möchte ich jedem helfen. Und das Höchste ist's mir, wenn ich jemandem helfen kann, dem es mit der Kunst ganzer Ernst ist."

Halb wie ein resigniert lächelndes Eingeständnis, halb wie ein stolzes Bekenntnis klingt es, wenn er sagt: „Ich bin halt ein Theaternarr."

Aber er muß nun wieder auf die Bühne. Mit einem großen Paket, in dem Pakete sind, in denen Liebesbriefe sind. Er hat sie beim Freunde zu deponieren, denn Anatol übersiedelt.

WIEN UND DIE ROTE GARDE

Man müßte denken, daß nach vier Jahren des allgemeinen Raubmordes die Welt längst gelernt habe, wahr von unwahr zu unterscheiden. Aber all das, was da der Tag schreibt, druckt und flüstert, ist Lüge, und unumstößlich wahr ist immer nur, was dementiert und totgeschwiegen wird. Manche haben es schon gemerkt und haben gefragt, wieso denn das Durchhalten nicht durchgehalten habe und der Siegfrieden weder Sieg noch Frieden gebracht. Aber man zuckte mit der Achsel. „... ja, die Zensur."

Nun gibt es keine Zensur, aber man braucht auch keine. Wien merkt es schon selbst, wo ein Funken Wahrheit im Stroh glimmt, und alle Kübel von Unrat trüben Wassers gießt man schnell darüber. Männer, die für den Frieden hetzten, als alles noch für den Krieg hetzte, vereinigten sich. Die Rote Garde. Ihr Programm war einfach: die Revolution zu schützen, die Republik zu bewahren vor Republikanern, die zu ihrem Kaiser in Hofautomobilen hinausfahren. Ihr Programm war weiter, den „Revolutionären" zu sagen, daß ein Prälat kein besonders geeigneter Vorsitzender für sie sei und die blutrünstigen „Heil"-Brüder keine empfehlenswerte Gesellschaft, daß, wer gestern noch zu Heldentod und Heldentaten zuredete, heute nicht mehr das Recht habe, zu Genossen zu sprechen, daß es eine andere, bessere Ordnung gibt als jene vor 1914.

Die Soldaten merkten, daß dieses Programm einen Teil von dem enthielt, was sie sich draußen als Schadenersatz gedacht. Sie kamen – kamen zu Tausenden.

Hojho, gab es da einen Feueralarm in Wien! Kein Fliegeralarm, keine heranziehenden Italiener, keine heranziehenden Amerikaner und keine heranziehenden Habsburger konnten so Panik sein. „Rote Garden, das sind die, was in Rußland geplündert haben, natürlich, bei uns werden sie alles ausrauben, anzünden werden sie alles, hab'n Sie schon gehört, in Floridsdorf hat ein besoffener Soldat gegen ein Haus geschossen, das war einer von der Roten Garde, natürlich die Rote Garde, Sie werden schon sehen ..." Die Zeitungen verdächtigen, das „Fremdenblatt" war sogar so vorsichtig, den Ruf der Roten Garde nach Ordnung zu dementieren, die „Kronenzeitung" und andere Blätter setzten – mehr oder minder geschickt – alle Straßenbahnunfälle der Roten Garde auf die Rechnung, und der Wiener Korrespondent des „Az Est" telegrafierte seinem Blatt in das blutende Budapest, der Gottseibeiuns möge die Welt vor der Wiener Roten Garde vom Deutschmeisterplatz bewahren. Ihr Führer habe sich sogar von ihm (dem Korrespondenten) ein Stück weißes Papier ausborgen müssen, um die Proklamation an die Garde schreiben zu können.

Daß sich die „Arbeiter-Zeitung" von allen Blättern das Perfideste an Denunziation, Persönlichwerden und Verdächtigung leistete, darf niemand wundern.

Am schönsten benahmen sich die Herren Linksradikalen, jene ganz Wilden, die von dem dröhnenden Tritt der Arbeiterbataillone und von den Sturmglocken der Revolution faseln, aber gleich mäuschenstill sind, wenn sie die Tischglocke des Parteivorstandes zur Ordnung ruft. Jene Revolutionäre im Rahmen der Polizeivorschriften kamen zu uns, um uns gütlich zuzureden. Die soziale Ordnung, ja das sei alles sehr schön, aber alles zu seiner Zeit. Und jetzt sei nicht die Zeit dazu. (Seit sechzig Jahren: Immer ist nur jetzt, gerade jetzt nicht die Zeit dazu.)

Nun, einmal wird ein Jetzt kommen, daß die ganze Welt begreifen wird – vielleicht sogar auch Wien.

DIE MOBILMACHUNG DER ROTEN GARDE

Wer die Mobilisierung des Jahres 1914 in einer Ersatzkompanie miterlebt hat, dort wo Ergänzungsoffiziere, Ersatzbataillonsoffiziere, Magazinskommandanten, Standesführer, Evidenzführer, Rechnungs- und andere Führer mit tausend Behelfen Dienstbüchern, Weisungen (nach Mob-Plan), Kartotheken, Vormerkblättern, Fassungsformularen seit Jahrzehnten auf den Tag lauerten, da die „Standeszugehörigen" mit Einberufungsbefehl und Militärpaß zwangsweise und respektzitternd einrückten, wer sich erinnert, welch einen Rummel es da dennoch gab, wird es einfach nicht für möglich halten, daß ohne ein einziges dieser Hilfsmittel ein Regiment binnen sechs Tagen angeworben, ausgerüstet, verpflegt, rangiert werden konnte.

Das ist der Werbeabteilung für die Volkswehr in der Stiftskaserne gelungen. Gelungen, trotz Schwierigkeiten, die nicht zu schildern sind. Aber es waren nicht die gutmütigen Schwierigkeiten der k. k. Schimmelreiter, der k. k. Amtszöpfe und der k. k. Schwierigkeitsmeier des gottseligen Bürokraten- und Militaristen-Österreich, das sich eine baldige „fröhliche Urständ" erhofft, sondern es war mehr, war böswillige Sabotage, Sabotage von rechts, Sabotage von links, Feindschaft von vorne und von rückwärts.

Trotz ausdrücklicher, gestempelter Weisung des Staatsamtes waren keine Kanzlei, keine Schreibkräfte, keine Kanzleimaterialien, keine Unterstützung bereitgestellt. Man ließ die Roten Gardisten, die, auf die bloße Aufforderung vor dem Deutschmeisterdenkmal hin, am Montag um acht Uhr früh in die Mariahilfer Straße gezogen waren, um sich aus politischem Pflichtgefühl wieder in das verhaßteste Milieu, in einen Kasernenhof, zu begeben, mitsamt dem Werbeoffizier und seinen Dokumenten und Vollmachten stundenlang vor dem geschlossenen Kasernentor warten. Dann beliebte man zu öffnen.

Aber kaum war ein Raum ermittelt, begann die Arbeit. Hilfsbereite setzten sich ans Werk, Personalien wurden aufgenommen. Formulare ausgefüllt, Papier geholt, Bleistifte ausgeliehen, Konsignationen ausgefüllt, Ubikationen ausgemittelt, von Pontius und Pilatus die Bewilligung zu ihrem Bezug erwirkt, trotzdem man die Berechtigung dazu schwarz auf weiß besaß, Fahrküchen requiriert, Menageschalen (wenig genug!) aufgetrieben, Fleisch, Gemüse, Brennholz beschafft, Köche ausgesucht, Spitzeln abgefertigt, Unwillkommene weggeekelt, Bitten angehört, Hilfe geleistet und Auskünfte erteilt, hundert Auskünfte, tausend Auskünfte, zehntausend Auskünfte.

Der Leidensweg der Fassungen begann. Brot, Geld (sechs Tage dauerte es, bevor man das bekam!), Monturen, Rucksäcke, Proprietäten, Waffen, Munition, Küchen, Sanitätsmaterial und dergleichen. Lastautos waren nicht da, Telefon war nicht da; „Erlässe" waren nicht da, nach denen sich die Magazine hätten richten können, und [sie] verweigerten die Ausgabe. „Erlässe", auf die sie die Weigerung hätten stützen können, hatte man in Hülle und Fülle. Und verweigern wollte man ja. Die Rote Garde! Das waren ja die Kerle, über deren Mordbrennereien die Zeitungen schon im voraus so viel wußten! Alles wurde verweigert. Mit Energie, mit Schlichen, durch Interventionen setzten wir trotz alledem mancherlei durch.

Dabei war schon soziale Arbeit in Massen da. Aus der Kaserne wurden Nahrungsmittel in Riesenmengen verschleppt. Aus den Magazinen der Kompanien, aus jenen des Konsumvereins für Offiziersmessen. Angeblich tat man das, um der Plünderung durch die Rotgardisten zuvorzukommen. In Wirklichkeit wollte man alles in private Sicherheit bringen, bevor die Volkswehrabteilung organisiert [war] und jeden mißbräuchlichen Entzug von Nahrungsmitteln, die dem hungernden Volke notwendig sind, verhindern würde. Wir besetzten die Kasernenausgänge, ohne Gewehr, ohne Patrontaschen. Viele unserer Wachen waren in Zivil, viele in sohlenlosen Stiefeln. Nahmen den Paschern „ihre" Waren ab und überbrachten sie in die Werbekanzlei, wo sie unter Verschluß gelegt wurden. Das Magazin wurde von uns besetzt. Wir fragten beim Staatssekretär für Heerwesen Mayer an, was damit zu geschehen habe. Er wollte es dem Stadtkommandanten zur Verfügung stellen. Wir protestierten und verlangten, daß es dem Amt für Volksernährung zugewiesen werde. Setzten es durch. Über Weisung des Ernährungsamtes wurden die Materialien weggeführt.

Aus dem Kriegsarchiv verschleppte man Akten, wenn man sie nicht verbrannte. Wir stellten Posten auf. Auf dem Matzleinsdorfer Bahnhof wurde von Platten und „Gelegenheitsarbeitern" Volksgut geplündert. Binnen einer Stunde war eine Kompanie von hundert Mann formiert und soweit ausgerüstet, daß sie im Laufschritt hin konnte. Mit ein paar blinden Schüssen und einem undurchdringlichen Kordon, mit der Macht der roten Kokarde stellten sie Ordnung her, retteten wertvolles Eigentum arbeitender Menschen aus den Automobilen davonfahrender „Herren".

Manche unserer Leute arbeiteten Tag und Nacht freiwillig, entschädigungslos. Aber: keine Schönfärberei! keine „Heldenverhimmelung", wie sie im Kriege gang und gäbe war. Ehrlich sei öffentlich bekannt (obwohl kein „Fall" öffentlich bekannt geworden ist), daß wir nicht lauter Idealisten unter uns hatten. Legitimationslos waren Hunderte von Leuten gekommen und waren aufgenommen worden, der erste Eindruck entschied über die Aufnahme, Angaben überprüften wir nicht, Spitzeltum verschmähend. So waren Leute unter uns, die nicht hineingehörten. Und von den abgenommenen Quanten verschwand auch – in vier nachgewiesenen Fällen – etwas in den Taschen des Postens. Die Kameraden schafften sehr schnell Abhilfe. Die Erwischten werden sich nicht so bald im Umkreis der Stiftskaserne blicken lassen. Und es wird weiter beobachtet und – ausgemistet.

Auch murrten die Leute oft, wenn Brot nicht kam, der Sold, der vom Staatssekretariat zugesagt war, wenn den zerfetzt von der Front Zurückgekehrten noch keine Montur ausgegeben werden konnte. Aber ein Wort des Beweises genügte immer. Politik wurde in dieser ersten Woche der Roten Garde nicht getrieben. Man regte sich nicht einmal über den Staatsrat von Baechlé auf, der die sofortige Auflösung der Roten Garde im Staatsrate verlangte und beinahe den Unterstaatssekretär für Heereswesen zum Falle brachte.

All das – und vieles andere – störte uns nicht. Wird uns nicht stören. Am Mittwoch waren wir in Bataillone formiert, am Donnerstag hatten wir Waffen, am Freitag brannte Wien noch immer nicht, und am Samstag kam Herr Egon Dietrichstein, um Informationen für ein Feuilleton über uns zu holen. Wir hatten uns durchgesetzt.

ANGST, ROTE GARDE UND PRESSE

Es ist noch immer so, wie es während des Krieges war: Wenn jenseits der Grenzen jemand für den Frieden sprach, war er ein Held. Tat es aber einer im eigenen Lande, war er ein Hochverräter, ein Flaumacher, ein Defätist. Und jetzt freuen wir uns, wenn man von sozialen Strömungen, von revolutionären Anzeichen in Italien und Frankreich hört, ja wir sind sogar über die Spartakus-Leute von Berlin und Budapest begeistert. Mit Recht. Sie werden eher einen Frieden schließen und Frieden erhalten, der das zerschossene Volk nicht noch tiefer unters Joch drückt; sie können die einzigen sein, die der wahnwitzigen Länder- und Gütergier siegreicher Kapitalisten einen Widerpart bieten. Auch bei uns hat es sich leise geregt, und man sollte glauben, daß man diese Strömung begeistert aufgenommen hätte, da sich hier die einzige Möglichkeit einer proletarischen Bewegung zeigte, gegen die die Proletarier vom Jenseits der Grenzen niemals ankämpfen würden.

Ja, wer das glaubt, kennt die Psyche des Wieners nicht. Sozialismus?! Kommunismus?! Rote Garde?! Alles begann zu zittern, alle Politik, alle Friedenshoffnung versank vor diesen Worten, und alles bekam Angst davor, die Roten Garden könnten die vier Kilogramm Mehl verschleppen, welche die Hausfrau im Badezimmer versteckt hat, oder gar in ihrem Salon das rubinrote Überfangglas zertrümmern. Da mag doch lieber der Krieg weiter wüten, da mag doch lieber die Entente Wien besetzen, da mag doch lieber die Welt zugrunde gehen als meine vier Kilogramm Mehl und mein Rubinglas!

Diese hysterische Angst spiegelt sich getreulich in der Wiener Presse – wie es denn überhaupt nur Krankheitserscheinungen sind, denen die Wiener Presse ein getreuliches Spiegelbild gibt. Plünderungen, Diebstähle, Gewaltrequisitionen, alles, was in den Novembertagen von 1918 in Wien geschehen ist, nein, geschehen sein könnte, all das und noch viel mehr haben die Roten Garden aus der Mariahilfer Straße am Gewissen. Daß die Rote Garde am Tage der Republikerklärung einen Putsch gegen das Parlament unternommen hat und im geschlossenen Zuge die Rampe hinaufgestürmt ist, daß sie die Staatssekretäre teils erschossen, teils gefangengenommen hat, daß sie eine Regierung einsetzen wollte, daß sie entwaffnet wurde und dergleichen, war schon am Dienstagabend in den Blättern zu lesen. Am Mittwoch kamen weitere Details. Jede Zeitung hatte ihre besondere Moritat zu singen. Die eine von gewaltsam aufgehaltenen Automobilen („Neues Wiener Tagblatt"), die andere von diebskommunistelnden Tendenzen und Bezahlung durch den jüdischen Kapitalismus („Der Mittag"), die dritte von patriotischen Artikeln, in denen ich die Armee und ihre Siege gefeiert habe („Neues Wiener Journal"), die vierte von hocharistokratischer Zusammensetzung der Roten Garde („Österreichische Volkszeitung") und die fünfte von der geistigen Vaterschaft einiger uns ganz ferne stehender Dichter („Neues 8-Uhr-Blatt"). Aber den Gipfel der Gemeinheit und Feigheit hat sich – nun wer geleistet? Eben das gemeinste und feigste Blatt von Wien, die neue freie Presse der Sozialdemokratie, die „Arbeiter-Zeitung". Dieselbe „Arbeiter-Zeitung", die hundert grausame Urteile österreichischer Feldgerichte veröffentlicht hat, von denen aber keines so unentschuldbar und so unsühnbar war wie jenes Todesurteil, das sie am Tage nach der Hinrichtung Stürgkhs über Fritz Adler gefällt hat. Diese „Arbeiter-Zeitung", unter Anführungszeichen, hat vom 1. November an in ihren Spalten und ihre Hintermänner in zahlreichen Versammlungen die Redner der Roten Garde verhöhnt, weil diese die formelle Erklärung der Republik und die Abdankung des Kaisers verlangt hatten. Beides sei vollständig überflüssig und unmöglich, da schon durch die Verfassung sowohl die Republik als auch die Abdankung des Herrschers vollzogene Tatsachen seien. Als aber die Arbeiterschaft (von uns aufgeklärt) den Ausführungen der sozialdemokratischen Mandatare keinen Glauben zu schenken vermochte, ist nach vierzehn Tagen dann doch – allerdings nur zu einem kleinen Teil – das geschehen, was das Volk durch unseren Mund verlangt hatte: die formelle Abdankung, die Besetzung der Hof- und Militärgebäude, die Proklamierung der Republik. Aber was für einer Republik! Eine Republik, die die schlimmsten Alldeutschen und christlichsozialen Kriegshetzer zu Staatsräten machte, eine Republik, deren Symbol der vom fremden Blut befleckte Waffenrock der Babenberger ist, eine Republik, die von schwarzrotgoldenen Hohenzollerianern wimmelt, eine Republik mit dem alten Polizeipräsidenten an der Spitze der politisch schnüffelnden Polizeidirektion, eine Republik mit täglichen Verhaftungen aus politischen Gründen. Über all das ist die „Arbeiter-Zeitung" vor Freude aus dem Häuschen gewesen, und jeder, der den Jubel zu schmälern wagte, ist natürlich ein Ehrgeizling, ein Reklameheld, ein Volksfremder, ein Dilettant.

Es ist charakteristisch, daß jede Notiz, die die „Arbeiter-Zeitung" morgens über die „Akteure" der Roten Garde veröffentlichte, vier Stunden später ohne Änderung und mit Zitat im „Mittag" abgedruckt werden konnte. Die antisemitische Überschrift und die persönliche Glosse hätte sich dieses alldeutsche Hetzblatt füglich sparen können, es konnte den Denunziantenton der „Arbeiter-Zeitung" nicht mehr übertreffen. Die Namen unserer wirklichen Führer wurden natürlich nie genannt, das Totschweigen versteht ein Friedrich Austerlitz so gut wie ein Moriz Benedikt, und in der Wienzeile befiehlt die Angst, die Namen jener zu unterdrücken, von denen man befürchtet, daß sie bei den Wahlen in die Konstituante den privilegierten Sozialisten die Diäten streitig machen könnten.

Welcher Art waren nun die Vorwürfe, die gegen uns erhoben wurden?

1. Einzelne Führer seien gar keine Proletarier, sondern aus wohlhabendem Hause. Wenn auch nur ein Mensch in der „Arbeiter-Zeitung" jemals von der Geschichte des Sozialismus etwas gehört hätte, so würde er sich einer solchen Äußerung schämen; denn – was hiemit den Genossen mitgeteilt sei – auch Marx, Engels und Lassalle sind keine Fabriksarbeiter gewesen, Paul Singer und Jean Jaurès stammen aus keinem proletarischen Milieu, und was Viktor Adler anbelangt, so ist er – o Schrecken – aus derselben volksfremden, unwienerischen Prager Gesellschaftsschichte, der auch ich entstamme – was sie mir zum Vorwurf macht.

2. Als wir uns gegen den Vorwurf, wir hätten das Parlament gestürmt, in einem an alle Blätter versandten Kommuniqué wehren mußten, war die „Arbeiter-Zeitung" das einzige Wiener Blatt, das

den sozialistischen Soldaten die Aufnahme dieser Erklärung verweigerte. Statt dessen dichtete sie Enthüllungen, denen zufolge sich jeden Augenblick ein anderes Mitglied des Kriegspressequartiers zu Führern der Roten Garde aufwerfe. Das Wort „Kriegspressequartier" hätte die „Arbeiter-Zeitung" lieber nicht in den Mund nehmen sollen! Wir wissen ganz genau, daß es ein Angriff gegen das Pressequartier war, den Fritz Adler geschrieben hatte und den Herr Leuthner nicht abdrucken wollte, was Fritz Adler den letzten Anstoß zur Tötung Stürgkhs gegeben hat. Wir kennen nur zu genau die telefonischen Gespräche, die mit dem Adjutanten in dieser Angelegenheit geführt wurden, wir kennen nur zu genau die Geschichte einer bronzenen Tapferkeitsmedaille, einiger Enthebungen und einiger Interventionen, über die selbst sozialdemokratische Mitglieder des Kriegspressequartiers maßlos entsetzt waren. Bei der Roten Garde ist außer mir kein einziges Mitglied des Kriegspressequartiers, und ich habe mich nicht etwa freiwillig als Kriegsberichterstatter gemeldet, wie zum Beispiel die „Genossen" Hugo Schulz und Adolf Koester. Ich bin als Mannschaftsperson ohne Freiwilligenstreifen dummerweise Jahr und Tag in der Schwarmlinie gelegen, und als ich, von acht Schußwunden geheilt, eine Kommandierung ins Pressequartier erhielt, habe ich auch dort nie ein Wort von Heerführerverhimmelung, Patriotismus oder Sieg geschrieben. Der Leutnant Groß, von dem die „Arbeiter-Zeitung" soviel Vorakten besitzt, ist uns leider unbekannt. Als wir dies in einer knappen Zuschrift festzustellen versuchten, schrieb die „Arbeiter-Zeitung", der wir außer jener Erklärung keine einzige Zuschrift gesandt hatten, daß wir bloß mit Dementis und Erklärungen arbeiten, was für das Literatenmäßige der gegenwärtigen Führung der Roten Garde charakteristisch sei. Wenn es das Kennzeichen eines Literaten ist, daß er den Verkehr mit einem schmierigen Handlé aus der Czerningasse vermeidet, dann mag es unter unseren Burschen recht viele Literaten geben, dann sind die Ottakringer Metallarbeiter und Margarethner Tischler, die jetzt in der Stiftskaserne freiwillig ihren Dienst tun, allesamt Literaten. Wenn aber Herr Engel, der allerdings kein Literat ist, weil er nur notdürftig lesen und überhaupt nicht schreiben kann, glauben sollte, daß ein Literat nicht imstande ist, ihm fünfundzwanzig auf den Hosenboden zu geben, so kann auch ich ihn – er braucht es nur zu sagen! – bald eines Besseren belehren. Der „Arbeiter-Zeitung" aber sei mitgeteilt, daß sie mit dieser Mandatsangst (die um nichts besser ist als die Angst der Hausfrau um ihre vier Kilo Mehl) das Vertrauen des Volkes nicht gewinnen wird.

Die Erregung des Proletariats gegen die Staats- und Nationalrats-Kollegen wie Wolf, Heine, Hummer, Hauser ist groß. Und wie es sicher ist, daß sich der sozialrevolutionäre Gedanke weiter Bahn bricht, so ist es auch sicher, daß die Entwicklung zu einer neuen freien Gesellschaft über diese bürgerliche Redaktion einer angeblichen Arbeiterzeitung hinweggehen muß.

DIE ROTE GARDE UND DIE PARTEIEN

Politik ist kein Selbstzweck, sondern das Mittel, einen bestimmten Zustand, durch dessen Vorstellung sich die verschiedenen Parteien voneinander unterscheiden, herbeizuführen. Heute unterscheiden sich die Parteien, die denselben Zustand herbeiwünschen, auch noch durch die „Politik", also durch das Mittel, das sie zur Erreichung dieses Zieles anwenden. Auch die Rote Garde ist kein Selbstzweck, sondern – wie schon der Name „Garde" sagt – ein Schutz, eine Sicherung der sozialen Revolution gegen die Feinde aus dem Lager aller Parteien, die entweder glauben, damit etwas erreicht zu haben, daß die Monarchie jetzt den Spitznamen „Republik" führt, daß das Geschäftslokal der Herren Weiskirchner, Hummer, Hauser, Teufel und anderer Hoflieferanten jetzt eine neue Firmentafel bekommen hat, daß die Kapitalisten jetzt in der Republik statt in der Monarchie das Elend des Proletariats ausbeuten, oder die gar wieder Karl den Letzten zu Karl den Ersten machen wollen.

Die kapitalistisch-feudalistisch monarchistische Gesellschaft hat ihre Garden immer besessen und besitzt sie noch heute, alle ihre Mitglieder sind schließlich selbst immer Garden ihrer ungerechten Vorrechte gewesen, Lakaien, Gendarmen, Soldaten, Polizisten und Spitzel höchster Rangklassen, und es ist daher gleichfalls nur eine diplomatisch geschickte Namensänderung, wenn sie sich heute offen als „weiße Garden" oder „Schutzwachen" bezeichnen, in der Hoffnung, daß dann auch eine demokratische Regierung „zur Vermeidung eines Bürgerkrieges" unparteiisch alle Garden verbieten wird. Sie würden dann kraft ihrer Mittel mit ihren Söldnern wie vorher für die Wahrung ihrer Vorherrschaft sorgen, während nach einer Auflösung der Roten Garde das Proletariat wieder entwaffnet und schutzlos der Willkür der Bajonette und Projektile ausgeliefert wäre. Bis jetzt hat, wie wir mit Entsetzen sehen, die Einführung der Republik in unseren öffentlich-rechtlichen Zuständen nicht das geringste geändert, und die einzige wirklich wertvolle Errungenschaft ist die Angst der Bourgeoisie und der Hierarchien davor, daß man das Volk jetzt nicht mehr kommandieren könne, weil es sich mit den Waffen seines eigenen Militärs, der verfluchten Roten Garde, dagegen zu wehren vermag.

Das ist verständlich. Schwerer verständlich ist die Gegnerschaft, die die Bildung der Roten Garde im Lager der Sozialdemokratie gefunden hatte. Wie schon in der ersten Rede auf dem Deutschmeisterplatz betont worden ist, stellten sich die Führer auf den im Kommunistischen Manifest von Marx und Engels festgesetzten Standpunkt, daß das Proletariat sich nicht erheben und nicht aufrichten kann, ohne daß der ganze Überbau der Schichten, die die offizielle Gesellschaft bilden, zusammenfällt. Es ist tief traurig, daß dieses Bestreben die Rote Garde in Gegensatz zur offiziellen Sozialdemokratie gebracht hat. Zwar verschanzte sich diese hinter persönliche Argumente, und es schien, daß es wirklich nur ihr politisches Monopol sei, um das sie zitterten. Aber der Grund lag, wie heute auch der Unerfahrenste merkt, viel tiefer: Nun wird von diesen seltsamen „Anhängern des Kommunistischen Manifestes“ offen eingestanden, daß man jenen „Überbau“ nicht zusammenfallen lassen dürfe, sondern höchstens nach und nach abbauen, weil die „offizielle Gesellschaft“ (nämlich die alpenländischen Agrarier und städtischen Kleinkapitalisten) mit dem Ende ihrer Herrschaft nicht einverstanden seien. Obzwar der Widerstand nicht gar so groß wäre, weil der Bauer – und erst der Agrarier! – selbst dem Feinde lieber sein Korn verkauft, als es verfaulen zu lassen, so dürfte es für Sozialisten dort auch nicht von entscheidender Wichtigkeit sein, wenn die Resistenz noch so groß wäre. Ist es doch gerade das Wesen der Revolution, widerstrebende Gewalten nicht allmählich und nicht nur soweit es diesen selbst paßt, sondern plötzlich und gegen ihren Willen zu beseitigen. Statt dessen: Es ist tragikomisch, nein tragisch, wenn man sozialdemokratische Staatssekretäre und Unterstaatssekretäre Tag und Nacht mit Aufopferung aller ihrer Kräfte und mit größter organisationsgeschulter Geschicklichkeit sich mühen sieht, Gehälter für pensionierte Hofräte zu regulieren und Stabsoffizieren geeignete Stellen auszumitteln!

Dieser politische Gegensatz ist, wie gesagt, um so trauriger, als es nicht ein Gegensatz der Massen ist. Die stehen alle so fest auf dem Boden des Kommunistischen Manifestes wie nur je ein Christ auf dem Boden des Evangeliums. Aber einzelne Führer sind nicht bloß, wie Friedrich Adler selbst bei uns sagte, „etwas zu weit nach rechts geraten", sondern auch zu hoch hinauf, und sie fühlen nun die Verantwortung wie Bleikugeln an ihren Füßen. So wollen sie den Sprung über die letzte Hürde nicht wagen, obwohl sie sich doch einst selbst zum Rennen gedrängt hatten und obwohl es nur auf diesen Sprung ankommt. Jetzt wollen sie sich drücken. Deshalb hetzen und schüren sie gegen den „Radikalismus", deshalb versuchten sie in löblichem Verein mit der bürgerlichen Presse aller Parteischattierungen die Rote Garde zu sabotieren, als ob diese nicht die erste bewaffnete Wehr gegen die Gegenrevolution und für die sozialistischen Ziele wäre und als ob jene sozialdemokratischen Führer ihr eigenes Programm vergessen hätten, das Engels in der „Entwicklung des Sozialismus von der Utopie zur Wissenschaft" 1883 so formuliert hat: „Das Proletariat ergreift die öffentliche Gewalt und verwandelt kraft dieser Gewalt die den Händen der Bourgeoisie entgleitenden gesellschaftlichen Produktionsmittel in öffentliches Eigentum." Ebenso sagt das Kommunistische Manifest: „Der nächste Zweck der Kommunisten ist derselbe wie der aller übrigen proletarischen Parteien: Bildung des Proletariats zur Klasse, Sturz der Bourgeoisieherrschaft, Eroberung der politischen Macht durch das Proletariat."

Es kann kaum zweifelhaft sein, daß diese Ziele besser durch zielstrebige Kraft der Roten Garde erreicht werden könnten als durch die Politik der Parteileitung, die leider in großer Gefahr ist, in kleinbürgerlichen Sozialismus überzugehen, von dem das Kommunistische Manifest sagt, daß er sich „in einen feigen Katzenjammer verlaufen" hat, oder in Bourgeoissozialismus, welcher „die Lebensbedingungen der modernen Gesellschaft ohne die notwendig daraus hervorgehenden Kämpfe und Gefahren" will.

Die Rote Garde ist ein Werkzeug proletarisch-kommunistischer Politik. Sie ist revolutionär und sozialistisch nach den Grundsätzen des Kommunistischen Manifestes, auf dessen Boden angeblich auch die Sozialdemokratie steht. Warum also die gehässige Anfeindung und (nachdem diese nichts genützt hat) die Zähmungsversuche durch sozialdemokratische Führer? Ist etwa der Parteileitung *ihre* Disziplin und *ihre* Führerschaft so wertvoll, daß sie darüber das große Werk der Befreiung aus den Augen verliert, an der wir alle arbeiten wollen – Sozialdemokraten, Linksradikale, Kommunisten, Sozialrevolutionäre und Rotgardisten?

NACHTRÄGLICHES KONZEPT ZU EINER VORHER GEHALTENEN REDE

Liebe Genossen von der Roten Garde! Ihr habt eben die Rede unseres über alles verehrten Genossen Dr. Friedrich Adler vernommen, ihr habt diesen Mann der Tat nun auch als Muster der Parteidisziplin kennengelernt. So wie der Ritter der Schillerschen Ballade den von der Kirche verbotenen Kampf mit dem Drachen dennoch gewagt und siegreich bestanden hat, aber dann wieder demutsvoll den Kleidersaum seines kirchlichen Oberhauptes küßt und erst nach strengem Tadel – nur dem Drängen des Volkes zuliebe – die Erlaubnis zum Verbleiben in der Gemeinschaft erhält, so ist auch Fritz Adler wieder in die Parteileitung aufgenommen worden.

Als Mitglied der Parteileitung hat er hier gesprochen, aber es waren Worte, die wir bisher von der Parteileitung nicht gehört haben. Für ihn unterliegt es keinem Zweifel, daß der Sozialismus in der revolutionären Übergangsepoche, in der wir uns befinden, einer bewaffneten Macht bedürfe, daß diese Form der Truppen von Freiwilligen mit den Problemen der Politik zusammenhängen muß und daß schon der Name „Rote Garde" zeige, wie sehr unserer Formation ein politischer Gedanke zugrunde liege. Genosse Adler! Sie mußten noch im Kerker sitzen, als wir uns zur Gründung der Roten Garde zusammentaten, und können daher nicht wissen, wie heftig das Bedürfnis nach einer bewaffneten Macht des Proletariats, das Ihnen selbstverständlich scheint, von den Maßgebenden des Parteisozialismus in Worten, Preßangriffen und Beschlüssen bekämpft worden ist, wie Sozialdemokraten in vollkommen harmonischer Gemeinschaft mit Deutschnationalen, Christlichsozialen, Liberalen, ja sogar mit den Monarchisten, den Militaristen und der Polizei darin wetteiferten, uns alle erfindlichen Beschuldigungen anzuhängen. Und als sich die Logik unseres Gründungsgedankens allen Widerständen zum Trotz doch durchsetzte, wir uns behaupteten und sich im Anschluß daran die Errichtung der Volkswehren vollzog, wurde noch unser Name zu beseitigen gesucht, unser Name, in dem Sie, Genosse Adler, den politischen Gedanken klar erkennen, die anderen aber nur das Firmenschild eines Plünderungsunternehmens zu erblicken vermochten.

Um Großes mit Kleinem zu vergleichen: So wie nach der ersten revolutionären Tat des Krieges, der Justifikation Stürgkhs, Sie, Genosse Adler, von der „Arbeiter-Zeitung" als ein Pflichtvergessener, ein Wahnsinniger hingestellt worden sind, so sind nach der ersten revolutionären Tat des Friedens ihre Urheber von der „Arbeiter-Zeitung" beschimpft und geschmäht worden. Und auch das waren nicht – wie Sie sich erzählen ließen – „Leute, die den Sozialismus erst in jüngster Zeit kennengelernt haben". Im Gegenteil! Während die einzige „Massenpartei, in der Millionen von klassenbewußten Arbeitern organisiert sind", nur eine einzige revolutionäre Aktion in der ganzen Protest heischenden Kriegszeit aufzuweisen hatte (die Ihre, Genosse Adler!), haben unsere Gründer ihre Arbeit am Jännerstreik geleistet und sie mit Gefängnis und dem Haß der Partei bezahlen müssen.

Bei dieser präjudizierten ablehnenden Haltung der offiziellen Sozialdemokratie gegen uns ist es schwer wahrscheinlich, daß wir die Aufgabe werden erfüllen können, die Sie, Genosse, uns stellen, „diese Partei mit revolutionärem Geiste zu erfüllen". Aber Ihnen, Genosse Adler, den die Parteileitung nicht noch ein zweites Mal zu verurteilen wagen wird, Ihnen kann es gelingen, und wenn Sie je unserer bewaffneten Mitwirkung bedürften – auf unsere begeisterte Opferfreudigkeit können Sie zählen!

Die Leute, „die im Augenblick der Revolution ihr revolutionäres Herz entdeckt haben", sind in unseren Reihen kaum zu finden. Wären sie es aber, sie wären ja um keinen Grad geringschätziger zu werten als jene „bewährten Vorkämpfer", die während des Krieges aus ihrem „revolutionären" Herz eine Mördergrube machten, jene Führer, die – wie Sie sagten – „rückständig geblieben sind, denen das Verständnis für die revolutionären Möglichkeiten des Augenblicks fehlt". Was nützt unter solcher Führerschaft die Gesinnung der Massen? Was nützt dem Ringkämpfer seine Körperkraft, wenn seine Arme gelähmt sind?

Diese Führer haben die Revolution verloren, und das ist sicher trauriger, als daß sie von jenen gewonnen worden wäre, die Sie als „Revolutionsgewinner" bezeichnen. Auch vor hundertdreißig Jahren waren es keine organisierten Sozialdemokraten, sondern Marktweiber und – Literaten, die die Befreiung des französischen Volkes von der Tyrannei einleiteten. Auch die Literaten haben sie uns vorgeworfen, auch mit dem Glauben an die Wahrheit einer gemeinen, von der Presse ausgehegten Lüge sind sie zu uns gekommen. Die Herren Blei, Gütersloh und Werfel, stand in den Blättern, seien unsere Führer. Ich frage Euch, Genossen, kennt einer von Euch Herrn Blei? (Einstimmige Antwort der Versammlung: „Nein!") Kennt einer von Euch Herrn Werfel? (Einstimmige Antwort: „Nein!") Kennt einer von Euch Herrn Gütersloh? (Einstimmige Antwort: „Nein!") Ich habe die Herren seit Wochen nicht gesehen, niemals mit ihnen über Gründung oder Entwicklung einer Roten Garde gesprochen! Wenn es doch der Fall wäre: Waren dann Marx, Engels und Lassalle manuelle Arbeiter? Waren sie nicht auch Literaten im besten Sinne des Wortes? Und Sie selbst, Genosse Adler? Lesen Sie und schreiben Sie nicht selbst wissenschaftliche Literatur, politische Literatur und schöne Literatur, sind Sie also nicht selbst ein Literat, ein Mann der Feder? Sie nicken bejahend mit dem Kopf, ich danke Ihnen!

Sie haben vor Führern gewarnt, deren Triebe die Eitelkeit, die Ruhmsucht, der Ehrgeiz und die Sucht nach Reklame und Feuilletons seien. Diesen Vorwurf hat aber jeder zu gewärtigen, der aus der allgemeinen Passivität und Lässigkeit dieser Stadt herauszutreten wagt. Die „Neue Freie Presse", deren Besetzung Sie – in Übereinstimmung mit den Wiener Tageblättern, aber im Gegensatz mit zwei großen sozialistischen Blättern Deutschlands und einem hervorragenden Publizisten Österreichs – scharf ablehnen und als eine dumme Operette bezeichnen (weil leider Moriz Benedikt und seine Leibeigenen nur als dumme Operettenfiguren gewertet werden), jene „Neue Freie Presse" war es nicht allein, die Ihnen, Genosse Adler, nach ihrer Tat ähnliche Vorwürfe machte. Sie wurden sofort in den Arrest gebracht und werden wohl kaum wissen, daß fast alle Zeitungen Ehrgeiz, Reklamesucht, Herostratenwahn und dergleichen Ihnen zum Vorwurf machten, daß auch über Sie eine Flut jener ekelhaften wienerischen Feuilletons erschienen ist.

Sie bejahen abermals mannhaft und offen. Sie hätten das alles übersehen und vergessen können, denn ihre Tat war vollbracht, Ihre Operation war glücklich vollendet. Uns aber ist man in den Arm gefallen, und das dürfen ja jene nicht vergessen, die uns in den Arm gefallen sind. Jene müssen doch beweisen, daß unser Tun ein unheilvolles und die Verhinderung segensreich war.

Genosse Adler, Sie sind jetzt frei, und das Proletariat hofft auf Sie. Wir werden an Ihrer Seite stehen. Es liegt nicht soviel an Parteilegitimation, an Beruf und an den scheinbaren Triebkräften, nein, es kommt auf die Gesinnung an und auf den Mut zur Überzeugung, und den will jeder Rote Gardist, das heißt jeder revolutionär empfindende Sozialist irgendeiner Volkswehrabteilung vertreten zum Heile der Revolution, einer sozialistischen Republik!

„KAPPE AB, ZUM SCHWÖREN!"

Am Dienstag hätten wir feierlich beeidigt werden sollen.

Es gibt keinen Sozialisten in Wehr, der nicht instinktiv einen Abscheu vor dieser Zeremonie empfunden hätte, der nicht mit Ablehnungsgefühlen an jenen anderen Eid erinnert worden wäre, der ihm einst nach entwürdigender Musterung vorgeplappert wurde und dessen Folgen Morden und Ermordetwerden waren. An jenen Fahneneid, der eine niederträchtige Entäußerung jedes Ichs, eine Abtretung der Persönlichkeit an die der Vorgesetzten war. An jenen abgezwungenen Eid, den zu brechen Heldentum war, weil dies der Militarismus ärger ahndete, als ob man sich einem freiwilligen Versprechen entzogen, eine selbst angebotene Verpflichtung gelöst hätte.

Und jetzt geht es wieder zum Schwur. Freilich: es heißt nicht mehr „Eidesleistung", sondern „Angelobung", der Akt ist der Zeremonie und Feierlichkeit nach Möglichkeit entkleidet, und man kann nicht mehr mit Todes- und Marterdrohung zur Ablegung gezwungen werden. Also ist es ein freiwilliger Schwur? Nein, auch das ist er nicht, wenigstens nicht für den, der sich aus politischer Überzeugung wieder in die Kaserne gefügt hat. Denn er tat das, um mit der Waffe in der Hand einer politischen Idee zu dienen, und eine politische Idee ist etwas Ablaufendes, ist bloß ein Netz von Wegen zur Erreichung des menschlichen Ideals, zur Erreichung der eigenen Weltanschauung. Der Schwur aber ist starr, ist eine Festlegung, ist eine gebundene Marschroute auf die Einhaltung gewisser, von anderen gewählten Wegen und ein Gelöbnis der Treue und des Gehorsams auf die politische Treue und die Weltanschauung – eines anderen.

Wenn diese anderen Gesinnungsgenossen wären, so brauchte es des Eides nicht. Denn einem Gesinnungsgenossen, der die Führerschaft innehat, leistet jeder Ehrliche auch unbeschworen Gefolgschaft. Aber wem sollen wir denn da schwören? Nicht bloß den Sozialdemokraten im Staatsrate, die theoretisch auf unserem Standpunkte stehen, in der Praxis aber leider, leider allzusehr von ihm abgehüpft sind, nein, auch den christlichsozialen, den deutschradikalen, den alldeutschen und deutschbürgerlichen Staatsräten, den Jerzabecks, den Mayers, den Wolfs, den Iros und Konsorten, und auch ihnen nicht in ihrer Gesamtheit, das heißt, nicht ihren Beschlüssen, an deren Fassung doch auch die sozialdemokratischen Staatsräte irgendwie beteiligt wären, sondern „insbesondere ... seinen Präsidenten"! Also insbesondere dem höchst deutschnationalen Bürgermeister von Linz und dem Protektor der Ischler Korruption im Prälatengewande. Was haben die Herren Dinghofer und Hauser mit sozialistischen Soldaten zu schaffen, was würden sie uns befehlen – wenn sie befehlen könnten, was sie wollten?

Nun, das können sie ja zum Glück nicht. Nicht etwa, weil sie einen nachträglichen Widerstand ihrer sozialdemokratischen Staatsratskollegen zu befürchten hätten (die Herren kennen die Renner, Seitz, Hanusch zu genau, um sich vor deren Protest zu fürchten), aber sie können einer sozialistischen Volkswehr deshalb keine den sozialistischen Anschauungen widersprechende Aktion anbefehlen, weil sie genau wissen, daß ein solcher Befehl einfach nicht befolgt werden würde, und hätte man tausend Eide geschworen. Denn eines muß bei jedem unverrückbar feststehen: Kein Eid darf gehalten werden, wenn seine Erfüllung der Gesinnung, dem Gewissen, der Sittlichkeit dessen zuwiderläuft, der ihn geleistet hat! Gegen die eigene Ehre gibt es keinen fremden Zwang.

Und für die eigene Ehre braucht man keinen fremden Zwang. Also ist dieser Volkswehreid sinnloser als jeder andere. Aber wir kennen die Beweggründe des Staatsrates, und da sich der Soldatenrat ihnen nicht verschlossen hat, wollen auch wir in dieser Formalität vorläufig nicht mehr als eine Formalität sehen. Es ist ja richtig, daß nicht jeder Volkswehrmann es aus politischer Überzeugung geworden ist und daß es also eines formellen Eintrittes in dieses Vertragsverhältnis bedarf, einer äußeren Bindung, wenn ihm die innere Bindung fehlt. Und da man nicht die Mannschaft in politische und unpolitische Bataillone scheiden kann, so wird wohl das „Kappe ab, zum Schwören" von allen befolgt werden. Die Rote Garde hat sich nur gegen die Formel gewehrt, die mit unfreiwilliger Ironie vom „freien Staate Deutschösterreich" sprach, als ob nicht – wenn's nach dem Herzen manches heutigen Nationalrates ginge – schon morgen der Kaiser Karl sich an die Spitze des „freien Staates Deutschösterreich" stellen könnte, ja, ob er nicht gegebenfalls zu seinen unterschiedlichen Titeln auch noch den eines Präsidenten des Staatsrates annektieren könnte, als ob wir nicht noch mehr seiner so bewährten militärischen Thronstützen als Befehlshaber in den Pelz gesetzt bekommen könnten. Ein solcher Eid war eine Verwegenheit, und die Ausrede des Staatsrates („es ist der Wortlaut des Nationalversammlungs-Beschlusses vom 30. Oktober") ist der alten bürokratischen Monarchie gewiß nicht weniger würdig als der neuen bürokratischen Republik wider Willen.

Man wird also den Eid ändern, und wir werden schwören. Und werden ihn treu und gewissenhaft erfüllen – solange er unserer Überzeugung entspricht. Wir werden „im Interesse des Wohles und der Sicherheit meiner Mitbürger nach bestem Willen und Gewissen mit allen Kräften meinem ... Volke dienen".

Dem arbeitenden Volke nämlich!

Und wenn jemand im Staatsrate glauben sollte, daß wir, wenn wir geschworen haben, nun auch gegen arme, um ihre Rechte kämpfende Proletarier Salven schießen werden, daß wir uns nun auch von nationalen und Vaterlandsphrasen blenden lassen werden, um für Kriegsgewinner und Friedensausbeuter unsere Patronen gegen magyarische, tschechische oder südslawische Proletarier abzufeuern oder eine Wach- und Schließgesellschaft dieser pfäffisch-kapitalistisch-großagrarisch-nationalistischen Regierung bilden werden, dann kann ihnen dieser Eid verhängnisvoll werden.

Warnung: Sie mögen den Eid nicht ernster nehmen als wir.

Wir mögen doch, um Gottes willen, noch einen Monat warten, in vier Wochen werde man schon sehen, daß die sozialdemokratischen Abgeordneten auch in einer demokratischen Republik mit Koalitionsregierung ...

Mit diesem und ähnlichem versuchten uns die Partei-Emissäre zu beschwichtigen, die in den ersten Novembertagen gegen uns losgelassen worden waren, wollten uns und unseren Hörern weismachen, eine verkrüppelte Mißgeburt lasse sich zu einer Prachtgestalt aufpäppeln.

Nun sind schon sieben Wochen vergangen, seit dieser Bankert von Republik zur Welt gekommen ist. Und man sieht noch immer nicht einmal von weitem die goldenen Berge, die man den Geduldigen versprochen hatte, auch nicht die geringste von sozialer Arbeit, auch nicht die Spur von sozialer Reform und auch nicht einmal die geringste Änderung gegen die Monarchie.

Die sozialistischen Staats- und Unterstaatssekretäre arbeiten mit größtem Eifer und organisationsgeschulter Fähigkeit daran, den Zusammenbruch der verfaulten Gesellschaftsform hintanzuhalten, sie für Kapitalisten, Hofräte, Pfaffen, Aristokraten und Stabsoffiziere zu retten, soweit sie zu retten geht. In dieser Woche hat der Staatskanzler, „Genosse" Dr. Renner, der provisorischen Nationalversammlung einen Gesetzentwurf auf Verlängerung der Mandate von Handelskammerräten bis Ende 1919 vorgelegt, Staatssekretär des Äußeren, Otto Bauer, wettert gegen die Tschechen und so fort. Lauter Dinge, die mit dem Sozialismus entweder nichts zu tun haben oder direkt antisozialistisch sind.

Im Staatssekretariat für Heerwesen hatte sich der deutsch-agrarische Staatssekretär Mayer schlauerweise anfänglich nicht mit solcher Wucht in die Organisationsarbeit gestürzt, wie er es zum Beispiel im Frieden bei der Errichtung der deutschböhmischen Viehverwertungszentrale oder während des Krieges bei der rumänischen Getreideversorgung getan hatte. Er wußte genau, daß er sich bei Erledigung aller laufenden Angelegenheiten auf seinen sozialdemokratischen Unterstaatssekretär verlassen könne, daß der schon den alten Generälen und Stabsoffizieren die passenden neuen Stellen aussuchen, die durch Wien durchfahrenden Tschechenregimenter entwaffnen und die Hofburg von Offizieren bewachen lassen werde. So hatte Dr. Deutsch als einziger Sozialdemokrat eine beträchtliche reale Macht. Er betätigte sie zumeist im Sinne des alten K. M. (unter welcher Abkürzung bei den Staatssekretärsgenossen nicht etwa das Kommunistische Manifest, sondern das Kriegsministerium zu verstehen ist) und hat sich auch der Aufstellung einer Schutzwehr des Proletariats, der Roten Garde, nach besten Kräften widersetzt. Aber schließlich ist er doch persönlich ein durchaus ehrenwerter Mann und auch noch soviel Sozialdemokrat im alten Sinne, daß er nicht mit unserer Verhaftung vorgehen konnte. So blieb die Rote Garde, und eine ziemlich sozialistische Volkswehr entstand.

Daß ihm die Christlichsozialen die Vorwürfe nicht ersparten, ist selbstverständlich. Ebenso selbstverständlich ist aber auch, daß er der Roten Garde die revolutionären Zähne ausreißen wollte, und Dr. Deutsch war es, der selbst in die Stiftskaserne kam, um uns Hauptmann Dr. Frey als Kommandanten unter Beschwörungen und Drohungen zu empfehlen. Er hat damit die Spaltung hervorgerufen, die sich jetzt in der Stiftskaserne vollzogen hat und über die die dunkelmännerische Presse der Bourgeoisie vor Jubel ganz aus dem Häuschen ist.

Auch der von den Sozialdemokraten uns als „Sozialist" empfohlene, von uns aber schon längst als Despot a. D. entlarvte Oberbefehlshaber Feldmarschalleutnant Boog, das Protektionskind des „Genossen" Schulz, hat sich bereits den Groll seiner eigenen „Arbeiter-Zeitung" zugezogen. So sieht es mit den alten Maßnahmen des sozialistischen Unterstaatssekretärs aus.

Und mit den neuen? Nein, neue Maßnahmen von entscheidender Wichtigkeit läßt man ihn gar nicht mehr treffen. Jetzt, da es nicht mehr herabfallendes Gemäuer zu stützen gilt, sondern neues aufzubauen, jetzt benimmt sich der deutschnationale Staatssekretär, über dessen Sonderbarkeit sich die „Arbeiter-Zeitung" nicht genug wundern konnte, gar nicht mehr so sonderbar. Jetzt trifft er schon seine Verfügungen, sein militärischer Leibfuchs Dr. Perlick ist heute der Macher im Kriegsministerium. Und in den Blättern steht heute schon von der neuen, auf Grund der allgemeinen Wehrpflicht aufgebauten Wehrvorlage des Abgeordneten Mayer und von einem geplanten Abbau der „kostspieligen" Volkswehr zu lesen.

So sieht es in dem einzigen Staatsamt aus, wo die Sozialdemokraten noch etwas zu sagen, wo sie wenigstens die Möglichkeit hatten, in sozialistischem Sinne zu wirken.

AUF IN DEN KAMPF, TORERO!

Zum neuen deutschösterreichischen Wehrgesetz

Am 18. Dezember hat der Staatsrat der Nationalversammlung den Gesetzentwurf betreffend die vorläufigen Bestimmungen über die bewaffnete Macht überreicht. Während Lloyd George von Weltabrüstung, während Wilson von Völkerbund spricht, während die Péricat-Leute in Paris in ungeheuren Massen für die Verständigung demonstrierten – in dieser Zeit wagt es dieses Schnackerlland Deutschösterreich als erster Staat mit Einleitungsarbeiten zu einem neuen Krieg zu beginnen, wagt es dieses Ländchen, seinem noch bluttriefenden, erschöpften, niedergeschmetterten Volke ein neues Wehrgesetz zu bieten.

„Gegen die Angriffe äußerer Feinde." So heißt es darin. Aber das ist lächerlich! Über Deutschösterreich verfügt die Entente, sich ihr zu widersetzen ist undenkbar. Die Wahrheit steht im Nachsatz: „... und an der Aufrechthaltung der Ordnung und Sicherheit im Innern mitzuwirken." So hieß es auch im alten k.u.k. Dienstreglement. Wir kennen diese Mitwirkung: Mit Patronen und Bajonetten die Arbeiter und die Arbeiterinnen in die Fron für Kapitalisten und Feudalherrn zu hetzen; Menschen, die der Hunger aus den Betrieben gejagt, mit Säbelhieben und Gewehrschüssen zu füttern.

Und gegen das Volk kann das ganze Volk aufgeboten werden, jeder männliche Staatsbürger vom achtzehnten bis zum vollendeten zweiundvierzigsten Lebensjahre, und dieses Aufgebot kann jederzeit erfolgen. Jederzeit „zur Aufrechterhaltung der Ordnung im Innern, soweit hiezu die der bürgerlichen Gewalt zu Gebote stehenden Mittel nicht ausreichen, und gegen die Bedrohung des Eigentums der Bürger". Das heißt, aus der Sprache der Herren Gesetzgeber ins Deutsche übersetzt: als Ersatzmannschaft und Sturmbock der Polizei, als Gewaltmittel gegen den Sozialismus!

Außer dieser Aufgebotspflicht aller Männer im Staate soll es noch ein stehendes Heer geben, für dessen Einberufung die Angehörigen der Geburtsjahrgänge 1896 bis 1900 „zur Verfügung stehen". Es wird hiedurch jungen Männern, die nicht mehr als drei Jahre im Feld verblödeln und für die ihnen feindlichen Interessen ihre Zeit und ihre Gesundheit opfern mußten, zugemutet, sich wieder in den Kasernen als Sklaven und Versuchskaninchen für ungebildete, autoritätsbesessene Offiziere und brutale Feldwebel vier Monate mißbrauchen zu lassen! Doppelt so lange als in der Schweiz, wo in den fünfundsechzig Tagen die „Abrichtung“ vorgenommen wird, während bei uns doch – dank der hübschen Zahl von Musterungen und Assentierungen und Marschbataillonen – schon jedes Krepierl das Kriegshandwerk gründlich kennengelernt hat.

Natürlich ist dem Oberbefehlshaber – gegenwärtig ist es der schwer kompromittierte Feldmarschalleutnant Boog, nächstens wird es womöglich ein noch schwerer kompromittierter General sein – eine fast unbeschränkte Macht eingeräumt, in der Praxis kann er über die gesamte bewaffnete Macht ganz allein nach Gutdünken verfügen. Unglaublich niederträchtig ist es, welch eine beschämende Rolle man den Soldatenräten, den einzigen gewählten Vertrauensmännern der Truppe, zuzuweisen wagt. Man lese nur den § 15 des Entwurfes: „Wünsche und Beschwerden der Soldaten werden durch von ihnen selbst gewählte Soldatenausschüsse entgegengenommen und *unter deren Mitwirkung behandelt.* Die Soldatenausschüsse überwachen ferner die vorschriftsmäßige Verabreichung der Besoldung, Verpflegung und Bekleidung sowie die Unterbringung.“ Also nur Beschwerden dürfen sie entgegennehmen, und auch nicht einmal über diese sollen sie entscheiden, sondern nur bei ihrer „Behandlung“ mitwirken. Daß zum Schutze vor neuen Gründungen von Roten Garden ein geharnischter Absatz (§ 18, „Von der unbefugten Werbung“) nicht fehlt, kann nicht überraschen – wird aber wohl nicht viel helfen.

In den Versammlungen der Föderation revolutionärer Sozialisten „Internationale“ sind die Bestimmungen des neuen Wehrgesetzes unter ungeheuren Protest- und Entrüstungskundgebungen zur Kenntnis der Arbeiterschaft gebracht worden, und besonders der § 16, demzufolge der Soldat, „den Anordnungen der Beauftragten der bürgerlichen Gewalt Gehorsam zu leisten“ hat, ist mit Hohnlachen aufgenommen worden. Es ist also zu erwarten, daß sich kein denkender Proletarier von der Verhängung einer dreimonatlichen Arreststrafe und einer Geldstrafe bis zu zehntausend Kronen davon abhalten lassen wird, den Einberufungs- und Aufgebotsbefehl in den Papierkorb zu werfen. Und daß kein denkender Proletarier jemals in eine derartige Wach- und Schließgesellschaft der privilegierten Kasten eintreten wird.

Die Sozialdemokratie wird ihre Leute schon aufklären ... Nein, das wird sie nicht! Das Schrecklichste an diesem neuen Wehrgesetz ist ja, daß es vom Staatsrat stammt, in dem die Sozialdemokratie ihre Mandatare hat, daß es mit *Zustimmung und unter Mitwirkung von sozialdemokratischen Staatsräten* verfaßt und von ihnen der provisorischen Nationalversammlung vorgelegt worden ist, in der wieder eine Riesenzahl von sozialdemokratischen Mandataren sitzt. In der ganzen Sozialdemokratie hat sich gegen diese unglaubliche Provokation des Volkes, gegen diese erste kriegshetzerische Tat des Friedens keine Stimme erhoben und konnte sich nicht erheben.

Denn die *offizielle Parteipresse* hat alle diese Bestimmungen, die die autoritätslüsterne, perverse Phantasie eines besessenen Militaristen ausgehegt haben muß, hat alle Details dieses Werbegesetzes, das die Söhne des Volkes zu Notstandsarbeiten für arbeitsscheue aktive Offiziere mißbraucht, *einfach totgeschwiegen.* Und die „Arbeiter-Zeitung" entblödet sich nicht, den Titel „Fruchtbare Arbeit der Nationalversammlung" über ihren Artikel zu setzen, was sie nicht etwa ironisch gemeint hat.

Merkt euch das, Arbeiter: „Fruchtbare Arbeit".

NEUJAHR UND NEUE JAHRE

Das Jahr, das eben zu Ende ging, brachte manches Gute: den endlichen Abschluß des weltumfassenden Massenmordes, die Verjagung der blutbesudelten Dynastien in Deutschland und Österreich, revolutionäres Sichselbstbesinnen in manchen Ländern.

Aber wir schauen nicht allzu froh in die nächste Zukunft. Ist denn der Weltkrieg für ewige Zeiten dem Weltfrieden gewichen? Lauern denn nicht Dynasten und ihre Mastdarmakrobaten in Livree und Goldkragen auf die baldige Wiederkehr ihrer Herrlichkeit? Provozieren denn nicht Generäle, Exminister, Pfaffen und nationale Hetzer von neuem die arbeitenden Menschen? Und haben nicht marastisch gewordene Arbeiterführer das Amt der kaum pensionierten Beschwichtigungshofräte übernommen und fesseln das zum Denken und Handeln erwachte Volk?

Den revolutionären Ergebnissen des Jahres 1918 stehen leider viel mehr gegenrevolutionäre Gewaltakte der kapitalistischen Internationale gegenüber. Im Jänner 1918 schob sich die revolutionäre Welle, vom Osten kommend, gegen Südrußland, in der Ukraine befreite sich das Volk, und in Wien und Wiener Neustadt ließ eine machtvolle Erhebung der Arbeiter (die einzige Massenaktion während des Krieges in Österreich) die Kriegsgewinner um ihren Profit zittern. Aber schnell wurden Dämme der Gewalt aufgerichtet. Blutrünstige Generäle mit „forschen" Offizieren und künstlich vertierten Truppen stellten in Weißrußland die „Ordnung" wieder her, und in Wien übernahm die damals kaiserlich-königliche und jetzt demokratisch-republikanische Sozialdemokratie die ruhmreiche Aufgabe, noch im letzten Augenblick ein vorzeitiges Kriegsende zu vereiteln.

Auch in den anderen Ländern ließen die offiziellen Parteisozialisten ihre kapitalistischen Spießgesellen nicht im Stich, die Gewaltmaßregeln Clemenceaus gegen die französischen Minderheitssozialisten und gegen Malvy, Rappoport usw. fanden die Unterstützung Renaudels, die Londoner, Berner und zweite Stockholmer Friedenskonferenz der Sozialdemokratie fanden passive Resistenz, und Liebknecht, Rosa Luxemburg, Franz Mehring und Friedrich Adler erlebten keinen Bastillensturm, der sie aus den Kerkern befreit hätte. Die Scheidemänner und die Renners saßen schon auf Ministerfauteuils, dieweil ihre Parteigenossen noch auf den Arrestpritschen saßen!

Und das Kriegsende hat die Arterienverkalkung der offiziellen Parteien nur noch erschreckender dargetan. Die Ereignisse der letzten zwei Monate sind uns noch viel zu sehr Gegenwart, als daß sie hier wiederholt werden müßten. Wir haben sie schaudernd miterlebt. Der innige, durch keinerlei Zwang geschlossene Bruderbund der Sozialdemokratie mit den ekelhaftesten Kriegshetzern deutschnationaler und christlichsozialer Färbung in Staatsrat, Nationalrat und Staatssekretariaten, die volle Belassung der Gemeinde- und Polizeiwirtschaft in den Händen der korrumpiertesten, schuldbeladensten Stützen der Habsburger, die Nichteinführung einer einzigen winzigen Reform – alle die, die das vom ersten Tage des faulen Kompromisses vorausgesehen haben und dagegen aufgetreten sind, sind den lumpigsten Verfolgungen der Parteiadvokaten ausgesetzt gewesen.

Man hetzte das Volk statt gegen die Reaktionäre, statt gegen die Monarchisten, statt gegen die Pfaffenknechte, statt gegen die alten Kriegsverlängerer und neuen Kriegsvorbereiter bloß gegen die „unbefugten Revolutionäre" auf. Und das Volk glaubte. So wie in

Berlin von Scheidemann, Ebert und Wels die Soldaten und Arbeiter (nach den Praktiken des Kriegspresseamtes) systematisch belogen und irregeführt und dazu veranlaßt werden, in den Spartakus-Leuten ihre Erbfeinde zu sehen und gegen diese einzigen wahren Verfechter der Volksinteressen scharfe, massentötende Salven zu feuern, so hat man auch in Wien die Arbeiter vor den „Schreiern", den „Revolutionsgewinnern", den „Allzuradikalen" gewarnt, die braven, irregeführten Sozialdemokraten kamen am Abend des 12. November zum Parlament, um „ihre" Abgeordneten, die Märtyrer Seitz, Renner und Hanusch, aus der – Gefangenschaft der Roten Garde zu befreien. In Wien ist es noch leichter, dem Stimmvieh etwas weiszumachen, als in Berlin. Wenn's in der „Kronen-Zeitung" *und* in der „Arbeiter-Zeitung" steht, dann *muß* es ja wahr sein! Und es stand immer in beiden Blättern dasselbe, auch in den christlichsozialen, in den deutschbürgerlichen, in den deutschnationalen, überall ganz genau dieselben Lügen und Erfindungen wie in den sozialdemokratischen. Und schließlich schmuggelte die Partei ihre Emissäre in die Rote Garde ein, die der vereinigten Wiener Presse neues Material zu liefern hatte.

Verhaftungen, Gerichtsuntersuchungen, Verdächtigungen, Beschimpfungen, so gingen Sozialdemokraten gegen Leute vor, die das Militärkommando besetzt, ungeheure Lebensmittelmagazine der Wiener Offiziersmenageverwaltung den Volksküchen zugeführt, vor dem Parlament die Hausfarben der Babenberger herabgerissen und an ihrer Statt die Farbe der Internationale gehißt und – für alle Ententeländer hörbar – gegen einen Einfluß von Bürgerlichen und Nationalisten in die Regierungsgeschäfte einer Republik protestiert hatten. In der letzten Woche des jetzt beendigten Jahres hat der Rote Soldatenbund in Berlin ein Flugblatt an alle deutschen Soldaten und Arbeiter verbreitet, dessen grundlegendste Forderung lautet: „Schaffung einer Roten Garde! Das ist zur dringendsten Notwendigkeit geworden, soll die Gegenwart und Zukunft der Revolution, soll die heiligste Hoffnung des Proletariats nicht zuschanden werden."

Liebknecht und seine herrliche Marinedivision werden diese Forderung schon in die Tat umzusetzen wissen. Die österreichischen Patentgenossen aber sind stolz darauf, daß sie bei uns alles aufgeboten haben, um diese dringendste Notwendigkeit zu vernichten, also die „Gegenwart und Zukunft der Revolution, die heiligste

Hoffnung zuschanden werden zu lassen". Unsere Parteibourgeoisie möge aber nicht zu früh frohlocken! Das Jahr 1918, das das Geburtsjahr der Roten Garde war, ist noch nicht ihr Todesjahr.

Es kracht im Gemäuer des Sozialismus. Auch drüben in den siegberauschten Ländern beginnt das Volk zu merken, daß es im Siege genauso genasführt ist wie im Kriege. Von der großen antibolschewistischen Expedition gegen Rußland hat die Entente Abstand genommen, und auch von der Besetzung Wiens hört man nichts mehr. Und die Demobilisierung der Ententeländer wird höchst langsam, nur ganz allmählich vollzogen. Nützt alles nichts. Mögen die Wahlen in England noch so eroberungslüstern ausgefallen sein, mögen die Wahlen in die deutschösterreichische Nationalversammlung dank der Pflichtvergessenheit der angeblichen Sozialdemokraten noch so reaktionär ausfallen, mögen Serben und Rumänen marschieren und marschieren – im Aneinanderklirren der Champagnergläser hören die Kriegsgewinner aller Kasten und Parteien mit angstvollem Beben das Heranfluten eines neuen Jahres, neuer Jahre – das Erwachen der Völker!

WIE SCHÜTZE ICH MICH VOR DEN BOLSCHEWIKI?

Eine Wiener Geschichte, daher unglaubwürdig, aber wahr

Herr Georg Schaftl, ehemaliger Gesellschafter der Firma „G. Schaftl, Huber & Co.", saß in seinem Zimmerchen im Hause Mariahilfer Straße 89a und dachte darüber nach, wie er sich Geld verdienen könnte. Er war ein Heimkehrer. Und zwar war er aus dem Grinzinger Kriegsspital heimgekehrt, wo er als Rechnungsunteroffizier I. Klasse schweren Kriegsdienst geleistet hatte. Na, zugesteckt hatte er ja nichts zu dem Geschäft. Da sich Tote das Menagegeld und die Löhnung höchst selten abzuholen pflegen, hatte er es seelenruhig für sie einstecken können. Auch Urlauber gibt es, Menageersparnisse – nein, es war Herrn Rechnungsunteroffizier G. Schaftl nicht schlecht ergangen. Aber Wien ist ein teures Pflaster, der Heurige kostet schon zwölf Kronen, die Madeln wissen auch nicht mehr, was sie verlangen wollen – kurzum, Herr Schaftl hatte kein Geld mehr.

Man muß etwas erfinden! Aber was? Schaftl las die Zeitung: „Brandstiftung durch die Rote Garde!" – „Geplanter Putsch der

Rotgardisten gegen den Stephansturm." – „Die Bolschewiken wollen den Stadtpark mit Beschlag belegen." – „Gestern hat ein Bataillon der Roten Garde einen armen Bettler auf der Aspernbrücke umzingelt, mit Handgranaten beworfen und aus acht Maschinengewehren beschossen, bis sich der Bedauernswerte ergeben und seine Barschaft ausliefern mußte. So fielen hundertsechzigtausend Kronen, einige Gemälde von Rembrandt, ein Automobil und eine Wandtapete – das einzige Eigentum des unglücklichen Brückenbettlers – in die Hände der entmenschten Plünderer."

Herr Schaftl erschauerte. Aber er fühlte, daß auch alle anderen braven Bürger Wiens vor Angst vor diesen Gewalttätern erschauern müßten. Ha, das wäre eine Idee, wenn man ein Mittel gegen die Revolutionäre finden könnte, ein Fuchseisen oder eine Mausefalle oder eine selbsttätige Guillotine! In diesem Augenblick fiel Herrn Schaftl sein „Minimax"-Feuerlöschapparat in die Augen. (Natürlich fiel er ihm nicht wirklich in die Augen, sondern das ist nur bildlich gesagt.) Wenn man den so mit Gelbkreuzgas oder mit flammenden Gasen oder mit Vitriol füllen und gegen Eindringlinge losspritzen könnte. Nein, das geht nicht! Dann gäbe es Tote, Untersuchungen, Rache und dergleichen Unannehmlichkeiten. Man muß etwas Harmloseres nehmen. Hurra, ich hab's! Flüssiges Juckpulver muß sich doch leicht herstellen und in „Minimax"-Apparate füllen lassen. Und schon entwarf Herr G. Schaftl einen eindringlichen Prospekt.

Mit fetten roten Lettern standen zuerst die Worte da: *„Streng vertraulich!" – „Höchst geheim!"* Der Text aber lautete also:

Wien, im Dezember 1918

Euer Hochwohlgeboren! Der Bolschewismus ist im Anzug! Eine Rote Garde besteht bereits in Wien! Bitte warten Sie nicht, bis die nun schon in so vielen Orten vorgekommenen und sich immer weiter ausbreitenden Unruhen, Plünderungen, Exzesse und Pogrome auch bei uns ausbrechen und *unvorbereitete* Opfer finden. Wir stellen eine schlagbereite und scharf angreifende Waffe zur Verfügung, die Leib und Leben, Hab und Gut ohne Blutvergießen, aber auf die wirksamste Weise zu schützen geeignet ist. Unser „Prophylax" wird im Moment der Gefahr mit einem Griff in Tätigkeit gesetzt, und der *frechste Eindringling* wird, wenn er den zehn Meter weit reichenden Strahl ins Gesicht bekommt, *voll-*

ständig aktionsunfähig. Der Inhalt eines „Prophylax" genügt, um eine Reihe von Angreifern an jedem weiteren aggressiven Vorgehen zu verhindern, und in zwei bis vier Minuten kann jeder entleerte Apparat neuerlich von jedem Laien gefüllt werden. Es findet kein allgemeiner Verkauf dieses Apparates „Prophylax" statt, denn dies hieße nicht nur ein Abwehr-, sondern auch ein *Angriffsmittel aus der Hand* geben.* Die Abgabe erfolgt daher nur auf Grund unseres direkten Angebotes. Der Preis des Apparates beträgt hundertzwanzig Kronen netto, franko Haus. Über Wunsch steht einer unserer Vertreter gerne mit näheren Auskünften zu Diensten. Eine Gebrauchsanweisung zum Füllen und Instruktion für die äußerst einfache Handhabung des „Prophylax" wird mit jedem Apparat mitgeliefert. Hochachtungsvoll „Selbsthilfe"-Versand, Wien VI., Mariahilfer Straße 89a.

Nachdem solcherart der Prospekt fertiggestellt war, stellte Herr Schaftl schnell die Juckpulverlösung her und begab sich in die „Warenprüfungs-Anstalt des allgemeinen österreichischen Apotheker-Vereines, Wien IX., Spitalgasse 31" (autorisiert zur Ausstellung öffentlicher Zeugnisse mit Erlaß des hohen k. k. Ministeriums für öffentliche Arbeiten im Einvernehmen mit dem hohen k. k. Justizministeriums vom 29. Juli 1917, Zahl 86522 T/V). Dort saß ein würdiger Herr, dem Herr Schaftl seine Erfindung erklärte. Der würdige Herr aber erwiderte: „Sö, damit locken S' ka Katz hinterm Ofen hervor."

„Das wollen wir doch sehen!" schrie unser Schaftl, und er gab nicht eher Ruhe, als bis eine Katze hintern Ofen gesteckt, der Angriff gegen sie unternommen und über diese siegreiche Schlacht ein Protokoll aufgenommen worden war. Dieses Protokoll (datiert vom 8. Dezember) ließ Herr Schaftl drucken und legte es seinem Prospekt bei. Es lautete:

Über Ihr wertes Ersuchen hat unser Mitarbeiter, beeideter Sachverständiger für Gifte und Heilstoffe, die Versuche mit Ihrer neuen Füllung zur Abwehr von Plünderern in unserem Auftrage durchgeführt. Die Versuche wurden folgendermaßen vorgenommen: Aus einer Entfernung von vier bis fünf Metern wurde der Strahl der

* Wenn nur die Rote Garde jetzt nicht mit „Prophylax"-Apparaten ausrücken wird. (Anmerkung des Setzers.)

neuen Füllung auf das Versuchstier gerichtet. Als solches wurde eine *Katze* verwendet. Die Lösung stellt eine sehr starke Verdünnung eines bekannten Reizmittels vor, welches in der Pharmazie als Heilmittel Verwendung findet. Dieselbe besitzt neutrale Reaktion, ist als solches *absolut unschädlich*. Der Strahl wurde einige Sekunden auf das Versuchstier einwirken gelassen. Es erfolgte eine Reizung der Nasenschleimhaut und der Bindehäute des Auges, welche die Katze durch eine Viertelstunde zwang, die Augen krampfhaft geschlossen zu halten. Ferner wurde eine stärkere Sekretion der Nasen- und Rachenschleimhaut hervorgerufen. Ohne weitere Behandlung schwanden die Reizsymptome im Verlauf von ein paar Stunden. Auf Grund dieser Beobachtungen kann man sagen, der Apparat ist tatsächlich zur Abwehr von Plünderern sehr geeignet, indem er durch die hervorgerufene Reizung den betreffenden Menschen durch etwa eine Viertelstunde hindert, aggressiv vorzugehen. Das Mittel ist, da es in allen seinen Wirkungen wohlbekannt ist und als Heilmittel Verwendung findet, in der beabsichtigten Anwendungsweise als vollständig harmlos und unschädlich zu bezeichnen. Hochachtungsvoll Warenüberprüfungs-Anstalt des allgemeinen österreichischen Apotheker-Vereins, Wien IX., Spitalgasse 31. Gezeichnet: Dr. Haerdtl.

Die Wiener Kriegsgewinner bestellen nach dieser Empfehlung den Apparat massenhaft. Und sind erst ruhig, bis sie ihn im Hause haben. Dann lachen sie sich ins Fäustchen: „Sie sollen nur kommen, die Bolschewiki! Die werden sich einen noch schöneren Schnupfen holen als die Katze.“ Und man könnte sich den Groll aller dieser Besitzer von „Prophylax“-Apparaten zuziehen, wenn man ihnen das Geheimnis verraten wollte, daß alles, was in Österreich gegen die Revolution ersonnen wird, doch nur – für die Katz ist.

DER GESETZLICH EINGEFÜHRTE WAHLSCHWINDEL

Sie sind nicht in die Versenkung verschwunden, sie, die uns ihre Mandate verdanken, sie, denen unsere Stimmzettel zum mühelosen Verbleiben im Hinterlande verholfen hatten, sie, auf deren befreiende Worte und Taten wir in Hunderten grausam zerfleischender Schützengräben nachts sehnsuchtszitternd gewartet hatten, sie, die wir schließlich verfluchen mußten: weil allmählich auch die Hoffnung ins Massengrab versank, daß uns jene helfen würden, die als unsere Vertreter die gefahrlose Möglichkeit und *die Pflicht* hatten, alles aufzubieten, um den Krieg zu beenden.

Nein, sie sind keineswegs in die Versenkung verschwunden. So wie auf den Kandidatenlisten der Nationalen und Klerikalen die Hetzapostel des Weltkrieges ihre Auferstehung feiern, so schlägt auch die k.k. apostolische Sozialdemokratie nach der Firmaänderung ihre alten Generäle zur Wiederverwendung im Amte vor. Auf der Speisekarte, die den sozialdemokratischen Wählern vorgelegt wird, findet man die Braten wieder, an denen wir uns längst den Magen verdorben haben. Und wie schlau: Sie stehen an der Spitze der Menus, man muß sie hinunterschlingen, sonst kriegt man die Mehlspeise nicht. Die Hauptsache ist, daß man wieder jene Staatssekretäre, Landesräte, Staatsräte, Nationalräte, Arbeiterzeitungs-Redakteure, Präsidenten der Nationalversammlung, Landeshauptmannstellvertreter, Staatskanzler und Zentralsekretäre angenommen hat, auf die es ankommt. Die Arbeiter, die titellosen und unkompromittierten Männer – seht euch nur einmal die Speisezettel an! – werden erst am Schlusse serviert. Kann man nach dem Genuß jener Erstlingsgerichte nicht mehr verdauen – um so besser. Hätte man eine allzugroße sozialdemokratische Mehrheit, so würden ja die radikalsozialistischen Elemente („diese Schreier!") verlangen, daß man mit der Sozialisierung Ernst mache. Und dann wäre ja die schöne, friedliche, gemütliche Gemeinschaft mit Deutschnationalen, Großagrariern und Christlichsozialen wieder beim Teufel!

„Sozialdemokraten! Wählet nur eure bewährten Führer!"

Diese „bewährten Führer", bei einer Ein-Wahl des alten Systems hätten sie es nicht wagen dürfen, vor die Wähler zu treten, die sie getreten haben. Das wußten sie selbst (wir erinnern uns an die Worte Leuthners vor dem Deutschmeisterdenkmal) nur zu genau. Sie nahmen daher, ihre Mandate zu schützen, ihre Zuflucht zu einer Liste. Die Sozialdiplomaten haben ja immer einen Sack voll Listen in Bereitschaft. Den anderen Parteien war diese Listenwahl, das neue Wahlsystem, das zur Erhaltung des alten Systems erfunden war, sehr recht. Und so bestimmen und wählen nicht mehr die Wähler ihre Abgeordneten, sondern die Parteien, das heißt die Abgeordneten sich selbst. Die Regierung hat den Wahlschwindel selbst in die Hand genommen, damit sich kein Unbefugter hineinmische. Die Wähler haben keine Wahlzettel mehr, sondern nur Stimmzettel, denn sie haben nur über das numerische Verhältnis der Parteienvertretung abzustimmen, also nicht mehr die Leute ihres Vertrauens zu wählen. Das besorgen schon die Führer, indem jeder seinen eigenen Namen an die Spitze der Kandidatenliste stellt. Mag auch die Zahl der Arbeitslosen in Deutschösterreich auch weiterhin um dreißigtausend Personen per Woche wachsen, mag sich auch in allen Berufen ein schreckliches Heer von Stellungssuchern bilden, wir können uns beruhigen, eine Berufsklasse bleibt verschont: Stellungslose Abgeordnete wird es nicht geben. Dafür ist gesorgt.

Und wir, die wir im Kriege und in den Tagen nach dem Kriege gelernt haben, daß dem Verräter viel früher die Kugel gebührt als dem Tyrannen, wir müssen nun wählen, sollen den Verrätern unser Vertrauen bezeugen? Wer die Geschichte der österreichischen Gewerkschaftsbewegung kennt, wer den älteren Gewerkschaftskongressen beigewohnt oder ihre Protokolle gelesen hat, der wird genau wissen, daß es die weitestblickenden Männer waren, die davor gewarnt haben, auf den Kampf für das allgemeine Wahlrecht die Kraft der Arbeiterbewegung zu vergeuden, dem revolutionären Gedanken des Proletariats in billigen Reichsratsreden das Ventil zu verschaffen. Alles, was sie vorausgesagt haben, die Bierbankversumperung der Massen, ihr Herabsinken zum Stimmvieh und die Wertlosigkeit der parlamentarischen Redereien, ist haargenau eingetroffen. Nur ein Narr kann heute noch glauben, daß die Verwirklichung des Kommunistischen Manifests aus der Quatschbude am Franzensring kommen werde.

Und dennoch muß man wählen. Wahlpflicht. Sollen wir die Christlichsozialen wählen, die zwar ihre Wähler, aber wenigstens *uns* nicht betrogen hatten, da wir ja nicht ihre Wähler waren, sollen wir die Deutschnationalen wählen, weil sie zwar auch weiterhin unentwegt für die Hohenzollern und für Hindenburg, aber doch gegen die Habsburger sind; sollen wir selbst Kandidaten aufstellen, trotzdem die Massen der revolutionären Sozialisten und die Rote Garde fast vollständig auf dem Standpunkte des Antiparlamentarismus stehen, oder sollen wir leere Stimmzettel abgeben, so wie es auch antipolitische Menschen tun werden?? Es ist schwer zu raten ... und leicht vorauszusehen, was die Mehrzahl unserer Genossen tun wird. Sie wird die Augen schließen, um die Namen der von der sozialdemokratischen Reichskonferenz ausgewählten und an die Spitze der Stimmzettel gedruckten Kandidaten nicht lesen zu müssen, wird den Wisch ins Wahllokal tragen und dort in den Nachttopf werfen, so sich „Urne“ nennt.

Dennoch die sozialdemokratische Liste. Es ist zu verstehen. Man darf eben nur die Partei wählen, und wenn auch die sozialdemokratische bei uns durch Unfähigkeit und Feigheit ihrer Führer jede revolutionäre Schlagkraft eingebüßt hat, behauptet sie doch noch, auf jenem Standpunkte zu stehen, der dem Proletarier heilig ist. Und wenn auch leider, leider „Renner“, „Forstner“ oder gar „Tomschik“ am Zettel steht, so liest man es eben mit geschlossenen Augen als „Marx“, „Lassalle“ oder „Liebknecht“.

So werden wohl viele sozialrevolutionär empfindende Männer und Frauen den Kriegsbejahern und Kriegsverlängerern ihre Stimme geben. Der sozialdemokratische Durchfall, der hauptsächlich dadurch vergrößert sein wird, daß die Sozialdemokratie – trotz aller Warnungen der vernünftigen Sozialisten – in die Hausersche Regierung eingetreten und dadurch an der Entwertung des sozialistischen Gedankens mitschuldig geworden ist, wird freilich dadurch nicht vereitelt werden können. Aber trotzdem bedingt es die Listenwahl, daß sie wieder einziehen werden in das Reichsratsgebäude, dem das Reich fehlt, der Rat teuer und das Gebäude durch Warnungsschüsse der Roten Garde beschädigt ist. Anläßlich des Wahlresultats wird es an Siegesfeiern und Jubelartikeln nicht fehlen und vielleicht von einem ziffernmäßigen Vertrauensvotum gesprochen werden.

Davor aber warnen wir energisch. So wie wir das Entsetzen über den Massenmord nie vergessen und den Abscheu vor dem Krieg unsere Kinder und Kindeskinder lehren wollen, so wollen wir auch keinen vergessen, der mitschuldig war durch Tatsünde oder Unterlassungssünde.

Für Kriegsbejaher gibt es keine Amnestie. Und man darf nie und nimmer jene Volksvertreter vergessen, die gegen all die Greuel den Mund nicht aufgetan haben, obwohl sie doch zu nichts anderem da waren, als den Mund aufzutun.

... und plötzlich ist der Krieg auf Deutschlands Boden. In Berlin. Um das „Berliner Tageblatt" wird gekämpft wie vor ein paar Wochen um Verdun, um die Ullsteinblätter wie vorher um die Wardarlinie, um die Jerusalemer Straße wie vorher um Palästina, um die Leipziger Straße wie um den Chemin-des-Dames.

Das Zeitungsviertel: das waren die Munitionsfabriken der Kriegsbegeisterung, die Musterungslokale für Kriegsnachrichten, die Liebesgabenabgaben für geistiges Gift, die Zentraltransportleitung für Lügennachschub. Hier herrschte Ludendorffs Geist und Hindenburgs Gewalt, hieher und von hier aus sandten sie ihre Brandbomben in die Welt. Im Zeitungsviertel wurden sie hergerichtet, adjustiert, verpackt, expediert. Dort war man sicher. Mochten die Piavefront, die Front in Flandern, die Front im Osten wanken, mochte sogar alles zusammenbrechen, mochte die Entente die Hauptstädte besetzen, die Bewohner unterdrücken – an den Zeitungen würde sich auch der Feind nicht vergreifen. Würde es nicht wagen, das Allerheiligste der Bourgeois anzutasten: die Preßfreiheit. Und hätte es auch nicht nötig. Denn die Zeitung würde nun sofort die Geschäfte des Feindes besorgen, da ja ihr Erscheinen ihnen Selbstzweck ist und jede Schädigung der Obrigkeit ihre eigene Schädigung durch die Obrigkeit zur Folge hätte, also die Schädigung ihres Selbstzwecks. Die Zeitung ist ein kapitalistisches Unternehmen, sie gedeiht, je mehr sie ihren Brotgebern nach dem Munde spricht, sie rühmt sich selbst ihres Fischfanges und preist zur Lockung die Abonnentenzahl an. Daran ändert sich nichts, wenn die Zeitung auch einer Partei gehört. Ein Unterschied wäre nur dann vorhanden, wenn reine Idealisten sie leiten und mit ihrem Geist erfüllen könnten, wie es zum Beispiel vor fast achtzig Jahren die „Rheinische Zeitung" war, der Karl Marx, Moses Heß, Georg Herwegh und Max Stirner das Gepräge gaben.

So etwas gibt es nicht mehr. Kein bürgerlicher und erst recht kein sozialdemokratischer Redakteur würde einen Beitrag von einem solchen anarchosyndikalischen Moderevolutionär abdrucken, wie sie mit ihrer heutigen Ausdrucksweise Stirner bezeichnen würden, und keiner hätte auch mehr das Recht, die Preßfreiheit so zu verlangen, wie sie Marx fordern durfte, der als Redakteur nie die Preßfreiheit verletzt und nie selbst den Terrorismus über den Gedanken ausgeübt hat und sich mit seiner ganzen Persönlichkeit allen Wiener, Berliner und Kölner Regierungsgewalten widersetzte. Heute ist's anders. Die Weltpresse hat sich mit Blut-Mitschuld beladen, und obwohl sie sich in ihren Trutzburgen sicher glaubte, ist doch die erste Schlacht des Jahres 1919 im Zeitungsviertel entbrannt.

Dabei aber könnten die Berliner Blätter doch noch wenigstens ihren Glauben an die nationale Lüge, an die „Wahrung deutschen Landes", an den „deutschen Krieg" zu ihrer Entschuldigung anführen. Aber was können die Wiener Blätter vorschützen, womit können sie es verteidigen, daß sie im Namen von Magyaren, Tschechen, Italienern, Polen, Ruthenen, Kroaten und Slovenen sprachen, diese zum Tode hetzten, eine Niederlage der Monarchie als das Allerentsetzlichste für deren Völker bezeichneten und über alle Führer dieser Nationen, die anderer Meinung zu sein wagten, das Urteil fällten: vollbrachter Hochverrat? Sie können nicht einmal behaupten, im Namen Deutschösterreichs gesprochen zu haben, denn sie sind ja entweder (aus Gründen der Kriegsanleihe) für die Donauföderation, also den Anschluß an die „Hochverräter", oder aber jubeln sie („Arbeiter-Zeitung", „Mittag") über die endliche Möglichkeit einer Einverleibung in das Deutsche Reich – eine Möglichkeit, die sich ihnen ja nur durch ein für uns ungünstiges Ergebnis des Krieges, eben nur durch den Zerfall der Monarchie, bieten konnte. Gewiß stand die Wiener Presse im Kriege unter schwerem Zwang. Aber sie hat über diesen Zwang hinaus des Schmählichen mehr als zuviel geleistet an Liebedienerei, an entwürdigenden Anerbietungen und Korruptionen – der Schreiber dieses Artikels hat während der Zeit seiner Kommandierung in das k. u. k. Kriegspressequartier Zeuge von Schamlosigkeiten der Zeitungskommandierenden sein müssen, über die noch an anderer Stelle gesprochen werden wird.

So gefährlich die Wiener Presse für den Frieden war und ist, noch gefährlicher ist sie für die freiheitliche Entwicklung. Man braucht nur das Zenkersche Buch über die Wiener Zeitungen von 1848 zu lesen, um zu erkennen, wie sehr ihre freiwillige reaktionäre Hilfeleistung alle Regierungsmaßnahmen überbot. Und seither ist es von Jahrzehnt zu Jahrzehnt schlimmer geworden. In einem schon 1866 erschienenen Buche von Heinrich Wuttke über „Die deutschen Zeitschriften" wird über den politischen Tiefstand, die

Klatschsucht und die Bestechlichkeit der Wiener Blätter auf ganzen Bögen abgehandelt. „In ihrer Entartung“, heißt es darin, „waren die Wiener Blätter vorzüglich dazu angetan, *der Behandlung des Volkes* ... den Weg zu bahnen.“ An anderer Stelle: „Der leitende Gesichtspunkt blieb allemal das Geschäft. Wo das Schreiben als ein Gewerbe behandelt wird, bloß zum Gelderwerb, erscheint die Käuflichkeit nicht anstößig.“ Kaum zehn Jahre später ist es ein Wiener Zeitungsmann, der in dem Buche „Wiener Schriftsteller und Journalisten. Typen von Don Spavento“ so urteilen muß: „Einen charakterfesten Mann kann man nicht brauchen, einen Mann, der nur für die Wahrheit ficht, kann man heute in keiner Wiener Redaktion verwenden.“ Und das, was Karl Kraus in der „Fackel“ aus Gründen von Ästhetik und Privatmoral heute gegen die Wiener Blätter sagt, würde noch tausendmal mehr in politischer Beziehung zutreffen.

Als man aber bei Beginn der Wiener Revolution demonstrativ mit der zeitweiligen Besetzung der verschweintesten aller Wiener Zeitungen, der „Neuen Freien Presse“, vorging, da bewegte ein Entsetzen alle christlichsozialen und deutschnationalen Spalten – ja sogar die Konkurrenz protestierte! Denn das konnte morgen ja auch ihr passieren. „Gewalt, man schlägt die Preßfreiheit!“ So wurde gezetert. Die Preßfreiheit in allen Ehren – aber gibt es keine besonderen Freiheiten, es gibt bloß *die* Freiheit. Wenn Menschen über ihr Leben und ihren Tod selbst frei entscheiden dürften, ja das wäre Freiheit! Aber wenn jeder, der Lust und Geld hat, auch Papier mit Lügen, mit Schweinereien und anderem Sinnenkitzel bedrucken und es in zahllosen Exemplaren ins Volk werfen darf, um zu vergiften, so ist das zwar „Preßfreiheit“ im Benediktschen Sinne, aber durchaus nicht die Freiheit, die wir meinen.

Kein geringerer als Ferdinand Lassalle hat der Einschränkung der Pressetyrannei das Wort geredet. „Wenn jemand Geld verdienen will, mag er Koton fabrizieren oder auf der Börse spielen. Aber daß man um schnöden Gewinstes willen alle Brunnen des Volksgeistes vergifte und dem Volke den geistigen Tod täglich aus tausend Röhren kredenze – es ist das höchste Verbrechen, das ich fassen kann.“ Lassalle sprach vergeblich. Es ist heute, wie es zur Zeit des Frankfurter Abgeordnetentages war. Und wird täglich ärger. In Wien am ärgsten. Selbst Richard A. Bermann, der sich in der Wochenschrift „Frieden“ vor Schmerz über den Putsch der Roten

Garde gegen die „Neue Freie Presse" nicht zu fassen wußte, muß ehrlich zugeben, daß die „Preßfreiheit" illusorisch ist, solange nur ein Moriz Benedikt Geld für Nachrichten, Geld für Korrespondenten, Geld für Mitarbeiter und nur ein Moriz Benedikt Papier zum Bedrucken hat. Wie viele Leute können, weil sie auf die Nachrichten angewiesen sind, das Abonnement einer Zeitung nicht aufgeben, trotzdem die Politik der Zeitung ihnen keinesfalls zusagt! Das wissen nicht nur die Bourgeois – das wissen auch die Abonnenten der „Arbeiter-Zeitung".

In Wien, wo so vieles für die Zeitung geschieht, so daß alles, was geschieht, als Reklamesucht ausgelegt wird (sogar die Tat Friedrich Adlers!), ist der Glaube an die Macht der Zeitungen heute noch stärker als der soziale Gedanke. Um diesen beschämenden Zustand zu beseitigen, muß der soziale Gedanke verstärkt, der Glaube an die Allmacht des Zeitungsblattes geschwächt werden. Die Zeitung, die von Arbeitern gemacht wird, darf nicht ewig eine Waffe gegen Arbeiter bleiben. Das muß den klassenbewußten Redakteuren gesagt sein, aber nicht minder den Metteuren, den Setzern, den Stereotypeuren, den Druckern und den Austrägerinnen.

Wenn die Zeitungsherausgeber das Erwachen eines solchen Bewußtseins ihrer Arbeiter erkennen werden, dann werden sie sich vor vielem hüten, was sie heute allzu frech wagen können. Dann wird die Macht gebrochen sein, die die Volksfeinde über das Volk besitzen.

Dann wird kein blutiger, trauriger Kampf in Wien nötig sein, wie er im Berliner Zeitungsviertel jetzt entbrannt war.

PARTEIMORALISCHE GESCHICHTEN

I. Der Schrank
oder
„Wenn man die Partei vorwärts stoßen will, muß man zuerst selbst in der Partei sein."

„Sie wollen den Schrank aus der einen Ecke des Zimmers in die andere schieben? Da müssen Sie sich unbedingt zuerst in den Schrank hineinstellen und dann drücken."

II. Ehescheidung
oder
„Eine Opposition ist zulässig und sogar vorteilhaft, aber nur im Rahmen der Partei."

„Herr Richter, ich will mich scheiden lassen. Meine Frau betrügt mich seit Jahren ununterbrochen. Einmal kam ich nach Hause, als sie mit unserem Herrn Prälaten ins Bett steigen wollte, auch mit dem Herrn Bürgermeister von Linz hat sie täglich ein Stelldichein. Und unser letztes Kind sieht dem Herrn Staatskanzler verflucht ähnlich. Dabei verhöhnt sie mich noch!" – „Ja, lieber Freund, deshalb dürfen Sie sich doch nicht scheiden lassen. Aber es wird zulässig und vorteilhaft sein, wenn Sie ihr zu Hause energische Vorstellungen machen."

III. Eine Aufforderung
oder
„Tretet in die Partei ein, dann kann man diskutieren."

„Mein Fräulein, kommen Sie mit mir ins Hotel!" – „Sie Unverschämter, was erlauben Sie sich, Sie gemeiner Kerl!" – „Mein Fräulein, Sie haben mit mir ins Hotel zu gehen, dort erst und *nur dort* können wir darüber diskutieren, ob ich ein gemeiner Mensch bin, weil ich Sie auf der Straße angesprochen und eingeladen habe."

IV. Wie löscht man ein Feuer
oder
„Eine Reform der Partei ist nur von innen heraus möglich."

„Das Bett brennt, und Sie schütten Wasser darauf? Sie sollten sich lieber in das Bett legen, denn nur so kann man den Brand erstikken."

V. Der ertappte Taschendieb
oder
„Ein Außenstehender hat nicht das Recht ..."

„Sie, Kerl, Sie haben dieser Frau das Portemonnaie gestohlen, ich habe es genau gesehen! Geben Sie es ihr sofort zurück!" – „Sö, Hörr, san Sö Mitglied vom alpinen Verein ‚D' Stoanschaaßer'?" – „Nein, aber ..." – „Dann göht Ihnen das Ganze an Dreck an, verstanden?! Ein Außenstöhender hat nicht das Recht ..."

VI. Eine einseitige Ohrfeigenaffäre
oder
„Nur ein Parteigenosse kann Rechenschaft verlangen."

„Warum haben Sie sich das gefallen lassen, daß Ihnen der Mann hier im Coupé ein paar Ohrfeigen hinuntergehaut hat?" – „Ja, sehen Sie denn nicht, daß der Mann eine Fahrkarte dritter Klasse hat, während ich zweiter fahre?"

VII. Unberechtigter Schmerz
oder
„Jene Moderevolutionäre, die den Sozialismus erst vor zehn Wochen kennengelernt haben ..."

„Sie weinen, weil Ihr Sohn durch ein Schrapnell getötet worden ist? Sie blöde Gans, Sie, wie können Sie darüber weinen, wenn Sie vor zehn Wochen überhaupt noch nicht gewußt haben, was ein Schrapnell ist?"

VIII. Der Bastillensturm abgesagt
oder
„Fort mit den Unorganisierten und Literaten."

Mirabeau: „Seid ihr auch alle organisierte Metallarbeiter?" – Die Frauen der Halle: „Nein!" – Mirabeau: „Also schaut, daß ihr weiterkommt, verfluchte Fischweiber! Ist sonst noch jemand hier?" – Camille Desmoulin: „Ich!" – Mirabeau: „Fahren Sie ab, Sie Literat! ... Der Sturm auf die Bastille findet wegen Mangel an Teilnehmern nicht statt. Warten wir also noch, bis das Proletariat reif sein wird."

IX. Zur Entdeckung Amerikas
oder
„Volksfremde Elemente, die die Politik auf dem Wege zur Tante erlernt haben."

Da Kolumbus, zum ersten Male aus Amerika zurückkehrend, eben mit der Schilderung der neuen Erde beginnen will, unterbricht ihn der König: „Wann ist Euch, Christoforo, der Entschluß zur Fahrt nach Westindien gekommen?" – „Vor zween Wintern, Sire, auf dem Wege aus der Wohnung meines Schwiegervaters, des Seefahrers Muniz di Perestrello." – „Schämt Euch! Solche Beschlüsse darf man nur in der Kirche fassen ... Und habt Ihr denn überhaupt das spanische Staatsbürgerrecht?" Als nun Kolumbus erwidern muß, daß er nach Genua heimatszuständig, also ein Italiener sei, wird König Fernando höchst unwillig, nennt ihn schreiend einen Katzelmacher und lehnt es ab, die Entdeckung Amerikas anzuerkennen, weil ein volksfremdes Element, das sich zur Seefahrerei auf dem Wege zum Schwiegervater entschlossen habe, gar nichts zu erkennen habe.

X. Ist Karl Marx ein Tachinierer?
oder
„Zu den lügenhaften Angriffen auf Genossen ..."

„Die ‚Reichspost' behauptet neuerlich, daß Genosse Karl Marx nicht im Felde war, also seine Lehre ein Schwindel sei. Demgemäß stellen wir fest, daß sich am 28. Juli 1914 die Genossen Marx, Lassalle und Engels sofort freiwillig ins Feld gemeldet haben. Genosse Marx hat sogar, trotz seiner schweren Herzneurose, um Einteilung in ein Sturmbataillon gebeten, doch hatte er nicht das Glück, diese Verwendung zu erlangen. Dagegen hat Genosse Dr. Deutsch als Handgranatenwerfer zweimal die kleine Silberne etc., etc. Die Lügen der ‚Reichspost' sind um so schamloser, als sich – wie wir aus alten Nummern dieses klerikalen Hetzblattes sichergestellt haben – Christus während des ganzen Krieges im neutralen Auslande aufgehalten hat."

WIEDERGEBURT DES GARNISONSARRESTES

Und ein neues Militärstrafgesetz!

Genossen, die freiwillig Mitglieder der Roten Garde geworden sind, werden – bei politischer Betätigung betreten – verhaftet und dem Garnisonsgericht eingeliefert. Dem Garnisonsgericht? Ja, gibt es denn das noch? Ist denn dieses Zwinguri einer schamlosen österreichischen Militärwillkür nicht von der Republik sofort für ewige Zeiten beseitigt worden? Hausen vielleicht dort noch immer die Auditore, die womöglich vom Recht noch weniger verstanden als die Militärärzte von der Medizin? Hat das Volkswehrkommando vielleicht den ruhmreichen Gefängnisdirektor, den feinen Herrn

Feldwebel Pappritz, wieder in Amt und Würden eingesetzt? Hat man noch nicht genug davon, daß eine Aburteilung des Wiener Garnisonsarrestes einem unfehlbaren Geleitbrief für anständige Gesinnung und politischen Mut gleichkommt, daß die Zum-Tode-Verurteilten von gestern, Kramarsch, Markow, Kurilowicz und Raschin, aber auch Klofáč, Machar und Czerwinka, vom Vertrauen einstiger österreichischer Untertanen getragen, heute die Führer ihres Volkes sind? Soll der „Hungerturm" wieder auferstehen mit allen seinen Schrecknissen, die unsere im vorjährigen Jännerstreik verhafteten Genossen zum Verzweiflungsakt des Hungerstreiks trieb? Ist es denn möglich, daß dieses Haus, das in einem eben erschienenen Buche „Kriminal" des tschechischen Dichters J. S. Machar als der schändlichste Fleck der alten Monarchie geschildert wird, wieder zu Ehren kommen soll, daß das „Hotel Garni am Hernalser Gürtel", wie wir es nannten, wieder seinen Betrieb für politische Besucher eröffnen wird?

Ja, es ist möglich! Und mehr als das ist möglich. Ihr werdet es kaum glauben, daß das alte Militärstrafverfahren nicht mit Stumpf und Stiel abgeschafft worden, sondern vollständig in Kraft geblieben und sogar um eine stattliche Reihe von neuen Paragraphen bereichert worden ist. Ihr werdet es kaum glauben, so wie ihr es kaum glauben wolltet, daß jenes Wehrgesetz, das in der Dezembermitte in den Versammlungen der Föderation revolutionärer Sozialisten verlesen und zur Diskussion gestellt wurde, wirklich vom Staatsrat verfaßt worden sei. Aber es erwies sich bald, daß alle diese Paragraphen nicht bittere Satire, sondern bittere Wahrheit waren. Durch unsere Proteste kam jener von der Presse aller Parteien verschwiegene Wehrgesetzentwurf doch ans Tageslicht, und schließlich mußten sich die Führer der Sozialdemokratie, die doch an dem schönen Gesetz ruhmreich mitgearbeitet hatten, selbst entschließen, pro forma und wohlweislich wirkungslos im Wehrausschuß diesen Entwurf zu bekämpfen. Warum sich dieser Scheinwiderstand erhob, der der erste oppositionelle Akt der Sozialdemokratie während „der kaiserlosen, der schrecklichen Zeit" ist, ist auch dem Naivsten klar: am 16. dieses Monats sind die Wahlen!

Nachher kommen die sozialdemokratischen Staats- und Nationalrats-Präsidenten, -Kanzler und -Räte mit einem „geharnischten" papierenen Proteste und mit einem „wütenden" Artikel der „Arbeiter-Zeitung" leicht darüber hinweg, daß die bösen Klerikalen und Nationalen die Errichtung der Wehrmacht beschlossen haben. Denn daß die Aufrichtung des neuen Militarismus und die Erhöhung der auf Nichteinrückung stehenden Strafen die erste Sorge der Regierung ist, steht außer Frage. So wie der Zustand jetzt ist, kann er nicht bleiben. Das Volk kann ja heute, ohne Widerstand zu finden, jene Macht ergreifen, die es zur Erfüllung seiner Rechte bedarf. Davor zittern die Kapitalisten, und auch die sozialdemokratischen Machthaber sehnen den Augenblick herbei, wo sie dem Volke wieder „warnend" zurufen können, sich nicht zu rühren, da sonst Blut fließen müßte. Jetzt fehlt ihnen die Ausrede, im Gegenteil, die Volkswehr ist sozialistisch, und die soziale Republik könnte morgen ohne Schwertstreich und ohne Blutverlust erklärt sein. Also schnell ein unpolitisches versklavtes Militär her, „an der Aufrechterhaltung der Ordnung und Sicherheit im Innern" mitzuwirken.

Noch deutlicher als das Wehrgesetz gibt das gerade jetzt verlautbarte „Gesetz über das Militärstrafverfahren" (Militärstrafprozeßnovelle vom Jahre 1918) darüber Auskunft, wie der Militarismus der Republik aussehen soll. Dieses denkwürdige Gesetz hat die Provisorische Nationalversammlung des Staates Deutschösterreich am 19. Dezember 1918 beschlossen, was im Staatsgesetzblatt mit den Unterschriften der Herren Hauser, Renner und Sylvester bestätigt wird, und das Staatsamt für Heerwesen hat am 7. Jänner des Jahres eine ebenbürtige Vollzugsanweisung zur Durchführung dieses Gesetzes herausgegeben.

Man sollte denken, daß selbst eingefleischte Militaristen in einer kriegsverbluteten, Gott sei Dank nicht mehr kriegsfähigen Republik auf die Abschaffung eines Militärstrafrechtes dringen müßten, daß für alle Staatsbürger, ob sie nun diesen oder jenen Rock anhaben, nur *eine* Rechtsprechung zu gelten habe. Wie man sieht, ist dem nicht so. Die Gendarmerie wird zwar jetzt aus der Militärgerichtsbarkeit ausgeschaltet und untersteht von nun an bloß den Zivilgerichten, aber dafür gehören nach dem neuen Gesetze „zu den im § 11 des M.-St.-G. vom 5. Juli 1912 angeführten Militärpersonen *auch die Personen der Volkswehr*". – *Sind die nach Ansicht der Herren Nationalräte etwas Schlimmeres als die Gendarmen, sind für die Volkswehrmänner die Zivilgerichte nicht scharf genug?* Die Soldatenräte der Volkswehr werden wohl ihre Abgeordneten darüber zu befragen haben, vorausgesetzt, daß es ihnen ihre Befugnisse gestatten, die „im Verordnungswege“ festgesetzt werden sollen.

Und was wird es nach diesem lehrreichen Gesetz und seiner Durchführungsverordnung, welches Brigadegerichte, Divisionsgerichte, einen Obersten Militärgerichtshof mitsamt Präsidenten und Vizepräsidenten, Senatspräsidenten, Generalmilitäranwälte, Gerichtsleiter, Militäranwälte, Standgerichtsbeisitzer, Gerichtsoffiziere und Offiziere und Aspiranten für den Militärjustizdienst unterscheidet und ihre gegenseitigen Kompetenzen regelt, in Neu-Österreich nicht alles geben: Generäle als disziplinarstrafberechtigte Vorgesetzte, Standeskörper, Zuteilungskörper, ehrenrätliches Verfahren für Offiziere, aktive, in keine Rangklasse eingereihte Gagisten, zuständige Militärterritorialinstanzen – brrr! Auch das alte liebe Dienstreglement soll in der neuen Wehrmacht fröhliche Urständ feiern: „Im übrigen gelten für das Disziplinarstrafrecht des Generalmilitäranwaltes die Vorschriften des Dienstreglements, I. Teil, Punkt 673, letzter Absatz, lit. d.“ Schau obi, Vater Radetzky!

Empörender aber und unglaublich ist, daß man *Todesurteile* fällen zu dürfen glaubt, daß man nach dem Blutbade unserer Feld- und Kriegsgerichte wieder hofft, über Menschenleben verfügen zu dürfen! Man lese den Punkt 8 des Gesetzeskapitels „Zu den Befugnissen des Gerichtes“. Er lautet: *„Dem Leiter des in erster Instanz* erkennenden Gerichtes obliegt die Anordnung des Vollzuges des Urteiles. Dieses verfügt auch über den Aufschub der Bekanntgabe und des Vollzuges *eines Todesurteiles* nach Anhörung des Militäranwaltes im Falle des § 415.“

So sieht das neue Militärstrafgesetz aus, das das Wiederaufleben des Garnisonsgerichtes, der Willkür der Militärjustiz, der blutigen Orgien des Militarismus und des Galgens verfügt.

Wir fragen: Wer hat dieses Gesetz verfaßt? Man stelle ihn vor das neue Militärgericht, und dieses möge mit aller Härte des neuen Gesetzes über ihn das Urteil sprechen. Und er soll dieses Gesetzes erstes und – letztes Opfer sein.

Knapp vor ihrem eigenen Tode hat die Provisorische Nationalversammlung, das neckische Wehrgesetz in zweiter und dritter Lesung annehmend, eilig der Volkswehr ein Grab geschaufelt. Einziger Grabredner war Herr Genosse Smitka, dessen Sohn bei der Volkswehr dient; er warf ein paar kühle Schollen in das Massengrab.

Die Trauergäste rieben sich die Hände: Hurra, die unbequeme Gesellschaft ist tot. An ihre Stelle kommt eine Armee von Leibeigenen, allen jungen arbeitsfähigen Söhnen des Volkes, mit Leib und Seele beschworen, eingepfercht, gepeitscht von fünftausend Berufsanalphabeten mit Kadettenschulbildung, zerbrochen von siebentausend rohen Feldwebeln, bereit, aus Angst gegen jeden Feind seines Sklavenhälters zu schießen, wer es auch immer sei, zu Wasser und zu Lande, mit einem Worte an jedem Orte. Wenn es befohlen wird: auch gegen Bruder und Schwester, gegen Vater und Mutter.

Soweit wäre also alles geregelt und die Aufrechterhaltung der bestehenden Ruhe und Ordnung gewährleistet. Daß für Hunderttausende diese Ruhe die Ruhe eines Sterbezimmers und diese Ordnung die Ordnung einer Kerkerzelle ist – was stört das jene, die ohne Mühe aus diesem Zustande alle Vorteile und Genüsse ziehen! Sie räkeln sich auf dem frischen Grabe zu weiterem Schlummer und fühlen sich unsäglich sicher hinter den Bajonetten der zukünftigen Miliz.

Nur einen ganz kleinen Haken hat die Sache: Die Volkswehr ist noch nicht tot, und sie darf nicht sterben. *Die Abrüstung der Wiener Volkswehr wäre das unheilvollste Verbrechen am Proletariat und ein nicht gutzumachender Schaden für den sozialen Gedanken.* Diese Schmach muß ebenso vom praktischen Standpunkte der aktuellen Politik wie aus prinzipiell festgelegten Gründen vermieden werden.

Die politischen Gründe sind jedem klar: Nur das Vorhandensein der sozialistischen Volkswehren und die Furcht vor ihnen ist der Anlaß, daß sich die unterirdischen Bestrebungen der Monarchisten nicht an die Oberfläche wagten, daß die entthronten Stabsoffiziere keinen Putsch zur Wiederherstellung unternahmen, daß kein sinnloser Pogrom die Aufmerksamkeit von den wahren Schuldigen ablenkte, daß die vielen weißen Garden der Reaktion nur eine abgeleugnete Existenz führen konnten, daß die Generäle und ihre Helfershelfer nicht noch mehr fremdes Eigentum verschleppten. Vor allem aber hat die Tatsache, daß die gesamte bewaffnete Macht in Wien aus den sozialistischen Soldaten der Volkswehr besteht, den Einwand hinfällig gemacht, *daß die Übernahme der gesamten Staatsmacht durch die Vertreter des Proletariats auch nur auf den geringsten bewaffneten Widerstand stoßen könnte.* Im Gegenteil, die Errichtung der Sowjetrepublik Deutschösterreich, die Übernahme der Regierung durch einen Arbeiter-, Bauern- und Soldatenrat und die legale Durchführung der Sozialisierung könnte sich – dank der Volkswehr – *vollkommen unblutig* vollziehen.

Die prinzipiellen Gründe für die Volksbewaffnung zum Schutze des Proletariats vor einer Vergewaltigung durch den Kapitalismus stehen schon in den ältesten sozialistischen Schriften. Im Erfurter Programm ist von der Notwendigkeit einer Volkswehr die Rede, klipp und klar, deutlich und bindend heißt es darin: *„Volkswehr an Stelle der stehenden Heere.“* Auf diese vor achtundzwanzig Jahren aufgestellte Forderung (Punkt 3 des Erfurter Programms) haben die Vertreter der Roten Garde energisch hingewiesen, als sie am 3. und 4. November vorigen Jahres im Staatsamt für Heerwesen mit dem sozialdemokratischen Unterstaatssekretär verhandelten und die Notwendigkeit einer sozialistischen Arbeitertruppe betonten. Aber schon vor Erfurt ist es Friedrich Engels gewesen, der den Satz niedergeschrieben hat: „Die beste Garantie, die beste Sicherung der Freiheit ist das Gewehr in den Händen des Arbeiters.“ Und vor mehr als vierzig Jahren hat der große Arbeiterphilosoph Josef Dietzgen in seiner „Zukunft der Sozialdemokratie“ die Notwendigkeiten der heutigen Stunde genau vorausgeahnt und in folgender Weise dargelegt: „Nehmen wir an, das kaiserliche Heer sei sozialdemokratisch geworden... Da wäre denn wohl das nächste, das auszuführen, worüber längst alle einig sind: der Ersatz des stehenden *Heeres durch die allgemeine Volksbewaffnung.* Flinten und Säbel, Pulver und Blei werden ausgeteilt. Unter diesen Verhältnissen ist das Volk beeinflußt von der Notwendigkeit der Produktion, ist der Kongreß beeinflußt vom Volke. Wer von der Ratlosigkeit des Volkes spricht und an das Chaos denkt, vergißt unsere Voraussetzung, daß eben die Situation aus der sozialdemokratischen Erkenntnis der Masse sich entwickelt hat, welche letztere nun weiß, daß das Brot, bevor verabreicht, durch ernste Arbeit erzeugt werden muß; daß es sich nicht darum handeln kann, das ‚heilige' Eigentum zu profanieren, sondern zu läutern, daß, wie bisher, so auch fürder die vorhandenen Produkte zur Fortsetzung der Produktion dienen müssen."

Eine Waffenstreckung wäre also politisch verbrecherisch und Verrat an den seit Jahrzehnten festgelegten und unbestritten gebliebenen Grundprinzipien der Sozialdemokratie. Aber gerade die heutigen Sozialdemokraten sind es, die uns zu diesem Verrate bereden wollen. Sie waren es, die mit dem neuen Wehrgesetz nicht nur für den nächsten Krieg nach außen, sondern auch für den *sofortigen Belagerungszustand gegen das eigene Volk* gestimmt haben, und die Herren Dr. Deutsch und Hugo Schulz haben in der „Arbeiter-Zeitung" für das neue Wehrgesetz und für den Militarismus jubelnde Begrüßungsartikel geschrieben. Eines ihrer Hauptargumente ist die Kostspieligkeit der Volkswehr: binnen einem Vierteljahre dreieinhalb Millionen Kronen. Nun, die Gebühren der pensionierten Müßiggänger betragen das Zehnfache, die Staatsschulden, die seit November an betrügerische Heereslieferanten gezahlt werden, beinahe das Hundertfache. Der Wahlkampf für eine einzige Partei, der bürgerlich-demokratischen, hat beinahe ebensoviel gekostet wie die Volkswehr in zwei Monaten! Nehmen wir ein überall verschwiegenes Beispiel aus der neuen Heereswirtschaft: In der Hofburg ist unter dem Kommando des Oberstleutnants Waldheger eine Offizierswache aufgestellt, die aus – man höre und staune – fünfhundertachtzig Offizieren besteht. Diese noblen Herren *bekommen sechshundertzwanzig Kronen* monatlich, eine ausgezeichnete, geradezu erzherzogliche Verpflegung, und verbringen ihre Zeit im Offizierskasino, das im Rittersaal (Eingang vom Schweizerhof) etabliert ist. Wozu braucht man überhaupt noch eine Hofburg, noch eine so unglaublich kostspielige Bewachung? Wenn man die paar Kunstschätze wegschaffen und aus den zahllosen Räumen Bureaus oder Wohnungen machen wollte (viele Hotels sind in Wien noch immer für Militärämter mit Beschlag belegt), so könnte man der Wohnungsnot etwas abhelfen – und ein einziger Wachmann würde zur Bewachung genügen. Beim gegenwärtigen Zustande wären allerdings zur Bewachung der Hofburg mindestens zwei Wachleute nötig, keinesfalls aber fünfhundertachtzig Kavallerierittmeister und ähnliche Herren!

Das sind kostspielige Vergnügungen, aber von denen spricht niemand, wogegen man der Volkswehr jeden Heller nachrechnet und bei allen *Fassungen die unerhörtesten Schwierigkeiten* macht, bloß um die Mannschaft unzufrieden zu machen und zum Austritt aus der Volkswehr zu veranlassen.

Ebensolchen Gründen entspringt die Mißachtung, die man allen Beschlüssen der Soldatenräte entgegenbringt. In Deutschland sind schon jetzt selbst die Mehrheitssozialisten in den Soldatenräten über die Behandlung empört, die ihnen die Mehrheitssozialisten in der Regierung zuteil werden lassen.

Dem Erlaß des Kriegsministers Reinhardt, der den Soldatenräten die Kommandogewalt abnahm, um sie den Höchstkommandierenden zu übertragen, haben sich die meisten Soldatenräte nicht gefügt; das 9. Armeekorps wies sogar den Vertreter des Kriegsministeriums Obersten von Werther aus Lübeck aus, bewaffnete die Bremer Arbeiterschaft und richtete Bremen und Bremerhaven zur Verteidigung ein, worauf die von Ebert–Scheidemann ausgesandten Regierungstruppen wohlweislich ihren Vormarsch einstellten. In Deutschösterreich ist man viel zahmer. Obwohl unsere sozialdemokratischen Soldatenräte von den Parteigenossen in Regierung und Staatsamt mit unverhohlener Verachtung behandelt werden, hat sich in dieser Woche die im Eisenbahnerheim abgehaltene Versammlung der Soldatenräte der Wiener Volkswehr unter Vorsitz des Herrn Hauptmanns Dr. Frey, nach einem Referat des Herrn Hauptmanns Dr. Frey und über Antrag des Herrn Hauptmanns Dr. Frey zu einer Resolution entschlossen, deren haarsträubender Satz lautet: „*Das provisorische Wehrgesetz* entspricht zwar nicht allen Bedingungen, stellt aber gegenüber dem alten Wehrgesetz einen *revolutionären Fortschritt* dar.“ (Dieser „revolutionare Fortschritt“, der in dem ungeheuerlichen Gesetz festzustellen sein soll, wird von der „Arbeiter-Zeitung“ gesperrt gedruckt.) Auch heißt es in der Entschließung, daß das neue Wehrgesetz „ein Ausdruck der einstweiligen Machtverhältnisse ist“.

Wenn das wahr wäre, dann wäre der Sozialismus in Österreich völlig machtlos, dann wäre die militärisch geniale Reaktion allmächtig und der Soldatenrat wirklich nur dazu gut, um – wie es im Wehrgesetz heißt – die Menageausteilung und Löhnungsauszahlung zu überwachen. In Wirklichkeit liegen aber *die Machtverhältnisse gerade umgekehrt*, und *der Soldatenrat ist dazu da,* gemeinsam mit dem Arbeiter- und Bauernrat, *die Regierung der sozialen Republik* zu leiten, als *oberste* Instanz für alle Angelegenheiten der Volksbewaffnung und des Schutzes gegen antisoziale Strömungen. Für diese Aufgabe hat sich der Soldatenrat vorzubereiten. *Die Volkswehr* aber hat sich ihrer Aufgabe als *Rote Garde des Proletariats* bewußt zu sein, jedem Entwaffnungsversuch aus politischer Überzeugung zu trotzen, und sie wird die Elitetruppe des bewaffneten, seine Interessen verteidigenden Volkes sein, so wie es, zur Wut der gesamten kapitalistischen Welt, die Rote Garde Rußlands ist.

AUFERSTEHUNGSPARADE

Tschin-tschin, bum-bum! Die Musik kommt. Truppen defilieren. Ham mir wieder a Burgmusi? Ist Frühjahrsparade auf der Schmelz? Ist eine Generalsleich heute oder eine Schlacht siegreich geschlagen worden?

Nichts von alledem und alles zusammen: Die sozialdemokratische Volkswehr ist aufgeboten worden, um den ungeheuren Sieg zu feiern, daß uns nach dem Ergebnis der Wahlen die entzückende demokratische Republik Deutschösterreich erhalten bleibt und die burgfriedliche Zusammenarbeit zwischen Schwarzen, Roten, Goldenen und Schwarzrotgoldenen und überhaupt alles beim alten. Juble, Volk von Deutschösterreich! Der große Tag ist ruhmreich vorüber, die Schlacht gewonnen: Von 162 gewählten Abgeordneten werden mit dem Tschechen 71 Sozialdemokraten sein und 61 Christlichsoziale und 28 Deutschnationale. Alles Elend hat ein Ende. Mit der Sozialisierung wird morgen begonnen, die zehn Gegenwartsforderungen des Kommunistischen Manifestes auf der Stelle durchgeführt.

Es ist wirklich eine blutige Satire. Die Lüge vom Werte des Parlamentarismus, längst von jedem politisch Denkenden erkannt, wird von den neuen Diätenbewerbern und neuen Diätenbesitzern dem Volke wieder vorgesetzt, die alberne Abgabe von bedruckten Papierfetzen als heiligste Pflicht und die Wahl von fünf Dutzend Parteigenossen als Befreiung der Arbeiterklasse gepriesen. Und dazu muß die Volkswehr mit Klimbim ausrücken, mit Feldzeichen und Kinderfähnchen („Kaufet Hammerbrot“) und Militärmusik, und ernste sozialistische Männer, die sich zur Verteidigung des proletarischen Gedankens freiwillig wieder in Uniform und Kasernhöfe gesteckt haben, müssen die Affenkomödie des alten Militarismus mitmachen.

Ja, kann man erwidern, aber man wollte doch den Monarchisten und den Deutschnationalen und den Christlichsozialen, den Feinden all, eine Heerschau bieten, ihnen zeigen, daß die Volkswehr gut diszipliniert und gut bewaffnet ist und daß ein reaktionärer Putsch auf einen höchst energischen Widerstand stoßen müßte. Zwar haben vor dem Kriege unsere Monarchien auf verteufelt ähnliche Art bei Kaisermanövern und dergleichen mit Leistung und Stärke der Wehrmacht vor den fremdländischen Militärattachés geprotzt und gedroht, und es hat nicht geholfen. Jedoch zugegeben, daß solche bewaffnete Demonstrationen überhaupt einen Wert haben, muß man sich fragen, wie lange denn im gegebenen Falle die Wirkung dieser Abschreckungstheorie dauern kann? Ist doch das Wehrgesetz bereits angenommen, das die Schaffung einer allgemeinen Weißen Garde verfügt und der Volkswehr ein Ende setzt. Und die Soldatenräte der so zum Tode verurteilten Volkswehr haben dieses Wehrgesetz gutgeheißen, sie haben die von den Genossen Diener, Kalischer, Preuß und Schneider vorgeschlagene Ablehnung des Wehrgesetzes nicht angenommen und jener famosen Freyschen Resolution beigestimmt, welche die Wiedereinführung der allgemeinen Dienstpflicht einen „revolutionären Fortschritt" nennt. Nein, nein, vor einer Volkswehr, die bald hingerichtet werden soll und deren Soldatenräte mit der Hinrichtung einverstanden sind, haben weder Kapitalisten noch Gegenrevolutionäre eine lang befristete Angst. Die wenigen Monate, die von der sozialdemokratisch-bürgerlichen Brautnacht bis zur Geburt der Wehrmacht verstreichen werden, können die Eheleute samt den Hebammen ruhig schlafen. Die Volkswehr wird keine Fruchtabtreibung versuchen, so drohend sie auf der Straße in Doppelreihen marschiert, so brav erklären sich im Kämmerlein des Eisenbahnerheims [?] mit der ehelichen Zeugung einverstanden.

Das Volk hat keinen Grund zum Jubel. Die Führer der Sozialdemokratie haben aber diesmal zum Jubeln vollen Grund. Denn für *sie* konnten die Wahlen nicht besser ausfallen. Wären es auch nur fünf Mandate mehr, so hätten sie die absolute Mehrheit im Parlamente und müßten – endlich einmal – mit der Sozialisierung ernst machen; eine triftige Ausrede gäbe es nicht mehr, die Phrase von der Wahrung der Demokratie würde nicht mehr für alles gelten können, und die sozialdemokratischen Abgeordneten hätten vor der Arbeiterschaft die alleinige Verantwortung für Verfassung und Verwaltung zu tragen. Sie hätten das, allzu lang und allzu innig mit den Abgeordnetenkollegen der arbeiterfeindlichen Parteien verhandelt, nicht vierzehn Tage zu leisten vermocht, und selbst den parteidiszipliniertesten Wählern wären die Augen aufgegangen. Wäre aber die Sozialdemokratie in Wien in der Minderheit geblieben, so hätten die Arbeiter sich dies nicht gefallen lassen, plötzlich hätten sie richtig erkannt, daß das Wort „Demokratie" nur der Spitzname für das „Auf-die-lange-Bank-Schieben", für die Vertröstung auf den Sankt-Nimmerleins-Tag ist, sie hätten die Arbeit niedergelegt und hätten eine Demonstration veranstaltet, bei der zwar der Herr Präsident, der Herr Unterstaatssekretär und der Herr Soldatenratspräsident nicht mitgegangen wäre und auch keine Musikkapelle. Aber auch bei ihnen hätte die Volkswehr nicht gefehlt, im Gegenteil, sie wäre freudig an der Spitze der Massen gezogen, nicht zu einer militaristischen Theatervorstellung, sondern zu revolutionärer proletarischer Soldatentat. Und am Abend desselben Tages hätten wir die sozialistische Republik gehabt, mit dem Arbeiter-, Bauern- und Soldatenrat an der Spitze.

Das wäre wirklich ein Sieg gewesen, eine solche „Niederlage", das wäre ein Anlaß zur Ausrückung der Volkswehr gewesen und zum Jubel und zu einer Auferstehungsparade!

WOZU SOLDATENRÄTE ALS REGIERUNG?

Die Mehrheitssozialisten, das heißt jene Arbeitervertreter, denen die Demokratie wichtiger als der Sozialismus geworden ist, lehnen natürlich eine Regierung der Arbeiter-, Soldaten- und Bauernräte im gesamten ab. Im besonderen finden sie noch, daß Soldatenräte mit der Verwaltung des Staates gar nichts zu tun haben.

Der Bauernrat mag als Vertretung eines Standes immerhin aufgefaßt werden können, der Arbeiterrat desgleichen. Aber der Soldat? Soll in einem sozialistischen Staat eine militärische Kaste noch bestehen, und soll sie sogar mitbestimmend auf die Gesellschaftsform sein? Wird es nicht im Wettstreit der Wehrmächte wieder zu einem Kriege kommen?

Nun, darauf ist vor allem zu antworten, daß es *niemals einen furchtbareren Kriegsgegner, niemals einen entschiedeneren Feind des Militarismus geben kann als den Soldaten, der den Weltkrieg mitgemacht hat,* daß keiner einen zukünftigen Krieg so sicher und energisch zu vereiteln wissen wird als jene, die als Opfer des Kapitalismus für fremde Interessen als Schlachtvieh hinausgejagt worden sind und die in den Schützengräben über die bestehende Gesellschaftsordnung nachgedacht und die Ergebnisse ihres Urteils vor sich gesehen haben: die Leichen. Ich sage: Keiner kann ein so großer Antimilitarist sein wie der Soldat, der draußen war. Wir beugen uns gewiß respektvoll vor unseren Genossen und vor den Nazarenern, die sich von ihrer Gesinnung nicht abbringen ließen und sich trotz Kerker, trotz Hinrichtung nicht dazu zwingen ließen, sich als Mörder hinausschleppen zu lassen. Wir beugen uns ehrfurchtsvoll vor dem Schmerz der Mütter, die ängstlich auf die Feldpostkarten ihrer Kinder harrten und eines Tages das grausame, rohe, vernichtende Wort erfahren mußten: gefallen. Jene Männer, die aus Gesinnung nicht ins Feld gingen, waren stärker als wir, jene Frauen, die um ihre Söhne bangten und diese ärger als das Vieh krepieren lassen mußten, sie haben viel mehr Schmerz erfahren als wir. Aber sie haben nicht *gesehen*, was wir gesehen haben, den Leichtsinn der Offiziere, die Ordensjägerei, die Tausende von Menschen kostete, das schwelgerische Leben und die Protektion bei den Kommanden, die Wirkungen des Infanteriesturms, des Trommelfeuers, der Handgranaten ... Sie haben erfahren: der oder jener ist gefallen. Und sie konnten es verstehen. Wir aber konnten es nicht verstehen, daß wir mit Kompaniekameraden vor einer halben Stunde harmlos gesprochen, geraucht und gesungen hatten, die plötzlich grau und leblos neben uns lagen, Menschen zu Sachen geworden, zu Leichen – denen wir die Konserven aus dem Brotsack nahmen, bevor sie ein anderer nehmen konnte. Wir haben das schaudernd erlebt, und keiner kann es je vergessen, darf es je vergessen und wird es je vergessen! Also braucht man keine Angst zu haben, ein Soldatenrat werde je einen Krieg beschließen. Die russischen Bolschewiken waren, trotz der gräßlichen Drohungen der Entente, die ersten, die mit Deutschland Frieden machen wollten und ihn machten, trotzdem es Deutschland nicht wollte.

Ja, aber unsere Nachkommen? Die werden von den Greueln des Krieges ebensowenig wissen, wie wir es vorher wußten, und werden einen neuen beginnen? Nun, unsere Söhne sollen nicht mehr nach kriegerischem Ruhm Gelüste tragen. Denn in dem Schulbuch und in den Geschichtswerken der sozialistischen Gemeinschaft wird nicht mehr die Lüge stehen, daß Napoleon ein Held, sondern daß er ein feiger Massenmörder war, von keinem Prinz Eugen und von keinem Sieger von Aspern werden wir lesen und singen, sondern die Kriege werden als sinnlose Greueltaten wahrheitsgemäß dargestellt sein – während bis jetzt nur die Revolution lügnerisch als Greueltat dargestellt worden ist. Aber unsere Nachfahren sollen auch keine Soldaten und Soldatenräte mehr sein. Denn die Diktatur des Proletariats ist ja nur eine provisorische Form, wie Marx sagte, „die zwischen der kapitalistischen und der kommunistischen Gesellschaft liegende Periode der revolutionären *Umwandlung* der einen in die andere“. Und in dem Augenblick, da die Konstituierung der kommunistischen Gemeinschaft endgültig vollzogen ist, gibt es keine Diktatur mehr und kein Proletariat und keine Soldaten.

Bis dahin aber, solange uns die einzige große und unzerrissene Internationale, die Internationale des Kapitals von außen und innen bedroht, werden wir die Waffen behalten müssen, wie es unser Friedrich Engels gelehrt hat, dem nicht die Aufklärung und die Gesinnung der Massen als beste Garantie, als beste Sicherung der Freiheit erschien, sondern „das Gewehr in der Hand des Arbeiters“. Was hätte Frankreich, was hätte England, was hätte Deutschland aus dem bolschewistischen Land gemacht, wie hätten sie dieses Reich, das sie nichts angeht und dessen Volk sich seinen Staat nach eigenen Idealen gezimmert hat, wie hätten sie es einträchtig verwüstet und wieder in die Fron des Kapitalismus gezwungen, wenn nicht die Angst vor der herrlichen Roten Garde Rußlands sie davon abgehalten hätte?!

Das alles würde einen Soldatenrat berechtigt erscheinen lassen, der die oberste militärische Gewalt ist, es würde aber noch nicht die Notwendigkeit erweisen, daß dieser Soldatenrat mitbestimmend auf die Geschicke des Landes einwirkt. Aber man darf den Soldaten, der doch selbst Arbeiter oder Bauer ist, nicht mehr zum willenlosen Werkzeug einer Befehlsgewalt machen, wie es die kapitalistisch-monarchistische Schichte getan hat, *sondern er muß mitverantwortlich, mitberatend und mitbeschließend an allen Maßnahmen beteiligt sein, die er zu vollziehen hat,* genauso wie die Arbeiterräte in den Betrieben und die Bauern in den Landgemeinden. Und der

Soldatenrat muß dabei in steter Fühlung mit den beiden Arbeiterklassen, der industriellen und der landwirtschaftlichen, sein, deren Interessen er gegen innere und äußere Feinde als oberstes Ordnungsorgan zu wahren hat. Sonst würde er beiden wenig nützen und – wie Bucharin richtig sagt – sich selbst innerlich vernichten: „Wenn das Band zwischen der Armee und der Arbeiterklasse sich lockert, dann entartet die Armee geschwind, und sie kann sich leicht in eine Bande verwandeln, die demjenigen dient, der mehr zahlt." Deshalb ist die innige Festangeschlossenheit und Zusammenarbeit der Soldatenräte mit ihren Genossenvertretern aus dem Arbeiter- und Bauernstande unerläßliche Bedingung, ebenso wie die sittliche und politische Schulung der Soldaten in freien Vorträgen, freien Debatten, freien Versammlungen eine wichtige Aufgabe der Soldatenräte ist. Dafür verzichten wir auf „Abteilig – marschieren", auf „Gewehr aufwärtsheben und vorwärtssenken", auf „Aborttour" und „Salutierübungen".

„MIT HERZ UND HAND FÜRS VATERLAND ..."

Klar und verantwortungsbewußt haben die beiden Verfasser des Kommunistischen Manifests niedergeschrieben: „Die Arbeiter haben kein Vaterland." Nicht jeder Sozialist muß Marxist sein, nicht jeder Marxist muß jede Silbe von Marx als Dogma anerkennen. Obwohl es eine Abkehr vom internationalsozialistischen Gedanken bedeuten würde, wenn jemand gerade diesen entscheidend wichtigen, grundlegenden Satz von der Vaterlandslosigkeit des Proletariats ablehnte, wäre eine solche Ablehnung immerhin möglich. Glatte Unmöglichkeit aber stellt es dar, an diesen fünf Worten herumdeuteln, ihnen eine andere Bedeutung unterschieben zu wollen. Und gerade diese Unmöglichkeit haben gerade die angeblichen rechtgläubigen Marxisten, der hohe Klerus der Sozialdemokratie, versucht. Jaurès hat in seiner „Neuen Armee" den angeführten Satz eine „verdrossene und unbesonnene Tirade des Manifests" genannt, die nicht genüge, das historische Band zwischen Proletariat und Vaterland zu zerreißen. Ähnlich haben die Sozialdemokraten aller Länder gelehrt, und gar im Kriege hat, wie wir mit Entsetzen gesehen haben, der sozialdemokratische Patriotismus wahre Begeisterungstänze aufgeführt. Ja, sogar kriegsbejahende Gedichte, Durchhalteverse wurden in den sozialdemokratischen Zeitungen gedruckt – ein Mißbrauch von Presse und Poesie, der schon in bürgerlichen Blättern ekelerregend genug, in sozialdemokratischen aber unverzeihlich war.

Die Ausrede der Kriegspsychose trifft nicht zu, denn die Zustimmung zum Patriotismus, die Abkehr von der Einheit der Proletarier aller Länder und die Bewilligungen der Kriegskredite waren schon lange vor dem Kriege da. Wieso kommt das? Nun, man wollte dem Bürgertum das von diesem als Agitationsmittel verwendete Argument aus der Hand winden, die Sozialisten seien eine staatsfeindliche, vaterlandslose, hochverräterische, antimilitaristische Partei. Ein offenes Eingeständnis, daß diese „Beschuldigung" vollkommen richtig sei, hätte den Staatsoberhäuptern das Vertrauen genommen, den sozialdemokratischen Führern Ministerstellen zu gewähren und sie an den Geschicken aller Staatsbürger (also auch der Faulenzer) mitbestimmen zu lassen, hätte die sozialdemokratischen Mandatswerber um die Stimmen der national verhetzten Wähler gebracht, ihren Anhängern bei Behörden und in Kasernen geschadet. So leistete man lieber auf den revolutionären Grundgedanken des Sozialismus Verzicht und erfand die unbeweisbare Lehre: „Nur wer erfüllt ist von dem Gefühle der Nation, kann sich von hier aus erheben zu dem Gedanken des Weltbürgertums." Man brachte den Sozialismus mit dem Dienstreglement in Einklang und verkleisterte den Riß zwischen Nationalismus und Internationalismus. So ähnlich, wie manche Gruppen des Anarchismus den gegen sie erhobenen Vorwurf der Gewalttätigkeit mit einer Überbetonung der Gewaltlosigkeit beantworten und dadurch mädchenhaft wurden, so haben die Gottsöbersten der Sozialdemokratie ihren Truppen sozusagen ein Marschlied gedichtet, indem zwischen die Strophen der Arbeitermarseillaise der Refrain eingefügt wurde: „Mit Herz und Hand fürs Vaterland."

Das war vor dem Kriege so, war während des Krieges so und ist nach dem Kriege so geblieben. Hören wir doch schon wieder Phrasen von der Vereinigung „mit unseren Brüdern im deutschen Proletariat". Als ob die tschechischen, die südslawischen, die französischen, die englischen Proletarier nicht genauso unsere Brüder wären. Und der sozialdemokratische Staatssekretär des Äußern verwahrt sich nicht gegen die jubelnden Zustimmungsdemonstrationen der Deutschnationalen, er erwidert ihnen nicht einmal:

„Nein, nicht aus Nationalismus wollen wir den Anschluß an das Deutsche Reich, sondern bloß deshalb, weil es kein Land mit so großem Industrieproletariat gibt, das eine Vereinigung mit uns erstrebt."

Ein ganzer Mann, ein ganzer Sozialist hätte vielleicht noch etwas anderes, etwas wichtigeres gesagt: Daß wir und Deutschland, als zwei geschlagene Staaten, vor der Entente etwas voraus haben, indem bei uns die Herrschaft der Generäle, der Dünkel der Offiziere, der Einfluß der Kriegshetzer in Diplomatie, Literatur und Presse einen entscheidenden Stoß bekommen haben und den blamierten Siegespropheten niemand mehr glauben darf. Aber das darf man von Herrn Dr. Otto Bauer nicht verlangen, weil er damit seine Parteigenossen bloßstellen würde. Man muß zum Beispiel die Worte lesen, die Pernerstorfer während des Krieges, knapp vor seinem Tode, zur Verteidigung des Vaterlandsgedankens, zur Wahrung vor den Friedensagitatoren und zum Ausharren im Kriege niedergeschrieben hat: „Mit Geringschätzung wird sich der Arbeiter abwenden von jenen falschen Propheten, die ihm Tag für Tag vorreden: Morgen kommt die Revolution der Straße und übermorgen der Sozialismus. Was im Kriege bisher *gesiegt* hat, der *deutsche Organisationsgedanke,* das wird auch im Kampfe um den Sozialismus siegen. Mit Abscheu aber wird der deutsche Arbeiter sich von jenen abwenden, die ihm die Gedanken des Vaterlands und der Nation verekeln wollen. Er wird sich bewußt sein, daß er der Träger aller großen Zukunftsgedanken ist."

Pernerstorfer hat nicht mehr erlebt, daß sich das Gegenteil seiner Prophezeiung erfüllt hat. Der deutsche Organisationsgedanke hat im Kriege nicht den Sieg davongetragen, und auch im Kampfe um den Sozialismus hat der deutsche Organisationsgedanke nicht triumphiert, wie der Scheidemannsche Bruderkrieg gegen Proletarier bewiesen hat. Auch ist die Revolution der Straße morgen gekommen, trotzdem Pernerstorfer das als Utopie darstellte, und auch der Sozialismus wird übermorgen kommen. Die „falschen Propheten des Sozialismus", die Gegner von Vaterlandsliebe und Demokratie, haben ihn in Rußland schon längst durchgeführt.

„Und jene, von denen sich die Arbeiter mit Abscheu abwenden sollen", haben recht behalten, nicht bloß Marx und Engels, sondern schon vor ihnen unser großer Kämpfer für den Kommunismus, Wilhelm Weitling, der vor achtzig Jahren zur „allgemeinen Vereinigung der ganzen Menschheit in einem Familienbunde und *Wegräumung aller engherzigen Begriffe von Nationalität und Sektenwesen*" (das Wort „Vaterland" durfte er nicht drucken lassen) mahnte. Das waren noch Sozialisten! Ihre Lehre wieder unverfälscht aus den Verdünnungen der falschen Propheten zu gewinnen, wird Sache der neuen Führer sein müssen. Das Volk aber wird sich sein richtiges Empfinden nicht verfälschen lassen dürfen, daß ihm Nation und Vaterland nichts bedeuten können.

HAMSTERER, HETZPRESSE UND HEERESSTAATSAMT GEGEN DIE VOLKSWEHR

Ein sensationeller Erlaß über Volkswehrbefugnisse

Gegen die alte k.u.k. Armee ein Wort zu schreiben war streng verboten. Aber das Verbot war unnötig. Sie war doch so populär, diese Einrichtung, mit dem bestechlichen Feldwebel und dem halbblöden Leutnant und dem gestrengen Herrn Hauptmann an der Spitze! Wer hätte denn gegen unser liebe-liebe-liebes Militär etwas zu sagen gewagt, auch wenn's erlaubt gewesen wäre!

Die Volkswehr aber – ja, das ist etwas ganz anderes. Das sind freiwillig dienende Proletarier, haben keine Schützenschnüre und keine Waffenröcke mit Goldknöpfen, die kann man also nach Herzenslust beschimpfen! Und zum Schimpfen ist auch Anlaß genug. Die Volkswehr hat ja nicht einmal vor Generälen Respekt, die ein klein bisserl ärarisches Eigentum requirieren wollen; die Volkswehr ist so indiskret, die noblichten Kundschaften des Monturdepots in die Zeitung zu geben, ja die Volkswehr steigt sogar täglich irgendeinem Hamsterer auf die Bude und findet ganze Warenlager verborgener Lebensmittel. Und diese Volkswehr hat sogar das Vertrauen des Volkes. Jeder muß doch einsehen, daß ein solches Militär kein Militär ist.

Und so wird gehetzt, daß es nur eine Art hat: daß eine Einbruchsmedaille für die Volkswehr eingeführt wurde, daß die Volkswehr eine Gefahr für die Preßfreiheit ist und daß die eleganten Pensionen in der inneren Stadt, die Ringcafés und die Restaurants ersten Ranges sperren müßten, wenn ihnen die Volkswehr weiter auf die Kappen steigt usw. Man weiß nicht, worüber man am meisten lachen soll, über die Hamsterer, Schleichhändler und

Wucherer, die sich bei den Behörden darüber beklagen, daß ihnen die bösen Wehrmänner die Hamsterei, den Wucher und den Schleichhandel erschweren, oder über die Zeitungen, die jeden Tag eine neue Lüge und Gemeinheit aushecken und dann über „Vergewaltigung der Preßfreiheit" zetern, wenn die Beschimpften nachdrücklich eine Berichtigung verlangen. Alle Berichtigungen, die per Post kommen, werden von der Zeitung natürlich in den Papierkorb geworfen, weil doch keine freiwillig abdrucken wird, daß sie ihren Lesern eine gemeine Lüge vorgesetzt hat. Zum Klageweg aber haben wir keine Zeit, und so ist ein Besuch das einzig richtige Mittel. Der Herr Oberst Wolff, der in seiner „Staatswehr" den Mut gehabt hat, die Volkswehr als eine Einbrecherbande hinzustellen, hat, als ihn einige Volkswehrmänner um Genugtuung ersuchten, sich beeilt, den eigenen Artikel als „freche und blöde Notiz" zu bezeichnen. Auch der „Abend", der im übrigen weitaus das mutigste und anständigste Blatt von Wien ist, wird nächstens den unabsichtlichen Fehler zu vermeiden wissen, einer so gemeinen Briefkastenbemerkung, wie es die der „Staatswehr" war, durch wörtlichen Abdruck eine allgemeine Verbreitung zu geben. Und wir haben auch Ursache anzunehmen, daß sich die „Enthüllungen" der „Reichspost" über die „Bastille von Rudolfsheim", das ist die Kaserne der Roten Garde in der Selzergasse, nicht mehr wiederholen werden.

Sind wir aber auf diese Selbsthilfe angewiesen? Haben wir nicht ein Staatsamt für Heerwesen und ein Volkswehrkommando, haben wir nicht einen Soldatenrat der Volkswehr, die den von der Volkswehr geleisteten Schutz der Nahrungsmittel und Allgemeingüter energisch unterstützen und alle grundlosen und gehässigen Angriffe schärfstens unterbinden könnte?

Das Gegenteil ist der Fall! In einer Verordnung des Heeresstaatsamtes, die *nur* vom Unterstaatssekretär Dr. Julius Deutsch unterzeichnet ist, werden *die Angriffe gegen die Volkswehr als berechtigt anerkannt* und die Befugnisse der Volkswehr bedeutend eingeschränkt. Unglaublich, unfaßbar ist in diesem Erlaß der Unterschied, den der sozialdemokratische Unterstaatssekretär einer geschlagenen Republik zwischen Offizieren und Mannschaft macht und der so weit geht, daß den Volkswehrmännern *verboten* wird, einen Herrn Fähnrich oder gar einen noch höher Gestellten zu verhaften, wenn dieser eines *Verbrechens oder groben Vergehens dringend verdächtig* ist oder durch exzessives Benehmen öffentliches Ärgernis gibt, also zum Beispiel in einer Bar monarchistische Exzesse begeht, wie es jetzt allnächtlich vorkommt. Noch schöner aber ist, daß die Volkswehr nicht einmal in dringenden Fällen mehr das Recht zu einer Hausdurchsuchung besitzen soll, ein Recht, das sogar jede Militärwache des alten Regimes besaß. Der Erlaß ist zu sensationell, als daß er hier nicht im Wortlaute wiedergegeben werden sollte:

Das Staatsamt für Heerwesen hat angeordnet: Wiederholt aufgetretene Zweifel und auch tatsächliche Übergriffe veranlassen das Staatsamt für Heerwesen, bezüglich Ausübung von Polizeibefugnissen durch Volkswehrmänner nachstehende Gesichtspunkte darzulegen:

Im militärpolizeilichen Dienste kommt der Volkswehr nur die Befugnis zu, die den Militärwachen eingeräumt ist. Dieser Punkt lautet: „Inspektionsoffiziere und Inspektionsunteroffiziere sowie Patrouillen, Wachen und Posten sind verpflichtet, Personen vom Kadettoffiziersstellvertreter (jetzt Fähnrich) abwärts zu verhaften, wenn:

a) diese Personen bei Verbrechen oder groben Vergehen betreten werden; b) dieselben einer derartigen Tat dringend verdächtig erscheinen; c) sie durch ihr exzessives Benehmen öffentliches Ärgernis geben; d) sie den von Inspektionschargen, Patrouillen, Wache und Posten in ihrem Wirkungskreis erteilten Weisungen nicht Folge leisten, desgleichen wenn sie diese Organe beschimpfen oder tätlich angreifen; e) bezüglich der Vornahme von Verhaftungen besondere Befehle erfolgt sind; f) wegen der Haftnahme widersetzlicher und exzedierender Personen der bewaffneten Macht und der Gendarmerie eine durch die Umstände berechtigte Aufforderung gestellt wird.

Offiziere, Geistliche und Beamte von der elften Rangsklasse aufwärts dürfen nur in den Fällen a), d) und e) bedingungslos, sonst aber bloß dann, wenn Patrouillen oder Wache unter Kommando von Offizieren einschreiten oder ein Höherer als der Exzedierende die Verhaftung verlangt, unter dessen Intervention verhaftet werden. In den Fällen a) und d) sind Inspektionschargen, Patrouillen, Wachen und Posten auch zur Verhaftung von Zivilpersonen verpflichtet."

Der letzte Absatz des § 235 MStPO über die Militärwachen

lautet: „Im Falle dringender Gefahr am Verzuge können Militärwachen bei der Verfolgung von flüchtigen Verbrechern zu deren Festnahme Hausdurchsuchungen vornehmen, wenn ein zur Vornahme einer solchen Amtshandlung zuständiges Polizei- oder anderes Sicherheitsorgan nicht rechtzeitig erreichbar ist."

Dieses bei dringender Gefahr den Militärwachen eingeräumte Hausdurchsuchungsrecht ist für die Volkswehrwachen durch einen Erlaß des Staatsamtes für Heerwesen aufgehoben.

Der Unterstaatssekretär: Dr. Julius Deutsch

Das ist der Dank des Staatsamtes an jene Männer, die für den entwürdigenden Schundlohn von sechs Kronen, allen Verdächtigungen und Angriffen zum Trotz, bloß aus sozialistischer Überzeugung Tag und Nacht auf der Wacht vor gefährdetem Volkseigentum stehen und – ohne eine Entlohnung oder Belobung gewärtigen zu können – auf der Suche nach gestohlenem Allgemein-Eigentum sind und dem Staate schon Millionenwerte gerettet haben. Aber all das ist nur ein Anfang, die unbequeme Volkswehr soll ganz verschwinden, das Wehrgesetz ist ja schon genehmigt, und bevor noch die neue Wehrmacht gedrillt ist, soll schon die Volkswehr aufgelöst oder wenigstens herabgemindert und an einer Stelle kaserniert sein, wo man sie leicht entwaffnen kann. Die „Zeit" brachte dieser Woche (am 9. März) unter dem richtigen Titel „Der Abbau der Volkswehr" folgende, unzweifelhaft aus dem Heeresstaatsamte stammende Meldung: „Wie wir vernehmen, wird zur Verringerung der bedeutenden Kosten, die die Volkswehr verursacht (!), eine weitere Maßregel getroffen. Es werden die Volkswehrformationen in solchen Orten zusammengezogen, wo sich militärische Gebäude, wie Kasernen usw., befinden, die für die Unterkunft der Volkswehr geeignet sind. Dadurch entfallen die immerhin bedeutenden Einquartierungskosten, die die Heeresverwaltung an die verschiedenen Gemeinden für die Unterkunft der Volkswehr bezahlen muß."

Diese fortwährenden „Ersparnismaßregeln", die man immerfort an der Volkswehr und nur an der Volkswehr versucht, müßten, ebenso wie die ununterbrochenen Presseangriffe, von seiten des Soldatenrates der Volkswehr ihre Abwehr erfahren. Aber die Herren Frey, Braunthal, Leo Deutsch und Genossen benützen die Vollversammlung fast nur zu Protesten gegen eine kommunistische

Soldatenversammlung und gegen sozialrevolutionäre Propaganda, zu Verdächtigungen und Ehrabschneidereien gegen radikale Elemente etc., statt zielbewußt dafür zu wirken, daß die Einheitsfront der Hamsterer, Militaristen und Kapitalisten gegen die Volkswehr durchbrochen, der Soldatenrat der Volkswehr zur obersten Instanz des republikanischen Heerwesens und die Diktatur des Militarismus endlich von der des Proletariats abgelöst werde.

PROLETARIER GEGEN DIE REVOLUTION

Aus der Gedenkrede, gehalten bei der Märzfeier der Föderation „Internationale" am 16. März 1919 in den Eichensälen

... Wir sehen also, daß jede Revolution, die von der Geschichte verzeichnet wird, die Beseitigung der obersten Gesellschaftsschichte, eine Vorrückung der sozial nächstniederen Schichte und eine Erstarkung des Klassenbewußtseins gebracht hat. Daran konnte auch die nachfolgende drückendste Reaktion niemals mehr etwas ändern, mochte sie auch den Dank an die aufopferungsvollsten Vorkämpfer, die Arbeiter, durch ungeheure wirtschaftliche Unterdrückung abstatten. Bloß die russische Herbstrevolution von 1917 ist eine definitive, weil sie der letzten Bevölkerungsklasse, dem Proletariat, die Herrschaft gebracht hat. Auch ihre Niederringung, wie sie die Kapitalisten aller Länder heiß und offen ersehnen, könnte das russische Volk nicht mehr um den einmal erlangten Besitz und vor allem nie um die Erfahrung bringen, daß seine Entproletarisierung möglich war und daher wieder angestrebt werden müßte.

Nein, von Gegenrevolution und Reaktion des Bürgertums würde keiner Revolution eine Gefahr drohen. Dem Bürger ist sein Leben über alles lieb. Eine Gefahr droht dem Proletariat nur aus seinen eigenen Reihen. Die durch einen Aufstand hervorgehobene, zu Besitz und Vorherrschaft gelangte Schichte wird nun zum ungeteilten Schutze dieses Besitzes und dieser Vorherrschaft und zur ungestörten Unterdrückung des Arbeitertums dieses selbst aufrufen. Wie man das machen kann, hat die Bourgeoisie aus der Revolution selbst gelernt. Es macht sich ihre Losungen zu eigen, es gibt sich freiheitlich, brüderlich und gleichheitsstrebend, es spricht von Gefährdung der „revolutionären Errungenschaften" und stellt sich selbst als die Revolutionspartei hin. Und das unaufgeklärte Proletariat, vom Wolf im Schafspelz getäuscht, glaubt dieser Maskerade, schießt gegen die Brüder.

So wurden 1793, 1794, während der großen Revolution in Frankreich, Proletarier als Jakobiner, Hébertisten und Girondisten gegeneinander in brudermörderischen Kampf gehetzt und die Leibeigenen der royalistischen Hochadeligen gegen sie alle, so schossen in Wien am 8. Oktober 1848 die Nationalgarden, zu der sich viele Hunderte ideal gesinnter Arbeiter freiwillig gemeldet hatten, gegen die ausständischen Arbeiter, die sich drei Wochen später gegen ihre Brüder im österreichischen Waffenrock zu verteidigen hatten, so haben in der Pariser Junischlacht von 1848 die Soldaten Cavaignacs zehntausend ihrer Brüder, Väter und Mütter ermordet, statt diesem französischen Vorläufer Noskes den Gehorsam zu verweigern, und so haben 1871 die kampferschöpften Linientruppen des geschlagenen Frankreich einen Sieg zu erringen geglaubt, als sie, von Versailles nach Paris dringend, die Kommune vernichteten, die für ihr Glück und gegen ihre Unterdrücker errichtet war. Genauso wie jene Soldaten, die vor kurzem Karl Liebknecht hinterrücks mit bestialischen Kolbenhieben die Schädeldecke zertrümmerten und Rosa Luxemburgs Leiche in den Landwehrkanal schleuderten, vielleicht vermeinten, damit dem Gemeinwohl zu dienen; sie sind als Irregeleitete noch viel mehr zu bedauern, als sie als tierische Henkersknechte zu verabscheuen sind.

Sie haben gewiß unter dem mehrheitssozialistisch-bürgerlichen Einfluß geglaubt, sich um Ruhe und Ordnung verdient zu machen. „Ruhe und Ordnung ist die erste Bürgerpflicht, Blut ist genug geflossen!" Ja, gewiß, auch wir sind für Ruhe, sind für Ordnung, sind gegen unnützes Blutvergießen – und sind es aufrichtiger als das Bürgertum, denn es ist ja doch Proletarierblut, das in Kriegen und Bürgerkriegen in Strömen fließt. Aber die Ruhe, die die Herrschenden meinen, ist: die Ruhe, in der der Faulenzer andere für sich schuften und krepieren läßt. Die Ordnung, die er meint, ist: die Ordnung, der zufolge er für ein ohne sein Zutun „arbeitendes" Kapital sich mästen und Vorräte aufstapeln kann, während Hunderttausende arbeitsuchend, obdachlos, hungernd und frierend durch Gassen und Nächte irren. Das Blutvergießen, das sie fürchten, ist bloß dieses: das Blutvergießen auf der Straße, das ihr Stubenmädchen verhindern könnte, rechtzeitig mit den Sachen aus der Konditorei zu Hause zu sein, nicht aber das Blut, das Hunderten tuberkulösen Arbeiterfrauen aus dem Munde springt. Aber auch von diesem Blute ist genug geflossen, mehr als genug, viel zuviel, und gegen dieses Blutvergießen kämpft die Revolution.

Dessen sollte sich jeder Proletarier bewußt sein. Des Unterschiedes, der zwischen Ruhe und Ordnung und Freiheit der Herrschenden und Ruhe und Ordnung und Freiheit der Besitzlosen liegt. Denn das, nur das ist der Gedanke des Klassenkampfes. Gewiß, das Klassenbewußtsein hat seit den Tagen, zu deren Erinnerung wir uns hier versammelt haben, heute von Sozialdemokraten an der Seite von Nationalisten und Bürgerlichen schmählicherweise mit der Stimmungsmache und Hetze für einen neuen Krieg statt mit dem Gelöbnis zum Klassenkampf gefeiert wird, in Millionen arbeitender Menschen Wurzel gefaßt. Aber in gleichem Maße hat sich der Aufstieg der Führer vollzogen, das Machtgefühl des einzelnen ist an die Stelle des Rechtsgefühles für die Sache getreten, und die Macht dieser Mächtigen könnte durch jede Umwälzung, geschweige denn durch eine revolutionäre Umwälzung nur verlieren. Deshalb erleben wir es, daß jetzt angebliche Sozialisten mit Verfolgungen, Wutausbrüchen und Beschimpfungen von revolutionär gesinnten Menschen in einer Art vorgehen, wie sie sie gegen Klassenfeinde und Reaktionäre nie gekannt haben. Ein Haß gegen die Revolutionäre wurde von jenen Führern gesät, der im Falle eines Umschwunges die verderbliche Folge des Brudermordes bringen kann.

Die Worte der großen Revolution, die Ideale, für die vor sieben Jahrzehnten Helden gefallen sind, die Gedanken, mit denen unsere großen Führer die Arbeiter zum Kampfe aufriefen, sie werden heute in Wien in neun [?] Massenversammlungen verfälscht und zur Hetze für einen neuen Krieg gegen ein anderes Volk verwertet! Als ob tschechischer Kapitalismus und Imperialismus ein anderer als deutscher Kapitalismus und Imperialismus wäre! Als ob es uns nicht ganz egal wäre, ob in Saaz und Reichenberg die schwarzrotgoldene, die rotweißrote oder die blauweißrote Fahne weht. Freuen würden wir uns bloß, wenn dort das rote Banner wehen würde, und mancher tschechische Soldat würde sich's wohl überlegen, den zu erschießen, der diese Farbe gehißt hätte. Nach und nach würde man hüben und drüben erkennen, daß Nationalismus gegen Nationalismus ewige Kriege entfesseln müssen, dem Arbeiter zum Tode, dem Kapitalisten zum Nutzen, und daß nur die Einheitsfarbe dartut, daß arbeitende Menschen aller Zungen eines Blutes sind und daß sie für nichts anderes zu kämpfen haben als für Freiheit, Gleichheit und Brüderlichkeit aller arbeitenden Menschen!

DIE GEHEIMNISSE DER PANZERGEWÖLBE

Was die Safes-Sperre an den Tag bringt

Aus den dreifach gepanzerten Gewölben der Kreditinstitute, aus schwerversperrten Stahlkassetten dringen Geheimnisse an das Tageslicht ...

Das hat die Vermögenskontrolle getan. Bislang hatte nicht einmal der Vorstand der Safe-Abteilung eine Ahnung, was die Geldschränke seines Bereiches bergen. (Wenn es nicht gerade jener gutaussehende Anglobankbeamte war, den die Gräfin Kolowrat da unten in den Katakomben so oft um Auskunft über ihre Wertpapiere und die Verwertung der Coupons befragte, bis sie einander heirateten.) Kam eine Verlassenschaftskommission, den Inhalt eines Safes notariell aufzunehmen – den Beamten konnte das nicht sehr interessieren. Auch behördliche Eröffnungen aus Prozeßgründen bewegten ihn sehr wenig. Nur als man voriges Jahr bei einer solchen gerichtlichen Aufsperrung im Safe eines betrugsverdächtigen Angestellten Kriegsanleihescheine in der Höhe des unterschlagenen Betrages fand, die noch dazu am Tage des Betruges gekauft worden waren, freute sich die Bank. Aber bei Gericht ergaben sich nur Indizien, der Safeinhaber wurde mangels an Beweisen freigesprochen, und er erhielt seine Kriegsanleihe wieder zurück. Ansonsten interessierte man sich für die Mieter nicht und konnte auch nicht wissen, ob der Kommittent in der Kassette, die er vom Geldschrank in die Isolierzelle und wieder retour trug, Schuhbändchen oder bloß Tausendkronenscheine habe. Oder Pläne der Festung Przemyśl oder eine Höllenmaschine, die nach Ablauf einer Stunde das Bankgebäude mit Mann und Maus in die Luft sprengen werde. In den seligen Tagen der Spionenfurcht und des Hochverratsfiebers argwöhnte man das in jedem Mieter, gar wenn er dunklen Teint oder fremden Akzent hatte. Aber konnte man sich schützen? Der Safes-Raum war Sanktuarium.

Nun aber ist die „Sperre der Geldfachanlagen“ verfügt. Das klingt wie eine Tautologie, denn etwas Versperrteres, etwas Versperrbareres als eine Geldfachanlage läßt sich ja kaum denken. Aber in Wirklichkeit hat sich herausgestellt, daß durch die Sperre manches so gut verwahrt geglaubte Geheimnis geöffnet wurde.

Denn die Ankündigung der Inventarisierung brachte es mit sich, daß viele Leute lieber beizeiten von der Erlaubnis Gebrauch machten, mit Bewilligung und im Beisein der zuständigen Stelle – als welche bloß ein Finanzbeamter ist – ihr Schrankfach zu öffnen, als es darauf ankommen zu lassen, den Inhalt vor einer staatlichen Kommission auszubreiten. Diese Bewilligung darf bloß erteilt werden, wenn es sich um die Herausnahme von Bargeld (bei einem Depot von über zweitausend Kronen darf nur die Hälfte entnommen werden) oder von Dokumenten handelt. Jetzt ist also bei der Eröffnung ein Zeuge da. Der hört und sieht mehr Dinge, als er sich in seinen langen Dienstjahren als Finanzbeamter träumen ließ.

Zunächst kommt die Partei, die ihr Safe öffnen will, mit ihren Anliegen natürlich noch immer zum betreffenden Bankbeamten. Der reibt sich – innerlich nur – die Hände. Hat er doch nichts mehr damit zu tun. Unbeschränkter Herr über die beschränkten Schränke ist der Herr Finanzrat. Der aber richtet an den Bittsteller in irgendeiner Form die mißbilligende Frage: „Was haben Sie bei Ihrem Eigentum zu suchen??"

Bis hieher spielt sich der Vorgang in jeder der zweihundertneunzig Wiener Safestellen und zu jeder Tageszeit ziemlich gleichmäßig ab. Aber die Antworten auf die beiden Fragezeichen des Safesperramtsbevollmächtigten sind höchst verschieden ausgefallen. Manchmal errötet eine Dame der Gesellschaft bis über die Ohren und glaubt dem Finanzbeamten ausführliche Ausreden darüber erzählen zu müssen, weshalb sie gewisse Liebesbriefe bisher nicht zu Hause auf ihrem oder ihres Gatten Schreibtisch liegen ließ, aber auch nicht von einer Inventarisierungskommission durchsuchen lassen wolle. Ein wackerer Großkaufmann will es wieder lieber darauf ankommen lassen, daß man ihm auf eine jahrzehntelange Steuerhinterziehung komme, als daß man bei Durchsicht seines Safes gereimte Manuskripte finde, die ihn coram commissione als Lyriker entlarven. Das ist ebenso verständlich wie der Wunsch einer reichen Kommittentin, Gerichtsakten über zwei oder drei Paternitätsklagen nicht dem faunischen Lächeln von berufsmäßig Neugierigen auszusetzen.

Das kann bewilligt werden. Auch dem Architekten und dem Erfinder können deren Pläne und dem Gelehrten seine Skripten ohne weiters ausgehändigt werden, die sie bei ihrer Einrückung hier eingemietet hatten; das sind für eine Finanzbehörde keine Wertpapiere und wenn's dem Autor hunderttausendmal mehr wert ist als die dritte Kriegsanleihe.

Ebensowenig kann der Beamte vom Standpunkt der Vermögensabgabe etwas dagegen einwenden, wenn sich der Reserveoffizier seine umfangreichen Aufzeichnungen über „Die Dummheiten des k. u. k. Generalstabes während des Krieges", die Dame ihre sechs Flakons „Idéal Houbigant" und die Hausfrau ihre Büchsen mit Kondensmilch und ihre Tafeln Cailler abholt. Die Angst vor dem Militarismus, die Angst vor der putzsüchtigen Zofe und die Angst vor der requirierenden Volkswehr waren die Einleger, die Angst vor der Indiskretion der behördlichen Inventur sind die Entnehmer. Gott weiß, wo jetzt die Parfümflascherln ihren Schlupfwinkel finden werden! Der Finanzer ließ sie leichten Herzens ziehen.

Dagegen kann es dem Philatelisten – in den Wiener Geldschrankdepots ruht eine ganze Reihe der kostbarsten Markensammlungen – kaum gestattet werden, eine alte lädierte Briefmarke seiner Kassette zu entnehmen; denn kann der Herr Finanzoberkommissär wissen, ob nicht die „zinnoberrote Kirchenstaat" mehr wert ist als ein Ries österreichischer Investitionsrente? Auch das Silberbesteck und die in Wien massenhaft eingelagerten Miniaturen auf Porzellan und Glas – einmal hinterlegt, bleiben unwiderruflich liegen, pièce touchée.

Am leichtesten und ungehindertsten kann nach wie vor der in sein Safe, der das Glück hat, ein Ausländer zu sein und daher hier nicht steuerpflichtig. Die Schweizer, die Türken und die Armenier, besonders die Armenier, gehen fröhlich über den Sperrschranken hinweg. Sie kann auch keine Inventuraufnahme tangieren. Und es ist ebensowenig unmöglich, daß ein spanischer Aristokrat einigen österreichischen Standesgenossen aus bloßer Gefälligkeit ihre Aktien in seinem Safe verwahrt, wie es nicht unmöglich ist, daß ein spanischer Nichtaristokrat gegen hohe Provision seinen deutschösterreichischen Berufskollegen gegen angemessene Provision den gleichen Dienst tut.

Selten hat es ein Deutschösterreicher so gut. Ein Herr überbringt der Bank die Kündigung seines Geldfaches und dem Finanzbeamten den Schlüssel dazu, er will sich ersparen, seine Inhaberschaft eines Safes dem Sperramte mitzuteilen. „Was ist denn darin?" fragte man ihn. Die Antwort ist kurz und bündig: „Nichts!" Nur im Sommer, bevor er aufs Land fährt, gibt er den Schmuck, der seiner Gattin gehört, die silbernen Leuchter und Bestecke seiner Haushaltung und die Füllung seiner Wertheimkassa in das leerstehende Kabinett dieses Hotels für Wertgegenstände. Wirklich erwies sich das Fach als leer, aber da die Bank das Safe als vermietet angemeldet hatte, mußte über den leerstehenden Raum und die Rückgabe des Schlüssels ein Protokoll angefertigt werden.

Nicht so genau wie dieser wußte, daß er nichts im Safe habe, weiß ein jeder, was er darin hat. Vielleicht behauptet es mancher bloß aus höchst begreiflichen Gründen. Denn der Tag der Abrechnung rückt heran, und dann fällt das Panzervisier. Es wird manches geben, das schon vor dem ersten Jänner des ersten Kriegsjahres erworben wurde und doch die Behörde ernstlich interessieren wird, Dinge, die der Schlüsselbewahrer des Safesperramtes schon heute sieht, wenn er in Begleitung eines Bankfachinhabers eine Kassette öffnet: Barren ungemünzten Goldes, verbotene Wertpapiere, goldene Zwanzig-Kronen-Stücke und sogar Silberkronen.

Wenn man die doch auch wieder einmal sehen könnte!

URLAUB VON DER POLITIK

Abschiedsbrief an meine Genossen

Vor anderthalb Jahren wurde von Dr. Benno Karpeles die Wochenschrift „Der Friede" gegründet. Meine Freunde machten dieses Blatt, das den Krieg bekämpfte und in das der Zensor weiße Flächen riß. Ich – obgleich Soldat – arbeitete natürlich mit. Von der ersten Nummer an bis zum letzten Oktoberheft 1918. Damals schrieb ich von der Front, wie ich ein Kriegshetzedenkmal zertrümmert hatte, und forderte zu Steinwürfen gleicher Art auf. Dann kam die Revolution in Wien, ich war dabei, stand leider, leider im Vordergrund der Debatten, man fahndete von allen Seiten nach Material gegen mich. Aber darin, daß ich weiter für den „Frieden" schrieb, fand niemand ein Haar, konnte auch niemand ein Haar finden, denn diese Zeitschrift war radikal wie keine.

Seit zwanzig Wochen, seit mein Name im Zusammenhang mit der „Roten Garde“ zum ersten Male genannt worden war, habe ich keine Wohnung mehr. Jede Nacht schlafe ich bei einem anderen Freund. Die Genossen wissen, wo ich nächtigte: auf der Erde in der Stiftskaserne, im Eisenbahnerheim, in der Föderation, in Wohnungen der Kameraden.

Weder Gage noch Abfertigung konnte ich mir beim k. u. k. Militär holen. Ich hatte mich selbst degradiert und konnte nicht hingehen, Offizierssold zu verlangen. Bei der „Roten Garde“ gab es damals – so wie ich es eingeführt hatte – nur Mannschaftslöhnung, kein Menagegeld, auch für Offiziere nicht. Es ist anders geworden, seit die Sozialdemokraten Dr. Deutsch, Dr. Frey usw. und sogar Fritz Adler in die „Rote Garde“ kamen und ich sie verlassen mußte.

Ich habe in den fünf Monaten insgesamt K 140,–, sage hundertvierzig Kronen, verdient. Das Geld, das ich besaß, war aufgezehrt, als die Postsperre mit Tschecho-Slowakien kam, konnte ich nicht einmal mehr meine Mutter angehen. Ich habe keinen Zivilanzug, meine Uniform ist schäbig. Alle Blätter schickten mir meine Beiträge zurück. Die politischen waren zu scharf (nur ein einziger von denen, die ich dem „Abend“ auf Bestellung gesandt hatte, erschien; die K 40,– Honorar sind in den obigen Gesamtbetrag von K 140,– eingerechnet), die literarischen Beiträge wurden – mit dem Hinweis, daß ich ja ein Bolschewik sei – überall abgelehnt, sogar von einer Münchner Literaturzeitschrift.

In all dieser Zeit habe ich meine ganze Arbeitskraft dem sozialrevolutionären Gedanken gewidmet. Die Föderation, alle ihre Sektionen, den „Freien Arbeiter“, die „Rote Garde“ habe ich mitbegründet, und die Genossen können Auskunft darüber geben, ob ich der schlechteste Arbeiter am guten Werk war.

Das wußten aber auch die Gegner, die jeden von uns schon länger kannten, als wir einander kannten. Es gibt keinen Angriff, keinen Vorwurf, der mir erspart geblieben wäre. Von der Behauptung, ich sei nicht im Felde gewesen, bis zur feierlichen Verkündigung im Soldatenrat, ich sei mit Erzherzog Max photographiert, hätte Kriegsgedichte veröffentlicht und dergleichen. Ich konnte diese Lügen tausendmal richtigstellen, in jeder Versammlung warf sie mir ein Gegner wieder ins Gesicht. Etwas bleibt immer hängen. Besonders wenn es sich um den Vorwurf schlechter Charaktereigenschaften handelt. Wenn zum Beispiel von jemandem immer wieder behauptet wird, daß er ein Trottel sei, wird man es schließlich glauben. Warum sollte man also daran zweifeln, daß ich alles aus Eitelkeit tue, nur um in der Zeitung zu stehen? Mein Name stand ja wirklich fast täglich in der Zeitung. Daß ich es war, der die Veröffentlichung der Namen der Redner vom Deutschmeisterplatz (darunter natürlich meines eigenen) verhindert hatte, daß ich nie daran gedacht hatte, daß die in Kellerlokalen auf mich gefallene Wahl zum Kommandanten der „Roten Garde" jemals Gegenstand einer Zeitungsnotiz werden könnte und daß die Angriffe gegen meine Person um dem wütenden Neid der selbst gehetzten Preßmeute darüber entstammten, daß auch ein Journalist eine eigene Meinung, nicht die seines kapitalistischen Herausgebers zu vertreten wage — all das konnten nur wenige Genossen wissen.

Aber auch jene, die alle die Anfeindungen nicht glauben durften, weil sie mich kannten, wurden begreiflicherweise müde, mich immer wieder verteidigen zu müssen, gegen die Beschuldigungen der bürgerlichen Presse, gegen die Reden der sozialdemokratischen Parteimänner und gegen die Beeinflussungen einer eifersüchtigen Frau. Ich bewarb mich neuerlich um den Eintritt als Volkswehrmann in die „Rote Garde", um die sechs Kronen zu bekommen. Es ist mir nicht geglückt, dort eintreten zu können.

Zum Glück machten meine Freunde, die den „Frieden" geschrieben hatten, ein neues Blatt. Unter ihnen Karl Otten, politischer Hauptmitarbeiter der spartakistischen „Aktion" von Berlin, die vom ersten Kriegstag an die Revolution gepredigt hatte, wofür Otten auf Jahr und Tag in den Kerker mußte. Auch die meisten anderen: Sozialisten radikaler Prägung. „Werdet ihr mir etwas abdrucken?" fragte ich sie. — „Alles, was du schreibst. Auch Politisches." — Ich lehnte das ab. Politik will ich nur bei einem Blatt schreiben, das einer Partei oder einer Parteigruppe Gleichgesinnter gehört. Aber ich erbot mich, *Lokalreporter* zu werden, und war glücklich, als man das annahm. Auch gewährte man mir meine Forderung, daß ich immer eine Richtigstellung, mit meinem Namen unterfertigt, im Blatte veröffentlichen könne, wenn über Kommunismus oder Sozialrevolutionismus eine Unrichtigkeit ins Blatt geraten wäre. Jetzt kann ich meine Schulden bezahlen, mir ein Zimmer suchen und kann von gefestigter Lebensführung aus dem sozialrevolutionären Gedanken leben, dem ich unwiderruflich mein

Leben geweiht habe. Und frei von materiellen Sorgen für ihn wirken.

Für ihn wirken? Nein! Man macht mir's zum Vorwurf, daß ich zur Zeitung ging, die das radikalste und anständigste Blatt von Wien werden soll. Die Sozialdemokraten haben es freilich leicht, sie haben ihre großen Blätter, und vom Wienzeilenhonorar läßt sich's fein leben. Trotzdem haben große Politiker außerhalb der Parteiorgane mitgearbeitet. Auch Marx war Redakteur eines einem Kapitalisten gehörigen Blattes und kam sogar mit diesen in Konflikt, Theodor Herzl schrieb sein Leben lang für ein Blatt, das die von ihm hervorgerufene politische Bewegung totschwieg und noch heute totschweigt, Kurt Eisner war die größte Zeit seines Lebens Redakteur bürgerlicher Blätter, Béla Vágó und Eugen László, die an der Spitze der ungarischen Bewegung stehen, waren beim kapitalistischen Sensationsblatt „Az Est", Karl Schuhmeier ging vor kurzem, um einer Gehaltserhöhung von K 600,– willen, vom sozialdemokratischen Zeitungsangestelltenverbande zum Verband der Zeitungsunternehmer über, organisierte sozialdemokratische Setzer müssen täglich antisozialistische Hetznotizen setzen, sozialdemokratische Drucker, Stereotypeure, Austräger als Munitionsarbeiter und Munitionszuträger, diese gegen sie selbst und gegen ihre Klassenbrüder vergifteten Geschosse des Kapitalismus, schuften. Und ich soll charakterlos sein, weil ich Lokalnachrichten für ein Blatt schreiben will, das tausendmal weiter links stehen soll als unsere ganze sozialdemokratische Tagespresse, die doch heute Regierungsorgan ist und sein muß?

„Aber es ist ein Schöllerblatt." Lüge! Kein Herr Schöller hat mit dem Blatt etwas zu tun. Aber wäre er es, wäre er mein Brotgeber, ich wäre glücklich, diesem Blutsauger öffentlich sagen zu dürfen, daß er mit seinem Geld noch niemals etwas so Gutes gestiftet habe wie dadurch, daß er mir Gehalt bezahlte. Denn niemand kann und wird mich hindern, von meinem Erwerb und sogar in meinen Artikeln meine einzige Leidenschaft zu befriedigen: die sozialistische Idee zu fördern.

Das ist es, was ich zu den dieswöchentlichen Vorwürfen zu sagen habe. Ich hoffe, jetzt energischer und freier als je für unsere Gesinnung arbeiten zu können. Ich hatte auch vorher mit vielen Genossen von der FRS über meinen Eintritt in den „Neuen Tag" gesprochen, und niemand hat darin etwas gesehen, was besser unterbleiben sollte. Aber jetzt besorgen einzelne Genossen nicht mit Unrecht, daß die so heftig eingesetzte gegnerische Agitation die Angriffe gegen meine Person diesmal mit besonderer Wirkung auf unsere ganze Sache ausdehnen könnte. Darin, daß die Sache nie zwecklos gefährdet werden darf, darüber sind wir uns alle einig.

So gehe ich denn. Die „Rote Garde", Beilage zum „Freien Arbeiter", die ich vom 1. November an geschrieben und redigiert habe, wird nicht mehr erscheinen. Sie hat ihre Pflicht getan, den Gedanken der sozialen Revolution in die Kasernen zu tragen, und ein vor kurzem entstandenes Soldatenblatt, „Der Rote Soldat", Organ des Revolutionären Soldatenbundes, arbeitet in zielbewußter, vortrefflicher Weise für die Verbreitung und Vertiefung dieser Idee. Ich muß meinen soldatischen Genossen und meinen Lesern zum Abschied sagen, daß es Pflicht ist, dieses Blatt zu abonnieren: Es kostet K 2,– vierteljährig, und die Adresse ist: Postamt 101, Postfach 7.

Und nun muß geschieden sein. Von einer Zeit, in der ich so glücklich war, keinen anderen Beruf als meine Gesinnung haben zu können. Und von der politischen Arbeit, die mich erfüllt hat. Und von euch, Genossen, die ich geliebt habe und die mich geliebt haben. Unsere Sache steht gut! Wenn sie aber je schlecht stünde, würdet ihr mich wieder an eurer Seite finden. Dann könnt ihr auf mich zählen.

Nein, ihr könnt *immer* auf mich zählen!

DAS DEMOKRATISIERTE SCHÖNBRUNN

Wenn so ein alter Habsburger, zum Exempel Kaiser Franz Joseph, vom Himmel die Bewilligung bekäme, jetzt oder in zwei Monaten sein Schönbrunner Lustschloß zu besichtigen – er würde die Hände über den Kopf zusammenschlagen.

Der Haupttrakt ist noch ziemlich unverändert gelieben; dort sind Kostbarkeiten von musealem Wert, und seit dem 1. dieses Monats werden Besucher gegen Eintrittsgebühr von einer Krone über die eisglatten Parketts der Fremden- und Zeremonialappartements geführt, in die Große Galerie, in das Chinesische Rundkabinett, in das Karussellzimmer, den Zeremoniensaal, den Gobelinsalon, den Feketin-Raum und das Schlafzimmer, wo Napoleon gewohnt hat, wo der Herzog von Reichstadt gestorben ist und Exkaiser Karl und Exkaiserin Zita bis zum November genächtigt haben. Und sogar die Wohnräume Kaiser Franz Josephs, die noch niemals der Besichtigung zugänglich gewesen sind, werden nunmehr adaptiert, da sie von nächster Woche an gleichfalls für die Fremdenführung offen sein werden. Am Sonntag wird eine Polizeiabteilung die Wache in Schönbrunn beziehen und von da ab der öffentliche Durchgang durch das Hauptgebäude gestattet sein.

Viel größere Veränderungen erfahren die beiden großen Seitengebäude, der Meidlinger und der Hietzinger Kavaliertrakt, auf deren Giebeln anmutige Putten miteinander raufen. Diese langgestreckten Bauten werden im Mai von neuen Mietern bezogen werden. In dem links vom Haupteingang gelegenen Kavaliertrakt haben in der francisco-josephinischen Ära der Hofburgpfarrer Bischof Mayer, der Schloßarzt Regierungsrat Dr. Fischer, der Obersthofmeister Fürst Montenuovo und Generaladjutant Fürst Paar gewohnt, im karolinischen Zeitalter bezog Prälat Seidl die Wohnung des Bischofs, während die drei anderen Wohnungen für den Generaladjutanten Zdenko Fürsten Lobkowitz zu einer einzigen vereinigt wurden. In der jetzigen republikanischen Zeit werden wieder vier Wohnungen daraus, zu Mietzinsen von sechstausend bis siebentausendfünfhundert Kronen jährlich. Sie sind bereits vermietet und werden auf Kosten der neuen Mieter eifrig hergerichtet: In die Burgpfarrerswohnung zieht am 1. Mai – der Bürgermeister Doktor Weiskirchner ein. Die drei anderen Wohnungen sind an den gewesenen Direktor der Volksoper Rainer-Simons, an Dr. Reichenauer vom Reichsverband der Industrie und an den Ingenieur Czizek vermietet. Im ganzen sind im Schönbrunner Schlosse bereits alle sieben zur Vermietung frei gemachten großen Wohnungen vermietet, mit Ausnahme von zwei hochfenstrigen, aus je fünfzehn Zimmern bestehenden Appartements zu je dreizehntausend Kronen Jahresmiete, die im Hietzinger Kavaliertrakt (bis zum November hatte diesen Erzherzogin Marie Valerie inne) gelegen sind; doch sind auch für diese bereits Anwärter da.

Von Kleinwohnungen, die früher von der „Suite", von den Familien der Leibjäger, der Kammerdiener, der Kutscher etc., bewohnt worden waren, sind bereits alle vierzehn für eine Jahresmiete von je vierhundert Kronen vermietet worden. Davon sind bloß fünf wirklich zusammenhängende Wohnungen, die anderen bestehen bloß aus je einem Zimmer und einer Küche (d.i. einem zu einer Küche umgewandelten Zimmer), die miteinander durch keine Tür verbunden sind. Man muß also aus dem Wohnzimmer in die „Küche" immer über den Gang, der bloß zwei Meter dreißig Zentimeter hoch ist, genauso wie die Zimmer. Am Korridor hängt noch die Hausordnung aus der monarchistischen Zeit mit den vielen Vorbehalten, „obersthofmeisterämtlicher Bewilligungen" und Vorschriften für „Meldungen an die k. und k. Schloßhauptmannschaft" und Anordnungen der „k.u.k. Leibgarde-Infanteriekompanie und der k. u. k. Schloßwache". Daneben aber auch schon der neue Stundenplan für die Benützung der Waschküche.

Eine Arbeiterfrau dreht die Kurbel der Wäschemangel, vor den Türen spielen Kinder, lehnt ein Kinderwagen, stehen Kübel. Visitkarten und Blechtafeln auf der Türe sagen Namen und manchmal Beruf der neuen Schloßbewohner vom Meidlinger und Hietzinger Viereck und anderen Nebengebäuden des Schönbrunner Lustschlosses: ein Tapezierer, einige Eisenbahnbedienstete, Mechaniker, ein Zimmermaler etc. Die Öfen sind bloß vom Korridor aus zu heizen; Kellerräume, Speiskammern, Bodenräume, Klosetts, Badezimmer fehlen entweder vollständig oder sind nur in verzweifelt geringem Maße vorhanden. So nahe vom denkbar herrlichsten Glanze leben sie in dumpfigen Stuben ein Proletarierdasein. Und ein solches haben ihre Vorgänger geführt, die zum Schutze und zur Erhöhung dieses Glanzes da waren und in goldstrotzenden Livreen in spiegelnden Karossen ihre Herren durch die Straßen führten ...

Auch alle Einzelzimmer sind vergeben, niedrige, fast einrichtungslose Kabinette, sechsundzwanzig an der Zahl. Monatsmiete: zwanzig Kronen. An einen Gartenarbeiter, eine praktische Ärztin, einen Schlosserlehrling, einen Feldwebel, einen Mediziner, einen Raseurgehilfen – so wie das Wohnungsamt der Stadt Wien, welches die Vermietung der ehemals hofärarischen Gebäude allein besorgt, sie hergesandt hat.

Natürlich sind diese neuvermieteten Räume beileibe nicht alle des Schönbrunner Riesenkomplexes, die bewohnt sind. So raumverschwendend auch Fischer von Erlach seine Pläne zeichnete, so weite Treppenaufgänge und so breite Mauern auch Antonio von Pacassi aufführte, immerhin beträgt die Zahl der Säle und Zimmer des ganzen Schloßbaues nicht weniger als tausendvierhundert. Es wurden ja bloß die Kammerbediensteten entlassen und bloß der Hofstaat aufgelöst, die bei jedem Sejour der „Majestäten“ in irgendeinem Schlosse dort auch ihre Unterkünfte finden mußten; aber im Schönbrunner Schlosse hatten auch Beamte und Bedienstete der Hofadministration ihre Naturalwohnung inne, für die ihnen an jedem Monatsersten das Quartiergeld vom Gehalt abgezogen wurde. Diese Inhaber unterstehen, auch wenn sie pensioniert wurden, dem Mieterschutzgesetz, und wenn auch viele von ihnen nicht mehr Dienst versehen, so ist ihnen doch die Dienstwohnung geblieben.

Interessant ist das Projekt einer großen Filmunternehmung in Schönbrunn, das bereits nahezu zum Abschluß gediehen ist. Ein Konsortium von Burgtheaterschauspielern, vertreten von Professor von Wottawa, steht mit dem Staatsnotariat in Unterhandlung wegen Überlassung einer Reihe von Objekten zur Errichtung eines Kino-Ateliers. Es wurde ihnen bereits ein aufgelassenes Glashaus für die Atelier-Aufnahmen und ein dem Publikum nicht zugänglicher Teil des Schloßgartens, der gegen Meidling zu gelegene und zwischen Bosketts eingebettete „Kronprinz-Rudolfs-Garten“ für Freilichtaufnahmen zugesagt; als Filmlaboratorium wird der Fabrik die Schloßküche dienen, in der bei großen Festivitäten für Tausende von Gästen gebraten, gekocht und geschmort wurde. Das Erträgnis der Fabrik soll dazu dienen, zur Deckung des Hofbühnendefizits beizutragen.

Aus dem gleichen Grunde wird im Schönbrunner Schloßtheater bereits am 15. Mai des Jahres der Bühnenbetrieb aufgenommen werden. Bis jetzt konnte dies nicht geschehen, weil das Theater – es faßt vierhundert Personen – nicht heizbar und daher bloß als Sommerbühne verwendbar ist. Außerdem muß es nach den Anordnungen der Theater-Lokalkommission adaptiert, mit eisernem Vorhang, Notausgängen etc. versehen werden. Bis jetzt war es ja exterritorialer Boden, kein Gesetz, kein Zensor und keine Kommission hatte in diesem herrlichen Theatersaal, wo nur vor gekrönten Häuptern und anderen Auserwählten des Menschengeschlechtes gespielt wurde und das bisher nie einen gewöhnlichen Sterblichen als Gast gesehen hat, etwas zu suchen.

Bei den Aufführungen im Schönbrunner Schloßtheater werden ausschließlich Mitglieder der Hofoper und des Burgtheaters mitwirken.

Von der Demokratisierung des Schönbrunner Schlosses werden auch die Stallungen nicht verschont. Sie sollen demnächst als Autogaragen oder als Ställe für Fuhrwerker vermietet werden. Und sogar die intime Schwimmschule, die nahe beim Obelisken inmitten des Wäldchens ein idyllisches Dasein fristete, wird nun ihrer Exklusivität beraubt. Es sind Offerte da, sie zu einem öffentlichen Eislaufplatz und einer öffentlichen Badeanstalt umzugestalten, und demnächst dürfte die Pacht vergeben werden. In diesem Sommer werden schon Bürgerliche in dem Wasser plätschern, das seit Jahrhunderten nur Kaisersöhne zu Gaste gesehen hat.

Nein, kein alter Habsburger würde es überleben, in das *so* veränderte Schönbrunn zu kommen!

OSTERN IM LAINZER TIERGARTEN

Es war kaum eine Buche im Lainzer Tiergarten, die nicht am Ostersonntag ihre Krone geschüttelt hätte, kaum ein Zweig, der nicht seinem Nachbar etwas zugeflüstert hätte. War doch auch Grund zum Staunen und Tuscheln! Einsam, vornehm, reserviert waren sie seit Kaiser Josefs Tagen dagestanden, und plötzlich kamen da Hunderte von Menschen in das stille Heim. Und wie kamen diese Gäste: Nicht wie die früheren spärlichen Gäste durch den Park der Hermes-Villa, ja, die meisten nicht einmal durch das Tor, sondern kletterten, ohne sich viel um Passierschein zu kümmern, über die brüchigen Stellen der Mauer.

Eine fette alte Eiche hörte ich, die über der jungen Erle die Zweige rümpfte: „Da siehst du deine Sozialisierung, du Bolschewik! O Gott, o Gott, o Gott, was für Zeiten werden wir erleben ..."

Die alte fette Eiche, die weit über die Heurigengärten hinübersah, prophezeite schon Wurstpapiere, Zeitungsblätter, Speisereste, [?] und Bierflaschen. „Wie wird das morgen hier aussehen!"

Aber morgen war Ostermontag. Und im Park war es leer, wie in monarchischen Tagen. Keine bürgerliche Besuchermenge lagerte im dürren Laub, keine Buben freuten sich an springenden Rehen und an grunzendem Schwarzwild, keine Mädchen riefen aus: „Die süßen Veigerln", und auf dem Rosenhügel drängten sich keine Menschen, um nach dem Quadrat von Renaissancehäusern zu starren, das „Hermes-Villa" heißt. Denn der Ostermontag brachte

Schneesturm und Regenschauer, das Rauschen von gestern klang heute wie eine ganz nahe Kanonade, was Sonntag als dürres Laub unter dem Schritt geknistert hatte, war Montag ein Atlantik von Kot, was tags vorher kahler Ast war, war tags darauf eine Basis von hundert Kristallen, die schrägen Waldwiesen, auf die man sich am 20. April gelagert hatte, um das Gesicht „abbrennen“ zu lassen, mied man am 21. nach Tunlichkeit, denn allzu scharf prasselten die Schneehiebe auf Wange, Stirn und Nase.

Und doch – es war Ostermontag noch schöner. Sonne und Himmelblau mag zu den preziösen Gärten Lenôtres passen – für die Wildnis von Lainz ist wildes Wetter die beste Begleitmusik. Dann schaukelt der Teich, als ob er sich an seine Stammesverwandtschaft mit bewegten Gewässern erinnerte, dann hüpfen die Hirsche wie unter einer kalten Dusche, dann sind die Schützengräben (zum seligen Brückenkopf Wien gehörig) schön unter Wasser, daß man sich wirklich ans Feld erinnert und froh ist, im Bereiche des seligen Brückenkopfes Wien zu sein, dann sprudeln die tief eingebetteten Bäche froh über die Nahrungsmittelzufuhr vom Himmel. So soll es sein! So war der Garten „Paradone“, durch den der sündige Priester Mouret irrte, so ist die Natur, bevor der Mensch an ihr herumbastelt. So soll der Park erhalten bleiben.

Es ist ein Glück, daß es nicht mehr ein ungenützter Schatz ist, den ein oder zwei Harpagons versperrt halten. Er soll verwertet werden, Tausende sollen Luft und Landschaft trinken können, ein Wald ist uns gegeben, kein Krepierl von Wald, sondern ein tiefer Forst mit phantastischen Bildwerken der Natur, mit breiten, zu Figuren verschlungenen Stämmen, mit lebendigen Kaskaden, mit breiten Farrenkräutern, mit Hirsch und Reh und Wildschwein. Genießen wir ihn – ohne den anderen den Genuß zu verleiden. Wer hier ein Sakrileg beginge, wer die geweihte Heiligkeit einer unbeschnittenen Natur entweihte, wer sich hier an ihr rücksichtslos verginge – er beginge das strafwürdigste Verbrechen am republikanischen Geiste: die Majestätsbeleidigung an der Natur.

DAS KRIEGSPRESSEQUARTIER

Die Gewaltherrschaft des Militärs über die Zeitungen

Wien, im April 1919

Kürzlich war in den Blättern von einem ziemlich uninteressanten Prozeß zu lesen: eine Ehrenbeleidigungsklage des Schriftstellers Franz Blei gegen den Redakteur Georg Bittner.

Kläger und Beklagter sind wahrscheinlich ziemlich harmlose Menschen, was auch gegen sie eingewendet werden kann. Dr. Blei ist ein anarchoklerikaler Ästhet, auf dessen Leben der Wahlspruch steht, den Rabelais über die Pforte der Abtei Thélème gesetzt hat: „Fay ce que voudras ..." Und Herrn Bittner ist nachzurühmen, daß er den lobenswerten Ehrgeiz äußerer Eleganz und vornehmer Lebensform nicht ohne Erfolg betätigt.

Das Substrat der Klage und die Personen der Beteiligten sind also uninteressant, und auch kein scharfes Gerichtsurteil ist erflossen. Es ist überhaupt noch kein Urteil gefällt worden. Sondern der Prozeß wurde zur Durchführung von Beweisanträgen vertagt.

Diese Beweisanträge aber sind eine so beschämende Sensation, wie es kein Todesurteil des Angeklagten hätte sein können. Was für Gestalten steigen da aus der Versenkung auf, um in dem Prozeß eines Schriftstellers gegen einen Journalisten Zeugnis abzulegen? Lebt das k. u. k. Kriegspressekommando noch? Ist es wirklich wahr, daß „der ehemalige Kommandant des k. u. k. Kriegspressequartiers, Herr Oberst Wilhelm Eisner-Bubna", daß „der ehemalige Adjutant des k. u. k. Kriegspressequartiers, Herr Oberleutnant d. R. Karl von Lustig-Prean", daß der ehemalige Berichterstatterreferent des k. u. k. Kriegspressequartiers, Herr Hauptmann Friedrich Oppenheimer, als Zeugen vor Gericht auftreten sollen?

Öffentlich?

Vor vierzig Jahren haben Wuttkes Enthüllungen über das „Literarische Bureau" in Preußen, über dessen Beeinflussungs-, Bestechungs- und Irreführungsversuche die Empörung der ganzen gebildeten Welt hervorgerufen. Aber wie harmlos muten diese Vorwürfe den heutigen Leser an, der die Verhältnisse des k. u. k. Kriegspressequartiers kennenlernen konnte!

Welch eine Hochburg der Korruption ist dieses Kriegsamt gewesen! Die Lügen, die der Bevölkerung bewußt durch vier Jahre in Form von offiziellen Mitteilungen, privaten Informationen und Berichterstattertelegrammen vorgesetzt wurden, die vielen Millionen für dieses Kommando und seine Zweigunternehmungen, für die „Redaktionelle Gruppe", für die „Kunstgruppe", für die „Lichtbildstelle", für das „Kinoreferat", für die „Berichterstattergruppe", für die „Propagandagruppe", für die „Inlandstelle" und für die „Auslandstelle", für die I-Stelle (Italien) in Wien, für die Expositur in Udine, für die „Feldpropagandagruppe", für die „Bildersammelstelle", für die „Kanzleidirektion", für die „Wirtschaftsgruppe", für die „Registratur", für das „Archiv", für das Platzkommando in Rodaun, für die „Theatergruppe", für die Offiziersmessen im Wiener Stadtpark und beim Rodauner Stelzer usw. die preßfremde, literaturfeindliche und unkünstlerische Militärdiktatur über das ganze Geistesleben der Monarchie, die absolute Wirkungslosigkeit, Sinnlosigkeit und Wertlosigkeit aller Propaganda – all das ist noch nicht das Schlimmste, was in diesem korruptesten aller korrupten Ämter Österreichs produziert wurde.

Der Herr Oberst Eisner (den Grafentitel seines Adoptivvaters wird er wohl jetzt nicht mehr ersehnen) kann – wenn er die Zeugenaussage nicht verweigert – vielleicht aktenmäßig nachweisen, daß Frau Dr. Blei, als sie ihre Tochter zur Filmaufnahme nach Bosnien begleitete, die Marschroute benützt hat. Er könnte möglicherweise sogar die Marschroute vorlegen. Aber wer könnte Akten vorlegen, wenn er sich mit Behauptungen und Beschuldigungen gegen das k. u. k. Kriegspressekommando wenden wollte?

Wo ist das Reinerträgnis der Fronttheater?

Ein Brief, den der Leiter des Theaterreferats an den Kommandanten des Kriegspressequartiers gerichtet hat, ist weder Gegenstand eines militärischen Strafverfahrens noch einer ehrenrätlichen Untersuchung, noch einer Zivilklage, noch einer öffentlichen Verteidigung der Beschuldigten gewesen, obwohl er folgendermaßen lautete:

Wien, den 25. November 1918

Sr. Hochwohlgeboren
Herrn Oberst Eisner-Bubna,
Kommandant des KPQ

Sehr geehrter Herr Oberst!

Als ehemaliger Leiter des Theaterreferats im KPQ erlaube ich mir folgende Anfrage zu stellen:

Das Theaterreferat hatte vom Kommandanten den Auftrag bekommen, Frontensembles zu entsenden unter der Voraussetzung, daß der Reingewinn aus diesen Veranstaltungen ausschließlich wohltätigen Zwecken zufließt.

Sowohl die Offerten an die A. K. und M. G. G. als auch alle Reklame, Drucksorten fußten im ausdrücklichen Auftrage des Kommandanten des KPQ auf dieser Voraussetzung.

Der Reingewinn, den ich zusammen mit den mir unterstellten Herren des Theaterreferats sowie den verschiedenen Begleitoffizieren seit einem Jahr erzielt habe (ich greife nur diesen Zeitraum heraus) beträgt nach Abzug einiger Defizitposten K 482635,94.

Es ist uns bekannt, daß von dieser großen Summe nur ein belangloser Bruchteil seiner Bestimmung zugeführt wurde. Die Verwendung des Restbetrages ist uns zur Gänze nicht bekannt, wir wissen lediglich, daß aus dem Theaterfonds große Anschaffungen gemacht wurden, die mit Angelegenheiten der Wohltätigkeit in keinem irgendwie gearteten Zusammenhang stehen.

So wurde beispielsweise die Einrichtung des neuen Kommandogebäudes, die Anschaffung von Teppichen für den Kommandanten und seinen Stellvertreter aus dem Theaterfonds liquidiert.

Herr Otto Reiner, Schriftleiter der „Hamburger Nachrichten“, schließt sich unserer Bitte um eine strikte Erklärung aus dem Grunde an, weil er in seiner seinerzeitigen Eigenschaft als Begleitoffizier verschiedener Frontensembles wiederholt Saalbesitzer zur kostenlosen Beistellung ihrer Lokalitäten unter der dringlichen Vorstellung veranlaßt hat, daß sie hiezu aus Gründen der Wohltätigkeitsbedürfnisse moralisch verpflichtet wären.

Auf seine wie auf die Intervention anderer Begleitoffiziere bei den verschiedenen Kommandanten im Felde hin wurden in oft wiederholten Fällen Offiziere und Mannschaften unter dem ausdrücklichen Hinweis auf den Wohltätigkeitszweck ex offo kommandiert, solche Veranstaltungen zum Teile zu hohen Preisen zu besuchen.

Herr Reiner erklärt, daß er niemals mit seinem Gewissen vereinbart hätte, sich derartig als materieller Sachverwalter des KPQ zu betätigen, wenn er gewußt hätte, daß auch nur ein Heller aus den erzielten Einnahmen anderen als rein wohltätigen Zwecken zugeführt werden würde.

Von einer öffentlichen Behandlung der Angelegenheit nehmen wir insolange Abstand, als uns nicht eine Erklärung des Herrn Oberst über die Verwendung des vom Theaterreferat erzielten Reinertrages beziehungsweise über die Rechtsgrundlage dieser Verwendung zugekommen ist.

Diese Erklärung erbitten wir ehestens an die Adresse des Herrn Leutnants Berthold Wolf, Theaterreferat des KPQ.

Der Adjutant

Der Adjutant des Kriegspressequartiers ist dank seiner Beziehungen Herausgeber des weiland Berganischen „Deutschen Volksblattes" geworden, und dort sind auch seine Mitwisser angestellt, vom Obersten Eisner-Bubna an bis zum Schreibmaschinenfräulein des K.-P.-Kommandos. Konfession – Nebensache. Herr Oberleutnant Karl von Lustig-Prean hat nämlich überhaupt gute Beziehungen. Die haben ihm schon sehr genützt, als er noch Zögling des D. F. C. und sein Vater Kommandant eines Feldjägerbataillons in Prag gewesen ist. Als aber der Krieg ausbrach, war der Papa schon ein maßgebender Referent im Armee-Oberkommando, und der Herr Sohn war als gewesener Nachtlokal-Conferencier und als Kadettaspirant der gegebene Mann, Adjutant des schnell etablierten Kriegspressequartiers zu werden. Dort verfügte er rasch über Wohl und Wehe der österreichischen Presse. Seine Macht war unbeschränkt. Wenn er eine Zeitung vormittags anrief, daß irgendeines seiner Feuilletons über „Erinnerungen an Karl May" oder dergleichen noch im Abendblatt erscheinen solle, so war das für die Zeitung Befehl. Seine Broschüren über „Kriegsgreuel" etc. erschienen im Verlag Harbauer, der zufällig gleichzeitig der Verleger der Kriegspressezeitschrift „Volk und Heer" und der übrigen offiziellen Publikationen war, und die „publizistisch tätigen Mitglieder des KPQ" bekamen mittels Dienstzettel den Auftrag, in den ihnen zur

Verfügung stehenden Blättern darüber Referate einzusenden und die Belegexemplare einzuliefern. Dort, wo es sich um rein belletristische Büchlein des Herrn Erwin von Janischfeld (dies der Schriftstellername des Herrn von Lustig) handelte, kam statt des Dienstzettels eine Visitkarte mit dem „höflichen" Ersuchen um Besprechung. Wehe dem, der diese Skizzen nicht besprochen hätte! Die Skizzen, von denen ein derart gepreßter Referent in seiner Kritik den Satz einschmuggelte, daß sie „während des Krieges in der Presse Quartier gefunden", hatten ein besonderes Niveau: Die „Österreichische Morgenzeitung" ließ die Einsendungen Erwin von Janischfelds setzen, druckte zwei Exemplare mit diesen Feuilletons und sandte sie ihm als Beleg. Der Rest des Blattes war mit diesem Zeug nicht verschandelt. Das Honorar bekam er natürlich anstandslos, nach dem allerbesten Tarif. Denn dieser militärische Vorgesetzte der Presse ließ sich natürlich seine Beiträge von der Presse bezahlen. So hat er zum Beispiel für das „8-Uhr-Blatt" – dessen Chefredakteur derselbe Herr Bittner ist, den Herr von Lustig als Zeugen führt – allabendlich ein „Telegramm unseres Kriegsberichterstatters" gesandt, das an erster Stelle des Blattes erschien. Die Radfahrordonnanzen hatten es direkt vom Kriegsschauplatz (Untere Viaduktgasse 23) in die Redaktion zu fahren. Die Telegramme an die „Neue Lemberger Zeitung", die Herrn von Lustig wohlweislich zu ihrem Korrespondenten bestellt hatte, telegrafierte für ihn die Telefonordonnanz Infanterist Vltzek. Dafür bekam er natürlich von Herrn von Lustig ein Monatsgehalt, wogegen es nur dienstliche Gründe gewesen sein können, daß Vltzek schnell zum Korporal (oder gar Zugführer) avancierte und das silberne Verdienstkreuz erhielt.

Herr Lustig selbst war mit Dekorationen reichlich behangen, was um so selbstverständlicher ist, als er nie in der Feuerlinie gewesen war, vom ersten bis zum letzten Tage dem Kriegspressequartier angehörte. Man nannte ihn „Erwin von Ja-nischt-ins-Feld". Gewiß war er schwer leidend, und das Fußballspiel, dem er während des Krieges huldigte, ist ihm zweifelsohne vom Arzt verordnet worden. Seine Ordenssehnsucht war groß und der Haß gegen jene, die sich im Felde Dekorationen geholt hatten und sie niemals anlegten, noch größer. Es gibt kaum einen, den er nicht in Versuchung führen wollte, indem er ihm seine Protektion bei Ordenserlangung versprach.

Es könnten noch ähnliche Dinge erzählt werden, so zum Beispiel von den Bemühungen des Kriegspressequartiers, den Chefredakteur des Berliner „Vorwärts“, Friedrich Stampfer, der sich bei der deutschen Regierung mißliebig gemacht hatte, zum Militärdienst einzuziehen, die Frontentsendung des verdienstvollen Verlegers Jakob Hegner (Hellerau), dem man zum Vorwurf machte, daß er vor fünfzehn Jahren eine deutsche Übersetzung der – „Religieuse“ von Diderot herausgegeben habe, die (mißglückten) Versuche, den Lyriker Franz Werfel zum patriotischen Feuilletonmitarbeiter der „Neuen Freien Presse“ zu machen, wie Herr Lustig mit Hilfe eines Manipulationsinfanteristen die Annahme seines Einakters „Das Hemd des Glücklichen“ an einem Wiener Theaterchen durchsetzte, die in der Inlandstelle hergestellte Qualifikationsliste antimilitaristischer oder oppositioneller Schriftsteller, an deren erster Stelle Alfred Polgar und Karl Kraus standen etc.

Aber es sei genug! Man mußte viel erdulden, es war Krieg, man war Soldat, die Herren waren allmächtig, und ihre Allmacht stieg ihnen in den Kopf. Wenn jetzt viele der Generale und Stabsoffiziere der hohen Kommanden nicht vor einem Gerichte ihre Übergriffe zu verantworten haben, so mögen sie froh sein. Und die Presse möge froh sein, daß sie von der Gewaltherrschaft der Laien des k. u. k. Kriegspressequartiers befreit ist.

DER VOLKSPRATER IN GEFAHR!

Wem wird der Prater gehören? Bis jetzt war er hofärarisches Eigentum, und das Obersthofmeisteramt in statu liquidationis verwaltet ihn noch jetzt. Und es ist noch keine Entscheidung darüber gefallen, ob er der Gemeinde oder dem Staat zufallen wird. Im Bezirk der Praterhütten, die inmitten der Großstadt ein Dorf mit idyllischen Familienfreundschaften, mit Nachbarliebschaften, mit Kirchturmpolitik und auch mit Neid, Haß und Eifersucht bilden, wird seit den Tagen der Republikerklärung über nichts anderes so erregt disputiert wie über Vorteile und Aussichten von Verstaatlichung, Kommunalisierung und Sozialisierung des Praters.

Aber über den Lokalpatriotismus und das Geschäftsinteresse des Schaubudendorfes hinaus hat die Frage über die Zukunft des Praters folkloristische Wichtigkeit. Denn dieses Wahrzeichen des Wiener

Volkslebens, das anno Aspern durch den Krieg entstanden ist, steht hundertzehn Jahre später durch den Krieg vor der Vernichtung. Die Bestimmungen der Pachtverträge sind im Zeichen der hofärarischen Verwaltung so rückständig und so drosselnd geblieben, wie sie es in der franziskanischen Ära gewesen sind: Noch immer unterliegt der Pächter einem Kontrakt, demzufolge er jederzeit gekündigt werden kann und binnen dreißig Tagen sein Objekt niederreißen muß, um den Grund und Boden so zu übergeben, wie er oder sein Ahne ihn übernommen hat. Das mochte eine mögliche Bestimmung zu den Zeiten sein, als der Prater noch aus primitiven Holzhütten mit Schlagtischen und Schlagbänken bestand, als die Schaubudenbesitzer in Maringoten im Frühjahr heranfuhren und in ihnen bis zum Winter wohnten, als die niederösterreichische Landesregierung dem einträglichsten Betrieb jährlich zehn Gulden C.-M. an landesfürstlicher Erwerbssteuer vorschrieb und – was bis zur Praterregulierung durch die Weltausstellungskommission von 1873 der Fall war – die Jahrespacht per Quadratklafter sage und schreibe zwei Kreuzer betrug.

Heute sind unter den Praterobjekten Bauten wie Swoboda, das Dritte Kaffeehaus, Kadermann, Eisvogel, Prochaska, das Schaaf-Karussell mit den springenden Pferden oder das Kobelkopf-Ringelspiel mit beweglichen Schweinen, die Herzogsche Schießbude, in der man statt mit Kapselflinten aus Werndlgewehren mit Konussen schießen kann, die Eppelsche Lustschiffahrt auf dem Heustadel mit den schönen Booten, die teueren Kinos, Preuschers Panoptikum, das in der Rangliste gleich nach Madame Tussauds Kabinett in London und nach dem Berliner Castan kommt, Toboggan, die Grottenbahnen und dergleichen, deren bauliche und technische Einrichtungen Hunderttausende gekostet haben und die an Pacht und Steuer viele Zehntausende zahlen.

Unter dem Druck des Krieges sind viele Unternehmungen wegen Einrückung der Besitzer, wegen Mangels an Speisen und Getränken oder wegen des allgemeinen schlechten Geschäftsganges gesperrt worden, so das böhmische Gasthaus Svec, der „Walfisch", der „Braune Hirsch", das Restaurant Dörner (dessen Besitzer allerdings das Glück hatte, die Offiziersmenage des Kriegsministeriums übernehmen zu können) und das Erste Kaffeehaus. Viele Objekte wurden von Holzdieben in beispielloser Weise devastiert; so gleicht zum Beispiel der „Walfisch", einstmals ein berühmt vornehmes

Praterrestaurant, heute einer Ruine, beim Kalafatti wurden die Zaunplanken und Laternpfähle aus dem Boden gerissen, die Holzstaketen von „Leichts Variété“ und sogar die Gaskandelaber wurden weggeschleppt, der rückwärtige Teil des „Ersten Kaffeehauses“, die sogenannte „Kaffeeschwemme“, wurde derart zugerichtet, daß die jetzt in Angriff genommene Wiederherstellung mit einem Vermögen veranschlagt wird.

Derartige Verdienstentgänge und Schäden können im Laufe einer kurzen Saison nicht wettgemacht werden, die von Mitte März bis Mitte Juli dauert und sich doch bloß auf das Sonntagsgeschäft erstreckt. Dabei ist punkt neun Uhr Sperrstunde, die Familien wollen zumindest die „Blaue“ noch erreichen, die allzubald vom Praterstern wegfährt, die Wirte bekommen kein Bier mehr, die Forderungen des Personals sind einschneidend, und wie's mit den Nahrungsmitteln steht – nein, die Zeiten von 1873 kommen nie, nie mehr wieder, da im „Weißen Ochsen“ an einem einzigen Tage 1 122 Kilogramm Gulasch, die Portion zu sechzehn Kreuzern, 750 Kilogramm Schweinsbraten mit Kraut, die Portion zu dreißig Kreuzern, und 700 Kilogramm Selchfleisch mit Knödeln und Kraut, die Portion zu vierundzwanzig Kreuzern, verkauft wurden.

Solche Quantitäten bekämen die Wirte auch zum fünfzigfachen Preis nicht mehr, und das sehen sie auch selber ein. Aber die fossilen Vorschriften und die behördlichen Drosselungen empfinden sie als die Hinrichtung ihres Praters.

Die entscheidende Abhilfe aber erhoffen sie vom künftigen Besitzer des Praters, Ermäßigung der Pachtgebühr und Verlängerung der Verträge auf zwanzig Jahre. Sie erheben Anspruch auf Vertrauen, nicht bloß im Hinblick auf ihre Investitionen, sondern vor allem als Ureinwohner des Praters. Viele Unternehmungen sind ja mehr als hundert Jahre im Besitze derselben Familie, so der „Weiße Ochse“, der aus dem Marketenderwagen des Bayern Benno Mayer, des Urgroßvaters des heutigen Wirtes Karl Kirsch, stabilisiert wurde, das Ringelspiel des einstigen Mesners der griechischen Kirche in Wien Theodoros Kalafatti, der „Wilde Mann“, der „Sacher des alten Praters“, der noch heute der Familie Hagenbucher zugehört, die Gulaschhütte der Brüder Leb in der Ausstellungsstraße, das zum Narrenpalast gewordene Ringelspiel der Familie Pat, Hutsche und Plattenwurfspiel der hundertjährigen Praterdynastie Nebosis, die den Wurstel hergebracht haben, den Paten des Volkspraters, sein Symbol und sein konkurrenzlosestes, unreformierbares Unternehmen.

DER KOMMUNIST ROTHZIEGEL GEFALLEN

Rothziegel – gefallen. Eine tragischere Antithese läßt sich kaum denken. Vor zehn Jahren war der damals kaum siebzehnjährige Leo Rothziegel aus der sozialdemokratischen Organisation wegen allzu tumultuöser Bekämpfung des Militarismus ausgeschlossen worden. Im Jänner 1918 war er der Hauptführer des Streiks, der zum Zwecke der Beendigung des Weltkrieges in Wien einsetzte. Die Behörden suchten ihn, der die pazifistischen Flugzettel auf einer Handpresse in einem Kellerlokal der Leopoldstadt gedruckt hatte, und fanden ihn schließlich in Südungarn – in der Nähe des Ortes, in dem er nun ein Jahr später gefallen ist. Er hatte fast den ganzen Krieg im Kerker verbracht (die Hungerrevolte im Garnisonsarrest war sein Werk), weil er nicht Soldat sein wollte.

Aber als die Revolution ausbrach, ging er als Rotgardist in die Kaserne. Einen Artikel, in dem er seinen Standpunkt darlegte, schloß er mit den Worten des antimilitaristischen Soldatenliedes: „Soldat der *Freiheit* will ich gerne sein." Und für diese Idee, Soldat der Freiheit zu sein, hat er, der Antimilitarist und Kriegsgegner, in Wien vor vier Wochen zwölfhundert Heimkehrer für die Rote Armee Ungarns geworben, ging er an ihrer Spitze ab, wurde, der einstige Infanterist, Bataillonskommandant und ist nun im Kampfe gegen die Rumänen gefallen ...

Siebenundzwanzig Jahre war er alt, gelernter Buchdrucker, Autodidakt, gebildet, glänzender Redner, ein Feuerkopf wie sein Ideal: Bakunin und perfid verleumdet wie dieser.

DER KAISERLICHE MARSTALL UNTER DEM HAMMER

Lizitation im Hofstallgebäude

Durch die Ställe des Hofstallgebäudes gehen Besucher. Bleiben vor jeder Box stehen. Mustern sachverständig (eingekniffenen Auges) die Schauobjekte. Im Hause gegenüber waren sie gewiß noch nie. Obwohl das Kunsthistorische Hofmuseum Besuchen offensteht.

Aber da jetzt „im Wege öffentlicher, jedermann zugänglicher Versteigerung an den Meistbietenden gegen gleich bare Bezahlung eine größere Anzahl Hofwagenpferde, Hofreitpferde, darunter Huzulenger und Haflinger Ponys, sowie zirka zwanzig Hofwagen veräußert werden, so kommen Pferdekenner aller Sorten hieher. Als da sind: Jockeis, Trainer, G. d. K. Tierärzte, Exaristokraten, Offiziere der Gestütsbranche, Fiaker, Pferdehändler, Pferdefleischer. Alle halten den „Katalog" in der Hand, das Verzeichnis jener Hofmarstallpferde, die von morgen an versteigert werden. Sechsundachtzig Rosse sind auf der Liste mit Grundbuchsnummer, Namen, Farbe, Geschlecht, Alter, Maß, väterlicher und mütterlicher Abkunft, Geburtsort und Land, Beruf (Reit- oder Wagenpferd), Ausrufspreis und besonderen Merkmalen verzeichnet. Die Radautzer Ponys werden mit je 1 000 Kronen ausgeboten, die Haflinger Ponys mit je 4 000. Von dem Dutzend Reitpferden ist das billigste die an chronischer Verdauungsstörung leidende ungarische Stute Caricza (2 000 Kronen). Dagegen: The Nut, irischer Braunwallach: 7 000 Kronen. Auch Lipizzaner Paare sind unter den zum Verkauf bestimmten: zweiunddreißig Schimmel.

Aber das sind nicht die berühmten sechzehn Lipizzaner. Die stehen noch immer unveräußerlich in ihrem hochgewölbten Ovalsalon, jeder an seiner Marmorkrippe, über der die Geweihe von Sechzehnendern, erlegt 1786 im Ober-Prater oder in der Lobau 1828 oder in Ebersdorf 1802, angebracht sind. Jeder der Hengste trägt eine kostbare schwarze Decke mit Goldinitialen. Generalissimus Ecrasse, Generale Mattuglia, Generale Imola und Ricinus haben abgeschlossene Zimmerchen – odi profanum vulgus ... Steinerne Löwen sind Brunnenfiguren.

Durch dieses Gewölbe geht man nur voll ehrfürchtiger Bewunderung, durch die anderen Ställe dagegen mit den kritischen Blicken des Käufers, nimmt die Decken von den Pferden ab, um die Einsattelungen zu konstatieren, untersucht die Beine nach Hornspalt, Fesselverdickung, Streifballen und die Augen nach Trübungen. Die psychischen Eigenschaften kann man im Stall nicht immer nachprüfen, zum Beispiel: „Wiehert im Terrain, wenn allein", oder: „Vor Automobilen erregt." Dagegen hat der Kauflustige das Recht zur Konstatierung der Gangart. Auf seinen Wunsch schirrt der

Stallbursch das Pferd an, führt es aus dem Pferdepalast auf den Riesenhof hinaus und spannt es vor einen Ausbringwagen. Der Kutscher springt auf, die Peitsche knallt, das Fahrzeug rührt sich, und hundert Leute mit „Pferdeverstand" beobachten fachmännisch jeden Schritt.

Der Hof ist bald ein Karussell. Mancher Start ist voll Aufregung. Zwei Lipizzaner Hengste wollen nicht an die Deichsel, bäumen, schäumen. Aber es sind Fachleute genug da, die sie zwingen. Und nun tänzeln die zwei weißen Riesenhengste über die Fläche, ganz Kraft und ganz Leichtbeschwingtheit und ganz Schönheit, jedes der Rosse scheint heruntergesprungen vom Denkmal Matteo Colleonis, des Kondottiere. Nie hat man so Schönes lebend gesehen.

„Die sind gut für die Würst" – so wird die Kunstbetrachtung von der Realität, die Verzückung des Laien von der Sachkenntnis des Pferdehändlers gestört, „die sind nur gut für die Würst ..."

„No, wenn man sie kastrieren möcht?"

„Dazu sind sie zu alt!"

„Was heißt das? Vorige Woche hab ich zwei Hengste kastrieren lassen, die waren schon zwanzig Jahr' alt!"

Die beiden Hengste sprengen mit geblähten Nüstern vorüber. Gelangweilt schauen die Pferdehändler vorbei:

„Um was mir dort die Kladruber Stute lieber ist! Um viertausend möcht ich sie sofort nehmen."

Aus den Kampagnereiterställen werden die Pferde in die prachtvolle Winterreitschule geführt, um geprüft zu werden. An den vier Eingängen in die Reitbahn sind je zwei kostbar geschnitzte Fahnenstangen gegeneinander geneigt; aber der schwarzgelbe Stoff, durch den bei hippischen Spielen die Rosse wie durch einen Vorhang sprengten, ist um die Stangen gewickelt. Bis zur unendlich hohen Decke schmücken Renaissance-Embleme die Wand, drüben steht eine rotgoldene Orgel, die Kaiserloge ist mit purpurrotem Samt ausgeschlagen und mit Goldbordüren drapiert. Die Stallmeister (Zylinder, Breeches, Lackkanonen, weiße Krawatten) reiten die Hohe Schule. Die Pferde stäuben den Sand empor.

Man denkt nach, wie herrlich sich dieser Bau zu einem Theater adaptieren ließe. Fastnachtsspiele könnte man hier aufführen, literarische Pantomimen. Auch ein durchgeistigter Zirkus wäre wichtig.

Ein Pferdehändler neben mir konstatiert: „Dieser Murillo ist ein Kopper!“ (Murillo heißt nämlich das Pferd, das sich eben im Galopp präsentiert.)

ANTWORT AUF EINEN OFFENEN BRIEF

Wien, 3. Mai 1919

Verehrter Genosse Kocmata,
was soll Ihre Frage? Meine Antwort wird ja doch bloß dazu dienen, Angelpunkt eines bereits beabsichtigten Angriffes zu sein...

Sie fragen mich nach meiner Stellung zum „Neuen Tag“. Wie alle Blätter mitteilten, bin ich dort als Lokalreporter eingetreten. Meine Gründe habe ich vor vier Wochen in einem Brief an die Föderation revolutionärer Sozialisten „Internationale“ dargelegt, und dieser Brief wurde im „Freien Arbeiter“ abgedruckt. Daß ich auf Redaktion und Politik des Blattes *auch nicht den geringsten Einfluß* habe, ist *aus der politischen Linie dieser Zeitung zu erkennen*. Denn meine Überzeugung habe ich nicht geändert (wie zum Beispiel aus dem von Ihnen angeführten Nekrolog über unseren Leo Rothziegel erkennbar war), werde sie auch nie ändern und werde *nie eine Silbe schreiben, die ihr zuwiderläuft*.

Erich Mühsam achte ich als prachtvollen Menschen und unentwegten Revolutionär. Um der gehässigen Angriffe eines ungebildeten, respektlosen und gesinnungsfremden Preßgesindels willen aber *liebe* ich ihn.

Dies die Antwort auf Ihre Fragen.

Das alles ist klar, und es handelt sich bloß darum, ob ich als Reporter zu einem bürgerlichen Blatte gehen durfte. Meine engeren Gesinnungsgenossen haben mir unbedingte Treue bewahrt, der „Rote Soldat“ (Organ des Revolutionären Soldatenbundes) und der „Freie Arbeiter“ haben meiner Haltung Absolution gegeben; die „Soziale Revolution“ jedoch hat mich einen „Revolutionär mit Retourbillett“ genannt. Das Urteil der „Revolution!“ steht noch aus.

Aber lassen Sie sich nicht etwa *dadurch* für mich beeinflussen, daß mich die reaktionäre Presse („Reichspost“, „Arbeiter-Zeitung“, „Deutsches Volksblatt“, „Republik“ usw.) ununterbrochen wegen meiner Mitarbeit anpöbelt: Diese Kollektivhirne sind so verkalkt, daß es ihnen auch passieren könnte, unversehens etwas wirklich Schmähliches anzufeinden.

Wie mich diese Kerle zurichten! *Heute* abends zum Beispiel schiebt mir die „Republik“ einen mit „e. k.“ signiert gewesenen, antirevolutionären Artikel in die Schuhe. „Herr Kisch schreibt ...“, „Kisch tut den Kommunismus so ab ...“ usw. Im Wortlaut werden als meine Äußerung ganze Absätze wiedergegeben, die ich natürlich niemals geschrieben, ja nicht einmal gelesen habe. Was geschieht? Ich, der ich von der „Arbeiter-Zeitung“ seit sechs Monaten ohne Intervall beschimpft und verdächtigt werde, muß durch einen Freund die „Arbeiter-Zeitung“ davon verständigen, daß der Artikel nicht von mir ist. Denn sonst wird das wieder nicht bloß gegen mich, sondern gegen den Kommunismus ausgeschrotet, und die letzten meiner Genossen sagen sich von mir los.

Dementis? Sie werden versteckt oder gar nicht gedruckt, oft auch in das Gegenteil verkehrt. Beweise aus der „Arbeiter-Zeitung“ kann ich Ihnen vorlegen.

„Sehen Sie, Kisch, warum sind Sie auch in den ‚Neuen Tag‘ eingetreten!“ Lieber Genosse, bevor ich diesen Beruf gefunden habe – war es da anders? Von Diebstahlsbeschuldigung bis dazu, daß tschechische Legionäre in die Wohnung meiner alten Mutter kamen, ist mir keine Freundlichkeit erspart geblieben. Geändert hat sich durch die Tatsache, daß ich einen „Beruf“ habe, nur das: Ich brauche keinen Genossen anzupumpen.

Ich zahle es teuer. Eine einzige Wunde bin ich.

Liebe habe ich säen wollen! Ein Brief, wie der von Franz Werfel, kommt selten zu mir. Ich lege Ihnen ihn bei.

Mein Schreiben ist länger geraten, als ich es wollte. Ich habe nicht die Absicht, Sie zu überzeugen. Sie haben sich bereits präjudiziert.

Aber ein offener Brief ist einer offenen Antwort wert.

Mit sozialistischem Gruß bin ich Ihr

Egon Erwin Kisch

BRANDLEGUNG UND EINSTURZ EINER FABRIK

Zum Zwecke von Kinoaufnahmen

Das war gestern: Es wurde Feuer in eine Fabrik gelegt, Petroleum, Zunder, Dachpappe, Pulver, Bretter aufgehäuft, brannten lichterloh, die Feuerwehr raste heran, Menschen stürzten taumelnd aus dem rauchenden, züngelnden Bau, Schläuche sprengten Wasserstrahlen in die Brände, krachend schaukelte das Gemäuer, bevor es mit Getöse zusammenbrach, die Ambulanz war in Bereitschaft, halb Unterheiligenstadt, halb Unterdöbling, die halbe Hohe Warte war auf den Beinen, Polizisten hatten zu tun, den Platz der Katastrophe abzusperren.

Und doch wird der Polizeibericht das Verbrechen, die Feuersbrunst und den Fabrikseinsturz kaum besonders melden. Denn es war eine Filmaufnahme.

Die Kreidlsche Ziegelei, ein breiter Rundbau mit hohem Kamin, hart an der Barawitzkagasse gelegen, war von einer Filmgesellschaft gekauft worden, um gestern katastrophal vernichtet zu werden. Vorher war sie ein bisserl als Überbau eines Förderstollens hergerichtet worden, eine Tafel mit zwei gekreuzten Hämmern und dem Bergmannsgruß besorgte das, die Leute, denen man begegnete, trugen blaue Leinenkittel und Grubenlampen in den Händen, und die Mädel Arbeiterinnenkleider, so daß man nicht wußte, wer ein wirklicher Arbeiter aus den Häusern der Umgebung und wer ein Filmschauspieler, wer eine Fabriksarbeiterin und wer eine Kinodarstellerin sei. Fräulein Alma Seidler allerdings war in elegantem Straßenkostüm, aber das hatte nichts damit zu tun, daß sie die Tochter eines ehemaligen Ministerpräsidenten ist, sondern nur damit, daß sie gestern die Tochter des Bergwerksbesitzers mimte. Anderseits aber war Franz Ferdinand nicht deshalb im Arbeitskittel und rotem Halstuch da, weil er mit dem Erzherzog gleichen Namens nicht verwandt ist, sondern weil er einen Gesinnungsverwandten jenes literaturbekannten Mechanikers Souvarine gab, der mit Lebensgefahr ein Kaninchen von der Gefahr des Überfahrenwerdens rettete, aber im Monat Germinal die Grube und viele Menschen vernichtet, besessen von seiner Idee.

Besagter Franz Ferdinand also war es, der gestern die Brandlegung beging, das Haus, die Feuerwehr, die Arbeiter dazu geworben hatte und es nicht einmal darauf angelegt hatte, die Spuren solcher Taten zu verwischen. Im Gegenteil: Benahm sich wie der arme Heinrich Lautensack, dem Wedekinds Tod den Rest von Besinnung genommen, der beim Begräbnis die Kinooperateure zu schnellerem Kurbeln angefeuert („hundert Meter, tausend Meter, zehntausend Meter!“) und schließlich einen Sprung in Wedekinds Grab gemacht hatte, damit der Film nur recht aufregend sei. So ähnlich schrie gestern Franz Ferdinand der andere, der wohl solche klotzige Bombensensationen bei seinem einstigen Kompagnon Ferdinand Bonn gelernt haben mag, die Kutscher der Feuerwehr und die nachjagende Menge an, daß Angst begründet war, die sich aufbäumenden Pferde und die toll zur Grube jagenden Arbeiterfrauen würden Apparat, Stativ mitsamt Operateur und Ordner zu Boden reißen. Professor Seydelmann, ganz Burgtheaterschauspieler und ganz Bergwerksdirektor, benahm sich viel besonnener und trug die zusammengestürzten Bergleute davon, bevor die Spritzenwagen sie überfahren konnten; die Gefahr lag wirklich vor ...

Dagegen hatte die Baukommission genau die Gefahrenzone ausgemessen, innerhalb welcher sich beim Mauereinsturz des Ziegelofens niemand aufhalten durfte. Also stand man gute fünfundzwanzig Schritte vom Bau entfernt. Der Polizeikordon, hinter den man sich verpflanzte, gewährte eine gewisse Beruhigung, und man suggerierte sich, daß zwischen dem Schaukeln der hohen Ziegelwand und ihrem Einsturz erst ein Zwischenbild erscheinen müßte, des Textes:

Als aber der Bergwerks-
direktor in den brennenden
Stollen stürmen wollte,
um Margarete zu retten,
da stürzte der Förderturm
unter furchtbarem Getöse
zusammen ...

Und man hatte ja die kommissionelle Garantie, daß einem hinter dem Operateur nichts passieren könne ...

Dennoch zitterte man, als sich aus dem Gewirr von aufschlagenden Flammen, aus dem Geknatter des überall gestreuten Pulvers und der Explosionen der aufgehäuften alten Filme, aus den entsetzt jagenden Rauchwolken ein enormer Krach über die Gegend entlud und die brave, ausgediente Ziegelfabrik nach vorn stürzte. Als Haufen von Schutt lag sie auf dem Boden, ihr Todesatem war heiß und schwer. Aus den Schläuchen der Heiligenstädter Feuerwehr erhielt sie den Gnadenstoß.

RAUCHER-ERLEBNISSE

Wiener Wohnungen als Tabakplantagen

In künftigen Auflagen botanischer Lehrbücher sind in dem Absatz über die hauptsächlichsten Anbaugebiete der Tabakpflanze zwischen „Bosnien" und „Havanna" die Worte „in Wohnungen Wiens" einzufügen.

Einst kaufte man Hyazinthenzwiebeln, Chrysanthemensamen, Sonnenblumenkerne in den Samenhandlungen. Im Zeitalter der Blockade traten Kohl-, Rüben- und Bohnensamen an ihre Stelle. (Auch „Welscher Salatsamen" wird oft von Damen des Cottages für die Vorgärten verlangt.)

Jetzt ist Tabaksamen Trumpf. In Tagen, da er zu haben ist, stellen sich die Leute an. Ein Papiersäckchen mit den braunen Staubkörnern kostet achtzig Heller.

Nicht zu viele der Körner, o Mensch, pflanze daheim in den Blumentopf! Rede dir nicht ein, ein Kornfeld wachse dir auf der flachen Hand oder dein Blumentopf könne eine Kaffeeplantage werden. Niemals wirst du virginische Eingeborene mit Kübeln auf dem Nacken über dein Fensterbrett stapfen sehen, die Blätter abzubrechen, in Bündel zu packen und in Trockenhäuser zu schleppen. Siehst du aber dennoch solche tropische Tabakarbeiter in deinem Fenster, so bist du am Ziele. Denn dann halluzinierst du, hast Nikotinvergiftung.

Immerhin: Auch in Wien gedeiht der Tabak. Die Zimmerfenster sind ja hier immer geschlossen, was die Blätter vor dem Zerreißen des Windes schützt. In den großen Tabakländern säumt man die Plantagen mit undurchdringlichen Hecken, mit dicht gesäten Bohnenfeldern ein, damit die Luft schön dumpf ist. Das ist in Wiener Wohnungen nicht nötig.

In Mistbeeten gedeiht die Tabakpflanze vorzüglich. Man häufe daher zwischen die Fenster des Salons Komposterde und Pferdemist oder so etwas. Dann säe man. – Was da herauskommt!

Bei sorgfältiger Pflege – täglich zweimal begießen! – kann es geschehen, daß deine Blüten nicht eingehen. Dann kannst du im September auf deinem Blumentopf ein fröhliches Winzerfest begehen beziehungsweise ernten, was auf deinem Mist gewachsen ist. Dann spannst du die Blätter auf kleinen Ruten aus. Die verschaffst du dir billig. Zur Beachtung: Ein Verstocken der Blätter, Verschimmeln, Vermodern ist unbedingt zu vermeiden. Wie? Das weiß ich nicht.

Im Oktober, spätestens November schon kannst du die Blätter zusammenpressen und verwenden. Du stopfst sie in einen Pfeifenkopf. Wenn er nicht voll wird, kannst du ja etwas Pfeifentabak dazugeben, der dir von deiner letzten Fassung übriggeblieben ist. – Ach so, du bist Zigarettenraucher! Nun, nichts einfacher als das! Du zerreibst die trockenen Blätter, kaufst dir Hülsen (Abadie), Stopfer mit Blechkapsel (die nicht breiter als die Hülsen sein darf) und stopfst deine Ernte in eine Hülse. Dann steckst du die Selfmade-Zigarette in den Mund. Lehne dich aber weit zurück und halte die Mündung der Zigarette senkrecht in die Höhe, wenn du sie anzündest. Sonst fällt dir vorher der Tabak heraus. Wenn sie aber einmal brennt, dann ist schon alles gewonnen. Solange du ziehst, brennt sie. Wehe dir aber, wenn du eine Sekunde zu atmen vergißt! Dann löscht sie unwiderruflich aus. Hast du eine Ägyptische bei der Hand, so macht es nichts. Die brennt sicher.

Doch wir wollten ja nicht von den Erzeugnissen der Tabakregie reden. Sondern von deinen eigenen. Eigener Feuerherd ist Goldes wert. Also hast du Gold im Munde, wenn du selbstgebautes Kraut rauchst. Fein! – Was, es schmeckt dir nicht? Nun ja, wie sollte dir auch ein Tabak schmecken, der nicht gebeizt ist. Du mußt ihn eben beizen. Das kannst du zum Beispiel tun, indem du Tschicks sammelst, sie in Wasser auflöst und deine Blätter mit dem Tabaksaft imprägnierst. Das weiß ich von unserem Bureaudiener, der hat das auch so getan.

Warum wiederholst du das Wort „getan“ so fragend? Ach so, du wunderst dich über das Perfektum? Nun, unser Bureaudiener beizt schon nicht mehr, imprägniert schon nicht mehr, baut überhaupt keinen Tabak mehr an. Er raucht die Tschicks direkt.

Das Mädchen mit den Ägyptischen

Das, was mich die Operetten lehren, das befolge ich aufs Wort, und die Zitate daraus ersparen mir die Mühe, selbst Formeln der Lebenskunst zu finden. Wenn mir ein Mädel gefällt, sag ich ihr: „Geh, sag doch Schnucki zu mir“, darauf folgt der kategorische Imperativ: „Lieb mich, und die Welt ist mein“, und wenn es einmal soweit ist, helfe ich mir mit der eindringlichen Anamnese: „Schau, die Liebe macht mich so nervös ..." Wenn sie dann noch störrisch ist, so pfeif ich ihr was. Gewöhnlich: „Ich weiß auf der Wieden ..."

Ja, der Ralph Benatzky, das ist halt ein Doktor! Und wenn's zehnmal wahr wäre, daß er keiner ist. Auf den Plakaten steht „Dr.", und das Lied vom kleinen Sanatorium auf der Wieden in einer verschwiegenen Gasse zeugt von therapeutischen Kenntnissen.

Aber das alles hab ich ja gar nicht erzählen wollen. Ich habe erzählen wollen von einem Fräulein, dem ich am Sonntag nachmittag begegnet bin. („Das ich am Sonntag begegnet habe", sagt man in Berlin.) „Bin" oder „habe", das ist ganz unwichtig und die Dame eigentlich auch. Denn sie war schon reiferer Jugend. Aber sie hatte eine orangerote Kartonschachtel in der Hand, mit einer großen goldblaurot bedruckten Etikette überklebt. Sie war unversehrt. (Die Etikette nämlich.) Das bedeutete: daß in der Schachtel noch alle hundert Stück Ägyptischen vorhanden seien. Die kosteten fünfundsechzig Kronen bei diesem Schurken von Markör, und man muß froh sein, wenn er welche hat. Er hat aber selten welche. So muß ich Wienerwald rauchen. Wenn meine Nase nicht zum Kahlenberg kommt, kommt der – Kahlenberg zu meiner Nase.

Diese Dame aber hat hundert Ägyptische. Die muß ich kriegen!

Was tun? Zum Glück gibt es für den gebildeten Operettenbesucher keine Situation ohne Verhaltungsmaßregel. „Man steigt nach, man steigt nach ..., denn es nützt doch dann und wann."

Ein Herr spricht sie an, ein zweiter Herr auch und gehen bekorbt von dannen. Das macht mir nichts, ich habe mir gestern mein Selbstvertrauen stärken lassen und weiß, daß ich ein bildhübscher Bursche bin. (Indem daß mich gestern abends zwei Damen in der Rotenturmstraße sehr verliebt angeschaut haben.) Mag sie immerhin zu einem Stelldichein mit ihrem Bräutigam gehen, dem sie die Zigaretten bringt – ha, ich werde ihn schon ausstechen.

Ich schmeiße mich an, sie mustert mich, ich mustere sie und die Schachtel. „III. Sorte", konstatiere ich befriedigt, und auch ihr Musterungsbefund scheint mich als tauglich befunden zu haben. Wir kommen in ein nettes harmloses Gespräch, ich gestehe ihr ganz offen, „ich muß wieder einmal in Grinzing sein, beim Wein", und da sie weit davon entfernt ist, mich von diesem meinem Lebenszweck abzubringen, so bemerke ich geistesgegenwärtig: „So fahr mer mit dem Automobil, aber langsam, langsam, langsam ..." Und wir fahren. Sie ißt gut, trinkt gut. „Auch hab ich nicht vergessen, ans Beste, ans Dessert." („Der Graf von Luxemburg")

Das war auf der Wieden, in einer verschwiegenen Gasse. Nachdem ich ihr in Dörmannschen Worten ewige Liebe und in Leonschen Versen Treue geschworen hatte, stand ich listig auf und tat so, als ob ich die Zigarettenschachtel erst jetzt bemerke. Und ob sie mir sie nicht verkaufen möchte.

Nein. Die brauche sie für nächsten Sonntag.

WIEN–BOLOGNA–ROM, EINSTEIGEN BITTE!

Am Schalter der Südbahn löst man seine Fahrkarte, steigt ein. Und wenn die Schaffner „Roma" rufen, springt man aus dem Waggon, in den man sich Tags vorher auf dem Wiener Ghegaplatz gesetzt hat und ist auf der Piazza di Termini.

Wann wird das sein? Wann wird dieser Traum von fünf Jahren in Erfüllung gehen, der Traum, daß der Stacheldraht fällt, mit dem der Krieg die Länder umgeben hat? Wann werden wir aus dem Gitter hinaus dürfen? Wann wird der direkte Wagen Wien-Rom wieder verkehren?

Wann? *Morgen.* Ganz offiziell tut es die Administrative Direktion der Südbahn kund und zu wissen: „Von Mittwoch, dem 14. Mai 1919" (die Jahreszahl wird angegeben, damit man ja nicht glaube, es handle sich um eine Verfügung für das nächste Jahr), wird bei dem um drei Viertel acht Uhr früh von Wien abgehenden Schnellzug ein direkter Wagen Wien–Rom und Wien–Triest sowie ein Schlafwagen Wien–Bologna via Tarvis geführt werden." So kann man jeden Mittwoch und Samstag ohne Umsteigbillett nach Italien fahren, jeden Donnerstag oder Montag wieder direkten Wegs von Rom nach Wien – als ob es nie Debatten über Dreibundspflichten, niemals Isonzo-, Tagliamento- und Piaveschlachten, als ob es überhaupt niemals etwas gegeben hätte.

Man krallt in sein Schlafwagenbett. In Bologna erwachend, die beiden schiefen Türme vor sich, die Laubenhäuser vor Augen, Monte Capra, Monte Calva am Horizont, freut man sich: „Gott sei Dank! Alles war Traum, alles war Alpdruck – nie hat es Krieg gegeben!"

Leider aber ... Und von allen Wegen, die bekanntlich nach Rom führen, wird dieser direkte Weg auf den Schienensträngen nicht der direkteste sein. Vorläufig werden ihn wohl die Ententemissionen benützen, und dieses „vorläufig“ kann noch von langer Dauer sein. Wer sonst in Italien zu tun hat, wird erst die Passion zu den Paßbehörden erdulden müssen; falls er nicht ein besonderes Sonntags- oder Protektionskind ist, wird sein Weg zum Südbahnperron fünfzigmal länger und beschwerlicher sein als der von dort nach Rom. Auch sieht die Welt noch nicht so aus, als ob man unseren Gefangenen in Italien dort gestatten würde, in den direkten Schnellzug einzusteigen, um morgen um zehn Uhr abends in Wien zu sein, endlich in den Armen verzweifelter Familien. Warum das nicht geschieht, obwohl wir doch zu einem neuen Krieg aber auch nicht die allergeringste Lust und auch nicht die allergeringste Kraft verspüren, warum das nicht geschieht, obwohl man doch zum Überfluß die Heimfahrt der Gefangenen von ihrer auch von unserer Regierung anzuerkennenden Ablehnung neuerlichen Waffendienstes abhängig machen könnte, warum das nicht geschieht, obwohl die gesprengten Brücken und tiefen Schützengräben nun wieder mit braven Eisenbahngeleisen überbrückt sind – darauf ist die traurige Antwort leicht gegeben: Noch ist jener Geist nicht aus der Welt geschwunden, der sie in gespenstischestes Unheil gestürzt hat, wie sie es nie geahnt hat.

Die Leichen sind fortgeräumt, aber noch liegt Haß, zu viel Haß auf der Strecke. Zwei feindliche Hauptstädte sind von morgen ab durch eine Bahnlinie verbunden. Wir begrüßen den neuen Zug, der uns wenigstens durch einen der verschüttet gewesenen Tunnels wieder in einen Teil der Welt führt. Wir begrüßen ihn, denn er kann Gutes stiften, unseren Gefangenen raschere Botschaft, unseren Verhungernden Nahrung, er kann zwei im Kriege zerfleischte Völker einander näher bringen. Es ist ein Anfang, Anlaß zum Frohsinn. Aber noch kein Anlaß zum Glücklichsein. Bevor man glücklich sein darf, muß ein neuer Zug durch die Welt gehen …

PETER ALTENBERG ALS KRIMINALIST

Aus einer knappen Meldung der „Lokalen Chronik“ rekonstruiert er sich den Tatbestand. Ausführlich, genau, detailliert. Die erste veröffentlichte Skizze Peter Altenbergs und seine längste. Weil nichts weiter in der Zeitung stand, als daß die rotblonde Tochter eines Eisenbahnbeamten seit ihrem Gang zur Klavierstunde vermißt wird. Er sagt – erregt –, wie's geschah, und verteidigt sie.

Wie aber, wenn es Mord schreit durch die Zeitungsspalten, wenn andere des langen und breiten erregt sagen, wie's geschah? Dann faßt er all den Sums in eine knappe Meldung der „Lokalen Chronik“ zusammen und verteidigt. Verteidigt, nicht bloß *das* Entlastende herausspintisierend, das zur Belastung der Ankläger gehört (Moral, Polizei, Presse), nicht Schwung zur Verteidigung verwendend, weil er zum Rotieren des Spießes gebraucht wird.

Nein, kurz: ein Attest für den Mörder. Eine Verteidigung aus Güte gegen eine zum Staatsanwalt gewordene Welt. Bela Kiß, nachmals vierzigfacher Frauenmörder, sitzt, vor zwanzig Jahren, mit Nagy, seinem Freunde, auf einer Gartenbank in Czinkota. Nagy empfindet Summen und Duft der Natur. Kiß aber haßt und verflucht sich, um seiner Arbeit willen. Aber mehr noch haßt er diese entsetzlich wertlosen Frauengeschöpfe, die „sich mit ihren verrunzelten Gesichtern, ihren scheußlichen Händen und Füßen, ihren verwelkten Brüsten, ihrem meistens unreinen Atem, ihren ungeheuren geistigen Beschränktheiten, sich *vermittelst* ihrer blödmühsam zusammengesparten siebenhundert Kronen in einem schmutzigen Strumpfe unter ihrer Matratze, also *dann* und *deshalb* an uns heranschleichen, damit wir diese *Lebensruinen* Tag und Nacht *ein Leben lang* am Buckel haben, diese menschlichen Gewandläuse des starken alleinstehenden Mannes! Diese alle *einfangen, abdrosseln* und das Geld *gut* und *richtig* verwenden ———!“

Das ist die Konklusion Raskolnikows, in einem einzigen Satze gegeben, in einem Satze Peter Altenbergs. Es ist sogar mehr in diesem Motivenbericht als in dem Raskolnikows. Der will ja nur die richtige Verwendung eines nutzlosen Materials, beim Raubmörder Altenbergs tritt noch Affekt hinzu, Haß gegen die Häßlichkeit, Wut gegen ihre Aspirationen, die innere Notwendigkeit, Ungeziefer zu zerdrücken.

Im Falle der Choristin Hanusch plädiert Peter Altenberg für Zubilligung sehr mildernder Umstände. Er gibt der Ermordeten die Hauptschuld: „Man hat eben nicht *fast absichtlich* mit Leuten *freundschaftlich* (ha ha hi hi hia!) zu verkehren, um sich *nur* an ihrem bösen, also *ungerechtem* Schicksale zu weiden, und sein eigenes, *ebenso ungerecht* vorteilhafteres, *dadurch,* durch den *Kontrast,* erst als *besonderes* Lebensglück zu empfinden, während man *sonst* seine Wohnung, seine zwei Dienstboten, seine ‚Fetzen' (vulgo Kleider), seine Ringe, seine allerhand *blöden* Überflüssigkeiten, selbstverständlich nicht von selbst als *Besonderes* empfände." Hier stellt sich Altenberg direkt als Verteidiger vor die Schranke, hier spricht er die Leser als Geschworene an. „Meine Herren", apostrophiert er („Mein Lebensabend", Seite 177), hier fiktioniert er eine gehässige, scharfe, staatsanwaltliche Replik des gesunden Menschenverstandes gegen die unausgegorene Philosophie des Narren, des Lebensfremden, des Phantasten – des Dichters. Dann dupliziert er. Läßt sich das letzte Wort. Läßt sich Recht. Und wir müssen es ihm lassen.

Er verteidigt, indem er den inneren Tatbestand rekonstruiert, dem Täter ein Gutachten ausstellt (wie denn alle seine Dichtungen Gutachten sind), und der Kriminalfall ist ihm Anlaß zur Regeneration der Mitmenschheit. „Von außen hinein vermittelst der Guillotine geht es eben *leider* nicht. Sondern nur vermittelst Geist und Seele! Wenn ich von dem Herrn Landesgerichtsrate A. P. *gar nichts anderes* wüßte, als daß er den Ausspruch getan hat: ‚Diese *allerdings unleugbar* Schwerverbrecher sind nur *privatim* doch *noch immer* tausendmal *interessanter, merkwürdiger,* ja sogar *fast* menschlicher erklärbar als mein Freund L. v. K.', so wüßte ich bereits, daß es ein grobes *Versäumnis,* eine *Ungeschicklichkeit* meinerseits war seinerzeit, nicht à tout prix mit ihm *befreundet* zu werden! Um in meinem Berufe als Mensch *zuzulernen*!"

Ertappt? Die Spatien in den Worten „interessanter, merkwürdiger" verraten die Motive? Das ist der einzige Einwand des Spießers gegen Auflehnung. Das Kind heißt „trotzig", der Gelehrte „skeptisch", der Dichter „originalitätslüstern", der selbständig Denkende: „Effekthascher". P. A., von dem jeder Bankbeamte weiß, daß er „um jeden Preis auffallen sollte", wollte es nur, wenn er von der absoluten Richtigkeit dessen überzeugt war, mit dem er auffallen sollte; es ist urnotwendige Folge eines Temperaments, das sich in Anklage voll Haß, Empörung, Wut, Bitterkeit gegen die zahllosen schauerlichen, feigen, infam stupiden Sünden des Menschenverkehrs ausgibt, eine dieser Menschheit als Verbrechen stampiglierte Tat nicht als Verbrechen zu werten. Und wird er selbst bestohlen, er ein phuriler Geldgieriger und Habsüchtiger und Eigentumsbesessener – ihm fehlt nichts von seinem Besitz, denn auch wenn der neue Rohseideanzug, neunzig Kronen, in der Hand des Diebes ist, so kann sich P. A. doch dieses seines einzigen unauffälligen Kleidungsstückes rühmen, als ob er es am Leibe trüge. Die ihm aus dem Reisebesteck gestohlene Gabel, um die er wehklagt, weil ihm dadurch sein Traum einer luxuriösen Reise, „die ich nie gemacht hätte“, zerstört worden ist – auch der ist ihm kein Anlaß, den Dieb zum Tode durch den Strang zu verdammen. Peter Altenberg ist überhaupt nicht für die Verurteilung des Täters, er ist für den Freispruch, er wundert sich bloß: „... eine Gabel, meine Herren, wozu nützt eine Gabel *allein*?! Was will man *aufgabeln*, ohne *Messer?!* Ich stehe vor einem Rätsel. Es ist ein – – *neuropathisches* Individuum gewesen ... Wozu *braucht* man eine Gabel *allein*, ohne Messer!“

Er versteht's nicht, dieser heilige Versteher, und über das, was er nicht versteht, kann er nicht richten. Das, was er versteht, verzeiht er. Wenn er aber einen Freispruch anficht, dann tut er es bloß aus tiefster Solidarität mit seinem schutzlosen Kollegen – dem Kinde. „Der Richter spricht sie *frei*“ (die Katharina Hölzl), „denn für Kinder-Mißhandlung an *‚Stiefkindern‘* ist im *Gesetze* noch kein Paragraph! Weshalb?! Na, weshalb?!“

EIN LATEINISCHES VIERTEL IN WIEN

Das Studentencottage im Kaasgraben

An der Grinzinger Allee haben jetzt Wiener Musensöhne ihre Kolonie, wohnen, schlafen, studieren und spazieren dort, und bald sollen sie auch dort zu essen bekommen.

Es ist eine unsagbar freundliche Gartenlandschaft, der Kobenzl ist nah und die Heurigenschänken noch näher, der Frühling ist schön und die Jugendzeit noch schöner.

In zwanzig, dreißig Jahren, bis die heutigen Insassen des Cottage am Kaasgraben längst im Philisterium sind, wird statt „Oh, alte Burschenherrlichkeit!“ ein anderer Kantus heiliggesprochen und wehmütig gesungen sein: „Füchse, auftakeln! Es steigt der hochheilige Kantus: Ich möcht wieder einmal in Grinzing sein!“

Das Grinzinger Studentenheim liegt im Bereiche des ehemaligen Unteren Grinzinger Kriegsspitals. Elf Baracken mit je neun Einzelzimmern, je einem geräumigen Schlafsaal und je einem ebenso großen Studiersaal sind vom Staatsamte für Volksgesundheit dem Wohnungsausschuß des Hochschüler-Wirtschaftsvereines und dem Wohnungsausschusse der Bodenkulturhochschüler für Studentenquartiere zugewiesen worden. Für die Adaptierung der Baracken in Wohnräume hat das Staatsamt für soziale Fürsorge einen Betrag von einundachtzigtausend Kronen bewilligt, und die Bauarbeiten sind teils beendigt, teils stehen sie knapp vor ihrer Vollendung. Allerdings ist für eine spätere Entwicklungsphase der Studentenkolonie noch geplant, die Schlafsäle durch Aufführung von Gipswänden in eine Reihe von Zimmern zu teilen. Einstweilen haben nur die älteren Semester, Studenten, die vor der Promotion stehen, oder Kranke ein eigenes Zimmer oder mit einem „Zimmerknochen" gemeinsam. Es sind dies die ehemaligen Operations-, Verbands- oder Pflegerinnenzimmer, und die Monatsmiete beträgt fünfunddreißig Kronen. Die anderen haben ihre Betten in den Schlafsälen, die einst über zweihundert Kranke beherbergten, jetzt aber einen Belag von dreißig Betten haben. Schränke und Tische stehen an der Wand, Nachttische und Stühle an den Kavalletts; das Quartier kostet hier nur fünfundzwanzig Kronen monatlich. In den Studiersälen gibt es Schreibtische, Studiertische und Bänke. Die Möbel, Bettwäsche und Decken wurden teils von der Spitalsverwaltung Grinzing beigestellt, teils von der Sachdemobilisierungskommission beschafft.

Vier der Baracken dienen den Studierenden der Hochschule für Bodenkultur zur Wohnung, in den übrigen sieben wohnen Juristen, Mediziner, Philosophen, Techniker und Exportakademiker einträchtig beisammen. Bis jetzt zählt die Grinzinger Studentenheimstätte hundertsiebzig Bewohner, der Belagraum faßt vierhundertfünfzig bis fünfhundert.

Vom Oberen Kriegsspital, das noch Kranke beherbergt, und von jenen Teilen des Unteren Kriegsspitals, die jetzt für Offizierswohnungen und für die Kindererholungsaktion der Hofrätin Lecher frei gemacht worden sind, sind die Studentenheime räumlich und administrativ vollständig getrennt. Beim Tor Nr. 1 in der Grinzinger Allee ist der Eingang, ein eigener Pförtner ist für die Studentenkolonie da, in jeder Baracke zwei Bedienerinnen, und der ganze Bereich dieser Villenanlage ist vom Wohnungsausschusse als akademischer Boden erklärt.

Zur Einhaltung der Hausordnung muß sich jeder neue Mieter verpflichten. Fräulein Wagner, gestrenge Verwalterin und nette Filia hospitalis zugleich, legt den Schein jedem vor, der da eintritt. Die Geschäftsgebarung ist ziemlich ungezwungen und burschikos, der eine kommt „blechen", der andere „berappen", der dritte will die Miete bis übermorgen „scharf bleiben", und der vierte, der auf die Nahrungsmittelkarten verzichten will, weil er sich bei Verwandten „durchfrißt", erhält den gutgemeinten Vorschlag, die Karten lieber zu „verkitschen".

Rayoniert ist man natürlich auch hier, und drüben beim Kaufmann erhält man die Lebensmittel auf die Karten. Der Magistrat hat die Belieferung der Küchen übernommen, und bis diese Verpflichtung erfüllt sein wird, wird hier ein gemeinsames Nachtmahl zu drei Kronen sechzig Heller zu haben sein. Auch an die Lieferung von Mittagmählern denkt man und an manche andere großzügige Reform.

Das ist gut. Denn es soll gewiß nicht sein, wie es bisher war: daß jeder Trottel, dessen Eltern Geld hatten, studieren konnte und daß der arme, begabte Student seinen Eltern drückend zur Last fallen oder gar sein Studium aufgeben mußte. Und es soll auch nicht so sein, daß sich der Student mehr dünkt als der „Philister", der „Ladenschwengel" und wie die Termini der Verachtung alle lauteten. Dergleichen paßt nicht in schwere Zeiten, in denen alle gelitten haben und noch viel leiden müssen, dergleichen paßt nicht in eine demokratische Repulik. Es sei daher gehofft, daß die Hochschulkolonie im sonnigen Grinzingertale eine moderne vorbildlichdemokratische Republik sein möge, ihrer Verfassung und ihrem Geiste nach.

DIE ARMENIER IN WIEN

Eine Kirche im Atelier

Im Eingangstor eines Hauses auf der Dominikanerbastei ist eine kleine Tafel angenagelt, eine Firmatafel sozusagen. Die Lettern darauf sind fremd, aber darunter steht deutsch, welcher Sprache und welchen Textes sie sind: „Armenische Kapelle zum heiligen Prgitsch, 5. Stock".

Im fünften Stock ist das Atelier zur Kirche gewandelt. Der Altarraum, Richtung Stubenring, gegen den Osten zu gelegen, ist versperrt; nur die bemalte Außenwand des schlichten Lettners sieht man, die Ikonosta. Die Stühle sind übereinandergeschichtet, bestaubt.

Seit langem wurde hier keine Messe gelesen. Der Pfarrer ist während des Krieges gestorben, die griechisch-unierte Kirchengemeinde von Czernowitz, der die Wiener untersteht, konnte keinen Nachfolger schicken, die Bukowina war von den Russen besetzt. Auch war die armenische Gemeinde Wiens durch den Krieg zusammengeschrumpft, es wurden wenig Trauungen vorgenommen, auch Leichenbegängnisse wurden seltener. Die Hiergebliebenen sperrten die Kapelle auf der Dominikanerbastei und gingen in die Mechitaristenkirche zum Gottesdienst. Der ist zwar römisch-katholisch, aber der Unterschied ist nicht fundamental, und die Mönche vom heiligen Mechitar da Petro aus Sebasta sind Armenier und haben die armenische Liturgie.

Die griechisch-orientalischen Armenier hatten schon die schriftliche Zusage Kaiser Franz Josephs in der Hand, ein geeignetes Grundstück unentgeltlich zu erhalten, wenn das Geld zum Bau einer armenischen Kirche beisammen sei. Es wurde bereits erfolgreich gesammelt, aber da kam der Krieg, und es war Schluß mit dem Kirchenbauprojekt und sogar Schluß mit der kleinen Kapelle.

Eine Kapelle im Atelier eines Privathauses – gewiß ein Unikum. Auch dann noch seltsam, wenn man vom Verbote weiß, daß zwischen dem Raum des Messelesens und dem Himmel ein Hindernis sei. Aber noch seltsamer, wenn man erfährt, daß der Kirchenbau der Armenier einer der ältesten, kunstreichsten und prächtigsten der Welt ist und auf die Architektonik Europas mehr Einfluß geübt hat als Rom und Hellas zusammengenommen. Denn die Armenier, die man trotz aller Kriegszubuße an geographischen und ethnographischen Kenntnissen im allgemeinen für einen Balkanstamm hält und womöglich mit den Albaniern verwechselt, sind ein Volk von zweitausendjähriger Kultur und Geschichte. Hofrat Strzygowski von der Wiener Universität hat während des Krieges ein mehrere hundert Seiten starkes Werk über die Baukunst der Armenier und ihren Einfluß auf Europa herausgegeben, und in den Bildern dieses Buches sieht man staunend, wie die Baukünstler des Euphrat und des Tigris den mitteleuropäischen voraus waren, daß von der Hochfläche von Ararat her eine Entwicklung kam, die dem hellenischen Vorläufer allmählich den Boden entzog, und daß das

Schwarze Meer mehr als Kulturträger gewirkt hat als das Mittelländische. Früher als in Europa hat es zum Beispiel in Armenien den Kuppelbau gegeben, speziell die Kuppel über dem Quadrat mit ihrer Verstrebung durch Nischen und Pfeilervorlagen ist eine Erfindung armenischer Dombaumeister.

Dieser geistigen Einflußnahme entsprach schon im Altertum ein lebhafter Handelsverkehr zwischen dem persischen, armenischen und indischen Osten und den mitteleuropäischen Gebieten, und noch in der zweiten Hälfte des ersten Jahrhunderts besteht neben dem Mittelmeer ein breiter Verkehrsweg von Persien über das Schwarze Meer nach Südrußland und den Donauländern. Seit der Unterdrückung Armeniens durch die Türkei hörte dieser offizielle Verkehr auf, aber handelsbeflissene, kulturhungrige Söhne Albaniens [Armeniens?] fanden immer den Weg in die Welt. Sie machten sich im Ausland ansässig, zeugten Kinder und Kindeskinder, aber sie blieben Armenien, ihrem Land, ihrer Sprache, ihren Sitten über Generationen treu.

In Ungarn leben Zehntausende von Armeniern, in Wien ein paar hundert. Aber die Mechitaristenkongregation mit ihrer armenischen Druckerei, ihrer Bibliothek, die eine Fundgrube für asiatische Wissenschaft, Kunst und Literatur ist, der armenische Kaufmannsgemeinde und sogar die kleine versperrte Kapelle auf der Dominikanerbastei beweisen ihre Anhänglichkeit an die Heimat. Die Armenier Wiens und der ganzen Welt haben nur auf ein Resultat des Weltkrieges Interesse gehabt, für eines, das wohl das in der Öffentlichkeit am seltensten erörterte Kriegsziel gewesen ist: die Unabhängigkeit Armeniens. Daß ihr Land frei vom Joche des Islams sei und groß und mächtig, wie im ersten Jahrhundert vor Christus, wie in den Zeiten Tigranas des Großen. Damals grenzte es im Süden an den Taurus, im Osten an Atropene und Medien, im Norden an die vom Kaspischen Meer heranstreichenden Berge Iberiens, des Kaukasus und von Kolchis, im Westen von dem Gebirge um das Euphratknie. Und so erträumen sie es noch heute, für dieses Millionenland hat das armenische Komitee in der Schweiz während des Krieges propagandistisch gewirkt, für die Neuerrichtung dieses Weltreiches hat nach der Eroberung von Erzerum der Vertreter der Armenischen Republik Südrußlands in Paris gearbeitet, und von der Hoffnung auf die Wiederkehr dieser Unabhängigkeit ihrer Heimat mögen auch die Armenier Wiens sehnsüchtig gesprochen haben, von denen viele ihre Heimat noch nie gesehen haben und sich dennoch fanatisch ihre Söhne nennen. Und daß René Pinaud, einer der energischesten Verfechter der Selbständigkeit Armeniens, als französischer Botschaftsrat nach Wien kam, haben sie als gutes Omen begrüßt.

Die armenische Kapelle unter dem Wiener Atelierdach ist noch gesperrt. Noch kann man mit dem Erzbistum Czernowitz nicht regelmäßig verkehren, und der armenische Kirchenfürst von Konstantinopel, der während des Krieges von den Türken verbannt war, ist zwar heimgekehrt, aber mit Konstantinopel ist die Verbindung jetzt schwerer denn je, und gar mit dem Oberhaupt der Kirche, mit Seiner Heiligkeit dem Patriarchen Geworg V. (Suremia) und seinen Kardinälen und Monsignori ist es jetzt unmöglich, in Verkehr zu treten, denn es ist noch weit, weit von Etschmiadin nach Wien.

Aber die Armenier Wiens sind voll schöner Hoffnung. Auch ihr Vertreter ist in Versailles, die Entente hat ihnen die Freiheit Armeniens zugesagt, ein Millionenreich wird aus dem Trümmerfeld türkischer Verwüstung entstehen, in Wien wird eine große Gesandtschaft in Wirksamkeit treten, und die Kapelle im fünften Stock wird bald eröffnet und bald wieder gesperrt sein, aber gesperrt für immer. Weil der Dom der griechisch-unierten Armenier Wiens erbaut ist.

DER SÜNDENFALL DER VERKÄUFERIN

Bei dem Opfer des „Studentenulks"

Acht Monate schweren Kerkers sind eine harte Strafe für ein bißchen Liebe. Der Jurist fügt noch seinen Fluch auf den § 320 der Strafprozeßordnung hinzu, der für die Bejahung der Zusatzfrage mindestens sechs Stimmen fordert, während für die Hauptfrage ihre Verneinung mit vier Stimmen zum Freispruch genügt. Hiedurch ist die Angeklagte durch das Gesetz, das sie sonst begünstigen will, benachteiligt. Besonders im Falle der vorgestern verurteilten Karoline Seefischer, da bei Abgang der Zusatzfrage (unwiderstehlicher Zwang?) [?] die Schuldfrage mit sieben Stimmen bejaht hätten, was zum Freispruch der Angeklagten geführt hätte.

Die Geschwornen wollen ja der Angeklagten wohl. Das erhellt

schon daraus, daß sie selbst die Stellung der Zusatzfrage (die der Verteidiger Dr. Richard Pollak beantragt hatte, aber vorher vom Gerichtshof abgelehnt worden war) verlangten. Das Verdikt mußte dann um so mehr überraschen. Aber wahrscheinlich gingen hiebei die sieben Geschwornen von der Voraussetzung aus, daß von einem unwiderstehlichen Zwang keine Rede sein könne, wenn die Angeklagte im Juni ihre Beziehungen zum Mediziner Josef Nehowa gelöst hat, aber ihre Unterschlagungen bis zum Dezember fortgesetzt hat.

„Das ist aber ein großer Irrtum." Karoline Seefischer weint, wenn sie daran denkt, daß sie an das Entstehen eines solchen Mißverständnisses gar nicht gedacht hat. Sie hätte das leicht aufklären, sich die Verurteilung ersparen können. „Das waren ja keine neuen Diebstähle. Nicht einen Kreuzer habe ich mir behalten. Ich habe nur die neu einlaufenden Geldbeträge zur Deckung der alten Rechnungen benützt. Sonst wäre man mir ja gleich darauf gekommen. Was hab ich denn sonst tun sollen!"

Man schaut sich in dem Proletarierstübel um, in dem das Mädchen wohnt, das dem Zynismus eines verlotterten Studenten zum Opfer gefallen ist. Es ist eigentlich kein Haus, in dem die Seefischers wohnen, es ist gewissermaßen bloß ein Zaun von Zimmern, entlang eines von der Schönbrunner-Straße in die Dunklerstraße führenden Durchhauses gepflanzt. Jedes Zimmer hat seine Türe in den Hof, die Zimmerdecke ist gleichzeitig Dach. Die Mutter der Karoline, eine abgehärmte Eisenbahnarbeiterin, kocht Haferreis mit Zwiebelsoße, die vierzehnjährige Tochter ist eben aus der Metallwarenfabrik zum Mittagmahl nach Hause gekommen, der kleine Bub spielt vor der Tür.

Mutter Seefischer mischt sich ins Gespräch. „Ja, mein Mann, der hat auch so einen Größenwahn gehabt wie die Karoline. A einfacher Arbeiter war er, a Seidenfärber, aber elegant war er angezogen, wie aus dem Kino. Im Gasthaus hat er Geld springen lassen und alles freigehalten. Alle Leut hab'n mich gefragt, wo er 's Geld hernimmt dazu. Was hab ich sagen können. ‚Mir ziagt er's aus, denen anderen tut er's geben.' Und die Karolin, die is grad a so. Die Kleine da hat mehr Verstand als die Große."

Die Karoline lächelt mit ihren feuchten Augen. „Seh ich wie von armen Leuten aus?"

Nein, sie sieht wirklich nicht aus wie von armen Leuten. Sie ist keine Arbeitertochter, von jenen, die Meunier modelliert hat. Eine hohe, freie Stirne, brünette Gesichtsfarbe, eine sehr nette Ausdrucksweise, und wenn sie ihr Taschen-Tagebuch holt, das sie auf ihrer Flucht geführt hat, liest man stilistisch korrekte Eintragungen. Sie beklagt ihr Unglück, das nur durch einen unglücklichen Zufall offenbar wurde, nur durch einen Zufall ihre Verhaftung und Verurteilung zur Folge hatte. Sie wurde nämlich eines Einbruchs unschuldig verdächtigt.

Am 13. Jänner waren nämlich ihre Unterschlagungen aufgedeckt worden, und obwohl sie gewußt hatte, daß ihr Onkel sie deshalb nicht ins Kriminal bringen werde, wollte sie doch der Schande durch einen Sprung in die Donau entgehen. Im letzten Augenblick überlegte sie es sich und floh zur Tante nach Nieder-Schrems. Dort konnte sie sich jedoch ohne Lebensmittelkarten nicht ernähren und fuhr nach acht Tagen nach Wien zurück. Als sie um ein Uhr nachts am Fenster ihrer Mutter anklopfte, erfuhr sie, daß von der Polizei eifrig nach ihr gefahndet werde. So stellte sie sich sofort dem Polizeikommissariat in der Hufelandstraße und wurde in die Zelle gesteckt, aus der kurz vorher Breitwieser entwichen war. Die Wand war noch durchbrochen, das Fenster zerschmettert, und die Zehen froren dem armen Mädchen ab, so daß sie vom Polizeiarzt geschnitten werden mußte. Das ärgste aber war für sie, als sie erfuhr, daß sie nicht wegen der von ihr begangenen Unterschlagung, sondern wegen eines Einbruches gesucht werde, der in der Wohnung ihrer Dienstgeberin Rosa Chmelar verübt worden war. Pelzwerk, Schmuck im Werte von zwanzigtausend Kronen und elftausend Kronen Bargeld waren geraubt worden. Am Tage, nach dem sie sich der Polizei gestellt hatte, stand die Nachricht von dem Einbruchsdiebstahl in den Zeitungen mit dem Namen der Täterin: Karoline Seefischer. Sie erfuhr allerdings den Verdacht erst spater: Als sie dem Kommissär vorgeführt wurde, dort ihr Onkel nach dem Schmuck fragte und sie ganz erstaunt den Kopf schüttelte, stürzte sich ihr Onkel auf sie und gab ihr zwei Ohrfeigen.

Erst während ihrer Haft im Landesgericht stellte sich heraus, daß sie an dem Einbruch vollständig unbeteiligt und zur kritischen Zeit in Schrems gewesen war. Sie wurde aus der Haft entlassen. Aber der Teil der Anklage, der sich auf die Unterschlagung bezog, blieb aufrecht ...

Für den Verehrer aus der Kriegsgetreidegesellschaft, dem sie ihre

Defraudation gebeichtet und der sich bemüht hatte, Geld zur Deckung des Schadens zu verwenden, war sie von dem Augenblick an erledigt, da ihr Namen als der einer Einbrecherin in der Zeitung stand.

Karoline Seefischer ging als Arbeiterin in die Metallwarenfabrik Andruschka, wo auch ihre kleine Schwester bedienstet ist. Man fragte sie nach ihrem früheren Posten, sie erklärte (um einer Erkundigung vorzubeugen), daß sie noch keinen innegehabt hatte. Man gab ihr ein Arbeitsbuch, stellte sie an, und sie konnte ihrer Mutter wieder Lohn nach Hause bringen. Aber wer einmal Unglück hat ... Ihr Finger geriet in die Fußpresse und wurde zerquetscht. Jetzt kann sie seit drei Wochen wieder nicht arbeiten ...

„Und wollen Sie dann wieder in die Fabrik zurück?"

„Nicht um die Burg. Die haben ja alle von mir gelesen, daß ich eine Diebin bin, da hätt ich ein schönes Leben."

„Und zu Ihrem Onkel?"

Das will sie erst recht nicht. Sie habe sich geplagt für ihn, an Nahrungsmittelgeschäften hätten er und die Chmelar nicht wenig verdient, und dann habe er sie ins Kriminal gebracht. „Zehn Kronen hat er mir geschickt, wie er gehört hat, daß ich in der Haft Hunger und Krankheit leide. Aber stante pede hab ich ihm's zurückgeschickt. Ich brauch kein Geld von einem, der seine Nichte für eine Einbrecherin hält..."

Ob sie den Mediziner, den Nehowa, immer noch gern habe?

„Wenn mir nicht der Herr Doktor Pollak so zugeredet hätt, ich hätt mich im Gerichtssaal auf ihn gestürzt und hätt ihn erwürgt, den Falotten. Nicht genug, daß er mich in die Schande gestürzt hat, hat er noch vorgestern bei der Verhandlung gelacht, daß ich seinetwegen ins Kriminal kommen soll. Aber bevor ich mich auf acht Monate einsperren lasse, kriegt er Vitriol ins Gesicht, der Kerl."

Die Mutter [?] warnt sie. Sie will hauptsächlich wissen, warum es „schwerer Kerker" heißt. Der Tochter aber läßt das harte Lager und der Fasttag keine Ruhe, mit dem ihre Strafe monatlich verschärft werden soll.

„Warum ein Fasttag? Bin ich eine Mörderin? Und ein hartes Lager – das kann ich schon gar nicht vertragen. Warum hab gerade ich soviel Unglück?"

Auf Beruhigungsversuche hin bekennt sie auch, voll Hoffnung zu sein. „Ich war heute schon beim Herrn Doktor Pollak. Er wird rekurrieren. Vielleicht wird man mich doch noch freisprechen. Glauben Sie nicht?“

Was kann man da erwidern, als daß man hoffe, die Nichtigkeitsbeschwerde werde Erfolg haben. Da das Mädchen doch nur ein Opfer ist.

KINDER ALS HEIMKEHRER

Die Ankunft des Schweizer Kinderzuges

Der Westbahnperron auf der Ankunftseite – nie war er so voll von wartenden Menschen, von armen Leuten, von lärmenden Kindern, von froher, gerührter Erwartung.

Die Kinder, die heute Brüderlein oder Schwesterlein erwarten, atmen nicht zum ersten Male Bahnhofstimmung. Sie haben vielleicht ihren Vater hierher begleitet, wenn er in den Viehwagen einstieg als einer vom Marschbataillon, sie haben vielleicht ihren Vater erwartet, wenn man ihn aus dem Verwundetenzug hob ... Eines so trüb wie das andere. Aber es hat sich nicht tief graviert. Heute ist es ja anders, sie tummeln sich übermütig über Schienen und Bahnsteig, und wenn nicht eben ein Zug von Eisenbahnkindern anzukommen hätte und demgemäß nicht Eisenbahner genug da wären, die Autorität und Sachkenntnis auf diesem Territorium, könnte ein Malheur geschehen.

Es ist ureigenste Angelegenheit der Eisenbahner, und auf die Tafel für Zugverspätungen hat heute einer besonders liebevolle Kreide kalligraphiert, daß Zug Nr. 222, Kinderzug, statt um zwei Uhr nachmittags um zwei Uhr fünfundzwanzig eintrifft.

Frauen mit Kopftüchern, mager, blaß, Säuglinge auf dem Arm, einen ganz armseligen Fliederbusch in der Hand, stehen da, Arbeiter und Arbeiterinnen aus Werkstätten, Abwaschfrauen, manche haben einen ganzen Schwarm von Kindern zu kommandieren, auf Verbindung und Richtung zu halten.

Dazwischen Gespräche: „Wem hab'n Sie denn unten, Frau Rudinger?“ – „Den Franzl, meinen zweiten. Zerscht hat er gschrieben, daß er's net aushalt, jetzt möcht er nie mehr weg von dort.“

„Ich bitt Sie, lauter Schoklad und Milch haben s' zu essen.“

Eine zieht einen großen Brief heraus, einen großen Brief, und läßt die Nachbarn sehen, was „ihr Menscherl“ aus dem neutralen

Ausland dem staunenden Deutschösterreich mitzuteilen hat: „Liebe Mutter! mir essen lauter feine Schocklaad und Milch und ein ganz feines Brot, was man hier Semmeln heißt." Das ist der große Brief.

Vertreter von Eisenbahndirektionen in plein parade sind auch da, Mitglieder vom Schweizer Notstandskomitee, eine Musikkapelle von der Eisenbahnwerkstätte Floridsdorf-Jedlesee. So begrüßte man einstens offiziell eintreffende Erzherzöge, die solcher Empfang höchlichst langweilte. Heute blitzt die Sonntagnachmittagssonne durch das Glasdach auf die goldgelben Blechinstrumente, und um das Orchester sammeln sich hundert Kinder. Voll froher Erwartung auf den Augenblick, da sie tönen werden ..., tönen werden, weil der kleine kränkliche Bruder gesund und sattgegessen nach Wien zurückkommt.

Irgendein Semaphor beginnt zu spielen. Fachleute sind genug da, auf daß im selben Augenblick die Kulmination von Erregung Platz greife. „Sie kommen ..." Eine Frau im schwarzen Kopftuch beginnt krampfhaft zu schluchzen. „Acht Täg länger hätt mein Mann leben sollen ..." Die Kinder hupfen vom Bahnsteig auf die Schienen und werfen die Arme in die Luft. „Sie kommen ..." Die Stadtschutzwache, Eisenbahner, Polizisten haben Mühe, das Geleise mit dem dringenden Hinweis frei zu machen: „Sie kommen ..."

Zum Glück fährt der Zug langsam ein. Die Musik schmettert einen Einzugsmarsch. Die Lokomotive trägt einen großen Buschen auf der Kokarde. Aus den Waggonfenstern, vom Bahnsteig, vom Zaun neben der Wartehalle wehen Taschentücher, Blumen. Und aus tausend Augen strahlt feuchter Glanz. Selbst die Polizisten lächeln überlegen, um zu verbergen, daß sie weinen möchten.

Braungebrannte Kindergesichter mit nassen Augen schauen aus den Fenstern des bedächtig einrollenden Zuges; sie haben ein rotes Leinwandschildchen an der Brust mit dem weißen Helveterkreuz. Kleine Mädchen schwenken blauweißrote Fähnchen mit dem gallischen Hahn ... Vor einem halben Jahr fuhr vielleicht ihr Vater auf demselben Geleise an die Westfront, um unter General Metzger oder Podhoransky Franzosen zu erschießen, Sturm zu laufen.

Man läuft Sturm gegen den haltenden Zug. Namen werden geschrien, Knaben springen von der Treppe, ihre Pakete, Schätze aus exotischem Land, mit beiden Händen umklammernd, jagen herum, die Eltern suchend. Mädchen stehen artig nebeneinander vor dem Waggon, den Einquartierungszettel noch umgehängt, und warten, bis man sie holt. Eine Mutter fällt ihrem Jungen um den Hals und busselt ihn ab; dem Buben ist auch zum Weinen und Busseln zumute, aber er dreht sich scheu nach dem Waggon um, ob ihn jemand von seinen mitreisenden Herren Mitschülern beobachte, vor dem er sich solch unmännlichen Empfanges schämen müßte.

Die Frau mit dem schwarzen Kopftuch umklammert ihr hellblondes Kind. Das schaut sich um. „Und wo ist der Vatti?" – „Das – das – ich werd dir's schon sagen – zu Hause sag ich dir's ..."

Achthundert Kinder sind angekommen, die, die am 5. März oder am 9. April in die Schweiz abgegangen sind. Sie waren als Gäste des Schweizer Eisenbahner-Hilfskomitees in verschiedenen Gebieten der Schweiz, von Buchs bis an die Grenze der französischen Schweiz, im Berner Oberland und im Tessino verteilt, meistens bei privaten Familien. Von der österreichischen Eisenbahnerkoalition hatten die Revidenten Forstner und Huppert die Expedition geleitet, vom Deutschösterreichischen Ernährungsamt war diese Woche Sekretär Dreiseitel mit zweiunddreißig Pflegepersonen nach Buchs gefahren, um die Verpflegung der heimkehrenden Kinder zu leiten; in den Verköstigungsstationen war das Essen hergestellt und in Kochkisten in die Waggons gebracht worden.

Nicht viel mehr als einen Tag hat die Reise der Kinder aus dem Paradies nach Deutschösterreich gedauert. Am Samstag um elf Uhr vormittags fuhren sie von Zürich ab, Sonntag um halb drei Uhr waren sie hier auf dem Westbahnhof. Die Schweizer Zollbehörden hatten den Kindern die Mitnahme von zwei bis drei Kilo Schokolade, Nahrungsmittel in gleicher Gewichtshöhe und der von ihren Pflegeeltern erhaltenen Geschenke bewilligt.

Die Abreise von Zürich war feierlich, Musik, Ansprachen, Geschenke. Die Ankunft in Wien aber war rührend, unsagbar rührend. Der Film mit den Ankunftsszenen – das Oberlicht durch das Glasdach der Halle war glänzend – wäre der schönste Dank an die Schweizer, der schönste Ansporn, der schönste Appell an die Reichen reicher Länder ...

Aber es war kein Kino-Operateur da.

Wenn ein Erzherzog ankam, in offizieller Mission natürlich, waren viele, viele Kino-Apparate aufgestellt.

In dem riesigen Komplex der Militärstrafanstalt Möllersdorf bei Baden sind heute nicht weniger als zwölf Gagisten und eine entsprechend große Zahl von Beschließern mit den Verwaltungsangelegenheiten und der Überwachung beschäftigt. Stabs- und Oberoffiziere, vier Professen, die Zahl der Häftlinge – ist sie zwanzigmal, hundertmal so groß?

Nun, in Möllersdorf ist gegenwärtig nur ein einziger Sträfling in Haft, was in angenehmem Kontrast zu der Überfüllung steht, die eine schneidige Militärjustiz zu Kriegszeiten hier hervorrief. Aber braucht in Tagen der Wohnungsnot ein einziger Mann ein so enormes Gebäude, braucht in republikanischen Tagen ein einzelner Mann ein so nobles und stattliches Wartepersonal? Braucht er das, auch wenn er Adolf Hofrichter heißt?

Warum schafft man diesen Mann nicht in eine Zivilstrafanstalt oder in eines der Garnisonsarreste und macht das Zwinguri der im Herrn entschlafenen k. u. k. Militärgerichtsbarkeit für gemeinnützige, wichtigere Zwecke frei?

Die Antwort auf diese selbstverständlichen Fragen ist die: An Hofrichters Namen knüpft sich die Erinnerung an einen der aufsehenerregendsten Kriminalfälle aller Zeiten, und die Verantwortlichen jener Justiz, von denen noch genug im Amte sitzen, haben alle Ursache, zu verhindern, daß neuerlich der Vorhang von jener Angelegenheit fortgezogen werde, auf Militärstrafprozeß und Militärstrafvollzug ein freies Licht falle. Aus jenen Auditorskreisen, die sich bescheiden als „maßgebende Stelle" bezeichneten, stammte auch der am vorigen Sonntag in den Blättern erschienene Protest, in dem mit Schimpfworten und Schärfe gegen Hofrichter, also einen Sträfling, losgezogen und seine neuerliche Inhaftnahme beredt gutgeheißen wird.

Was die maßgebende Stelle verschweigt, ist die Tatsache, daß Hofrichter einen Entlassungsausweis von der kompetenten Behörde, d. i. der Strafanstaltsleitung, erhalten hat, einen Entlassungsausweis, der den Vermerk enthält, daß die Entlassung auf Anordnung des Nationalrates vom 3. November 1918 erfolgt ist. Die Vorgeschichte dieser Entlassung ist nicht uninteressant: In den Tagen des Oktoberumsturzes verließen viele Soldaten des Wachdienstes in der Strafanstalt ihren Posten, um heimzukehren, und man kann verstehen, daß ein Teil der Häftlinge, von gleichem Wunsch beseelt, die Gelegenheit zur Flucht ergriff. Von den sechshundertzwei Häftlingen, die damals im Stande der Strafanstalt Möllersdorf waren, brachen fünfundneunzig aus. Am 3. November war die Anstalt ohne Wachpersonal, und so fuhr – ein in der Kriminalgeschichte wohl einzig dastehender Fall – eine gemeinsame Deputation des Wachepersonals und der Sträflinge nach Wien, um die Entlassung aller Häftlinge zu erwirken. Führer der Deputation war der Leutnant Olensky vom Wachdetachement, Sprecher der Häftlinge war Militärverpflegs-Oberverwalter Leinweber. Staatsrat Dr. Roller empfing die Abordnung, setzte sich mit dem Staatsamte für Heerwesen und den anderen Behörden in Verbindung und erklärte dann, daß sofort die Entlassung aller anzuordnen sei. Daraufhin erhielten alle Sträflinge ihre Gebühren ausbezahlt und folgende

Legitimation.

... wurde auf Anordnung des Nationalrates am 3. November 1918 aus der hiesigen Haft entlassen.

Rundstampiglie:

K. u. k. Militärstrafanstalt Möllersdorf

Mohorn Obrlt. m. p.

Unter den Entlassenen befanden sich nicht bloß alle zu langjährigen Kerkerstrafen verurteilten Angeklagten des Leinweber-Prozesses, sondern auch Raubmörder, Einbrecher, Gewalttäter usw.

Ein solches Dokument hatte auch Hofrichter am sechzehnten Jahrestage seiner Verhaftung erhalten. (Später ist versucht worden, die Echtheit der Legitimation anzuzweifeln, doch hat sich ergeben, daß es in der Anstaltskanzlei ordnungsgemäß ausgestellt und von dem Oberleutnant in der Reserve Mohorn, gegenwärtig Professor in Petzer, eigenhändig unterschrieben wurde.) Hofrichter suchte nun in Wien Stellung, und als er keine fand, versuchte er ins Ausland zu reisen, um dort sein Glück zu machen. Die Wiener Polizei erklärte, daß kein Anstand gegen die Ausreise obwalte, sie sich aber zur Sicherheit beim Staatsamte für Heerwesen erkundigen müsse. Nach drei Tagen sagte man ihm, daß die Bewilligung eingelangt sei, und der „Private Adolf Hofrichter, Wien, 1. Bezirk, Grashofgasse Nr. 3“ erhielt den Paß Nr. 19556, lautend „auf sechs Monate ab

3. März 1919 nach der ungarischen Volksrepublik, nach Deutschland und zurück". Damit war die Freiheit und Freizügigkeit Hofrichters von seiten der Polizeidirektion Wien, also von einer Behörde anerkannt, die Personen, die sich zur Verfügung des Staatsanwaltes zu halten haben, keine Auslandspässe ausstellt.

Aber Hofrichter konnte den Auslandspaß aus Geldmangel nicht benützen, und so kehrte er freiwillig in die Strafanstalt zurück, in der er nach gesetzmäßiger Berechnung eine Strafzeit von sechs Jahren, siebenundzwanzig Tagen abgebüßt hat, um als Schreiber Menage und Wohnung zu bekommen. Von hier aus schrieb er sein Begnadigungsgesuch – im tollen Wunsche, sein Recht auf Freiheit zehnfach verbrieft in der Tasche zu haben –, und dieses Begnadigungsgesuch ist sein neuerliches Verhängnis geworden: Adolf Hofrichter, ein auf Grund bloßer Indizien, auf Grund eines unter gräßlichen Gewaltmitteln abgepreßten und sofort widerrufenen Geständnisses und ohne ein einziges Corpus delicti für den elffachen Mordversuch Verurteilter, knapp vor der endgültigen Abrüstung stehender Mensch, ist als einziger von Hunderten Militärsträflingen wieder in den Kerker gesperrt worden.

Jedenfalls ist die Verurteilung nach dem alten Militärstrafverfahren erflossen, vor einem geheimen Femgericht, das nicht die Verteidigung durch einen Fachmann kannte. Die Öffentlichkeit hat über die Vorgänge der damaligen Militärgerichte nie etwas erfahren, auch wenn es sich um Hinrichtung von Raubmördern oder dergleichen handelte. Im Falle Hofrichter sind diese, allerdings im Hinblick auf die ungeheure Sensation und auf den Kampf um Schuld oder Unschuld des Verhafteten, verlautbart worden, so zum Beispiel mit sehr verdächtiger Eile das ganz allgemein gehaltene Geständnis in der Untersuchungshaft, der sofort erfolgte Widerruf aber erst anläßlich der Verhandlung.

Dieses „Geständnis" und seine Verlautbarung war die einzige Rettung, die beim damaligen Stand der Dinge, für den damaligen Hauptmann-Auditor Kunz, den Untersuchungsrichter, möglich war. Höchst bemerkenswert ist, daß Kunz an dem Tage des vorigen Novembers, an dem Zeitungen irrtümlich die Flucht Hofrichters aus Möllersdorf meldeten, schleunigst aus Wien abgereist und seither aus der Tschechoslowakei nicht mehr zurückgekehrt ist. Wie sehr man die Öffentlichkeit in der Hofrichter-Sache fürchtete, geht aus folgendem hervor: Als Hofrichter die Quälereien seines Strafhauskommandanten Oberstleutnant Navratil nicht mehr ertragen konnte, beging er gegen diesen eine der schwersten Subordinationsverletzungen. Die Strafanzeige wurde erstattet, das Divisionsgericht Wien, dessen Vorstand eben jener Untersuchungsrichter im Giftmordprozeß war, erließ jedoch (im Kriege!) den Bescheid, „daß das Gerichtsverfahren gegen Hofrichter einzustellen sei, weil die Öffentlichkeit damit beschäftigt werden könne“.

Übrigens steht jetzt die Frage nach Schuld oder Unschuld nicht zur Diskussion. Es handelt sich nur darum, daß es – wie Alfred Polgar vor kurzem an dieser Stelle darlegte – eine beispiellose Marter ist, einen einmal entlassenen Sträfling wieder in den Käfig zu sperren. Der Verteidiger Hofrichters, Doktor Kraszna, hat ein neuerliches Gnadengesuch für seinen Klienten eingebracht, und es sei gehofft, daß Hofrichter bald von seinem Auslandspaß Gebrauch machen darf und die schmähliche Affäre militärischen Ehrgeizes damit endgültig begraben ist.

AUF DER HUNDEKLINIK

Die Geburtshilfliche Abteilung der Tierärztlichen Hochschule

Wohl dem, der nur aus den (noch dazu: unglaubwürdigen) Worten des Dorfrichters Adam weiß, wieviel Ungelegenheiten der Familienzuwachs eines braven Haustieres bereiten kann! Ich weiß es leider besser und habe darauf bestanden, daß diesmal unsere „Diana“ ihre schwere Stunde im Sanatorium verbringe. Meine Frau hätte nie eingewilligt, wenn ich nicht – statt meine Angst vor der bevorstehenden Mißwirtschaft einzugestehen – ein reges Interesse an Dianas Gesundheitszustand geheuchelt, auf ihren schweren Atem und ihre melancholische Apathie hingewiesen hätte. So gelang es mir doch, unsere Colliehündin am sechzigsten Tage nach jenem unbewachten Augenblick, den sie zu einem Stelldichein mit einem Antikavalier, einem struppigen Straßenköter, benützt hatte, in die Gynäkologische Klinik der Tierärztlichen Hochschule zu bringen.

Von dem Vorhandensein dieser tierfreundlichen Institution hatte ich bei meinen häufigen Besuchen in der Medizinischen Klinik für kleine Haustiere erfahren, wohin ich den jeweiligen Geliebten meiner Frau bringen mußte, zum Beispiel zum Ohrenstutzen (sechs

Kronen), Schweifamputation (vier Kronen), Zahnsteinentfernung (zehn Kronen) oder aber wegen Magenkatarrhs, Hautkrankheit und was dergleichen Freuden mehr sind. In den fünf Tagen, da ich unserer Diana die Wöchnerinnennahrung in das Tierarzneiinstitut bringen mußte, hatte ich wenigstens Gelegenheit, die Frauenklinik der Tierwelt kennenzulernen.

Jeder Monat hat seine besondere Tiergattung, die hieherkommt. Dianas fünfundsechzigster Tag fiel in den Mai; sie hatte fast nur Ziegen und Hunde zu Mitpatientinnen. Die Ziegen, die ich behandeln sah, waren fast durchwegs schwere Fälle. Hebammen, gewöhnliche Hebammen für Menschenkinder, oder unberufene Halter hatten schon an ihnen herumgepfuscht, und nun erst kam man auf die Klinik Professor Kellers, daß Mutter und Kind gerettet werde. Wiederholt war ein Kaiserschnitt von der Flanke notwendig, nicht von der Linea alba, der Mittellinie, wie es immer beim Menschen und hier bei Hunden nur dann vorgenommen wird, wenn eine hündische Amme im Hause ist, da der Verband das Gesäuge des operierten Tieres verhüllt. Sonst wird auch beim Hunde der Schnitt von der Flanke geführt, das Tier bekommt einen Mastisol-Verband, der das Gesäuge nicht verdeckt, die Milchsekretion erfährt durch die Operation keine Unterbrechung, und Patientin kann sofort säugen, wenn sie aus der Narkose erwacht.

Denn natürlich wird hier nur in der Narkose operiert, in Morphium- oder Inhalationsnarkose, auf dem Nickelgestänge eines regelrechten Operationstisches, auf einem im Sterilisator bei hundertzwanzig Grad keimfrei gemachten Tuch und unter allen übrigen aseptischen Kautelen mit ausgekochten Instrumenten. Im allgemeinen gehen überall die Tiere bei der Entbindung selbst instinktiv mit größter Hygiene vor. Die Hündin-Mutter macht sich selbst den Platz rein, frißt die Placenta, nabelt das Tier ab, damit es nicht blutet, und besorgt die Abtrocknung. Hier in der Tierärztlich-geburtshilflichen Klinik muß allerdings die Natur durch Menschenhand ersetzt werden.

Die häufigsten Patienten sind französische Bullies, Rattler und Griffons-Bruxelles sowie die kleinen King-Charles, deren Knochenbeschaffenheit durch Inzucht und Inzest-Zucht herabgemindert ist. Ein Dackel kennt keine Schwergeburt, er wirft spontan und schmerzlos. Andere Patienten vom Hundestamm sind zumeist solche, die ihre Jungen zu fressen pflegen, oder solche, bei denen sich bereits Geburtskomplikationen ergeben haben und die oft genug zu spät hieher gebracht werden, oder Tiere, bei denen Frauenleiden anderer Art vorhanden und Operationen notwendig sind.

Im Hundestall begrüßt uns mattes Gebell. Auf Holzwolle gebettet, in ihren Käfigen, liegen angstvolle Wöchnerinnen oder schon glückliche Mütter, säugend. Oberhalb jedes „Bettes" hängt der Krankenzettel mit Nationale, Diagnose, Anamnese, Therapie, Daten, Anzahl und Verlauf früherer Geburten, Körpertemperatur, Puls, Mist- und Harnbefund, Maß und Beschaffenheit der Bauchdecken, des Abdomen etc., etc., Geburtsgeschichte, Lage der Jungen bei der Geburt, Gesamtzahl und Einzelgewichte und Gedeihen der Jungen, Verlauf der Nachgeburtsperiode und die unausgefüllten Rubren für die Art der Entlassung und des – Sektionsbefundes. Die Hunde werden, soweit man ihnen nicht von zu Hause Futter bringt, mit Pferdefleisch ernährt.

Die täglichen Kur- und Verpflegungskosten werden für Hunde über fünfundfünfzig Zentimeter Rückenhöhe (Stangenmaß) mit zwei Kronen vierzig Heller, für Hunde unter fünfundfünfzig Zentimeter mit zwei Kronen, für Katzen mit einer Krone sechzig Heller per Kopf und Tag berechnet, für einen Kaiserschnitt muß eine Operationstaxe von vierzig Kronen entrichtet werden – ungefähr soviel, wie der Verbandsstoff kostet.

In den Ställen für große Haustiere stehen Kühe, Kälber erwartend (oder bereits Kälber wartend), Pferde in Boxes, Ziegen, Schafe. Sie alle werden nicht auf Operationstischen, sondern im Stall operiert. Bei diesen robusten Naturen ist auch die Narkose unnötig.

In einem leeren Stall ist das Knochengerüst eines Rinderbeckens aufmontiert. Hier lernen, üben und erweisen die Hörer die Anfangsgründe der Kunst, denn wir sind – was wir beinahe vergessen hätten – nicht bloß in einem Frauensanatorium für Tiere, sondern auch in einer Pflanzstätte für künftige Gynäkologen der Tierwelt.

ÖSTERREICHS STECKBRIEF GEGEN MASARYK

Das große Kriegsbuch der k. k. Staatspolizei in Prag
Fahndungsbefehl und kumulative Strafanzeige
gegen tausendvierhundert Personen

I

Ein bibliophiles Prachtwerk liegt vor mir. Hundertachtundneunzig Seiten, Quart, satiniertcs Papier, in Antiqua einseitig bedruckt, an Porträts reich. Gewicht: Hundertachtundfünfzig Dekagramm.

Titel des Werkes: „Z. 487, H. St./1917."

Denn kein Buch für das profane Volk war es, es war ein Buch für Esoteriker, es war überhaupt kein Buch, sondern ein Akt. Und was dieser kostspielige Akt („Betreffend: hochverräterische Umtriebe von österreichischen Tschechen im Auslande") bezweckte, geht aus den Vorbemerkungen, unterzeichnet vom Präsidium der k. k. Polizeidirektion (Hauptstelle), hervor: „... Um für die Evidenzhaltung aller jener Personen, die ihren Landesverrat mit dem Schutze des feindlichen bzw. neutralen Auslandes decken und dermalen der verdienten Strafe nicht zugeführt werden können, zu sorgen, um sie für den Fall etwaiger Rückkehr in die Heimat zur Verantwortung zu ziehen (§§ 36 und 38, St.-G.), fungiert über Erlaß des k. k. Statthaltereipräsidiums Prags, Präs.-Nr. 20 796 vom 7. Mai 1915, die Hauptstelle für den defensiven Kundschaftsdienst bei der k. k. Polizeidirektion Prag gleichzeitig als Zentralstelle für die Evidenzhaltung solcher Personen. Vorliegende Zusammenstellung bringt in alphabetischer Reihenfolge ungefähr 1 400 dieser an den hochverräterischen Umtrieben beteiligten Personen unter Anführung des ihnen zur Last gelegten Tatbestandes. Sie wird, als umfassende Strafanzeige gedacht, den kompetenten Militärgerichten zwecks Einleitung der zuständigen Strafamtshandlungen übermittelt. Andererseits bildet diese Zusammenstellung auch einen wichtigen Fahndungsbefehl ..."

Ergeht an das k. k. Statthaltereipräsidium Prag, an die Stellen 1-44, 72-84 des Verteilers K.-Nr. 26 200, an das k. k. Statthaltereipräsidium in Brünn, k. k. Landesgendarmeriekommanden Prag, Brünn, Troppau.

Das Exemplar, aus dem ich exzerpiere, war wohl auch nicht als Rezensionsexemplar gedacht ...

Der Geist der Staatspolizei

Das Vorhandensein solchen Buches überrascht uns keineswegs. Der Blumentopf, so sich Österreichisch-ungarische Monarchie nannte, war ja so zerbrochen, zersprungen und auf so viele rohe Arten verdrahtet, daß ein Sammelwerk mit Steckbriefen uns schon nicht einmal als das schlimmste erscheinen mag.

Aber was angesichts der bedruckten Seiten erschreckend sinnfällig wird, ist der Geist der Staatspolizeipolitik, der weder mit Geist noch mit Staat, noch mit Polizei, noch mit Politik etwas zu tun hatte. Unter meinen Manuskripten habe ich einen Artikel gegen das System der Staatspolizei aufbewahrt, den ich vor Jahren anläßlich der Šviha-Affäre aus Berlin nach Österreich gesandt hatte und der – nicht erscheinen durfte. Dieser von Wiener Miniaturtorquemadas gelenkten Staatspolizei waren nur Tratschereien, Schnüffeleien, Personalien, Privatangelegenheiten, Gespräche und dergleichen wichtig, tausendmal wertvoller als ein grundlegender, aber öffentlicher Parteibeschluß war ihr der Liebesbrief oder das Notizbuch eines kleinen Gewerkschafters aus Dux.

Dieses Geistes ist das Buch voll. Was da als „Tatbestand" weitaus der Mehrzahl der Vierzehnhundert zur Last gelegt und gedruckt wird, sind Belanglosigkeiten, Dummheiten auf Ansichtskarten, Kriegsgefangenenkarten, Zeitungsartikeln entnommen. Zum Beispiel liegt gegen eine Person namens Anselmina (Geschlecht und Nationale unbekannt) nichts weiter vor als folgendes: „Hat in Genf (Schweiz) mit Ludwig Jiřička verkehrt." Oder gegen einen anderen: „Nach dem Aufenthalt des Genannten, der sich offenbar in russischer Kriegsgefangenschaft befindet, wird in der in Rußland herausgegebenen hochverräterischen Zeitschrift ‚Čechoslovan' Nr. 1 vom 4. (17.) Juni 1915 unter der Rubrik ‚Hledaji se' von unbekannten Personen geforscht." Oder aber: „Rieger, Ladislaus, Phil. Dr., Freiherr von; 17. Mai 1890 in Weinberge geboren, nach Prag zuständig, in Stockholm, Värtagasse 4-III. wohnhaft. Politisch bedenklich. Soll sich gegenwärtig in der Schweiz aufhalten."

Es wäre zum Lachen, wenn man nicht oft genug entsetzt lesen müßte, wie die Militärjustiz auf Grund solcher Tatbestände gegen die Beschuldigten wütete. Dem Redakteur Cyrill Dušek wurde zum Beispiel nichts anderes nachgewiesen, als daß er von einem unbekannten Absender in einem hochverräterischen Briefe, der an einen V. H. in Chicago gerichtet ist, „genannt worden“ war; und dafür hat ihn das Landwehrdivisionsgericht in Wien zu zehnmonatlichem schwerem Kerker, verschärft durch ein Fasten und vierundzwanzigstündiger Absperrung in dunkler Zelle zu Beginn eines jeden Strafmonats, verurteilt! Wie viele wurden gar wegen ähnlicher Delikte gehängt!

Niederträchtig ist auch die aus den Steckbriefen ersichtliche Frivolität, mit der in das Justizverfahren harmlose Verwandte hineingezogen und dann den ärgsten Schikanen ausgesetzt worden sind. Sätze wie „Neffe des böhmischen Schriftstellers und Dichters Heyduk“ oder „Soll im Jahre 1912 anläßlich des Prager Sokolkongresses seinen in Zbož bei Alt-Paka als Photograph ansässigen Onkel besucht haben“ oder „Seine Mutter lebt mit ihren Kindern Georg und Emma in Weinberge“ finden sich vor und wirkten wie Gerichtsurteile.

Der Vater zweier an der tschechischen Propaganda in der Schweiz beteiligten Brüder, der Schuhmachermeister Wenzel Ort, wurde einfach als Anarchist in Möllersdorf „interniert“.

Natürlich fehlen in dem Riesenakt auch die wirklichen Führer der ententophilen Tschechenbewegung nicht, die bekannten Namen der jetzt in den Ministerien tätigen und von der Nation gefeierten Männer, die Steckbriefe gegen Masaryk, Beneš und Štefanik, Wilhelm Crkal, den Direktor des „Bureau de la presse etrangère à Paris“, gegen den Damenschneider Josef Čapek, Vorsitzenden der Tschechischen Kolonie und der tschechischen Kriegsfreiwilligen in Paris, den amerikanischen Agitator Adalbert Beneš, gegen den Advokaten der tschechisch-nationalen Vereinigung in Chicago, Dr. Ludwig Fischer, gegen Gottlieb Čermak, den Vorsitzenden der tschechoslowakischen Vereine in Rußland, gegen den Reichsratsabgeordneten Dürich, die Schriftsteller Karl Horky und Břetislav Grégr, gegen Professor Hoffmann-Kratky, den Präsidenten des Komitees zur Gründung der tschechischen Legion in Frankreich, Svatopluk Koniček, den Obmann der II. [?] Partei der im Auslande lebenden Tschechen, gegen den Führer der ententefreundlichen Agitation der englischen Tschechen, Franz Kopecky, den Züricher Anarchisten Franz Křikava, den Obmann des Züricher Vereines „Svatopluk Čech“, Johann Kyjovsky, gegen den Vorstand des Vereins „Hus“ in Schaffhausen, Josef Linhart, der seine Frau mit politischen Mitteilungen nach Böhmen gesandt hatte, gegen Bohdan

Pavlů, den Herausgeber des Petersburger „Čechoslovak“, gegen den vielgenannten Organisator der „Česká družina“ in Rußland, Zdenko Raimann, gegen Dr. Jaroslav Salaba-Vojan, Vorstand des tschechisch-amerikanischen Pressebureaus, den bekannten Balkanreisenden und Kriegsberichterstatter Wladimir Sis, gegen den Leiter des „Zentralbureaus der revolutionären Ausschüsse für die Losreißung der böhmischen Länder und der Slowakei“, Dr. Leo Sychrava in Genf, gegen den im Omladina-Prozeß zu sechs Jahren schweren Kerkers verurteilten Kellner Franz Synaček, den Chef des „Bohemian Preß-Bureau“ in Chicago, Josef Tvrzicky-Kramer, gegen Captain Voska und viele andere.

Aber auch in den Anklagen gegen diese Führer offenbart sich eine klaffende Ignoranz der k. k. Behörden.

Mit Ausnahme von Masaryk, dessen Steckbrief sieben volle Quartseiten umfaßt, hat man gerade über die für die Propaganda wichtigsten Persönlichkeiten nichts herausgebracht. Des jetzigen Außenministers Eduard Beneš' Tätigkeit scheint der k. k. Hauptstelle für den defensiven Kundschaftsdienst viel geringer als die seines Bruders, des Lehrers Adalbert Beneš in New York. Dagegen ist man nicht auf die Vermutung gekommen, daß der seitenlang behandelte Eduard Bielsky („Nationale unbekannt“) mit Dr. Eduard Beneš identisch ist. Dr. Milan Štefanik, nachmaliger Kriegsminister, muß sich mit einer fünfzehnzeiligen Charakteristik begnügen, während für irgendeinen Schneidergesellen oder einen unbekannten Louis Pollak, der eine harmlose Einsendung an eine Zeitung schrieb, oder andere ein paar hundert Zeilen zur Verfügung standen. Der tschechische Humorist Jaroslaus Hašek, mit seinem dicken Kindergesicht und dem runden Balzac-Kinn in Prag populär, wird als „schlank, spitzes Kinn“ beschrieben. Bei einer Menge jener, deren „Nationale unbekannt“ ist, könnten ich und Hunderte guter Prager genaues Nationale liefern – wenn wir wollten ... Typisch ist zum Beispiel der Steckbrief gegen Kamillo Wien: „Wien, Kamillo, Nationale unbekannt. Angeblich Reserveoffizier, in London ansässig. Soll sich während des Krieges hauptsächlich in panslavistischer Richtung monarchiefeindlich betätigen.“ (Evidenzbureau des Gen.-Stabes vom 22. Juli 1916, Nr. K. 15 295).

Die k. k. Hauptstelle hätte wirklich Mühe gehabt, jemanden aus der Prager deutschen Gesellschaft zu finden, der nicht in der Lage gewesen wäre, ihr über Herrn Kamillo Wien erschöpfende Auskunft zu geben. Heute kann ihr auch verraten werden, daß der wenige Seiten später veröffentlichte, auf Grund einer Mitteilung des k. k. Statthaltereipräsidiums erlassene Steckbrief gegen Fred Cam. Wyn gleichfalls niemanden anderen betrifft als obgenannten Kamillo Wien. Dieser zweite Steckbrief aber lautet: „Wyn, Fred, Cam., Personaldaten unbekannt. Laut eines der Gesandtschaft in Kopenhagen zugekommenen Berichtes eines Österreichers, dem es gelungen ist, von London abzureisen, soll Wyn Führer der Londoner Tschechen sein, welche sich an monarchiefeindlichen Agitationen in England beteiligen und mitunter auch aktiv als Legionäre dienen. Demselben sollen beträchtliche Geldbeträge aus Böhmen nach London zugekommen sein. Er soll eine Schwester in Prag haben und mit ihr in Verbindung stehen. (Statthaltereipräsidium Prag vom 14. Juni 1915. Nr. 27 519.)

Steckbriefe gegen berühmte Männer

Masaryk ist beileibe nicht der einzige Name von Weltruf, der in dem Buche vorkommt. Mit unerhörtem Leichtsinn und außerordentlicher Unbildung werden Steckbriefe gegen Männer von internationalem Ruf ohne Kenntnis von ihrer Bedeutung erlassen, die stereotype Floskel „Nationale unbekannt" hingeschrieben, wo ein Blick ins Lexikon oder ein Nachschlagebuch die nötige Belehrung gewährt hätte. Aus Gründen der Vollständigkeit erschien es notwendig, wie es in der Einleitung heißt, „vereinzelte Ausländer und einige im Auslande befindliche Südslaven österreichischer Staatsangehörigkeit, sowie sie sich an der hochverräterischen Bewegung beteiligten, in das Verzeichnis aufzunehmen".

„Mestrovič, Johann, Bildhauer, nach Otovice (Dalmatien) zuständig", flüchtete nicht – wie es in dem Akt heißt – bei Kriegsbeginn nach Rom, sondern war auch schon im Frieden dort tätig. Seine in London veranstaltete Kollektivausstellung hatte den großen Erfolg nicht bloß deshalb, weil sie „zugunsten der Emigranten" veranstaltet war, sondern weil Mestrovič seit Rodins Tod in der allgemeinen Wertung als der größte lebende Bildhauer der Gegenwart gilt.

Auch bei Franz Kupka wäre außer der Enthüllung, daß er „in Opočno geboren, nach Dobruschka, Bezirk Neustadt an der Mettau zuständig" ist, die Kenntnis wichtig, daß er neben Käthe Kollwitz und Steinlen wohl der größte soziale Zeichner und naturalistische Maler und seit dreißig Jahren Hauptmitarbeiter der „Assiette au beurre“ ist.

Komisch nehmen sich in diesem k. k. Fahndungsblatt die berühmten Schriftstellernamen des Auslandes aus: „Amfiteatrow, Alexander, Nationale unbekannt“; „Denis, Ernst, beteiligte sich in hervorragender Weise unter der Maske des Gelehrten ..., ist Mitarbeiter der seit kurzem in Kiew erscheinenden Zeitung ...“; „Chéradame, André, Nationale unbekannt“; „Gauvain, H. A., Journalist, jedenfalls französischer Staatsangehöriger (derselbe, den der deutschösterreichische Staatssekretär Otto Bauer vor kurzem in seiner Polemik mit dem „Neuen Wiener Journal“ nannte), schrieb im ‚Journal des Débats‘ einen Artikel, der auch den Tatbestand des Verbrechens der Majestätsbeleidigung (!) beinhaltet“; „Mauclair, Camillo, Franzose“; „Paul Ch. de Thionville-Nigrin“. Fehlt nur noch: „Anatole France, Franzose, Nationale unbekannt.“

Aber eine österreichische Staatsangehörige von Weltruf fehlt nicht: Der Steckbrief gegen Gaby Deslys steht gleich hinter dem von Professor Ernest Denis. Sub. H. St. Prag, Z 2 169, 3 088 ex 1916 wird die Sünde verzeichnet, die die erklärte Geliebte des Königs Manuel von Portugal gegen die Wehrmacht der Monarchie begangen hat: Sie hat bei den Rekrutenfestlichkeiten im Combervill-Palais in London jedem, der sich zum Eintritt ins Heer meldete, einen Kuß zugesagt und hat dieses Versprechen tapfer erfüllt. Zur Erinnerung an diese Tat sei ihr von der k. k. Polizei liebevoll erforschtes Nationale, genau nach dem Akt, hierhergesetzt:

„Deslys, Gaby, Künstlername, richtig Hedwig Navrátil, Tänzerin, geboren am 31. Oktober 1884 in Ober-Moschtenitz bei Prerau (Mähren), ebendahin zuständig, kath., ledig. Ihre Angehörigen sind vor 25 Jahren nach Hatvan bei Budapest übersiedelt, wo ihr Vater als Heizer in einer Zuckerfabrik angestellt sein soll.“

Armer alter Vater! Wie groß wird dein Schmerz sein, wenn du den Steckbrief deiner Tochter in der Zeitung findest!

II

In Masaryks Steckbrief, der – wie erwähnt – sieben Großquartseiten umfaßt, offenbart sich die ganze Fassungslosigkeit und die Hilflosigkeit der österreichisch-ungarischen Behörden darüber, daß ein Gelehrter, ein k.k. Universitätsprofessor, ein Ehrendoktor ausländischer Universitäten, ein von der Regierung in Fragen auswärtiger Politik um Hilfe angegangener Reichsratsabgeordneter, ein anerkannter Führer der Nation, österreichfeindlich aufzutreten wage.

Ihn als einen Bestochenen, einen Irregeleiteten, einen Hitzkopf hinzustellen ging nicht an. Jedes politische Kind in Böhmen kannte die Persönlichkeit Masaryks, und man wußte nur zu gut, wie oft er als einzelner gegen eine einheitliche Phalanx Siege erfochten hatte, im Handschriftenstreit, im Hilsnerprozeß, in der Vojna-Affäre. Nicht ohne Grund sagte man sich, daß offiziös inspirierte Zeitungsartikel gegen Masaryk keinen Menschen in Böhmen gegen ihn einnehmen könnten, sondern im Gegenteil bloß seiner Sache neue Anhänger werben und ihn selbst zum Gegenstand der Verehrung machen würden. Die Antwort auf diese Stellungnahme des einzigen im Ausland befindlichen Führers eines Millionenvolkes konnte nur von Wien aus durch ein weltpolitisch entscheidendes Vorgehen gegeben werden. Aber damals wurde nicht einmal der Versuch gemacht, die Tschechen für irgendeine Bundesgenossenschaft mit der Monarchie zu gewinnen, und – man überließ es den fünf Beamten der k.k. Staatspolizei Prag, kläglichen Marionetten in der Hand ihrer Konfidentenschar, das Ihre zu tun.

Am Anfang begnügte man sich – und das war noch das Klügste, was getan werden konnte – damit, der Tätigkeit Masaryks das „Augenmerk zuzuwenden". Wahrscheinlich war diese verhältnismäßig gescheite Defensivhaltung auf den Einfluß des Fürsten Thun zurückzuführen. Am 18. Dezember 1914 war Masaryk in Begleitung seiner Tochter Olga und im Besitze eines Reisepasses de dato 17. September 1914 aus Prag abgereist, nahm in der Schweiz seine austrophobe Tätigkeit sofort auf, und am 15. März 1915 schrieb er bereits an seine Frau einen (natürlich inhibierten) Brief, in dem er ganz offen gesteht: „Gerade erhielt ich die Warnung, nicht zu versuchen, nach Hause zu kommen." Aber erst im Feber 1916 erzwingt der wohlweise Staat im „Večer" den Abdruck eines gegen Masaryk gerichteten plumpen Artikels, der in ganz Böhmen nur verständnisvolles Lächeln hervorrufen kann und vom k.k. Telegraphenkorrespondenzbureau eiligst verbreitet wird.

Darauf folgt: „Das k.k. Landes- als Strafgericht in Prag hat über den Antrag der k.k. Staatsanwaltschaft in Prag vom 1. März 1916,

Nst. 4 101/15-10 die Vermögensbeschlagnahme in der bei dem k. k. Militäranwalte des k. u. k. Militärkommandanten in Wien wegen Verbrechens nach § 58 lit. c St. G. und Verbrechen gegen die Kriegsmacht des Staates nach § 327 M.-St.-G. anhängigen Strafsache angeordnet." Am 15. August 1916 wird von der Militäranwaltschaft Wien sub Z. A. 3 641/15 gegen Dr. Masaryk der Steckbrief erlassen.

„Masaryk, Garrique Thomas, Dr. phil., Professor, Sohn des Herrschaftsdieners Josef M., geboren ..., zuständig ..., beherrscht die ... Sprache, ... unternahm im Frieden Reisen nach ..., politische Tätigkeit während des Friedens ..., im Feber 1913 wurde er Ehrenmitglied des Vereines ‚Ruský kroužek' in Prag ..." usf.

Dann kommen die Familienverhältnisse daran. Aus jeder Zeile spricht der Geist „dieser unwürdigen und reaktionären Schnüffelei der Prager Staatspolizei", wie ich ihn vor mehr als fünf Jahren im „Berliner Tageblatt" (Leitartikel der Abendausgabe vom 14. März 1914) bezeichnet habe. „Frau Masaryk besaß keine Mitgift", flüsterte der Konfident dem Herrn Kommissär ins Ohr, der diese weltpolitische Sensation drucken läßt, „Masaryk hat im Jahre 1884 den durch Selbstmord geendeten Fabrikanten Flesch beerbt", weiß ein anderer, „Masaryk besitzt dermalen kein Vermögen", weiß ein dritter. Wird protokolliert, gedruckt. Daß der Schwiegervater Masaryks bei einer Versicherungsanstalt in Brooklyn Direktor war, die ausgerechnet „Germania" hieß, ist vielleicht für den Zeitungsleser ein interessantes Detail, kaum aber für den Akt besonders wichtig.

Daß es an dummen Beschimpfungen und haltlosen Vorwürfen nicht fehlt, kann bei der Mentalität nicht wundernehmen, die aus den Steckbriefen dieses Werkes spricht. So wie bei Břetislav Grégr, Matlach, Dr. Salaba-Vojan, Synáček, Zbyslav Raimann etc. ganz unpolitische Delikte und Vorstrafen angeführt werden, so wie gegen den verstorbenen Grafen Dr. Franz Lützow einfach und unbeweisbar bemerkt wird, „hält sich in Lausanne auf, trat jedoch nicht öffentlich auf, da er um seine Besitzung Senftenberg in Böhmen besorgt war", so wird auch gegen Masaryk gesagt: „Schon um diese Zeit betätigte er sich auch als gemeiner Spion gegen Österreich." Als gemeiner Spion kann aber auch in Kriegszeiten bloß der bezeichnet werden, der gegen seine Überzeugung und bloß für Bezahlung Kundschafterdienste leistet.

Mit überlegenem Lachen registriert der Polizeimann anno 1917: „Die Schweizer tschechischen Kreise sahen in Masaryk den – Präsidenten der zukünftigen tschechischen Republik (!), der im großen Stile und mit voller Energie für die Sache arbeitet. Er besaß im Hotel ‚Richmonde' eigene Arbeitsräume, besaß viele Werke, Broschüren und Zeitungen aus den einzelnen Ländern, wie Frankreich, England, Rußland usw., und einen eigenen Empfangssalon."

Die Darstellung des Tatbestandes gegen den steckbrieflich Verfolgten ist aus ausländischen Zeitungsberichten von und über Masaryk zusammengesetzt, aus Berichten über Vorträge, die er in der „Beseda Slovan" in Genf, bei der Hus-Feier des Vereines „Svatopluk Čech" in Zürich, im „Comité d'action tchéque à l'étranger" in Paris und im Rahmen seiner Vorlesungen am King-College in London hielt. Bei der Antrittsvorlesung verlas der britische Kanzler Lord Robert Cecil ein Entschuldigungsschreiben des Premierministers, in dem gesagt wird, daß Masaryks Anwesenheit einen Markstein in den lebhaften Sympathien finden wird, „die das russische Volk mit Großbritannien verbinden". Das Wort „russische" in dem k. k. amtlichen Buche kann nur ein Lapsus oder ein Druckfehler sein, da doch Asquith wohl gewußt haben muß, daß Masaryk ein Tscheche sei. Daß keinem der k. k. Beamten diese Schlamperei vor oder nach dem Druck auffiel, ist charakteristisch.

Die von Masaryk unterzeichneten Aufrufe und Manifeste werden im Wortlaut reproduziert, sein vor dem Krieg abgestatteter Besuch beim Schriftsteller L. N. Tolstoi wird erwähnt, seine Besprechungen mit dem Senatspräsidenten Léon Bourgeois, Ministerpräsidenten Pašič, Kronprinzen Alexander, Minister Jovanovič nach Zeitungsmeldungen und seine Beziehungen zu Professor Denis, „dem russischen Konfidenten" Swiatkowski und zu seinen tschechischen Mitarbeitern nach konfidentionellen Berichten wiedergegeben.

Seltsam ist, daß weder in dem Steckbrief gegen Masaryk noch sonstwo in dem Steckbriefbuch, das auch die im Inlande lebenden Verwandten und mutmaßlichen Freunde der Inkriminierten ununterbrochen „liebevoll" erwähnt und ihnen sogar eigene Artikel widmet, der Name des Hofrates Wenzel Olič vorkommt.

Bekanntlich war Hofrat Olič, einstiger Chef der Prager Sicherheitspolizei, seinerzeit unter dem Verdachte, Mitschuldiger Masaryks zu sein, verhaftet und dem Gerichte eingeliefert worden. Er hatte in seinem Hause am Riegerpark Tür an Tür mit der von der Polizei gesuchten Gattin Beneš' gewohnt, er hatte auf Befragen der einmal bei ihm eintretenden Polizeiorgane erwidert, daß sich Frau Beneš in Kostenblatt befinde, während sie in Olićs Villa in Renč war, und man hatte im versperrten Zimmer einer leerstehenden Wohnung seines Hauses in Wrschowitz den langgesuchten Nachlaß des geflüchteten Masaryk, bestehend aus zwanzig Kisten mit Schriften, gefunden. Olič hatte damals auf der Polizei zu Protokoll gegeben, daß die Wohnung von der Cousine Beneš' gemietet worden war, daß er nicht gewußt habe, was sie enthalte, daß er mit Masaryk in keinerlei Beziehung stehe und auch die Schlüssel nicht besitze. Während aber das Protokoll abgefaßt und gefertigt wurde, hatte die Polizei in die Wohnung Olićs mit der Weisung gesandt, Hofrat Olič wünsche die Schlüssel zum Wrschowitzer Zimmer; sie wurden dem Boten ausgehändigt und Olič verhaftet.

„Sie werden vergeblich zu beweisen suchen, daß die Tschechen Hochverräter sind", sagte er zu dem ihn verhaftenden Beamten, „die Hochverräter hier im Lande sind die Deutschen."

Er lehnte es ab, im Fiaker zum Strafgericht zu fahren. „Ich bin eines gemeinen Verbrechens bezichtigt, und gemeine Verbrecher dürfen nur im Polizeiwagen oder zu Fuß eingeliefert werden."

Er ging zu Fuß in Begleitung eines Detektivs, blieb eine Zeit in Haft, machte einen Hungerstreik und wurde dann – in einer bei der Militärjustiz des Krieges immerhin verhältnismäßig kurzen Zeit – entlassen. Man munkelte davon, daß er im Besitze gefährlicher Staatsgeheimnisse, daß er der einzige Kenner der Affäre von Meyerling sei etc.

Jedenfalls durfte über seine Festnahme, seine Haft und seine Entlassung nichts veröffentlicht werden, und eine Prager Zeitung, die einmal eine russische Humoreske veröffentlichen wollte, erschien am nächsten Tage mit neun leeren Feuilletonspalten: Der Zensor hatte zwischen dem Helden der russischen Erzählung und Hofrat Olič eine Ähnlichkeit entdeckt ...

Aber auch als die Republik proklamiert war, als die von den kaiserlichen Behörden verfolgten Personen für die Freiheit des tschechischen Volkes geehrt wurden – Olič war nicht unter ihnen. Um ihn schlingt sich weiter der Schleier der Verschwiegenheit, wie um die gefährlichen Akten in seinem Besitz.

Dies war früher so Mode: Tante brachte aus Karlsbad einen elfenbeinernen Federstiel mit, in den war oben ein kleines Loch gebohrt und darin: Vergrößerungsglas und Miniaturphotographie der Sprudelkolonnade. Es war ein Entzücken, hineinzusehen. Später, wenn der Federhalter schon allerhand Strapazen durchgemacht hatte, fiel die Photographie hinaus, und wenn man nun in das Loch schaute, so sah man durch, sah einen einzigen runden Ausschnitt der Straße, des Zimmers, eines Möbelstücks.

Liest man Alfred Polgars Prosa, so ist der elfenbeingeschnitzte Halter wieder da, und man sieht durch eine kreisrunde Öffnung ein Stückchen Welt – das man ohnedies sehen kann, ohnedies schon gesehen hat, ohnedies kennt. Aber jetzt ist es in einem scharfen Glas zu erblicken, in einen gerundeten Rahmen gespannt, losgelöst von allem störenden Nachbarkram.

„Mein Glas ist klein, aber ich sehe schärfer damit", könnte man variieren.

Wir kennen a.p. seit Jahren, und er ist sich, in dieser Art zu gucken, immer der gleiche geblieben, wie in seiner Wesensart, aus dem Komplex des Großen ein Detail des „Kleinen" herauszuschälen und dieses dann wieder bis in die Ausmaße des Originals zu vergrößern, wodurch alles einheitlich, alles verständlich wird und dramatisch. So wie in seinem Buch „Hiob" das Ineinanderwirken dreier belangloser, dreier überflüssiger Dinge zur Katastrophe aller Liebe und Eifersucht führt, so wie in „Bewegung ist alles" ein betrunkener Heurigenstammgast die Tragödie einer Stadt der Lieder erlebt, so ist in Polgars neuem Buche in filigranen Skizzen dem Kulturmenschen hundertmal mehr über Greuel und Wahnsinn des Weltkrieges ausgesagt als in Barbusses „Feuer" und in allem gewollten Kriegsnaturalismus.

Und solches Wunder vollzieht sich ohne ein scharfes Wort, ohne einen spationierten Gedanken, seine Anklageschrift steht fettgedruckt zwischen den Zeilen. Alfred Polgar ist sozusagen der feinsinnige Revolutionär, der graziöse Rebell. Im lyrischen Tonfall Mussets hetzt er vom ersten Kriegstag an gegen den ersten Kriegstag, eindringlich und höflich, aber jeden Einwand ausschließend, verlangt er die Beendigung des Waffenwahnsinns, etwa so, wie er zum Oberkellner den Wunsch äußern würde, die etwas zu zäh geratene Fleischportion noch ein wenig zu molzen.

Er schaut die „Große Zeit“ durch die Öffnung im Elfenbeinfederhalter an, und siehe da, es ist eine „Kleine Zeit“. Der kann er nun zu Leibe rücken, er braucht keinen Mörser dazu und keinen Reisepaß in die Schweiz, er zersticht sie mit seinem unvergleichlich intensiven Sehen, mit seiner blinzelnden Ironie, mit seiner beißenden kritischen Kraft (die Witze darin sind so zwingend ihre Folge, daß sie ein Unkritischer immer für die Ursache halten muß), mit seiner anmutigen, soignierten Sprache und einer Darstellung, die beispielsweise die Schilderung eines Passanten so zum Romanetto macht wie einstens dem Pariser Alfred zum Verse, jede Konfession zur lyrischen Novelle wurde.

Die Heimkehr eines Tramwaykondukteurs aus Sibirien. Seine Frau hat ihn in der Elektrischen vertreten, jahrelang. Und nun ist der Nimbus des Familienernährers dahin, seine Arbeit desillusioniert. Drei kleine Polgarsche Seiten, eine von den fünfzig Skizzen. Man muß weinen, wenn man noch weinen kann. So erzählt er dieses Unglück des aus Sibirien endlich Heimgekehrten.

Polgar ist der Dichter Wiens, seit Peter Altenbergs Tod der einzige Dichter dieser Stadt, ein Großer, der sich verkleinert, wie alles andere. Nur ist kein Polgar da, die Miniatur wieder in natürlicher Größe zu projizieren. Die Wiener Presse hat von seinem neuen, seinem größten und seinem edelsten Buche keine Notiz genommen, nicht eine einzige Notiz. Erstens, weil er ein „Konkurrent“ ist (obwohl ihm die anderen, bei Gott, keine Konkurrenten sind), zweitens, weil er noch nicht fünfzig Jahre alt ist, und drittens, weil er keine Besprechung wünscht. Aus diesen drei Gründen, vor allen aus diesen drei Gründen, seien die Leser des „Prager Tagblatt“, denen Alfred Polgar kein Fremder ist, dringlich auf dieses Werk aufmerksam gemacht; es ist das einzige Andenken an die „große Zeit“, das ein Kulturmensch der Aufbewahrung wert erachten kann.

Es heißt „Kleine Zeit“ und ist im Verlage von Fritz Gurlitt in Berlin sehr schön ausgestattet erschienen.

EIN VERSCHOLLENES GEDICHT WILHELM WEITLINGS

Auf Deine Aufforderung zur Mitarbeit kann ich Dir, lieber Kocmata, etwas unvergleichlich Besseres schicken, als ein Beitrag von mir wäre: ein im Januar 1844 von dem Schneidergesellen und großen Sozialisten Wilhelm Weitling im Züricher Kerker verfaßtes Gedicht, „Die Nacht". Das Gedicht ist eines von den dreiundzwanzig, die Weitling in seiner sechsmonatigen, unbeschreiblich qualvollen Haft niederschrieb und nach seiner Auslieferung an Preußen und nach schließlicher Enthaftung bei Hoffmann und Campe in Hamburg 1844 unter dem Titel „Kerkerpoesien" verlegte. Das Buch ist seit Jahren verschollen, nicht einmal die Bibliotheken besitzen es mehr, und die Biographen Weitlings (zumeist Regierungssozialdemokraten, obwohl er niemanden mehr haßte als diese) haben keines aufzutreiben vermocht. Jahrelang habe auch ich nach dem Versband geforscht, und vor einigen Tagen hat es Dr. Paul Schrecker, der meinen Fanatismus für Weitling kennt, aufgetrieben. Du wirst es wohl reproduzieren, und das wird der erste Neudruck eines Weitlingschen Gedichtes seit beinahe achtzig Jahren sein.

Mit Gruß Dein alter

Egon Erwin Kisch

HAUPTMANN FREY – EIN GENDARM?

Herr Hauptmann Dr. Frey hat in der letzten Vollversammlung der Soldatenräte die Behauptung wiederholt, daß ich während des Krieges patriotische Gedichte veröffentlicht habe. Diese glatte Lüge hat Herr Hauptmann Frey bewußt vorgebracht, um in dem Augenblicke, in dem er sich durch seine Rede gegen das 41. Bataillon schroff auf die Seite der Bourgeoisie stellte, den unbequemen Mitwisser seiner weißgardistischen Vergangenheit verdächtig zu machen.

Diese vorrevolutionäre Tätigkeit des Herrn Hauptmann ist von diesem bereits einmal in einer Soldatenratssitzung der Stiftskaserne abzuschwächen versucht worden, indem er – gleichfalls um mir zuvorzukommen – den Sinn einer Unterredung verdrehte, die er bei einer Zusammenkunft mit mir – der einzigen während des Krieges – fatalerweise gebraucht hatte.

Ich hatte Herrn Dr. Frey im Jahre 1915 in Prag (wohin ich als Mannschaftsperson ohne Freiwilligenstreifen, achtfach verwundet, gebracht worden war) bei einem meiner ersten Ausgänge aus dem Spital vor dem Gebäude des k. k. Landesgendarmeriegebäudes in der Karmelitergasse getroffen, aus dem er eben trat. Da er mich ansprach, äußerte ich offen mein Erstaunen darüber, daß er, wie ich von den Feldgendarmen gehört hatte, als Leutnant und Oberleutnant der Schrecken der Mannschaft im Hinterlande sei. Er bezeichnete diese Behauptung, selbstgefällig lächelnd, als stark übertrieben, aber fügte hinzu: „Ich bin ein Fanatiker des Organisierens. Habe ich bei den sozialdemokratischen Sportvereinen und den übrigen Parteiverbänden Disziplin zu halten vermocht, so werde ich auch mit den Gendarmen fertig werden."

Ich: „Wie konntest du aber als bezahlter sozialdemokratischer Parteifunktionär überhaupt zur Gendarmerie einrücken?"

Was mir Herr Oberleutnant Dr. Frey damals erwidert hat, veröffentliche ich nicht, da er jetzt wieder als Sozialdemokrat tätig ist und daher gezwungen wäre, die Antwort in Abrede zu stellen, und sohin Behauptung gegen Behauptung stünde. Aber im Wesen deckt sie sich mit der in seiner letzten Rede geäußerten Ansicht über Gesinnung und Politik, für die er bezeichnenderweise folgenden Vergleich fand: „Der einfachste Soldat weiß, daß jede Truppe ihre Taktik richten muß nach dem *wechselnden* Terrain und nach der sich *ändernden* Kraft des Gegners." Der Hauptmann Dr. Frey ist in diesem Sinne ein guter Soldat gewesen, er hat sich immer nach dem wechselnden Terrain und nach der sich ändernden Kraft des Gegners gerichtet. Wie er als Fußballspieler von Klub zu Klub übertrat, um von Mannschaft zu Mannschaft, von Zweitklassigkeit zur Erstklassigkeit „vorzurücken" (beim Fußballklub „Sport-Favorit" erschien in einer Festzeitung die Scherzfrage: „Wer läuft besser als der beste Läufer?" Antwort: „Dr. Frey – denn der ist ein Überläufer"), wie er als Sozialdemokrat sich an den Sohn des Parteichefs Viktor Adler und an die Tochter der Genossin Therese Schlesinger anbiederte und dann bei Kriegsbeginn lieb Kind des gefürchteten Landesgendarmeriekommandanten von Böhmen Generals von Rězáč wurde, wie nach Kriegsende der erste Weg des ehemaligen Offiziers der Weißen Garde der Weg in die – Rote Garde (Stiftskaserne) war, wie er sich bis zum Zusammenbruch des ungarischen Sowjets radikal und kommunistophil gab, so gibt er sich jetzt, der ehemalige Kommandant der kommunistischen Roten Garde, antikommunistisch und gegen die Rote Garde. „Wechselndes Terrain."

In der Stiftskaserne ist er am 11. November v. J. in Begleitung des damaligen Unterstaatssekretärs Dr. Deutsch erschienen, der in offener Soldatenratssitzung mit materiellen Repressalien des Heeresstaatsamtes drohte, mit Entziehung von Löhnung, Menage usw., wenn man Herrn Dr. Frey nicht aufnehme. Diese Drohung wurde – speziell von Rothziegel und Wertheim – energisch zurückgewiesen, aber Herr Dr. Frey schließlich doch aufgenommen und ihm als einem Funktionär des Heeresstaatsamtes die im argen liegende militärische Organisation mit dem Titel eines Kommandanten übertragen, der jedoch in allen Fragen dem Soldatenrat unterstellt war. Nun legte er es darauf an, mich vom Soldatenrat zu eliminieren. Er veranstaltete bei der Vollversammlung eine unbeschreibliche Affenkomödie, mißbrauchte den eben aus dem Kerker entlassenen Friedrich Adler dazu, der einen fast einstündigen Teil seiner Rede damit verbrachte, ein Loblied auf den „Genossen" Frey zu singen und gegen mich die unsinnigsten persönlichsten Anwürfe vorzubringen. Das Resultat? Der „Abend" vom 21. November 1918 berichtet darüber: „Zum Schluß wurde unter großem Jubel der Gründer der Roten Garde E. E. K. einstimmig zum Vorsitzenden des Soldatenrates der Roten Garde gewählt." Herr Dr. Frey ließ allerdings durch seinen damaligen Vertrauensmann Wackler, einem vorher und nachher gerichtlich abgestraften Betrüger, einen Zeitungsartikel für die „Arbeiter-Zeitung" verfassen – das war immer seine erste Sorge! –, in dem von Genossen Dr. Frey ruhmreich die Rede ist.

Bei der Roten Garde war seines Bleibens nicht lange, aber dieser von Dr. Deutsch persönlich eingeführte Funktionär des Heeresstaatsamtes ist heute Vorsitzender der gewählten Soldatenräte! Als solcher macht er sich über verhaftete und gepeinigte Gesinnungsopfer, wie über den wackeren Haller, lustig, als solcher hält er eine Anklagerede gegen das Volkswehrbataillon 41 und „beantragt", das Heeresstaatsamt, sein Heeresstaatsamt (!) möge das Bataillon 41 auflösen.

Was die Vorwürfe des Herrn Hauptmannes anbelangt, so kann er mich – nicht auflösen lassen. Ich bin, ein schwerverwundeter Frontsoldat, als französischer Übersetzer in die Auslandsstelle des

Kriegspressequartiers kommandiert worden, und alle Versuche, mich zu einer kriegsbejahenden, patriotischen, verhetzenden oder verherrlichenden Tätigkeit zu zwingen, waren vergeblich, ebenso habe ich in den paar Tagen meiner Lokalberichterstattertätigkeit beim „Neuen Tag" – ich habe schnell gekündigt! – keine politische Silbe geschrieben. Ich bin kein Dichter und habe auch keine Kriegsgedichte drucken lassen. Aber Herr Hauptmann Dr. Frey behauptet es, und so wird er es auch beweisen müssen. Ich bin bereit, bei Vorweisung eines einzigen zur Veröffentlichung auch nur eingesendeten oder gar erschienenen Verses solcher Art jede von Herrn Hauptmann Dr. Frey zu bestimmende Buße zu leisten. Ist er bereit, ein gleiches zu tun, wenn ich ihm nachweise, daß er ein Gendarm war und ist?

REDE AN SOZIALISTISCHE SETZER

Setzer, wißt Ihr, daß Ihr, Eure Hände zum Setzen antisozialistischer Manuskripte leihend, um nichts besser seid als Stadtschutzleute, Polizisten und andere weiße Gardisten, die gegen Proletarier schießen und Proletarier morden?

Setzer, wißt Ihr, daß Ihr dann um nichts besser seid als Brudermörder?

Setzer, wißt Ihr, daß Ihr dann ärger seid als jene, die nur Einzelmenschen töten, während diese verleumderischen, hetzerischen Machwerke von Kapitalistenknechten den Massentod Eurer Brüder herbeiführen, Bewegungen ersticken, ja sogar Ideen in Mißkredit zu bringen imstande sind?

Setzer, Ihr wißt es nicht! Die Sozialdemokratie, deren Parteiangehörige Ihr seid, hat Euch nie eingeschärft, daß Ferdinand Lassalle den Feldruf ausgestoßen hat, „unser Hauptfeind, die Presse", sie hat Euch niemals zu einem Ausstand aus ideellen Gründen, zum Beispiel wegen der reaktionären, antisozialistischen Haltung einer Offizin, zu veranlassen versucht, ja, die Partei hat Euch nicht einmal verwehrt, bei der bürgerlichen Presse den kapitalistischen Polemiken gegen die Partei durch Eure Hände Verbreitung zu schaffen. Nicht weil sie die Kritik nicht fürchtete, hat sie Euch nicht dagegen beeinflußt, sondern weil sie es sich mit den Kapitalisten und vor allem ihrer Presse nicht verderben wollte.

In der Bilderlpresse und anderem gedruckten Volksgift dürfen

Millionen politisch ungeschulter Leser irregeführt, betrogen, verdummt, verdorben werden – höchstens antwortet dann das sozialdemokratische Parteiorgan auf eine oder die andere Notiz, was nur die Parteimitglieder lesen und den Ton als recht „fesch", als recht „scharf", als recht „radikal" beklatschen. Dem Herausgeber des Bilderblattes ist das aber ganz Wurst, schadet es doch weder seiner rückschrittlichen Absicht noch seiner Tasche.

Allerdings sind sich heute alle Schmierblätter, ob sie sich „Kronenzeitung" oder „Arbeiter-Zeitung" nennen, in ihrer Gesinnungslumperei und reaktionären Dienstleistung (christlichsozialdemokratische Koalitionspartei) völlig gleich und gleich in ihrem Umhang: ein „arbeiterfreundlicher", „sozialistischer" Mantel.

Erst wenn sich der Sozialismus seiner Verwirklichung nähert, dann schmeißen die Feinde der Arbeiterschaft diesen ihren Mantel von sich, dann erst zeigen sie sich in ihrer wahren Gestalt!

Welch haarsträubende Lügen haben die Schurken aller Lager, vom Selfmade Ignoranten Friedrich Austerlitz und vom Benediktator der „Neuen Freien Presse" bis zum Funder von der „Reichspost", in schöner, ungetrübter Eintracht zuerst gegen die russische Revolution und dann gegen die ungarischen Vorkämpfer des Proletariats ausgeheckt! Welch denunziatorische Anwürfe hat der Fettwanst, der sich fälschlich für Friedrich Adler ausgibt, hat Gendarmeriehauptmann Frey samt Genosken gegen *verhaftete* Kommunisten erhoben!

Und diesen Dreckwischen, diesen Ausgeburten blutrünstiger, alberner Phantasie haben die Hände ehrlicher Proletarier am Setzkasten, an der Linotype, an der Monoline und an der Rotationsmaschine Verbreitung geschaffen!

„Ja ..., aber die Preßfreiheit ..." Lüge! Es gibt keine Preßfreiheit, es hat außerhalb der proletarischen Revolution nie eine gegeben. Gesetzliche Festlegung der Preßfreiheit im Kapitalistenstaat ist eine Falle gegen das Volk. Die klassische Apologie der deutschen „Preßfreiheit" ist die Rede des badischen Abgeordneten von Liebenstein, die er heute vor hundert Jahren, 1819, in der Zweiten Kammer des Ersten badischen Landtages gehalten hat und in der er schon Preßgesetz, Preßfreiheit und Geschworenengerichte für Preßvergehen verlangt. In dieser „freiheitlichen" Rede wird zwar verlangt, daß jedes Individuum im Staate befugt sei, drucken zu lassen und durch den Druck zu verbreiten, was ihm beliebt, aber bloß *„insoferne dadurch kein Recht anderer verletzt wird“*. Meint er das Recht des einzelnen? Oh, auch der wackere Freiheitliche denkt vor allem an Verletzungen des öffentlichen Rechtes. „Dahin“, sagt er, „können gerechnet werden: unzweideutige Aufforderungen zur Empörung, *zum Umsturz der bestehenden Verfassung* oder zur Widersetzlichkeit gegen die bestehende verfassungsmäßige Gewalt; Angriffe auf die persönliche Ehre des Staatsoberhauptes.“ Ja, ja, auch die Monarchie kann weitestgehende Preßfreiheit gewähren!

Wer heute Geld hat, kann Papier und Druck bezahlen und ein Blatt zur Verherrlichung der Kinderschändung oder zur Verbreitung anderer Schweinereien herausgeben, aber wer der Verfechter der edelsten Ideen ist, kann sie nie drucken lassen, wenn er kein Geld hat. Und hat er Geld, so lehnt der kapitalistische Drucker den Druck dennoch ab, denn der Bourgeois ist klassenbewußt, er gibt für regelmäßige Angriffe gegen seine reichen Klassengenossen seine Offizin nicht her. Er kümmert sich nicht um die Preßfreiheit, die für ihn und seinesgleichen wirklich da ist. Die Revolutionäre der ganzen Welt und aller Zeiten wissen davon zu erzählen! Von Schwierigkeiten, einen Drucker, einen Verschleißer usw. zu finden!

Genosse Liebknecht wußte, wo er den Kampf zu führen hatte. 1919 kämpfte die Revolution nicht mehr um Bastille und Palais Royal. Im Berliner *Zeitungsviertel* lagen die wehrhaften Genossen von Liebknecht und Luxemburg, und zum Entsatz von Mosse, Ullstein und Scherl rückten, von „Genossen“ Noske kommandiert, die Boches durch die Jerusalemer Straße, Kochstraße und Mauerstraße heran! Solange die Bourgeoisblätter mitsamt dem „Vorwärts“ nicht erscheinen konnten, dachte das Proletariat selber nach und war auf der Seite der Spartakisten. Als die Lügenfabriken, die Verleumdungspressen wieder arbeiteten – da war es um Liebknecht, war es um die Luxemburg, war es um das deutsche Proletariat getan!

Als die „Rote Garde“ im November vorigen Jahres das Haus der „Neuen Freien Presse“ in der Fichtegasse besetzte, eine revolutionäre Demonstration, da schrie die „Arbeiter-Zeitung“ (wer denn sonst?) Zeter und Mordio und log, die Kommunisten hätten in der Setzerei herumkommandiert. Es ist nicht wahr. Aber der Kapitalist und seine antisozial leitartikelnden, polizeiverhimmelnden Helfershelfer – die dürften in den Setzereien herumkommandieren, die dürften die Jünger der Schwarzen Kunst zu weißen Gardisten erniedrigen.

In Wien, wo so vieles für die Zeitung geschieht, daß alles, was geschieht, als Reklamesucht ausgelegt wird (sogar die Tat des ehemaligen Friedrich Adler), ist der Glaube an die Macht der Zeitungen, ist der Glaube an die Wahrheit der Zeitungsnachrichten noch immer stärker als der soziale Gedanke. Um diesen beschämenden Zustand zu beseitigen, muß der soziale Gedanke verstärkt, der Glaube an die Allmacht des Zeitungsblattes geschwächt werden.

Die Zeitung, die von Arbeitern gemacht wird, darf nicht ewig eine Waffe gegen Arbeiter bleiben!

Das muß den wenigen proletarisch-klassenbewußten Redakteuren gesagt sein, dem Administrationspersonal und den Austrägern, aber vor allem Euch, den Setzern und Druckern! Dann wird kein blutiger Bruderkampf nötig sein, wie jener im Berliner Zeitungsviertel.

1920–1925

REVOLUTIONÄRE ARBEIT, GEGENREVOLUTIONÄRE VERLEUMDUNG

Es erscheint unerläßlich, die Methoden aufzuzeigen beziehungsweise dem Gedächtnis einzuprägen, mit denen die Sozialdemokratie ihren Kampf gegen die Ideen des Jännerstreiks in dem Augenblick wieder aufzunehmen wagte, als die Urheber des Streiks das Gefängnis verließen und sich die Richtigkeit all dessen erwies, was das Proletariat am Beginn des letzten Kriegsjahres verfochten hatte. Es gab keinen „sichern Sieg" Österreichs mehr, der durch „Unbesonnene" gefährdet werden könne, sondern es hatte sich in der letzten Oktoberwoche von 1918 plötzlich herausgestellt, daß der Sieg seit eh und je unmöglich gewesen war, daß wir aber den Frieden, einen freiwilligen Frieden, einen günstigen Frieden schon zehn Monate früher hätten heimtragen, Tausenden den Tod hätten ersparen können, wenn man nur die „Unbesonnenen" hätte gewähren lassen. Und nun, da das auch für die „Besonnenen" klargeworden war – nun ging der Kampf gegen den Radikalismus von neuem los.

Unter den am 31. Oktober 1918 entlassenen Untersuchungshäftlingen des Landesgerichtes und des Garnisonsgerichtes befanden sich unsere Genossen vom Jännerstreik und vom Junistreik, die monatelang Hunger, Frost und Mißhandlungen ausgesetzt gewesen waren. Nur für wenige hatte sich im vorhergegangenen Monat die Zellentüre geöffnet – zumeist für die Abschiebung oder als p. w. an die Front. Da die Sozialdemokratie nun versucht, auch den Jännerstreik, den sie siegreich sabotiert hatte, als ihre Veranstaltung hinzustellen, seien die Namen der im Garnisons- und Landesgericht „wegen Teilnahme an einer Verschwörung österreichischer internationaler Bolschewiki" eingekerkerten Jännerstreiker genannt: Baral, Beer, Cotanicz, Gorn, Grünberg, Marie Horowitz, Hermann, Knoll, Kohn-Eber, Lubomira Korceniowka, Koritschoner, Kulcsar, Meller, Mildmann, Pjatigorsky, Roller, Rothziegel, Weigand, Weintraub, Dr. Wertheim und Wessely; nach dem Beginn des Junistreiks kamen die Genossen Lazarovits, Petracek und

Pfeffer dazu. Nach der feinen Konstatierung Severs auf dem niederösterreichischen Landesparteitag, „daß die Urheber des Jännerstreik-Flugblattes noch immer auf freiem Fuße seien", waren sie in Haft genommen worden und waren Monat auf Monat gesessen, trotzdem die sozialdemokratischen Führer feierlich verkündet hatten, sie hätten „von der Regierung erwirkt, daß keine Maßregelung aus der Beteiligung an dem Streik erfolgen werde". Trotzdem hatten die roten Parlamentarier nicht einen Finger zugunsten der inhaftierten Genossen gerührt.

Als die politischen Häftlinge nach dem Umsturz „provisorisch" entlassen wurden, machte die „Arbeiter-Zeitung" (noch am 1. November 1918 allen Ernstes glaubend, jemand werde die vorläufig Enthafteten noch wegen Majestätsbeleidigung etc. wieder festnehmen und verurteilen!) pathetisch den Vorschlag, man möge das Verfahren gegen die verhafteten Serben, Rumänen, Italiener usw. *im Gnadenwege niederschlagen,* abolieren. Sie zählte die Kategorien der „Begnadigungswürdigen" (tschechische Druschinisten, serbische Legionäre, rumänische Freischärler etc.) ausdrücklich auf – an die sozialistischen, anarchistischen, nazarenischen Kriegsdienstverweigerer erinnerte sie sich überhaupt nicht, am allerwenigsten aber an ihre eigenen Opfer, an die Häftlinge aus dem Jännerstreik!

Als aber die aus dem Kerker entlassenen Revolutionäre wieder im Dienste der sozialen Revolution zu arbeiten beginnen wollten, als sie sich in den drei neu erstehenden revolutionären Organisationen zu organisieren anfingen, in der Kommunistischen Partei, in der Föderation revolutionärer Sozialisten „Internationale" und in der Roten Garde, da entblödete sich die rote Reaktion nicht, gegen sie das Amt der eben entschlafenen k. k. Polizei zu übernehmen: die Persekution. Sie arbeitete mit falschen Anschuldigungen, mit Vorwürfen aus den Akten des Jännerstreiks. Unter den einzelnen Genossen blieb kaum einer von niederträchtigsten Anwürfen verschont. Speziell unser unvergeßlicher Leo Rothziegel wurde nicht bloß als „Wirrkopf", sondern auch als Dieb verdächtigt: Eine Gerichtskorrespondenz hatte nämlich am 6. Februar geschickt in den Bericht über den (von der Roten Garde verhafteten) Hotelräuber Weiß zweideutig die Bemerkung eingeschmuggelt, Rothziegel habe das gestohlene Geld an sich genommen. (Dies hatte Rothziegel offen vor allen Genossen getan und, unter Beschimpfung des Diebes, sofort in der Kanzlei dem Rechnungsführer gegen Quittung abgeliefert.) Diesen schurkisch frisierten Bericht schrotete die „Arbeiter-Zeitung“ noch mehr aus und war von *allen* Wiener Zeitungen die einzige, die die vom Kommando der Roten Garde versandte Berichtigung nicht abdruckte. Zwei Monate später war Rothziegel tot, als Revolutionär gefallen – und dieselbe Redaktion, die ihn so oft und so wüst beschimpft hatte, pries ihn nun. In der „A. Z. am Abend“ vom 27. August war er kein Dieb mehr, sondern „der idealistische Rothziegel“, jetzt war er kein „Wirrkopf“ mehr, sondern ein „Feuerkopf“, und zwar einer, „der *immer* ein Feuerkopf gewesen ist und seiner Überzeugung, leider zwecklos, sein Leben geopfert hat ...“ Allerdings erschien jenes postume Lob des Toten stets nur als Einleitung zu um so heftigerer Beschimpfung seiner überlebenden Gesinnungsgenossen, zur Verleumdung jener, die leider nicht „leider zwecklos“ ihr Leben geopfert hatten ...

Ein Genosse, der wegen des Jännerstreiks monatelang in Haft gesessen war und, um sich vor der möglichen Verurteilung zum Tode durch das Militärgericht zu retten, bei der Verhandlung angegeben hatte, er sei zufällig in die Menge der Demonstranten geraten, wurde so beschrieben: „... wie *gerichtsordnungsmäßig bewiesen* ist, ein geständiger Dilettant in der Politik, die er das erstemal auf dem Wege zu einer Tante erlernt hat“. Ein Jännerstreikgenosse hatte in einem Privatbrief aus neuer Haft im alten Kerker geschildert, wie er vom Gefängnispersonal verprügelt worden sei; aus dem Briefe wurde nur eine Stelle gesperrt gedruckt, in der der Genosse mitteilte, wie er sich gegen seinen Hauptpeiniger zur Wehr gesetzt hatte, und das Schimpfwort, mit dem er den Rohling belegte. So ging es gegen alle, die in der radikalen Bewegung genannt wurden. „Ein gewisser Franz Koritschoner“ sei beim Parlament verwundet worden. Ein Genosse habe sich einmal zur Verteidigung eines christlichsozialen Rechtsanwalts bedient, ein anderer (der im Felde viele schwere Verwundungen erlitten hatte) wurde „beschuldigt“, während des ganzen Krieges im Hinterland gewesen zu sein, gegen einen anderen brachte man die Lügen vor, er habe patriotische Gedichte, kriegshetzerische Artikel veröffentlicht etc.

Außerdem ließen die Herren in der Wienzeile fast täglich irgendeinen Akt über ein anderes anrüchiges Subjekt drucken, dessen Namen wir nie gehört hatten, und bemerkte hiezu: „So also sehen die Herren aus, die die Arbeiterschaft Wiens nach ihrem Willen lenken wollen." Am 14. November brachte sie eine derartige Lebensbeschreibung eines falschen Leutnants namens Groß, wußte massenhaft von seiner Kriegsdienstleistung in einer Kanzlei, von seinen Vermögensverhältnissen (daß er „aus einem wohlhabenden Hause" stamme, war spationiert) und von seiner Tätigkeit als Kommandant einer Abteilung der Roten Garde zu erzählen, mit der er das Parlament gestürmt habe. Daran war folgende Bemerkung geknüpft: *„Jeden Augenblick* taucht da auch *ein anderes Mitglied* des früheren Kriegspressequartiers als Führer auf." Wir aber hatten diesen Herrn Groß nie gesehen, nie etwas von ihm gehört, und wir beschlossen, endlich eine Berichtigung abzufassen: „Wir kennen keinen Herrn Groß, in unserer Führung hat sich vom ersten Tag der Konstituierung nichts geändert, von *zweitausenddreihundert* Mitgliedern der Roten Garde gehört nur eines dem ehemaligen Pressequartier an, und dieser eine war nicht etwa als Berichterstatter dorthin eingetreten, sondern nach zuerkannter Mindertauglichkeit infolge langen Frontdienstes und achtfacher Verwundung als Übersetzer militärisch dorthin kommandiert worden." Es war dies – wohlgemerkt! – die *erste* Berichtigung, die die Rote Garde aussandte, und der sozialdemokratische Parteibeamte, Gendarmeriehauptmann Dr. Frey, der bereits damals in die Stiftskaserne eingeschmuggelt worden war, übernahm es, den Abdruck im Wortlaut durchzusetzen. Trotzdem brachte die „Arbeiter-Zeitung" dieses Dementi so, als ob man jetzt den „Leutnant Groß" nur geschickt verleugnen wollte, als ob wir bloß behaupten, er komme in unseren Listen nicht vor. Natürlich hatten wir in unserer Zuschrift zu solchen Listen keine Zuflucht genommen und auch den Namen jenes als Übersetzer kommandiert gewesenen Mitglieds nicht genannt, aber das saubere Blatt stellte es so dar, als habe die Rote Garde selbst gegen ihren Kommandanten Stellung genommen. Es schrieb: „Aus der Stiftskaserne wird uns mitgeteilt, daß ein Leutnant Groß in ihren Listen nicht vorkommt und daß aus dem Korpskommando nur Oberleutnant Kisch stammt." Außerdem war folgender Satz hinzugefügt: „Das Literatenmäßige der gegenwärtigen Führung der Roten Garde geht schon daraus hervor, daß sie *ununterbrochen* Communiqués, Berichtigungen, Erklärungen produziert."

Der Schreibfehler „Korpskommando" (statt: „Kriegspressequartier") im Manuskripte des Fälschers ist das Muster einer Fehlleistung im psychoanalytischen Sinne. Die Antitendenz, die noch immer nicht beseitigte Furcht, die bisher vorgesetzte Behörde anzugreifen, das böse Gewissen jenes Redakteurs hatte den Irrtum hervorgerufen, die Niederschrift des richtigen Wortes verhindert. War doch die „Arbeiter-Zeitung" während des ganzen Krieges das Organ des k. u. k. Kriegspressequartiers gewesen und ihr Berichterstatter der Sprecher und Wortführer aller Kriegsberichterstatter, waren doch die Kriegskorrespondenten Adolf Köster und Hugo Schulz und im Verein mit ihnen der Stratege Karl Leuthner die lautesten Kriegsbejaher und blutrünstigsten Hetzer etc. Daß aber die Abhängigkeit der sozialdemokratischen Partei vom *Pressequartier* und die aus Angst vor diesem *verhinderte Verteidigung eines toten marxistischen Schriftstellers* gegen feuilletonistische Verunglimpfung *die Anlässe zur Tötung Stürgkhs durch Friedrich Adler* gewesen sind, ist bis zum heutigen Tage nie veröffentlicht worden und sei deshalb hier genauer wiedergegeben. Der Adjutant des Pressequartiers, ein Herr Karl Lustig von Preansfeld (Pseudonym: „Erwin von Janischfeld"), hatte über den Marx-Philosophen Dr. Gustav Eckstein, der 1916 gestorben ist, eines seiner Feuilletönchen geschrieben, obwohl Herr von Lustig von Marx ebensoviel wußte wie von Eckstein, von Philosophie ebensowenig wie von Sozialismus. Über diese Grabschändung regte sich Dr. Friedrich Adler, ein Freund Dr. Ecksteins, derart auf, daß er gegen Lustig von Janischfeld einen Artikel schrieb und dem Abgeordneten Leuthner zum Abdruck für die „Arbeiter-Zeitung" übergab. Herr Leuthner lehnte die Annahme des Artikels mit der Begründung ab, daß er die Verantwortung für das Erscheinen eines Angriffes von so weittragender Bedeutung – der Herr Reserveleutnant von Lustig war ja Adjutant des Pressequartiers! – nicht übernehmen könne; Fritz Adler möge warten, bis Chefredakteur Austerlitz von seiner Reise zurückgekehrt sei. Als Austerlitz zurückkam, lehnte er den Artikel gleichfalls ab, und dieser blieb *unveröffentlicht.* Darüber beschwerte sich Dr. Friedrich Adler in der am Tage vor dem Attentat abgehaltenen Sitzung der sozialdemokratischen Parteileitung und erhob den Vorwurf, der Reichsratsabgeordnete Leuthner habe dem Adjutanten des Kriegspressequartiers eine Gefälligkeit erwiesen, um sich die Enthebung zu sichern! Die Parteileitung gab Friedrich Adler nicht recht, die Ablehnung des Verteidigungsartikels für Gustav Eckstein wurde gutgeheißen, und dies war der unmittelbare Anstoß zur Tat.

So sahen also die Sozialdemokraten aus, denen ihre Führerschaft so wertvoll schien, daß sie darüber den Sozialismus aus den Augen verloren und im Augenblicke, da er zu verwirklichen war, ihre Stoßkraft gegen die radikalen Sozialisten aufwandten, den Versuch revolutionärer Arbeit mit gegenrevolutionärer Verleumdung sabotierten.

GAUNERSPRACHLICHES

Von Rotwelsch und Hantýrka

Mit dem fremdsprachigen Berufsgenossen, mit dem sich Bruder Gauner einstens auf der Landstraße oder auf dem Jahrmarkt zu gemeinsamem Beutegang verbündete, redete er die Sprache derer, denen Landstraße und Jahrmarkt das Daheim waren: die der Zigeuner und Juden. Oder wenigstens in hebräischen und zigeunerischen Substantiven und Verben. Und in Worten, die er von Komplizen aus anderen Sprachgebieten gehört und übernommen hatte und die nun bald in der ganzen Branche internationale Geltung bekamen. So kam der Pole mit dem Italiener bezüglich eines Verbrechens überein, der Deutsche mit dem Griechen, der Tscheche mit dem Türken, der Spanier mit dem Ungarn.

Wie aber, wie war es, wenn sich Konnationale vereinbarten? Sie hatten Ursach, dafür zu sorgen, daß ein zufälliger Hörer nicht davon verständigt sei, worüber sie sich verständigten. Sie hatten auch – wenn sie sich auch dessen nicht bewußt waren, und die Kriminalanthropologie hat dies bisher nicht bemerkt – psychische Gründe dafür, wenn sie ein „Ding drehen wollten", dieses Ding nicht beim richtigen Namen zu nennen. Nicht aus Scham, aber doch aus Scheu griffen sie zum Euphemismus und zum Geheimwort; jede Ideologie hat ihre Terminologie, und wenn der Diebstahl nicht ein Diebstahl im landläufigen *Sinne* ist, wird er ihn auch nicht mit dem landläufigen *Wort* benennen. So durchwirkten auch Landsleute mit den fremden Brocken, die sie in den Kaschemmen und Gefängnissen gelernt hatten, die mütterliche Schriftsprache, bis aus ihr beinahe ein Dialekt des Chochemer loschen wurde, der Zunge der Weisen ...

Das ist eine internationale Sprache, lange vor Volapük, Esperanto und Ido entstanden, geheim verbreitet. Anders ist in jedem Lande ihr Name und ihre Grammatik, im Wesen aber beinahe überall gleich ist der Vokabelschatz. Und ob man nun über diese Lingua occulta im Baseler Ratsmandat von 1475 liest oder Sebastian Brants „Narrenschiff“ oder eines der in polizeilichen, privatwissenschaftlichen oder literarischen Wehen geborenen Diktionäre, so wird man finden, daß der Wortschatz der Diebe seit fünf Jahrhunderten im großen ganzen gleich geblieben ist – beziehungsweise daß die Außenseiter in diesem Zeitraum nicht allzuviel neue Geheimworte „ausbaldowern“ konnten. Der berufsmäßige Hochstapler von heute, im Luxuszug Paris-Nizza mit seinem Maskottchen allerhand Pläne sachlich besprechend, gebraucht im Grunde dieselben Ausdrücke, in denen zur Zeit des Konstanzer Konzils der Zigeuner mit seiner Tippelschickse sprach. Und neben jenen Urworten des Slang, welchen man im Schlammdistrikt von Whitechapel spricht, hört man manch französische Vokabel, im deutschen Rotwelsch ist wie im Jasyk afinskij von Gorkis Nachtasyl- und Walzgenossen mancher englische Brocken vorhanden, in der skandinavischen „Fantesprog“ viele russische Ausdrücke, im Argot der Pariser Apachen zahlreiche italienische sowie im Gergo, der Lingue furbeschi, manches französische und deutsche Wort, und gar die Hantýrka oder Švihačina, der tschechische Diebsjargon, ist an deutschen Wendungen und Wortbildungen überreich.

Schon der Name „Hantýrka“ stammt aus dem Deutschen. Und in Dokumenten aus der Hussitenzeit, in des tschechischen Humanisten Puchmajer (vor hundert Jahren erschienenen) Wörterverzeichnis, in einem in der Vereinigten Hofkanzlei zu Wien zur gleichen Zeit hergestellten Verbrechervokabular, in den Satzproben in Bartoš' Mährischer Dialektologie, in Professor Bredlers (übrigens noch immer nicht vollständigem!) Slovník české Hantýrky und in der Kenntnis des Praktikers sind beinahe hundert Ausdrücke enthalten, welche die Diebe Böhmens aus der Sprachschatulle jener entnommen hatten, die zwar ihre Berufskollegen, aber skopčáci, švihlíci, das heißt Deutsche waren. Diese Worte, deren sich hierzulande die Verbrecherwelt während des Hantierens bediente und bedient, sind entweder aus dem Rotwelsch (manchmal mit geringfügigen Änderungen) einfach übernommen worden oder durch wörtliche Übersetzung deutscher Diebsausdrücke entstanden oder durch Slawisierung beziehungsweise Verstümmelung von Worten der deutschen Schriftsprache in die Hantýrka gekommen.

So amüsant die Etymologie dieser Lehnworte auch ist, sie kann hier aus Raummangel nicht gegeben werden. Es genüge daher, sich einige markante Sätze aus dem Alltagsleben der Prager Vorstadtwelt ins Gedächtnis zu rufen, die auch dem Deutschen einigermaßen verständlich: „Já jsem švorc", wörtlich übersetzt: „Ich bin schwarz", bedeutet, daß ich kein Geld habe. Der Satz „Nedělají mi žádný fór a dají mně tři kule" ist durch die Übersetzung sogar etymologisch erklärt: „Machen Sie mir nichts *vor*, und geben Sie mir drei Gulden." Diese substantivierte Übersetzung des Pronomens „vor" aus den Worten „vortäuschen", „vorspiegeln" wirkt um so lustiger, wenn man weiß, daß es nicht bloß einen „fór" gibt, womit eine Ausrede, ein Schwindel, ein gemäßigter Betrug gemeint ist, sondern auch einen Diminutiv, einen „fórek", womit ein noch gemäßigterer Betrug, ein Schwindelchen bezeichnet wird, und ein Adjektiv „fórový", das aus dem edlen Volkslied „Anko, ty jsi támiš fórová – beze mne bys byla hotová" dem Konzertpublikum geläufig sein dürfte. Die beruhigende Versicherung „Venca dává bacha", auf deutsch: „der Václav steht Wache", und die Charakterisierung „Vinca je jó frajer", deutsch: „der Čeněk ist *ja* ein Freiherr" (wobei sich allerdings das Wort „Freiherr" frajer übersetzen ließe), sind ihre Herkunft nach ebenso verständlich wie der freundschaftliche Rat: „Vyluftuj mu hlavu", der mit „Lüfte sein Haupt" zwar wortgetreu, aber mit „Schlage ihm den Schädel ein!" entschieden sinngemäßer zu übersetzen wäre. „On se pucuje na fraj" heißt: Er putzt an seiner Freiheit herum, das heißt, er macht sich verdächtig. „Já tu holku hodim do šlajfu" oder „já tu flundru dám do party" sind synonyme Sätze großmütigen Gemeinschaftssinnes, sie bedeuten: „Ich schenke die Dame unserer Platte", wobei šlajf von Schleife, flundra von Flunder und parta von Partie (pars, partis) kommt. A furt se jde, und fort geht man.

Aus der so großen Anleihe von Vokabeln der deutschen Gaunersprache müßte man schließen, daß andererseits auch die deutschen Vagabunden von den „schwarzen Martinen" – so hießen die Böhmen zum Unterschied von den „blauen Martinen", den Sachsen – einiges in ihr sprachliches Hehlernest geschafft hätten. Dieser Schluß wäre um so begreiflicher, als Böhmen von altersher in Sprichwort, Schwank und Volkslied als Heimat vieler unehrlicher Leute galt. Schon im sechzehnten Jahrhundert erzählt Heinrich Bebel von einem Henker, der nach Böheim kam und dort ein Seelsorger wurde, „wie das Volk, so der Priester". Hans Sachs vexiert am 24. Mai 1563: „Die Beham zeiht man Ketzerei – und heimlich mausen s' auch dabei." – Der aus dem vierzehnten Jahrhundert stammende Länderspiegel des Sterzinger Archivs, den 1600 Andreas Gartner in seine Sprichwörtersammlung aufgenommen hat, erklärt den Namen „Bohemus" als eine Zusammensetzung von „bos" und „mus" folgendermaßen: Bos a potando mus furtum concumulando. Auch sonst wird man in keinem Sprichwörterlexikon das Schlagwort „Böhmen" aufsuchen können, ohne Redensarten wie diese zu finden: „Počkej heißt laufen, krallovat (von krásti, kradl, stehlen) heißt kaufen." Und: „Wenn ein Böhme geboren wird, legt man eine Klarinette und eine Münze neben ihn, um zu sehen, wonach er greift, um daraus zu wissen, ob er ein Musikant oder ein Dieb wird." Der Ausdruck „Böhmischer Zirkel" ist ebenso bekannt wie das „Böhmische Handwerk", von dem schon im Trutz Simplex gesprochen wird. Dort bezeichnet Grimmelshausen es auch als gewiß: „Wo ein Böhme Kuder (d. i. Abwerg von Hanf) aus einem Hause traget, da werde gewißlich kein Teutscher Flachs in finden." Und in seiner „Landstörzerin Courasche", die als Prachatitzerin unsere Landsmännin ist, will der Reiter, als sie dessen Dienst verläßt, partout einen Dieb aus dieser Nation an ihrer Stelle haben. Im Florilegium ethico-politicum, 1610, gibt Janus Gruter aus Antwerpen dem nach Böhmen Reisenden den Rat: „Hab wohl acht auf deine Sachen ... Weiter tue auch nicht trauen, denn allhier gibt's schlimme Bauern." Ein handschriftliches Volkslied aus dem achtzehnten Jahrhundert sagt über die Böhmen: „Das Stehlen habens a schon gewohnt. / Sie sein als wie die Katzen, / Kein Nagel bleibet an der Wand, / Der nicht kommt in ihr Bratzen." In Wolfs Zeitschrift für die deutsche Mythologie und Sittenkunde, 1855, teilt Fries eine Schöpfungssage des „Stockböhmen" – so bezeichnet schon Desing jene Bewohner Böhmens, „so nicht auch Teutsch verstunden" – mit: Christus habe sich geweigert, in Böhmen Menschen zu erschaffen, da aus der Erde dieses Landes nur schlimme Menschen entstehen würden. Petrus wandte ein: „Wenn du, Herr, nicht aus der Erde dieses Landes einen Menschen erzeugen willst, so mache ihn aus diesem Baumstamm hier, auf den du deinen Mantel gehängt hast." Christus: „Auch dieser Baumstamm zog seine Kraft aus dieser Erde. Damit du dieses erkennest, will ich deinen Wunsch erfüllen." Und: „Stock, werde ein Mensch!", spricht der Heiland, aus dem Baumstock ward ein Stockböhm, der sofort mit des Herren Mantel davonläuft. Petrus aber rufet aus: „O Undank. Da gehet es dem Sprichworte nach: Trau, schau, wem – nur nicht einem Böhm!“

Es wäre doch wohl eine der wichtigsten Aufgaben der Wissenschaft Böhmens, zu erforschen, ob zu einer so vielfach erhobenen Beschuldigung, einem so belastenden Vorwurf, einem so üblen Rufe eines ganzen Volkes oder eines ganzen Gebietes überhaupt eine meritorische Berechtigung vorliege oder – anderenfalls – woher die Folklore ihren Anlaß dazu genommen habe. Auf einen sehr materialreichen, aber in seinen Folgerungen nationalistisch-tendenziösen Artikel des Themas „Der Tscheche im deutschen Volksspott“ („Deutsche Arbeit“, XIII., p. 689 ff.) haben in den ersten Tagen des Weltkrieges die „Národni listy“ ebenso nationalistisch-tendenziös geantwortet und ohne sachliches Material. Die tschechische Wissenschaft ist meines Wissens der allerdings heiklen Frage scheu aus dem Wege gegangen, obwohl die historischen Gründe dieses Volksspottes, religiöse und politische und nationale, ganz klar zutage liegen, aufzuzeigen und ihre Folgerungen zu zerstören wären.

Und aus der *vergleichenden* Kenntnis der Gaunersprachen läßt sich vollkommen klar die Unstichhältigkeit der volkstümlichen Anklage von der großen Kriminalität in Böhmen beweisen. Wir haben gesehen, wie stark die Sprache des tschechischen Verbrechers von deutschen Ausdrücken durchsetzt ist, wie stark also die Gemeinschaft der schwarzen Martine mit ihren deutschen Brüdern war. Wäre aber ihre Zahl groß gewesen, so mußte bei diesem intensiv-intimen Verkehr folgerichtig auch der Sprachschatz des deutschen Gaunertums von ihnen profitiert haben. Wie aber sieht es damit aus?

Das dritte Kapitel des um 1510 erstmalig erschienenen Liber Vagatorum, die „angehengte Rohtwälsche Gramatic“, weist unter etwa hundertzwanzig Vokabeln nur eine auf, die auf tschechischen Ursprung hindeutet: „Betzam“ wird als Gaunerausdruck für „ein ey“ angeführt, was von „vejce“ stammen könnte. Das seltene Buch „Das Wesen und Treiben der Gauner ...“, das der Polizeibeamte Christian Rochlitz 1864 in Leipzig herausgab, enthält auf mehr als dreißig Seiten des beigegebenen „Wörterbuches der Diebessprache“ viele hundert Ausdrücke. Bei der Verdeutschung von einigen hat sich der biedere Polizeibeamte von seinen Gaunern einen Bären aufbinden lassen, so zum Beispiel, daß das hebräische Wort „Reschoim“ Leute bedeute, die „sich nicht bestechen lassen“, und „oßer“ mit „wahrhaftig“ zu übersetzen sei! „O Sir“ (sprich: oßer), sagt Schiller. Aber nur zwei Worte stammen aus tschechischen: „Glitsch“ für Riegel, Vorlegeschloß vom Tschechischen: klič, der Schlüssel (einem Wort, dessen mögliche Ableitung von „Klinke“ uns hier nicht weiter interessiert), und „Bolifken, Bolifte oder Wolffke“ für Jauche oder Suppe von „polévka“: die Suppe. In der Hantýrka wird das Wort „zpěvák“ für eine Leiter gesetzt, wohl in Erinnerung an die Tonleiter, die der Sänger emporklettert, und von dort ist dieser Spitzname als spewakos ins Rotwelsche gekommen. „Etwas krallen“ stammt von „kradl, krásti“, d. i. stehlen, und durch Ersetzung des Wortes „Kralle“ durch das synonyme „Klaue“ entstand „klauen“. Das thermochemische Phänomen, daß dem modernen ketas (Kettenhändler) „kalt am Pippek“ (von pupek, der Nabel) wird, wenn ihm der Boden unter den Füßen brennt, ist aus dem Kranz-Prozesse auch Unbeteiligten klargeworden.

Mit diesen fünf Worten ist die Beteiligung von Hantýrka und tschechischer Sprache überhaupt am Rotwelschen, das von allen Sprachen und nationalen Spielarten des internationalen Chochemer loschen Beiträge angenommen hat, vollkommen erschöpft. Es ist also klar, daß es nur Nationalhaß gegen den Fremdsprachigen, politische und religiöse Gründe aus Hussiten- und Reformationszeit waren, welche la Bohême zur Heimat einer solchen Bohème stempelten und Anlaß zu diesen Beschuldigungen und Bespöttelungen waren. Wie denn auch jetzt die idealistischeste Bewegung unserer Zeit, die kommunistische, ganz genau dieselben Anwürfe und Verleumdungen von allen Seiten – auch von tschechischer – zu erdulden hat.

DE PROFUNDIS

Allerseelen in Řepy

Ein Tag im Jahre ist den Toten frei. Den Toten in Řepy nicht. Die sind auch am Tage Allerseelen, so wie sie's bei Lebzeiten waren, vergittert, ummauert und eingesperrt.

Daß der Weg von der Station Rusin näher sei als der von Hostiwitz, wußte ich nicht. Aber als der breite Gendarm mit seiner drallen schwarzäugigen Begleiterin in Kopftuch und schwarzem Haar in Rusin ausstieg, tat ich es auch und ging ihnen nach. Er trug eine

Revolvertasche am Bauch, eine Kartentasche hinten. Kaum waren Landkarten darin, eher ein Frühstück.

Ist ja der Weg nicht zu verfehlen. Links, ganz nahe, ist der Sechszack des Schlosses Stern, in dem die „blutende Gestalt mit Dolch und Lampe", Grillparzers Ahnfrau, nicht mehr lustwandelt, seitdem das Frauenstrafhaus aus so unmittelbarer Nähe droht. Vor uns Kloster und Kirche des Weißen Bergs. Rechts im Tale die Strafanstalt, ein hellvioletter Block.

Wo der Weg sich senkt, vor dem Gittertor in eine ganz, ganz niedrige Mauer, schlägt die Maslowa (bei Gott, es ist Tolstois Maslowa, Auferstehung!) ein Kreuz, als der Gendarm sie vorüberführt. Ich bleibe stehen und schaue in das Mauerquadrat.

Es ist nicht möglich, daß das ein Friedhof ist. Es ist ein Friedhof. Nein, ein Schindanger, Schlimmeres ist nicht vorzustellen.

Ein Kind – vielleicht ist es schon über vierzehn Jahre, untersteht also schon dem Staatsanwalt, aber jedenfalls sieht das Mädchen wie ein kleines Kind aus – steht auf der vom Wege abgekehrten Seite an der Mauer, wo vielleicht die neuesten der Gräber sind. Augen und Hände und Nase sind rot. Es kann sein, daß es aus Neugierde stehengeblieben ist, aber es kann auch sein, daß es seine Mutter besuchen kommt und vor der Türe stehen muß.

Denn auch heute, am Tage der öffentlichen Audienzen bei den Toten, ist das Gittertor gesperrt. Wozu auch hineingehen? Grabhügel tragen hier nicht nur keinen Namen der Beerdigten, ja nicht einmal ein Holzkreuz, wie es sogar die toten Sträflinge von Pankratz haben. Hier in Řepy sind die Gräber *überhaupt nicht bezeichnet,* die Reihen zeigen keine Numerierung, zwischen den unregelmäßig aufgehäuften Grabhügeln ist kein Weg, das Unkraut wuchert bis an die obere Mauerwand, vier Bäume lungern in einem Winkel umher, der den Eindruck eines Selbstmörderecks macht. Aber das kann man nicht so genau sagen, denn dieser bezeichnungslose Gräberhaufen hat keine Differenzierungsmöglichkeiten zwischen seinen Ecken.

Eine Grube ist offen, auf einem Hügel ist ein Blumentopf mit weißen Astern, nur auf fünfen der Gräber haben Angehörige Kreuze aufgerichtet. Eines, ein poliertes Holzkreuz, trägt den Namen Anna S. – der Name ist bekannt, ihre Söhne endeten gemeinsam auf dem Galgen wegen Vatermordes, die Mutter war Anstifterin; als sie in Řepy starb, gedachte der Rest der Familie ihrer in Ehren, nicht so wie die Hinterbliebenen der anderen. Vielleicht waren einst auch andere Holzkreuze da, und Frierende haben sie fortgeschleppt.

Ein offizielles Kruzifix ist auch da, sozusagen als Zierde für alle Gräber gedacht. Aber das Postament ist so lieblos an die Mauer geschoben, daß es aussieht, als wäre dort zufällig ein Stein gelegen, und man hätte bloß das Metallkreuz angelötet.

Aber diese Beerdigungsstätte ist kein Kirchhof, sondern nur der Teil eines Kirchhofes. Die eine Seite des Mauerquadrats ist gleichzeitig Wand des anderen Teiles. Der hat einen eigenen Eingang, ein Gittertor. Das steht offen.

Der Schilderer, der den Begräbnisplatz der Sträflinge eben als den schmählichsten Kirchhofsplatz der Welt befunden hat, zögert einen Augenblick, das Charakteristikum für den anderen Teil des Friedhofes niederzuschreiben. Er fürchtet, daß man ihn der Übertreibung zeihen, als einen Superlativisten, als einen mit plumpen Kontrasten arbeitenden Schriftsteller bezeichnen wird. Trotzdem aber muß er der Wahrheit die Ehre geben und sagen, daß dieser andere Teil den hübschesten und nettesten Friedhof bildet, der existiert. Selbst der große Totenhain von Ohlsdorf bei Hamburg wirkt (macht er doch Unterschiede zwischen den Toten) nicht so einfach und schön wie dieser hier.

Hier ruhen die Schwestern der Kongregation des hl. Karl Borromäus, die in Řepy die Sträflinge betreuen. An hundert scharf abgeschnittene, auch jetzt im Novemberwind freundliche Grabhügel, gekehrte Straßen dazwischen. Auf jedem Hügel ein schmiedeeisernes Kreuz und zwei weiße Porzellanovale mit Namen und Datum und auf jedem Kreuz, mit bunten Bändern befestigt, ein grüner Kranz, die Hügel mit Erikakreuzen oder Kränzen belegt. Ein Grab wie das andere, eine Reihe wie die andere, alles leuchtet grün, weiß und schwarz. Auch die Oberinnen und Novizenmeisterinnen, die links an der Wand ruhen (zum Beispiel Maria Charitas Gräfin von Coudenhove, deren Biographie wir auch wichtige Daten über den einstigen Klostergärtner von Řepy, Babinsky, verdanken), haben genau das gleiche Porzellanschild, das gleiche schwarze Schmiedeeisenkruzifix und den gleichen Kranz.

Nur rechts von der Kapelle, welche die Mauer des Sträflingsfriedhofes vom Nonnenfriedhof zurückschiebt, liegen drei Generaloberinnen, links von der Kapelle zwei Priester, Hof- und

Burgpfarrer Kahl und der letzte Pfarrer von Řepy, unter steingehauenen Denkmälern.

Der Kapelle gegenüber hängt Christus am Kreuz. „Ich bin die Auferstehung." Jetzt kniet das kleine Mädchen vor ihm, das in die Sträflingsabteilung der Toten nicht gelangen konnte. Mit roten Augen, roter Nase und roten Händen betet sie den Englischen Gruß.

Kerkerzeit

Der Knabe, der im Tuberkulosenmilieu geboren wird, sich aus irgendwelchen Gründen nicht ansteckt, nicht vom vierzehnten Lebensjahre an an seinem Tode beginnt, sondern sich aus seiner Schichte emporschwingt – er ist die Ausnahme. Aber man stempelt sie gern zur Regel, zu zeigen, daß jedem Tüchtigen die Bahn offenstehe.

Der Sträfling, der im Kerker nicht vollends zerbricht und der das Zuchthaus nicht als „Hochschule des Verbrechens" absolviert, sondern – wie Thomas Morus zum Beispiel oder Cervantes, Fielding oder Camões – den Weg [Zeile fehlt] Einzelfälle.

Dies ausgesprochen habend, darf man von dem Werk eines Totschlägers sprechen, das in einer Einzelzelle der Strafanstalt Bory bei Pilsen geschaffen und nun in einem Lokale von vollkommen gegenteiliger Art ausgestellt ist. Im Refektorium des Prager Klementinums, einem herrlich gewölbten Riesensaal mit massivem Barockkamin und dunklen Kolossalgemälden biblischer Stoffe und einer erzbischöflichen Ahnengalerie von Prag. In einem Saal, der dem Laienblick bisher verschlossen war und nun der Rahmen zu einem Kriminalistikum ist, mit dem er konkurriert.

Das Ausstellungsobjekt ist an sich und seiner Genesis nach seltsam genug. Ein Horologium – „orloj" kürzt man das bei uns ab –, ein mächtiges Uhrwerk, das Sekunden, Minuten, Stunden, Tage, Monate, Jahre, Sonnenaufgang und -untergang, das jeweilige Zeichen des Tierkreises, die Jahreszeiten, Tag- und Nachtgleiche, die Station, auf der sich unser unsteter Planet eben auf seinem Dauerlauf um die Sonne befindet, Sonnenfinsternis, Mondesfinsternisse, das jeweilige Sternbild. Also Uhr, automatisches Kalendarium und Sternenkarte zugleich. Gemacht hat das ein kleiner, gut angezogener Herr von achtundvierzig Jahren und etwas gebeugtem Rücken, Herr Franz Planička. Früher war er Schneider. Aber am

10. Mai 1908 hat er in der Olmützer Gegend seine Frau ermordet. Er gibt an, daß es ein Totschlag war, eine Tat des Affektes, der Eifersucht. Die Akten seien nicht hervorgesucht – genug an dem, daß man ihn zum Tode durch den Strang verurteilt hat. Kaiser Franz Joseph begnadigte ihn zu zwanzig Jahren schweren Kerkers, und Planička kam nach Bory. Er bat sich Einzelhaft aus, um seine Strafzeit zu verkürzen. Einzelhaft – das hält man in der Regel drei Jahre aus. Dann wird man wahnsinnig. Planička blieb neun Jahre in der Einzelzelle und wurde nicht wahnsinnig.

Obwohl man glaubte, daß er es längst sei. Auf dem Hof sammelte er kleine Blechstücke, Sand, Plüschfetzen und dergleichen und steckte sie hastig ein. Man bemerkte das und führte ihn dem Strafanstaltsverwalter vor. Kreuzverhör. „Ich will mir daraus eine Uhr verfertigen." Da lächelte man und hielt ihn für pathologisch: „tichý blázen" heißt hierzulande die Diagnose. In psychoanalytischem Sinne war er's: Die manische Einstellung auf die Zeit, eine typische Psychose aller Häftlinge (sie äußert sich zumeist im „Abstricheln" der noch abzubüßenden Tage), der Kontrast zwischen dem ununterbrochenen, unsichtbaren Weiterrollen der Zeit und dem eigenen Festgehaltensein mußten auch einen Schneider auf die Idee bringen, die Bewegung der Zeit innerhalb seines gemauerten Sarges sinnfällig projiziert zu besitzen. Und weil er nicht bloß ein Schneider war, sondern ein Mensch von unglaublicher Energie und Geschicklichkeit, so fand seine manische Sehnsucht Erfüllung. Er verschaffte sich astronomische und technische Schriften – sechshundertzwei Bücher hat er in seiner Zelle gelesen – und schuf die Uhr. Sein Handwerkszeug waren ein Messer – nein, kein Messer, sondern eine „kudla", ein Taschenfeitel um vier Kreuzer, ein Löffel und seine Nähnadel, sein Rohmaterial waren zweihundert Spulen von Zwirn, Pappendeckel und Hosenknöpfe; das Uhrengewicht war Sand. Das große Rad war eine Blechtasse, in die er im Laufe von hundertsechzig Tagen und Nächten mit seinem Messerchen Zahnräder schnitt. Dies ist (außer den Knöpfen) der einzige Metallbestandteil der Uhr, die sogar das bisher ungelöste Problem, die Schaltjahre automatisch anzuzeigen, erfüllt.

Als zum ersten Male die Stunde der Uhr schlug, füllte sich die Zelle des stillen Narren mit Bewunderern, man meldete die Kunde von dem Wunderwerk nach Wien, und Planička wurde zum zweiten Male begnadigt. Neun Jahre nach dem Morde und zwei Jahre nach

Beginn seines mechanischen Werks ging er mit der Uhr in die Freiheit hinaus. Draußen machte er ein zweites Horologium. Mit wirklichem Handwerkszeug, mit zugehörigem Material und in voller Freiheit. Sie ist neben der Kerkeruhr ausgestellt und soll noch kunstvoller sein als diese. Planička verlangt dreihunderttausend Kronen für sie von der Regierung, damit sie sie ausstelle. Gestern waren auch der Astronom Professor Nušl und zwei Herrn vom Ministerium im Klementinum, um sie sich anzusehen. Sie standen sehr lange vor der Freiheitsuhr. Sie schien ihnen sehr zu gefallen. Sie trägt auch eine Wilson-Büste oben und verschiedene bunte Fähnchen.

Aber die andere Uhr, die, welche die Kerker-Zeit zwingen wollte, gefällt mir besser.

WIENER ERZÄHLER

Ein toter Freund grüßt seine Freunde ...

Willi Handl, der Festigkeit, Liebe und Kunst war, hat einen Roman geschrieben, der nun – wenige Monate nach seinem uns schmerzlichen Scheiden – erschienen ist. „Die Flamme", Verlag Erich Reiß in Berlin. Ein häufig verwendetes Symbol ist das dieses Titels, aber hier ist es anders gemeint, und nur der begreift es, der auch den Roman als Symbol für seinen Autor begriffen hat. Aufzüngelt die Begierde des liebeheißen, des künstlerischen Menschen, sie wagt sich in die geheimsten, kaum jemals aufgedeckten Stätten – aber den Begierigen bändigt seine Kontemplation, den hemmungslosen Künstler hemmt der bedachte Kritiker in ihm, die Kühle löscht die Flamme! Und gerade das ist die Tragödie, das ist es, was der Kritiker Willi Handl als Dichter dieses Romans als Schmerzliches gestalten wollte: denn er war gegen die Hemmung und gegen die Zergliederung, und mußte doch – auch in seinem Roman – ein Kritiker sein.

Sollte man das Geschehen dieses Werkes auf eine Inhaltsangabe reduzieren, so würde niemand, der es nicht ganz kennengelernt hat, der Behauptung Glauben schenken, daß es Handl gelungen ist, die Wucht solcher Begebenheit in eine platonische und einem auf künstlerische Ruhe eingestellten Leser angenehme Form zu facettieren. Theaterbrand, Panik von Tausenden, gräßlicher Tod von vielen, Flucht zweier Menschen über Logenbrüstungen, Menschenleiber, brennende Parketten, Kleider fallen vom Leib der Jungfrau, Geborgenheit im Keller, Einandergehören, Überraschung durch eindringende Feuerwehr – das ist bloß Einleitung zu dem Roman dessen, der seither an der Flamme krankt. Er hat jenes Mädchen geheiratet, er liebt sie, achtet sie, begehrt sie – aber er kann nicht zu ihr. Pyromanische Wahnvorstellungen sind zwischen ihr und ihm, die Flamme von einst fehlt zwischen ihm und ihr, und dieses Fehlen unterbindet die Vereinigung. Nichts fruchtet, kein Mikroskopieren des eigenen Leidens und keine zerquälende Wesensdurchforschung seiner verhinderten Frau, keine Jagd nach fremden Weibern, nicht einmal der Weg – ja, sogar diesen geht er – zu Josephine Mutzenbacher, der literaturbekannten Hetäre, die ihm zweihundert Perversitäten doziert. Nichts, nichts hilft ihm, er muß das Ehebett in Brand stecken, er kommt ins Irrenhaus, und dort erzählt er einem Freund (dem Leser) leidenschaftslos, über der Sache stehend, kritisch, von allen Seiten das Problem beäugend, in einem nur in den „Wahlverwandtschaften" vorhandenen Deutsch seine Geschichte. Ja, er erzählt sie selbst, und dieser Roman des Kritikers Willi Handl ist ein Ich-Roman.

Diesem kunstgesättigten Bedacht ganz ferne, naiv zugreifend ist der Roman „Anny Rober" von Karl F. Kocmata, im Verlag der Wiener Graphischen Werkstätte erschienen. Eine Wiener Mädchengeschichte – so nennt der Autor seinen Band im Untertitel. Er hätte den bestimmten Artikel wählen können. Es ist *die* Wiener Mädelgeschichte: Sehnsucht der Vorstadt nach dem Glanz der inneren Stadt und die tragische Ironie, in der sich dieser typische Wunschtraum typisch erfüllt: Das Mädel hat mit der inneren Stadt die Nachmittage bei Dehmel und die Abende bei Ronacher gedacht, aber in Erfüllung geht die nächtliche Kärntnerstraße. Das ist der Roman der Anny, die aus dem väterlichen „Café Rober" in Döbling auf dem nicht mehr ungewöhnlichen Wege einer Annonce im „Neuen Wiener Tagblatt" in die Arme eines Leutnants fliegt und Glanz und Elend der Kurtisanen weanerischer Provenienz kennenlernt. Der Berichterstatter dieses Schicksals, Karl F. Kocmata, ein Autodidakt und Proletarier, erschauert selbst vor der Unentrinnbarkeit dieses Ergebnisses, und er gibt der zur Dirne gewordenen Anny Rober einen Dichterrevolutionär zum Geliebten, der in leidenschaftlich erregten Anklagereden nicht nur die Gesellschaftsform vor die Barre zerrt, sondern auch dem gemütlichen Wiener das inappellable Todesurteil spricht. Dieses Buch ist Erich Mühsam gewidmet, der diese Lehren vom tiefsten Menschlichen im tiefsten Menschen angstlos verkündet hat und nun – nur wegen dieser ethischen Überzeugung und ihrer politischen Konsequenz! – vierzehn Jahre im Kerker sitzen soll, ohne daß sich zu seinen Gunsten auch nur ein deutscher Schriftstellerverband einsetzen würde, wie es zum Beispiel jetzt für den diebstahlsverdächtigen Georg Kaiser geschieht. Kocmata hat nicht die spielerische Formbeherrschung seines Meisters Erich Mühsam, aber auch er gehört zu jenen, die „töricht g'nug, ihr volles Herz nicht wahrten", und der, dem ein Kunstwerk vor allem der Weg zu einem Menschen ist, wird „Anny Rober" nicht umsonst gelesen haben.

Von Leo Perutz ist im Verlag von Albert Langen in München „Der Marques de Bolibar" erschienen, wieder ein historischer Roman, wie es „Die dritte Kugel", sein erstes Buch, gewesen ist, wieder ein mystischer überzeitlicher Grundgedanke, diesmal im unsterblichen, ewigen Juden anders gestaltet als in der Verjüngungsmixtur, die sein „Mangobaumwunder" war, wieder aber die einschnürende Spannung, die Perutzens „Zwischen neun und neun" zum größten Erfolge des deutschen Büchermarktes machte. Mit geradezu mathematischer Präzision arbeitet Perutz seine Stoffe aus, es ist einfach unfaßbar, wie folgerichtig, naturnotwendig und lebenswahr seine Figuren das Unerwartete, Überraschende tun müssen und wie in einem minutiös studierten Hintergrund des Verschollenen das ewig Heutige nicht verlorengeht. In Leo Perutz, in seiner sprachlichen, konstruktiven und romantischen Begabung haben wir den Meister des spannenden Romans der Gegenwart, ein Talent, wie es seit Dumas nicht gelebt hat und innerlicher als dieser.

KDE WACHT AM RHEIN …

Dampfbarkassen mit Bergleuten kamen uns schon hinter Herne entgegen, sie fahren von den Zechen in die Arbeiterkolonien, die wir an den Ufern sehen. Einige der Bootinsassen stürzten auffallend erregt an die Reling, was das für eine Flagge ist. Das ist die Flagge der Tschechoslowakischen Republik. „Na zdar, na zdar!" Sie sind außer Rand und Band. „Wir sind auch Tschechen! Na zdar! Wohin fahrt ihr? Na zdar!“ Wir fahren nach Preßburg und wollen dort auch so einen Hafen bauen. Na zdar!

Die Begegnung schien uns eine zufällige. Aber sie ist es nicht, im Ruhrrevier gibt es Hunderttausende von tschechischen Arbeitern, die allein zum Konsulatbezirk von Köln gehören, wie mir Vizekonsul Macháček sagte, hundertsechzigtausend Angehörige der Tschechoslowakischen Republik. In einem Dorfe leben vierzigtausend Tschechen! Das klingt unglaubwürdig, ist aber doch so: Hamborn, nördlich von Düsseldorf, war bis zum Kriege mit einer Bewohnerschaft von hunderttausend Seelen das größte Dorf Deutschlands und war so stolz darauf, daß es die Erhebung in den Stadtstand ablehnte, die Hälfte der Bewohner waren Österreicher; seit dem Umsturz gehören vierzigtausend zum tschechoslowakischen Staat. Die Tschechen haben in diesem böhmischen Dorf am Rhein vier Vereine: „Bratrství“, „Karel Havlíček“, „Svatopluk Čech“ und den klerikalen „Sv. Václav“. Im ganzen bestehen innerhalb des Kölner Konsulatsbereiches nicht weniger als fünfunddreißig tschechische Vereine, zumeist sozialdemokratisch. Nur ein Verein ist ganz ausgesprochen auf nationalistischer Basis gegründet worden, als einziger Sokolverein: die „Tělocvičná jednota Tyrš“, und die ist jetzt vollkommen kommunistisch, alle ihre Mitglieder sind auf Grundlage der III. Internationale organisiert. Ein tschechoslowakischer Bergmann namens Beran ist Hauptvertrauensmann der Arbeiter im Ruhrrevier, und so große Schwierigkeiten es auch den deutschen Behörden macht, man kann ihn nicht ausweisen, weil er ein außerordentlich intelligenter und unantastbarer Mensch ist, wie man mir im Kölner Konsulat erzählte. Dort erfuhr ich auch, daß in Mörs die Wachleute auf tschechische Fragen tschechische Antwort geben und sonstige Details vom Kolonialleben in Solingen-Remscheid (wo auch ein Stahlwarenfabrikant unser Staatsangehöriger ist), Bochum, Oberhausen, Lintfort, Homberg-Hochheide, wo die Schwerindustrie zu Hause ist und Thyssen regiert. Die Deutschböhmen sind zumeist in den nach dem Umsturz als Arbeiter- und Soldatenräte gegründeten und dann zu Ortsgruppen des Reichsbundes der früheren Österreicher und Ungarn umgestalteten Organisationen vereinigt; das sind ziemlich einflußreiche Körperschaften und tun besonders viel für den Rechtsschutz ihrer Mitglieder.

In Köln sah ich am Sonntag zwanzig kleine Kinder vor dem Konsulate spielen, Knaben in deutschen Schülermützen, roten Mützen mit schwarzgelber Borte oder schwarzen Mützen mit rotgelber Borte, was eben zufällig ihre Klassenfarbe ist, und Mädchen mit Matrosenkappen „SMS Germania“ oder „Hindenburg“ auf dem Kappenband. Sie kletterten auf die Steine der Eigelsteintorburg (deren Namen von „Tour de l'Aigle“ kommt) und sprachen und lärmten deutsch miteinander, aber als ich die Türe des Konsulats öffnete, setzten sie sich darin auf die Sessel, und der Lehrer unterrichtete sie in der tschechischen Sprache. Sie buchstabierten „ř“, „š“ und „t“. Es sind Kinder tschechischer Kolonisten in Köln.

Der Lehrer ist einer der beiden aus der Tschechoslowakei stammenden Hörer der Kölner Handelshochschule: Es haben sich mehr gemeldet, wurden aber mit ausdrücklichem Hinweis darauf nicht angenommen, daß die Regierung der Tschechoslowakischen Republik drakonische Bestimmungen gegen die Inskription von Ausländern an ihren Hochschulen erlassen hat. So hat auch die Kölner Hochschule für kommunale und soziale Verwaltung, wo auch Bürgermeister, Magistratspersonen, Stadtverordnete und dergleichen inskribiert sind, keinen Hörer aus Prag. Aber es hat sich wohl auch keiner gemeldet. Wir haben das nicht nötig. Die tschechischen Arbeiter und die tschechischen Kolonisten – das ist eine pénétration pacifique. Aber auch die kriegerische Durchdringung bekommen wir überall auf dem Rhein zu sehen. In Aachen ist das Kommando der belgischen Besatzungstruppen, in Budern bei Wesel die Rheinkontrolle, und belgische Schiffe kamen auch schon in Duisburg in die Fahrt. Bei Reißholz nächst Düsseldorf hatten wir uns einem englischen Motorboot, das vor eleganten Baracken verankert lag und uns nonchalant zu sich heranwinkte, zu legitimieren und zu erklären, wer unser Staat ist.

In Köln selbst sitzen zwölftausend englische Soldaten, „vorläufig für fünf Jahre“. Im Hotel Exzelsior vor dem Dom ist das General Headquarter, British Forces of the Rhine; ein Doppelposten von Hochländern läuft in einem vorschriftsmäßigen Trippelschritt auf und ab; auf zwei Meter einander entgegengekommen, machen die beiden Riesen in Ballettröckchen eine scharfe Wendung und laufen voneinander weg. Das ganze sieht wie ein neuer Foxtrott aus. Das Trottoir vor dem Hotel darf abends niemand betreten. Auch die meisten anderen Hotels in Köln sind für englische Kommanden und

Institutionen reserviert; das Bismarckdenkmal auf dem Augustinerplatz hat eine große Orientierungstafel und ein großes Gebäude mit der gleichen Aufschrift hinter sich: „Rhine Forces Officers' Club". Über die Straße sind Reklamen gespannt, auf die Kantine hinweisend, der Amusements Officer hat einen Laden mit Riesenauslagsscheiben inne; die Church army und die Salvation army sind in Hotels untergebracht, unverschämt große Tafeln weisen den keuschen Kriegern Groß-Puritaniens: „To the Blue Lamp Houses", die bisher in den Seitengassen ein stilles Leben gefristet haben und wohl sogar vielen Einheimischen unbekannt waren, geschweige denn den Fremden. Ganz praktisch!

Ins Deutsche Theater haben die Engländer das Vorkaufsrecht auf alle Plätze. Erst zwei Tage vor der Aufführung wird vom britischen Kommando die Erlaubnis zum Kartenverkauf an die Bevölkerung gegeben. Die besten Plätze, besonders bei den Opern (ich sah „Die verkaufte Braut", Kapellmeister Otto Klemperer, Spielleitung Felix Dahn jun.), haben die Briten inne. Die meisten Plakate an den Straßen sind englisch: „Army Amusement Scala Theatre", Army Cinema, Promenadekonzerte in the „Flora Garden", sogar im Deutschen Theater wird manchmal englisch gespielt. „The British Rhine Army Dramatic Co. represents ‚Pygmalion', a Play in Five Acts by G. B. Shaw, Mrs. Patrick Campbel as Eliza Doolittle."

Köln war schon im Frieden keine nette Stadt, die Trottoirs sind so schmal, daß man nicht gehen, die Glocken der elektrischen Straßenbahn so schrill, daß man nicht fahren kann. Der Dom von wilhelminischen Händen so „kolossal" verkitscht, daß von seiner mittelalterlichen Schönheit nichts mehr übrigblieb, und überhaupt gab der Aufenthalt eines Fremden in Köln bei seiner Heimkunft immer zu Verdruß Anlaß, weil man doch nicht jeder Auserwählten des Herzens eine Flasche Farina Nr. 4711 mitbringen konnte. Nun aber, durch die Requisition der Hotels und die Invasion der Engländer und Engländerinnen, ist die Wohnungsnot noch ärger als anderwärts. Die Preise doppelt so hoch als zum Beispiel in Hamburg und beinahe ebenso hoch wie in Prag.

Weiter stromaufwärts, am Fuße des Siebengebirges, dort, wo das wilde Baumzeug und das Gestrüpp des Ufers aufhört, dort, wo der Rhein anfängt, „ach, wie üdüllisch" zu werden, mit seinen penetrant trauten Häuschen und den garantiert echten Lindenwirtinnen und einem Rheingolddiorama auf dem Drachenfels und ornamentartig-regelmäßigen Windungen und sorgfältig eingepitzelten Inseln und restaurierten Burgen um den scharf ausgerichteten Rebenstöcken. Dort wohnt jetzt der böse Franzmann. In Bonn, wo man einst mit einem Monatswechsel von zehntausend Emmchen und einigen einwandfreien Ahnen das Recht erwerben konnte, im Korpshause der „Borussia" den edlen Kantus singen zu dürfen: „Laßt uns den Verstand versaufen! Wozu brauchen wir Verstand?", ist jetzt ein französisches Kommando, und die Fuchsentafel schrumpft zusammen. Man kann ja jetzt nicht mehr so auftrumpfen, nicht mehr die Alleinherrschaft über den „Philister" ausüben. Unter der Brücke von Bonn-Beuel, deren eine Torsäule vier Flachmützen in Vollwichs tragen, kreuzt uns ein französisches Patrouilleboot, erhält unsere Papiere zu Gesicht und eine kleine Geographielektion.

In Koblenz herrscht schon der Dollar, und auf Feste Ehrenbreitstein weht der Union Jack. Das Selbstbestimmungsrecht der Völker, die geographische und die strategische Notwendigkeit und alle vierzehn Punkte Wilsons sind endlich erfüllt: der Rhein, ohne den New York ganz vom Wasser abgeschnitten und San Francisco überhaupt nicht lebensfähig gewesen wäre, ist – vorläufig wenigstens teilweise – amerikanisch. Die Tommies rasen auf ihren Zyklonettes, dreirädrigen Automobilen, wie toll durch die Koblenzer Straßen, und es ist (besonders im Hinblick darauf, daß die Koblenzer Wachleute keine „Pendrek"-Stange in der Hand haben wie in Prag und Chicago) ein wahres Wunder, daß niemals ein Unglück geschieht. Alkohol darf an die Amerikaner nicht ausgeschenkt werden, sechs Monate Zwangsarbeit stehen darauf, und es dürfen keine Frauen nach Koblenz kommen, um aus ihrer Liebe zur Entente unbefugt ein Gewerbe zu machen. Aber Liebe ist stärker als Tod und Valuta stärker als Zwangsarbeit. Man trifft Spanierinnen, Italienerinnen und Pariserinnen. Auch Ungarinnen. (Die letzteren kenne ich *nicht* vom Prager Montmartre her.)

Die Lorelei ist auch so eine. In St. Goar, im Freilichtboudoir dieser Jungfrau, die de facto ein tunnelierter Felsen ist, sind auch Franzosen. (Hier ist das Ende des Koblenzer Brückenkopfes, und der Mainzer Brückenkopf beginnt erst wieder bei Aßmannshausen. Was dazwischen liegt, ist neutral oder, wenn man will, deutsch.) Die Lorelei steht natürlich unter strenger Kontrolle. Der Lotse, der das Schiff für vierundzwanzig Mark von der Lotsenstation

St. Goard bis Caub führt, ist ein verheirateter Mann, und kein Kämmen, kein Singen einer fremden Frau kann ihn mit wildem Weh erfüllen; er kennt die Lotselach und schifft ruhig vorbei. Und der Wahrschauer, unter welchem Ausdruck nicht etwa ein Pole, sondern ein Rheinländer zu verstehen ist, der an der Strombiegung seinen Auslug innehat und den Schiffen auf Bergfahrt durch Herausstecken einer Fahne meldet, wenn ein Schleppzug talwärts fährt und den Weg versperrt – der Wahrschauer lebt schon zu lange Wand an Wand mit dem Felsenmädchen, um auf ihre Lockungen hineinzufallen.

Gefährlicher ist das Binger Loch, das schon immer die ärgste Stelle europäischer Binnenschiffahrt war, jetzt aber ist die Enge nicht bloß durch die Mäuseinsel des sündigen Erzbischofs Hatto, sondern auch durch das Wrack eines mit Salz beladen gewesenen Schleppkahnes verstellt, der vor vier Wochen beim Anblick des Niederwalddenkmals hier gesunken ist. Schiffe mit großer Breite und größerem Tiefgang können gar nicht durch, und von Bad Salzig bis Bacharach liegt seit Wochen eine ganze Schlepperflotte vor Anker, die der Beseitigung des Hindernisses harrt.

Mainz: Sitz der Interalliierten Kommission des Hohen Rates, also einiger hundert Stäbe. Besatzung angeblich zehntausend Franzosen, aber es müssen schon bedeutend mehr sein. Es wimmelt von Pioupious, das Gymnasium ist als Schule für die Kinder der Besatzungstruppen adaptiert, ein anderes Schulgebäude als französisches Internat, im Justizgebäude amtieren Stäbe, in jeder größeren Wohnung sind französische Offiziere einquartiert, auf dem Schillerplatz ist eine „Office de la Presse", ein unentgeltlich betretbarer Lesesaal eingerichtet, wo französische Revuen, Tagesblätter, Broschüren über die Notwendigkeit einer unabhängigen Rheinrepublik von Köln bis Mainz, über deutsche Greuel und über französische Kultur ausliegen. Aber das nützt nichts. Hier, wie überall am Rhein, ist die Abneigung gegen den Feind groß, der Revanchekrieg im chronischen Zustande zu diagnostizieren. Ob er akut wird, wann er akut wird, ist nicht das Entscheidende. Es ist auch so traurig genug. Ganz Westdeutschland gleicht einem Pulverfaß, dem das Faß fehlt.

Etwa sechzig unbefugte Banknotenstempler sind verurteilt, ihr Delikt in der Strafanstalt Karthaus zu büßen. Die Buchstaben W. C., verschlungen über dem bosselierten Außentor, bedeuten (was denn haben Sie geglaubt?) „Waldsteiniensis Carthausa". Ist es nicht ein Treppenwitz der Weltgeschichte, daß Wallenstein dieses Haus erbaute, in dem jetzt Geldverfälscher sühnen sollen? Sind uns nicht die Akten des Verfahrens erhalten, das unter Ferdinand III. gegen Wallenstein angestellt wurde, der Münzverfälschung wegen? Und die „lange Münze", das schlechte Silbergeld, das er hier, ja hier in Jitschin prägte, war's nicht Geldverfälschung trotz dem kaiserlichen Privilegio und trotzdem ihn die römische Majestät höchstpersönlich anpumpte? Und mußte nicht der Prager Filialchef seiner Finanzoperationen, Schmiles Bassewi, den die Apostolische Majestät mit Adel und Gunst überhäuft hatte wie nie einen Juden zuvor, schließlich vor des Kaisers Groll nach Jitschin zu seinem Auftraggeber flüchten, um hier zu sterben? Der Chef der Finanzgruppe aber, Wallenstein selbst, häuft weiter Million auf Million, baut seine Paläste in Prag und Jitschin, verschleppt – noch vier Tage vor seinem Tode – „alle die Ducaten, sowohl unsers gepräges, alß welche sonst bey unser Cammer zue Gitschin vorhanden, ahn einen gewißen orth", wird vom Kaiser angeschnorrt, und er würde weiter in monarchischem Prunk und Glanz leben, wenn er nicht – ja, ja, wenn er nicht gegen die Habsburger aufgetreten, kein Hochverräter geworden wäre! So aber ermordet man ihn, sein Schloß zu Jitschin ward nicht ausgebaut, die Walditzer Kartause verödet, 1857 wird sie ein k. k. Kriminalgefängnis, und jetzt sitzen sechzig Banknotenfälscher, Deutschböhmen, darin, gebildete Menschen, Mitglieder der Gemeindevertretung – Hochverräter!

Einer zum Beispiel hat elf Jahre schweren Kerkers. Er sitzt in dem langen Gebäude, das nicht zum alten Klostertrakt gehört, sondern als Einzelhaftgebäude später im Garten aufgeführt wurde. Es sieht mit seinem hohen Bogenfenster, das die ganze Frontseite einnimmt, wie eine Fabrik aus, aber innen kleben an der Wand die Einzelzellen. Er will sich die Strafzeit kürzen – in neun Jahren kann er frei sein. Wenn er nicht inzwischen wahnsinnig geworden ist. Allerdings kann er hier auch sterben. So ist es seinem Vater gegangen. Der kam hierher und starb. So konnte der Sohn zu seinem Begräbnis gehen.

Wäre der Vater anderswo gestorben, im Teschner Gebiet, wo er zu Hause war, hätte der Sohn allerdings bei der Beerdigung gefehlt. Er kann auch einen Fuß verlieren. Ein wegen Banknotenabstempelung hierher verurteilter Mann hat infolge Knochenfraß das Bein verloren – er ist nicht der einzige von den gegenwärtigen Karthauser Häftlingen, dem das hier geschah! –, liegt im Anstaltsspital und möchte gerne eine Strafunterbrechung, damit er sich draußen heilen kann. Bei Gott, es ist ihm nicht zu verdenken! Die Anstalt hat nämlich überhaupt keinen Arzt. Zwei Geistliche sind allerdings da, ein Schullehrer, ein Oberdirektor, ein Direktor, ein Inspektor, ein Kontrollor, sechsundneunzig Aufseher, die Beamten bewohnen ein sehr schönes Gebäude vor der Anstalt. Aber ein Arzt ist nicht vorhanden. Jeden Morgen kommt ein Doktor aus Jitschin, hält Marodenvisite für Beamte, für Aufseher und deren vierhundert Familienmitglieder, für Sträflinge und besucht die Schwerkranken im Inquisitenspital. Um halb sieben Uhr kommt er, um halb acht fährt er wieder weg. Wenn aber außerhalb dieser Zeit jemand krank wird von diesen fünfhundertfünfunddreißig mehr oder minder pathologischen, unter den abnormalen Verhältnissen einer Strafanstalt lebenden Häftlingen. Wenn einem der (in allen latente) Gedanke des Selbstmordes bis zur Tat reift – dann telefoniert man eben nach Jitschin, bekommt bald Verbindung, der Arzt ist vielleicht gerade zu Hause oder kommt bald von einer Überlandvisite zurück, nimmt einen Wagen und kommt heraus.

Karthaus hatte seit jeher den schlimmsten Ruf unter allen Gefängnissen der Monarchie. Vor fünfzehn Jahren schrieb Stefan Großmann sein Buch „Österreichische Strafanstalten". In Karthaus war er nicht selbst. Aber er läßt den Michael Töpfl, einen Mann, der sechsundzwanzig Jahre in Karthaus saß, im Schlußkapitel seines Buches sagen: „Karthaus ist ausgeschrien. Die Ärgsten haben sie früher dorthin nach Böhmen gesteckt." Und er fügt hinzu: „Ja, jetzt ist's strenger als früher." Es ist schon zu glauben, daß der sagenumwobene Babinsky es hier besser hatte als auf dem sagenumwobenen Spielberg, wo er vorher war. Auch später galt das Wort, daß man die Ärgsten hierher steckte. Warum? Der Strafanstaltsdirektor erklärte das so: „Wenn ein Häftling entflieht, so kann er nur in die Prachower Felsen; in Jitschin war Garnison, und die Soldaten fanden ihn immer." Es wird auch andere Gründe gehabt haben ... Babinsky hat noch heute würdige Nachfolger in seiner Zelle hier,

Raubmörder und dergleichen. Sechs sind da, die bis an ihr Lebensende bleiben sollen. Unter ihnen Ladislaus Toman aus Ungarisch-Hradischt, der im Letowitzer Wald einen Tischlergehilfen ermordet hatte, nachdem er diesen – ohne dessen Vorwissen und mit Hilfe eines ihm ähnlich sehenden Burschen – zugunsten Tomans bei mehreren Assekuranzgesellschaften auf Ableben versichert hatte. Auch der Teschner Räuber Josef Kottas, der sich aus dem umzingelten Kornfeld durchzuschlagen versuchte, indem er einen Gendarmen und zwei Polizeihunde erschoß. Von Landsleuten: unter anderen der junge Slaba, heute schon gealtert, der im Eisenbahnzug den Leutnant Wolfsberger knebelte und beraubte, dann in einer eigens gemieteten Wohnung auf dem Bergstein einen Geldbriefträger überfiel und jetzt wegen einer Unterschlagung von zweitausendfünfhundert Kronen für drei Jahre hier ist. Im vierzehner Jahr, als Lemberg eben „noch in unserem Besitz" war, brachte man auch die Lemberger Sträflinge her, darunter Freund Wasinski mit Adamski und den übrigen. Der Sollizitator Holub in Jungbunzlau, der seinen Chef Dr. Mareček vor der offenen Kassa erschlug, war damals auch da. Jetzt sind die „interessanten Fälle" seltener, es kommen sogar solche her, die zu weniger als einem Jahr verurteilt sind und eigentlich in eine Gerichtshaft gehören.

Der letzte Häftling von Namen war der vogtländische Arbeiterführer Hoelz. Von den bestialischesten Mördern, den renitentesten Sträflingen sprechen die Beamten nicht mit solchem Entsetzen wie von ihm. „Das war ein Strolch! Seine Frau hat unten in Libosad im Hotel gewohnt, und wenn's nach ihm gegangen wäre, hätte er – glauben Sie mir, ich übertreibe nicht! – am liebsten täglich mit ihr gesprochen. Einmal wollte ich mich mit ihm unterhalten, wissen Sie, ich bin ein moderner Mensch, und ich sehe auch in einem Sträfling einen Menschen, aber der Kerl hat gleich angefangen, von Marx zu reden und von Mehrwert und von Klassenkampf – na, da hab ich ihn halt stehengelassen." Die Wut der Beamten gegen Hoelz und die zwölf anderen Mitglieder der vogtländischen Roten Garde ist zu begreifen, wenn man bedenkt, daß neunmal aus Paka nach Jitschin telefoniert wurde: „Heute nachts werden die Kommunisten die Strafanstalt stürmen, um Hoelz und dessen Genossen zu befreien." Man sprach Militärassistenz an, die in der Anstalt untergebracht wurde. Vor dem Einzelhaftgebäude standen Linden – sie wurden gefällt, um freien Ausschuß zu haben. Der Hoelz soll nicht der eigentliche Führer gewesen sein, erzählt ein Aufseher, sondern der Goethe; der war ganz ruhig in seiner Haft. „To ale není ten německý básník Goethe!" – „Já vím", entgegne ich. Als Hoelz und seine Gardisten davonfuhren, atmeten die Beamten und Bediensteten der Strafanstalt auf.

Die Überwachungsverhältnisse sind ja schwierig. In dem riesigen Gebäudekomplex brennt kein elektrisches Licht, sondern nur Petroleumlämpchen. Man kann sich denken, wie scharf die Aufseher aufpassen müssen – die Flucht eines Häftlings hat für den Gefängniswärter mindestens die Einstellung des Avancements zur Folge. Wie aber soll der frierende Posten (die Zentralheizung erstreckt sich nicht auf die Klostergänge), wie soll er bei Petroleumlicht den Korridor übersehen können? Kann er doch mit dem Blick durch das Guckloch nicht einmal die Zelle übersehen, der bei Tag nur das hoch oben befindliche Fensterchen spärliches Licht gibt und bei Nacht das Öllämpchen ein noch spärlicheres. Und wenn die Zellengenossen oberhalb der Heizung neben der Tür an der Durchbrechung des Mauerwerkes so arbeiten, daß der herabfallende Mörtel in eine aufgespannte Decke fällt, so kann er nichts sehen und nichts hören; nur ein zufällig jäh herabstürzender Ziegel ließ den Ausbruchsversuch des Sträflings Jellinek und seiner Zellengenossen mißlingen. Im allgemeinen versucht es ein Sträfling lieber, von der Arbeit, zu der er außerhalb der Anstalt beordert ist, zu entfliehen. Vom Heuboden über das Dach, vom Strohschober über das Feld, aus der Bauernhütte durch das Fenster, von der Wegbiegung durch den Wald. Davon schreckt nicht die Geringfügigkeit der Gewinstchance ab, nicht der Gedanke an die Strafen: die Qual des Fastens, die furchtbare Dunkelheit der Korrektion, die mittelalterliche Tortur der Fußfesseln. Eben jetzt ist wieder unter den Sträflingssträflingen, den Inwohnern der Korrektionszellen von Karthaus, einer, der sich infolge der Ketten nur mühselig vorwärtsschiebt, weil er allzu flüchtigen Fußes war.

In diesem Hause, das schon lange aufgehört hat, ein Kloster zu sein, aber noch lange keine moderne Strafanstalt ist, ist viel Mittelalterliches zu finden, über das die Sorgsamkeit der großen Kaninchenzucht, die Sauberkeit in Bäckerei und Küche, der Fleiß in den Werkstätten nicht hinwegtäuschen können. Aber daran ist weder das alte Gebäude noch die Verwaltung schuld. Ein Federstrich der Regierung könnte vieles beseitigen. Was soll man dazu sagen, daß der Häftling der ersten (der niedrigsten) Klasse in je acht Wochen, in der zweiten Klasse in je sechs Wochen, in der dritten in je einem Monat bloß einen Brief bekommen beziehungsweise schreiben darf, also sein Bruch mit Familie, Freunden, Außenwelt ein vollständiger und dauernder ist. Es sei wegen der Zensur nicht anders möglich. Vom Kriege aus, da jedes Krankenhaus und jedes Rekonvaleszentenheim des Hinterlandes eine strenge Zensur hatte, weiß auch der Dümmste, daß eine Zensur nur sich selbst wichtig, sonst aber im allgemeinen ein Blödsinn ist. Natürlich, der Untersuchungshäftling in den Gerichtsgefängnissen, der die Spuren der Täterschaft verwischen könnte, muß in seiner Korrespondenz kontrolliert werden (obwohl kein Postamt so gut und findig funktioniert wie das der „Kassiber", der „motáky" oder Schmuggelbriefe!). Aber der bereits Abgeurteilte sollte Briefe schreiben und empfangen dürfen, soviel er Zeit und Lust hat. Wenn sich die demokratische Republik von der Zensur nicht trennen wollte, könnte sie sie ja stichprobenweise vornehmen lassen oder gar einen Zensor für jede Strafanstalt ernennen; der hätte allerdings täglich eine halbe Stunde zu arbeiten. Wenn nicht mehr!

Der höchste Lohn, den ein Sträfling der höchsten Klasse täglich verdienen kann, sind sage und schreibe achtzehn Heller, wovon er nur die Hälfte auf die Hand bekommt, die andere erst beim Austritt. (Der nicht bloß bei den Lebenslänglichen viel zu oft mit dem Tod zusammenfällt.) Wird man diese Löhne nicht so erhöhen, daß sich der bestgestellte und fleißigste Sträfling für den Lohn seiner Arbeit wöchentlich eine Zigarette oder monatlich ein paar Würstel kaufen kann? Die Arbeitsverhältnisse sind dringend reformbedürftig, sogar das erzieherische Gewerbe des Sackerlpickens stockt, unter anderem deshalb, weil man zwar den ganzen Krieg hindurch von der Kriegsgetreidegesellschaft Kleistermaterial bekam, aber jetzt nicht mehr. Der in jämmerlicher Geistesverfassung befindlichen Anstaltsbibliothek hat Herr Adalbert Beneš, der Bruder des Außenministers, Remedur versprochen. Es wird gewiß vernünftigere Literatur beschafft werden, als bisher dort war, ob aber eine genügende Zahl, die Mehrzahl der Bücher deutsch sein wird, ist bei dem autochthonen Nationalismus höchst zweifelhaft. Weitaus die Majorität der Karthauser Sträflinge sind aber Deutsche. Ausdrücklich muß betont werden, daß schon im alten Österreich die ärgste und schärfste Strafanstalt, die in Karthaus (im Jahre 1894 kehrten nicht weniger als 50,8 Prozent der aus Karthaus Entlassenen binnen sechs Monaten als Rückfällige wieder hinter die schwedischen Gardinen zurück), die Strafanstalt der Deutschen war. Natürlich sind auch die sechzig Notenabstempler ausnahmslos Deutsche. Man machte eine bei vielen vorhandene politische Nebenabsicht – als verschärfendes Moment geltend. Aber was alle in Karthaus eingekerkerten Abstempler als furchtbares Unrecht empfinden, ist, daß die Praxis der verschiedenen Gerichte bei diesem seinerzeit gehäuften Delikt vollkommen auseinanderging, die Strafausmaße außergewöhnlich divergierten: Ein Kreisgericht verurteilte zu drei Monaten, wo ein anderes elf Jahre verhängte. Alle diese Abstempler fühlen sich subjektiv unschuldig und können nicht begreifen, daß die (wenn auch unbefugte) Abstempelung von x echten Banknoten als Falschmünzerei geahndet werden könnte. Die Rechtsunsicherheit der Zeit ist tatsächlich groß, die Zahl der unlauteren Geschäfte so unermeßlich, daß sich ein Festgenommener über das eingeleitete Verfahren so wundert, als wenn man ihn plötzlich wegen „Irreführung der Behörden" anklagen würde, weil er sich seinerzeit vor einer Assentkommission eine Herzneurose andichtete oder ein falsches Motiv für eine Auslandsreise angab. Und doch galt das damals als besondere Schlauheit oder Tüchtigkeit ... Sicher ist, daß sich unbefugte Notenabstempelungen schon aus technischen Gründen nicht wiederholen können, weil die Republik nun ihr eigenes Papiergeld hat und ein Rückfall also ausgeschlossen ist. Im Hinblick darauf und auf die Ungleichmäßigkeit der Strafausmaße hoffen alle Karthauser Sträflinge ihre Begnadigung und nähren sich von der Hoffnung, daß sie alle noch vor Weihnachten nach Hause geschickt werden sollen. Man versichert aber in den Ämtern, daß dies schon aus „Instanzengründen" unmöglich ist.

Aus der Strafanstalt Karthaus führt eine vierfache Reihe hoher Linden bis zum alten Stadttor von Jitschin, mehr als dreitausend Schritte lang. Seitdem der Jitschiner Historiograph und Dechant Czervenka sie in ekstatischem Latein als die schönste Straße Böhmens feierte, sind die Bäume um dreihundert Jahre gewachsen, und heuer haben sie einen neuen Schmuck bekommen, ein Denkmal, das die jungen Mädchen scheu anblinzeln und das die alten Jungfern von Jitschin beschimpfen. Es stellt die Empörung dar, die Auflehnung. Sie hat hier ihre Verherrlichung in Stein, hart an einem Zwinguri grausamster Art, hart an der Strafanstalt Karthaus.

Führt in Eile mich gen Prag!
Ist's beschlossen, will ich sterben,
Wo Schwerin im Blute lag.
Arge Stadt, wo Helden kranken,
Heil'ge von den Brücken sanken,
Reißest alle Blüten ab.

Schenkendorf,
„Scharnhorsts Todesworte"

Die Wohnungskommission wird am 2. des Monats in das Haus des Denkmalwächters von Stierbohol kommen. Denn auch da draußen, dreiviertel Stunden hinter den Friedhöfen und Häusern von Straschnitz, ist Wohnungsnot und Zwangseinquartierung. So wollte man dem ehemals österreichisch-ungarischen, jetzt tschechoslowakischen und mit preußischen zweihundert Mark jährlich gratifizierten Invaliden eine Einquartierung geben, eine Arbeiterfamilie aus der Inwaldschen Glasfabrik in Hostivař. Dagegen hat der Invalide Krnovsky protestiert, er habe ohnedies wenig Platz in seinem Häuschen, und wenn er hohe Besuche hereinführen müsse, so überhaupt nicht. Es wird also die Wohnungskommission entscheiden.

Wir gehen über Felder, Furchen und Raine, über schwache Erdwellen, den Homolahügel, rechts ist der Meierhof Stierbohol, dem Studienfonds der Universitäten gehörig, gelb gestrichen, Dächer von Chwala, Michelup, Potschernitz, Hostiwitz und Kyje blinken herüber, die Sonne wirft durch eine blaue Himmelsscheibe deutliches Licht; es ist also – da die Tatsache, daß der Hof jetzt an Herrn Klinger verpachtet ist, dem Besucher nicht in Erscheinung tritt – alles so, wie es am 6. Mai 1757 war, am Tage, da hundertzwanzigtausend mariatheresianische und achtzigtausend friederikanische Soldaten einander hier befehlsgemäß mordbereit gegenüberstanden. Die Kulisse, sie ist ganz so, wie sie Friedrich der Große in seinen Werken beschreibt, wie Tempelhof sie schildert oder wie Lloyd und Archenholtz und Carlyle, der sich an einem Septembertage von 1858 aufsetzte, um von London nach Prag zu fahren, sich die Sache aus der Nähe anzusehen und für sein vielbändiges Friedrich-Buch zu notieren. Carlyles Schilderung von Prag („History of Frederick the Great", Book XVIII) ist immerhin die bemerkenswerteste, die wir je in der Weltliteratur gefunden haben, und es ist für den unhistorischen Sinn dieser historischen Stadt kennzeichnend, daß es weder eine vollständige Übersetzung dieser wenigen Kapitel weder in tschechischer noch in deutscher Sprache gibt; in der Neubergschen Übersetzung sind die für die Prager interessantesten Stellen weggelassen. Dabei ist Carlyle das Haupt jener von den Staaten so gehätschelten Historikerschule der Heldenverehrung und Heerführerverhimmelung, ist er der Vertreter der verfehlten idealistischen Geschichtsauffassung, der die offizielle Gelehrtenwelt anhängt, und jenes Geniekultus, den Marx mit den Worten abtat: „Zum Teufel ist der Genius, der Kultus ist geblieben", also jemand, der aller patriotischen Förderung wert wäre, trotzdem er ein glänzender Schilderer ist.

Der Feldherr, der vor hundertsiebzig Jahren hier fiel, hat hier einen Heldenhain und zwei schöne Grabdenkmäler – obwohl er, was wenige Leute wissen, gar nicht in Stierbohol begraben ist, sondern in Schwerinsburg. Die Steinpyramide, die man ihm vor hundert Jahren errichtete, war nur eine Art Marterl. Sie ist schon etwas brüchig, und zwischen den Rissen wuchert Moos; aber darüber ist 1895 ein quadratischer Sarkophag aus schwarzem poliertem Sandstein von Hořitz aufgestellt worden, entworfen von Wilhelm Dokoupil, ausgeführt von Ludwig Šalda, mit tschechischen und deutschen Inschriften und einem Relief, auf dem Curt Christoph Graf von Schwerin, königlich preußischer Generalfeldmarschall, so olympisch schön aussieht, daß man ihn beileibe für den alten Goethe halten könnte. Aber das ist nur das erste Denkmal; dahinter ist auf hochgeschichtetem ummauertem und efeuumranktem Hügel ein zweites; ein grünspanglänzendes Riesenprisma aus Kanonenschmelz mit Adlern, Lorbeerzweigen, Fahnenstange und Säbel gekreuzt; die Initialien F. R. (Fridericus Rex) im Fahnenknauf, der Schwertgriff und die Kugelfrüchte des Lorbeers sind golden. Golden sind auch die Lettern der Inschrift: „... starb hier den Heldentod, mit der Fahne im Arm, am 6ten May 1757." Kugelakazienbeete sind ringsherum, Trauerweiden, Birken und Eichen wachsen hier.

Die Denkmäler und die Landschaft sind also in historischem Zustande, von 1757 bis 1914 hat sich nicht viel geändert, auch während und nach dem Weltkrieg blieb der Heldenhain von Stierbohol in gepflegtem Zustande – aber doch ist seit 1914 eine Änderung vorgefallen, die größer als die vom achtzehnten ins zwanzigste Jahrhundert war. Man kommt nämlich heute mit anderer Weltanschauung heraus. Ein dreiundsiebzigjähriger Herr, Berufssoldat, starb hier. Außerdem fielen im Laufe desselben fast vierzigtausend Menschen. – „Der Feind", schreibt Friedrich der Große, „der Feind verlor vierundzwanzigtausend Mann, darunter fünftausend Gefangene; der preußische Verlust belief sich auf achtzehntausend Kombattanten, ungerechnet den Feldmarschall Schwerin, der allein über zehntausend Menschen wert war." Wem, Ew. Majestät, wenn man fragen darf, wem war der Herr Graf über zehntausend Menschen wert? Belieben mir Ew. Majestät die zehntausend Mütter und Gattinnen und Kinder zu zeigen, die ihren Sohn, ihren Geliebten oder ihren Vater hergegeben hätten, um es gegen das Leben des dreiundsiebzigjährigen Feldmarschalls einzutauschen...? Der König könnte maliziös auf diese Frage lächeln. Hör Er, könnte er dem Frager antworten, Er unterschätzt die Dummheit der Menschen. Hör Er, was unten die Grenadiere singen! Denen ist's noch zuwenig, daß ich bloß zehntausend von ihnen für einen General hergeben möchte. Unten singen die Seydlitz-Husaren:

Darauf rückte Prinz Heinrich heran
Wohl mit achtzigtausend Mann:
„Meine ganze Armee wollt ich drum geben,
Wenn mein Schwerin noch wär am Leben!"
Oh, ist das eine große Not,
Schwerin ist geschossen tot.

Wenn die Soldaten nach dem Tod von vierzigtausend Kameraden in ihrem Liede nur das als große Not empfinden, daß Schwerin ist geschossen tot, kann es dann wundernehmen, daß eine Prinzessin von „allgemeiner Freude" über die (übrigens wirkungslose) Prager Schlacht schreibt, in die bloß ein Wermutstropfen fiel, eben der Tod Schwerins. In dem am 10. Mai 1757 abgesandten Brief von Friedrichs Schwägerin, Prinzessin Heinrich, an Wilhelm VIII. von Hessen-Cassel steht: „Sa mort a répandu bien de l'amertume sur la joie publique que cause le gain de la bataille, bataille la plus meurtrière que le roi ait encore donnée vu le nombre excessif de monde qui a péri."

Rings um des Feldmarschalls Grab, das keines ist, dürfen sich tote Soldaten scharen. Das Erzdenkmal Schwerins ist zum Mittelpunkt eines kleinen preußischen Militärfriedhofs geworden, dem die scharf ummauerte, von einem zementierten Wassergraben und einer Weißdornhecke umränderte Kontur eines Eisernen Kreuzes gegeben wurde. Tote der Freiheitskriege von 1813 liegen hier, des Gefechts bei Kulm und des Prager Spitals, Tote von Königgrätz, Trautenau, Jitschin, ein Grabstein gedenkt zweier Offiziere, eines Portepeefähnrichs und achtundzwanzig Soldaten, die beim Entladen einer österreichischen Granate auf dem Laurenziberg, 25. August 1866, grauenhaft zerfetzt wurden, ein Grabstein bezeichnet „285 preußische Soldaten", unter einem anderen „harrt seines Erlösers Carl Aug. Ferd. von Katte, königl. preuß. freiwill. Jäger, geb. den 4. Juli 1796, gestorben den 5. Oktober 1813", also ein Siebzehnjähriger ... Aber auch alle diese Gräber jung Erschlagener, sie erschüttern uns nicht mehr ... Wir haben Nähere begraben und – nicht begraben ... Abgestumpft sind wir ... Wir haben „noch Größeres" erlebt als die große Schlacht!

Im Haus des Invaliden hängt ein Stich, Friedrichs Brustbild, ein Bild, den König an der Bahre Schwerins auf der Terrasse des Břevnover Klosters darstellend, das andere die Einsegnung in der Břevnover Kirche. Den Schlachtplan, der auch an der Wand hängt, kann man sich vor die Haustüre nehmen und sich danach im Terrain orientieren. Man merkt, worüber sich der Frontsoldat des Weltkriegs schon bei Lektüre von Carlyle trotz aller dessen Personenverhimmlung und Genialitätsbewunderung klar sein mußte, daß der Schlachtplan nicht genial, sondern ein landläufiger Versuch war, den rechten Flügel der Österreicher einzudrücken. Und daß Imponderabilien den Sieg brachten, wie sie immer den Sieg bringen, und die Strategie keine Wissenschaft ist, wenn sie sich auch noch so sehr als solche gerieren mag.

Und wenn auch noch so viel preußische Militärakademien hierherkamen, vor der Farm von Stierbohol die große Kriegstechnik Friederici zu studieren und ihre Namen in das große Stammbuch einzuschreiben. Es ist hübsch, darin zu blättern. Am 14. August 1866 schreibt sich bescheiden ein: „Beneckendorf-Hindenburg, Major a. D. in Diensten des Johanniter-Ordens, und sein Sohn:" Hinter dem Doppelpunkt aber beginnt eine große und sehr selbstbewußte Handschrift quer über die Seite zu schreiben: „Paul von Beneckendorf-Hindenburg, Seconde-Lieutenant im 3ten Garde-Regiment zu Fuß; in der Campagne 1866, Trautenau,

Königinhof & Königgrätz, den 24ten August 1866." Auf derselben Seite haben sich Friedrich Karl Prinz von Preußen und Albrecht Prinz von Preußen mit seinem Adjutanten Rittmeister von Radecky (!) eingeschrieben, aber ihre Namen stehen lange nicht so herrisch und breitspurig da wie der des Seconde-Lieutenants Hindenburg von der Garde. Auch „T. Carlyle, 14. September 1858", ist bescheiden und kaum zu finden. Dagegen wimmelt es von Schwerinen, die das Grab des Ahnen besuchen kommen, von alldeutschen Vereinen, die „deutsche Heldenerde und deutsche Kriegerluft in slawischer Welt" mit vielfachem Heil und vielen Ausrufungszeichen begrüßen kamen, wie denn in der letzten Zeit zumeist wieder tschechische Nationalisten die Weisheit eingeschrieben haben, daß der Feind im Norden wohne. Welch ein Material für Flauberts „Bouvard et Pécuchet" fände sich in diesem Buche, wieviel menschliche Dummheit legt sich doch in Stammbüchern und Gedenkbüchern bloß.

Fast scheint es, daß noch der Vernünftigste von allen Eingetragenen der P. Johann Czerny, Seelsorger in Böhmisch-Aicha, war, der eine ganze Seite mit der Klage ausfüllt: „Dreiundzwanzig Jahre lebte ich im Irrenhause bei den Barmherzigen Brüdern, wohin mich nicht Wahnsinn, sondern eine arge Politik meiner Umgebung gesetzt haben. Gegenwärtig, seit 1868 aus dem Irrenhause entlassen, lebe ich als Pensionär in Prag, immer in der Kur unter beständiger Sufflerschaft (?) und einer überflüssigen Aufsicht und erwarte stündlich die Aufhebung meines schrecklichen Zustandes." Sie wird ihm seither geworden sein, er ist wohl befreit von dem Irrenhause, wohin ihn „die arge Politik seiner Umgebung" gesetzt haben, während andere von der argen Politik hingemordet worden sind, damit es Heldenfriedhöfe gäbe.

DIE HIMMELFAHRT DER TONKA ŠIBENICE

Eine sehr Prager Legende

Schon als die Seele der Tonka Šibenice aus dem Pavillon C des Allgemeinen Krankenhauses in die Sammelstelle für die an diesem Tage aus dem Irdischen entlassenen Seelen kam, machte sie einen „Breigel":

Sie werde da *nicht* warten, bis es irgendeiner Baba in Balikow oder vielleicht einem Zulukaffern in Afrika einfallen werde, erst um Mitternacht zu sterben. Bin ich denn verrückt? Da kennen Sie mich wieder nicht!

„Die hat zu reden!“ sagte Frau Upejpavova, die am Vormittag ergeben in den Willen Gottes ihr nur die Frömmigkeit gewidmetes Leben beschlossen hatte, „die hat zu reden! Vor dreißig Jahren hat sie schon der alte Koutsky aus dem Beisel in der Plattnergasse hinausgeworfen, weil sie so ein verkommenes Luder war.“

„*Mir* werden Sie sagen? Auf Ehre, sehr gut!“ Mungo Natscheradetz, für den eben eine halbseitige Parte mit anerkennendsten Worten aufgegeben wurde, kicherte überlegen. „Sei'n Sie so gut, und geben Sie *mir* die Tonka zu erkennen! Wie ich noch das Café ‚Samostatnost‘ gehabt hab, hab ich ihr den Kaffee auf den Gang hinausreichen lassen. Ins Lokal hat sie mir nicht dürfen!“

Tonka Šibenice brüllte, das sei hier nicht ihr Staffel, und sie habe schon sechzig Jahre auf die Himmelfahrt gewartet und habe keine Lust, aber schon gar keine, im letzten Moment hier anzuwachsen. „Herr Antoušek“, sagte sie zu dem Engel, der den Transport der Seelen rangierte, „wenn wir nicht bald fahren, so fahre ich allein – damit Sie's wissen, Herr Antoušek.“

Auch als der Transport unterwegs war, hörte sie nicht mit dem Randalieren auf, sie wolle direkt in den Himmel, wohin sie „mit dem Schub gehöre“, aber diese Herumziehereien mit den Gerichten, die könne sie gar nicht leiden, und wenn man mit ihr viele Fracks (?) machen werde, so werden sie den ganzen Obersten Gerichtshof auf „Cimpr-campr“ zerschlagen. Im Fegefeuer, wo es halb wie in einem Dampfbad, halb wie im Schwurgerichtssaal aussah, wollte sie sich sofort durch die rechte Türe hinausdrängen, auf der in mehreren Sprachen (die deutsche Aufschrift war übertüncht) stand, daß hier der Zugang zum Himmel sei. Aber der Erzengel schwang seinen Gummiknüppel so bedrohlich, daß sie es schließlich vorzog, sich brummend auf eine Wolkenbank zu setzen und den eilig abgewickelten Gerichtsverhandlungen zuzuhören. Hiebei fuhr ihr zum ersten Male der Gedanke durch das Hirn, daß sie ebensowenig in den Himmel eingelassen werden würde wie zu Lebzeiten in das Café „Samostatnost“ des Mungo Natscheradetz. Denn der Vorsitzende der Aufnahmskommission, ein alter Herr mit einem ungeheueren weißen Bart, schien sehr streng zu sein und ließ nach vorgenommenem Verhör alle Vorgeführten durch die linke Türe abführen, auf der die Aufschriften „Do pekla", „A l'enfer", „To the hell" und „Inferno" standen. Sogar Mungo Natscheradetz legte vergebens eine notariell beglaubigte Abschrift seines durchaus anerkennenden Partezettels vor, ebenso wie Frau Upejpavova erfolglos sich auf ihre Frömmigkeit und auf die ausdrückliche bindende Zusage ihres Seelsorgers berief – alle wurden in die Hölle gewiesen.

Tonka Šibenice saß mißgelaunt da. Sie bettelte einen Aufsichtsengel um eine Zigarette an, doch dieser erwiderte ihr barsch, das Rauchen sei nur im Himmel gestattet, aber im Fegefeuer ebensowenig wie in der Hölle. Der Gerichtsvorsitzende hatte scheinbar diesen Auftritt bemerkt und schickte der Tonka einen tadelnden Blick zu. Tě bůh, jetzt hab ich's total ver ..., mußte sie sich sagen. Und ihre letzte Hoffnung schwand, als sie zwei Engel mit einem Riesenkonvolut von Akten herankeuchen und dieses vor dem Vorsitzenden niederlegen sah. Sie wußte, daß das ihr Faszikel war, Diebstähle, Exzesse, Straßenverunreinigung, öffentliche Gewalttätigkeit ...

Gleichwohl war sie entschlossen, den Herren ihre Verurteilung nicht leicht zu machen, alle Tatbestände aus den Akten abzuleugnen. Der Vorsitzende rief ihren Namen.

„Antonie Havlova aus Prag, zweiundfünfzig Jahre alt, siebenmal gerichtlich, vierundvierzigmal polizeilich vorbestraft ..."

„Immer unschuldig, Herr kaiserlicher Rat", warf Tonka ein, „immer unschuldig, so wahr mir Gott helfe!"

Der Vorsitzende schob die Akten zurück, als ob sie für ihn nichts bedeuten würden, und fragte: „Antonie Havlova, Sie haben noch einen anderen Namen, nicht wahr?"

„Jawohl, Herr kaiserlicher Rat, man nennt mich Tonka Šibenice."

„Und warum nennt man Sie so? Was hatten Sie mit dem Galgen (šibenice) zu tun?"

Da wurde Tonka wütend. Das sei *ihre* Sache, ihre ureigenste Privatangelegenheit, und die gehe einen anderen einen Schmarren an, und davon stehe nichts in den Akten, und sie finde den Weg in die Hölle ganz allein, aber sekkieren lasse sie sich nicht, to zase prr!

Doch das Auge des Richters schaute sie tief an, und ihr wurde so, als hätte ihr jemand „U Halánků" fünf Stamperln Allasch gezahlt, ja. So gut und rührselig wurde ihr zumute und – ob sie wollte oder nicht – begann sie die Geschichte von Ferdinand Prokupek zu erzählen, wahrheitsgemäß und genau, als ob wir nicht inmitten einer sehr Prager Legende wären, sondern in einem Gerichtsprotokoll.

„Ja, Herr kaiserlicher Rat, das ist schon eine sehr alte Weste (?), das ist schon bald nicht mehr wahr ... Im einundneunziger Jahr war das, am 20. Feber ..."

Der Richter nickt lächelnd. „Da sind's gerade heute dreißig Jahre, nicht wahr?"

Tonka Šibenice reißt den Blick hoch auf. Bei meiner Seele, es sind heute gerade dreißig Jahre! Und sie begreift den tiefen Zusammenhang zwischen der Todesnacht des Ferdinand Prokupek und ihrer eigenen. Will man ihr auch hier damit schaden? Hat sie denn auf Erden noch nicht genug darunter zu leiden gehabt?

„Was will man von mir? Ich war damals bei Koutsky, dem Nachtcafé in der Plattnergasse, Sie werden sich noch daran erinnern ..." Der Richter nickte ein Lächeln. „Erzählen Sie weiter, Tonka!" – „Ja, also, ich war dort die schönste von den Damen. Das können Sie mir schon glauben, was hab ich denn heute davon, jetzt bin ich schon eine alte Schachtel, versoffen und blattersteppig. Aber damals war ich ‚die blauäugige Tanja', und im atlasenen Empirekleid mit durchbrochenen Strümpfen und Lackschühchen hab ich ausgesehen wie eine Prinzessin, und fast immer haben fünf bis sechs Gäste auf mich gewartet. Damals im Feber 91 sitzen wir Damen beim Nachtmahl, und da kommt der Detektiv Lederer mit einem Wächter vom Strafgericht herein und fangen an, mit Herrn Koutsky zu tuscheln. Wir hören, wie der Herr Koutsky widerspricht, aber der Detektiv Lederer sagte, er habe es satt, vergeblich von einem Lokal ins andere zu laufen, und wenn Herr Koutsky ablehne, werde er es bedauern ... Da steht der Herr Koutsky auf und fragt uns, ob eine bereit wäre, ins Strafgericht zu gehen, um dem Ferdinand Prokupek Gesellschaft zu leisten, Herr Koutsky würde ihr zehn Gulden extra geben.

Natürlich hat sich keine gemeldet. Ganz Prag hat gewußt, daß der Prokupek morgen gehenkt wird, weil er drei Mädel erwürgt hat, eine bei Brandeis, eine bei Krtsch und eine bei Hodkovitschka, und die Leichen hat er zuerst verstümmelt und dann zerstückelt. Ein scheußlicher Kerl! Und so hat er auch auf dem Bild ausgesehen, das von ihm im ‚Prager Illustrierten Kurier' war – ein alter Kerl, mit zerfressenem Gesicht, das Speien ist einem angegangen, wenn man nur die Photographie angeschaut hat. Wie uns nun der Herr Koutsky gesagt, wer von uns zum Prokupek gehen will, weil er sich gewünscht hat, ein Mädel bei sich zu haben und der letzte Wunsch eines zum Tode Verurteilten immer erfüllt werden muß, da wollte keine. ‚Und wenn Sie mir tausend Gulden geben, geh ich auch nicht', hat die Veronika gesagt, und die war die häßlichste von uns.

Die Bartscha war damals nur mehr Bedienerin bei uns. Ein Dreivierteljahr vorher war sie noch Dame gewesen, aber als sie aus dem Spital zurückkam, hatte sie eingefallene fleckige Wangen, rote Augen, die Haare fielen ihr aus, und sie sprach ohne Stimme. Der Herr Koutsky wollte sie selbstverständlich nicht mehr aufnehmen, aber weil sie weinte, daß sie sich umbringen müsse, so ließ er sie auf dem Sofa im Doktorzimmer schlafen und gab ihr zu essen. Dafür räumte sie den Salon auf und die Chambres und wusch den Fußboden. Wie nun damals keine von uns zum Prokupek ins Strafgericht gehen wollte, hat Herr Koutsky zur Bartscha gesagt: ‚Zieh dich an und geh mit dem Herrn Aufseher!' Da hat die Bartscha die Hände über den Kopf gehoben und hat aufgeschrien. Aufgeschrien, ohne Stimme! Lieber geht sie in die kalte Moldau, hat sie dann geflüstert und hat dabei gezittert wie Sulz.

Da ist mir plötzlich eingefallen, zu sagen: ‚Ich geh zum Prokupek.' Na, so bin ich halt gegangen. Im Gerichtshaus hat man mich zuerst in die Aufnahmskanzlei geführt, dort waren einige Aufseher, die haben so ekelhaft gelacht. ‚Gute Unterhaltung wünschen wir Ihnen, Fräulein', dann haben sie mich abgetastet, ob ich ‚kein Messer und keinen Strick für meinen Liebsten mitbringe, damit er dem Wohlschläger vorgreife', und ein junger Aufseher hat ganz traurig gesagt: ‚So ein hübsches Mädel! Schämen Sie sich nicht?' Alle haben geglaubt, ich komme wegen der paar Gulden. Dann haben sie mich in die Zelle von Prokupek geführt. Sein Bild hab ich gekannt – ich glaube, das habe ich Ihnen schon erzählt –, aber er war noch viel ärger als seine Photographie im ‚Kurier'. Einen Sträflingsanzug hat er angehabt und Stoppeln und Wimmerln im Gesicht. Wenn ich nur schon fort wäre – das war mein einziger Gedanke. Aber ich hab mir das nicht anmerken lassen. Wenn ich schon einmal da bin, hab ich mir gedacht, so soll er sich auch mit mir freuen. Ich sage zu ihm: ‚Ihr Bild hab ich im Kurýr gesehen, und Sie haben mir gefallen, deshalb bin ich gekommen.‘ No, er hat etwas Gemeines gebrummt, aber es hat ihn sicher gefreut. Nach einer halben Stunde hat er gesagt, jetzt kannst du weggehen. Ich war so froh, mein Gott, ich hab ja immerfort Angst ausgestanden, er wird mich vielleicht erwürgen, und an die Mädchen habe ich auch denken müssen, die er zerstückelt hat. Aber wie ich ihm die Hand geben will, fällt mir ein: Armer Kerl, morgen ist er tot! Also sprech ich zu ihm: ‚Ich möchte gerne noch ein bißl dableiben.‘

Um zwei Uhr nachts bin ich nach Hause gelaufen. Auf meinem Nachttisch ist ein Galgen gestanden, aus einer Schachtel geschnitten, und ein Panák ist darauf gehangen. Ich hab das Zeug zerrissen und hab mich ins Bett geworfen. Beim Mittagessen haben alle schon die Zeitungen gelesen und haben mich gefrozzelt: ‚Dein Schamster hat einen schweren Tod gehabt, sie haben ihm den Hals brechen müssen.‘ – ‚War's fesch?‘ – ‚Na, vielleicht haben wir in einem Jahr schon einen kleinen Prokupek im Haus; dann müssen wir achtgeben, daß er uns nicht erwürgt.‘ Wie sie gesehen haben, daß ich mich ärgere, haben sie mich noch mehr aufgezogen, ob ich mir nicht die Leiche vom Galgen holen wolle und so. Wütend bin ich in mein Zimmer gelaufen.

Wie ich abends in den Salon hinunterkomme in meinem atlasenen Empirekleid, das mir so gut gepaßt hat – ich glaube, das habe ich Ihnen auch schon gesagt, nicht? –, da haben die Mädchen gelacht, Tonka Šibenice, Tonka Šibenice, und meine Verehrer haben mich nicht angeschaut. Kein einziger Herr hat sich um mich gekümmert während der ganzen Nacht. Die Mädels, diese Ludern, hatten es schon allen erzählt. Um ein Uhr kommt der Mirko, mein Liebster. Ich will mich zu ihm setzen, aber er weist mich weg. ‚Bis ich gehenkt werden soll, laß ich dich schon rufen.‘

Am nächsten Tag bin ich fortgelaufen. Im Lokal ‚U modré nudle‘ auf dem Klarplatz hat man mich angenommen. Dort war es bei weitem nicht so schön wie bei Koutsky. Nicht soviel Licht und keine gewichsten Parketten, und ich hab kein Atlaskleid gehabt, keine durchbrochenen Strümpfe und keine Lackschuhchen und keine Prinzesas zum Rauchen und kein Idéal-Houbigant zum Parfümieren. Ein Orchestrion war auch da, aber es hat mein Lieblingslied aus der ‚Verkauften Braut‘ nicht spielen können: ‚Warum soll man sich nicht freuen, wenn uns Gott Gesundheit schenkt, Gesundheit schenkt?‘ Nur eine Nacht war ich da. In der zweiten ist schon ein Gast gekommen, der mich gekannt hat. Der hat seinem Mädel alles ausgeplauscht. Die hat es schnell austrompetet. Sowieso haben die Mädel eine Wut auf mich gehabt, weil ich eine Neue war und ein hübsches Gesicht gehabt hab – no, die Auskunft, die war ein gefundenes Fressen für sie. ‚Tonka Šibenice, Tonka Šibenice!‘ Da bin ich auf die Straße gegangen. Dort hat man mich wenigstens nicht gekannt. ‚Zum grünen Frosch‘ auf dem Kleinen Ring bin ich immer früh gekommen, Kuttelflecksuppe zu essen. Dort hat mir die Hilde Pinkova ‚Tonka Šibenice‘ zugerufen, und ich schlug ihr dafür das Auge aus. Man hat mich deswegen eingesperrt – Sie werden das wissen, das steht ja in den Akten. Solcher Geschichten habe ich viele gehabt. Jetzt ist mir schon alles fuk, und wenn mir jemand beim ‚Halanek‘ fünf Stamperl Allasch bezahlt, so erzähle ich ihm selbst die Geschichte, wie ich beim Ferdinand Prokupek in der Zelle war, mit allen Details, wie ...“

Der Vorsitzende der Kommission unterbrach sie: „Können Sie uns sagen, weshalb Sie damals zu dem Mörder Ferdinand Prokupek hingegangen sind?“

Tonka Šibenice dachte eine Weile nach. Sie schüttelte den Kopf und entgegnete: „Nein, eigentlich weiß ich das selbst nicht.“

Kaum hatte sie diese Worte gesprochen, so drückte der Vorsitzende auf eine Klingel, der Eingang zum Himmel öffnete sich, Licht flutete herein. Tonka Šibenice fühlte, wie sich ihr Busen hob und ihre Haut straffte, Engel traten herein und zogen ihr ein atlasenes Empirekleid an und durchbrochene Strümpfe und Lackschuhchen und besprengten sie mit Idéal-Houbigant und reichten ihr Prinzesas-Zigaretten und führten sie in den Himmel, der gewichste Parketten hatte und ein riesiges Orchestrion, das Lied aus der „Verkauften Braut“ spielend: „Warum soll man sich nicht freuen, sich nicht freuen, wenn uns Gott Gesundheit schenkt, Gesundheit schenkt?“ Und fünf bis sechs Herren saßen da, darunter natürlich der Mirko, und sie riefen: „Je, die blauäugige Tanja!“

Wie versteinert vor Glück stand Tonka da. Aber als der Vorsitzende, der ihr gefolgt war, sie fragte, ob sie noch einen Wunsch habe, nickte sie lebhaft mit dem Kopf und äußerte das Verlangen, man möge das alles dem Egon e. k. telefonieren, damit ganz Prag davon erfahre.

DER ERZFILOU KÄSEBIER VOR PRAG

„Frederick spoke to-day with Kaesebier, a supreme of Housebreakers and Thiefs, who was till now, safe with a ball at his ancle, doing force labour at Stattin. I think Kaesebier will smuggle himself as a spy into Prague ...“

(Geheimbericht an den englischen Hof, datiert aus Prag vom 12. Juni 1757; British Museum, Acts of the Sevenyears War, Fasz. XIX, Nr. 11.)

I

Mißgelaunt, höchst mißgelaunt sogar ist König Friedrich II. von Preußen, dieweil er in das Arbeitszimmer des Marschalls Keith im Schlosse Stern eintritt. Mißgelaunt, höchst mißgelaunt sogar wirft er Dreispitz und Reitpeitsche auf den Tisch. Zeitig früh ist er vom Pfarrhofe in Michle weggeritten und hat vom Weißen Berg hinuntergespäht, ob sich da unten zwischen den hundert Türmen nichts rühre. Aber nicht auf einem der hundert Türme schickte sich eine weiße Fahne an, hinaufzuklettern und endliche Übergabe der schon seit fünf Wochen, seit der Schlacht von Stierbohol, unausgesetzt bombardierten Stadt zu bedeuten. Auch keine Truppenbewegung war durch das Fernglas wahrzunehmen, die einen Ausfall, einen Rettungsversuch aus Verzweiflung bedeuten würde. Das war ärgerlich für Friedrich. Denn wenn die Stadt nicht bald fällt, so fällt sie überhaupt nicht. Friedrich weiß, daß die Entsatzarmee nahe ist: Daun ralliiert sich immer mehr und mehr bei Kolin. Gestern bekam er vier neue mährische Regimenter. In einer Woche kann es bei Kolin eine Schlacht geben – und die Schlacht kann schlimm ausfallen, wenn die Prager Belagerungsarmee nicht binnen fünf Tagen frei ist. Der König weiß gar nichts darüber, was in Prag los ist. Kein Kundschafter kommt zurück. Entweder sind sie erwischt worden oder können sie nicht heraus. Der König hat eine Kurierpost ins Stockhaus von Stettin gesandt, damit sie den Dieb Käsebier von dort hole, den Friedrich als Spion nach Prag schicken will. Traurig genug, daß man zu solchen Mitteln greifen muß. Und dabei ist die Stafette mit diesem Filou, dem Käsebier, noch nicht einmal hier.

Außerdem hat Friedrich, als er um ein Zelt bog, den britischen Attaché erblickt, der im Gespräch mit einem Kürassierwachtmeister stand und sich Notizen machte. Der König ärgert sich, daß er im eigenen Lager vom Bundesgenossen überwacht wird, aber mehr noch ärgert er sich, weil ihm nicht früher eingefallen ist, daß ihn der englische Bundesgenosse überwachen läßt.

Dieser Weiße Berg! Er ist für Friedrich voll von Reminiszenzen. „Liebe es nicht, wenn's die Weltgeschichte so macht wie mein Racine, liebe es gar nicht, wenn sie die griechischen Tragiker kopiert. Die Histoire soll nicht die Einheit des Schauplatzes wahren. Sie hat Kulissen genug. Warum holt sie also die alten hervor?! Man fühlt sich nicht frei, ist an seine Rolle gebunden. Sagt' ich es nicht schon vor einem Monat: Dieser Weiße Berg bringt uns protestantischen Friederichen keine Fortune! Hier reüssieren die Österreichischen."

Der junge Obrist Gleiwitz, begeistert von seinem König und immer voller Feuer, ruft aus: „Wie können Ew. Majestät das sagen! Vor einem Monat haben Ew. Majestät hier doch den größten Sieg der Weltgeschichte erfochten. Und den unerwartetesten. Und gerade über die Österreicher."

„Einen Sieg? Wo sieht er die Frucht eines Sieges, mon cher Gleiwitz? Eine Bataille habe ich gewonnen, und nicht mehr. Nicht einmal die Stadt wurde erobert, nicht einmal heute, nach fünf Wochen! Bien, Europa fuhr der Schrecken in die Schritte, aber jetzt hat es wieder seine Contenance gewonnen. Die Koliner Armee – sie wird mich nicht mehr unterschätzen. In zehn Tagen können wir eine zweite Schlacht bei Prag halten. Et je suis plein de soucis."

„Gewiß, Majestät, der Krieg ist noch nicht am Ende, der kann auch noch ein Jahr dauern..." – „... oder sieben!" Gleiwitz lächelte. „Nun, wenn auch nicht sieben Jahre, so doch sieben Monate und noch mehr. Aber hätten Majestät vor Monatsfrist dort drüben die Farm Stierbohol verloren, dann wäre Ihr ‚siebenjähriger Krieg' schon zu Ende!" – „C'est possible. Mais une victoire? Die Österreicher, ja, die hatten hier eine vor hundertdreißig Jahren! Schau Er hinunter, Gleiwitz, in dieses Prag, das sie sich unterworfen haben, es gedemütigt, bestialisch bestraft. Sieht Er irgendein Mouvement? Und doch würde jetzt jede Revolte Rache bringen. Sieht Er, so haben damals die Kaiserlichen gesiegt. In einer Stunde über Länder und Jahrhunderte zu entscheiden, das war eine Victoire. Mais die meinige?"

Gleiwitz erlaubt sich, submissest zu bemerken, Majestät sollten doch nicht immer höchstpersönlich zur Rekognoszierung auf den Weißen Berg gehen, wenn ihn das in so trübe Gedankenkomplexe versetze. Der König nickt nachdenklich. „Weiß Er, daß da oben Descartes eine Blessure abbekam? Einen Petardensplitter in die Wange? Ich muß immer daran denken, wie heute die Philosophie aussähe, wenn die Bombe diesen kaiserlichen Soldaten getötet hätte. Descartes – eine Leiche vor seiner philosophischen Zeit! Epouvantabler Gedanke! Non cogito ergo non sum ... Bei allen Göttern – wenn ich wüßte, daß drüben beim Karl ein Descartes dient –, mich würde bei jeder Kartätsche, die ich jetzt nach Prag schicke, der Cartesianische Zweifel packen. Das sind gefährliche Hemmungen für einen Kriegsmann, ich weiß das. Stört es mich doch schon, daß unten der Kleist gefangen ist, mein lieber Ewald, der den Frühling in seinen blauen Augen trägt, und daß ihn eine meiner Kugeln treffen könnte."

Besorgt schaut Obrist Gleiwitz seinen Herrn an, wohin soll das führen, wenn ein königlicher Feldherr menschliche und künstlerische Bedenken bekommt? Ist der König kriegsmüde? Der König merkt die Befürchtungen seines jungen Stabsobristen. Zärtlich fährt er ihm durch das Lockenhaar. Dann wendet er sich mit einem Ruck ab und bemerkt bitter: „Nein, nein, ich kann leider ruhig schießen lassen! Unserer Zeit lebt kein Descartes. Unserer Generation ist kein Unsterblicher vergönnt..." Gleiwitz (mit Wärme): „Oh, Majestät, uns lebt ein Unsterblicher", er weist auf den König, der ihm eben den Rücken gekehrt hat und diese Geste nicht bemerkte, „uns lebt ein Unsterblicher, der Philosophie und Tat vereinigt." Der König: „Nein, Gleiwitz, den gibt es jetzt nicht!" Gleiwitz, abermals lebhaft, auf den König zeigend, der dies noch immer nicht sieht: „Ja, Majestät, es gibt einen, dessen Geist man ohne Haß bewundert, dessen Taten ganz Deutschland liebt, von dem man sich Wundersagen erzählt!" Der Adjutant du jour tritt ein und bleibt nach drei Schritten in Achtung-Stellung stehen. Der König beachtet ihn nicht, er geht, die Hände auf dem Rücken verschränkt, auf und ab und wiederholt erstaunt die Worte Gleiwitzens: „Es gibt einen Mann, dessen Geist man ohne Haß bewundert und dessen Taten ganz Deutschland liebt? – Von dem man sich Wundersagen erzählt?" Plötzlich, in der Nähe des Adjutanten stehenbleibend, zu Gleiwitz: „Wer soll das sein?" Der Adjutant glaubt sich befragt und meldet mit lauter Stimme: „Der Strafgefangene Käsebier."

II

Drei Grenadiere führen Käsebier herein, dessen Hände vorn gefesselt sind, an der Kette hängt eine Eisenkugel. Der König nimmt von dem Adjutanten den Schlüssel zur Kette und läßt alle abtreten, mit Ausnahme des Erzfilous, den er von oben bis unten mustert. Nein, Käsebier gefällt Sr. Majestät gar nicht. Se. Majestät liebt schöne, große Männer mit lockigen Haaren. Käsebier aber ist klein und fast kahlköpfig. Schließlich fragt er ihn: „Er war während der ganzen Reise so gefesselt?“ Käsebier verneint, erst vor einer Stunde beim Betreten des Lagers habe ihm der Lieutenant die Ketten wieder angelegt. „Es ist nicht sehr nobel von ihm, diese Nachsicht zu verraten“, brummt der König, aber Käsebier bleibt ihm die Antwort nicht schuldig. „Majestät, ein Lieutenant, der glauben könnte, ein Mann von Witz werde flüchten, wenn er zum großen Friedrich geführt wird – ein solcher Lieutenant wäre nicht würdig, in den Diensten des großen Friedrich zu stehen.“ Die Antwort ist gut, aber der König goutiert es nicht, wenn ihm Diebe zu gute Antworten geben. „Er hält sich also für einen Mann von Witz?“ – „Sonst hätten mich Majestät nicht zu so wichtiger Aufgabe ausersehen!“ – „Er weiß ja nicht, was ich von ihm will!“ – Käsebier erlaubt sich zu glauben, er sei geholt worden, sich nach Prag einzuschleichen, dort auszukundschaften, wo Prinz Karl wohnt, wo Prinz Xaver und wo Marschall Browne wohnen, das Generalsquartier ist, wo die Munitionsdepots, wo die Fouragenmagazine sind, wieviel etwa darinnen ist, wo die Batterien aufgestellt sind, wo die Truppen untergebracht, ob sich etwas zu einem Ausfall rührt und in welcher Richtung, wie lang die Stadt die Belagerung aushalten könne und ob sich gar eine Übergabe schon vorbereite. „Bien, bien“, nickt der König, aber Käsebier fährt fort, er werde wohl auch nachzuspüren haben, ob ein Tor oder eine schwache Stelle in den Bastionen zum Einfall nach Prag geeignet wäre. – „Nein, nein“, unterbricht ihn Friedrich II., „brauche ich nicht.“ Das kann Käsebier anfangs nicht begreifen, da er nicht weiß, daß zu einem Einfall nach Prag angesichts der schon bei Kolin stehenden Armee keine Zeit mehr ist. Er wendet ein, daß ja ein Platz ganz vernachlässigt sein, eine Wache bestochen werden könne. „Widerspreche er nicht“, schreit der König, und von da ab spitzt sich das Gespräch immer mehr zum Konflikte zu, „ich will nur wissen, ob sich binnen fünf Tagen eine

Übergabe Prags vorbereitet. Wenn ich's durch Beschießung importanter Punkte erreichen kann, um so besser. Wird ihm das gelingen?" Nun begreift Käsebier zwar, daß dem König nur fünf Tage Zeit zur Eroberung Prags gegeben sind, aber er ärgert sich über den Ton und antwortet mit der Gegenfrage, ob Se. Majestät die nächste Schlacht gewinnen werde. – „Vergleicht er sich mit mir?" – „Majestät, ich bin der neunte Sohn eines armen Schneiders in Halle!" – „Und er glaubt es weit gebracht zu haben?" – Käsebier, in seinem Verbrecherstolze verletzt, beginnt sich zu loben – beinahe mit den gleichen Worten, mit denen früher Gleiwitz Friedrich II. pries.

„Das Volk Deutschlands nennt den Namen Andreas Christian Käsebier ohne Haß und mit Bewunderung. Man erzählt Wundersagen von mir. Das Appellationstribunal in Magdeburg hat mich zum Tode durch das Rad verurteilt. Der große König Friedrich hat mich zu lebenswierigem Kerker begnadigt und beruft mich zu sich, da er meiner bedarf. Das ist mehr, als je der neunte Sohn eines armen Schneiders erreicht hat." – „Hält er sich vielleicht auch für unsterblich?" – „Nun, ich halte es nicht für ausgeschlossen, daß noch nach zwei Jahrhunderten ein Gazettenschreiber den Dialog drucken läßt, den der große Hohenzoller und der große Käsebier miteinander heute führen." – „Davon wird sich nichts in den Akten finden!" – „Man hat mich gefesselt durch das Lager führen gesehen, und sicherlich ist bereits ein Geheimbericht von dieser Audienz an den englischen Hof abgegangen." Der König, in Erinnerung daran, daß ihm erst heute früh bei der Begegnung mit dem britischen Attaché der Gedanke an eine Überwachung kam, braust auf: „Wie kommt er darauf?" – „Meinem beschränkten Untertanenverstand erscheint es selbstverständlich, daß Britannien seinen großen Bundesgenossen bespitzelt ..." Der König reckt sich empor. „Ein Friedrich der Zweite wird nicht bespitzelt!" – „Majestät, ich weiß aus eigener Erfahrung, daß es gerade die Größten ihrer Zeit sind, die bespitzelt werden. Und so wird auch mein Besuch in den Akten stehen." – „Aber niemand kann wissen, was wir hier gesprochen haben, niemand schreibt ja ein Protokoll über unsere Unterredung." – „Wenn mein Gazettenschreiber ein Mann von Talenten ist, so wird er *getreulich* herstellen können, was der größte König seiner Zeit und der größte Dieb seiner Zeit im Lager von Prag sprechen konnten."

Der König, dieser Debatten müde, bei denen er entschieden den kürzeren zieht, verlangt schroff nun von Käsebier zu wissen, wie er ungefähr bei seinem Kundschaftswege zu Werke gehen wollte. Käsebier zuckt bloß mit den Achseln. Um ungefähr die Technik des zu so wichtiger Aufgabe ausersehenen Diebes zu kennen, heischt Friedrich, Käsebier möge ihm sein raffiniertestes Gaunerstückchen erzählen. Doch dieser sagt, er bedaure, er sei kein Schauspieler, der Monologe memoriert hat und sie auf Wunsch deklamieren kann, kein Fabeldichter, der seine Verse aufsagt, wenn man sie von ihm verlangt. Friedrich wird ironisch. „Er will sagen, daß er ein Mann der Tat ist und nicht des Wortes?" – „Nein, Majestät. Ich kann auch vortrefflich erzählen. Aber im Freundeskreis, in froher Gesellschaft, bei einem Glas Wein, wenn sich eine Situation ergibt, ein Stichwort – dann erzähle ich gerne eine Analogie, eine passende Anekdote, eine Reminiszenz. Aber, halten zu Gnaden, Ew. Majestät, so auf Kommando kann ich nichts Zusammenhängendes vorbringen." Der König, den ironischen Ton beibehaltend: „Er meint also, ich müsse ihn zum Souper bei mir einladen?" – „Spotten Eure Majestät nicht! Wenn ich wiederkehre, kann es leicht sein, daß Majestät mich bei der Hoftafel an Ihrer Seite sitzen lassen." – „Aber Käsebier, was würde sein Gazettenschreiber nach zweihundert Jahren dazu sagen?"

„Majestät, er würde sagen, daß es im Krieg eben als Verdienst gilt, Kriminalverbrecher zu sein. Wenn jemand den Feind ermordet, so ist er eben kein Mörder, sondern ein Mordskerl. Wenn jemand in feindliche Orte einbricht, so ist das kein Einbruchsdiebstahl, sondern ein siegreicher Einbruch. Und wenn da unten in Prag plötzlich das kaiserliche Hauptquartier in Flammen steht, so werden Euer Majestät schwerlich sagen, daß der Käsebier ein Brandstifter ist, sondern ein Feuerkopf. Und da sich Eure Majestät nicht danach richten, was ein Autor nach zweihundert Jahren zu Ihren Taten bemerken will, so werde ich bei Ew. Majestät Hoftafel neben Ew. Majestät sitzen und Ew. Majestät lustige Kapitel aus dem Kriminalroman ‚Leben und Taten des Erzfilous Andreas Christian Käsebier' erzählen."

Aufgebracht über diese Vertraulichkeit des Diebes und über die absolute Zuversicht des Tones, bricht Friedrich von Preußen die Audienz schroff ab. „Er wird begnadigt werden und Geld bekommen. Geh Er!"

III

Und Andreas Christian Käsebier geht mißgestimmt nach Prag. In aller Kürze – der Raum ist vorgeschritten – sei hier nur gesagt, daß es ihm gelingt, in die Stadt zu kommen, wo inmitten unbeschreiblichen Jammers gerade der größte Funus stattfindet, den Prag jemals gesehen: Ein österreichischer Feldmarschall wird bestattet, der bei Stierbohol tödlich verwundete Generalissimus Browne wird in der Josefskirche beigesetzt. Natürlich nimmt er an dem „Vejšlap" teil, und in der Doppelreihe, in der er „schlapint", trifft er einen alten Berufskollegen, den Dieb Pospišil, mit dem er in Königsstein in Haft war. Von dem erfährt er, daß nachmittags an allen Türmen weiße Fahnen aufgezogen werden sollen. Bedingungslose Übergabe an die Preußen.

Käsebier, nur von dem Gedanken bewegt, dem König Friedrich zu zeigen, daß dieser ihn unterschätzt habe, weil er ihn nicht als Gleichberechtigten behandelt hat, eilt in das Hauptquartier des Erzherzogs Karl. Er habe eine ungeheuer dringende Meldung. Er wird vorgelassen und berichtet den von allen Nachrichten aus der Außenwelt abgeschlossenen Offizieren, es müsse die Entsatzarmee Dauns nahe sein und binnen einer Woche eingreifen. Man zieht ihn in ein Kreuzverhör, und er kann genau nachweisen, daß er gestern beim König war und dies aus dessen eigenem Munde hat. Schleunigst wird der Übergabebefehl zurückgezogen. Käsebier wird zur Sicherheit in strenge Haft genommen, und erst nach fünf Tagen, als wirklich der Großteil der preußischen Batterien abgezogen sind, holt man ihn aus der Zelle und bietet ihm die höchsten Belohnungen. Er lehnt alle ab. Er bittet sich nur die Gnade aus, bei einem eventuellen Verwundetenaustausch den preußischen Capitainlieutenant Ewald von Kleist, „einen Freund eines Freundes", ins preußische Hauptquartier transportieren zu können. Gerne gibt man einem so edlen, uneigennützigen Manne das diesbezügliche Begleitdokument mit kaiserlichen Siegeln und erzherzoglicher Unterschrift.

IV

Am 18. Juni ist König Friedrich bei Kolin geschlagen worden, weil sich Prag bis dahin nicht ergeben und infolgedessen nur zehntausend Mann der Belagerungstruppen abgezogen werden konnten, damit ein Ausfall der Österreicher der preußischen Armee nicht im Rücken tödlich werde. Am Sonntag, dem 19. Juni, ist der König wieder in Prag und leitet den Abbruch des Lagers am Žižkaberg. Gegen sieben Uhr abends tritt ein preußischer Capitainlieutenant, den Arm in der Binde, auf Friedrich II. zu. Mit dem Rufe „Mein Ewald! Mein Poet!“ fällt ihm Friedrich um den Hals, „die erste Freude nach schmerzvollen Tagen!“ Der österreichische Major (weißer Waffenrock und Allongeperücke), der Kleist ins preußische Lager begleitet hat und seinerseits von zwei preußischen Offizieren begleitet ist, will sich diskret im Hintergrunde halten, wird aber dem König vorgestellt. „Majestät, ich hatte mir zum Danke für meine Meriten von Sr. kaiserlichen Hoheit dem Prinzen Karl die Gnade ausgebeten, den Dichter Ew. Majestät als Blessierten auszutauschen und Ew. Majestät zuführen zu dürfen.“

„Das haben sich aber Herr Major *vor* der gestrigen Bataille ausgebeten?“ fragte der König. – „Majestät, über das Genie Friedrichs des Großen wird die Weltgeschichte nicht nach dem Ausgang einer nebligen Schlacht das Urteil fällen.“

Erfreut zieht Friedrich den wiedergefundenen Freund Kleist und dessen österreichischen Begleiter in das Gehöft, wo das Abendbrot bereitet war, und hier erzählt ihm dieser, daß in Prag vor fünf Tagen bereits der Übergabebefehl verlautbar war, aber in der letzten Viertelstunde wieder zurückgezogen wurde. Der König springt auf. „So nah war mein Glück! Und wieso kam es, daß es sich zum Unglück wandte.“ – „Ein Schurke namens Käsebier hat gemeldet, daß Ew. Majestät mit Ungeduld der Übergabe binnen fünf Tagen harrten, also jedenfalls die Entsatzarmee nahe sei.“

Ganz stumm ist der König in seinem Sessel zusammengesunken. Dann sagte er: „Dieser Käsebier ist *kein* Schurke, Herr Major! Ich hatte ihn gekränkt. Er wollte der Hoftafel zugezogen werden, und ich lehnte es voll Dünkel ab. Es wird mir eine Lehre sein!“

Da zieht der kaiserliche Major die Perücke vom kahlen Kopf, es ist Käsebier; er sinkt vor dem König auf die Knie und bittet: „Vergeben mir Ew. Majestät! Von nun an bin ich der Ihre! Das soll Ihre letzte verlorene Schlacht sein. Friedrich der Große und Käsebier gemeinsam werden den Krieg gewinnen!“

Da lacht Friedrich II. und sagt, sich des Gesprächs mit Gleiwitz erinnernd: „Auch wenn der Krieg sieben Jahre dauert?“

„Dann erst recht, Majestät, denn sieben ist die Glückszahl der Diebe!“

„Der?“ sagte Professor Pick und schaute auf den betenden Kranken, nach dem ich gefragt hatte, „der? Paranoia … Der Name des Patienten ist unbekannt. Er wurde in irgendeiner Spelunke tobsüchtig, und man brachte ihn hierher. Kennen Sie vielleicht auch den?“

Ja, Herr Professor, ich kenne auch den. Ich will Ihnen gerne die Anamnese erzählen, soweit sie mir bekannt ist. Seine Diagnose wurde schon lange gestellt, bevor er zu Ihnen auf die Klinik kam. Aber sie war etwas volkstümlicher gefaßt, man erklärte ihn nur als „stillen Narren“.

Er pflegte immer in dem Nachtlokal in der Kleinseitner Břetislawgasse zu sitzen, dem der Millionär N. das Parterre und ersten Stock seines Wohnhauses vermietet hatte, um erbschleicherische Verwandte davon abzuhalten, ihn zu besuchen. Dorthin kam der stille Narr allabendlich, von den Mädeln im Chor mit einem ironisch feierlichen „Guten Abend, Herr Petrus“ begrüßt. Er dankte wie einer, dem solche huldigende Begrüßung gebühre, und nahm an dem kleinen Tisch beim Fenster seinen Platz, wenn der frei war. Die Mädel hatten eine Aversion, sich nachts an dieses Tischchen zu setzen, denn dort war bei Tag ihr Platz, dort mußten sie – die grüne Gardine etwas zur Seite geschoben – dienstlich auf die Straße hinaussehen.

Nur solange eine neu war, sprach sie manchmal den Herrn Petrus an. Natürlich auch die nur ironisch, denn daß er kein Gast sei, wußte sie schon aus dem kühlen Benehmen der Kolleginnen. Aber so aus Zeitvertreib. Die anderen konnten es nicht mehr für originell finden, ihn mit der Frage nach dem Haustorschlüssel zum Himmel oder dergleichen zu frozzeln, nicht einmal vor Gästen. Man kannte seine Geschichte, die wirr war und phantastisch und sachlich zugleich, voll von moralischen Worten.

Er trug das schüttere Haar in der Mitte glatt geteilt und über die Ohren gekämmt und einen Vollbart, dem man einstiges Blond ansah, jedoch in seiner Kleidung sah er wahrhaftig eher einem Fischer ähnlich, der seine Netze unterhalb des steinernen Bradáč beim Prager Kreuzherrenkloster auswirft, als einem Fischer vom See Genezareth. Das letztere behauptete er, ob er das erstere war, ist unbekannt. Jedenfalls wohnte er auf der Insel Kampa, wo ihn jeder als Narren kannte. Er soll einmal in der Nacht versucht haben, auf der Moldau spazierenzugehen, und als man ihn halbertrunken ans Ufer zog, erklärte er den fluchenden Flößern, der Herr habe ihn gerufen, hinauszugehen auf dem Wasser ... „Aber mein Glaube war zu schwach, und so fiel ich in die Tiefe und habe um Hilfe geschrien."

Solcher Selbstvorwürfe war er voll, und man ginge deshalb fehl, wollte man ihn als größenwahnbefangen bezeichnen, wenn er sich als Petrus ausgab. War er doch mit seiner apostolischen Tätigkeit nichts weniger als zufrieden. Allerdings, betonte er immer wieder, er habe gleich bei seiner Berufung gesagt, daß sich das nicht halten werde. „Herr", habe ich gesagt, „gehe hinweg von mir, denn ich bin ein sündhafter Mensch." Und richtig! Ehe der Hahn zweimal krähte, hatte er den Herrn dreimal verleugnet. Und vierunddreißig Jahre später noch, als Nero Rom anzünden ließ und dann die Christen dieser Tat beschuldigte, da floh er ängstlich aus der Stadt, statt sofort bereit zu sein, das Kreuz auf sich zu nehmen wie jener, der ihn des Weges entgegenkam mit Dornenkrone, Blutstropfen und Speichelwürfen im Angesichte. Nicht Ketten, nicht Geißelung, nicht Kreuzestod, den Kopf nach unten, sind genug der Buße für solchen Wankelmut. Und deshalb blieb ich auch nicht im Himmel, an der Seite des Herrn. Ich wurde nach Prag geschickt, um hier, in Holz verwandelt, die Menschen dieses Babylons an den Gottesglauben zu mahnen. Unter elf bemalten hölzernen Bildern, der Beine und des Unterkörpers beraubt, mit Bibel und Schlüssel auf dem rechten Arm, zwischen zwei dunklen Mauern sollte ich stehen, Tag und Nacht, Jahr um Jahr. Und nichts anders tun, als in jeder Tagesstunde, wenn sich die Fensterläden zur Seite schoben, mich ein wenig zur Seite zu drehen und vor das Fenster zu stellen. Der erste im rechten Fenster, das war ich. Ich hob die linke Hand mit zwei emporgereckten Fingern, die Menschen zu segnen, die vor dem Rathaus standen und uns vorbeiwandeln sahen, zu ihrer Mahnung. Aber, glaubet mir, es sind keine Frommen, die vor dem Rathaus stehen! Aus Neugierde nur gaffen sie hinauf! Sie gucken auf den Tod, der den Arm erhebt und das Totenglöcklein zieht für den stattlichen Bürger an seiner Seite, der überlegen verneigend den Kopf schüttelt, mit der Laute den Glockenton übertönen will und doch gleich sterben muß, für den hinfälligen Geizhals, der das Privatkapital in einem Beutel umklammert hält, und für den gestriegelten Edelmann, der immerfort den Spiegel hebt, sich darin zu besehen – da schauen die Leute vom Altstädter Ring hinauf und merken nicht, daß es Sinnbilder sind, Sinnbilder des Nichtigen, dem schon die Totenglocke läutet. Sie gucken, als ob es ein Pimperltheater wäre, und wissen nicht, daß das eine Mahnung ist, wenn wir zwölf, Märtyrer der Wahrheit und Gleichheit und Verkünder einer neuen Zeit, bewegt und eindringlich stündlich an ihnen vorüberziehen, ihnen zugewendet und mit erhobener Hand – sie wissen es nicht und wollen es nicht wissen, und nicht einmal den Kindern erklären sie den tieferen Sinn. Und wenn zum Schlusse der Hahn kräht, so lachen sie ...! Ja, ja, lachend gehen sie auseinander, sie lachen, weil sie ein Schauspiel gesehen haben, das umsonst ist. Es *ist* umsonst, meine Freunde! Mir ging der schrille Hahnenschrei durch ..., beinahe hätte ich jetzt „durch Mark und Bein" gesagt, aber ich hatte ja weder Mark noch Beine. Ich war ja nur ein hohler, hölzener Oberkörper, mit einem Draht und einem Winkelhebel im Innern und auf einer Drehscheibe befestigt. Aber der Hahn, der über meinem Kopf an der Wand kauerte und gerade dann krähte, wenn noch Bewegung in uns war und unsere beiden Schiebefenster offenstanden, der tat mir immer wehe, und wenn ich ihn zum tausendsten Male hörte. Immer mußte ich mich der traurigen Prophezeiung meines Herrn und seines vorwurfsvollen Blickes erinnern, als der Hahn zum zweiten Male geschrien und ich Ihn zum dritten Male verleugnet hatte. Einmal, gerade am Jahrestag meiner Untreue, war ich von besonderem Schmerze der Erinnerung voll. An diesem Tage hatte der alte Koudela wie an jedem Freitag das Uhrwerk aufgezogen, aber ich hatte unten die Türe des Uhrenvorbaues nicht zuklappen gehört – er hatte vergessen, sie zu schließen. Heute waren die Glocken in Rom, in meinem Rom. Sollte ich auch hin? Die Türe stand offen ...

Da kam die Stunde unserer Vorstellung, der metallene Vorhang schob sich nach den beiden Seiten, und wir traten vor die Rampe. Ich neigte mein Haupt und hob meinen linken Arm. Unten standen viele Hunderte von Menschen, Ostergäste vom Land, auch eine Menge junger Gymnasiasten, ein Schülerausflug. Sie lachten, als ich hinuntersah. Und als der Hahn sein Kikeriki schmetterte und ich meine Karfreitagssünde empfand, da grölte alles da unten auf dem Platze. In mir riß der Draht, ich reckte mich empor, Gliedmaßen fühlte ich mir wachsen, ich sprang auf die Steinstiege und eilte davon. Ich stand auf dem Ring ... Aber keine Flügel wuchsen mir, mich nach Rom zu tragen ... Ich ging hinüber unter die Lauben, ich setzte mich in die Bindersche Weinstube. Dort saß ich traurig, denn es fiel mir ein, daß ich abermals untreu geworden sei und aus Schwäche von dannen gegangen, wie damals aus dem sündigen Rom. Nach einer Stunde stand mein Entschluß fest: Ich werde zurückbleiben. Aber es war zu spät! Als ich hinaustrat, wandelten oben gerade die Apostel vorbei – mit einer großen Lücke. Und die Menge war in Erregung: „Der Petrus fehlt!" – „Vor einer Stunde war er noch da." – „Das Tor zum Uhrturm steht sperrangelweit offen." – „Der Dieb kann noch nicht weit sein." Ein Polizist schaute mich an, und es war mir, als wäre es jener Knecht, der mich einst im Vorhofe des Hohepriesters Kaiphas erkannt hatte, indem er gesprochen: „Wahrlich, auch dieser war bei Jesus, dem Nazarener, denn auch er ist ein Galiläer!" Ich aber, ich fürchtete mich abermals, und ich sagte zu dem Schergen: „Vor einer Stunde sah ich einen Mann aus der kleinen Eisentüre dort mit einem großen Ballen herauskommen, und er ging in die Melantrichgasse!" In diesem Augenblicke schlossen sich oben die Fenster, und der Hahn krähte! Er krähte zu meinem zweiten Verrat, wie er damals gekräht hatte. Nun, dann bin ich auf die Kleinseite gegangen. Sie haben, hör ich, einen neuen Petrus auf der Rathausuhr. Ich weiß es nicht. Niemals gehe ich auf die Altstadt – ich will den Hahn nicht zum zweiten Male hören, denn das wäre mein dritter Verrat. Ich lebe fromm. Nur abends gehe ich her, weil ich nicht schlafen kann.

Das war die Geschichte, die der Kleinseitner Herr Petrus eigentlich nicht erzählte, aber die sich aus seinen Andeutungen und Reminiszenzen ungefähr so zu seiner vermeintlichen Autobiographie ergänzen ließ. Und mit der er gefrozzelt wurde, was ihn aber niemals anzufechten schien. Ruhig trank er seine Zátka-Flasche leer.

Bis eines wüsten Abends nach einer Mittelschülerkneipe die ganze Pennälerblase hier einkehrte, mit Bier- und Schnapsflaschen unter dem Arm. Einer von ihnen, schon etwas älter, hier im Lokale bekannt und heute bemüht, diese Bekanntschaft zu erweisen, nahm auch den Herrn Petrus „in die Parade". Herr Petrus lehnte ab zu trinken. Man drang in ihn, beinahe bedrohlich. Widerstrebend trank er ein Stamperl Sliwowitz und dann ein Glas Bier und dann noch ein Glas Sliwowitz, und dann saß er schon mitten unter den Studenten, predigte Wasser und trank Schnaps, Bier und Wein. Der ortsübliche Scherz ist immer: eine Kellnerin zu veranlassen, dem Lächerlichsten der Gesellschaft Liebe zu heucheln. Wer diesmal das Opfer war, ist leicht zu erraten. Also, die Anka zog den soliden Alten ins Séparée. Zu seiner Ehre sei gesagt, daß er, so berauscht er war, sich lange weigerte. Aber als er darin war, schlich sich ein Stammgast hinter die spanische Wand, wartete dort ein wenig und ahmte dann laut das Krähen eines Hahnes nach: Kikeriki! ... Da sprang der Alte vom Sofa auf, er schrie, daß es nur so gellte, zerschlug einen Tisch, Flaschen und Gläser, die Kellnerinnen wichen kreischend vor ihm zurück, man konnte ihn kaum festhalten, die Drohung, daß er nie mehr hierher ins Lokal kommen dürfe, schien gar keinen Eindruck auf ihn zu machen, er schrie weiter, schlug mit den Füßen um sich, mit Stricken mußte man ihn binden, aber er zerrte daran, daß man ihn außerdem halten mußte, schließlich kam das „Etui", die „Gemeindetruhe", und führte ihn fort.

„Seitdem habe ich ihn nicht mehr gesehen, Herr Professor."

Professor Pick sagte zum Sekundärarzt: „Schreiben Sie sub Diagnose dazu: Religiöse Wahnvorstellungen, bildet sich ein, der Apostel Petrus zu sein."

DER WEG SMETANAS

Auch Bizarrerie kann geradlinig sein. Auch romantisch-unwahrscheinliche Schicksale können so naturalistisch-folgerichtige Pointen (ergreifender Art) haben, wie sie nur ein einziger Autor zu gestalten imstande ist, der Autor: Leben. Der Berichterstatter nachstehender Tatsachen würde daher geradezu ein Plagiat begehen, wenn er, auch diesmal auf seinem Prinzip beharrend, es unterlassen würde, die Wirklichkeit als Kronzeugen für die Richtigkeit seiner Aussagen zu zitieren.

Der junge V. H. ist Cellist, dreiunddreißig Jahre alt, Mitglied der Böhmischen Philharmonie. Exzentrisch, wie er ist, fanatisch für seinen Lieblingskomponisten Smetana eingenommen, verschaffte er sich 1917 Eintritt in den Daliborka-Turm auf dem Hradschin, wo er die Geigensoli aus der Oper „Dalibor" spielte. Man muß zugeben, daß sich eine romantischere Kulisse von solcher

Zugehörigkeit nicht denken läßt: wirklicher Hungerturm, ein beinahe fünf Jahrhunderte altes Gemäuer, Zeuge von Ausbrüchen einsamster Verzweiflung und Marterqual, anderseits als Schauplatz jenes Opernaktes gedacht, wo sich dem schmachtenden Ritter Dalibor schöne Gestalten zeigen: visionär der geigende Geist seines Freundes Zdenko, den zu rächen Dalibor Rebell ward, und realiter das Mädchen, dem der geliebte Bruder durch Dalibor erschlagen wurde und das dennoch, in heißer Liebe zu dem Feinde entflammt, ihm Fiedel und Freiheit bringen will.

Hier also spielte der junge Virtuos V. H., im gebälkgestützten, vergitterten Verlies des Oberstockes, Smetanas Weisen, und während sich unten die Fremden über die Öffnung in die unterirdische Marterkammer beugen wollten, lockten Saitentöne „von heiliger Begeisterung" ihren Blick in die Höhe. Damals fand eine Smetana-Ausstellung in Prag statt, und deren Veranstalter waren, ihre Gäste auf den Schauplatz der romantischen Heldenoper führend, über diese eigenartigen Konzerte in dem Turm noch mehr verwundert als die Fremden, die darin eine beabsichtigte Überraschung vermuten konnten. Die Zeitungen schrieben über diese Realisierung einer alten Prager Sage, der Musikkritiker der „Národní Politika" erfuhr den Namen des anonymen Konzertgebers und schrieb in seinem Blatte vom 3. Juni 1917 unter dem Titel „Houslové solo Smetanovy opery ‚Dalibor' v Daliborce" ein begeistertes Referat über den jungen Virtuosen. Herr V. H. trägt diese Kritik in seiner Brieftasche.

Er hat seither das schmerzvolle Schicksal erlebt, als Patient in die Prager Landesirrenanstalt zu kommen. Sein Cello nahm er mit sich und seine Noten, er darf auch hier seine Kunst ausüben, jedoch seine Freizügigkeit ist ihm genommen, er kann sich keine traditionsgeheiligte Stelle für die Melodien seines Meisters aussuchen. Aber das Schicksal ist von unglaublichster, verständnisvollster Gnade: Auf demselben Korridor, der ihm jetzt Welt ist, ist das Sterbezimmer Smetanas ... Und es steht fast den ganzen Tag leer; der Hauptmann, der in dem Bette rechts vom Fenster liegt, an der gleichen Stelle, dort, wo Smetanas Totenbett stand, geht den ganzen Tag auf dem Gang oder im Garten spazieren und der zweite Insasse, ein Professor, desgleichen. So stellt sich Herr V. H. des Morgens sein Notenpult neben das Bett, setzt sich auf dieses, lehnt das Cello an sein linkes Knie und spielt.

Hierher werden wohl die Gäste der Smetana-Ausstellung schwerlich gekommen sein. Auf Krankenhäuser, Irrenanstalten und Gefängnisse setzt man auch den größten Genies keine Gedenktafeln; man will nicht gerne daran erinnert sein, wohin eine dankbare Mitwelt ihre Großen treibt. Auch von Smetana, der sein Tschechisch in die ganze musikliebende Welt getragen hat, ist kaum vielen bekannt, daß er hier oben auf den „Kateřinky" starb. Sein Sterbezimmer ist kein Museum, es ist ein Krankenzimmer, wie es vor siebenunddreißig Jahren war. Es liegt im Hofgebäude der Landesirrenanstalt, im ersten Stock der tschechischen psychiatrischen Klinik Professor Heverochs. Das letzte Zimmerchen des Ganges – dahinter hört der Gang auf, „Gang" zu heißen, sondern man nennt ihn „Korridor", und er dient dann bloß zum Aufenthalt für die unruhigen Kranken. Zwischen dem Smetana-Zimmer und dem „Korridor" liegt noch das Stiegenhaus. Das Zimmer hat keinen separierten Eingang, nur durch den Krankensaal Nr. 129 kann man hinein. Drei Schränke und vier Eisenbetten stehen darin, eines links und eines rechts vom Fenster, zwei gegen den Gang zu. Durch das Fenster sieht man in den Garten hinaus, der sich jetzt frühlinghaft präpariert und in dem Menschen mit unregelmäßigen Schritten und seltsam abrupten Bewegungen auf und ab gehen, sieht man zur Kirche von St. Kathrein, zum deutschen naturwissenschaftlichen Institut und zur Gifthütte.

Auf dem Bette rechts vom Fenster ist Friedrich Smetana, seines Geistes ledig, drei Wochen gelegen; auf dem Bette rechts vom Fenster hauchte er am zwölften Maitage 1884, vier Uhr nachmittags, seinen letzten Atemzug, das Finale eines Lebens voll Genie und harter Prüfung. Auf dem Bette rechts vom Fenster sitzt jetzt ein junger Musiker mit blondgescheiteltem Haar und sorgfältigem Anzug, das Abzeichen der Jednota českých hudebníků auf dem Rock, und spielt Lieder seines Ideals. Er spielt nicht bloß Smetana: Da ich eintrete, liegen gerade die „Spanischen Tänze" für Violoncello von David Popper auf dem Notenpult. Aber er beginnt bald aus der „Verkauften Braut" zu spielen und aus der „Libuša". Er zeigt mir (ich bin zu einem anderen Kranken auf Besuch gekommen, und er vermutet keineswegs einen Journalisten in mir) die Musikkritik aus der Daliborka und sagt mit lächelnder Resignation in einem Wortspiel, das nicht zu übersetzen ist, früher habe er im Hungerturm gespielt, jetzt spiele er im Narrenturm. (Dříve v Daliborce – nyní na Magorce.) „Wußten Sie schon früher, daß Smetana hier gestorben ist?“ frage ich ihn. – „Freilich, das habe ich im Konservatorium gelernt.“

Er spielt. Unten im Garten stehen einige Frauen, Patientinnen, und horchen in das offene Fenster, in dem der tote Smetana lebendig ist. Der junge Virtuos ist müde. Er legt das Cello in das Futteral auf das Bett. Abends wird er es sich holen. Wir gehen, bewegt von einem guten Gottesdienst. Draußen auf dem Gang singt einer die letzte der Melodien, die wir gehört haben, und gibt sie uns, während ein Irrenwärter die feste Tür aufsperrt, gleichsam auf den Weg. „Věrné milování, nepkřeruší …“ – „Treue Liebe, treues Walten – kann keines Schicksals Bosheit spalten …“

TAUCHE UNTER, SCHWAN!

Wenn uns die Mädels nicht mehr grüßen, dann ist's schon gut. Dann sind sie an der Seite eines anderen, dem sie die mißtrauische Frage ersparen wollen, woher sie uns denn kennen, he? Und sich die Antwort.

Als also vorgestern abends die Dorinka in der Bar erschien und uns gar nicht anschaute, während sie uns anschaute, so schauten wir einander verständnisinnig an und freuten uns. Freuten uns, daß wir sie wiedersahen und daß es ihr gut ging. Wir hatten sie schon lange nicht mehr gesehen, die Dorinka aus dem Altstädter Café. Das Altstädter Café war in der Karlsgasse, im ersten Stock des Durchhauses, das von der Michaelsgasse kommt, und auf den vier Fenstern war zu Reklamezwecken in großen Lettern der Namen gemalt, den der Schildermaler zu diesem Zwecke in vier Teile geteilt hatte: „Staro – městs – ká ka – várna“. Beim dritten, dem Káka-Fenster, war unser Stammtisch, und dort haben wir alle die Dorinka geliebt, wenn sie nicht gerade nach „Staro“ abberufen worden war, ins Séparée. Sie war jung, nett und tanzte – oh, sie war eine Berühmtheit des Tanzes. Zum Lied vom „Eman“, dem Emanuel, dem das auch nicht mehr passieren kann, was ihm früher passiert ist, tanzte sie am liebsten.

Vor mehr als zwei Jahren verschwand sie, und wir wußten nicht, was mit ihr geworden sei. Vorgestern erfuhren wir's. Nach dem Umsturz war ihr Vater aus einem Provinznest nach Prag übersiedelt, vom Minister, dessen Wahlmacher er da draußen gewesen, mit der Organisierung der Registratur betraut. Das ist ein Umsturz gewesen im Leben der Dorinka, die sonst von der Politik eben nur so viel verstand, um von Zeit zu Zeit nach Hause zu schreiben, sie sei noch immer im Fabrikskontor in Holleschowitz beschäftigt. Dort war sie tatsächlich eine Zeitlang gewesen, nachdem sie die Handelsschule absolviert hatte, aber sie hatte schon damals eifrig geflamt – „Tages Arbeit! Abends Gäste!", heißt das auf goethisch. Und einmal, nach „sauren Wochen", stand sie vom Bett auf, ergab sich ganz den frohen Festen und fand ihren Beruf im Altstädter Café. Dort blieb sie, bis eben der Umsturz kam in Gestalt der elterlichen Übersiedlung nach Prag. Da mußte sie schön zu Hause bleiben und „Solidität hacken" (sekati dobrotu). Kurz darauf lernte sie einen Legionäroffizier kennen, der im selben Hause wohnte. Er war einundzwanzig Jahre alt und demgemäß bloß Oberstleutnant. (Erst zweiundzwanzigjährig durfte man damals die Generalsuniform anziehen.) Er mochte ein erfahrener Kriegsmann sein, warum denn nicht, aber von der Botanik verstand er kaum etwas, von Blütenkelchen, Zahl und Beschaffenheit der Staubgefäße usw.

Er liebte sie, und im April und nur im Auto sollte die Hochzeit sein, er war schon in der Kinofabrik gewesen, wegen der Filmaufnahme beim Verlassen des Rathauses. Kurzum, es war schon alles fertig. Von Dorinkas Vorleben hatte er keine Ahnung. Er wußte von ihr, daß sie im Holleschowitzer Fabrikskontor gewesen war, aber von „Staro" hatte er gar keine Ahnung, geschweige denn von „Káka", von den sauren Wochen und frohen Festen. Er hielt sie für eine Lilie. Nur manchmal schaute er sie prüfend an, bei irgendeinem Worte, daß ihr so entfuhr, bei irgendeinem Zuruf, der – allzu vertraulich – aus der vorüberfahrenden Elektrischen zu ihr flog, bei irgendeiner Geste oder einem Pfiff. Aber schließlich, warum sollen nicht *wirklich* auch Lilien verschiedenartige Worte und Gesten und Bekannte angenommen haben und Gassenhauer pfeifen können, und warum soll nicht die Lieblingsmelodie einer Lilie die des Liedes vom Eman sein können?

Vorgestern abends waren sie zum ersten Male zusammen in einer Tanzbar. Sie tranken je einen Sherry-Kobbler, und Dorinka wollte die Kirsche aus seinem Glas. Er balancierte den Strohhalm, neigte das Glas, verschüttete den Kobbler – am Nebentisch beobachtete man schon die vergebliche Jagd. Da nahm Dorinka das Glas, stieß mit sicherer Hand den Strohhalm der Kirsche tief ins Herz und führte sie zum Munde. Er schaute sie von der Seite an. Woher kann sie das, fragte er sich vielleicht. Das Programm wickelte sich ab. Zuerst kam eine Solotänzerin, die hatte nicht viel an und machte einige dumme Schritte – je weniger man kann, desto mehr muß man zeigen; und dann kam eine spanische Tänzerin namens Carmen Carmanita, die hatte aber die Dorinka noch gekannt, als sie nicht aus Sevilla war, sondern von der Kapslovka, und bei allen Tanzunterhaltungen „Na Růžku" durch ihre schönen Schärpen den Neid aller Tänzerinnen erregt hatte, bis man einmal unter großem Jubel auf ihrer Hinterseite die gedruckten Worte „Ruhe sanft" gelesen hatte, wodurch klar ward, daß die Seidenbänder vom Wolschaner Friedhof stammten. Dann kamen die Step dancers und das Foxtrott-Paar und die Spitzentänzerin und der Rollschuhkünstler und die Russen. Und dann tanzte das Publikum. Mit der Dorinka zuckte es ... Es wurde ein Onestep gespielt; da hielt es die Dorinka nicht mehr aus. Sie stand von ihrem Tisch auf, als ob sie hinausgehen wollte, und kam an unserem vorüber. Sie neigte mit fragendem Blick den Zeigefinger und machte eine quirlende Bewegung, was in der ganzen Welt soviel wie „Willst du tanzen?" bedeutet. Und einer von uns sprang auf, packte sie um die Hüfte, was in der ganzen Welt soviel wie „Ja, ich will tanzen" oder so etwas Ähnliches bedeutet. Und schon tanzten sie, sehr schön tanzten sie, und einige riefen erstaunt und begrüßend: „Jejej, die Dorinka!", und Fritzl Seifert, der Kapellmeister, änderte sofort die Melodie und begann die vom Eman zu spielen, dem das auch nicht mehr passieren wird usw.

Das alles hatte der Bräutigam der Dorinka mit aufgerissenen Augen gesehen. Er rief nach dem Zahlkellner, und seine Stimme war wie er: heiser, blaß und um Haltung bemüht. Er beglich die Zeche und blieb sitzen. Wahrscheinlich wollte er gleich nach dem Ende des Liedes die Dorinka beim Arm packen – nein, wahrscheinlich wußte er selbst nicht, was er wollte. Er starrte dem Mädchen nach, das alle kannten und er nicht kannte. Dorinka ist mit ihrem Partner gerade in einer Ecke des Saales, und dort machen sie die Wendung, so wie sie nur erfahrene Schlapaktänzer zusammenbringen, mit jener tiefen, tiefen harmonischen Bewegung, die man „Labutě, potop se" nennt, „Tauche unter, Schwan!" So routiniert machen sie die Bewegung, so im Takt, daß alles lachend Beifall ruft, bis auf den Bräutigam, der sich einen männlichen Ruck gibt und den Saal verläßt.

Vielleicht hat er in der Garderobe seinen Zettel etwas länger gesucht als sonst, vielleicht hat er seinen Überzieher langsamer angezogen, in der (uneingestandenen) Hoffnung, daß ihm die Dorinka noch nachlaufen werde. Aber sie lief ihm nicht nach. Lächelnd und etwas erschöpft setzte sie sich an unseren Tisch und erzählte, als man sie fragte, wo sie so lange gewesen sei, die Geschichte, angefangen vom Umsturz und der Übersiedlung ihres Vaters bis zu der bevorstehenden Trauung mit Kino-Aufnahme und der eben erfolgten Entlobung via facti, dem Převrat Numero zwei. „Das ist doch schade, Dorinka; jetzt wirst du nicht mehr heiraten!“ Sie jedoch brachte durch Zusammenpressen der Lippen nur einen Ton so unsäglicher Geringschätzung hervor, daß er verpönt ist. Ein Walzer sei ihr hundertmal lieber als die ganze Verlobung, und ein Schlapak tausendmal. Und sie gehe überhaupt nicht mehr nach Hause.

Ein durstiger Schwan taucht unter. Das ist doch keine besondere Angelegenheit. Sie nahm die Sache nicht tragisch, und demgemäß wäre wohl auch kein Guy de Maupasák und kein Marcel Previt imstande, aus dieser Begebenheit einen Novellenstoff zu formen, wie es denn auch unerfindlich ist, warum eine verbreitete Tageszeitung einen so belanglosen Vorfall am Sonntag veröffentlichen sollte.

TRENNE, WIE DU WILLST!

Laß Dir nicht einreden, mein Kind, daß die Orthographie fürs Leben wichtig ist! Jeder Erwachsene wird, wenn er ehrlich ist, Dir eingestehen müssen, daß ihn zumeist unorthographische Briefe viel glücklicher gemacht haben als die orthographischen. Keines der zehn Gebote schreibt uns vor, daß wir so schreiben sollen, wie es der Landesschulrat oder der Sprachverein oder was weiß ich wer befiehlt. Ein Sprichwort sagt: Tue recht und scheue niemand! Keines aber sagt Dir: Schreibe recht usw. Es ist Lüge, wenn Dir der Lehrer erzählen sollte, daß Rothschild, Fern Andra, die Zwerenz oder sonst irgendein berühmter und glücklicher Mensch das Regel- und Wörterverzeichnis der deutschen Sprache auf dem Nachtkastel liegen habe.

Glaube nicht daran, daß die Silbentrennung eine von Gott gewollte Einrichtung ist. Nein, die Silben hat Gott nicht zusammengefügt, und der Mensch kann sie trennen, wo und wie er will. Ich habe einen Freund, der hat sich – bloß dadurch, daß er die Vorschriften der Silbentrennung vollständig und die Vorschriften der Orthographie ein bisserl verachtete – einen ganzen zoologischen Garten geschaffen. Er besitzt eine Tang-Ente, Physiks-Aal, einen Blecht-Igel, eine Plakats-Eule, eine Ka-Biene, ein Erdäpfelpü-Reh, einen Tomatent-Unke, eine Li-Wanze, eine Ele-Gans, einen Gummir-Adler, einen Ballette-Löwen, einen Tafel-Spitz, ein Sonnens-Täubchen, einen Je m'en-Fisch, ein De-Kamel (ein Deka Mehl), einen Jungg-Esel(l), einen Geben-Sie-die-Schweine-Reiher, einen E-Hering, eine Wechselt-Ratte, einen Bibliothek-Aar, einen Nat-Hahn, einen J-Uhu, ein süßes Nichtst-Huhn, mehrere Schwa-Drohnen, G-Raupen, No-Maden. Nichts fehlt in seinem Zoo: Gehaltsbe-Ziege, Gewohnheit-Stier, Kar-Affe, App-Laus, Wasc-Hecht (waschecht), Stam-Pferde, Amalg-Ameisen, Hall-Unke, das Wasser-Rind (das Wasser rinnt), Gansl-Eber, Kal-Mücke, Be-Fohlen, Gek-Natter und Ger-Assel, E-Maus, Eid-Otter! Der Tierbestand meines Freundes ist noch lange nicht vollständig, und er ist für jede Bereicherung dankbar. „Spielet nur, Kinderchen, spielet nur!" ruft Pallenberg in der „Familie Schimek", und ich kann Euch nur im Interesse meines Freundes, des Zoo-Besitzers, den gleichen Rat geben. Trennet nicht konventionell und nicht gedankenlos – und der Erfolg wird gewiß ein präch-Tiger sein!

Meine Freundin aber liebt die Blumen, und sie hat sie nicht anders geschaffen als mein tierliebender Freund. Vor einigen Wochen hatte sie zum Beispiel eine wunderschöne Neu-Rose. Ihr aufmerksamer Vater bringt ihr jeden Morgen Sau-Flieder nach Hause. Sie hat drei unmusikalische Schwestern – ist es da ein Wunder, daß es an Klavie-Rüben bei ihr zu Hause nie fehlt? Es gibt kaum eine Pflanze, deren Zucht dem züchtigen Mädchen nicht zumindest Hinder-Nüsse bereiten würde.

Einer meiner Mitschüler konnte die Begriffe „Kniebeuge" und „Tiefebene" nie voneinander unterscheiden, weil er letzteres konstant als „Tiefe-Beene" las. Glaubst Du, es hat ihm etwas geschadet? Nein, mein Kind, er ist heute einer unserer angesehensten Kettenhändler, und erst vorgestern hat er freihändig und auf freiem Fuße die Ausfuhrbewilligung für vier Waggons holländischer Fu-

Runkeln an ein eigens gegründetes Konsortium verkauft. Ein anderer hatte sich knapp vor dem Kriege, seinem Instinkt folgend, an einem Bahn-Knotenpunkt niedergelassen; er wurde ihm, da er Orthographie nicht kannte, zum Banknoten-Punkt. Solche Fälle wüßte ich viele.

Aber ich will nur von dem pensionierten Registraturbeamten erzählen, dem die richtige Anwendung der falschen Silbentrennung zu Trost und Freude des Alters wurde. Er zerlegt die Wörter und teilt sie in verschiedene, alphabetisch geordnete Kategorien ein. Zum Beispiel: a) der Strang (Aderstrang), b) der Zug (Bäderzug), c) der Saft (Cedersaft) und so fort; j) der Mann wird so zerlegt und eingereiht, p) der Ast und k) der Kommandant und viele andere solcher Art an seine Adresse nach o) der Berg direkt zu senden. Sammlung dankbar, und ich bitte meine Leser, ihm Mitteilungen solcher Art an seine Adresse nach o) der Berg direkt zu senden. Ich selbst nehme keinerlei derartige Mitteilungen an; h) der Lump! müßte ich mir noch wohl oder übel gefallen lassen, aber aus Gründen der Orthographie verwahre ich mich schon im vorhinein gegen i) die Ot.

DAS ÄLTESTE GERICHTSBUCH PRAGS

Kriminalfälle des Mittelalters

Das älteste Gerichtsbuch Prags, auf das bisher publizistisch noch nicht hingewiesen worden ist, steht unter den dreieinhalbtausend handschriftlichen Stadtbüchern und anderen Manuskripten des Prager Stadtarchivs, zu ebener Erde des Rathauses. Archiv-Nummer 987. Ein dickleibiger Papierfoliant in hölzernem Einband ist es, dessen Bretter mit den notengeschmückten Pergamentblättern eines alten lateinischen Kanzionales überzogen sind, was aber nicht der ursprüngliche Einband ist. Die rauhen Papierblätter sind beschädigt, von manchen Seiten fehlt mehr als die Hälfte – Brandwunden von der Feuersbrunst 1399, der fast das ganze Rathaus mit allen Büchern zum Opfer fiel. Nur die Bände blieben erhalten, dieser und die beiden, die ihn heute flankieren. Der linke Nachbar ist das sogenannte „Liber vetustissimus statutorum et aliarum rerum memorabilium Veteris urbis Pragensis ab 1310“, das Eintragungen über Gemeindeausgaben – darunter eine vom 16. Oktober 1310 –, über Gemeindeschulden, Münzprägungen und Aktenversiegelungen enthält, der rechte ist ein Altstädter Gerichtsbuch vom Jahre 1370 bis 1391.

Der Band in der Mitte ist gleichfalls ein Altstädter Gerichtsbuch, er umfaßt die Zeit von 1351 bis 1367 – ist also um drei Jahre jünger als die Prager Neustadt, die bekanntlich von Karl IV. im Jahre 1348 angelegt wurde. Von den Büchern der anderen Prager Städte stammt das älteste des Hradschins von 1350, der Neustadt von 1377, der Kleinseite von 1403 und des Wyschehrads vom Jahre 1495.

Die Eintragungen in unser Gerichtsbuch sind in lateinischer Sprache vorgenommen worden und in sechs Kapiteln geteilt, nach Erbschaftsangelegenheiten, Mitgiftverträgen, Schuldverschreibungen und Lizenzerteilungen (zum Beispiel zu Übersiedlungen) angeordnet. Von den sechs Kapiteln sind nur das zweite und sechste strafrechtlichen Charakters. Das Secundus Liber trägt die Aufschrift „De homicidiis, de vulneribus et oppressionibus virginum et viduarum ac de aliis violenciis“ und enthält zumeist Zitationen, Vorladungen vor den Richter, ohne Angabe des Tatbestandes. Die erste Eintragung besagt, daß der Badewärter Grottlinus über Klage seines Dieners Nikolaus zur Ablegung eines Schwures zu veranlassen ist, die zweite lautet bloß: „Merclinus Hautstuster et Betholdus, servus Nicolai apoth. sunt vocati per Albertum Rynflex (judicio primo)“, das heißt, Merclinus Hautstuster und der Diener Berthold des Apoth. Nikolaus sind über Klage des Albert Rynflex vor den ersten Richter vorgeladen. – Das Sextus et ultimus liber proscriptorum enthält wenigstens kurze Erwähnungen der Straftat. Es beginnt mit folgender Eintragung vom Jahre 1351, die als die älteste aktenmäßig bestehende Feststellung eines Prager Verbrechens zu gelten hat: „Item Hayntlinus Plech est proscriptus secundum jus civitatis per Nicolaum dictum Panchstrigel pro homicidio in filio suo videlicet Nicolao.“ (Ebenso wird Hayntlinus Plech auf die Klage des Nikolaus genannt Pauchstrigel hin in Acht erklärt, weil er mutmaßlich dessen Sohn Nikolaus getötet hat.) Die nächste Proskription, verhängt gegen Michael Donath, weil dieser den Jochlin Taurer verwundet hat (pro vulnere apperto), ist mit dicken Linien durchgestrichen – der Ausweisungsbefehl ist aufgehoben. Dann kommen zwei Schelme dran: Michael, Schwiegersohn des Schreibers Jakob, und Ulrich, Schwiegersohn des Breylius, werden nach dem Stadtrecht in Acht und Bann getan, wegen zweiundvierzig Schock, um die sie den Nikolaus Snoymer geschädigt haben.

So geht es seitenlang fort. Fremd klingen die Namen dieser unserer mittelalterlichen Mitbürger, von deren Charakter wir wenig erfahren. Aber hier unten im stillen Handschriftensaal des Stadtarchivs, den selten eines Sterblichen Fuß betritt, hier unten, wo beleibte Bände von Besitz, Wechseln und Besitzwechseln ehrsamer Bürger, von Zunftsorgen der Gevatter Müller, Schuster, Fleischer, Lebzeltner und Bierverläger und von den Beschlüssen der weisen Stadtväter, des hochwürdigen Kirchenamtes oder des wohllöblichen Weinbergmeisteramtes erzählen, wo in Panzerschränken die Allerhöchst verliehenen Privilegia des König Johann von Luxemburg und seiner kaiserlichen Nachfolger zierschriftlich und goldversiegelt verwahrt liegen, wo man durch das Rankenwerk der Spitzbogenfenster auf die jahrhundertealten Häusergiebel des Ringplatzes hinaussieht und von einem friedlichen, mittelalterlichen Prag träumt, wirkt die Lektüre der alten Kriminalfälle intensiv. Je mehr der knappen, vergilbten, zerrissenen und abgekürzten Notizen des ältesten Prager Gerichtsbuches man (mit freundlicher Mitwirkung des für Prag und für seinen Beruf begeisterten Archivdirektors Dr. Vojtišek) entziffert, desto mehr zerreißt das Idyll, als das man sich das Prag vor sechs Jahrhunderten hier allzuleicht imaginierte.

PRAG UND DER FILM

Von seiner Pragfahrt mit der D.-Bioskop-AG, vor nunmehr acht Jahren zum Zwecke der Aufnahmen für den Film „Der Student von Prag“ unternommen, brachte sich Paul Wegener aus der Stadt der hundert Türme, der barocken Adelspaläste, der vertrackten Gäßchen, der emporgerankten Rokokogärten, der steingrauen Heiligenstatuen, der verhutzelten Häuschen und des moosbedeckten Grabgesteins, also aus einer Fülle (weidlich ausgenützter) visueller Kostbarkeiten, eine ideelle Beute mit: eine von den 1001 Prager Sagen. Er hat sie dann in Gemeinschaft mit Regisseur Galeen auf anderem Boden, in Rothenburg o. d. T., in die neue Form eines Kinodramas gefaßt – der erste Golem-Film. Die großen Erfolge des „Studenten von Prag“ wie des „Golem“ riefen ein besonderes Interesse an weiteren Inhaltsgeheimnissen Prags hervor, dem einige

Erzeugnisse der Kino-Industrie, wie „Die Wunderlampe von Hradschin“, „Eleagabar Kuperus“ und „Der Rabbi von Prag“, Rechnung zu tragen versuchten, ohne aber befriedigend wirken zu können.

Vor einigen Wochen wurde für einen amerikanischen Kino-Konzern bei einer Prager Filmfabrik ein Landschaftsfilm bestellt, das Prager Ghetto vorstellend. Vielleicht haben die Beauftragten einander bei Erhalt der Bestellung groß angesehen: Die Prager Judenstadt besteht ja nicht mehr, sie ist längst der Assanierung zum Opfer gefallen, die stehengebliebene Alt-Neusynagoge sieht in ihrer Umgebung von kitschig-überladenen, erhöht stehenden und fünfstöckigen Neubauten von außen ganz unscheinbar und unromantisch aus, und die Kulisse des alten Friedhofs schien durch den Erfolg des „Studenten von Prag“ zu abgebraucht. Und sonst? Ist sonst an Gebäuden und Andenken überhaupt hier noch etwas vorhanden, was drüben, über dem großen Jam, den Emigranten der europäischen Ghetti als solchen zu interessieren vermöchte?

Die Fabrik zog einen Fachmann in pragensibus zu Rate. Und es konnten sich nun – trotz der engen Begrenztheit des Auftrages – Aufnahmen ergeben, die mit der geeigneten Textierung erstens in Amerika spezielles Aufsehen erregen müssen, wie zum Beispiel die Prager Grabstätte des berühmten Seefahrers Rabbi Josef Mendigo del Kandia, dessen Namen in den Orten des amerikanischen Festlandes, die er zuerst betreten hat und die dann zu Ansiedlungen und Städten geworden sind, noch in sagenhaftem Andenken steht. Zweitens war der Anlaß zu Bildern von solcher Deutlichkeit des Details gegeben, wie sie selbst dem Bürger Prags kaum bekannt sind, zum Beispiel das marmorne Denkmal des Simon Abeles in der Teinkirche, der sich bewegende steinerne Tod unterhalb des ehemaligen Judengefängnisses auf dem Altstädter Rathaus, aus unmittelbarster Nähe, nämlich vom vergitterten Umgang der astronomischen Uhr aus, aufgenommen, die dreisprachige Kartusche mit dem Gerichtsurteil am Sockel des Sühne-Kruzifixes auf der Karlsbrücke mit dem Hradschin im Hintergrund und dergleichen. Drittens konnte durch Verquickung von Sagen über Kaiser Rudolf II. dieser Begierde nach dem Unterricht in der Kabbala und nach Berichten über seine okkulten Gaukler im Alchemistengäßchen usw. noch vieles gefilmt werden, was geeignet ist, das Interesse des Kinopublikums in jeder Stadt wachzurufen.

So wurde zum Beispiel eine alte Photographie in den Film aufgenommen, die das mit dem Steinlöwen geschmückte (vor fünfzehn Jahren demolierte) Haus der Breiten Gasse (später Josefstädter Gasse) zeigt, wo Rabbi Löw dem Kaiser am Ende des sechzehnten Jahrhunderts – ein Wandelbild, also sozusagen das erste, vorgeführt haben soll. Man wäre geneigt, dies für einen Treppenwitz zu halten, der nach Erfindung des Kinos gemacht worden ist, wenn nicht schon Chronisten des siebzehnten Jahrhunderts diese Sage verzeichnen würden (s. Sippurim), indem sie erzählen, der „Maharal Miprag" habe dem Kaiser in einer dunklen Stube auf einer Leinwand den Auszug der Kinder Israel aus Ägypten in vollkommen naturgetreuen Bewegungen der Massen und dem Gesichtsausdruck der einzelnen vorgeführt. Und zu Beginn des vorigen Jahrhunderts, also zu einer Zeit, da noch nicht einmal die Photographie erfunden war, wird diese Sage von Gelehrten zur Erörterung des Filmproblems benützt und (zum Beispiel in Lewysohns „Abendlichen Judensagen", S. 172) der Vermutung Ausdruck gegeben, daß der Prager Rabbi schon ein Menschenalter vor dem Physiker Kircher die „Ars magna lucis et umbrae", die Laterna magica samt Skioptikon erfunden und durch eine Kombination mit dem sogenannten Lebensrad zur Projektion beweglicher Bilder benützt haben könne. – Das Verbot des Lachens, das der Rabbi der Sage nach seinem kaiserlichen Zuschauer auferlegte, entsprang einfach der Empfindlichkeit des Erfinders.

Im Film „Der Golem, wie er in die Welt kam" – einer der besten Filme, die ich je gesehen habe – ist die Sage und das Unheil, das die Überschreitung des Lachverbotes hervorruft, verwertet worden. Aber wenn Autor und Regisseur gerade dieses Films geahnt hätten, daß es sich nicht um die Projektion eines gewöhnlichen Bildes, sondern um ein Wandelbild gehandelt habe, so hätten sie noch manche andere Möglichkeit zu nützen gewußt und hätten zeigen können, wie im Studierzimmer des Rabbis aus primitiven Versuchen oder – wenn es schon sein muß – nach kabbalistischer Eingebung sein Vorführungsapparat entstand. Aber was dem neuen Golem-Film vor allem zur letzten Vollendung mangelt, ist das Fehlen des realistischen Einschlages und seine Abstraktion von Gesicht und Lokalität. Wie anders hätte statt des farblosen jungen Kaisers in Wegeners Filmwerk das sechseckige Gesicht Kaiser Rudolfs II. im Mystagogenbart und Tränensäcken gewirkt, wieviel stärker, wenn die Hoffestlichkeiten im Wladislawschen Saale aufgenommen worden wären, die Beschwörungsszenen: im tausendjährigen Friedhof der Prager Judengemeinde, die Botenritte und Judenwege: auf der Hradschiner Schloßrampe und der Karlsbrücke, das Gespräch des Kaisers mit dem Rabbi: im Alchemistengäßchen, und der Todessturz des Junkers Florian: von den Zinnen der Daliborka in den Hirschgraben hinab! Aber wenn man schon aus Gründen der expressionistischen Mode und der heutigen Reiseschwierigkeit die Poelzigsche Attrappe der Prager Wirklichkeit vorzog – eines hätte gerade am Ende dieses (allzu) mystischen Filmes elementar gewirkt: Statt die ermüdenden Dankesbezeugungen der dreimal durch den Rabbi erretteten Gemeinde vorzuführen, wäre dem erstaunten Publikum dieses magischen Bildes einfach zu zeigen, daß dessen Held eine historische Persönlichkeit war, wie sein reiches Grabdenkmal noch heute Wallfahrtsort und Andachtsplatz für die Frommen in Israel ist, wie seine Werke – man hätte zum Beispiel das Titelblatt des im jüdischen Museum befindlichen venezianischen Prachtdruckes seiner Bibelauslegung zeigen können – bis zum heutigen Tage in Ehren stehen und daß sich am Prager Rathaus das Denkmal dieses berühmten Mannes in weißem Marmor überlebensgroß erhebt. Schade, daß die beiden Prager Mitspieler des Films, Lyda Salmonova und Ernst Deutsch, nicht hiezu raten konnten.

Trotz alledem ist der „Golem" schlechtweg ein Meisterwerk der Filmkunst.

Binnen kurzem soll Max Brods Roman „Tycho de Brahes Weg zu Gott" im Film erscheinen. Es wäre bedauerlich, wenn es diesem Buche so erginge wie der Golemsage. Es gibt mehr als hundert Tychoniana in Prag, die einzuflechten wären, dem Werk als historiographische Beglaubigung und als Belege der Wahrheit erhöhte Bedeutung gebend.

Die Realität in Prag ist ja tausendmal mystischer, verstiegener und unwahrscheinlicher als alle bizarren Sagen zusammengenommen. Man nütze den Fundus instructus, den dieser Stadt die Jahrhunderte gespendet haben, und schaffe den Prager Film. Er wird uns vieles zu beachten lehren, an dem wir bei Tage achtlos vorübergehen, weil wir ja kein Kino-Entree entrichtet haben, und er wird ein viel besserer Exportartikel sein als manche heimischen Produkte, die sich aller Kostbarkeiten von Raum und Zeit entledigen, um „weltmännisch", „international" und „allgemeingültig" zu wirken.

ALLERHAND AUS PRESSBURG

Der Heurige auf tschechisch

Das Wiener Heurigenleben – daß das je unter einen anderen Himmelsstrich zu verpflanzen wäre, sich je in einer anderen Sprache abwickeln könnte, das hat wohl noch keiner geglaubt; schon die Idee eines Humoristen, zu schildern, wie's in Berlin beim „Diesjährigen“ zugehen würde – „Nu trink'n wir noch 'ne Pulle Wein, holladrichoh!“ –, hätte Lachkrämpfe erweckt.

In Preßburg hat es freilich immer Heurigenschank, Heurigenmusik und Heurigensang gegeben. Denn Preßburg war ja ein Ausflugsort von Wien, mit der Elektrischen, natürlich der „letzten Blauen“, konnte in kaum zwei Stunden der Wiener daheim sein aus Preßburg, wie der Preßburger daheim aus Wien. Ob er sich also sein Räuscherl in Grinzing holte oder hier am Donauufer, es war g'hupft wie g'sprungen. Die Zeiten haben sich aber geändert, und den Weltkrieg haben nur die gewonnen, die Reisepässe und Ausfuhrbewilligungen zu vergeben haben. Zwischen Preßburg und Wien sind die Kalkalpen der Paßvorschriften eingeschoben worden. Kinder, wer ka Geld hat, da bleibt z'haus. Nach Bratislava kommen jetzt mehr Prager als Wiener. Tschechische Beamte sind da, tschechische Soldaten, tschechische Advokaten, tschechische Ärzte usw. Warum soll's nicht einen tschechischen Gastwirt geben, der einen Preßburger Weingarten samt zugehöriger Buschenschänke kauft und den Heurigenbetrieb aufrechterhält und zu dem nur Landsleute kommen? In der Windgasse, vormals Jókai Mór-útca, hat er eben ausgesteckt. In der Toreinfahrt und in der Gaststube sieht es genau wie beim Rockenbauer aus, Gäste sitzen an rohgezimmerten Tischen, und die Musik spielt, und der Wirt fragt nach deinem Begehr, und du bestellst einen Liter. Aber der Heurige heißt hier „Letošní“ und kostet fünfundzwanzig Kč, und der Gottschewer fordert dich mit den in Gottschee wohl nur selten gebräuchlichen Worten „Malà? – velká?“ zum Spiel auf. Die Musik ist ein Quartett – tschechische Schrammeln. Sie spielen die „Baruška“, „A na Mariánce“ und Hašleriána. Eine Ziehharmonika fehlt nicht im Quartett. Ja, sogar der Heurigensänger ist da. Er scheint zwar nur ein Amateur zu sein, aber wenn die Gaudee am höchsten ist, ist er am nächsten, er stellt sich zur Kapelle, patscht in die Hände und behauptet singend, ja man nenne ihn nur das Lercherl, nur das

Lercherl von Hernals, und zwar in folgenden Worten: „Ten slavíček na Petříně, ten slavíček ten jsem já.“ Man schickt ihm Gläser mit Preßburger Rotkipfler und Zwanzig-Kronen-Noten und Bestellungen auf dieses oder jenes Lied, er trinkt, steckt das Geld ein und singt, Männer und Frauen singen mit, es wird immer lustiger, man fordert im Liede imaginäre pardálové, sich schön im Kreise zu drehen, da ihnen doch – hatjapatja! – die Kapelle zu diesem Zwecke aufspielt, aber dann wird man schwermütig, wie in Wien kommt der Schmachtfetzen zu seinem Recht. Die Augen der Mädchen füllen sich mit Tränen, die Männer singen ihr Leid mit dem letzten Aufgebot ihrer Stimme mit, ja sie strecken in ihrer Verzweiflung die Arme unendlich weit von sich oder umarmen den fremden Nachbar oder die fremde Nachbarin, alle lieben einander, alle lieben den Vorsänger, der Vorsänger liebt alle und singt demgemäß mit allem Aufwand von Gefühl und Stimme; „Mně už nemá žádný rád ...“

Ghettogärten im dritten Stock

Die Häuser im Preßburger Ghetto sind das Merkwürdigste, was man sich denken kann. Viele sind zerbröckelt, verrußte Baracken mit prachtvollen Rokokofassaden und Erkern, dahinter einst hohe Herrschaften vom königlichen Hofstaat gewohnt haben. Andere Häuser haben eine einstöckige Gassenfront, aber aus dem Toreingang führt die Treppe abwärts, und vom Hof aus ist das erste Stock, das du von der Straße aus sahst, das fünfte geworden. Auf der anderen Straßenseite kraxeln die Häuser wieder den steilen Schloßberg empor. Betritt ein solches Haus. Die Stufen knarren, an jeder Wohnungstür ist schräg auf außergewöhnlich breitem Brett die Mesuse befestigt, jene Glashülle, die besagt, daß hier Juden wohnen. Als ob du's nicht allzugut wüßtest, da dich ja auf jeder Stufe ein Judenkind fragt, wo du hingehst, oder ein Mann mit Käppi und ungeschnittenem Bart und Stirnlocken. Denn die Preßburger Gemeinde ist fromm. Der große Tempel in der Schloßgasse ist ein orthodoxer, in dem die Trauungen im Vorraum vorgenommen werden, weil eine Frau den Gebetraum der Männer nicht betreten darf, und dessen zweistöckige Frauengalerien verdeckt sind. Und drei Häuser weiter steht die Schiwe, eine der berühmtesten Talmudhochschulen Europas. Im Mai 1913 brannte der größte Teil des Preßburger Whitechapel nieder. Noch jetzt liegen einige Häuser, wie der große Edelhof und das Kreuzwirtshaus, in Trümmern, noch jetzt stehen einzelne Häusermauern, die damals wankten, nur noch dank der Stützbalken aufrecht, die ins Straßenpflaster gerammt sind. Aber die Asche hatte noch nicht zu glimmen aufgehört, und die Ghettobewohner waren schon wieder in die leergebrannten Stuben zurückgekehrt, wo ihre Väter gehaust, alte Kleider verkauft oder über dem Talmud geklärt.

Also, du steigst ein solches Haus in der Judengasse hinauf. Und da du im dritten Stock bist, in einer muffigen Armeleutestube, öffnet man dir eine Türe, und du trittst – ins rasenbewachsene Freie hinaus. Es ist ganz ähnlich wie auf dem „Goldenen Brünnl" auf der Prager Kleinseite, sogar der Hradschin fehlt nicht. Er ist nahe, zum Greifen nahe über dir, die prachtvolle Preßburger Königsburg und die Burgmauer mit dem bedrohlich massiven Rundturm. Dieser Vorraum vor dem obersten Stockwerk jeden Hauses heißt hier das „Baundl". Manchmal hat sich ihn der Mieter eingezäunt und versucht Gemüse zu ziehen, doch wachsen auf dem steinigen Boden des Schloßbergs nichts als Bohnen. Eine Laube aber steht vor jeder Türe, eine Laube mit aufklappbarem Dache. Das wird geöffnet zum Laubhüttenfeste, mit Reisig geschmückt, und der allerhöchste Mieter des betreffenden Hauses spricht mit seiner Familie das Gebet zum allerhöchsten Hausherrn.

Er ist hier seinem Gott näher als anderwärts, über ihm leuchtet die Sonne wie die Goldstickerei einer Gebetmütze, und unten glitzert die Donau wie der Saum eines Gebetmantels. So hat mir's der alte Jude mit dem Riesenbart und der Zwerggestalt gesagt, der mich auf sein „Baundl" hinausgeführt hat.

Mit Brettern vernagelt ...

An den schönsten Stellen der Stadt sind, mitten in Blumenbeeten, hermetisch verschlossene Holzhäuser zu sehen. Man geht im Kreise herum und sieht keine Türe in diesen schmucklosen und keineswegs schmückenden Kiosken. Blumenbeete, wohlgepflegte, umgeben sie, durch die kein noch so schmaler Rasenweg führt. Lebt in Preßburg ein alter Kult, der die Aufstellung und Verehrung von Holzbuden vorschreibt? Nein. Es sind verschalte Denkmäler.

Gegenüber dem Theater sind Anlagen, die der Preßburger kurzweg „die Promenade" nennt, die früher offiziell „Kossuth-Lajos-

Promenade“ hieß und jetzt laut Straßentafel „Palackéha sady“, Palacky-Promenade und Palacky-Tér benannt sind. Man hat sich also nicht entschieden, ob es ein Park, eine Promenade oder ein Platz sei, sondern sich nur entschieden, daß der Name des unversöhnlichsten antihabsburgischen Rebellen durch den Namen Palacky zu ersetzen sei. Auf dem Platz steht ein Denkmal Petöfis. Der war ein Dichter, ein Freiheitssänger, ein Slawe und auch ein flammender Empörer gegen Habsburg; vom Kampf gegen Österreich ist er, beinahe noch Jüngling, nicht mehr heimgekehrt. Im heurigen Winter wurde sein Denkmal verschalt. Und der Sommer ist gekommen, und der Holzkäfig blieb stehen. Vor kurzem war Petöfis Geburtstag. Da bewachten Geheimpolizisten und Soldaten den hermetisch verschlossenen Freiheitssänger, damit kein magyarischer Demonstrant Luft und Licht in diesen Holzkerker lasse. Wär's nicht gescheiter, kultureller und viel politischer gewesen, wenn die tschechoslowakischen Behörden selbst, womöglich am Gedenktage, die Hülle hätten fallenlassen?

Dem Petöfi gegenüber steht das Denkmal des Komponisten Hummel. Auch er trägt noch den hölzernen Winterrock, trotzdem schon heißester Mai ist. Warum? Damit es so aussähe, als habe man bloß vergessen, die Denkmäler auszupacken ...

Am Donaukai, bei der Ankunftsstelle der Wien-Preßburger Elektrischen, dort, wo sich einst der Krönungshügel erhob, steht ein Monument: Maria Theresia zu Pferde, in Carrara-Marmor gehauen, zu ihren Füßen ein ungarischer Magnat und ein Krieger aus der Rákóczizeit. Dem jungen Bildhauer, der es geschaffen hat und dann gestorben ist, hat man gegenüber eine Herme aufgerichtet. Aber Meister Fadrusz schaut von seinem Sockel nicht mehr auf sein Meisterwerk, sondern auf eine riesige Holzkiste. Denn Maria Theresia ist gleichfalls verpackt, als ob sie auf den nächsten Donauschlepper verladen und noch Lom-Palanka verschickt werden sollte. Das wäre noch verhältnismäßig gut. Denn man kann auch Denkmäler sprengen, wie es mit der Arpad-Statue bei Theben oder mit der Gedenktafel an der Milleniums-Ruine auf der Preßburger Au geschah. Man tue das nicht mehr! Maria Theresia ist schon so lange tot. Und nach verjagten Dynastien sehnen sich ja doch nur, wie schon Victor Hugo ausgesprochen hat, Domestiken, Kokotten und Gecken zurück.

BRIEF AUS TRENCSIN-TEPLITZ

T.-T., im Juni 1921

Lieber Frosch! Es ist sehr schad, daß Du nicht da bist, ich bin Dir nämlich treu, aber das macht gar nichts, es ist trotzdem sehr fein hier, in Trencsin-Teplitz, besonders sehr viel Natur. Rechts steigt der Wald dem Himmel zu, links steigt auch der Wald dem Himmel zu, und dazwischen liegen Trencsin-Teplitz und ich im tiefsten Schlafe wie Dornröschen. Aber das Stubenmädchen, das mich wecken kommt, ist eine ausgesprochene Miesität, und ich denke viel an Dich.

Aber man kann doch nicht den ganzen Tag im Hotel auf dem Kanapee liegen und schlafen, nicht? Also gehe ich ein paar Schritte auf eine Waldwiese, zieh mir den Rock und die Weste aus, schmiere mir das Gesicht mit Vaseline ein und lege mich in die Sonne, damit ich schön braun werde, wenn ich zurückkomme, und damit die Prager sehen, daß ich weg war, in Abbazia oder in Lovrana oder in Podol. Weißt Du, die Fahrt hierher war nicht sehr schön, die Waggons haben noch immer keine Vorhänge, und die Leute haben die Gewohnheit, sich im Coupé die Stiefel auszuziehen, und der Bahnhof in Tepla ist eines Weltkurorts, wie es Trencsin-Teplitz ist, nicht würdig. Aber zum Glück vergißt man das schnell, wenn sich endlich, nach langem Warten, die Elektrische in Bewegung setzt. Die ist nämlich noch ärger. Sie sollte direkt den Nobelpreis für elektrische Bahnen bekommen, den Friedens-Nobelpreis. So friedlich balanciert sie hart am Rande des Baches bis nach Trencsin-Teplitz, als hätte sie Angst hineinzuplumpsen. Aber wenn man einmal hier angekommen ist, was zum Beispiel mir geglückt ist, dann ist alle Fahrerei schnell vergessen, man kriegt im Grandhotel ein Zimmer zu sechzehn Kronen, weil die Saison noch nicht begonnen hat, Kaffeehäuser sind da mit Zeitungen und Zigeunermusik, die Wälder riechen nahe und öffnen sich so einladend, so daß man schon ein rechter Spießbürger sein müßte, wenn man sich nicht ins Hinterzimmer des Kaffeehauses setzen würde und eine Partie „Angehen“ spielen, die Virginia im Munde. Aber dann fällt mir ein: Dazu bin ich ja nicht hergekommen! Also stehe ich auf, nachdem ich genug gewonnen habe, und gehe ins Vorderzimmer und setze mich zu einem Tischchen und lasse mir vom Neger Christian (ja, ja, dem aus dem Café Louvre und aus dem Café Parlament!) eine Schale Schwarzen bringen und lese die Blätter.

Denk Dir, die Ostrauer „Morgenzeitung“ kommt noch am selben Tage her, nur montags nicht, was die Kurgäste sehr bedauern, weil sie die Fußballresultate erst zwei Tage später erfahren. Sonst werden hier in der Slowakei hauptsächlich die Brünner „Lidové Noviny“ und das „Prager Tagblatt“ gelesen. Mein Name erfreut sich hier jener Beliebtheit, aus der ich mir anscheinend nichts mache, aber auf die ich, wie ich Dir ja in diesem Privatbrief, den Du doch niemanden zeigen wirst, ruhig eingestehen kann, den größten Wert lege. In Preßburg haben die Zeitungen mein Eintreffen gemeldet, als erstes sogar das regierungsoffiziöse Blatt, und man wollte von mir wissen, wann der Dampfer „A. Lanna 6“ endlich eintreffen werde. Bin ich denn ein Prophet? Hier in Trencsin-Teplitz wünschte eine junge Dame mich kennenzulernen, um sich eine Photographie von Tonka Šibenice zu erbitten, die ihre Lieblingsheldin ist; ich erklärte ihr sofort, daß die Tonka gar nicht gestorben sei und daß ich sie sofort auffordern werde, ihre hiesige Verehrerin zu besuchen. Die Mama der Dame fiel daraufhin in Ohnmacht, und ich benützte diese, was denkst Du eigentlich von mir?, ich benützte diese, um mich zu verabschieden. Aber ich hab auch weniger platonische Vorteile aufzuweisen: Der hiesige Zahnarzt, Dr. Páp, hat mir zwei Wurzeln abgetötet und sprach mich, als ich mich vorstellte, magyarisch an, worauf ich ihm erwiderte, daß ich mich nicht mit „ß“, sondern mit „sch“ schreibe. „Aha, wie der Egon Erwin!“, und als ich mich mit gut gespielter Bescheidenheit zu erkennen gab, verlangte er kein Honorar, indem daß er ein Abonnent ist. Ach, wenn doch nur in Prag die Abonnenten auch so wären!

Auch sonst ist es sehr nett hier, die Patienten sind zumeist nicht so schwer krank wie in Pistyan – à propos Pistyan. Ich war hier mit einem Kurgast beisammen, der schon zehn Jahre nach Pistyan geht und am Sonntag hierher auf Besuch gekommen ist und hier im Café an meinem Tisch mit einem alten Stammgast von Trencsin-Teplitz zusammenkam. Jeder rühmte sein Bad, wie die deutschen Fürsten in irgendeinem Uhlandschen Gedicht ihr Fürstentum lobten, aber im Verlauf der Diskussion wurden sie gegeneinander aggressiv, und der weitere Verlauf war nicht mehr so wie jener in der Ballade, sondern wie in jener Novelle aus dem Daudetschen „Lettres de mon moulin“, wo sich zwei Bürger zweier Wallfahrtsorte in die Haare fahren, weil jeder die Mutter Gottes des anderen verhöhnt, beschimpft und beschuldigt. Der Pistyaner rühmte sich, daß seine Quellen siebenundsechzig Grad heiß sind und lachte über die hiesigen sechsunddreißig Grad „heißen" Quellen. „Hehe", blieb ihm der Trencsin-Teplitzer die Antwort nicht schuldig, „ihr müßt sie ja auch abkühlen, bevor ihr sie ins Bad fließen lasset, sonst verbrüht sich der Kranke. Und dabei geht die ganze Radioaktivität flöten! Es ist dann gewöhnliches heißes Wasser. Da kann ich ja gleich in einer Teekanne baden. Bei uns entspringt die Quelle im Bad." – „Und was ist's mit dem Schlamm? Den haben wir im Bade, aber bei euch muß ihn der Badewärter früh im Rückenkorb von auswärts holen ..." So stritten sie sich, es ging so weit, daß der eine dem anderen vorwarf, in dessen Bad komme man mit dem „Čakan" und verlasse ihn auf Krücken.

Damit hat's folgende Bewandtnis: In den slowakischen Bädern trägt der Gesunde landesübliche Spazierstöcke mit einem hölzernen, oft bemalten Griff von der Form eines kleinen Beiles; schon der berühmte Trencsiner Landsmann, der anno 1713 gehängte Räuberhauptmann Juro Janočik, hat einen solchen Stock, „Valaška" oder „Čakan" genannt, getragen; auf den Bildern, die man hier überall von ihm sieht, sieht man ihn bei seinem berühmtesten Kunststück: mit gekreuzten Beinen so hoch über das Lagerfeuer springend, daß er mit dem Terzerol in seiner Rechten die Krone eines Baumes abschießt, während er mit der „Valaška" in seiner Linken die Krone eines anderen Tannenbaumes abhackt. Solche Spazierstöcke tragen also die Sommergäste, auch wenn sie nicht gerade Räuberhauptmänner sind und keine solche Sprünge machen können. Die Kranken aber schleppen sich auf Krücken, weil man hier hauptsächlich Gicht, Rheumatismus und Ischias abzugeben wünscht. Und es ist sicher ein Blödsinn, wenn einer der obigen Disputanten behauptet hat, man könne hier zum Krüppel werden. Wahr ist vielmehr das Gegenteil! Mein engerer Fachkollege Heinrich Heine hat einmal über Kevlaar behauptet:

„Nach Kevlaar ging mancher auf Krücken,
Der jetzo tanzt auf dem Seil",

was ich von Trencsin-Teplitz nicht behaupten kann, da ich keinen Seiltänzer kenne, der früher hier Kurgast gewesen ist. Man hat mir bloß in der Halle des Hotels einen gezeigt, der allerdings im Rollwagen geschoben wurde, aber jetzt selbst schiebt, daß es nur eine Art hat ... Aber das hat damit nichts zu tun. Dagegen ist in der

Kolonnade im Kurpark der Raum zwischen Glaswand und Holzdach seltsam gerippt, und wenn Du näher hinschaust, so siehst Du, daß das keine Bretterrippen sind, sondern Krücken, welche die geheilten Kurgäste hier zurückgelassen, 1. aus Dankbarkeit, 2. zum Andenken, 3. weil sie sie nicht mehr brauchten und 4. weil sie das nichts kostete. Jede Krücke trägt auf einem Karton Namen und Adresse des edlen Spenders, man sieht Gummistöcke, Doppelkrücken mit umpolsterter Stütze, mehr als fünfhundert Stück, ein ganzes Museum.

In der Kolonnade geht man spazieren, zu den Klängen der Militärkapelle, die der alte Bobek dirigiert, aber die nicht mehr Hundertzwei heißt. Oder man promeniert im offenen Kurpark, durch beträchtliche Anlagen, und man kann sich beim „Wunderbaum“ aufhalten, der auf seinem Stamm zweierlei Laub trägt: Eichenblätter und Lindenblätter. Selbstverständlich ist dieser Baum sorgfältig eingezäunt, vielleicht aus politischen Gründen, damit kein Samen auf das Erdreich falle und solche Verträglichkeit zwischen Linde und Eiche sich nicht vervielfache.

Aber warum soll man sich nicht vertragen? Im Bassin I in Trencsin-Teplitz baden beide Geschlechter im selben Spiegel; obwohl die Damen von den Herren nicht getrennt sind, kommt doch keine über die Mitte des Bassins hinaus, welche gar nicht irgendwie bezeichnet, aber doch eine imaginäre Demarkationslinie zu sein scheint. Auf der anderen Seite dieser Linie sind die Herren, ohne daß ihnen dieser Raum ausdrücklich zugewiesen wurde. Aber die reinliche Scheidung dürfte so ähnlich entstanden sein wie nach jenem Experiment, mit dem man scharfsinnig festgestellt hat, daß die Fische ein Gedächtnis haben. Du kennst es nicht? Paß also auf: Man teilte ein geräumiges Aquarium durch eine senkrechte Glasplatte ab. In den einen Teil brachte man Forellen, Goldfische und dergleichen, welche fröhlich herumgeschwommen sind und sich hiebei ein wenig an der Glaswand angeschlagen haben. Dann ließ man in die andere Hälfte Hechte; die schossen sofort gegen die Forellen los, schlugen aber mit dem Kopf so heftig gegen die Glasplatte, daß sie – bekanntlich das Zeichen höchsten Schmerzes bei den Fischen – mit den Schwanzflossen herumschlugen. Nun nahm man die Glasscheibe weg, aber obwohl die Hürde entfernt war, kamen die Hechte nie mehr auf die andere Seite, sich ihre Beute zu holen: Sie vermuteten die Wand dazwischen.

Vielleicht hat sich auch hier im Bassin I vor Jahren ein Mann auf die gegenüberliegende Seite zu stürzen versucht und dann (siehe oben) mit den Flossen herumschlagen müssen, und seit jener Zeit überschreitet man die Mitte nicht mehr. Man schaut nur distanziert die Frauen an, wie sie auf der Quelle stehen, die auf der Oberfläche Blasen wirft, in einem Wasser, das grau ist und undurchsichtig. Nur am Strich kann man auch miteinander sprechen.

Das ist so ziemlich alles, was ich Dir mitzuteilen hätte. Ich glaube, Du kannst mir diesmal keine Vorwürfe machen, der Brief ist lang genug, die Hansi hat jedenfalls noch nie einen so langen von mir zu Gesicht bekommen. Somit kann ich schließen, indem ich Dich intensiv küsse und Dich nur bitte, diesen Brief nicht wieder überall herumzuzeigen.

Ich bin Dein

Eekl.

DIE KABARETTS AUF DEM MONTMARTRE

Dem Fremden sind sie Stätten, wo er sich angenehm gruselnd unter Apachen glaubt oder wenigstens inmitten der Künstlerromantik des Montmartre, die durch das Melodrama Murgers Weltruhm bekommen hat. Der Pariser, der allein oder mit seiner „Henne" hierherkommt, will sich billig unterhalten lassen. Und mehr sind sie nicht, die berühmten Kabaretts auf den äußeren Boulevards, als Tingeltangel mit den Stimmungsbehelfen der Verbrecherromantik. Allerhand Hausrat ist auf die ungetünchten Kellerwände neben naturalistischen Zeichnungen des wahren Montmartriers Steinlen genagelt; schmale ungedeckte Tische stehen quer, auf die der Kellner jedem Gast den „Boc" stellt, ein Fünftel Liter schalen Biers um einen Franken. Genial ist der Einfall, einen (dienstfreien) Polizisten dafür zu bezahlen, daß er die ganze Nacht vor der Türe stehenbleibt. Überall geht der Conférencier im Publikum auf und ab, begrüßt jeden Gast einzeln mit einem ironischen „bon jour, mon prince" oder „ma princesse" oder „mon seigneur", fügt, wenn es schäbige Leute sind, in warmem Tone hinzu: „Ah, es ist eine schicke Welt, die uns heute die Ehre schenkt." Derartige Bemerkungen hat er für jedermann, sie kehren allabendlich so stereotyp wieder wie das rhythmische Beifallsklatschen auf Kommando.

Der Schwarze Kater auf dem Boulevard Clichy hat mit dem

gleichnamigen Tiere nichts gemein, mit dem vor dreißig Jahren weiland Rodolphe Salis ein staunendes, begeistertes Publikum in der Straße Victor-Massé lockte, und ebensowenig tritt im „Cabaret Aristide Bruant" auf dem Boulevard Rochechouard der große Aristide Bruant selbst auf, der Meister des Argots, der Hymniker der Guillotine und Schöpfer des Apachismus. Aristide Bruant! Seine Stoffe ahmten ihm in Deutschland die elf Scharfrichter nach, und sein äußeres Auftreten in rotem Hemd, Samthosen, Röhrenstiefeln und Kalabreser äffte der „Stimmung! Stimmung!" – Reisende Dany Gürtler seligen Angedenkens nach. Auch hier im Cabaret Aristide Bruant singt ein dreiundsechziger Komödiant, ebenso gekleidet, die Gossenlieder Bruants, aber der Meister selbst, noch um sieben Jahre älter, ist längst kein Kabarettsänger mehr, wenn auch der Modekönig Paquin auf die Plakate seines Freilichtvarietés den populären Namen druckt.

Die Texte werden monatelang abgewerkelt im Quat z' Arts, wörtlich dieselben wie im benachbarten Chat noir, mit der Musik macht man sich's noch leichter: Die Melodien sind die der Lieder, die ganz Paris den Music-Hall-Stars der großen Boulevards nachsingt. Beliebt ist besonders der Chanson „C'est mon homme", den Harry Pilcer und die Sängerin Mistinguett im Casino de Paris kreiert haben. Es ist das Lied einer Apachin, die im Argot beteuert, daß ihr Bursch sie prügelt, aussaugt, quält, aber doch kann sie von ihm nicht lassen. Warum? „Je l'ai tellement dans la peau."

Das Lied ist auch schon den Weg aller Foxtrotts gegangen und bis nach Prag gekommen. Noch nicht so weit ist die neueste Schöpfung Maurice Chevaliers, des Protagonisten der „Olympia" und Lieblings von Paris. Wie man in der Bar im Strohhalm einen süßen Aperitif einsaugt, so zutzelt das Ohr mittels Schlauches in den unterschiedlichen Pathéfon-Salons die Weisheit, daß man wissen muß, alles mit einem Lächeln aufzunehmen. Auf den Jahrmärkten der Arrondissements brüllt das Grammophon der Notenverkäufer den schmunzelnd Herumstehenden den gleichen Grundsatz zu, und alles singt den Refrain mit: „Il faut savoir tout prendre avec le sourire."

Die Boulevardzeitungen messen diesen Liedern die Wirkung bei, daß die Pariser ihren Vorkriegsoptimismus wiedererlangt haben. Auch die Melodien des Théâtre Mayol, der Music-Hall, der Andersveranlagten werden unverändert benützt, aber die Texte derart pervertiert, daß nun die Reize der Frau besungen werden statt die der Männer. In den Kabaretts auf dem Montmartre erlebt auch das Schattentheater seine Renaissance, und man illustriert auf der herzigen Bühne neue Lieder, die zu altfranzösischen Volksweisen gesungen werden. Aber welche Texte in dieser naiven Umrahmung! Und welche Bewegungen die Silhouetten der Liebespaare auf dem erleuchteten Szenchen machen! Kein Wunder, daß die Liebespaare im verdunkelten Saale hysterisch lachen, aufkreischen.

Überall ist einer, der – ähnlich wie es Ludwig Scharf in München tat – sich aufs Podium stellt, um den Bürgern stolz zu sagen: „Ich bin ein Prolet ..." Der Bürger nickt beifällig, er weiß, daß das alles höchst sozialpatriotisch gemeint ist, und richtig tritt auch bald Mr. Antonin aufs Podium und verhöhnt in einer „Cachinoiserie" die Verhältnisse in Rußland und den französischen Kommunistenführer Cachin – hier am Fuße des Montmartrehügels, wo einst „L'Endehors", das Blatt des militanten Anarchisten Zo d'Aza, seinen Leserstamm hatte, wo es jetzt eine freie kommunistische Siedlung gibt und wo die „Butte rouge" erscheint, das Kommunistenblatt derer um Anatole France und Henri Barbusse. –

Spezialitätenunternehmungen, von einer kärglichen Idee mit dem gleichen Programm seit zwanzig Jahren lebend, sind die illusionistischen Kabaretts Le Néant, Le Ciel und L'Enfer. Dekorationen, die an die Grottenbahn im Wiener Prater gemahnen, sollen den Besucher ins Totenreich des Nichts, in Himmel oder Hölle versetzen. Im „Néant" sitzt jeder Gast bei fahlem Kerzenlicht vor seinem eigenen Sarg, ein Leichenbitter fragt die Gäste nach ihrem Begehr und gibt die Bestellung an einen Pompe funèbre weiter: „Je ein Bier für einen Tuberkulösen, einen Luetiker und einen Senilen." Im Hinblick auf die rasche Verwesung muß die Zeche gleich bezahlt werden. Gerippe und verweste Leichen hängen an der Wand. Bilder von Tanz und Liebe und Trunk, die sich bei Transparentbeleuchtung in schauerliche Totentänze verwandeln. Durch Reflektoren und Spiegelungen (à la Tanagra-Theater) scheint es, daß die auf die Bühne gebetenen Gäste verwesen und von einer Dame die Kleider abfallen. Im Kabarett zur Hölle bedienen Teufels Großmutter, Beelzebub und Luzifer, und unter Höllenlärm dringen Schlangen und Ungeheuer auf den Besucher ein. Erfreulicher ist es im Himmel. Dort sitzt man beim Geläute heller Glocken am weißgedeckten Tisch im Dom, von der Kanzel spricht salbungsvoll ein guter Engel zu Brüdern und Schwestern, die Kellner tragen Mairosen-Kränze in der blonden Perücke und ein Flügelkleid, und die Orgel tönt. Aber das Bier ist auch im Himmel nicht gut. Die Mädchen, die sich oben im Paradiese in paradiesischem Gewande den Neuankömmlingen zeigen, scheinen den berühmten Malern des vorigen Jahrhunderts Modell gestanden zu sein. (Damals.) Das eine Mädchen sieht wirklich genauso aus, als ob es von Meissonier wäre. Die von Gogo.

ECHTESTES BERLIN W

Weihnachtsfreude

Die Hausfrau schickt das Dienstmädchen einholen: „Kaufen Sie einen Weihnachtsbaum um fünfundsiebzig Mark und besorgen Sie den Christbaumschmuck im Kaufhaus." Jawollja. Das Mädchen kauft den Weihnachtsbaum; ein Zettel hängt daran: 1,45 hoch, 23 Zweige; Preis 75 Mark. Der Straßenhändler auf dem Kurfürstendamm bekommt das Geld und händigt das Bäumchen einem seiner Botenjungen ein. „Einsfünfundvierzig ist er hoch, dreiundzwanzig Zweige", wiederholt das Mädchen zum Verkäufer in der Christbaumschmuck-Abteilung des Warenhauses. „Einsfünfundvierzig und dreiundzwanzig? Da brauchense vierzehn Glühlämpchen. Wo wohnen Sie? Charlottenburg? Also Dreier-Stechkontakt. Wird morjen früh anmontiert. Und drei Dutzend Goldnüsse, dreiundzwanzig Äpfel, sieben Glaskugeln, eine Schachtel Schneeflocken und zwanzig Meter Lametta. Als Gipfelschmuck kommt ein Goldstern Nr. 3, fünfzehn Zentimeter, oder wenn Sie einen Weihnachtsengel Nr. 3 verlangen, können Sie auch haben." Dann sucht der Verkäufer ein Weihnachtsbaum-Postament (DRP 722411) heraus, in das das Tannenbäumchen eingeschraubt und dann auf dem Tisch befestigt wird. „Auch Grammophonplatten gefällig?" – „Stille Nacht, heilige Nacht" und „Christ ist erstanden." Jawollja. „Kostet – mit Fertigstellung im Hause – zweihundertfünfzig Mark."

Das alles wird früh ins Haus gebracht, wo schon der Bote des Straßenhändlers das Christbäumchen abgeliefert hat, und der Monteur des Warenhauses befestigt das Postament, montiert die vierzehn kleinen Glühbirnen ein, schlingt die zwanzig Meter Silberlametta um die Zweige, steckt den Weihnachtsengel Nr. 3 auf die

Spitze, hängt die drei Dutzend goldbemalten Nüsse auf und die dreiundzwanzig Äpfel und die sieben Glaskugeln, streut die Schachtel „Schneeflocken“ aus Watte über das Bäumchen und geht von dannen. Der Familie bleibt nichts weiter zu tun übrig, als am Heiligen Abend das elektrische Licht aufzudrehen, das Grammophon loszulassen und sich um Mk. 325,– zu freuen.

Eine Überraschung ist höchstens der Bläserchor eines frommen Vereins. Der zieht am Weihnachtsabend durch die Straßen mit Jagdhörnern und Posaunen und zwei Pauken, zehn Mann stark, faßt auf den großen Plätzen Posto und spielt „Stille Nacht, heilige Nacht“. Jawollja. Mit Pauken und Trompeten. Es ist schon spät, und erschreckt fährt man aus dem Schlaf empor. Was ist geschehen? Ach, richtig! „Stille Nacht, heilige Nacht.“

Berliner Heimatkunst

Soviel Unglück der Krieg auch gebracht hat, er hat doch wenigstens *ein* Gutes gehabt: Berlin hat sich auf sich selbst besonnen. Man kann doch nicht mehr gut das Programm der Kabaretts und der Modetheater mit den Geistesprodukten der Franzosen bestreiten, die den Frieden von Versailles diktiert haben, und man kann doch nicht in den Varietés die strampelnden nackten Waden englischer Chorusgirls beifällig beklatschen, nachdem England die deutschen Kolonien eingesteckt hat. Man kann aber auch nicht wohl – wenn man gegen die Härte der Friedensbedingungen protestiert und sich für zahlungsunfähig erklärt – da kann man doch nicht wohl Szenen und Lieder aufs Podium bringen, welche Champagner-Séparées oder die Boudoirs millionärischer Damen zum Schauplatz haben. Was bleibt also übrig? Übrig bleibt das Elend. Und so schauen sich jetzt allabendlich die Lebedamen und deren Besitzer das Elend an, welches – wie kabarettbekannt ist – den Vorteil hat, Schweinereien unverblümt und Brutalitäten ordinär und Verderbtheiten offenkundig auszusprechen, also höchst wirkungsvoll zu sein. Bei besonders starken Stellen schaut die Dame, die ihren erwärmenden Blaufuchs sorgfältig unter das verkühlende Dekolleté gelegt hat und der man nicht mehr ansehen darf, daß sie selbst aus den Armenvierteln Berlins stammt, erstaunt ihren Begleiter an: „Gibt’s das wirklich in Berlin?“ Und dieweil sie einen Schluck Champagner nimmt, um ihr „Entsetzen“ hinunterzuspülen, nickt ihr jüngst aus

Kattowitz eingewanderter Kettenhändler, befriedigt über seine Sachkenntnis am Cherry-Cocktail saugend, Bejahung zu: „Ja, ja, das gibt's in Berlin, das ist sehr echt."

Um aber selbige Echtheit zu erzielen, hat man Berliner Fachleute und Künstler herangezogen, die in dem Milieu von Wedding und Scheunenviertel aufgewachsen sind und daher die dortigen Sitten und Gebräuche, die Eigentümlichkeiten der Lokalität und des Dialekts von klein auf beherrschen. So sind denn alle Texte dieser Pennen- und Kaschemmenlieder von Leo Heller (aus Teplitz) verfaßt, während für die ortsechte Vortragsweise und Inszenierung Herr Hans Janowitz (aus Podiebrad) haftet und die Darstellerin der Berliner Dirnen, Fräulein Olga Wojan (aus Prag), in Ton und Gehaben die wünschenswerte unerlernbare Berlinität hat. Auch die Maler der Kulissen und Kostüme, die Komponisten der autochthonen Lieder, die Verfasser der Berliner Lokalfilme sind nunmehr durchwegs Berliner, die erst vor kurzem aus der Tschechoslowakei eingewandert sind.

Nun ja, aber es ist wahr, daß das alles nur Modekunst, nur Publikumsbefriedigung ist. Man glaube nicht etwa, daß solche von Fremden besorgte Heimatkunst an den vielen großen Berliner Theatern möglich wäre, die sich jetzt fast ausnahmslos im Besitze dreier Theaterdirektoren befinden, der Herren Max Reinhardt (aus Preßburg), Karl Meinhard (aus Prag) und Eugen Robert (aus Komorn). Die würden sich schon aus Berliner Lokalpatriotismus gegen einen solchen Kunstimport aus der Tschechoslowakei wehren, und täten sie es nicht, so bekämen sie die Berliner Theaterkritik zu spüren, insbesondere würden sich die strengen Hüter der Berliner Bühnentradition dagegen verwahren, in der „Nationalzeitung" Dr. Josef Adolf Bondy (aus Prag), in der „Vossischen Zeitung" Professor Alfred Klar (aus Prag) und im „Börsen-Courier" Dr. Emil Faktor (aus Prag).

Und bei den seriösen Buchverlegern Deutschlands würden, obwohl viele aus der Tschechoslowakei stammen, solche Sachen niemals erscheinen können. Am allerwenigsten aber beim Nestor des modernen Verlagswesens, beim Verleger Gerhart Hauptmanns und Ibsens und Herausgeber der „Neuen Rundschau", bei dem allmächtigen S. Fischer (aus Protiwanov bei Boskowitz).

Einstmals, wenn man in der Fremde war und es kamen Feiertage mit Urlaub, so fuhr man mit dem ersten Zug nach der letzten Arbeitsstunde nach Hause. Jetzt schaut man nicht mehr im Kursbuch nach, sondern im Kursblatt, und fährt nicht nach Hause, sondern dorthin, wo der Besitz an Geld den größten valutarischen Wert hat. Am Heiligen Abend stand in Berlin die Tschechokrone auf zwei Mark neunzig, und man hatte demgemäß die Weihnachtsüberraschung, hier in Berlin auf Schritt und Tritt jenen sympathischen Typen unserer Landsleute zu begegnen, um derentwillen wir seinerzeit fluchtartig Prag verlassen haben.

Unter anderen rutschte auf der schiefen Ebene der Valuta eine junge Operettendiva aus Prag nach Berlin, zu deren Ehre sich allerdings das eine sagen läßt: Sie hat sich nicht durch den Marksturz auf die Idee der Finanzoperationen bringen lassen, sondern hat schon in Prag Finanzen operiert. Also sie kam, um einzukaufen. Vorher wollte sie sich mit einer Freundin, die schon zwei Jahre hier in jeder Beziehung vorteilhaft engagiert ist, darüber beraten, wo die billigsten Einkaufsquellen seien. „Was kostet ein Dutzend Hemdhosen aus Crêpe, was kostet ein Bettvorleger aus Pantherfell, was kosten sechs Seidenpyjamas, zwei Dutzend Florstrümpfe, sechs Untertaillen aus Batist? –" Das waren so die Fragen nach den wichtigsten Bedarfsartikeln, mit denen sie die Berliner Freundin überfiel. Aber die Berliner Freundin, die doch viele Dutzend Hemdhosen aus Crêpe und Florstrümpfe und Seidenpyjamas und Untertaillen und einen Bettvorleger aus Pantherfell hat, konnte ihrer Prager Kollegin über die Preise nur eine so ungenaue Auskunft geben, daß dies – selbst wenn man die fortwährenden Preisschwankungen in Betracht ziehen mochte – mehr als auffallend war.

Und nun fragte die bedürftige Freundin nach den Einkaufsquellen. Wo sie sich schnell zwei Paar rote Boxkalfschuhe kaufen könne und wo drei Paar Wildlederschuhe und zwei Paar Brokatschuhe und allenfalls einen hübschen nicht zu teueren Hermelin. Aber die Berliner Freundin gab abermals sehr vage Antworten: „Auf der Tauentzienstraße gibt es sehr elegante Schuhläden ... In der Kleiststraße werde ich dir ein sehr feines Pelzgeschäft zeigen, momentan ist mir der Name entfallen ..."

„Ja, aber um Gottes willen, wieso weißt du nicht einmal die Namen der Firmen? Wo kaufst du denn ein?“

„Mein liebes Kind“, versetzte die Berliner Freundin mit überlegenem Lächeln, „wenn ich einkaufen will, so fahre ich immer nach Wien.“

DREI ANEKDOTEN VOM WUNDERRABBI

„In Sadagora lebst du jetzt? Interessant, interessant! Kann euer Rabbi denn wirklich solche Wunder tun?“

„Ob er kann? No! Neulich fährt er bei Nacht im Wagen nach Haus. Plötzlich – auf offenem Feld – stürzt das Pferd zusammen und ist tot. Der Rabbi hat aber Eile. Was tut er?“

„No, was tut er?“

„Er greift in die Tasche, zieht einen Hering heraus, den ihm seine Frau eingepackt hat, und spannt ihn vor den Wagen. Dann peitscht er ihn, der Hering beginnt zu laufen und fährt ihn nach Haus.“

„Ein Hering? Ich bitt dich, wie ist das möglich?“

„Du siehst doch!“

„Weißt du noch was vom Wunderrabbi?“

„Also, was soll ich dir sagen – jeden Abend punkt neun Uhr kommt der liebe Gott zu ihm ins Zimmer und spricht mit ihm, so wie ich mit dir.“

„Der liebe Gott spricht mit ihm? Wieso weißt du das?“

„Der Rabbi hat mir das selbst gesagt.“

„No ja, aber vielleicht hat er dich angelogen?“

„Du Esel! Wird der liebe Gott mit einem Lügner reden?“

Der Rabbi disputiert mit dem Pfarrer über die Religionen.

„Vieles ist ja sehr schön bei Ihnen“, sagt er, „aber Sie haben viele solche Sachen, die ein Mensch mit gesunden Sinnen nicht glauben kann. Zum Beispiel: die Wandlung des Weines in leibliches Blut, die unbefleckte Empfängnis Mariä ...“

„Entschuldigen Sie, Herr Rabbiner, aber auch das Alte Testament erzählt davon, daß sich das Rote Meer gespalten hat, daß Elias plötzlich gen Himmel gefahren ist, daß sich die Frau des Lot in eine

Salzsäule verwandelt hat – und das müssen Sie doch auch alles glauben."

Da haut der Rabbi wütend auf den Tisch: „Was heißt: glauben? *Das* sind doch *Tatsachen*!"

BACCHANALE GEFÄLLIG?

Berlin, Dezember 1922

Die polizeiliche Sperrstunde wird in Berlin sehr streng gehandhabt. Punkt ein Uhr werden alle die vielen Hunderte von Cafés, Bars, Tanzdielen, Likörstuben, Weinlokale und Destillationen (so heißt hier der „Ausschank") unnachsichtlich geschlossen. Im Westen gibt es noch zwei bis drei Klubs, wo zumeist Schauspieler nach ihrem Bühnenabgang einkehren, ein Fläschchen Wein trinken und eine Partie Poker machen; aber sie müssen Mitglieder sein, ihr Mitgliedsbeitrag für den laufenden Monat wird auf ihrer Legitimationskarte quittiert und im Kassabuch des Vereines eingetragen. Im dunklen Osten nehmen zwei bis drei Wirte das Risiko auf sich, für drei Stunden (bis um vier Uhr die Marktcafés öffnen) die Straßenmädchen, deren berufsmäßigen Freunde und andere des Nachtschlafs entwöhnte Gesellen hinter geschlossenen Rouleaus und bei gedämpftem Licht illegal zu beherbergen; aber auch diese Wirte lassen sich die „Hockersteuer", das ist die für Gesellschaften, Vereinsveranstaltungen, Bälle usw. vorgeschriebene Steuer auf verspätetes Wachbleiben, bezahlen und quittieren sie ordnungsgemäß mit gedruckten Zetteln, damit sie im Falle des Erwischtwerdens nur wegen Übertretung der Sperrstunde, nicht aber auch wegen Steuerhinterziehung belangt werden können. Manchmal läßt auch ein Wirt eine Champagnergesellschaft im Hinterzimmer seines Weinlokales noch über die Zeit sitzen, aber das alles sind kleine Ausnahmen, und im großen ganzen muß man sagen, daß das Nachtleben um ein Uhr nachts zu Ende ist. Tausende von Leuten sehen sich um diese Stunde aufs Pflaster gesetzt und müssen nach Hause gehen, obwohl sie dazu gar keine Lust haben.

Hier setzt nun die Tätigkeit der wandernden Nachtlokale und ein neuer geheimer Beruf ein, der in Berlin heute schon weit mehr als tausend Angehörige zählt, der Beruf des Schleppers oder Spanners. Die Unternehmer der wandernden Nachtlokale bilden eine Gruppe, die sogenannte „Partie“, die von Zeit zu Zeit Privatwohnungen mieten, diese mit Sandwiches, Champagner, Kaviar, Wein und Schnäpsen beliefern, eine oder zwei Nackttänzerinnen, die Musikkapelle, aus einem Violinisten bestehend, einen Kellner und vor allem – die Schlepper engagieren. Denn diese Schlepper haben die Hauptarbeit zu verrichten und bekommen auch den Löwenanteil am Ergebnis dieser riesigen Wurzerei. Sie bekommen außer dem Fixum von fünfhundert Mark pro Nacht noch zehn Prozent von der Zeche jedes Gastes, den sie akquiriert haben. Sie können also an einem einzigen Gast mehr verdienen, als die Miete der Wohnung für diese Nacht, das ist mindestens fünfzigtausend Mark, betragen hat. Aber es muß gesagt werden, daß ihr Beruf vor allem drei Eigenschaften erfordert: Ausdauer, Raffinement und Intelligenz. Die Ausdauer erprobt sich daran, wie sie an den Straßenkreuzungen, insbesondere in der Friedrichstraße, Motzstraße und Lutherstraße alle Passanten ansprechen, Hunderte in einer Nacht, alle Wagen anhalten oder wenigstens den Insassen zuschreien: „Elegantes Nachtlokal gefällig mit prachtvollen Nackttänzerinnen?“ – „Bacchanale gefällig?“ Ihr Raffinement hat sich hauptsächlich bei der Führung des Opfers zu bewähren – dieses darf nämlich nicht ahnen, wo es sich befindet, damit es die Polizei nicht nachträglich dorthin hetzen kann. Sie führen es daher auf verschiedenen Umwegen bis zu dem Lokal und lassen, wenn der Transport des Gastes im Autotaxi vollzogen wird, dieses lange vorher mitten auf einer anderen Straße halten. Vor der Polizei haben nämlich Unternehmer, Partie und Schlepper den größten Spundus und haben deshalb ein ganzes Signalsystem ausgebrütet, um das Eindringen der Streifung zu verhindern. Würden zum Beispiel Detektive einen Schlepper erwischen und mit vorgehaltenem Dienstrevolver zwingen, sie zu dem heutigen Tätigkeitsgebiet des wandernden Nachtklubs zu führen, so braucht der geschleppte Schlepper bloß diese Signale zu unterlassen, und die Polizei findet nichts mehr als eine leere Wohnung oder eine harmlose Gesellschaft von Freunden des Hausherrn. Das Signal eines vor kurzem ausgehobenen Spielklubs im Westen war zum Beispiel ein grünrotes Batisttaschentuch der Hausfrau, das jeder Schlepper nach dem Klopfen in die Öffnung des Briefkastens zu werfen hatte; wurde geklopft oder gar geläutet, ohne daß das Taschentuch erschien, so wurde nicht bloß geöffnet, sondern es verschwanden auch die Spielkarten und das Roulette.

Die dritte und wichtigste Berufseigenschaft des Schleppers, die Intelligenz, hat sich zu bewähren, um harmlose Fremde oder Sonntagsbummler, ohne daß man seine Absicht merkt, dazu zu veranlassen, ein paar hunderttausend Mark zu opfern, um sich einmal königlich zu amüsieren, „wie im Harem oder wie im Paradies". (Als ob jemals im Harem oder im Paradies eine alte Schachtel nackt zu den Klängen einer schlechten Violine herumgehopst, nachher im Bademantel einsammeln gegangen ist und die geschenkten fünfhundert Mark mit der sensationellen Enthüllung als zu gering ablehnt: „Verzeihen Sie, ich bin eine Künstlerin.") Wie findet nun der intelligente Schlepper seine Gäste? Er muß vor ein Uhr nachts in einem eleganten Lokal sitzen und mit irgendeiner ihm zahlungskräftig oder valutastark scheinenden Gesellschaft Anknüpfung finden. Wenn man dann zur Polizeistunde bedauernd auseinandergehen soll, hat er dann schmunzelnd anzudeuten, daß *er* noch nicht nach Hause gehen müsse, er wisse noch ein tadelloses Lokal ... Hier greift die Tätigkeit des Schleppers schon ein bisserl in die des Hochstaplers über, es gibt solche, die Französisch können und sich in den Stammlokalen der französischen Kolonie aufhalten, es gibt Russen, die Russen mitbringen, und es gibt bereits Schlepper aus allen möglichen Nationen und mit allen möglichen Sprachkenntnissen.

Aber der tschechoslowakische Zustrom nach Berlin ist jetzt so groß und die Kč so hoch, daß die Zahl der Schlepper bei weitem nicht ausreicht, die Landsleute zu den paradiesischen Genüssen mitbringen oder wenigstens das „Bacchanale gefällig?" in tschechischer Sprache ihnen zuflüstern könnten. Deshalb sind in der letzten Zeit verschiedene Unternehmerpartien der wandernden Nachtlokale mit lockenden Stellungsangeboten an mich herangetreten, denen auch die meisten sachlichen Angaben dieses Artikels zu verdanken sind. Vorläufig habe ich mir noch Bedenkzeit ausgebeten, aber die Zeiten sind lausig, und wundert euch nicht, Freunde aus der Heimat, wenn ich einmal auf dem Nollendorfplatz nächtlings mit den Worten auf euch zutrete: „Je líbo bacchanale?"

STAR-ERSATZ

Unter den Bohemiens, denen es in Berlin so schlecht geht, daß sie im Romanischen Café um hundert Mark betteln müssen, war der Fall des Kinoschauspielers Robert Trebner nur insofern signifikant, als er seiner frappanten Ähnlichkeit mit dem Schauspieler Ludwig Hartau die Schuld an seinem fortwährenden Elend gab. Wirklich sah Robert Trebner Herrn Hartau geradezu zum Verwechseln ähnlich, er hatte dieselbe breite Nase, dieselben engen Äuglein, dieselben breiten Backen und dieselben herabfallenden Mundwinkel. Tatsache ist ferner, daß diese Ähnlichkeit ihm während seines ganzen mehrjährigen Berliner Aufenthaltes verhängnisvoll wurde, und in dieser Woche – aber das Ganze sei in Form eines Films erzählt.

I. Bild

In einem großen Kino-Atelier in Weißensee. Es sind Aufnahmen zum Film „Der Nebenbuhler Napoleons". Tausend Edelkomparsen, in den Uniformen der napoleonischen Garde steckend, lungern ungeduldig herum und trinken Bier. Josephine Beauharnais läßt sich aus Langeweile von König Jérome in die Hüften zwicken. Marschall Ney schaut nervös auf die Uhr, denn er soll um zwölf Uhr in Charlottenburg sein, wo er die Hauptrolle des Kinolustspiels „Max und der Vacuumcleaner" spielen soll. Der Regisseur schimpft und schaut unruhig aus dem Fenster. Der Operateur schimpft und schaut unruhig aus dem Fenster, der Friseur schimpft und schaut unruhig aus dem Fenster. Aber plötzlich geht eine freudige Erregung durch die Reihen, man hört ein Auto, und ruhig steigt Ludwig Hartau aus dem ankommenden Wagen. Er dankt nachlässig für die devoten Grüße und geht in die Garderobe. Die Aufnahme kann beginnen. Hartau spielt nämlich den Napoleon um eine Tagesgage von zweihunderttausend Mark.

II. Bild

Der Schauspieler Robert Trebner kommt in seine Wohnung, das heißt in das kleine Zimmer, das er mit seiner Frau und seinen beiden Kindern bewohnt. „Hast du Geld mitgebracht?" fragt die Frau. Nein, er hat nicht einmal hundert Mark auftreiben können. Er erzählt, wie er wieder bei allen Regisseuren vorgesprochen hat, wie sie ihn zuerst höflich behandelt haben, weil sie im ersten Augenblick glaubten, er sei der Hartau, aber dann haben sie seine Bitte um ein Engagement ironisch abgelehnt: „Wenn schon einen Hartau, dann den wirklichen!" Man sieht, was Trebner seiner Frau weiter erzählt. Wie er einmal bei Hartau war und ihm die Idee zu einem Stück gegeben hat, in dem beide spielen könnten: „Der Mann, der Napoleon ähnlich sah". Hartau hat die Idee damals abgelehnt, aber heute kam Trebner an einem Kino vorbei, wo ein Plakat mit diesem Titel stand. Er ging hinein und sah seinen Film, Hartau aber spielte nicht bloß die Rolle Napoleons, sondern auch den Mann, der Napoleon ähnlich sah. Hartau war auch im Zuschauerraum, so daß er (Trebner eingerechnet) sozusagen viermal vertreten war. Weinend senkt Trebner seinen Kopf auf die Tischplatte, auch die Frau und die Kinder weinen. Sie haben Hunger.

Zwischenbild

Spielt am Samstag, dem 6. November 1922. Im Staatstheater spielt man in der Jessnerschen Inszenierung den Grabbeschen „Napoleon". Nach der Szene in der Schlacht bei Waterloo bricht Ludwig Hartau unter Herzkrämpfen zusammen, und während das Stück ohne ihn zu Ende gespielt wird, stirbt der wirklich begabte Schauspieler, der im Berliner Theaterleben eine große Rolle gespielt hat, im Alter von kaum sechsundvierzig Jahren. So wie er schon lange gelebt, in der Maske Napoleons. Rings um ihn stehen entsetzt seine Maréchaux und seine Garden.

III. Bild

Am nächsten Nachmittag. Robert Trebner kommt ins Romanische Café und will sich von einem Journalisten dreihundert Mark ausborgen, der gelegentlich für eine Filmzeitschrift mit tschechoslowakischer Valuta schreibt und daher manchmal Geld hergeben kann. Aber da ihm schon lange keine gescheite Plauderei aus dem Filmwesen eingefallen ist, hat er auch schon lange kein Honorar bekommen. Man sieht, wie Herr Robert Trebner darüber verzweifelt ist. Im selben Augenblick bemächtigt sich des Kaffeehauses große Aufregung. Generaldirektor X., der Allmächtige der Berliner

Filmindustrie, erscheint persönlich im Romanischen Café. Sogar Asta Nielsen, die mit ihrem neuen Bräutigam, einem russischen Leutnant, über ihre junge Liebe gesprochen hat, fährt erstaunt zurück. Aber Direktor Simonsohn geht auf Herrn Trebner zu und sagt: „Ich suche Sie schon in ganz Berlin. Sie müssen heute nachmittag die Rolle des Hartau übernehmen, es sind noch zwölfhundert Meter zu drehen." – „Wieviel zahlen Sie?" – „Dreitausend Mark pro Tag." – Bei dreihunderttausend Mark werden sie handelseinig. Der Generaldirektor stellt einen Scheck als Vorschuß aus, lautend auf eine Million Mark. Großaufnahme des Schecks. Trebner pumpt dem Journalisten tausend Mark. Asta Nielsen lächelt Herrn Trebner freundlich zu. Herr Trebner kauft sich bei einem der zufällig anwesenden Häuserschieber eine Villa, dann steigt er in das Auto des Generaldirektors, um nach Hause zu fahren. Man sieht, wie der Journalist Feder, Tinte und Papier bestellt und den Vorfall in der Form eines Filmlibrettos (an dem er sich alle Rechte vorbehält) für die Weihnachtsnummer seiner Zeitung aufschreibt. Großaufnahme des Kuverts: Verehrliche Redaktion der „Internationalen Filmschau", Prag, Wenzelsplatz ... (Lucerna).

AUF DEN TOD EINES TSCHECHISCHEN HUMORISTEN

Die Lokalreporter haben ihn vorgestern begraben. Die Literaturkritik hat ihm kein Wort geweiht, denn er war kein seriöser Mensch. Bei Gott, das war er nicht! Noch über seinen jungen Tod hinaus muß man über ihn lachen.

Vor allem: Jaroslav Hašek war beinahe immer betrunken. Der Rausch löste seine Zunge, und er begann in den Schankstuben den Leuten verschiedene Dinge zu erzählen. Dabei blieb sein feistes Gesicht, das eine frappante Ähnlichkeit mit dem Balzacs hatte, immer ganz ernst, nur seine Schweinsäuglein schienen ironisch zu blinzeln – aber das konnte auch Täuschung sein. Er erzählte das Unwahrscheinlichste, die Einwände seiner Zuhörer widerlegte er, und dann nahm er ein Briefpapier, schrieb alles nieder und trug die Geschichte in die nächstgelegene Redaktion, das Honorar zu vertrinken. Bekam er – mit Hinweis auf seine Vorschüsse – keins, so pumpte er den Redaktionsdiener Šefrna an und schrieb dann für die politischen Gegner oder die journalistische Konkurrenz ein

Feuilleton, daß die Mitarbeiter des „České slovo" genötigt seien, sich vom Redaktionsdiener Šefrna Geld auszupumpen. Oder er verdingte sich als Arbeiter und lud vor dem Redaktionslokal Eis ab. Dabei hielt er Reden, bis sich Leute ansammelten und die Redaktion ihn hinaufholen lassen mußte. Reden hielt er überhaupt gern. Seine Partei hieß „Partei des gemäßigten Fortschrittes in den Grenzen des gesetzmäßig Erlaubten", und er hielt für sie über tausend Wählerversammlungen ab. Am Schluß einer jeden sammelte er für den Wahlfonds, über dessen Zweck er jeden Zweifel ausschloß. Er versoff ihn an Ort und Stelle.

Seine tausend begangenen und geschriebenen Streiche aufzuzählen ist so unmöglich wie bei Mark Twain. Aber eine Figur hat er geschaffen, die geradezu von historischer Bedeutung ist: den „guten Soldaten Schwejk", den tschechischen Soldaten, der als dumm gilt und so folgsam ist, daß er den ganzen Dienstbetrieb vernichtet. In seiner aktiven Resistenz steckt er als Wachposten das Pulvermagazin in Brand (daß er nicht rauchen dürfe, wurde ihm vom Wachkommandanten nicht eingeschärft) und verwehrt mit geladenem Gewehr der Feuerwehr die Einfahrt. Vom Leutnant geschickt, eine Flasche Klosterneuburger Weins zu holen, setzt er sich in die Eisenbahn und fährt nach Klosterneuburg. An diesen Soldaten Schwejk, der im Frieden von Hašek geschaffen wurde, mußte die österreichisch-ungarische Monarchie zugrunde gehen. Im Weltkrieg wird Schwejk verhaftet, als er vor dem Plakat der Kriegserklärung Rumäniens (1916, als es schon in ganz Prag nur noch Defätisten gab!) in Hochrufe auf den Kaiser Franz Joseph ausbricht. Die Passanten lachen, aber der Festgenommene (als Höhner Festgenommene) muß freigelassen werden – er hat's in aller Unschuld ernst gemeint. So macht er's von Tag zu Tag, stiftet immer größere Verwirrung und trägt (mehr als viele heroische Gesten offener Hochverräter) zur Vernichtung der Staaten bei. Diese Gestalt ist echt und ewig, wenn sie auch im Inhalt den Politikern, in der Form den Literarhistorikern mit niederen und höheren Weiten nicht gefallen mag. Und ihr lustiger Schöpfer wird zu Grabe getragen, wie der junge Werther – Handwerker trugen ihn, kein Geistlicher hat ihn begleitet.

Filme geben Fiktionen. Sie lügen oft stärker als Worte. Sie geben Ausschnitte von Landschaften, die dann auch in ihrer Gesamtheit herrlich erscheinen, sie geben heroische Situationen aus dem Leben einer Idealgestalt, die dann als Repräsentant der Menschheit erscheint. Sie zeigen die Natur, sie zeigen den Menschen, sie zeigen das Leben nicht mit deren Widerspruch, und daher kommt es, daß nur die Backfische und die Knaben von Kinohelden träumen und es heute kein Bekenntnis zum Film als zu einer *Kunstgattung* gibt.

Seit heute glaube ich, daß die Zeit filmischer Kunst doch kommen wird. Ich habe „Polikuschka" gesehen – die Verfilmung der Seele, die Verfilmung der Unzulänglichkeit des Ichs gegenüber der Unzulänglichkeit der Welt. Ein Wunderwerk der Einfachheit, ein Zauberstück des Menschlichen, ein zum Zittern erregender, *Mit-Fühlen* erweckender Filmstreifen, den jeder Empfindungsfähige schön finden muß, trotzdem keine Poelzigschen Prachtbauten da sind und keine Lubitschschen Komparsenmassen und keine Hagenbeckschen Naturaufnahmen und keine Stillerschen Frauenschönheiten und keine Chaplinschen Riesenfüße. Ex oriente kommt dieser Film, aus Rußland, woher Dostojewski kam, uns den neuen Roman zu bringen, woher Stanislawski kam, die Bühne zu reformieren, woher Taïrow kommt, am Kammerspiel das Lazarus-Wunder zu tun, woher der Blaue Vogel zu uns flog, um das Bekenntnis zur Farbe zu lehren. Wird auch „Polikuschka" uns ein Lehrer sein?

Das Libretto ist von Tolstoi. Es ist wirklich von Tolstoi, nicht „nach der gleichnamigen Novelle" oder wie die Formeln heißen, mit der man die Weltliteratur filmisch verkitschte. Nein, hier ist Wort für Wort, Stimmung für Stimmung, Gedanken für Gedanken der Tolstoischen Volkserzählung visuell gestaltet, sozusagen jede Interpunktion in einem Bilde festgehalten worden. Der Regisseur dieses verfilmten Schicksals eines Leibeigenen ist der Leibeigene seines Dichters gewesen – wie man in Rußland sagt: seine Seele. Und hier setzen die Einwände ein, die ich in Deutschland aus Kreisen der Branche gegen diesen Film hörte: „Es hätte sich mehr daraus machen lassen." Oder: „Überschätzung des Ausländischen." Freilich, freilich! Mit Schrecken kann man sich ausmalen, wie prunkvoll der Landsitz ausgesehen hätte, wie grandios die Rekrutenfeierlichkeit, wie toll das Jahrmarktsleben gewesen wäre, wenn sich die Berliner Fabrikation Tolstois bemächtigt hätte. Sie können nicht ahnen, die Macher der Berliner Branche, daß das, was sie „technische Mängel“ nennen, Ausdrucksformen der Naivität sind und als solche auf jeden Schauer tausendmal stärker wirken als das vertrackteste Raffinement. Nichts lenkt ab von dem Drama einer Seele, die weder besonders gut noch besonders böse ist.

Dieser Leibeigene Polikuschka ist eigentlich ein Trinker und ein Dieb, aber er ist noch viel eigentlicher ein guter Bursch und ein liebender Familienvater. Als ihm die Gutsherrin wegen seiner Gelegenheitsdiebstähle Vorwürfe macht, bereut er erschütternd, so daß die gute Dame beschließt, ihm Gelegenheit zu werktätiger Reue zu geben und gleichzeitig aus dem Bereich der Rekrutenwerbungen ihn fortzuschicken: Sie gibt ihm, einem Trinker und Dieb, den Auftrag, in die Stadt zu fahren, für sie Geld einzukassieren, viel Geld, eintausendsechshundertsiebzehn Rubelchen guter Romanowscher Währung. Begeistert bereitet sich Polikuschka auf die Reise vor, er spannt den Wagen an und fährt in die Stadt, fest entschlossen, das Geld zu bringen, allen Lockungen und Gefahren zu trotzen. Und er trotzt allen Lockungen und Gefahren. Den Lockungen der Stadt, des Jahrmarktes, der Guckkastenbilder, der höflichen Verkäufer, eines ihm prachtvoll sitzenden Pelzes, dem Wirtshausschild und dem Schnaps. Den Gefahren der Massenherberge, wo ihm sein Geld gestohlen werden könnte; er schließt kein Auge. Und noch in der Nacht spannt er sein Wägelchen an, steckt das Kuvert mit dem Gelde in die Mütze, klettert auf den Bock und fährt über die Steppe heimwärts. Er schläft ein und träumt von seiner siegreichen Heimkehr: Er sieht sich, von allem Hohn befreit, als ehrlicher Mann geehrt, verhätschelt von der Herrin, geliebt von seiner Frau, geachtet von den Kindern, bewundert von den übrigen Leibeigenen. Polikuschka nickt verzückt im Traume, und – aus dem zerrissenen Futter der uralten Mütze fällt der schwere Geldbrief ins Steppengras. Als er erwacht, ist er vor den ersten Häusern von Pokrowkoje. Er greift nach der Mütze, dem Geldbrief, und furchtbarstes Entsetzen erfaßt ihn. Er rast zurück, er sucht die Unendlichkeit der Steppe ab, das Grasmeer und die Staubwüste des Weges. Nichts. Er kehrt nach Hause zurück, aber er verbirgt die tödliche Verzweiflung vor allen. Die Herrin läßt ihn rufen. Da bekreuzigt er hinter dem Rücken seiner Frau sie und seine Kinder, befestigt auf den Dachbalken eine Schlinge, steckt den Kopf hinein, nimmt ihn wieder heraus, durchsucht noch einmal die Mütze, vergebens, alles vergebens, er muß sich erhängen.

Moskwin spielt den Polikuschka, J. M. Moskwin vom Russischen Künstlertheater. So etwas war im Film noch nicht da. Keine Mätzchen, keine Pose, keine Phrase. Nur so: Ich bin ein Mensch, nichts Menschliches ist mir fremd. Aber er ist mehr als ein Mensch, mehr als sein Dorf und alle russischen Dörfer, es ist mehr in ihm und dem Film als die Tragödie des Armen, es ist darin das ganze Leid der Menschheit, die leidet und zugrunde geht am Gelde. Unsere Seele, die Seele aller, die vergewaltigt werden vom Gelde und zugrunde gehen am Gelde, ist hier verfilmt. Es ist nicht bloß das schönste, es ist auch das wichtigste Kinodrama unserer Zeit.

KRITIKEN MAX BRODS

Es ist nicht zum ersten Male, daß Max Brod die Linie des fruchtbaren Romanciers, die Diktion des Philosophen und die Gefühlsspielerei des Lyrikers verläßt, um in einem seiner erstaunlich zahlreichen Werke mit Fragen des zeitlich und räumlich Nahen befaßt zu sein. Aber in seinen einstigen Sammlungen kleinerer Schriften, die von der Schönheit häßlicher Bilder sprachen oder Novellen einer indifferentistischen Philosophie enthielten, ging er doch immer mehr oder minder auf Antithese aus, kam es ihm doch vor allem darauf an, in betont subjektiver und origineller Weise unrechtmäßig Verachtetes vor diesem Fluch zu retten oder über Tote die Todesstrafe zu verhängen. Nun hat er (in einem kombinierten Verlag, Kurt Wolff, München, und Orbis, Prag) ein Buch herausgegeben, das in keiner dieser ethischen Absichten seine Quellen hat, sondern einfach einer berufsmäßigen, fast möchte ich sagen: amtlichen Befassung mit Fragen der Kunst entspringt. Also bloß Kritiken? Ja. Aber nicht die eines bloßen Kritikers. Denn die Menschen, die einzuexerzieren er sozusagen kommandiert ist, behandelt er mit dem Herzen des Dichters, mit dem Auge des Schriftstellers und mit dem Hirn des Philosophen. Er exerziert nicht mit Gemeinen, er befördert sie ins Irdisch-Ewige, indem er ihnen den Distinktionsstern der Liebe verleiht. Daher der Namen des Buches: „Sternenhimmel".

Die einzige scharfe, ablehnende Kritik dieses Kritikenbuches ist die erste – sie tut eine Kritik ab; Max Brod eifert mit den „Biographien", deren Verfasser ihre Ansichten denen ihres Objektes entgegenhalten und die an dessen Genie nörgeln. Brod verlangt bedingungslosen Einfühlungswillen in das zu beurteilende Œuvre und apriorische Absicht, den Autor zu fördern. (Metakritisch gesprochen: Respekt vor dem Nebenmenschen.)

Weniger einverstanden wird man mit der Auswahl der Themen sein, die Brod für dieses Buch getroffen hat. In den Essays über Leoš Janáček, den tschechischen Komponisten, hat Max Brod wohl das ganze Wesen dieses Künstlers konturiert – so hätte er es mit allen einzelnen Aufsätzen und mit ihrer Gesamtheit tun müssen. Wenn er schon der zeitlich erste deutsche Schriftsteller von großem Rang ist, der über Musikwerke Smetanas, Nováks, Suks, über Dramen Fráňa Šrámeks, der Čapeks, Jiráseks, Hilberts und Hašeks (von Amts wegen) schreibt, so müßten diese Kritiken aufklärender, einführender sein und zum Inhalte haben, inwieweit sie für deutsche und internationale Kultur von Bedeutung sein könnten. Und der Komplex müßte vervollständigt sein. Wer anderer als Brod wäre berufen, Definition und Deskription jener Prager deutschen Literatur zu geben, die in Deutschland in ihren Einzelexemplaren so anerkannt und als Gattung so verspottet ist, wer könnte besser als Max Brod über die klimatischen Einflüsse im Schaffen Meyrinks, Rilkes und Leppins aussagen, die sein Jugenderlebnis waren, über Franz Kafka, Werfel und Baum, die er leidenschaftlich propagiert hat! Und vom tschechischen Prag: über jene inoffizielle Kunst, deren sich die offizielle ein bißchen schämt, von jener Art, wie er sie in seinem Schwejk-Aufsatz berührt hat und die noch andere Repräsentanten hat, im „Bataillon" des seligen Polda Šmíd zum Beispiel oder in den Ghettoskizzen des Vojta Rakous oder in der Komik Vlasta Burians oder dem autochthonen Naturalismus der Xena Longenová oder den Liedern Hašlers. Max Brod hat diesen Gesichtspunkt der Auswahl verschmäht, weil er auch als Kritiker Weltbürger sein will und weil er weiß, daß er auch zu „Hamlet", zu „Faust" oder zur „Iphigenie" etwas zu sagen hat. Und er hat eben solche Referate in sein Buch aufgenommen, in denen ihm diese neuen Gedanken ausgesprochen scheinen. So sind es bloß Paralipomena vom Gesamtwerk Brods, das überall höher bewundert wird als in seiner engeren Heimat. (Eben bekam ich ein Heft der „Krasnaja

Niwa" in die Hand, der offiziellen russischen Kunstzeitschrift, worin eine kritische Synthese vom Schaffen Maxim Brods gegeben wird.)

DAS IST EIN LEBEN!

Bei Warnemünde fahren die Eisenbahnwaggons auf die Fähre und schwimmen mit Menschen und Gepäck nach Dänemark hinüber. Die Passagiere können sich, wenn sie Paß- und Zollrevision überstanden haben, in die Kajüte setzen und einen Kaffee trinken, sie können beim Steuermann, der auch den richtigen Kurs steuern könnte, eine Billion Papiermark, das ist eine Rentenmark, gegen hundertfünfzig dänische Öre einwechseln, oder sie können auf dem Promenadendeck spazierengehen und den Möwen zusehen, die das Schiff in weitem Bogen umschweben. Aber zwischen Insel Falster und Insel Seeland, auf der Kopenhagen liegt, sind die Möwen sozusagen an Bord. Sie lassen sich nicht nur frech ins Gesicht schauen, wobei man konstatieren kann, daß sie wirklich so aussehen, als ob sie Emma hießen, sondern sie bieten sogar ihren runden weißen Bauch den unverschämten Blicken der Menschen unverschämt dar und nähern sich ihnen, die Flügel fast unbeweglich auseinandergespreizt. Sie haben nichts zu befürchten, im Gegenteil, sie wissen, daß die Eisenbahn-Schiffs-Passagiere ihnen die Reste ihrer Reisemahlzeiten zuwerfen werden, Buttersemmeln, Schinkenbrote, Apfelschnitten oder dergleichen. Wird so etwas in die Höhe geworfen, so schießen die Möwen von allen Seiten hinzu und fangen den Bissen mit ihren langen Schnäbeln im Fluge. Den Spender aber behalten sie im Auge, und wenn er das nächste Stückchen auf den Rand des Rettungsbootes, auf die Reling oder auf eine Bank legt, so kommen sie ungeniert und picken es von dort auf. Mit einer Mütze könnte man sie fangen, aber sie fürchten sich nicht: Wer wird ungebratene Möwen jagen, wo einem die gebratenen Tauben in den Mund fliegen?!

Wir fahren durch Dänemark, ein Land, das den großen Krieg und den großen Frieden nicht mitmachte; im Gegenteil; in all den Jahren, in denen andere Völker starben, hungerten und zahlten, hat es gelebt, gegessen und gezahlt bekommen. Die Dänen konnten einführen und ausführen, was sie wollten, sie kannten den Begriff des feindlichen Auslandes nicht, sie brauchten ihre Menschen und ihr Vieh nicht auf die Schlachtbank zu schicken, sondern konnten es reichlich füttern, und es blieb immer noch etwas für die Möwen übrig. So daß es begreiflich ist, daß diese in den dänischen Gewässern mit den Menschen so intim sind und sich dort wohl fühlen. Wir empfinden genauso wie die Möwen. Das Essen an Bord ist schlaraffisch, und auch der Kaffee würde uns brillant schmecken, wenn wir uns nicht – wenn auch nur zum Kontrast – an das grauliche Gesöff erinnerten, das, nicht einmal den Ehrennamen einer „Brynda“ verdienend, uns in Berlin als Kaffee vorgesetzt wurde. Und der Eisenbahnwaggon glänzt nur so von Sauberkeit und Eleganz; er ist mit Mahagoni getäfelt und elektrisch beleuchtet (nicht durch einen schadhaften Glühstrumpf, wie bei uns!), und überdies hängt zu Häupten des Passagiers eine aufklappbare Leselampe, die ihren Lichtschein über seinen Sitz wirft und den Nachbar verschont, der etwa schlafen will. Für die Überzieher und Hüte sind die Kleiderhaken draußen auf dem Korridor angebracht, und es wird doch nichts gestohlen. Die Vorhänge und die Rippe der Polster: tadellos sauber. Und erst die Toiletten, die sind erst ein Vergnügen! Alles aus dunklem Mahagoni, eine Wasserleitung mit fließendem Wasser (ohne Kasten mit einer Flasche alten, alten Wassers als Reservoir darüber), zwei Stücke feiner Seife bereit und außerdem ein unentgeltlicher Automat für neue quadratische Seifenstücke, ein großes reines Handtuch auf einer Rolle und außerdem etwa zwanzig kleine Handtücher im Schrein, drei Rollen Klosettpapier – mein Herz, was begehrst du noch mehr!

Ohne Aufenthalt fährt der Zug vom Meere nach Kopenhagen. Überhaupt machen die dänischen Bahnen wenig Stationen, weil sie die Konkurrenz der Auto-Omnibusse zu fürchten haben. Es gibt eine Menge von Autobussen, die kreuz und quer die Fläche Dänemark durchziehen, um der Eisenbahn viele Kundschaften wegzuschnappen. Sie kommen durch die kleinsten Dörfer, halten aber nur dort, wo das Gasthaus eine rote Fahne heraussteckt oder jemand auf der Landstraße den Chauffeur brüllend dazu veranlaßt; sie haben auch den Vorteil, ihre Passagiere meist vor deren Haus abzusetzen und nicht in dem Bahnhof vor der Stadt. Übrigens steht auch in dem kleinsten dänischen Nest vor dem Bahnhof eine Reihe von Mietautos für die Ankommenden – in Stadt und Land wimmelt es von Autos, meist viersitzigen kleinen Wagen Fordscher Type;

viele Bauern chauffieren den Dünger von Mistbeet und Jauchengrube an das Feld. In Kopenhagen hat jeder Taxameterstaffel seinen Telefonkandelaber auf der Straße: Wer einen Wagen will, ruft 9001 an, die Zentrale dieser Taxistände, und nennt den Ort der Bestellung; zwei Minuten später rollt das Auto heran. Trotzdem haben auch die Taxi hier ihren Konkurrenzkampf zu bestehen. Ihre Gegner sind die Lillebils (Kleinautos), die nicht konzessioniert sind und ihre ständige Kundschaft haben. Man bestellt sie von der Garage, aber auf der Straße dürfen sie keinen neuen Passagier aufnehmen, widrigenfalls sie von den Taxichauffeuren der Polizei übergeben werden. Trotzdem ist der Kampf noch lange nicht entschieden und spielt sich vorläufig in der Form ab, daß heute die Lillebils ihre Fahrpreise um fünfzig Prozent herabsetzen und morgen die Taxi um zwanzig.

Von dem Radfahrverkehr in Dänemark ist es schwer, ein Bild zu geben. Kaum ein Schulkind, kaum ein Arbeiter, kaum ein Beamter, kaum ein Dienstmädchen, die nicht auf dem Rade in der Schule, auf der Baustelle, im Amtsgebäude oder auf dem Markte ankämen! Wird die Amagerbrücke wieder gesenkt, nachdem sie einen Dampfer durchgelassen hat, so fahren schon Hunderte von Radfahrern, die sich in den fünf Minuten angesammelt haben, die noch immer in Bewegung befindliche Brückenbahn steil hinauf, wie auf eine Rennbahnkurve.

Mittags zieht die Wachtparade in Bärenmützen (ach, unsere seligen Prager Grenadiere!) durch die Stadt, begleitet von Hunderten von Stromern – auf ihren Rädern.

Der Schutzmann an den Straßenkreuzungen hat eine Stellage vor sich stehen, die er mit einem Druck reguliert: Die Tafel mit dem Worte „Stop!" dreht sich in der Richtung, wo alles stehenzubleiben hat. Im selben Augenblick heben die Radfahrer ihre Arme auf, um sich an die Nachbarn zu stützen, die auch nicht absteigen wollen. Und eine Armee geräderter Zentauren, innig verschlungen, harrt des Augenblicks, da sich die Scheibe von ihnen abkehrt.

Ein hübsches Charakteristikum des Kopenhagener Straßenlebens sind die appetitlich weißen Karren, die in geschlossenen Schubfächern – Butterbrote feilbieten. Um zwölf Uhr, der dänischen Frühstückszeit, sind sie von den Lehrjungen umlagert, die für das Personal „Smörebröder" holen, acht Stück um eine Krone, sechs Stück um achtzig Öre, vier um sechzig oder eines um zwanzig Öre.

Die Preise und die Qualität werden von der Kummune Frederiksberg kontrolliert. Jeder Röckler hat Automaten mit Äpfeln, Pomeranzen, Bananen und Datteln vor seinem Laden.

Das Telefon funktioniert hierzulande. Und wie es funktioniert! Sie haben keine Ahnung, was für Stückeln das Kopenhagener Telefon spielen kann! Wenn man sich wecken lassen will, so bestimmt man der Telefonzentrale die Minute, und für fünfzehn Öre, das ist 1 Kč, haftet die Postverwaltung (ein Postministerium hat dieses Land allerdings nicht) dafür, daß man rechtzeitig aufwacht. Verläßt man Geschäft oder Wohnung, so kann man die Zentrale beauftragen, die Nummer jedes Anrufenden zu notieren und diesem zu bestellen, wo man zu erreichen ist oder wann man wiederkommt; das kostet zwanzig Öre für zwei Stunden, fünfzig Öre für den Tag, zwei Kronen per Woche. Ruft man eine Nummer an, die besetzt ist, so besorgt die Zentrale auf Wunsch die Verbindung, sobald der Abonnent frei wird (zehn Öre). Wenn ein Theater, Varieté, Sportplatz oder Kino alle Plätze ausverkauft hat, so verständigt es hievon die Zentrale, die es jedem mitteilt, der anruft. Bei Tag und Nacht darf man telefonisch fragen, wie spät es ist, und das Telefonfräulein antwortet unentgeltlich und freundlich. Ein Abonnent des Namens „Omyl" kommt nicht im Kopenhagener Telefonbuch vor. Damen, die „Obsazeno" heißen, werden in der Kopenhagener Telefonzentrale nicht in Massen angestellt. Am Weihnachtsabend kostet jedes Gespräch fünfzig Öre, die einzige Maßregel des dänischen Telefonbetriebes, die nach dessen Muster wahrscheinlich auch bei uns eingeführt werden wird. Für vier Kronen dänisch kann man sich vom zuständigen Polizeimeister die Bewilligung holen, von nun ab einen anderen Namen führen zu dürfen. Er darf bloß die dänischen Sprach- und Schamgefühle nicht verletzen und auch keiner hiesigen Familie gehören, so daß sich der Hahn nicht etwa Hansen, Rosenfeld nicht Rasmussen, Jeiteles nicht Jenssen, Leo Bloch nicht Laurids Bruum und Schurl Brandeis nicht Georg Brandes nennen darf.

Glückliches Land, wo frische Butterbrote und neue Namen so billig zu haben sind! Glückliches Land, wo das Telefon kein Zimmerschmuck, das Auto keine Provokation und der Lift kein Aberglaube ist. Glückliches Land, wo man im Kino rauchen darf und die Asta Nielsen geboren ist, glückliches Land, dessen Kochbuch kein anderer verfaßt haben kann als Andersen, der Märchendichter.

Die natürliche Anlage Prags ist natürlich schöner, aber Kopenhagen hat Anlagen, die es zur schöneren Stadt gestalten, Rosengärten, Beete auf den Plätzen, bunte Promenaden, Alleen in den Straßen. Sogar die seichten Teiche, die mitten in der Stadt sind, sind wie Seen ausgestattet und benannt, und wenn man im Café „Pöbling-Sö“ sitzt, hat man vollkommen die Illusion des Alsterpavillons in Hamburg. Prag ist auch größer als Kopenhagen, aber Kopenhagen ist großstädtischer. Die gegenseitigen Beziehungen der Weltgeschichte erschöpfen sich darin, daß Drahomíra, die Tochter Přemysl Ottokars, im Jahre 1205 aus Prag nach Dänemark heiratete, wozu man ihr noch nachträglich gratulieren kann, und daß andererseits Tycho de Brahe aus Dänemark nach Prag ging, wo er sich begraben lassen konnte.

ŽIŽKA UND DAS LEXIKON DER BETRÜGER

Jean-Baptiste de Rocoles, der von 1630 bis 1696 zwischen Frankreich, Schweiz, Deutschland, Holland bald als Almosenier des Königs von Frankreich und bald als Kurbrandenburgischer Geschichtsschreiber, bald als Benediktinermönch und bald als Anhänger der Kalvinisten gelebt hat, gab 1683 in Amsterdam ein Buch heraus, „Les imposteurs insignes ou Histoire de plusieurs hommes de néant de toutes Nations, qui ont usurpé la qualité d'Empereurs, Rois et Princes.“ Darin reiht er Suatocopius, das ist den Fürsten Svatopluk von Mähren (gestorben 894), in die Galerie der großen Hochstapler ein. Weil Svatopluk, „um von dem Thron zu steigen, verschwieg, wer er war, und den Satan, den Hochmut, die Welt und ihre Pracht betrog; dieser heilige Betrug gibt mir die Dreistigkeit, ihm den Namen eines Betrügers zu geben“.

In Wirklichkeit aber hat Monsieur de Rocoles den frommen Fürsten wohl bloß deshalb in die Hochstapler-Anthologie eingereiht, weil ihn dessen Biographie interessiert hat oder weil das Buch an Stoffmangel litt. Er hat den edlen Svatopluk an den Haaren herbeigezogen, und nicht einmal diese sind echt: Es ist eine falsche Behauptung, daß dieser Mährenfürst dem Thron entsagt habe und in der Einsiedelei gestorben sei. Man sieht also, Herr Rocoles ist selbst unter die Schwindler gegangen, denen das Buch gewidmet ist, und das anscheinend nicht bloß auf den Autor, sondern auch auf die postumen Bearbeiter abzufärben scheint. Der Hallenser Professor Johann Friedrich Joachim nämlich, der achtzig Jahre später das Werk in deutscher Sprache herausgegeben hat, wettert zwar in der Einleitung gegen die französische Leichtfertigkeit des Originales und berichtigt die Angaben des Rocoles durch Fußnoten voll reichen Quellenmaterials, macht sich aber eines noch ärgeren Schlendrians schuldig: Er plaziert hierher die Geschichte Žižkas, mit der Überschrift „Der falsche König von Böhmen Johann Žižka unter der Regierung Sigismunds" versehen. Nun ist aber weder in der Amsterdamer Erstausgabe der „Imposteurs" eine Erwähnung Žižkas zu finden (trotzdem Zíbrts „Česká bibliografie" dies angibt) noch in der 1696 vom Verleger Mortier neu adaptierten Restauflage (von der selbst der Autor des groß angelegten und wichtigen Werkes „Das Hussitentum in der Literatur", Professor Dr. Arn. Kraus, keine Kenntnis zu haben scheint). Erst die dritte Auflage, die 1728 (also ein Menschenalter nach dem Tode des Autors) zu Brüssel herauskam, reiht den Heerführer der Glaubensstreite unter die Betrüger ein, und von hier aus übernehmen der deutsche Übersetzer und der deutsche Herausgeber diese Inkorrektheit. Aber woher hatte der postume Bearbeiter Žižkas Lebensbeschreibung genommen?

Nun, Rocoles hatte 1685 in Leyden sein eigenes Buch über Žižka geschrieben: „Ziska, le redoutable aveugle, Capitaine Général des Bohémiens Evangéliques dans le pénultième siècle avec l'histoire des Guerres et troubles pour la Religion dans le Royaume de Bohême". In dem Verzeichnis der Schriften des Rocoles, das Joachim dem zweiten Bande der „Geschichte merkwürdiger Betrüger" voransetzt, unterschlägt er dieses Buch, um es hier unterschieben zu können. Sogar ein Bildnis des „falschen Königs von Böhmen" setzt der postume Herausgeber dem Leser vor, das Žižka mit geschlossenen Augen, struppigem Haar, glattem Kinn und kleinem Schnurrbärtchen zeigt, während er auf den beiden Stahlstichen des Originals vollbärtig idealisiert erschienen war. Rocoles hatte seinem Helden den Quatrain gewidmet:

> Ziska, portant partout la terreur et l'effroi
> Mérita le surnom d'aveugle redoutable
> Onze fois il vainquit, mit Prague en desarroi
> Et bâtit le Tábor, ville très remarquable.

Auch war Rocoles, der damals eben zum zweiten Male den reformierten Glauben angenommen hatte, warm für seinen böhmischen Glaubensstreiter eingetreten, trotzdem dem ehemaligen Dechanten ein späterer Papst als beinahe einzige Quelle gedient hatte: Aeneas Sylvius. Bis zur Seite 36 erzählt das Amsterdamer Duodezbändchen von den Ereignissen des Konstanzer Konzils und kommt erst dann auf die Kriegstaten von „Zisca ou Ziscon“ und seiner Mitkämpfer zu sprechen, zu deren wenigen Verteidigern er im jesuitischen Jahrhundert gehörte. Erst der Brüsseler Editor bog diese Ansicht wieder ins Konventionelle um, also zurück in die Auffassung des Aeneas Sylvius. Noch amüsanter ist es, daß Professor Joachim, der diese Einreihung des Hussiten unter die kriminellen Größen so leichtfertig übernimmt, nun doch seinerseits zur Verteidigung Žižkas schreitet, in seinen Fußnoten darauf hinweisend, daß die Behauptung von der Barbarei der Hussiten nur aus Gründen der Tendenz in die Welt gesetzt wurde und dergleichen – wodurch die Einstellung des ursprünglichen Verfassers auf einem jahrhundertelangen Irrweg und Umweg wiederhergestellt wird.

DIE BEIDEN TSCHEKAS VOR DEM REICHSGERICHT

I

Es ist hoffentlich kein Verrat militärischer Geheimnisse, wenn hier gesagt wird, daß die Sipo, die nun schon seit mehr als Monatsfrist das Leipziger Reichsgerichtsgebäude mit Handgranaten und Revolvern auf Gedeih und Verderb zu schützen bereitsteht, eine Umgruppierung vollzogen zu haben scheint. Ohne sich auf die Schätzung dieser Truppenmassen einlassen zu wollen, kann behauptet werden, daß sich die Zahl des Aufgebotes bedeutend verringert hat. Das Giftgas der Langeweile veranlaßt ohnedies jeden Passanten, einen weiten Bogen um das Haus zu machen, in dessen Giebelfeld das Basrelief der Justitia gemeißelt ist, mit den befreiten Unschuldigen auf ihrer rechten und den hartbestraften Schuldigen auf ihrer linken Seite ...

Trotzdem darf man die Arbeit der Kronjuristen keineswegs unterschätzen, die von früh bis abends ihre Zeit damit verbringen, die gräßliche Mordatmosphäre zu klären. Sie haben schon große Resultate erzielt! Vor allem steht es heute, durch Zeugen und

Dokumente erhärtet, unerschütterlich fest, daß das Kaninchen mit dem rosa Ohr die Cholerabazillen gefressen hat. Vergeblich ist alles Leugnen! Es *hat* sie gefressen, und es ist nur einem glücklichen Zufall zuzuschreiben, daß das arme Opfer keinen Durchfall erlitten hat und sich in einem Schrebergarten von Berlin-Lichterfelde noch seines Lebens freut.

Ernster liegt der Fall dort, wo es sich um ein Menschenleben handelt. Jenes Attentat auf Stinnes, dessen Aufdeckung im vorigen Jahr die Presse der ganzen Welt erfüllt hat, ist schon über das Stadium der Vorarbeiten hinaus gediehen gewesen, als zum Glück die romantische Verhaftung der deutschen Tscheka in Stuttgart erfolgte: Neumann hat es eingestanden, und seine Mitangeklagten mußten es unwidersprochen lassen, der Bund der Roten Katzen habe durch Recherchen geschickt in Erfahrung gebracht, daß Hugo Stinnes ein reicher Großindustrieller und in Essen wohnhaft sei!

Nicht so weit kam es mit Borsig. Denn es scheint, daß ihn einige der Beschuldigten für einen General, andere für einen in der kommunistischen Partei tätig gewesenen Lockspitzel halten.

Bei General Seeckt ist die Sache am schlimmsten, da hilft kein Vertuschen. Neumann hatte telefonisch angerufen und vom Adjutanten erfahren, daß Se. Exzellenz am Abend auf dem Anhalter Bahnhof ankomme. Darauf ging Neumann mit einem zweiten dieser blutrünstigen Bande auf den Bahnhof, um sich Se. Exzellenz anzusehen. Die Erbitterung, die im Vorjahre dieses Attentat auf Seeckt hervorrief, ist wohl noch in allgemeiner Erinnerung.

Aus den Zeugenaussagen geht bereits mit ziemlicher Deutlichkeit hervor, daß die Kommunistische Partei eine Änderung der Verfassung und wohl kaum etwas anderes als die Errichtung einer sozialistischen Republik anstrebt.

II

Ernsthaft gesprochen: ein Schuß ist wirklich gefallen und ist dem Friseur Rausch in den Leib gedrungen. Monate später ist im Lazaruskrankenhaus Rausch gestorben – wie von ärztlicher Seite behauptet wird, auf Grund der übermenschlichen Erregungen, in die ihn die polizeilichen Verhöre versetzten. Ob sie die Ursache waren, daß sich seine Fieberkurve von Tag zu Tag steigerte, wird heute nicht mehr zweifelsfrei festzustellen sein. Tatsache ist, daß er oft stundenlang in Abwesenheit des Pflegepersonals und ohne Einwilligung des Arztes vernommen wurde, ja daß es sogar zu einem Kampf mit gezückten Revolvern zwischen Stuttgarter und Berliner Polizeibeamten kam, wobei das Krankenbett von Rausch das Kampfobjekt bildete. Wer jemals einen Angehörigen in einem öffentlichen Spital besuchen wollte, weiß, wie schwer die Bewilligung zum Besuche Fieberkranker zu erlangen ist. Hatte Rausch einen tödlichen Schuß, wie war diese Inquisition möglich?

Rausch war Polizeispitzel. Er gehörte zu jenen vom Staat bezahlten Lumpen, die durch lügenhafte Denunziationen oder gar durch Anstiftung unschuldige Menschen, in deren Vertrauen sie sich eingeschlichen haben, in Haft und Vernichtung stürzen. Wie kann man sich gegen ein solches Individuum wehren? Das Verbrechen geschieht doch im Auftrag einer Behörde, also gibt es gegen ihn kein legales Abwehrmittel. Ihn auszuschließen und an den Pranger zu stellen, hat nur die Entfesselung seiner Rache und die Vorbringung noch verhängnisvollerer Lügen zur Folge, wie sich am besten bei dem Hauptangeklagten und Hauptzeugen dieses Prozesses zeigt. Gutzuheißen ist natürlich der Individualterror auch gegen den Spitzel nicht, aber selbst kleinbürgerliche und antirevolutionäre Berliner Geschworene haben wiederholt, wie zum Beispiel im Falle des Kriminalagenten Blau, dem Totschläger wenigstens einige mildernde Umstände zubilligen müssen.

III

Der Name „Tscheka“, unter dem der Prozeß begann, wird nicht mehr genannt. Statt dessen tritt eine ganz neue Tscheka in Erscheinung, die diesen mehr als langweiligen Prozeß doch zu unerhörter politischer Wichtigkeit stempelt. Während zum Beispiel im Falle Haarmann nur vier bis fünf Polizeispitzel eine Rolle gespielt haben, schweben hier geradezu Myriaden von Polizeiagenten über den Wassern. Diener ist ein Spitzel, König ist ein Spitzel, Poege wird in der Haft zum Spitzeldienst gepreßt und widerruft sein Versprechen erst im Gerichtsgefängnis, dem Neumann deutet man an, daß er für gute Dienste, trotz seiner Verurteilung, ins Ausland werde reisen dürfen, die Spitzel, die den verhafteten Skoblewski im Sowjetgebäude gesehen haben wollen, werden vom Berliner Polizeipräsidium weder als Zeugen geführt noch überhaupt genannt (obwohl sie die einzigen entscheidenden Zeugen für die Beweisführung sein müßten), Spitzel haben Skoblewski und Hucke an der Untergrundbahn festgenommen, Spitzel, Spitzel, nichts als Spitzel, rechte Tschekisten.

Welche Geldsummen muß das verschlingen! Und welche Geldsummen mögen für die Prämien ausgeworfen worden sein, die die Polizeikommissare und Agenten gezwungen haben, mit allen Mitteln einen „Erfolg" herbeizuführen! Die Gefängniswärter spucken aus vor politischen Häftlingen. Die sitzen monatelang in stinkenden Dunkelzellen und bekommen keine Decken. Und es war vielleicht der erschütterndste Moment des ganzen Prozesses, als Margies schilderte, wie er, ein leidenschaftlicher Raucher, einen langen Schriftwechsel von Gesuchen und Antworten führen mußte, um ein paar Zigaretten zu bekommen.

Grotesk ist der Konkurrenz- und Kompetenzkampf, der sich nicht bloß zwischen den Kriminalorganen, sondern auch zwischen den einzelnen Polizeibehörden des Reiches abspielt. Am liebsten möchten die Stuttgarter Herren ihre Berliner Kollegen – nein, ich sage doch nicht, was die Herren einander am liebsten antun möchten. Ein Württemberger Kommissar wurde in Berlin von Berliner Kollegen dingfest gemacht. Neben dem Reichsanwalt Neumann, mit dem der Kronzeuge nicht vollständig identisch ist, sitzt ein geheimnisvoller Herr, der immer aufspringt, wenn ein Anwalt etwas gegen die württembergische Polizei vorbringt, und sich erst wieder beruhigt, bis loyal erklärt wird, daß man dem Stuttgarter Polizeipräsidium durchaus nichts nachsagen wolle.

IV

Die anderen Zusammenstöße sind heftigerer Natur. Die Stimmung ist explosiv, und die Nervosität entlädt sich in rein formalistischen Anträgen der gereizten Verteidiger und ihrer Ablehnung durch den gereizten Vorsitzenden. Das ist durchaus begreiflich und kommt von der Diskrepanz zwischen Aufmachung und Inhalt. Diese Aufmachung wurde vor Jahresfrist durch Nichtjuristen mit allem Klamauk in der Presse besorgt. Und der Prozeß begann im Zeichen einer Cause célèbre mit einer dem Hauptangeklagten tagelang vorgetragenen, wirkungsvollen Anklageschrift. Und dann? Seither erfuhr man nichts Neues, nur Zweifel, Abschwächungen und

Unrichtigkeiten. Von einer Gefährdung des Staates, von seiner Rettung im letzten Moment ist nicht mehr die Rede. Die Attentäter ohne Attentatsabsicht stammen aus einer illegalen Zeit, in der die Kommunistenpartei blödsinnigerweise verboten war, sie sind weder symptomatisch noch gefährlich. In zweitägiger Verhandlung hätten sie abgeurteilt sein können – vor Jahresfrist. Statt dessen inszenierte man diesen Monstre- und Millionenprozeß. Begreiflich, daß alle, die sich dermaßen düpiert sahen, nun in höchst verärgertem Zustand die Zeit totschlagen.

Es gibt leider ein Mittel, um den Sensationsprozeß nicht als Blamage enden zu lassen, das Mittel, das bei jedem Sensationsprozeß politischer Art um so sicherer angewendet zu werden pflegt, je unsicherer die Beweise sind: das höchste Strafmaß gegen die Angeklagten. Je mehr man über ein Gerichtsverfahren zu lachen hat, desto weniger haben die Angeklagten zu lachen. Sie sind vielleicht die Opfer politischer Verschwörerromantik, gewiß aber sind sie noch mehr Opfer des Spitzeltums und der Sensation und vor allem eines Rechtsrechtes, das sie verurteilt, um mit ihrer Verurteilung die Begründung für neue Prozesse und neue Verurteilungen zu schaffen. Das Reichsgericht ist für einige Monate seiner Repertoiresorgen enthoben.

BOXKAMPF IM RADIO

„Projramm jefällig? Wer noch keens hat und noch eens will, der schweige jetzt nicht still! Projramm jefällig ...?"

„Sie, Ordner, wo ist denn hier Nummer 212?"

„Hier noch der Kaugummi: Beech nut. – Deer Boxsport, diie Sportwoche, Achtuhramtblatt!"

Der Speaker: „Als erste – Gegner – treffen sich ... Federgewicht ... hundertvierzehn Pfund ..."

„Ach wat, Kroppzeug! ... Jeht man erst in die Spielschule ..."

„Setzen!" – „Hut ab!" – „Setzen Sie sich man, Sie mit dem Gemsbart." – „Setzen, Herr Förster!" – „Setzen, Herr Oberförster!"

Ein Stentor der Galerie: „Rauchen einstellen!" Ein Stentor des Innenraumes (als Antwort hinaufrufend): „Du hast wohl keene Zigarette?"

„Det is ja een Ringkampf!“ – „Ick würd et ja vorher ausrufen lassen, daß ick fintieren will!“

„Hier noch die frisch kandierten Nußstangen!“ – „Projramm jefällig? Wer noch keens hat und noch eens will, der schweige jetzt nicht still!“ – „Diie deutschen Boxa in Wort und Bild ...“

„Die könn’ sich ja gar nicht ausnacken, die ham ja nischt drin.“ – „Bier! Halberstädter Würstchen, hier noch die ...“ – „Ruhe!“ – „Das – Schiedsgericht – entscheidet ...“

Chor (zur Orchesterbegleitung): „Die Mädels von Java, die saagen niemals nein ...“

„Zijarren, Zijretten! Hier noch die ... deer Boxsport! Achtuhramtblatt!“

„Als nächste – Gegner – treffen sich ... Mittelgewicht ...“

„Photographen herunter!“ – „Wech mit die Photojraafen!“

„Siehste den Nigger da links beim Pressetisch? Det is Rocky Knight.“

„Bravo, Karle! Gib ihm Saures!“

„Nix drei Runden, sag ich Ihnen, nix drei Runden steht der Kerl mehr, darauf leg ich Ihnen lange Odds. Er ist ja schon groggy.“

„Mensch, halt man die Schnauze. Mit deen Gesabber von ‚groggy‘ kannste mir bloß wietend machen. In der vierten Runde wernse erst sehn, wie groggy der ist – das sowieso!“

„Peng! Det war een Schwinger!“ – „Schau, der hat das linke Auge geschlossen.“ – „Und noch eener ...“

Chor (aufgeregt) „Huuu ...“

Der Schiedsrichter: „Eins ... zwei ... drei ...“

Chor: „Bravo! Bravo!“

Gongschlag. – „Nix drei Runden, sag ich Ihnen, nix drei Runden steht der Kerl mehr, darauf leg ich Ihnen lange Odds.“

„Sie sinn woll Fachmann? Det sowieso!“

„Los, Karle! Au Backe!“

„Los, Schorsche! Jetzt hat der ooch das linke Auge anjeschlagen.“

„... weer noch keens hat und noch eens will ...“ – „Box man, Karle!“ – „Rummelboxer!“

„Nix drei Runden, sag ich Ihnen, nix drei Runden ...“

„Mensch, et sinn ja bloß noch drei Runden ... det sowieso!“

„Vossische Zeitung! – Die easte Morjenzeitung ... – Hier noch die frisch kandierten ...“

„Jetzt hat er beide Augen geschlossen!“

„Ach wat, der steht auch, wenn er die Hühneraugen anjeschlagen hätte! Der ist hart im Nehmen!“

„Das Schiedsgericht entscheidet ...“

Chorus ecstaticus: „Pfui! Schiebung! Flasche! Nieder mit dem Schiedsgericht!“

„Hier noch die frisch kandierten ...“

„Bravo, Karle!“

Chor (zur Orchesterbegleitung): „Wo hast du denn die schönen blauen Augen her, die Augen her ...“

„Diiie deutschen Boxa in Wort und Bild ...“ – „Wer noch keens hat und noch eens will ...“

„Als – nächste – Geg – ner – treffen – sich ... Schwergewicht ...“

„Bravo!“

„... und ...“

„Bravo!“ – „Den Schiedsrichter mitfilmen!“

„Vossische Zeitung, diie easte Morjenausgabe!“ – „Hier noch die frisch ...“

„Maul halten!“ – „Rauchen einstellen!“

Stille.

Gongschlag. Peng. Peng. Peng-peng.

Der Schiedsrichter: „Brechen!“

Totenstille. Peng. Peng.

Gong. Peng-peng. „Der sitzt!“

Gongschlag.

„Paule, jibs ihm!“ – „Uppercut!“ – „Een Dreck und keen Apperkött, Sie sinn selba een Apperkött, det sowieso!“ – „Paule, Paule!“

Schiedsrichter: „Eins ... zwei ... drei ...“

Das Publikum: „Huuuu ...“

Schiedsrichter: „Neun ... zehn!“

„Huuuu!“ – „Bravo!“ – Pfiffe. – „Huuuu!“ – „Bravo!“ – Pfiffe.

„Sieger! ...“

„Huuu!“ – „Bravo!“ – Pfiffe.

„Ich sage Ihnen, wenn er gegen Breitensträter ...“

„Er hat keen Herz jehabt ...“

„Haben Sie e Herz, wenn Sie so e Leberhaken kriegen? ...“

„Bealiner Tageblatt, easte Morjenausgabe.“ – „Hier noch die frisch kandierten Nußstangen.“

„Auf nächste Woche bin ich neugierig ...“

Chor (zur Musikbegleitung): „Laß 'n sausen, laß 'n sausen ...“

IM ELTERNHAUS DER RECLAM-BÄNDCHEN

Da es denn nun einmal die Bestimmung dieses Lebens ist, daß sich ein Geheimnis nach dem anderen entschleiert (bis es mit der Entschleierung des letzten Mysteriums endet), so muß ich auch dorthin gehen, wo einst mein literarisches Wissen entsprang. Damals hatte ich nicht daran gedacht, daß diese Büchlein fabrikmäßig erzeugt werden, diese roten Bändchen zu zehn, später zu zwanzig Pfennigen, die ich mir aus dem blaßgrünen alphabetischen und unentgeltlichen „Verzeichnis von Reclams Universalbibliothek“ wählte, vom heißen Briefwechsel Abälard mit Heloise an bis zu Zschokkes unanständiger Humoreske vom Blauen Wunder. Mir selbst auswählen durfte und mir selbst auswählen konnte: Das war vielleicht das Motiv meiner Liebe, die mir die kleinen Bücher mit der Bekanntgabe herrlicher Werke vergalten. Nun aber liegen alle diese Bändchen, die mir den „Wallenstein“ geschenkt haben und das „Käthchen von Heilbronn“, nun liegen sie unten im Aschenbrödelfach des Bücherschranks, ohne die roten Umschlagblätter, auf denen die Nummer war, und das umrankte Rankenwerk („Jede Nummer – für 20 Pfennig – überall käuflich“), zerrissen, beschmutzt und unvollständig. Ich sollte sie wegwerfen. Aber wer wirft seine Jugend weg? Vielleicht lese ich sie doch einmal – gewiß eher als die numerierten Bibliophilendrucke, die mir aus dem Schrank den Rücken zukehren.

Nun bin ich also hier in Leipzig und mache der Geburtsstätte meiner kleinen Jugendfreunde einen verspäteten Dankbesuch. Ihr Vater lebt nicht mehr – er hieß gar nicht Philipp Reclam jun., sondern Hans Heinrich Reclam, und sein Vater, Herr Anton Philipp, war sehr dagegen, daß sein Sohn anno 1867 im alten soliden Verlage so unsinnige und unwürdige Neuerungen versuchte wie die Gründung einer Groschenbibliothek! Er wies ihm nach, daß schon

Goethes „Faust“ – Band 1 – mit seinen neun Bogen für zwanzig Pfennige viel zu billig sei, um sich jemals rentieren zu können. Das stimmte. Es war ein Kalkulationsfehler, an dem der Verlag Reclam noch heute zu tragen hat, denn obwohl eine Nummer sonst nur fünf Bogen hat, kann man den „Faust“, der schon traditionsgemäß ein einziges Reclam-Heft ist, nicht plötzlich zu einer Doppelnummer umgestalten. Aber zum Glück haben sich die anderen Bände reichlich gelohnt, denn wenn der Gewinnanteil bei zwanzig beziehungsweise dreißig Pfennig noch so winzig ist, mit acht Millionen multipliziert ergibt das doch schon eine stattliche Summe. Ja, eine Auflage von acht Millionen hat nach einer (heute schon überholten) Statistik der „Wilhelm Tell“, und die deutsche Bibel, das ist das Studentenliederbuch, und Heines „Buch der Lieder“, „Minna von Barnhelm“, andere Klassiker und vor allem die Operntextbücher stehen dieser unvorstellbaren Auflageziffer nicht allzuweit nach. Von den hellenischen und lateinischen Klassikern sind über neun Millionen Exemplare verkauft worden, was einerseits für die deutsche Vorliebe zum klassischen Altertum, andererseits aber auch dafür zeugt, daß das Reclam-Buch so handlich ist, sich bei der Schularbeit unter der Bank oder im Heft verbergen zu lassen, und so billig, daß bei der Beschlagnahme durch den Lehrer wenigstens kein materieller Schaden erwächst.

Von den Dramen Shakespeares wurden in der Reclam-Ausgabe allein fast sechs Millionen abgesetzt, von Dickens' Büchern zwei Millionen und von Molière über eine Million. Am erstaunlichsten aber ist es wohl, daß von Kants Schriften bereits mehr als eine Million Exemplare verkauft sind. Die Libretti erleben übrigens durch den Funkspruch einen ungeahnten Aufschwung: Man sitzt zu Hause, die Radio-Aufführung von „Zar und Zimmermann“ zu hören, und hält das Reclam-Bändchen in der Hand, das mit seinen Regiebemerkungen und Texten den unsichtbaren Gestus ersetzt, den Anblick der Bühne. Ausgrabungen der Regisseure und Dramaturgen an großen Bühnen bringen überraschende Hausse in längst totgeglaubten Nummern – eben druckt man Angelys „Fest der Handwerker“ in fünfzigtausend Exemplaren nach.

Dreißig Pfennig kostet schon seit Jahren das Buch – trotz aller Lohnsteigerungen, trotz aller Materialerhöhung, trotz großer Druckverbesserungen, trotzdem alle Nachahmungs- und Konkurrenzversuche verkrachten und trotz aller Geldentwertung.

Auch am 21. November 1923, also in den letzten Tagen vor der Markstabilisierung, hat ein Reclam-Bändchen nicht mehr als dreihundertdreißig Milliarden Papiermark gekostet, was, durch eine Billion hundert Milliarden, die damalige Schlüsselzahl des Buchhändlerbörsenvereins, dividiert, genau den Grundpreis von dreißig Pfennigen ergibt. Das ist eine historische Feststellung, denn das Reclam-Buch ist so sehr Repräsentant des deutschen Geistes, daß die Franzosen mehreren Propagandabroschüren, die sie während des Weltkrieges in die deutschen Linien schmuggelten, die Form von Bändchen der Universalbibliothek gaben. Solch ein Falsifikat liegt mir vor: Der Umschlag ist täuschend kopiert, jedenfalls durch Photographie. Sogar der Titel ist beibehalten worden – man hat Band 2461–2463 gewählt – „Lexikon deutscher Zitate" von Alfr. H. Fried (dessen Name als den eines Friedensfreundes man für einen besonderen Köder hielt). Das innere Titelblatt aber heißt „Kaiser und Krieg oder Republik und Friede von Siegfried Balder" und enthält die Aufforderung, durch Übergehen in die französischen Linien den Krieg zu beenden, der Deutschland einen um so schlimmeren Frieden bringen werde, je länger er dauere.

Sonst ist das Interesse des Auslandes untendenziös: Die Bestellungen von überall sind enorm, und das Reclam-Buch ist es, das die Welt mit der deutschen Literatur bekannt gemacht hat. An erster Stelle in der Reihe der bestellenden Länder steht – Japan; und es ist verständlich, daß in einer asiatischen Reisebeschreibung berichtet wird, ein Japaner habe dem Deutschen, den er kennenlernte, nur zwei deutsche Worte zu sagen gewußt: „Bismarck" und „Reclambook". Durch den bewundernden Ton, den er in diese einzigen Worte seines deutschen Sprachschatzes legte, wollte er dem Fremden seine Verehrung für dessen Heimatland aussprechen.

Wir gehen durch die Setzersäle, wo Setzmaschinen und Handsetzer arbeiten, durch die Präge- und Stereotypierungsanlagen, wo jede gegossene Seite eigens für den Druck schräg zugeschnitten wird, durch die Drucksäle, wo dreiundfünfzig Flachdruckmaschinen in Betrieb stehen, an den Apparaten vorbei, die automatisch falzen, heften, schneiden und pressen, durch die Buchbinderwerkstätten, durch die Elektrizitätsanlagen, durch die Tischlerei, in der die Bücherschränke für die U.-B. gezimmert werden, durch die Erzeugungsräume für die Bahnhofsautomaten und durch die Lager, in denen das Satzmaterial dreifach aufbewahrt wird – an drei verschiedenen Stellen, damit zum Beispiel beim Ausbruch einer Feuersbrunst nicht der ganze Satz zerstört werde. Im Keller des einen Hauses und auf dem Dachboden des anderen sind Matrizen in je einem Exemplar aufbewahrt, im Plattenmagazin des dritten Gebäudes, in neun feuersicheren Kammern harren alle Reclambändchen in Blei ihrer sofortigen Wiederverwendung: jede Seite der sechstausendfünfhundert Bändchen in gegossenem Blei. Kleine Pakete mit sechzehn dünnen Platten. Aber schwer sind diese Päckchen: Acht Pfund wiegt ein Bogen, also etwa vierzig Pfund ein Bändchen in diesem druckbereiten Zustande. Auch die Gesetzsammlungen Deutschlands sind darunter, obschon sie niemals so in Druck gehen können, wie sie aus dem Plattenmagazin geholt werden. Immer wieder muß man sie ändern.

Das erstaunlichste aber sind die Lager, wo auf den Stahlgestängen der Regale die Bücher liegen, entweder in versandbereitem Zustand oder „plano", das ist bereit zum Einlegen in die roten Papierumschläge oder in die Leinenbände und maschinell eingepreßt zwischen zwei Brettchen. Vierundsiebenzig Regale mit dreimal vierundzwanzig Fächern von je dreizehn bis vierzehn Reihen, deren vier übereinanderliegen. Nach Nummern geordnet, vom „Faust" bis zu Webers „Dreizehnlinden", also alle sechsunddreißig Literaturgebiete, die die Universalbibliothek umfaßt, ineinander verschmolzen. Homer vielleicht neben Ehrenstein, Schwabs Volksmärchen neben E. A. Poe, die Reden Kaiser Wilhelms II. neben Stirners „Der Einzige und sein Eigentum" und Brehms „Tierleben" neben Kants „Kritik der Urteilskraft". In der Reihenfolge des Erscheinens stehen die Bände, alle Gebiete menschlichen Wissens umfassend und ohne inneren Zusammenhang, und so flogen auch während des Kapp-Putsches, als hier in der Inselstraße des Leipziger Ostens der Straßenkampf tobte, wahllos die Gewehrkugeln in die Bücherpakete, in Kleists „Michael Kohlhaas", in das Textbuch von „Rienzi" und in Pestalozzis pädagogisches Werk „Wie Gertrud ihre Kinder lehrt" (Nummer 991–992). Am heftigsten aber wurde ein Stoß Papier mitgenommen, der nichts weiter enthielt als etwa fünfzig Exemplare des ersten Bogens von Flauberts „Madame Bovary": Durch einen Frontalschuß wurde das Brettchen durchbohrt, das vor jedem Paket als Schutzschild liegt, und das Geschoß ging durch die ganze Vorgeschichte von Charles Bovary von seinem Eintritt in die Schule bis zu seiner Vorbereitung zur Prüfung aus Chirurgie; mit den Worten

„dank dieser Vorbereitung fiel er denn auch gründlich durch das Examen und“ schließt der Bogen, den die Kugel in fünfzig Exemplaren zerfetzen zu müssen glaubte.

Ein Bergwerk geistigen Schaffens ist das Hauptlager; an achtundzwanzig bis dreißig Millionen Nummern, geheftet und verkaufsfähig, beherbergt es von den sechstausendfünfhundert Werken, die bisher erschienen sind. So klein diese Ziffer im Vergleich zu jener millionengroßen der Auflage ist – es ist doch wohl die größte Zahl von Publikationen, die je ein Verlag herausgebracht hat. (Oft geschieht es, daß ein Lektor von Reclam die Einreihung eines wichtigen Buches in die Universalbibliothek beantragt, die Direktoren erklären sich einverstanden, das Manuskript wird für den Druck hergerichtet und kommt in die Hände eines alten Faktotums, das lachend erklärt: „Kinder, was wollt ihr denn – den Band haben wir doch schon seit dreißig Jahren in der U.-B.“) Im Handlager liegt, was schon zutage gefördert wurde, um fortgeschafft zu werden. Was die heutigen Bestellungen verlangten, was am „gängigsten“ ist, ist hier vorbereitet, um von dreißig Mädchen nach der Faktura zusammengestellt und von zehn Packern versandbereit gemacht zu werden. Die Lastautos warten. Dreitausend bis fünftausend Pakete gehen täglich fort, in alle Welt, in alle Welt.

KRIMINALISTISCHES ZUM MOSKAUER PROZESS

Unleugbar und nicht in Abrede gestellt ist:

A. daß die Herren Theo Wolscht, Dr. Karl Kindermann und Maxim Napolionowitsch von Dittmarin, false Dittmar, unter falschen Vorwänden ins revolutionäre Rußland kamen:

1. sie haben sich, trotzdem sie arischen und nationalen Organisationen angehörten, von demokratischen Kreisen Geld und Empfehlungen zu verschaffen gewußt;
2. in die Kommunistische Partei Deutschlands einzutreten versucht;
3. sie geben – einander widersprechend – als Reisezweck „Nordpolforschung“, „Studium des Lebens der Wolgadeutschen“, „Altertumskunde“, „Berichterstattung über das Hochschulleben in Irkutsk“ und „Anknüpfung deutsch-russischer Beziehungen“ an.

B. daß zwei von ihnen beim Leiter des Erkennungsdienstes des Berliner Polizeipräsidiums Unterricht genommen und mit ihm privat verkehrt haben; auf dessen Rat hin hat vor der Abreise der Angeklagte Dr. Kindermann eingestandenermaßen im Polizeipräsidium vorgesprochen, um sich eine Beschäftigung auszusuchen;

1. die laut Angabe Dittmars vom Polizeipräsidium an die Rußlandreisenden erteilten Aufträge sollen sich darauf bezogen haben, die Finanzierung der Kommunistischen Partei Deutschlands und die Wege der Korrespondenz zwischen der Komintern und der KPD auszuforschen, also Dinge, über die die Berliner politische Polizei ihrer ganzen Organisation nach in erster Linie interessiert ist, die sich auf Deutschland beziehen und daher polizeilicher Tendenz nach unbedingt recherchiert werden *müssen*;
2. auch an den Namen flüchtiger deutscher Kommunisten, die in Rußland leben, muß wohl jeder Berliner politische Polizeibeamte sein Interesse äußern, wenn er mit dem Anwärter einer Polizeianstellung spricht, der nach Rußland fährt;
3. das mühselige Sammeln von Unterschriften politischer Persönlichkeiten auf einer Postkarte und deren Absendung nach Deutschland ist die Lieferung eines guten Beweises an die Auftraggeber daheim, daß man die gewünschten Anschlüsse gefunden hat;
4. die sich immer wieder erneuernden Versuche, mit Volkskommissären bekannt zu werden (machen junge Fremde jemals in Deutschland den Versuch, den Staatspräsidenten und die Minister kennenzulernen?), sind Beweise von politischem Interesse, die mit Nordpolforschung, Sibirienreise, Altertumskunde usw. nichts zu tun haben;

C. daß im Jahre 1925 die Leute nicht mit Hausapotheke samt Giften nach Rußland reisen, am allerwenigsten aber Rucksackstudenten; außer wenn sie in den völkischen Parolen „Bekämpfung des internationalen Marxismus“, „Niederwerfung des Bolschewismus“ usw. befangen sind;

D. daß die drei sich über das Gefährliche ihrer Expedition vollkommen klar waren und im hinterlassenen Testament sogar sehr mit der Möglichkeit ihres spurlosen Verschwindens rechnen;

E. daß sie, obwohl von deutschnationaler Gesinnung, in das Sowjetreich fahren;

1. Kindermann ist deutschnationaler Israelit, der sein Judentum sogar vor seinen Reisegenossen verleugnet, im russischen Kerker Kaiser Wilhelms II. Geburtstag feiert und das Ehrhardt-Lied singt;
2. Dittmar ist baltischer Adeliger, eng versippt mit dem Allerradikalsten der Deutschnationalen, Baron Freytag-Loringhoven, und kommt aus dem Lande, dessen Aristokratie nur ein politisches Ziel hat: im großen kommunistischen Nachbarreich Verwirrungen hervorzurufen;
3. Wolscht ist Chargierter der antisemitisch-monarchistischen Korporationen „Neomarchia", Mitglied der Technischen Nothilfe „Hilfsdienst", verkehrt mit dem in den Rathenaumord verwickelten Günther und hat sich laut einem (bei der Verhandlung nicht bekannt gewesenen) Brief seines Vaters an die „Vossische Zeitung" – beziehungsweise nach väterlicher Ansicht: aus Aufschneiderei – gerühmt, schon manchem Bolschewiken das Lebenslicht ausgeblasen zu haben;

F. daß Geständnisse der Angeklagten vorliegen;
1. das unumwundene Geständnis der Mordabsichten durch Kindermann könnte durch die (in vielen Staaten geübten!) Methoden der „Untersuchung zweiten Grades" erpreßt oder durch das Versprechen der Freilassung veranlaßt sein, wobei man oft auch Unwahres eingesteht; aber Kindermann, obwohl er widerrufen hat, behauptet weder Zwang noch Versprechen, sondern spricht von – Hypnose!;
2. dieses, wenn auch hypnotisch erzielte, Geständnis konnte bloß wahre Angaben enthalten, da Dittmar, der bis dahin standhaft alles in Abrede gestellt hat, daraufhin völlig umkippte. „Ich muß nochmals betonen", erklärt er in der Hauptverhandlung, nur auf seine Honorigkeit bedacht, „daß ich bis zur Aussage Kindermanns, trotzdem ich bereits meine politische Gesinnung geändert und eingesehen hatte, daß ich mich im völkischen Gedanken täuschte, dem Untersuchungsrichter jede Aussage verweigerte";

G. daß dem Leugnen des dritten Angeklagten schon deshalb kein Glauben beizumessen ist, weil er sogar in Abrede stellte, Theo Wolscht zu sein; auch die Mitnahme der Gifte leugnete er und erklärte, sie seien von den Untersuchungsbehörden in seine Hausapotheke geschmuggelt worden; leider hat sein ahnungsloser Vater in jenem Brief bestätigt, daß Theo das Gift mitnahm;

H. daß der Prozeß in aller Öffentlichkeit geführt wurde,

1. was in einem Staate, der eher einen Überfluß als einen Mangel an Köpfen aufweist, ausgeschlossen erschien, wenn man auch nur eine Sekunde lang befürchtet hätte, der Prozeß könne bei Unvoreingenommenen des In- oder Auslandes einen Übergriff der untersuchenden Behörden an den Tag bringen;
2. wäre die angebliche Absicht eines Austausches mit dem in Deutschland verurteilten Skoblewski ohne den aufsehenerregenden Moskauer Prozeß viel leichter auszuführen gewesen;

I. daß Kindermann, Wolscht und Dittmar eben „naive Phantasten, politische Wirrköpfe, unreife Knaben", also genau dasselbe sind wie alle jene, deren Namen vergessen sind, die aber trotzdem die Attentate auf Rathenau, Erzberger, Rosa Luxemburg, Karl Liebknecht, Hugo Haase, die einundzwanzig Matrosen in der Französischen Straße, auf Kurt Eisner, Landauer, Paasche, Sült, Seeckt, Scheidemann usw. verübt haben;

K. daß Wolscht, Dittmar und Kindermann allerdings harmloser sind als zum Beispiel die jetzt freigesprochenen Tillesen, Brand und Küchenmeister, daß sie aber viel weniger harmlos sind als die siebentausend politischen Häftlinge, die wegen linksgerichteter Gesinnung in deutschen Kerkern einer Vollamnestie – vergeblich harren;

L. daß für die drei Buben, wegen deren Rettung (die Gefahr, daß eine Hinrichtung vollstreckt werde, bestand niemals) zum Kriege aufgerufen wird, das Todesurteil ebenso eine zu hohe Strafe darstellt wie das Reichsgerichts-Todesurteil für die Kaninchenmörder und daß daher jeder ein Recht hat, gegen das Strafausmaß im Moskauer Prozeß zu protestieren, der auch gegen das im Leipziger Prozeß protestierte.

JOURNALISMUS ALS BUCHLITERATUR

Im Begriffe, das Gutachten über Fred Hildenbrandts Buch „Tageblätter" (Landsberg-Verlag Berlin) für den Druck zu präzisieren, stocke ich: schließt ein spezielles Lob – und ein solches muß ich nach der Lektüre fällen – nicht auch die allgemeine Gutheißung eines journalistischen Ehrgeizes in sich, der eine Exhumierung seiner Kinder aus dem Massengrab des Holzpapiers und ihre Bestattung in die Gruft des holzfreien Papiers erstrebt, das heißt unmetaphorisch gesprochen: die Herausgabe von Zeitungsartikeln in Buchform? Gott bewahre uns gleichermaßen vor der Tageseinstellung als Buchautor wie vor dem Ewigkeitsaspekt als Zeitungsredakteur.

Das Recht, sich vom journalistischen Subjekt zum literarkritischen Objekt zu machen, wird im Grunde nur dem zuzubilligen sein, der entweder von vornherein die Zeitung bloß als wirksame Gelegenheit zum Vorabdruck eines behandelten Komplexes betrachtet hat, oder aber dem, dessen Persönlichkeit wichtiger ist als die Materie, über die er auszusagen hat. Fred Hildenbrandt gehört, mit Einschränkungen, zur Kategorie zwei. Seine Themen sind durchweg wichtig – gewesen; sie waren es für den Tag des Erscheinens, und der Autor trat weit hinter sie zurück. Aber er hat – wahrscheinlich aus Respektgefühl vor der kritischen Neigung und der ungeheuren Masse des Publikums, vor das er sich gestellt sah – seine Reden mit solch filigraner Sorgfalt, mit solcher Hingebung und mit solcher Bekenntnisfreude ausgearbeitet, daß er sie über das Beifallsgemurmel des Augenblicks hinaus festhalten wollte. Es ist nun an uns, zu bestätigen, daß das Einbekenntnis Hildenbrandts auch objektiv stimmt. Wir können es: Alle diese öffentlichen Tageblätter wirken sensationell über den Anlaß der aktuellen Sensation hinaus, sie sind, vermöge des Tempos, das Fred Hildenbrandt vorlegt, vermöge der blendenden Darstellungskraft und hauptsächlich wegen der eng geschlossenen Form, der richtige Lesestoff für unsere Zeit, die keine Zeit hat, und sie werden diesem rasenden Feuilletonisten, wenn ich nur halbwegs Fachmann bin, einen ähnlichen Erfolg bringen, wie ihn der ähnliche rasende Reporter oder gar René Schickeles prachtvolle „Schreie auf dem Boulevard" hatten.

Damit wäre die Kritik zu Ende, wenn sie nicht erst hier beginnen müßte. Denn aus dem Plural „Tageblätter" spricht, was man im Singular kaum bemerkt hätte, überraschenderweise ein Dichter – kein Feuilletonist vermöchte zum Beispiel das Notturno zu schreiben, in dem ein Kind Brigitta geboren wird, kein noch so geschickter Prosaist wäre imstande, den Taumel des Sechstagerennens in die

Vision eines Zweckes münden zu lassen, eines dichterischen Zweckes – wenn er nicht selbst ein Dichter ist. Und wo er im Streit um Ethisches unrecht hat, und das hat er oft, hat er recht als poetisches Temperament. Erstaunt fragt man sich, wo dieser Dichter bisher gewesen ist. (Ich selbst kenne ihn kaum und lehne es ab, ihn aus einer Photographie – eine Photographie im Buch eines neuen Buchautors! – kennenzulernen.) Es kann doch unmöglich sein, daß ihn der Druck zum Dichter gemacht hat; wo war der Druck, der bis dahin auf ihm lastete, daß niemand das Flüstern eines Dichters namens Fred Hildenbrandt hörte, bevor er auf dem Postament stand und eine so erstaunlich laute Stimme bewies?

TIBOR SZAMUELY GEHT ÜBER DIE GRENZE

Zum Gedenken an den 3. August 1919

Der Zug mit den Volksbeauftragten fährt aus Budapest gegen Wien. Freies Geleit, freier Aufenthalt ist ihnen zugesichert, von Deutschösterreich, von der Entente, die noch die Widerstände des ungarischen Proletariats, dessen Solidarität mit den Führern fürchtet, dessen Rache, wenn die Mitglieder des Sowjets ermordet würden.

Bei Raab, nahe der Grenze, hält der Zug auf der Strecke. Ein junger Mann steigt aus dem Abteil. Aus den Fenstern der Waggons sehen ihm die Genossen nach, wie er langsam über die menschenleeren Felder geht. Ein Einsamer, ein Wehrloser – aber die ganze Welt nennt seinen Namen, die Bourgeoisie, die Reaktion, die Finstermänner zitterten noch gestern vor ihm, verleumdeten ihn, haßten ihn ...

Tiberius Szamuely geht allein, langsam aus Ungarn fort. Er hat die Arbeiterschaft seiner Heimat befreien wollen, wie er die Arbeiter Rußlands befreit gesehen. Er hat alles geopfert, seine Ruhe, seinen Frieden, seinen Namen, die Liebe der Menschen, um die er seit eh und je gerungen hatte, seine zärtlich geliebte arme Mutter und sein ihm eben angetrautes Weib, geopfert, um die Proletarierfesseln fallen zu sehen. Sah sie fallen, mußte aber auch sehen, wie die Kapitalisten der Heimat, gestern noch Kriegshetzer, mit den Kapitalisten des „Feindeslands" einträchtig neue Ketten schmiedeten. Das Schloß der Ketten ist zugeschnappt. Ungarns Arbeiterschaft wieder gefesselt.

Einsam geht er über die Pußta. Er sieht sich nicht um nach dem Eisenbahnzug, der seine Genossen nach Deutschösterreich bringt. Dort ist kein Glück für Tibor Szamuely. Eine Geisel sein? Nein, und abermals nein!

Entweder wieder revolutionär wirken können, Kämpfer sein, ein Gehetzter, aber für die Idee leben dürfen oder sterben. Ein Drittes gibt es nicht.

Den eigenen Tod fürchtet er keineswegs. Wie hat er, der gefälligste, liebenswürdigste, hilfsbereite Zeitungsmann Ungarns die Zähne zusammengebissen, wenn er seines Amtes walten mußte, des schwersten, das es gibt: des Henkeramtes. Aber er mußte töten, denn die Verurteilten waren Proletariermörder, waren bezahlte Schurken der Gegenrevolution, waren Entartete, die für Geld die Brüder verraten und tausendfältige Mordsaat ausgestreut hatten. Und Szamuely durfte nicht der gerührte Richter Samuel aus der Bibel sein, Tiberius mußte den Tiberius spielen, mußte tun, als wäre er blutrünstig, damit man ihn fürchte. Er wußte, sein Name war das Schreckgespenst, das die Gegenrevolution verscheucht. Er wußte, sein Name war das Damoklesschwert über den Schlimmgesinnten. Man gab ihm Gelegenheit, sich öffentlich zu äußern, vor dem ganzen Ausland den Lügen entgegenzutreten, den Greueln, die über ihn ersonnen wurden; er möge verkünden, daß er kein Bluthund sei, nichts weniger als ein Sadist. Er tat es nicht. War es auch sein sehnlichster Wunsch, von allen geliebt zu sein – jetzt wollte er ihn nicht aussprechen. „Mag man mich hassen", sagte er, „wenn man mich nur fürchtet." Fürchtet, um der Sache willen.

Tiberius Szamuely, Personifikation der Selbstverleugnung, geht einsam über die Pußta, der Grenze zu. Vielleicht kann ich drüben noch für die Lehren wirken, die ich gelernt, in mich aufgesogen, die ich in meine Heimat gebracht, propagiert habe, in die Tat umgesetzt und für die ich mich geopfert. Vielleicht kann ich's ...?

Er hat für die Propaganda nur ein Hundertstel der Geldmittel in der Tasche, die an einem Tage durch seine Hände gingen, er hat nur ein Hundertstel seiner Kraft, mit der er die Feinde von außen und innen in Schach hielt. Wird es reichen zu neuem Kampf?

Ohne es zu bemerken, hat Szamuely die Grenze überschritten. Sein Leben ist nur beinahe gerettet. Was schert ihn sein Leben? Die Hauptsache ist: frei zu sein, um Revolutionär sein zu können. Und diese Freiheit ist noch nicht erreicht.

Nein, noch nicht erreicht, er wird erkannt, festgenommen. Im Wachzimmer der österreichischen Gendarmerie ist sein Leben vollkommen außer Gefahr. Aber für die Sache ist es verloren. Er zieht sein Taschentuch hervor, scheinbar, um den Schweiß vom Gesicht abzutrocknen. Im Taschentuch ist ein Revolver. Er drückt ihn ruhig, sicher gegen sich ab. Tibor Szamuely ist tot.

In Wiener-Neustadt verweigert man ihm, dem unbeugsamen Sohn der Revolution, das Grab.

BEGEGNUNGEN MIT JUDEN

Du steigst ein Haus in der *Preßburger* Judengasse hinauf: Da du im dritten Stocke bist, in einer muffigen Armeleutestube, öffnet man eine Türe, und du trittst ins rasenbewachsene Freie. Es ist ähnlich wie im goldenen Brünnl auf der Kleinseite, sogar der Hradschin fehlt nicht; er ist nahe über dir: die Preßburger Königsburg und die Königsmauer mit dem bedrohlich massiven Rundturme. Dieser Garten vor dem obersten Stockwerke heißt hier „Baundl". Manchmal hat ihn der Mieter eingezäunt und versucht Gemüse zu ziehen, doch gedeihen auf dem steinigen Boden des Schloßberges nichts als Bohnen. Ein Altan mit aufklappbarem Dache steht vor jeder Türe, er wird geöffnet zum Laubhüttenfeste, mit Reisig geschmückt; und der allerhöchste Mieter des Hauses spricht in seiner Familie das Gebet zum allerhöchsten Hausherrn.

In der Desinfektionsanstalt von *Graville,* der Vorstadt von Le Havre, hängen Tafeln: Was hat die Schiffahrtsgesellschaft zu zahlen, wenn in Amerika bei den Eingewanderten eine Krankheit konstatiert wird? Für jeden Tuberkulösen 200 Dollars, für jeden Fall von Trachom 200 Dollars, für jeden venerisch Kranken 100 Dollars, Tabes 150 Dollars, Senilität 25 Dollars, Verkrüppelung 25 Dollars, Bruch 25 Dollars – sogar für Krankheiten gibt es also in Amerika fixe Preise.

„E Schnupfen kann kosten höchstens drei Cent", kalkulierte ein jüdischer Bub, der zur Gruppe der Polen gehört und sich vor dieser Anschlagtafel die Nase putzte.

Die Leute, die auf dem *Kaschauer* Markte verkaufen, die Leute, die auf dem Kaschauer Markte kaufen, haben zumeist nichts zu lachen. Nur ein alter, weißbärtiger Jude steht vor seinem Brett und lacht, lacht ein lautes, meckerndes Gelächter. Er bietet einen Scherzartikel feil – die hohle Blechfigur eines nackten Knäbleins, das sich durch Druck auf einen Gummiball in ein „Manneken Pis" verwandelt. Stundenlang läßt er das Figürlein spritzen und stundenlang lacht er dazu, um die Vorübergehenden zum Mitlachen zu animieren oder auf die Komik des Spielzeugs aufmerksam zu machen. Sein Geschäft erheischt es, daß er lache – von den zehn Hellern, die er für den Verkauf seines Männekens erhält, ist ein Bruchteil sein Profit. Er lacht von Wochenmarkt zu Wochenmarkt, er lacht vielleicht schon seit dreißig, seit vierzig Jahren sein berufsmäßiges, gezwungenes Lachen, um ein paar Kaschauer Gassenbuben oder ein paar Slowakenmägde zum Kaufe des albernen Scherzartikels zu bewegen, er lacht und ist wahrscheinlich ein würdiger, ernster, frommer Greis, Vorsteher eines Gebethauses, hat daheim Kinder und Enkelkinder, die er etwas Tüchtiges lernen lassen möchte, Not, Schwäche und Sorge foltern seinen Kopf, sein Herz und seinen Körper, und er muß tun, als lache er sich tot über eine pissende Puppe …

Im Nu lernen wir alle Stammgäste von „Steinwolf", dem Literatencafé von *Whitechapel* kennen; solche, denen die Schriftstellerei eine Ausrede, solche, denen sie ein ganz einträglicher Erwerb ist. Ein blatternarbiger, vierschrötiger Kollege – sein Kopf sitzt wie ein Würfel auf prismatischem Hals – wird uns vorgestellt; man spottet über seine Faulheit und erzählt, er habe das jiddische Distichon erfunden, um bloß zwei Zeilen schreiben zu müssen. Von einer jiddischen Redaktion zur Abfassung eines Essays über Israel Zangwill gedrängt, begann er mit den Worten: „Zangwill ist ein durch und durch katholischer Autor …" – seit jener Zeit wird er nicht mehr mit Aufforderungen belästigt. Er pumpt uns um zwei Schillinge an.

Spindeldürr sitzt der Liederdichter des Bezirkes da. Seine Spezialität sind Reime jiddischer Worte auf englische, zum Beispiel der Refrain seines Couplets vom Knopflochschneider:

„I am a jiddischer
Buttonhole-Finisher …"

Der alte Koritschoner, der fünfunddreißig Jahre lang für ein Prager Blatt Leitartikel geschrieben und hernach Denkkraft und Gedächtnis eingebüßt hat, ging in den letzten Jahren in der Redaktion auf und ab: Niemand sprach mit ihm, und er sprach mit niemand; wahrscheinlich wußte er gar nicht, daß er längst nicht mehr Redakteur, sondern nur pensionierter Redakteur, daß sein Gehalt kein Gehalt, sondern Pension sei. Im vorigen Jahre – wir schrieben 1924 – fiel es mir ein, ihn anzusprechen: „Wissen Sie schon, Herr Koritschoner, das Parlament hat die Abschaffung der Todesstrafe beschlossen." Der Alte blieb stehen, nickte gravitätisch mit dem Kopfe und sagte: „Bedarf der Genehmigung des Kaisers." – „Welchen Kaisers?" – „Des apostolischen Kaisers von Österreich, Königs von ..." – „Aber, Herr Koritschoner, wir haben doch keinen Kaiser!" – „Was denn haben wir?" – „Eine Republik." – „Seit wann?" – „Seit sechs Jahren, Herr Koritschoner." – „Soso", brummte er und wollte weitergehen. „Das wissen Sie wirklich nicht, Herr Koritschoner?" – Da brach sein verhaltener Groll auf; in beleidigtem Tone sagte er ganz laut: „Natürlich weiß ich das nicht, ich bin doch hier das letzte Rad am Wagen – mir sogt man doch nix!"

DIE BÖRSE DER NACHRICHTEN

Anekdotisches von Prager Reportern

„Bin ich ein Vogel", pflegte ein Kollege vom lokalen Teil zu grollen, „bin ich ein Vogel, daß ich an zwei Stellen zugleich sein kann?" Nein, ein Lokalreporter ist kein Vogel, daß er an zwei Stellen zugleich sein kann, und dennoch verlangt man es oft von ihm. Aber er weiß sich zu helfen.

Die Tatsache, daß jahrzehntelang im Restaurant Brejška in der Brenntegasse und im Restaurant Choděra je eine Börse installiert war, blieb Zeitungslesern unbekannt, obwohl die Mitglieder dieser beiden Börsekammern sonst nichts im Sinne hatten als das, was sie in Erfahrung brachten, brühwarm dem Publikum mitzuteilen. Über sich und ihre Institution schwiegen sie, bis diese entschlummerte – ohne daß ihr auch nur eine Lokalnotiz gewidmet worden wäre. Nicht einmal eine Lokalnotiz – der kleinste der Börsewerte. Mit Lokalnotizen wurde gehandelt. Jede Zeitung hatte ja bloß einen Reporter, aber die Zahl lokaler Begebenheiten und die Gerüchte von solchen (die gleichermaßen recherchiert werden mußten) war sehr groß. Die Arbeit mußte also geteilt und die Ergebnisse [mußten] ausgetauscht werden. Der Berichterstatter einer Zeitung hatte die Nachrichten vom Krankenhaus zu besorgen, das heißt in der Aufnahmekanzlei nach Namen und Krankheitsform des „Zuwachses" zu forschen und auf Grund dieser kärglichen Anhaltspunkte soviel zu erfahren, daß sich eine Notiz von drei Zeilen ergab oder ein Sensationsartikel von mehreren Spalten. So fand er einmal im Aufnahmebuch nebeneinander die Namen Helena Blažek und Polyxena Blažek eingetragen. Zwei Namensschwestern gleichzeitig auf der gynäkologischen Klinik, das schien eine Sensation und war auch eine: Eine der zusammengewachsenen Zwillingsschwestern Blažek erwartete Familienzuwachs, und die andere, empört über den Fehltritt, von dem sie angeblich bisher keine Ahnung gehabt hatte, mußte unschuldig und jungfräulich im Wochenbett liegen.

Der Berichterstatter einer anderen Zeitung war ausersehen, sein kriminalistisches Talent an den Kriminalisten zu erproben, er hatte die Polizei im Ressort. Gegen ein Uhr nachmittags, vor Kanzleischluß, kam er zu den Beamten des Präsidiums, des Sicherheitsbureaus und der politischen Staatspolizei und versuchte während der Erkundigung über ihr Befinden anderes zu erkunden, Raub, Diebstahl, Einbruch, Mord, Vermißte, er passierte Aufnahmekanzlei, Gefangenenhaus, anthropometrisches Kabinett, Bureau des Fahndungsblattes und Sittenpolizei und machte am Abend dem diensthabenden Sicherheitsbeamten eine Sicherheitsvisite; zu seinen Obliegenheiten gehörte es, sich mit jedem Schutzmann an der Straßenecke in ein Gespräch über dessen Familienangelegenheiten einzulassen, nachts mit Detektiven ins Kaffeehaus zu gehen und in den Wachstuben unter irgendeinem Vorwand (zum Beispiel mit der Anzeige, daß er seine Uhr verloren habe) zu erscheinen. Er sah oder hörte dann immer etwas.

Einem dritten Reporter war die Beschaffung der Kommunalnachrichten anvertraut. Er tat sich bei Stadträten und Magistratsbeamten, im Rathaus und bei Baubehörden, in der Markthalle und im Elektrizitätswerk, bei der Feuerwehr und in der Straßenbahnkanzlei um. Andere besaßen Beziehungen zum Landesausschuß, zum Landeskulturrat, zum Militärkommando, zur Bezirkshauptmannschaft oder zum Landesschulrat und erbeuteten dort ihre

Notizen. Alles, was man erfuhr, tauschte man allabendlich von sechs bis acht, auch sonntags, mit den Kollegen aus, die die Nachrichten individuell bearbeiten.

Ursprünglich hatte es nur eine Börse gegeben, im „Hotel Garni" auf dem Wenzelsplatz. Aber da dadurch alle Zeitungen Prags die gleichen Prager Nachrichten hatten, während aus Konkurrenzgründen manches Blatt dem anderen zuvorkommen wollte, so spaltete sich das Stammunternehmen: Aus den Lokalreportern der „Národní listy", der „Bohemia", des „Právo lidu", der „Samostatnost", des „Prager Tagblatt", der „Pražske noviny", des „Hlas národa", des „Venkov", des „Čech", der „Union", des „Čas", des „České slovo", der „Národní politika", des k.k. Telegraphenkorrespondenzbureaus und des „Prager Abendblattes" bildeten sich zwei Parteien, und von Choděra und von Brejška aus befehdete man sich mit Eifer und mit Haß.

Einer der größten Kämpfe entbrannte im Oktober 1904 um die Knochen, die mit einem Zettel „Die da wurde im Keller erschlagen" in Krtsch gefunden wurden. Die eine der beiden Börsen hatte die Nachricht im Pathologischen Institut erfahren und sie unter dem Titel „Ein geheimnisvoller Doppelmord in Krtsch" sensationell aufgemacht. Die andere Börse, solcherart ins Hintertreffen geraten, versuchte daraufhin die Bedeutung des Knochenfundes abzuschwächen, ja sogar ins Lächerliche zu ziehen: es seien irgendwelche Knochen von einem Friedhof, und ihre Deformierung nichts anderes als Apodicire, eine Art Seifenbildung bei Leichen. Bald aber wurden der Gärtner Valeš und seine Frau sowie seine Stieftochter verhaftet, und sie gestanden, vor Jahren das ungarische Liebespaar Takács-Hanzély erschlagen, beraubt und im Keller verscharrt zu haben: Valeš hatte einige Knochen ausgegraben und mit diesem Zettel versehen auf einen Misthaufen geworfen, um der Stieftochter zu zeigen, daß er es mit dem angedrohten Verrat des Mordes ernst meine, und sie so zur Erfüllung seiner Wünsche zu zwingen. Die Börse mit dem „Geheimnisvollen Doppelmord in Krtsch" hatte also recht behalten, und die andere, die sie blamieren wollte, hatte sich selbst blamiert. Noch zehn Jahre später wurden die Unterlegenen mit dem höhnischen Zuruf „Apodicire" bedacht.

Eine Nachricht, die man vor der anderen Börse voraus hatte, hieß „Solokapper". Aber nicht jeder, der einen Solokapper brachte, war geachtet. Der Berichterstatter des „České slovo" zum Beispiel, der nach dem Krieg verstorbene geniale Humorist Jaroslav Hašek, wankte jeden Tag mit einer Sensation heran, die ihm niemand abnahm. Bald hatten Fischer bei Podbaba in der Moldau einen Haifisch gesichtet und waren ihm an den Leib gerückt, wobei das Boot umkippte, so daß die Haifischfänger nur mit Mühe ihr Leben retten konnten, bald hatten Diener des Anatomischen Instituts aus Wut darüber, daß kein Mädchen in der „Gifthütte" mit ihnen tanzte, mit zwei im Gebärhaus verstorbenen Frauen einen Leichenwalzer getanzt und dergleichen mehr. Zog man die Glaubwürdigkeit dieser Meldungen in Frage, war Jarda Hašek empört und blinzelte erst dann wieder vergnügt, wenn man ihm zur Versöhnung ein Glas Pilsner zahlte.

Manche waren mit Zeilenhonorar angestellt, und einer von ihnen, ein tschechischer Kollege, beneidete die Deutschen um die langen Worte ihrer Sprache: „Ihr schreibt auf ‚Kadettoffiziersstellvertreter', und schon habt ihr fünf Kreuzer verdient!" Das Wort „Stadtverordnetenkollegium" erregte seinen besonderen Neid. Dieser Prager Penny-a-liner pflegte auf der Börse die Verweichlichung der Menschen zu beklagen: „Ja, früher hat es noch Energie bei den Pragern gegeben, da hat es sich gelohnt, Lokalberichte zu schreiben. Die beiden Burschen zum Beispiel, die die Juweliersfrau Gollerstepper erschlagen haben – das waren Kerle! Oder die drei Trainsoldaten Čučko, Velek und Otcovský, die den Hotelier Wolf abkragelten! Auch Kindermißhandlungen mit tödlichem Ausgang kamen jede Weile vor. Das waren noch goldene Zeiten!" Als er heiratete, veröffentlichte er in der Lokalrubrik seine Vermählungsanzeige, wobei er drei Taufnamen seiner Frau angab, hinzufügte: „Tochter des Landwirtes Wenzel ... aus Kleinbenatek (Post Unter-Houbovice) bei Pardubitz", und das Zeilenhonorar für diese Meldung aufrechnete, die er eigentlich hätte bezahlen sollen. „Diese fünfundzwanzig Kreuzer waren das einzige, was ich von meiner Ehe gehabt habe." Boshafte Kollegen erzählten von ihm, daß er Kinder, die auf Fensterbrettern spielten, von der Straße aus lockte, um sie zum Hinabspringen zu bewegen, damit er einen Unfall melden könne. Wütend war er, wenn die Redaktion seine Notizen wegen Platzmangels zusammenstrich oder gar wegen Unwichtigkeit ganz wegließ. Eines Tages bekam er einen Tobsuchtsanfall: Auf das Telegramm von der Erfindung der X-Strahlen durch Professor Röntgen hin setzte der Prager Professor Puluj, der die epochale

Erfindung gleichzeitig gemacht, aber mit ihr nicht in die Öffentlichkeit zu treten gewagt hatte, einen Vortrag im Saal der Technischen Hochschule an, um das Wesen der ultravioletten Strahlen und ihre körperdurchdringende Wirkung an Hand jahrelang konstruierter Apparate vorzuführen. Über diesen Vortrag erschien in den Blättern ein ausführlicher Bericht, und eine Notiz des Lokalreporters mußte reduziert werden. „Über eine alberne Photographiererei schmieren sie ganze Spalten", brüllte er auf der Börse, „aber für einen Liebesmord in Koschiř haben sie nur zehn Zeilen Platz, diese Trottel in der Redaktion!" Hatte einer der Kollegen ein Feuilleton geschrieben, dessen Titel typographisch etwa so aussah aussah:

Osterspaziergang
Von
Cyrill Dušek,

so interessierte ihn daran nur, ob die Administration dem Autor das Wort „Von" als eigene Zeile berechnet hatte.

Im Gegensatz zu dieser „Strebsamkeit" stand ein dicker Berufsgenosse, dessen einziges Ideal es war, lange zu schlafen. Seine Frau, erzählte man, konnte ihn morgens nicht anders aus den Federn kriegen, als indem sie ihm zurief: „Vražda!" Bei dieser Mitteilung, daß ein Raubmord passiert sei, sprang er doch auf. Eine Zeitlang hatte er allabendlich nach Holleschowitz, wo der große Dichter Svatopluk Čech im Sterben lag, zu gehen, damit sein Blatt den Tod rechtzeitig erfahre; an dem Tage, an dem die Ärzte das Ende als unmittelbar bevorstehend bezeichnet hatten, kam er um neun Uhr und erkundigte sich nach dem Befinden des Meisters. „Es geht ihm augenblicklich etwas besser", sagte die Schwester des Kranken. – „Verflucht", erwiderte der Reporter, „da muß ich heute noch einmal nach Holleschowitz laufen!" Die Hinterbliebenen berichteten diese Antwort der betreffenden Redaktion, und die entließ den Mann, dessen Faulheit bis zur Gefühlsrohheit ausgeartet war, auf der Stelle.

Der Vertreter der feudal gesinnten „Union" hatte es besonders leicht, Zeilen zu schinden, denn Dr. Fořt hieß bei ihm nie anders als „Seine Exzellenz, der Herr kaiserlich-königliche Minister für Handel und Gewerbe", und so weiter.

Die Verkümmerung aller Phantasie war eine naturnotwendige Folge der Tätigkeit, alltäglich Fakten niederzuschreiben. Einem der

Chronisten, der schon dreißig Jahre dieses Amt versah, konnte man nachsagen, er habe zeitlebens nicht mehr als drei Überschriften für seine Notizen verwendet. „Entmenschte Jugend", „Der Gattin in den Tod gefolgt" und „Tragische Begebenheit". Er fühlte die Berechtigung dieses Spotts, und als sich eines Tages in Nusle ein besonders komplizierter Vorfall abspielte – durch den Todessturz eines Maurers scheute ein Gespann und überfuhr eine schwangere Frau –, wollte er der Nachricht einen recht originellen Titel voransetzen. Er dachte lange nach, aber plötzlich kam ihm die Erleuchtung, begeistert rieb er sich die Hände und setzte auf seinen Bericht die Überschrift: „Unfall".

Als durch die Obstruktion im Landtag die Erhöhung der Landesbierumlage im Wege eines Oktrois beschlossen wurde, tauschte man auf der Prager Journalistenbörse auch die Nachricht aus, wie die tschechischen und die deutschen Bezirke diese Maßnahmen aufgenommen hatten. Ein deutscher Journalist hatte eine solche Notiz unter dem Titel „Flammender Protest gegen die Biersteuererhöhung" einem tschechischen Kollegen übergeben und mußte sich nun sehr wundern, sie am nächsten Tag in dem tschechischen Blatt folgendermaßen übersetzt zu lesen: „Protest flamendrů proti zvýšení pivní dávky".

Übersetzungs- und telefonische Hörfehler waren an der Tagesordnung; über einen Zwischenfall bei der Aufführung von „Macht der Finsternis" berichtete ein schwerhöriger und literarisch nicht sehr gebildeter Journalist: „Bei der gestrigen Vorstellung des Tolstoischen Dramas ‚Maxl Winternitz' …" Das Korrespondenzbureau gab sogar folgende Meldung in die Welt: „Den Teilnehmern des Banketts wurde je eine prächtige Jantar-Zigarrenspitze überreicht"; die auswärtigen Zeitungen hielten dies für ein edles, wohl nur in Böhmen vorkommendes Mineral, während der Berichterstatter einfach nicht gewußt hatte, daß das Wort „Jantar" auf deutsch „Bernstein" heißt.

Eine Episode auf der Börse, an die sich die Erinnerung erhielt, war das Debüt eines Volontärs, der sich aus kriminalistischem Interesse der Polizeiberichterstattung widmen wollte. Von einem Mitglied auf der Börse eingeführt, pries er seine detektivistische Begabung an. Eben hatte sich in der Josefstadt ein Familiendrama abgespielt, und die Börse entsandte den zukünftigen Sherlock Holmes zur Aufhellung des Tatbestandes auf den Schauplatz. Er kam nicht zurück, und erst am nächsten Tage stellte sich heraus, daß er zwar alles genau recherchiert, aber den Rückweg zur Börse nicht gefunden hatte, trotzdem der findige Kriminalist stundenlang in der Jungmannstraße, Charvátgasse, Brenntegasse und Ursulinergasse umhergeirrt war.

Von den Mitgliedern der beiden Börsen, die sich durch Abschießung von Solokappern bekriegten, sind nur wenige beim Metier geblieben, das allerdings heute keiner Börse mehr bedarf, da es offiziöse Polizeimitteilungen und Lokalkorrespondenzen gibt, aber die Mehrzahl ist jung gestorben – die ewige Unruhe und Sprungbereitschaft zehrte Nerven und Körper auf. Tot ist der cholerische Kollege L., ein ewig aufgeregter, unflätig fluchender und wild gekleideter Lokalberichterstatter des „Venkov". An ihn knüpft sich ein Vorfall, der allen Teilnehmern das Blut erstarren ließ: Beim Einzug des Kaisers 1908 hatten sich die Berichterstatter im ersten Burghof des Hradschin gruppiert, unmittelbar neben der Generalität Böhmens, die en pleine gala mit zinnoberroten Hosen, weißen Waffenröcken und grünen Federbüschen zum Empfang bereitstand. Auf Wunsch des Korpskommandanten Czibulka sollten die Journalisten diesen Platz verlassen, aber die Intervention des Polizeidirektors Křikava scheiterte an deren Widerstand, und schließlich erschienen der Statthalter, der Korpskommandant mit dem Polizeipräsidenten und anderen Herren bei den Journalisten. Auf ihre Anforderung antwortete ihnen L. mit weithin hörbarem Baß: „Dobře, tak půjdeme domů a vysereme se na císaře pána!" Keine Dynamitbombe hätte die Stimmung weihevoller Devotion fürchterlicher zerreißen können. Entsetzt taumelten die Würdenträger zurück, aber sie hielten es dennoch für gut, so zu tun, als hätten sie nichts gehört, und ließen die Vertreter der Presse auf ihrem Platz.

Lieferanten trafen täglich auf der Börse ein, Subreporter für die Faits diverses aus der Vorstadt, für die Resultate der Lottoziehung, für Besitzwechsel von Grundstücken, und einer schaffte allabendlich aus dem Kirchenamt die Liste der Verstorbenen heran, weshalb er „redaktor mrtvých", „Totenredakteur", genannt wurde. Beamte, die in ihrer Kanzlei etwas Mitteilenswertes erlebt hatten, brachten die Nachricht aus journalistischem Interesse hierher, Advokaten kamen mit dem Bericht über die Verhandlung, Abgeordnete mit einer Meldung von ihrer Intervention, die sie in allen Blättern veröffentlicht wissen wollten. Selbst Fürst Thun bediente sich zur

Verlautbarung inoffizieller Nachrichten der Reporter, die die Statthalterei frequentierten; einmal rief er einen von diesen in der Wohnung an. Die Mutter des Journalisten kam zum Telefon: „Wer dort?“ – „Hier Statthalter Fürst Thun.“ – „Sehr gut“, lachte Frau Kisch, „ausgerechnet: Statthalter Fürst Thun! Sie werden's, auf Ehre, billiger geben!“

DIE LIEBE DER DREI GENERATIONEN

Von Alexandra Kollontay

Das ist das erste Buch, das über das Privatleben im neuen Rußland aussagt, über Liebe, Ehe, Verhältnis und Familie. Also über die intimsten, individuellsten Angelegenheiten? Nein, letzten Endes gibt es nichts Unaussprechbares, nichts Indiskutables in dem Land, das sich nach einer ökonomischen und ethischen Idee umzugestalten versucht hat, und von der propagandistischen Idee, für die Allgemeinheit zu wirken, konnte auch das erotische Privatkapital nicht ohne Erschütterung hervorgehen. In der ersten ihrer mutigen und offenherzigen Novellen stellt sie den Übergang von der aristokratischen Liebesauffassung einer Großmutter zur bürgerlich-revolutionären der Mutter und von dort zur bolschewistischen der Tochter dar, die ihre geschlechtlichen Erlebnisse kühl überprüft und zergliedert, als ob es Kapitel aus der Theorie des Mehrwertes wären. Ihre Mutter liebt sie fanatisch – „in gewissem Sinne stellte ich sie sogar über Lenin“ –, und die Arbeit geht ihr über alle Liebe. Alle diese Kämpfe spielen sich innerhalb anderer ab, innerhalb des Alltags, der illegalen oder der legalen Arbeit, gegen den Mann, in dem kleinbürgerliche Neigungen und Laster des Parvenüs erwachsen, innerhalb der politischen Verdächtigung. Alles ist vom Standpunkt der Frau gesehen, und dieser Standpunkt wird mit einer noch nicht dagewesenen Kühnheit bloßgelegt, so daß dieses Buch nicht bloß das erste Buch vom Privatleben im neuen Rußland, sondern in vielem das erste Buch von der Frau im neuen Europa bedeutet.

ANHANG

NACHBEMERKUNG

Für den letzten Band der Gesammelten Werke von Egon Erwin Kisch waren von den Herausgebern Bodo Uhse und Gisela Kisch ursprünglich nur einzelne wichtige, nicht in Sammlungen aufgenommene Arbeiten Kischs sowie Einleitungen, Vorworte usw. zu Büchern anderer Autoren vorgesehen. Außerdem sollte der Band Miszellen und Beiträge über Egon Erwin Kisch enthalten. Inzwischen sind auf Grund der Sichtung und Verzeichnung des Kisch-Nachlasses, der Arbeiten und Nachforschungen von Josef Poláček und der systematischen Durchsicht von Zeitschriften und Zeitungen so viele Aufsätze, Reportagen, Feuilletons, Theaterkritiken, Buchbesprechungen usw. aufgefunden und bibliographisch erfaßt worden, daß ein einzelner Band dafür nicht mehr ausreichen würde. Der Verlag hat sich deshalb entschlossen, die auf acht Bände konzipierte Ausgabe zu erweitern.

Für Band 9 der Gesammelten Werke wurden alle heute bekannten und zugänglichen Texte von Egon Erwin Kisch aus den Jahren von 1906 bis 1925 gesammelt, die der Autor entweder gar nicht oder nur wesentlich überarbeitet in seine Reportagensammlungen übernommen hat. Bei der Beschaffung und Zusammenstellung der Beiträge lag ein von Josef Poláček erarbeitetes bibliographisches Verzeichnis zugrunde. Vollständigkeit bei der Erfassung der Texte wurde zwar angestrebt, konnte aber bei der Vielzahl der Zeitungen und Zeitschriften, an denen Kisch mitgearbeitet hat, selbstverständlich nicht erreicht werden.

Die von Bodo Uhse und Gisela Kisch hinterlassene Konzeption der Werkausgabe läßt die beiden frühen Editionen Kischs, die Gedichtsammlung „Vom Blütenzweig der Jugend“ (Dresden 1904) und den Erzählungsband „Der freche Franz“ (Berlin 1906), unberücksichtigt. Sie sind nun Bestandteil von Band 12 der Gesammelten Werke. Zwei Gedichte aus dem „Blütenzweig der Jugend“ sind im „Prager Almanach auf das Jahr 1908“ enthalten; sie wurden auch in unseren Band aufgenommen. Die Geschichte „Glücklich abgewöhnt“ aus der Sammlung „Der freche Franz“ druckte die „Bohemia“ am 8. April 1906 ab; als eine der frühen Zeitungsveröffentlichungen Kischs ist sie hier eingeordnet.

Eine Reihe von Arbeiten aus der Zeit vor 1922 wurde in unseren Band einbezogen, obwohl Kisch sie später in seine Reportagensammlungen aufgenommen hat. Hier handelt es sich vor allem um die Berichte über die ersten größeren Auslandsreisen, die Kisch als Journalist 1913 nach Montenegro und 1914 nach England unternahm. Auch andere Texte wurden von Kisch später überarbeitet und aktualisiert. Er übernahm sie, zum Teil wesentlich verändert, in die Sammlungen „Die Abenteuer in Prag", „Der rasende Reporter", „Hetzjagd durch die Zeit" und „Prager Pitaval".

Einige wenig belangvolle Texte – Vortragsreferate, Theaterkritiken und Buchbesprechungen – aus den ersten Jahren der journalistischen Tätigkeit Kischs wurden nicht berücksichtigt. Es handelt sich um folgende Beiträge:

Vorlesung Ferdinand Matras („Bohemia" vom 10. Dezember 1907).

Vorlesung Dr. Ottokar Winicky („Bohemia" vom 11. Dezember 1907).

Kunterbunt. Gedichte von Ernst Staus („Bohemia" vom 22. Dezember 1907).

Mam'zelle Nitouche im Vereinstheater („Bohemia" vom 31. März 1908).

„Ihr Korporal" („Bohemia" vom 14. April 1908).

Deutsches Volkstheater („Bohemia" vom 25. Mai 1908).

Deutscher Dilettantenverein („Bohemia" vom 5. Jänner 1909).

Aufgenommen wurden nur Texte, die eindeutig als Arbeiten Egon Erwin Kischs erkennbar sind und mit seinem vollen Namen oder mit E. E. Kisch, E. E. K., Eg. K., e. e. K. oder e. e. k. gekennzeichnet sind. Einzelne Arbeiten, so „Der neue Bühnenleiter" im „Echo", 17. Jg., Nr. 1, „Die Ära Teweles" im „Echo", 18. Jg., Nr. 11, „Vorlesung Karl Kraus" im „6 Uhr-Abendblatt" vom 23. März 1912, „Zeidlers Anteil an der Aufdeckung der Handschriftenfälschung" in der „Bohemia" vom 8. Feber 1913, „Oberst Redl in Zahnbehandlung" in der „Bohemia" vom 4. Juni 1913 und „Der Heldentod des Hauptmanns Wieronski" in der „Bohemia" vom 9. Jänner 1915, sind lediglich mit K. oder k. signiert, stammen aber unzweifelhaft von Kisch. Die nicht gezeichnete Reportage „Das Ende der Gifthütte", abgedruckt in der „Deutschen Hochschule", 2. Jg., Heft 11/12, ist in einer veränderten Fassung unter dem Titel „Die Gifthütte" in die Sammlung „Aus Prager Gassen und Nächten" eingegangen. Aufgenommen wurden außerdem alle Beiträge aus den Wiener Zeitungen „Der Freie Arbeiter" und „Der Neue Tag", die Egon Erwin Kisch unter dem Pseudonym Innozenz Scherwing (Inn. Scherwing, I. Scherwink, I. Scheerwink, I. Sch.) veröffentlicht hat. Verschiedene andere entweder nicht oder nur mit K. gezeichnete Beiträge, die wahrscheinlich von Kisch stammen, bringen wir im Band 11 unserer Ausgabe.

Wir waren bemüht, Orthographie und Interpunktion des Textes behutsam dem heutigen Gebrauch anzupassen. Austriazismen und Eigenheiten der Prager deutschen Sprache wurden beibehalten. Eingefügte Worte sind durch eckige Klammern gekennzeichnet. Offensichtliche Druckfehler wurden stillschweigend korrigiert. Gebräuchliche Abkürzungen sind, in Angleichung an die anderen Bände der Ausgabe, zum Teil aufgelöst. Häufige Hervorhebungen im Text, wie sie im Zeitungsdruck üblich sind, wurden nicht übernommen. Titel, die nicht von Kisch stammen, sind in den bibliographischen Hinweisen mit einem Stern versehen.

Für Unterstützung bei der Suche nach Kisch-Texten und ihrer Beschaffung danken die Herausgeber den Herren Dr. Werner Berthold (Frankfurt am Main), Prof. Dr. Jürgen Born (Düsseldorf), Dr. Murray G. Hall (Wien), Dr. Hans Kronberger (Wien), Dr. Ernst Rutkowski (Wien) und ganz besonders Herrn Dr. Hans Hautmann (Linz), der die Kisch-Beiträge in der Wiener Zeitschrift „Revolution!“ entdeckte und zur Verfügung stellte.

Bei den in vielen Zeitungen und Zeitschriften verstreuten, meist nur für den Tag geschriebenen Texten Egon Erwin Kischs schien es geboten, über den Rahmen der in den bisher erschienenen Bänden dieser Ausgabe gegebenen Erläuterungen hinauszugehen. Nicht immer jedoch war es möglich, die nur aus dem Tagesgeschehen und aus lokalen Vorgängen heraus verständlichen Anspielungen auf Personen und Sachverhalte aufzuhellen.

Für Auskünfte und Hinweise danken die Herausgeber Herrn Dr. Hans Hautmann (Linz), Herrn Dr. Jan Havránek (Prag), Frau Dr. Marcella Husová (Prag), Herrn Dr. Hans Kronberger (Wien), Herrn Dr. Emanuel Macek (Prag), Herrn Dr. Ernst Rutkowski (Wien), Herrn Dr. Miklós Salyámosy (Budapest), Herrn Klaus Täubert (Berlin), Herrn Prof. Dr. Elemír Terray (Bratislava), Herrn Prof. Dr. Pavel Trost (Prag), Herrn Dr. Reinhard Urbach (Wien), Frau Dr. Gabriele Veselá (Prag) und Herrn Dr. Jiří Veselý (Prag).

BIBLIOGRAPHISCHE HINWEISE

5 *Die Hausfrau im Dienste der sozialen Idee* – Prager Tagblatt, 31. Jg., Nr. 79, 21. März 1906, S. 5.

6 *Vorlesung Karl Johannes Schwarz* – Prager Tagblatt, 31. Jg., Nr. 82, 24. März 1906, S. 5.

Glücklich abgewöhnt – Bohemia, 79. Jg., Nr. 97, Prag, 8. April 1906, Morgen-Ausgabe, Beilage, S. 1–2.

13 *Vortragsabend zugunsten der Studentenheimstiftung* – Bohemia, 79. Jg., Nr. 122, Prag, 4. Mai 1906, Morgen-Ausgabe, S. 7.

14 *Liebe – Spiel* – Bohemia, 79. Jg., Nr. 165, Prag, 17. Juni 1906, Morgen-Ausgabe, Prager Frauen-Zeitung, S. 183.

15 *Das Geschmeide* – Bohemia, 79. Jg., Nr. 221, Prag, 12. August 1906, Morgen-Ausgabe, Prager Frauen-Zeitung, S. 233.

Das Jubiläum eines Vergessenen – Bohemia, 79. Jg., Nr. 286, Prag, 17. Oktober 1906, Morgen-Ausgabe, Beilage, S. 1–2.

17 *Sprüche* – Bohemia, 80. Jg., Nr. 69, Prag, 10. März 1907, Morgen-Ausgabe, Prager Frauen-Zeitung, S. 76.

18 *In der Strafanstalt* – Bohemia, 80. Jg., Nr. 327, Prag, 26. November 1907, Morgen-Ausgabe, S. 3–4. Unter der Überschrift „In der Strafanstalt Pankratz" wurde der Bericht am 27. November 1907 vom „Illustrierten Wiener Extrablatt" nachgedruckt. Dort ist dem Text die Bemerkung vorangestellt: „Die Teilnehmer des Kongresses für ‚Zwangserziehung und Fürsorge', der gegenwärtig in Prag tagt, statteten vorgestern der Strafanstalt Pankratz einen Besuch ab, der nach einem Berichte der ‚Bohemia' zu interessanten Einblicken in das Leben und Treiben im Strafhause Gelegenheit gab."

21 *Feuerbestattung* – Bohemia, 80. Jg., Nr. 330, Prag, 29. November 1907, Morgen-Ausgabe, S. 6.

22 *Orientreisepech* – Bohemia, 80. Jg., Nr. 352, Prag, 21. Dezember 1907, Morgen-Ausgabe, Beilage, S. 1.

26 *Vorlesung Max Milrath* – Bohemia, 80. Jg., Nr. 354, Prag, 23. Dezember 1907, Mittag-Ausgabe, S. 3–4.

27 *Der Golem* – Bohemia, 81. Jg., Nr. 25, Prag, 26. Jänner 1908, Morgen-Ausgabe, Prager Frauen-Zeitung, S. 26.

28 *„Rechtsfreunde" (Vereinstheater)* – Bohemia, 81. Jg., Nr. 33, Prag, 3. Feber 1908, Mittag-Ausgabe, S. 8–9.

29 *„Der Substitut"* – Bohemia, 81. Jg., Nr. 69, Prag, 10. März 1908, Morgen-Ausgabe, Beilage, S. 2.

31 *L'Arronge-Feier im Deutschen Vereinstheater* – Bohemia, 81. Jg., Nr. 83, Prag, 24. März 1908, Morgen-Ausgabe, Beilage, S. 3.

32 *Rund um Europa* – Bohemia, 81. Jg., Nr. 104, Prag, 14. April 1908, Morgen-Ausgabe, Beilage, S. 3.

33 *Die Martern russischer Deportierter* – Bohemia, 81. Jg., Nr. 104, Prag, 14. April 1908, Morgen-Ausgabe, Beilage, S. 3.

34 *Im Heim der Verwahrlosten* – Bohemia, 81. Jg., Nr. 114, Prag, 25. April 1908, Morgen-Ausgabe, Beilage, S. 1.

38 *Professor Dr. Unold über „Volksbildung und Volksgesundheit"* – Bohemia, 81. Jg., Nr. 115, Prag, 26. April 1908, Morgen-Ausgabe, S. 8.

39 *Der falsche Paralytiker* – In: 25 Jahre deutscher Arbeit. Frühlingsfest der deutschen Vereine Prags, 30. und 31. Mai 1908. Deutsches Kasino, Festschrift, Prag 1908. Unserem Text liegt eine Abschrift aus dem Nachlaß zugrunde.

43 *Morris-Rosenfeld-Matinee* – Bohemia, 81. Jg., Nr. 262, Prag, 22. September 1908, Morgen-Ausgabe, S. 6–7.

44 *Nur nichts von Liebe* – Prager Almanach auf das Jahr 1908. Im Auftrage des „Deutschen literarisch-künstlerischen Vereines" in Prag herausgegeben von Emil Ronald Schramek, Prag 1908, S. 33 (Nachdruck aus dem Band „Vom Blütenzweig der Jugend", Dresden 1904).

45 *Lotterleben* – Prager Almanach auf das Jahr 1908. Im Auftrag des „Deutschen literarisch-künstlerischen Vereines" in Prag herausgegeben von Emil Ronald Schramek, Prag 1908, S. 34 (Nachdruck aus dem Band „Vom Blütenzweig der Jugend", Dresden 1904).

Der Schauplatz von Goethes „Novelle" – Bohemia, 82. Jg., Nr. 185, Prag, 7. Juli 1909, Morgen-Ausgabe, S. 1–2.

50 *Unselige Seligkeiten* – Bohemia, 82. Jg., Nr. 203, Prag, 25. Juli 1909, Morgen-Ausgabe, Sonntags-Beilage, S. 26.

51 *Die Kopierpresse* – Echo, 15. Jg., Nr. 8, Prag, August 1909, S. 1–3.

54 *Acht Jahre Zuchthaus* – Bohemia, 83. Jg., Nr. 30, Prag, 30. Jänner 1910, Morgen-Ausgabe, Sonntags-Beilage, S. 1.

55 *Der Prager Freund Goethes* – Bohemia, 83. Jg., Nr. 79, Prag, 20. März 1910, Morgen-Ausgabe, Sonntags-Beilage, S. 33.

57 *Schwerins Todesstätte* – Bohemia, 83. Jg., Nr. 125, Prag, 7. Mai 1910, Morgen-Ausgabe, S. 1–2. In der Reportage „Das Stammbuch von Stierbohol", abgedruckt im „Prager Tagblatt" vom 1. Jänner 1921 (vgl. S. 386), kommt Kisch auf das Thema zurück. Einzelne Motive übernahm er in den Bericht „Lenore" im „Prager Pitaval" (vgl. „Gesammelte Werke", Band 3, Berlin und Weimar 1992, S. 289–295)

61 *Gaunerstreiche* – Bohemia, 83. Jg., Nr. 172, Prag, 24. Juni 1910, Morgen-Ausgabe, S. 1–2.

64 *Der „Osman" ist gestorben* – Bohemia, 83. Jg., Nr. 244, Prag, 5. September 1910, Mittag-Ausgabe, S. 2–3.

66 *Mit einem Strauß gelber Rosen* – Bohemia, 83. Jg., Nr. 299, Prag, 30. Oktober 1910, Morgen-Ausgabe, Prager Frauen-Zeitung.

Vorlesung Roda Roda – Bohemia, 83. Jg., Nr. 310, Prag, 10. November 1910, Morgen-Ausgabe, S. 6.

67 *Vorlesung Karl Kraus* – 6 Uhr-Abendblatt (Deutsches Abendblatt), 26. Jg., Nr. 284, Prag, 14. Dezember 1910, S. 2.

68 *Im Jänner vor fünfzig Jahren* – Bohemia, 84. Jg., Nr. 1, Prag, 1. Jänner 1911, Morgen-Ausgabe, S. 2–4. Der Beitrag erschien unter dem Serientitel „Prager Streifzüge. XXII". In der Zeit vom 7. August 1910 bis

2. April 1911 brachte die „Bohemia“ insgesamt 34 Arbeiten Kischs unter der Überschrift „Prager Streifzüge“, die zum größten Teil in die Sammlung „Aus Prager Gassen und Nächten“ (1912) eingegangen sind.

73 *Eine Unterschlagung* – 6 Uhr-Abendblatt (Deutsches Abendblatt), 26. Jg., Nr. 2, Prag, 3. Jänner 1911, S. 1.

74 *Der neue Bühnenleiter* – Echo, 17. Jg., Nr. 1, Prag, Jänner 1911, S. 1–3.

76 *„Studenten, Ladenschwengel und Diener“* – Deutsche Hochschule, 1. Jg., Heft 5, Wien, 1. Feber 1911, S. 53.

78 *Die Katastrophe* – Bohemia, 84. Jg., Nr. 106, Prag, 16. April 1911, Morgen-Ausgabe, S. 2–4. In dieser „Prager Geschichte“ ist das Thema des späteren Romans „Der Mädchenhirt“ behandelt (vgl. „Gesammelte Werke“, Band 1).

84 *Der absolvierte Handelsakademiker und die Presse* – Echo, 17. Jg., Nr. 6, Prag, Juni 1911, S. 8.

85 *Die Wallenstein-Festspiele in Eger* – Bohemia, 84. Jg., Nr. 209, Prag, 31. Juli 1911, Mittag-Ausgabe, S. 1–2. Dem Beitrag ist die Bemerkung vorangestellt: „Telefonischer Bericht unseres Sonder-Berichterstatters“.

89 *Das Libocher Heimatfest* – Bohemia, 84. Jg., Nr. 216, Prag, 7. August 1911, Mittag-Ausgabe, S. 1–2. Dem Beitrag steht die Bemerkung voran: „Von unserem Spezialberichterstatter“.

99 *Edison in Prag* – Bohemia, 84. Jg., Nr. 255, Prag, 15. September 1911, Morgen-Ausgabe, S. 5–6.

103 *Die Ära Teweles* – Echo, 17. Jg., Nr. 11, Prag, November 1911, S. 1–3.

105 *Nächtliche Versammlung* – Bohemia, 85. Jg., Nr. 38, Prag, 8. Feber 1912, Morgen-Ausgabe, S. 5.

108 *Vorlesung Karl Kraus* – 6 Uhr-Abendblatt (Deutsches Abendblatt), 27. Jg., Nr. 69, Prag, 23. März 1912, S. 1.

109 *Das Ende der „Gifthütte“* – Deutsche Hochschule, 2. Jg., Heft 11/12, Wien, August/September 1912, S. 131. Der Beitrag ist nicht gezeichnet. Eine veränderte Fassung der Reportage unter dem Titel „Die Gifthütte“ wurde in die Sammlung „Aus Prager Gassen und Nächten“ übernommen (vgl. „Gesammelte Werke“, Band 2, Berlin und Weimar 1992, S. 137–141).

111 *Das Seelenleben der Verbrecher* – Bohemia, 86. Jg., Nr. 13, Prag, 14. Jänner 1913, Morgen-Ausgabe, S. 4.

113 *Liebeslied* – Bohemia, 86. Jg., Nr. 18, Prag, 19. Jänner 1913, Morgen-Ausgabe, Prager Frauen-Zeitung, S. 3.

114 *Zwei Begräbnisse* – Bohemia, 86. Jg., Nr. 28, Prag, 29. Jänner 1913, Morgen-Ausgabe, S. 4–5. Vgl. „Zeidlers Anteil an der Aufdeckung der Handschriftenfälschung“, S. 121. In dem Aufsatz „Die Königinhofer Handschrift“, abgedruckt im „Wiener Fremdenblatt“ vom 18. September 1917, kommt Kisch auf die „Geschichte einer Fälschung“ zurück. Eine leicht veränderte Fassung dieser Reportage unter dem Titel „Der Prozeß Hanka gegen Kuh“ nahm er in die Sammlung „Die Abenteuer in Prag“ auf (vgl. „Gesammelte Werke“, Band 2).

118 *Gefängniserlebnisse von Prager Studenten* – Bohemia, 86. Jg., Nr. 32, Prag, 2. Feber 1913, Morgen-Ausgabe, S. 34. Der Beitrag wurde nach-

gedruckt in der „Deutschen Hochschule“, 3. Jg., Heft 6, Wien, März 1913, S. 64–65.

121 *Zeidlers Anteil an der Aufdeckung der Handschriftenfälschung* – Bohemia, 86. Jg., Nr. 38, Prag, 8. Feber 1913, Morgen-Ausgabe, S. 4. In einer Fußnote wird auf den Bericht „Zwei Begräbnisse“ in der „Bohemia“ vom 29. Jänner 1913 verwiesen.

123 *Von einem Scholaren, der vor vierhundert Jahren nach Böhmen kam* – Bohemia, 86. Jg., Nr. 46, Prag, 16. Feber 1913, Morgen-Ausgabe, Sonntags-Beilage, S. 33–34. Eine überarbeitete Fassung des Aufsatzes unter dem Titel „Du armer Junge im Ketzerland!“ nahm Kisch in die Sammlung „Prager Pitaval“ auf (vgl. „Gesammelte Werke“, Band 3, Berlin und Weimar 1992, S. 75–79).

127 *Ein Prager Roman* – Bohemia, 86. Jg., Nr. 64, Prag, 6. März 1913, Morgen-Ausgabe, S. 1–2.

131 *Unter Spionageverdacht* – Bohemia, 86. Jg., Nr. 127, Prag, 10. Mai 1913, Abend-Ausgabe, S. 3–4. Unter der Überschrift folgt der Vermerk: „Von unserem Spezialberichterstatter“. Eine überarbeitete Fassung des Berichts übernahm Kisch in die Reportage „Eilige Balkanfahrt“ für die Sammlung „Hetzjagd durch die Zeit“ (vgl. „Gesammelte Werke“, Band 6, Berlin und Weimar 1993, S. 293–294).

134 *Geschichten von der montenegrinischen Grenze* – Bohemia, 86. Jg., Nr. 128, Prag, 11. Mai 1913, Morgen-Ausgabe, S. 1–2. Unter der Überschrift steht der Vermerk: „Von unserem Berichterstatter“. Einzelne Partien des Berichts übernahm Kisch in die Reportage „Eilige Balkanfahrt“ (vgl. „Gesammelte Werke“, Band 6, Berlin und Weimar 1993, S. 291–292).

137 *Abenteuer in Montenegro* – Bohemia, 86. Jg., Nr. 131, Prag, 15. Mai 1913, Morgen-Ausgabe, S. 4.

140 *Von Cetinje zum Skutarisee* – Bohemia, 86. Jg., Nr. 131, Prag, 15. Mai 1913, Abend-Ausgabe, S. 3. Der Bericht ist in die Reportage „Eilige Balkanfahrt“ eingearbeitet (vgl. „Gesammelte Werke“, Band 6, Berlin und Weimar 1993, S. 298–300).

143 *Im zerstörten Skutari* – Bohemia, 86. Jg., Nr. 132, Prag, 16. Mai 1913, Morgen-Ausgabe, S. 2–4. Unter der Überschrift steht in Klammern: „Von unserem Spezialberichterstatter“. Eine überarbeitete Fassung der Reportage unter dem Titel „Bombardement und Basarbrand von Skutari“ übernahm Kisch in die Sammlung „Der rasende Reporter“ (vgl. „Gesammelte Werke“, Band 6, Berlin und Weimar 1993, S. 126–131).

149 *Die Leichen von Bardanjol* – Bohemia, 86. Jg., Nr. 136, Prag, 20. Mai 1913, Morgen-Ausgabe, S. 1–2. Eine überarbeitete Fassung des Berichts beschließt die Reportage „Eilige Balkanfahrt“ in der Sammlung „Hetzjagd durch die Zeit“ (vgl. „Gesammelte Werke“, Band 6, Berlin und Weimar 1993, S. 301–303).

153 *Oberst Redl in Zahnbehandlung* – Bohemia, 86. Jg., Nr. 151, Prag, 4. Juni 1913, Morgen-Ausgabe, S. 5–6.

155 *Herr Karl Kraus* – Deutsche Hochschule, 4. Jg., Heft 1, Wien, Oktober 1913, S. 6–8.

159 *Wie man ein Redner wird* – Berliner Tageblatt, 43. Jg., Nr. 20, 12. Januar 1914, Abend-Ausgabe, S. 4.

163 *Prag vom Kutschbock* – Bohemia, 87. Jg., Nr. 42, Prag, 13. Feber 1914, Morgen-Ausgabe, S. 1–2.

166 *Wie ich eine Frau suchte* – Berliner Tageblatt, 43. Jg., Nr. 160, 28. März 1914, Abend-Ausgabe, S. 4.

170 *Die Mode der Nichtigkeiten* – Bohemia, 87. Jg., Nr. 86, Prag, 29. März 1914, Morgen-Ausgabe, Sonntags-Beilage, S. 25–26.

173 *Bei den Heizern* – Bohemia, 87. Jg., Nr. 159, Prag, 12. Juni 1914, Morgen-Ausgabe, S. 4–5. Eine überarbeitete Fassung der Reportage unter dem Titel „Bei den Heizern des Riesendampfers" nahm Kisch in die Sammlung „Der rasende Reporter" auf (vgl. „Gesammelte Werke", Band 6, Berlin und Weimar 1993, S. 139–142).

177 *Das „Café Größenwahn" von Whitechapel* – Bohemia, 87. Jg., Nr. 163, Prag, 16. Juni 1914, Morgen-Ausgabe, S. 2–4. Eine überarbeitete, gestraffte Fassung unter dem Titel „Jiddisches Literaturcafé" nahm Kisch in die Sammlung „Der rasende Reporter" auf (vgl. „Gesammelte Werke", Band 6, Berlin und Weimar 1993, S. 258–261).

181 *Der Mann mit dem blauen Band* – Berliner Tageblatt, 43. Jg., Nr. 312, 23. Juni 1914, Morgen-Ausgabe, S. 7.

184 *Der Kampf um die letzte Frist* – Berliner Tageblatt, 43. Jg., Nr. 617, 1. Dezember 1914, Abend-Ausgabe, S. 4. Dem Brief ist die redaktionelle Bemerkung vorangestellt: „Unser feuilletonistischer Mitarbeiter Egon E. Kisch steht seit dem Beginn des Krieges beim Stab eines böhmischen Infanterieregiments. Er sendet uns aus den Tagen, die der Erstürmung Belgrads vorangingen, folgenden Bericht."

187 *Der Heldentod des Hauptmanns Wieronski* – Bohemia, 88. Jg., Nr. 9, Prag, 9. Jänner 1915, Morgen-Ausgabe, S. 6. Der Artikel ist mit K. gezeichnet. Kisch hatte den Nachruf einem Brief an die Mutter vom 5. Januar 1915 beigelegt (vgl. „Briefe an den Bruder Paul und an die Mutter 1905–1936", Berlin und Weimar 1978, S. 101–102).

Dürers ungarische Vaterstadt – Berliner Tageblatt, 45. Jg., Nr. 536, 19. Oktober 1916, Morgen-Ausgabe, S. 2. Der Aufsatz wurde in der „Bohemia" vom 21. Oktober 1916 nachgedruckt. Eine überarbeitete Fassung des Textes unter dem Titel „Nachforschungen nach Dürers Ahnen" nahm Kisch in die Sammlung „Der rasende Reporter" auf (vgl. „Gesammelte Werke", Band 6, Berlin und Weimar 1993, S. 157–164).

191 *Auf der Wacht gegen die Serben* – Bohemia, 90. Jg., Nr. 4, Prag, 5. Jänner 1917, Morgen-Ausgabe, S. 2–3. Eine überarbeitete, erweiterte Fassung der Reportage unter dem Titel „Ada Kaleh, Insel des Islam" ist in der Sammlung „Der rasende Reporter" enthalten (vgl. „Gesammelte Werke", Band 6, Berlin und Weimar 1993, S. 79–83).

194 *Ganz kleine Romane aus Böhmen* – Bohemia, 90. Jg., Nr. 95, Prag, 7. April 1917, Morgen-Ausgabe, S. 4.

196 *Feuilleton* – Bohemia, 90. Jg., Nr. 220, Prag, 12. August 1917, Morgen-Ausgabe, S. 3–4.

200 *Räuber und Polizei* – Bohemia, 90. Jg., Nr. 247, Prag, 8. September 1917, Morgen-Ausgabe, S. 3–4. Eine überarbeitete Fassung der Repor-

tage unter dem Titel „Österreichische Polizei in Serbien (1917)" übernahm Kisch in die Sammlung „Kriminalistisches Reisebuch" (vgl. „Gesammelte Werke", Band 6, Berlin und Weimar 1993, S. 603–608).

203 *Schillers „Jungfrau"* – Bohemia, 90. Jg., Nr. 310, Prag, 11. November 1917, Morgen-Ausgabe, S. 8.

204 *Atja Winternitz gefallen* – Prager Tagblatt, 42. Jg., Nr. 339, 13. Dezember 1917, Morgen-Ausgabe, S. 4.

205 *Wesen des Reporters* – Das literarische Echo, 20. Jg., Heft 8, Berlin, 15. Januar 1918, S. 437–440.

208 *Dogma von der Unfehlbarkeit der Presse* – Die Wage, 21. Jg., Nr. 21, Wien, 25. Mai 1918, S. 327–333.

217 *Auf den Tod eines Wiener Schriftstellers* – Die Wage, 21. Jg., Nr. 29, Wien, 20. Juli 1918, S. 474.

218 *Seefliegerarsenal* – Bohemia, 91. Jg., Nr. 202, Prag, 26. Juli 1918, Morgen-Ausgabe, S. 3–4.

221 *Weltgeschichte* – Die Wage, 21. Jg., Nr. 34, Wien, 24. August 1918, S. 555–556.

222 *Anatol als Theaterdirektor* – Bohemia, 91. Jg., Nr. 256, Prag, 18. September 1918, Morgen-Ausgabe, S. 3–4.

224 *Wien und die Rote Garde* – Der Freie Arbeiter, 1. Jg., Nr. 1, Wien, 9. November 1918, S. 5–6.

226 *Die Mobilmachung der Roten Garde* – Der Freie Arbeiter, 1. Jg., Nr. 2, Wien, 16. November 1918, Beilage „Die Rote Garde", S. 13.

229 *Angst, Rote Garde und Presse* – Der Freie Arbeiter, 1. Jg., Nr. 3, Wien, 23. November 1918, Beilage „Die Rote Garde", S. 21–22.

233 *Die Rote Garde und die Parteien* – Der Freie Arbeiter, 1. Jg., Nr. 4, Wien, 30. November 1918, Beilage „Die Rote Garde", S. 29–30.

236 *Nachträgliches Konzept zu einer vorher gehaltenen Rede* – Der Freie Arbeiter, 1. Jg., Nr. 5, Wien, 7. Dezember 1918, Beilage „Die Rote Garde", S. 37–38.

239 *„Kappe ab, zum Schwören!"* – Der Freie Arbeiter, 1. Jg., Nr. 6, Wien, 14. Dezember 1918, Beilage „Die Rote Garde", S. 47.

242 *Das Staatsamt für Hin- und Heerwesen* – Der Freie Arbeiter, 1. Jg., Nr. 7, Wien, 21. Dezember 1918, Beilage „Die Rote Garde", S. 53.

244 *Auf in den Kampf, Torero!* – Der Freie Arbeiter, 1. Jg., Nr. 8, Wien, 28. Dezember 1918, Beilage „Die Rote Garde", S. 61.

246 *Neujahr und neue Jahre* – Der Freie Arbeiter, 2. Jg., Nr. 1, Wien, 4. Jänner 1919, Beilage „Die Rote Garde", S. 5–6.

249 *Wie schütze ich mich vor den Bolschewiki?* – Der Freie Arbeiter, 2. Jg., Nr. 1, Wien, 4. Jänner 1919, Beilage „Die Rote Garde", S. 7–8 (gez. I. Scherwink).

252 *Der gesetzlich eingeführte Wahlschwindel* – Der Freie Arbeiter, 2. Jg., Nr. 3, Wien, 18. Jänner 1919, Beilage „Die Rote Garde", S. 22–23.

256 *Die Schlacht um das Zeitungsviertel* – Der Freie Arbeiter, 2. Jg., Nr. 4, Wien, 25. Jänner 1919, Beilage „Die Rote Garde", S. 30–31.

259 *Parteimoralische Geschichten* – Der Freie Arbeiter, 2. Jg., Nr. 5, Wien, 1. Feber 1919, Beilage „Die Rote Garde", S. 38.

262 *Wiedergeburt des Garnisonsarrestes* – Der Freie Arbeiter, 2. Jg., Nr. 6, Wien, 8. Feber 1919, Beilage „Die Rote Garde“, S. 45–46.

266 *Das Begräbnis der lebendigen Volkswehr* – Der Freie Arbeiter, 2. Jg., Nr. 7, Wien, 15. Feber 1919, Beilage „Die Rote Garde“, S. 53–54.

270 *Auferstehungsparade* – Der Freie Arbeiter, 2. Jg., Nr. 8, Wien, 22. Feber 1919, Beilage „Die Rote Garde“, S. 62.

272 *Wozu Soldatenräte als Regierung?* – Der Freie Arbeiter, 2. Jg., Nr. 9, 1. März 1919, Wien, Beilage „Die Rote Garde“, S. 69–70.

275 *„Mit Herz und Hand fürs Vaterland ...“* – Der Freie Arbeiter, 2. Jg., Nr. 10, Wien, 8. März 1919, Beilage „Die Rote Garde“, S. 77–78.

278 *Hamsterer, Hetzpresse und Heeresstaatsamt gegen die Volkswehr* – Der Freie Arbeiter, 2. Jg., Nr. 11, Wien, 15. März 1919, Beilage „Die Rote Garde“, S. 86–87.

282 *Proletarier gegen die Revolution* – Der Freie Arbeiter, 2. Jg., Nr. 12, Wien, 22. März 1919, Beilage „Die Rote Garde“, S. 93–94.

285 *Die Geheimnisse der Panzergewölbe* – Der Neue Tag, 1. Jg., Nr. 1, Wien, 23. März 1919, S. 3.

288 *Urlaub von der Politik* – Der Freie Arbeiter, 2. Jg., Nr. 13, Wien, 29. März 1919, Beilage „Die Rote Garde“, S. 101–102. Dem Artikel folgt eine „Nachschrift der Redaktion“: „Unser Genosse Kisch sieht sich veranlaßt, von uns Abschied zu nehmen. Wiewohl wir mit dem Weg nicht einverstanden sind, den er jetzt eingeschlagen hat, müssen wir ihm doch anerkennen: Er hat brav und wacker an aller Müh und Plage, an allem Ungemach, an jeder Verunglimpfung, die uns widerfuhr, teilgenommen. Wir wissen, unsere Leser und seine Freunde von der Roten Garde werden ihn ebenso ungern missen, wie wir ihn ziehen lassen.“

292 *Das demokratisierte Schönbrunn* – Der Neue Tag, 1. Jg., Nr. 20, Wien, 11. April 1919, S. 4 (gez. Inn. Scherwing).

296 *Ostern im Lainzer Tiergarten* – Der Neue Tag, 1. Jg., Nr. 31, Wien, 23. April 1919, S. 6 (gez. I. Sch.).

298 *Das Kriegspressequartier* – Prager Tagblatt, 44. Jg., Nr. 97, 24. April 1919, Morgen-Ausgabe, S. 1–2.

303 *Der Volksprater in Gefahr!* – Der Neue Tag, 1. Jg., Nr. 33, Wien, 25. April 1919, S. 5 (gez. Innozenz Scherwing).

306 *Der Kommunist Rothziegel gefallen* – Der Neue Tag, 1. Jg., Nr. 34, Wien, 26. April 1919, S. 3. Dem Artikel ist die Notiz vorangestellt: „Telegrafischer Bericht. Budapest, 25. April. (Meldung des U.T.K.B.) Der Kommunist Rothziegel ist bei den Kämpfen um Debreczin gefallen. – Ein Freund des Gefallenen, Egon Erwin Kisch, sendet uns folgende Charakteristik.“

306 *Der kaiserliche Marstall unter dem Hammer* – Der Neue Tag, 1. Jg., Nr. 35, Wien, 27. April 1919, S. 7 (gez. Innozenz Scherwing).

309 *Antwort auf einen offenen Brief** – Revolution!, 1. Jg., Nr. 12, Wien, 10. Mai 1919, S. 3. Der Brief ist überschrieben: „Egon Erwin Kisch schreibt mir auf den in der vorigen Nummer an ihn gerichteten Offenen Brief“. Karl F. Kocmata, der Herausgeber der Wochenschrift „Revolution!“, hatte in Nummer 11 seines Blattes vom 3. Mai 1919 einen

„Offenen Brief an Egon Erwin Kisch" veröffentlicht: „Geehrter Genosse Kisch! In der Nummer vom 26. April des ‚Neuen Tag' veröffentlichen Sie eine kurze Charakteristik des bei den Kämpfen um Debreczin gefallenen Leo Rothziegel. In derselben Nummer dieses Blattes leistet sich ein gewisser R. O. in einem ‚Meine Frau und die Revolution' betitelten Aufsatz eine Verunglimpfung Erich Mühsams, die lausbübisch genannt werden muß. Hier ist die Stelle aus dem Aufsatz: ‚Neulich kam ich nach Hause, ganz glücklich über die herrlichen Ereignisse in München. Ich sagte: »Landauer und Mühsam haben die Sozialverräter davongejagt. Das lange genug geknechtete Proletariat...« Ausreden läßt sie mich auch nie. Sie sagte: »Mit dem Mühsam bin ich im Kabarett aufgetreten. Da hieß es achtgeben, daß nicht die Läus' kommunisiert würden. Zehn Kronen ist er mir auch noch schuldig aus der Zeit, wo's noch ein Privateigentum gab.«' – Ich kann nun nicht annehmen, Genosse Kisch, daß diese Büberei nicht Ihr Mißfallen finden würde, kann mir aber anderseits nicht erklären, wie sie zustande kam. Auf Seite 3 Ihr Nachruf für Rothziegel, auf Seite 6 diese öde und gemeine Beflegelung eines Kämpfers um die gemeinsame Sache der Revolution, der Rothziegel zumindest in gar nichts nachsteht. Ich frage Sie nun, Genosse Kisch, ob Sie noch Kämpfer in der Front neben dem nun in allen Tageszeitungen mit Unflat überschütteten Erich Mühsam sind, und ich frage Sie, in welchem Verhältnis Sie zu einem Blatte, das wie der ‚Neue Tag' sich an dem niederträchtigen Werke der Schmähung eines um die Revolution hochverdienten Mannes beteiligt, stehen. Ihre präzise Antwort erwartet neben mir eine Anzahl Genossen, die mich aufforderten, diesen Offenen Brief an Sie zu richten. Mit sozialistischem Gruße Karl F. Kocmata." – Dem Antwortbrief Kischs ist ein Nachsatz von Kocmata angefügt: „Kisch irrt, wenn er meint, daß ich Präjudiz übe. Ich habe das zu eigen, was den Leuten jener Gruppe, denen er nahesteht, fehlt: Toleranz. Ich verstehe und begreife seine Handlung, zu der er sich des Erwerbes wegen entschloß. Außerdem fühle ich mich zum Sittenrichter nicht berufen. Mir und den Genossen, die mich zur Abfassung der offenen Anfrage bewegten, lag daran, zu erfahren, in welchem Verhältnis Kisch zum ‚Neuen Tag' stünde. Das erfahren wir nun von Kisch selbst in dieser Offenen Antwort auf meinen Offenen Brief. Mag nun jeder einzelne Leser für sich zu Kischs Darlegung Stellung nehmen."

310 *Brandlegung und Einsturz einer Fabrik* – Der Neue Tag, 1. Jg., Nr. 49, Wien, 11. Mai 1919, S. 6 (gez. I. Sch.).

313 *Raucher-Erlebnisse* – Der Neue Tag, 1. Jg., Nr. 51, Wien, 13. Mai 1919, S. 2–3 (gez. Innozenz Scherwing).

316 *Wien–Bologna–Rom, einsteigen bitte!* – Der Neue Tag, 1. Jg., Nr. 51, Wien, 13. Mai 1919, S. 6 (gez. I. Sch.).

317 *Peter Altenberg als Kriminalist* – Der Friede, Band 3, Nr. 69, Wien, 16. Mai 1919, S. 407. Eine Abschrift des Textes, auf der ersten Seite oben rechts mit der Zahl 17 versehen, ist im Nachlaß vorhanden. Offenbar wollte Kisch den Beitrag für den zweiten Teil seiner Autobiographie „Marktplatz der Sensationen" verwenden.

320 *Ein lateinisches Viertel in Wien* – Der Neue Tag, 1. Jg., Nr. 55, Wien, 17. Mai 1919, S. 4 (gez. I. Sch.).

322 *Die Armenier in Wien* – Der Neue Tag, 1. Jg., Nr. 56, Wien, 18. Mai 1919, S. 6 (gez. I. Sch.).

325 *Der Sündenfall der Verkäuferin* – Der Neue Tag, 1. Jg., Nr. 61, Wien, 23. Mai 1919, S. 2 (gez. I. Sch.).

329 *Kinder als Heimkehrer* – Der Neue Tag, 1. Jg., Nr. 65, Wien, 27. Mai 1919, S. 3–4 (gez. Innozenz Scherwing).

332 *Der einzige Sträfling von Möllersdorf* – Der Neue Tag, 1. Jg., Nr. 77, Wien, 8. Juni 1919, S. 6–7 (gez. I. Sch.). Vor dem Text steht die redaktionelle Bemerkung: „Unser I.-Sch.-Mitarbeiter macht im nachstehenden auf einen krassen Fall unseres von altersher vernachlässigten berüchtigten Strafvollzugs aufmerksam, der unbeschadet der Person, für die wir wahrlich keine Sympathien haben wollen, doch der Öffentlichkeit mitgeteilt zu werden verdient."

335 *Auf der Hundeklinik* – Der Neue Tag, 1. Jg., Nr. 77, Wien, 8. Juni 1919, S. 16 (gez. I. Scheerwink). Eine leicht veränderte Fassung der Reportage unter dem Titel „Geburtshilfe bei Hunden" brachte die „Rote Fahne" vom 19. Juni 1928.

338 *Österreichs Steckbrief gegen Masaryk* – Prager Tagblatt, 44. Jg., Nr. 152, 29. Juni 1919, Morgen-Ausgabe, S. 3–4, und Nr. 159, 6. Juli 1919, Morgen-Ausgabe, S. 5. Eine überarbeitete Fassung des ersten Teils der Reportage übernahm Kisch unter dem Titel „Steckbrief gegen eine ganze Nation" in die Sammlung „Prager Pitaval" (vgl. „Gesammelte Werke", Band 3, Berlin und Weimar 1992, S. 275–279).

348 *Alfred Polgars Prosa* – Prager Tagblatt, 44. Jg., Nr. 190, 13. August 1919, Morgen-Ausgabe, S. 2–3.

350 *Ein verschollenes Gedicht Wilhelm Weitlings* – Revolution!, 1. Jg., Nr. 27, Wien, 30. August 1919, S. 3. Der Herausgeber der Zeitschrift stellte dem Artikel den Satz voran: „Von Egon Erwin Kisch erhalte ich folgendes Schreiben." Dem Beitrag Kischs folgt der Abdruck des Gedichts „Die Nacht" von Wilhelm Weitling.

Hauptmann Frey – ein Gendarm? – Die Rote Fahne, 2. Jg., Nr. 95, Wien, 30. August 1919, S. 3. Dem Artikel ist die redaktionelle Bemerkung vorangestellt: „Egon Erwin Kisch ersucht uns um Veröffentlichung folgender Zuschrift, die wir ohne Kommentar veröffentlichen."

353 *Rede an sozialistische Setzer* – Revolution!, 1. Jg., Nr. 29, Wien–Berlin, 1. November 1919, S. 1.

357 *Revolutionäre Arbeit, gegenrevolutionäre Verleumdung* – Die Wage, 23. Jg., Heft 1/2, Wien, 16. Jänner 1920, S. 12–16.

362 *Gaunersprachliches* – Prager Tagblatt, 45. Jg., Nr. 195, 19. August 1920, S. 1–2.

367 *De profundis* – Prager Tagblatt, 45. Jg., Nr. 259, 4. November 1920, S. 3–4.

372 *Wiener Erzähler* – Prager Tagblatt, 45. Jg., Nr. 262, 7. November 1920, Unterhaltungs-Beilage, S. 16.

374 *Kde Wacht am Rhein...* – Prager Tagblatt, 45. Jg., Nr. 268, 14. November 1920, S. 2–3. Ein Teil der Reportage stimmt weitgehend über-

ein mit Kapitel V, „Der entdeutschte Rhein", des Reiseberichts „Die Weltumsegelung der ‚A. Lanna 8'" in der Sammlung „Der rasende Reporter" (vgl. „Gesammelte Werke", Band 6, Berlin und Weimar 1993, S. 43–47).

380 *Aus der Strafanstalt Karthaus* – Prager Tagblatt, 45. Jg., Nr. 283, 5. Dezember 1920, S. 3–4.

386 *Das Stammbuch von Stierbohol* – Prager Tagblatt, 46. Jg., Nr. 1, 1. Jänner 1921, S. 5. Das Thema behandelte Kisch bereits in der Reportage „Schwerins Todesstätte", abgedruckt in der „Bohemia" vom 7. Mai 1910 (vgl. S. 57). Eine überarbeitete Fassung unter dem Titel „Lenore" übernahm er in den „Prager Pitaval" (vgl. „Gesammelte Werke", Band 3, Berlin und Weimar 1992, S. 289–295).

390 *Die Himmelfahrt der Tonka Šibenice* – Prager Tagblatt, 46. Jg., Nr. 43, 20. Feber 1921, S. 1–2. Diese frühe Erzählfassung bildet die Grundlage für die späteren Bearbeitungen der Geschichte von der Galgentoni (vgl. „Gesammelte Werke", Band 1, Berlin und Weimar 1992, S. 531–555 und die Anmerkung S. 656, und Band 8, Berlin und Weimar 1993, S. 211–232).

397 *Der Erzfilou Käsebier vor Prag* – Prager Tagblatt, 46. Jg., Nr. 73, 27. März 1921, S. 1–3. Die Erzählung bildet die Grundlage für die Komödie „Die gestohlene Stadt", die 1922 im Erich Reiß Verlag Berlin erschien (vgl. „Gesammelte Werke", Band 1, Berlin und Weimar 1992, S. 427–498). Unter dem Titel „Fridericus und sein Bündnis mit einem Dieb" erschien die Geschichte in veränderter Form in der „A-I-Z", 6. Jg., Nr. 38, Berlin, 21. September 1927, S. 6. Eine überarbeitete Fassung des Textes von 1921 übernahm Kisch in den „Prager Pitaval" (vgl. „Gesammelte Werke", Band 3, Berlin und Weimar 1992, S. 191–195).

405 *Entlaufener Rathausapostel* – Prager Tagblatt, 46. Jg., Nr. 78, 3. April 1921, S. 2–3.

409 *Der Weg Smetanas* – Prager Tagblatt, 46. Jg., Nr. 83, 10. April 1921, S. 2.

412 *Tauche unter, Schwan!* – Prager Tagblatt, 46. Jg., Nr. 95, 24. April 1921, S. 3.

415 *Trenne, wie Du willst!* – Prager Tagblatt, 46. Jg., Nr. 101, 1. Mai 1921, S. 3.

417 *Das älteste Gerichtsbuch Prags* – Prager Tagblatt, 46. Jg., Nr. 101, 1. Mai 1921, Beilage, S. 19.

419 *Prag und der Film* – Internationale Filmschau, 3. Jg., Nr. 9/10, Prag, 25. Mai 1921, S. 4–5.

423 *Allerhand aus Preßburg* – Prager Tagblatt, 46. Jg., Nr. 124, 29. Mai 1921, S. 2–3.

427 *Brief aus Trencsin-Teplitz* – Prager Tagblatt, 46. Jg., Nr. 147, 25. Juni 1921, S. 3–4.

431 *Die Kabaretts auf dem Montmartre* – Prager Tagblatt, 46. Jg., Nr. 213, 11. September 1921, S. 3. Die Chansontexte sind mit Notenbeispielen versehen, die nicht übernommen werden konnten.

434 *Echtestes Berlin W* – Prager Tagblatt, 47. Jg., Nr. 19, 22. Jänner 1922, S. 3–4.

438 *Drei Anekdoten vom Wunderrabbi* – Das Tagebuch, 3. Jg., Heft 42, Berlin, 21. Oktober 1922, S. 1490. Die Anekdoten wurden nachgedruckt im „Prager Tagblatt“ vom 24. Oktober 1922.

439 *Bacchanale gefällig?* – Prager Tagblatt, 47. Jg., Nr. 295, 17. Dezember 1922, S. 4–5.

442 *Star-Ersatz* – Internationale Filmschau, 5. Jg., Nr. 1, Prag, Neujahr 1923, S. 42–43.

444 *Auf den Tod eines tschechischen Humoristen* – Das Tagebuch, 4. Jg., Heft 3, Berlin, 20. Januar 1923, S. 100–101.

446 *Die verfilmte Seele* – Internationale Filmschau, 5. Jg., Nr. 8, Prag, 16. Mai 1923, S. 7–8.

448 *Kritiken Max Brods* – Prager Tagblatt, 49. Jg., Nr. 41, 17. Feber 1924, Unterhaltungs-Beilage.

450 *Das ist ein Leben!* – Prager Tagblatt, 49. Jg., Nr. 89, 15. April 1924, S. 3–4.

454 *Žižka und das Lexikon der Betrüger* – Prager Tagblatt, 49. Jg., Nr. 194, 17. August 1924, Beilage.

456 *Die beiden Tschekas vor dem Reichsgericht* – Das Tagebuch, 6. Jg., Heft 12, Berlin, 21. März 1925, S. 417–420.

460 *Boxkampf im Radio* – Prager Tagblatt, 50. Jg., Nr. 106, 7. Mai 1925, S. 3–4.

463 *Im Elternhaus der Reclam-Bändchen* – Das Tagebuch, 6. Jg., Heft 24, Berlin, 13. Juni 1925, S. 872–875.

467 *Kriminalistisches zum Moskauer Prozeß* – Das Tagebuch, 6. Jg., Heft 27, Berlin, 4. Juli 1925, S. 1008–1010.

470 *Journalismus als Buchliteratur* – Berliner Tageblatt, 54. Jg., Nr. 326, 12. Juli 1925, 6. Beiblatt „Literarische Rundschau“.

472 *Tibor Szamuely geht über die Grenze* – Die Welt am Abend, 3. Jg., Nr. 179, Berlin, 3. August 1925, S. 2.

474 *Begegnungen mit Juden* – Jüdischer Almanach auf das Jahr 5686. Herausgegeben im Auftrage des Keren Kajemeth Lejisrael in Prag, redigiert von Friedrich Thieberger und Felix Weltsch, Prag, September/Oktober 1925, S. 93–96. Dem Text liegen Teile aus bereits veröffentlichten Reportagen zugrunde: „Allerhand aus Preßburg“ (vgl. S. 423), „Mittwoch in Kaschau“, „Mit Auswanderern durch Frankreich“ (vgl. „Der rasende Reporter“) und „Das ‚Café Größenwahn‘ aus Whitechapel“ (vgl. S. 177). Die Anekdote vom alten Koritschoner ging unter dem Titel „Lobing, pensionierter Redakteur“ in die „Geschichten aus sieben Ghettos“ ein.

476 *Die Börse der Nachrichten* – Prager Tagblatt, 50. Jg., Nr. 284, 6. Dezember 1925, IV. Beilage, S. 6. Den Bericht verwendete Kisch für sein Erinnerungsbuch „Marktplatz der Sensationen“ (vgl. „Kämpfe um die Lokalnotiz, speziell um Selbstmorde“ und „Vom großen Zorn dieser Reporter“).

483 *Die Liebe der drei Generationen* – Die Welt am Abend, 3. Jg., Nr. 284, Berlin, 9. Dezember 1925, Beilage, S. 2.

ANMERKUNGEN

6 *ex abrupto* – (lat.) aus dem Stegreif.

14 *„Hunnenschlacht"* – Sinfonische Dichtung von Franz Liszt (1857).
UGV – Universitätsgesangverein.
„Friedrich Rothbart" – Chorwerk für Männerchor und Orchester von Theodor Podbertsky (1846–1913).

15 *Gerle* – Wolfgang Adolf Gerle (1781–1846), Journalist, Erzähler und Dramatiker in Prag.

16 *Przedak* – Aladar Guido Przedak (1857–1926), Journalist und Schriftsteller in Prag; veröffentlichte u. a. Werke über die Geschichte des Zeitungswesens in Böhmen.

21 *Drozd* – Jan Drozd (1837–1910), Priester, Religionslehrer und Schriftsteller in Prag; als Vorsitzender der St.-Wenzels-Vorschußkassa hatte er den Bankrott dieser Anstalt mitverschuldet und wurde zu einer Gefängnisstrafe von sieben Jahren verurteilt.

22 *Skioptikon* – Um die Jahrhundertwende gebräuchlicher Projektionsapparat.
procellis frequens Adria – (lat.) häufig vom Sturm heimgesuchte Adria.

23 *Allah pluvius* – der regnende Allah.

24 *made in Strakonitz* – In der südböhmischen Stadt Strakonice befindet sich ein Betrieb, der zu den größten Fezherstellern in Europa gehört.
Narthex – Vorraum in byzantinischen Kirchen.

26 *Milrath* – Max Milrath, Prager Journalist und Schriftsteller; Mitarbeiter des „Prager Tagblatts".

31 *Bendiener* – Oskar Bendiener (1870–1940), Eisenbahnbeamter und Dramatiker in Wien; sein Eisenbahndrama „Die Strecke" wurde 1905 uraufgeführt.
L'Arronges „Mein Leopold" – Der Dramatiker und Theaterleiter Adolf L'Arronge (1838–1908) errang große Erfolge mit seinem Volksstück „Mein Leopold" (1874).

32 *Fumatoio* – (ital.) Rauchsalon.

34 *in meinem Feuilleton über die Jugendabteilung der Strafanstalt Pankratz* – Vgl. die Reportage „In der Strafanstalt", S. 18.

42 *Navy-cut* – fein geschnittener Tabak.

43 *Rosenfeld* – Morris Rosenfeld (1862–1923), aus Polen gebürtiger jiddischer Lyriker; wanderte nach Amsterdam aus, später nach London und New York; einer der Begründer der jiddischen proletarischen Dichtkunst.
Tyrtäus – Tyrtaios, griechischer Dichter des 7. Jahrhunderts v. u. Z.; in seinen Elegien ermahnte er die Spartaner zur Tapferkeit im Kriege.
Adler – Friedrich Adler (1857–1938), Journalist und Schriftsteller in Prag.

46 *Wukadinovič* – Spiridion Wukadinovič (1870–1938), Literaturhistoriker; von 1914 an Professor für deutsche Literatur in Krakau.
wie er sich selbst zu Eckermann äußerte – Johann Peter Eckermann, „Gespräche mit Goethe", 18. Januar 1827.

47 *Düntzer meinte* – In den „Erläuterungen zu den deutschen Klassikern", Band 16 (1873), des Literaturhistorikers Heinrich Düntzer (1813–1901).
Simrock sagte – In dem Werk „Das malerische und romantische Rheinland" (1838) des Literaturhistorikers, Nachdichters und Herausgebers Karl Simrock (1802–1876).
Baumgart – Hermann Baumgart (geb. 1843), Professor für Literaturgeschichte in Königsberg; er schrieb „Goethes Weissagungen des Bakis und die Novelle" (1886).
Seuffert in Graz – Bernhard Seuffert (1853–1938), Literaturhistoriker; von 1886 bis 1924 Professor für deutsche Literaturgeschichte in Graz; seine Studie „Teplitz in Goethes Novelle" erschien 1903.

48 *in dem Buche über seine Entdeckung* – Gemeint ist die 1909 erschienene Studie „Goethes Novelle. Der Schauplatz. Coopersche Einflüsse" von Wukadinovič.
Ägidi-Markt – Jahrmarkt in Brüx, der in der Regel vom 1. September, dem Tag des heiligen Ägidius, des Schutzherrn der stillenden Mütter und des Viehs, bis zum 8. September abgehalten wurde.

49 *„die Natur bis in ihre kleinsten Details . . ."* – Johann Peter Eckermann, „Gespräche mit Goethe", 18. Januar 1827.

53 *Remisier* – (franz.) Börsenvermittler.

54 *Pellico* – Silvio Pellico (1789–1854), italienischer Dichter; gehörte dem Bund der Carbonari an, wurde 1820 von den Österreichern verhaftet und zu fünfzehnjähriger Haft verurteilt; seine Erlebnisse schildert er in dem 1832 erschienenen Werk „Le mie prigioni" (Meine Gefängnisse).
Wilde – Gemeint ist „The Ballad of Reading Gaol" (1898; deutsch erschienen unter dem Titel „Die Ballade vom Zuchthaus zu Reading") von Oscar Wilde.

55 *Dalberg* – Karl Theodor Freiherr von Dalberg (1744–1817), letzter Kurfürst von Mainz und Kurerzkanzler.

56 *Kaiser Franz* – Franz I. (1768–1835), Kaiser von Österreich von 1804 an; als Franz II. von 1792 bis 1806 letzter römisch-deutscher Kaiser.
Kaiser Ferdinand – Ferdinand I. (1793–1875), Kaiser von Österreich von 1835 bis 1848.

57 *Gründer des Prager Museums* – Kaspar Maria von Sternberg (1761–1838) gehört zu den Mitbegründern des 1818 geschaffenen Nationalmuseums in Prag, dem er seine naturwissenschaftlichen Sammlungen und seine Bibliothek übergab.

60 *„Sa mort a répandu . . ."* – (franz.) Sein Tod brachte viel Bitterkeit in die öffentliche Freude über die gewonnene Schlacht, die mörderischste Schlacht, die der König noch geliefert, denn übermäßig viele Leute sind umgekommen.

61 *Wulffen* – Erich Wulffen (1862–1936), Jurist, Kriminologe und Romanschriftsteller; von 1923 bis 1928 Ministerialdirektor im sächsischen Justizministerium.

66 *„Der Schipkapaß"* – Die Buchausgabe des Romans „Der Schipkapaß" von Karl Hans Strobl (1877–1946) erschien 1908.

Flamender – Bummler.

67 *e tutti quanti* – (ital.) und alle miteinander.

68 *„Ezechiel der Zugereiste"* – Der Roman von Fritz Wittels erschien 1910 in Berlin.

Stettenheim – Julius Stettenheim (1831–1916), Journalist und Schriftsteller in Hamburg und Berlin.

Die Lombardei ist noch nicht verschmerzt – Im Frieden von Zürich 1859 mußte Österreich die Lombardei an das Königreich Sardinien-Piemont abtreten.

Oktoberdiplom – Im „Diplom zur Regelung der inneren staatsrechtlichen Verhältnisse der Monarchie" vom 20. Oktober 1860 erhielt Ungarn die Verfassung von 1848 zurück.

„Národní listy" – (tschech.) Volksblatt; einflußreiche bürgerliche tschechische Tageszeitung; sie erschien von 1861 bis 1941.

Schmerling – Anton von Schmerling (1805–1893), österreichischer Politiker; von 1860 bis 1865 Ministerpräsident.

69 *„jener Partei ..., der die ‚Bohemia' zum Organ dient"* – Die „Bohemia" vertrat die Interessen der deutschen Forschrittspartei in Böhmen.

Ernst – Wenzel Karl Ernst (1830–1910), österreichischer Lyriker und Erzähler.

70 *Forgách* – Antal Graf Forgách (1819–1885), ungarischer Politiker; 1860/61 Statthalter von Böhmen.

Hej, slované – (tschech.) Auf, ihr Slawen; patriotisches Lied, 1834 verfaßt von dem slowakischen Dichter S. Tomášik.

71 *fl. öst. W.* – Gulden österreichischer Währung.

Barak – Josef Barák (1833–1883), tschechischer Politiker und Publizist.

Kuchelbader Schlacht – Vgl. Kischs Reportage „Die Kuchelbader Schlacht" im „Prager Pitaval" („Gesammelte Werke", Band 3).

Čas – (tschech.) die Zeit; tschechische Tageszeitung; sie erschien vom 2. Oktober 1860 bis zum 31. Dezember 1863.

Wenzel Hanka – Vgl. Reportage „Der Prozeß Hanka gegen Kuh" in der Sammlung „Die Abenteuer in Prag" („Gesammelte Werke", Band 2).

72 *Wasserscheu* – krankhafte Furcht vor dem Wassertrinken, symptomatisch bei bestimmten Krankheiten wie Tollwut u. a.

73 *in der gestern erschienenen Nummer der „Fackel"* – Gemeint ist der teilweise Abdruck des Kraus-Referats von Kisch (vgl. „Vorlesung Karl Kraus", S. 67) in der „Fackel", XII. Jahr, Nr. 313/314, Wien, 31. Dezember 1910, S. 60.

74 *Abdruck unfreiwilliger Knittelverse* – Gemeint ist das Gedicht „An Karl Kraus", abgedruckt in der „Fackel", ebenda, S. 56/57.

Neumann – Angelo Neumann (1838–1910), Sänger und Bühnenleiter; leitete seit 1885 das Deutsche Landestheater, später auch das Neue Deutsche Theater in Prag.

75 *Teweles* – Heinrich Teweles (1856–1927), Journalist, Schriftsteller und Dramaturg; von 1898 bis 1911 Chefredakteur des „Prager Tagblatts" und von 1911 bis 1918 Direktor des Neuen Deutschen Theaters in Prag.

Kuh – David Kuh (1818–1878), Journalist und Politiker; Herausgeber des „Tagesboten aus Böhmen", der „Deutschen Hochschule" und der „Prager Zeitschrift für Literatur".

tout comprendre, c'est tout pardonner – (franz.) alles verstehen heißt alles verzeihen.

76 *drei Prager Blätter, denen Teweles angehört hatte* – Es handelt sich um den „Tagesboten aus Böhmen", die „Bohemia" und das „Prager Tagblatt".

81 *Labeda* – (tschech.) Murmelspiel.

König Wenzel – Wenzel IV. (1361–1419), König von Böhmen von 1363 an; deutscher König von 1376 bis 1400.

Quarnero – Golf des Adriatischen Meeres, im Westen von Istrien, im Osten von der Insel Cherto begrenzt.

84 *Keller* – Wahrscheinlich ist der Prager Journalist Rudolf Keller (geb. 1875) gemeint, von 1914 an Herausgeber des „Prager Tagblatts".

86 *Hallwich* – Hermann Hallwich (1838–1913), österreichischer Historiker.

89 *Questenberg* – Gerhard von Questenberg, Sekretär des Wiener Hofkriegsrates; Freund und Verbindungsmann von Wallenstein.

Flößer Kolinský – Vgl. die Reportage „Floßfahrt" in der Sammlung „Aus Prager Gassen und Nächten" („Gesammelte Werke", Band 2).

91 *L.-A.-B.* – Vermutlich: Landtagsabgeordneter für Böhmen.

Werunsky– Emil Werunsky (1850–1930), Historiker; von 1882 bis 1921 Professor für Geschichte an der Prager deutschen Universität.

MUDr. – Medicinae Universae Doctor: (lat.) Doktor der gesamten Medizin.

94 *„Wlasta"* – Der Prager Dichter Karl Egon Ritter von Ebert (1801–1882) begeisterte sich anfangs für die tschechische bürgerlich-nationale Bewegung; sein „böhmisch-nationales Heldengedicht" „Wlasta" erschien 1829.

103 *Glückwunschworte* – Vgl. „Der neue Bühnenleiter", S. 74.

Wilbrandt – Adolf von Wilbrandt (1837–1911), Dramatiker und Theaterleiter; von 1881 bis 1887 Direktor des Wiener Burgtheaters; seine Aufsehen erregende „Faust"-Inszenierung von 1883 erstreckte sich auf drei Abende; 1895 gab er eine Ausgabe von Goethes „Faust", für die Bühne eingerichtet, heraus.

Sauer – August Sauer (1855–1926), Literaturhistoriker; von 1886 bis 1926 Professor für deutsche Literaturgeschichte an der deutschen Universität in Prag.

„Das weite Land" – Die Tragikomödie „Das weite Land" von Arthur Schnitzler wurde am 14. Oktober 1911 gleichzeitig am Wiener Burgtheater, am Berliner Lessingtheater, am Deutschen Landestheater in Prag, in Bochum, Breslau, Hamburg, Hannover, Leipzig und München uraufgeführt.

104 *Eger* – Paul Eger (1881–1947), Dramatiker, Dramaturg und Theaterleiter.

„Reigen"-Kopie „Operette" – Das Bühnenstück „Operette" von Paul Eger entstand 1905; es übernimmt Motive aus Arthur Schnitzlers „Reigen" (1900).

Eysoldt – Die Schauspielerin Gertrud Eysoldt (1870–1933) gehörte von 1902 bis 1933 dem Ensemble Max Reinhardts an.

105 *Zemlinsky* – Alexander von Zemlinsky (1872–1942), österreichischer Komponist und Dirigent; von 1911 an Operndirigent am Deutschen Landestheater in Prag.

Adler – Felix Adler (geb. 1876), Journalist und Komponist in Prag; Redakteur und Musikkritiker der „Bohemia".

108 *im Morgengrauen des 25. Febers 1908* – Am Morgen des 25. Februars 1908 legten 650 Wagenführer und Schaffner der Prager Straßenbahn die Arbeit nieder. Der Streik dauerte drei Tage.

Schützeninsel – Moldauinsel in Prag; die Streikversammlung der Prager Straßenbahnfahrer und -schaffner fand im Glaspavillon der Schützeninsel statt.

„Kampaner Tal" – Gemeint ist Jean Pauls Schrift „Das Kampaner Tal oder Über die Unsterblichkeit der Seele" (1797).

109 *hezká holka* – (tschech.) schönes Mädchen.

110 *nach dem Schipkapasse* – Vgl. „Der ‚Osman' ist gestorben", S. 64.

111 *„Schlacht bei Kuchelbad"* – Vgl. Kischs Reportage „Die Kuchelbader Schlacht" in der Sammlung „Prager Pitaval" („Gesammelte Werke", Band 3).

Teilung der Universität – Die Prager Universität wurde 1882 in eine tschechische und eine deutsche geteilt.

Wulffen – Vgl. „Gaunerstreiche", S. 61, und Anm. dazu.

Aschaffenburg – Gustav Aschaffenburg (geb. 1866), Jurist und Kriminalpsychologe; von 1904 bis 1934 Professor für Psychiatrie in Köln.

Lindenau – Heinrich Lindenau (geb. 1872), Jurist und Polizeibeamter in Berlin.

Groß – Hans Groß (1847–1915), Jurist und Kriminologe; von 1902 bis 1905 Professor für Strafrecht und Strafprozeß an der deutschen Univer sität in Prag.

Niceforo – Alfredo Niceforo (1876–1960), italienischer Kriminologe und Sozialwissenschaftler; 1909 erschien von ihm, eingeleitet und erweitert von Heinrich Lindenau, „Die Kriminalpolizei und ihre Hilfswissenschaften".

112 *Grete Bayer* – Margarete Beier, die Tochter des Bürgermeisters von Brand, ermordete am 14. Mai 1907 in Chemnitz ihren Verlobten, den Oberingenieur Preßler. Sie wurde am 23. Juli 1908 in Freiberg hingerichtet.

Manulescu – 1905 erschien die zweibändige Ausgabe der Memoiren des rumänischen Hochstaplers Georges Manulescu („Ein Fürst der Diebe. Erlebtes und Erlittenes" und „Gescheitert. Aus dem Seelenleben eines Verbrechers").

112 *Lombroso* – Cesare Lombroso (1836–1910), italienischer Psychopathologe und Kriminalpsychologe; Professor für gerichtliche Medizin und Psychiatrie in Pavia und Turin.

114 *David Kuh* – Vgl. Anm. zu S. 75.

Šafařík – Josef Šafařík (1795–1861), tschechischer Philologe und Historiker; einer der führenden Repräsentanten der tschechischen nationalen Bewegung im 19. Jahrhundert.

Pogodin – Michail Petrowitsch Pogodin (1800–1875), russischer Historiker und Altertumsforscher; gemeint ist Šafaříks Brief an ihn vom 22. Februar 1857.

Nebeský – Václav Bolemír Nebeský (1818–1882), tschechischer Dichter und Literaturhistoriker.

115 *Palacký* – František Palacký (1798–1876), tschechischer Historiker und Politiker; führender Repräsentant des liberalen tschechischen Bürgertums von 1848 an.

die Brüder Jireček – Gemeint sind der tschechische Literaturhistoriker und Politiker Josef Jireček (1825–1888) und der tschechische Jurist und Rechtshistoriker Hermenegild Jireček (1827–1909).

Šembera – Alois Vojtěch Šembera (1807–1882), tschechischer Historiker und Sprachwissenschaftler.

Gebauer – Jan Gebauer (1838–1907), tschechischer Sprachforscher; von 1874 an Professor der slawischen Sprachen in Prag.

Masaryk – Der tschechische Politiker Tomáš Garrigue Masaryk (1850–1937) war von 1882 bis 1914 Professor für Philosophie an der Prager Universität.

Herben – Jan Herben (1857–1936), tschechischer Journalist und Schriftsteller.

116 *Bayer* – Josef Bayer (1827–1910), österreichischer Kunsthistoriker; Professor der Ästhetik und der Geschichte der Baukunst an der Wiener Technik.

In der Vorrede zu Bayers letztem Buch – Gemeint ist das Vorwort zu Josef Bayers „Literarischem Skizzenbuch“ (1905).

118 *dieses neue postume Buch* – Wenzel Karl Ernst, „Gefängniserlebnisse von Prager Studenten in den Jahren 1848–1854“, herausgegeben von seiner Frau, Wien 1913.

W. Ernst – Vgl. Anm. zu S. 69.

119 *die Auflösung des Kremsierer Reichsrates* – Der konstituierende Reichsrat trat am 22. November 1848 in der mährischen Stadt Kremsier (Kroměříž) zusammen und wurde am 7. März 1849 durch Militär aufgelöst.

„Českomoravské bratrstvo“ – (tschech.) Böhmisch-mährische Brüderschaft.

121 *der in diesen Blättern erschienene Artikel* – Vgl. „Zwei Begräbnisse“, S. 114.

Fejfalík – Julius Fejfalík (1833–1862), tschechischer Literaturhistoriker.

122 *Hanuš* – Jan Hanuš (1862–1941), tschechischer Literaturhistoriker.

123 *„Des Johannes Butzbach Wanderbüchlein ...“* – Die von D. J. Becker aus dem Lateinischen übertragene „Chronik eines fahrenden Schülers“ des Humanisten Johannes Butzbach. (1477–1526) erschien 1869; 1912 veranstaltete der Insel-Verlag in Leipzig eine Neuausgabe.

124 *Bursen* – Studentenherbergen.

„der Sprache jenes barbarischen Volkes“ – „Des Johannes Butzbach Wanderbüchlein“, Erstes Buch, Zweiundzwanzigstes Kapitel.

125 *„kurz nach Abrahams Zeiten ...“* – Ebenda, Zweites Buch, Sechstes Kapitel.

„um dir einen Begriff ...“ – Ebenda, Zweites Buch, Achtes Kapitel.

„Daher pflegt man zu sagen ...“ – Ebenda, Zweites Buch, Zehntes Kapitel.

126 *„Die Reicheren sind ...“* – Ebenda, Zweites Buch, Elftes Kapitel.

„Ju, ju heya ...“ – Ebenda, Zweites Buch, Zwölftes Kapitel.

127 *die Novelle des Wyschehrad* – Es handelt sich um die Novelle „Innocens“ (1866) von Ferdinand von Saar (1833–1906).

die Rassentragödie des Ghettos – Wahrscheinlich ist die Novelle „Melpomene“ aus den „Tragischen Novellen“ (1890) von Karl Emil Franzos (1848–1904) gemeint.

die Novelle vom Judenfriedhof – Gemeint ist die Novelle „Holunderblüte“ von Wilhelm Raabe.

die Geschichte vom Wahnsinn Rudolfs II. – Es handelt sich um die Novelle „Margulia Martinez“ aus dem Band „Geheimnisland“ (1909) des österreichisch-schweizerischen Schriftstellers Hans Müller (1882–1950).

Buch von der Böhmischen Handschrift – Der Roman „Die böhmische Handschrift“ des Schriftstellers und Sprachphilosophen Friedrich Mauthner (1849–1923) erschien 1897.

Omladina – (tschech.) Etwa: Jungmannschaft; um 1890 entstandene Organisation, in der die tschechische Jugend, vor allem radikale Studenten, aber auch Teile der Arbeiterjugend, für das allgemeine Wahlrecht kämpfte; 1893 wegen „Hochverrats“ aufgelöst.

eine Novelle von dunkler Schönheit – Gemeint ist Rilkes Novelle „König Bohusch“ (1897).

einer nicht typischen Prager Familiengeschichte – Gemeint ist der Roman „Familie Lowositz“ (1908) von Auguste Hauschner (1850–1924).

128 *Kuchelbader Schlacht* – Vgl. die Reportage „Die Kuchelbader Schlacht“ im „Prager Pitaval“ („Gesammelte Werke“, Band 3).

ein schlechtes Buch von Julius Kraus – Gemeint ist der Roman „Prag“ (1908) von Julius Kraus.

Strobl – Karl Hans Strobl (1877–1946), österreichischer Schriftsteller; er studierte von 1894 bis 1898 in Prag Jura.

129 *Václavbude in der Geistgasse* – Der Studentenroman „Die Václavbude“ von Strobl erschien 1902.

Exkneipe auf dem Schipkapasse – Vgl. „Der ‚Osman‘ ist gestorben“, S. 64; Strobls Roman „Der Schipkapaß“ erschien 1908.

Buršák – (tschech.) Burschenschafter.

129 *Sokol* – (tschech.) der Falke; 1863 gegründete tschechische Turnerorganisation, die sich der patriotischen Erziehung der Jugend und des Kampfes für nationale Unabhängigkeit widmete.

jenen Prager Dezember – Ende November, Anfang Dezember 1897 kam es in Prag und anderen tschechischen Städten zu Straßendemonstrationen und zu Zusammenstößen zwischen Deutschen und Tschechen; am 2. Dezember 1897 wurde über Prag und Umgebung das Standrecht verhängt.

Exzedenten – Unruhestifter, Aufrührer.

Výčep – (tschech.) Ausschank.

130 *Martinitz und Slawata* – Am 22. Mai 1618 wurden die königlichen Statthalter Martinitz und Slawata von Vertretern der böhmischen Stände zum Tode verurteilt und einen Tag später aus dem Fenster des Ratssaales in den Burggraben gestürzt; der Prager Fenstersturz leitete den böhmischen Ständeaufstand ein, der wiederum den Dreißigjährigen Krieg auslöste.

131 *Bocche* – Bocche di Cattaro, Golf des Adriatischen Meeres im südlichen Dalmatien mit der Stadt Cattaro.

132 *Prodeja pica i jediva* – Prodaja pića i jela: (serbokroatisch) Verkauf von Getränken und Speisen.

134 *Malissoren und Miriditen* – Volksgruppen der Albaner.

135 *Yatakan* – Jatagan: Aus Ostindien stammendes Krummschwert, Waffe der Janitscharen.

137 *Laurin- u. Klementschen Autobus* –Laurin & Klement, 1895 von Václav Laurin (1865–1930) und Václav Klement (1868–1938) gegründete tschechische Automobilfabrik; 1925 von den Škodawerken aufgekauft.

Peter Petrowitsch – Petar II. Petrovič (1813–1851), montenegrinischer Fürstbischof und serbischer Dichter.

138 *Junak* – junger Bursche.

Nikita – Nikita Petrovič (1841–1921), Fürst von Montenegro von 1860 bis 1910; als Nikita I. König von Montenegro von 1910 an.

141 *Novinar iz Praga* – (serbokroatisch) Journalist aus Prag.

Na zdar! – (tschech.) Heil!

Kr. C. Ministarstvo unutrašnich diela – Kr. C. ministarstvo unutrašnjich djela: (serbokroatisch) Königliches Innenministerium.

143 *Pascha* – Essad Pascha (1863–1920), albanischer General und Politiker; verteidigte 1912/13 Skutari gegen die Montenegriner.

145 *Alle illa Allah* – Es gibt keine Gottheit außer Allah.

146 *Živio-Ruf* – Hochruf.

148 *Para* – Kleinste Währungseinheit in der Türkei, heute noch in Jugoslawien.

151 *Mitrailleuse* – (franz.) Maschinengewehr.

152 *Kuća* – (serbokroatisch) Haus, Hütte.

155 *Wiegler* – Paul Wiegler hatte in der „Bohemia" vom 13. Dezember 1910 („Aus dem Vortragssaal. Karl Kraus in der Lesehalle") über die Kraus-Lesung referiert.

und mir – Gemeint ist Kischs Artikel „Vorlesung Karl Kraus" im „6 Uhr-Abendblatt" vom 14. Dezember 1910. Vgl. S. 67.

155 *Salus* – Hugo Salus (1866–1929), Lyriker und Erzähler in Prag.
156 *Herr Kraus regt sich auf* – Anspielung auf den Aufsatz „Und Hauptmann dankt“ von Karl Kraus in der „Fackel“, XV. Jahr, Nr. 378/379/380, Wien, 16. Juli 1913, S. 33 (vgl. Egon Erwin Kisch, „Briefe an den Bruder Paul und an die Mutter“, Berlin und Weimar 1978, S. 358–364).
162 *„Liegt dir Gestern klar und offen …“* – Goethe, „Zahme Xenien“ IV.
„Bei Philippi sehen wir uns wieder“ – Nach Shakespeare, „Julius Cäsar“ IV, 3.
166 *vis-à-vis de rien* – (franz.) dem Nichts gegenüber.
167 *portrait parlé* – (franz.) sprechendes Bild.
Furlana – Tanz der Furlaner, der Bewohner der italienischen Provinz Friaul.
Camelots – (franz.) Straßenhändler.
170 *Roms galante Damen tranken Terpentin* – „Birch-Pfeiffer söffe Terpentin, wie einst die römischen Damen“ (Heinrich Heine, „Deutschland. Ein Wintermärchen“, Kaput XI).
171 *Cachous* – Katechus, gerbstoffhaltige Drogen.
177 *Fort* – Paul Fort (1872–1960), französischer Lyriker.
178 *Minories* – Vorwiegend von Juden bewohntes Stadtviertel im Londoner Osten.
179 *W. Boruchow* – Wahrscheinlich ist der Publizist und Politiker Leo Borochow (1881–1917) gemeint, der 1900 die zionistisch-sozialistische Partei „Poale Zion“ gründete.
poalezionistische Arbeiterbewegung – Nach „Poale Zion“ (Arbeiter Zions) benannte kleinbürgerlich jüdisch-nationalistische Organisation, die sozialistische mit zionistischen Gedanken zu verbinden suchte.
Gordin – Jakob Gordin (1853–1909), jiddischer Dramatiker; sein Stück „Der jüdische König Lear“ kam 1898 heraus.
Schildkraut – Rudolf Schildkraut (1862–1930), deutscher und jiddischer Schauspieler; spielte von 1906 bis 1910 bei Max Reinhardt am Deutschen Theater in Berlin.
Asch – Schalom Asch (1880–1957), jiddischer Dramatiker und Erzähler; sein Schauspiel „Der got fun nekome“ („Der Gott der Rache“) wurde 1908 in Berlin von Max Reinhardt aufgeführt.
180 *Przybyschewski* – Stanisław Przybyszewski (1868–1927), polnischer Schriftsteller; schrieb anfangs in deutscher Sprache.
Scholem Alechem – Scholem Alejchem, eigentl. Scholem Rabinowitsch (1859–1916), jiddischer Erzähler und Dramatiker.
Rosenfeld – Vgl. „Morris-Rosenfeld-Matinee“, S. 43, und Anm. dazu.
Coralnik – Abraham Coralnik (1883–1937), jiddischer Essayist, Literaturkritiker und Dramatiker.
Myer – Morris Meyer (1876–1944), jiddischer Publizist und Verleger; gab von 1913 an in London die jiddische Tageszeitung „Die Zeit“ heraus.
in dem von Mackay so eindringlich geschilderten englischen Anarchismus – Gemeint ist die 1891 erschienene romanhafte Darstellung „Die Anarchisten“ des Lyrikers und Erzählers John Henry Mackay (1864–1933).

180 *Kropotkin* – Der russische Anarchist Pjotr Alexejewitsch Fürst Kropotkin (1842–1921) lebte von 1886 bis 1917 vorwiegend in England.

Bogolepow – Nikolai Pawlowitsch Bogoljepow (1846–1901), Professor der Rechte in Moskau; von 1898 bis 1901 Kultusminister.

181 *Fleetstreet* – Hier befinden sich die Redaktionsgebäude der großen Londoner Tageszeitungen.

Waiter – (engl.) Kellner.

184 *Drama von Dülberg* – „Korallenkettlin", ein Drama in 4 Akten von Franz Dülberg, kam 1906 in Berlin heraus.

185 *Živio* – Hoch.

zwei Kriege – Gemeint sind die Kriege Serbiens 1912/13 gegen die Türkei und 1913 gegen Bulgarien.

191 *Zündt* – Mathis Zündt (1498?–1572), Steinschneider, Goldschmied, Kupferstecher und Bildschnitzer; seine Stadtansicht von Gyula entstand 1566.

192 *Mackensen* – August von Mackensen (1849–1945), preußischer General; war 1915 Armeeführer in Serbien.

194 *Berliner Vertrag* – Gemeint sind die auf dem Berliner Kongreß 1878 nach dem Krieg Rußlands und Serbiens gegen die Türkei getroffenen Grenzregelungen.

195 *Vallee-aux-Loups* – (franz.) Tal der Wölfe; Anwesen in der Nähe von Paris, das der französische Schriftsteller François-René Vicomte de Chateaubriand (1768–1848) 1807 erwarb.

Ossegg – Osek, Stadt in Nordböhmen mit einem Zisterzienserkloster.

Aber heute neu mit Machten ... – Goethe, „Der Kaiserin Ankunft. Den 6. Juni 1810" aus dem Zyklus „Im Namen der Bürgerschaft von Karlsbad".

Frau von Kalergis – Marie Gräfin Kalergis, geb. Gräfin Nesselrode (1823–1874), Frau eines griechischen Diplomaten in Paris.

Claudel – Paul Claudel (1868–1955), französischer Lyriker und Dramatiker; kam 1909 als Konsul nach Prag.

200 *„Kraljska srbska glovna Polizija"* – Kraljevska srpska glavna policija: (serbokroatisch) Königlich serbische Hauptpolizei.

„Narodna obrana" – (serbokroatisch) Nationale Verteidigung; 1908 gegründete politische Organisation der Serben; nach der Annexion Bosniens und der Herzegowina durch Österreich-Ungarn 1908 unter der serbischen Minderheit stark verbreitet.

201 *Kronprinz Alexander* – Alexander I. (1888–1934), König von Jugoslawien von 1921 bis 1934; von 1909 bis 1914 Kronprinz, von 1914 bis 1918 Regent von Serbien; von 1918 bis 1921 Regent von Jugoslawien.

„Pobratim" – (serbokroatisch) treuer Freund.

Princip und Gabrilovic – Der Gymnasiast Gavrilo Princip und der Typograph Nedeljka Čabrinović, Anhänger der großserbischen nationalistischen Bewegung, führten am 28. Juni 1914 das Attentat auf den österreichisch-ungarischen Thronfolger Erzherzog Franz Ferdinand aus.

Obrenović – Serbische Fürstenfamilie.

201 *Alexander* – Alexander I. (1876–1903), König von Serbien seit 1889; er wurde am 11. Juni 1903 in Belgrad ermordet.

Alexander Karageorgewitsch – Alexander Karadjordjević, Fürst von Serbien von 1842 bis 1858.

Michael Obrenović – Michael Obrenović III. (1823–1868), Fürst von Serbien von 1839 bis 1842 und von 1860 bis 1868.

den jetzigen König – Peter I. (1844–1921), König von Serbien von 1903 bis 1918.

Curriculum vitae – Lebenslauf.

202 *in den Schluchten des Balkans zur Aushebung des „Schut"* – Anspielung auf die Erzählungen „In den Schluchten des Balkan" (1892) und „Der Schut" (1893) von Karl May.

Komitadschi – Ursprünglich Mitglieder der bulgarischen Revolutionskomitees (Komita), die im 19. Jahrhundert gegen die Türken für die Unabhängigkeit Bulgariens kämpften.

Kossowe polje – Kosovo Polje: (serbokroatisch) Amselfeld; von Gebirgen umgebene Ebene in Serbien; wiederholt, auch während des ersten Weltkrieges, Schauplatz blutiger Schlachten.

204 *DBK* – Deutscher Ballspielklub.

Endback – (engl.) Verteidiger.

207 *„Ganz gewöhnliche oder platte Menschen ..."* – Arthur Schopenhauer, „Parerga und Paralipomena".

211 *Spitzer* – Daniel Spitzer (1835–1893), österreichischer Journalist und Schriftsteller.

monatelang auf den verpackten, transportbereiten Möbeln seiner gekündigten Wohnung sitzend – Das Feuilleton „Meine Übersiedlung aus dem ‚Lokal-Anzeiger' der ‚Presse' in das Hauptblatt" von Daniel Spitzer nahm Kisch in seine Sammlung „Klassischer Journalismus" auf.

Opper-Blowitz – Vgl. „Der König der Zeitungsreporter" in Band 10 unserer Ausgabe.

212 *das Doppelspiel eines Gesinnungslumpen* – Gemeint ist die Komödie „Fink und Fliederbusch" (1917) von Arthur Schnitzler.

David – Jakob Julius David (1859–1906), österreichischer Journalist und Schriftsteller.

Penny-a-liner – (engl.) Zeilenschinder.

Borkman – Titelgestalt von Henrik Ibsens Drama „John Gabriel Borkman" (1896).

213 *Sieghart* – Rudolf Sieghart (1866–1934), österreichischer Politiker und Finanzfachmann; von 1900 bis 1904 Präsidialchef und Berater des Ministerpräsidenten Ernest von Koerber.

214 *Speidel* – Ludwig Speidel (1830–1906), Journalist und Schriftsteller; von 1872 an Theaterkritiker der „Neuen Freien Presse".

Hanslick – Eduard Hanslick (1825–1904), österreichischer Journalist und Musikschriftsteller; von 1864 an Musikkritiker der „Neuen Freien Presse".

Nordau – Max Nordau (1849–1923) Schriftsteller und Kulturkritiker; Pariser Korrespondent der „Neuen Freien Presse".

214 *Goldmann* – Paul Goldmann (1865–1935), österreichischer Journalist; Berliner Korrespondent und Theaterkritiker der „Neuen Freien Presse".

215 *„Letters to the Editor"* – (engl.) Briefe an den Herausgeber.

217 *enfant gaté – (franz.) Lieblingskind.*

C des Westens – Café des Westens.

Meinhard-Bernauer – Der österreichische Schauspieler, Theaterleiter, Regisseur und Dramatiker Rudolf Bernauer (1880–1953) übernahm zusammen mit dem Schauspieler und Theaterleiter Carl Meinhard 1907 das Berliner Theater, 1911 das Theater in der Königgrätzer Straße und 1913 das Komödienhaus in Berlin.

Weill – Georg Weill (geb. 1882), Journalist und Schriftsteller; Berliner Korrespondent der Zeitung „l'Humanité" und Freund von Jean Jaurès; von 1912 an sozialdemokratischer Reichstagsabgeordneter für Metz; bei Ausbruch des Krieges hielt er sich in Paris auf und trat am 5. August 1914 als Freiwilliger in die französische Armee ein.

219 *Dissousgas* – Explosionssicheres Azetylen.

222 *Cora, Gabriele, Annie, Bianca und Ilona* – Figuren aus „Anatol" (1893) von Arthur Schnitzler.

Kramer – Leopold Kramer (1869–1942), österreichischer Schauspieler, Regisseur und Theaterleiter; von 1918 bis 1927 Direktor des Neuen Deutschen Theaters in Prag.

223 *Neumann* – Vgl. Anm. zu S. 74.

Teweles – Vgl. Anm. zu S. 75.

Molnars „Teufel" – Das Drama „Az ördög" („Der Teufel") des ungarischen Dramatikers Ference Molnár (1878–1952) entstand 1907.

224 *chambre particulière* – (franz.) Sonderzimmer.

227 *Deutschmeisterdenkmal* – Anläßlich des zweihundertjährigen Bestehens des in Wien beheimateten Infanterieregiments Nr. 4, des Deutschmeisterregiments, auf dem Deutschmeisterplatz unweit der Roßauer Kaserne 1906 errichtetes Denkmal. Vor dem Deutschmeisterdenkmal wurde am 1. November 1918 die Bildung der Roten Garde beschlossen.

Ubikationen – Quartiere.

Proprietäten – Persönliches Eigentum.

228 *Mayer* – Josef Mayer (1877–1938), österreichischer Politiker; von 1910 an Abgeordneter der Deutschen Agrarpartei im österreichischen Reichsrat; 1918/19 Staatssekretär für Heerwesen.

Platten – Gauner, Penner.

230 *Hinrichtung Stürgkhs* – Gemeint ist das Attentat Friedrich Adlers auf den österreichischen Ministerpräsidenten Karl Graf von Stürgkh (1859–1916) am 21. Oktober 1916.

Adler – Friedrich Adler (1879–1960), österreichischer sozialdemokratischer Politiker; während des ersten Weltkriegs Führer der „Linken" in der österreichischen Sozialdemokratie; nach dem Krieg Führer der österreichischen Rechtssozialisten.

231 *Austerlitz* – Friedrich Austerlitz (1862–1931), österreichischer sozialdemokratischer Journalist und Politiker; von 1895 an Chefredakteur der „Arbeiter-Zeitung".

231 *Benedikt* – Moriz Benedikt (1849–1920), österreichischer Journalist; seit 1881 Mitherausgeber, seit 1908 Alleinherausgeber der „Neuen Freien Presse".

232 *Leuthner* – Karl Leuthner (1869–1944), österreichischer sozialdemokratischer Journalist und Politiker; Redakteur der „Arbeiter-Zeitung"; gehörte dem deutschnationalen Flügel der österreichischen Sozialdemokratie an.

Handlé aus der Czerningasse – Trödler, ambulanter Händler (vermutlich französisierte Form des Ausrufs: „Handleee mit..." aus der Czerningasse in Leopoldstadt, dem vorwiegend von Juden bewohnten Stadtteil Wiens.

233 *Wolf, Heine, Hummer* – Karl Hermann Wolf (1862–1941), Rudolf Heine (1877–1949) und Gustav Hummer (1877–1959) waren deutschböhmische Reichsratsabgeordnete mit deutschnationaler, antitschechischer Haltung.

Hauser – Johann Nepomuk Hauser (1866–1927), österreichischer christlichsozialer Politiker; 1918/19 Zweiter Präsident der Provisorischen und 1919/20 der Konstituierenden Nationalversammlung.

Weiskirchner – Richard Weiskirchner (1861–1926), österreichischer christlichsozialer Politiker; von 1912 bis 1919 Bürgermeister von Wien und von 1920 bis 1923 Präsident des österreichischen Nationalrats.

Teufel – Oskar Teufel (geb. 1880), deutschmährischer Reichsratsabgeordneter von 1911 bis 1918.

Karl den Letzten – Karl I. (1887–1922), letzter Kaiser von Österreich von 1916 bis 1918.

236 *Sie mußten noch im Kerker sitzen* – Friedrich Adler wurde nach dem Attentat auf den Ministerpräsidenten Graf Stürgkh zum Tode verurteilt, später zu achtzehn Jahren Zuchthaus begnadigt und während der Revolutionstage 1918 amnestiert.

238 *Blei* – Der österreichische Schriftsteller Franz Blei (1871–1942) war bekannt mit führenden Sozialdemokraten und sympathisierte 1918/19 mit der revolutionären Bewegung.

Gütersloh – Der österreichische Schriftsteller und Maler Albert Paris Gütersloh (geb. 1887) gab 1918/19 zusammen mit Franz Blei die Zeitschrift „Die Rettung" heraus.

Werfel – Franz Werfel (1890–1945) beteiligte sich im November 1918 an revolutionären Aktionen in Wien.

„Neue Freie Presse" – Das Redaktionsgebäude der „Neuen Freien Presse" wurde am 12. November 1918 von Angehörigen der Roten Garde mehrere Stunden besetzt gehalten.

240 *Dinghofer* – Franz Dinghofer (1873–1956), österreichischer deutschnationaler Politiker; 1918 Präsident der Provisorischen Nationalversammlung.

242 *Renner* – Karl Renner (1870–1950), österreichischer sozialdemokratischer Politiker; von 1918 bis 1920 Staatskanzler.

Bauer – Otto Bauer (1882–1938), österreichischer sozialdemokratischer Politiker; 1918/19 Staatssekretär des Äußeren.

243 *Deutsch* – Julius Deutsch (1884–1968), österreichischer sozialdemokratischer Politiker; 1918/19 Unterstaatssekretär, 1919/20 Staatssekretär für Heerwesen.

Frey – Josef Frey (1882–1947), österreichischer Journalist und Politiker; Redakteur der „Arbeiter-Zeitung"; von 1918 bis 1920 Vorsitzender des Vollzugsausschusses der Soldatenräte Wiens.

245 *Boog* – Adolf von Boog (1866–1929), österreichischer General; vom 15. November 1918 bis zum 1. Juli 1919 Kommandant der österreichischen Volkswehr.

247 *Malvy* – Louis-Jean Malvy (1875–1949), französischer radikalsozialistischer Politiker; wurde 1917 des Hochverrats angeklagt und als Kriegsgegner 1918 zu fünf Jahren Verbannung verurteilt.

Rappoport – Charles Rappoport (geb. 1865), französischer Schriftsteller und Politiker.

Renaudel – Pierre Renaudel (1871–1935), französischer sozialistischer Politiker, Journalist; leitete von 1914 bis 1920 die Zeitung „l'Humanité".

248 *vor dem Parlament die Hausfarben der Babenberger herabgerissen* – Rotweißrot, die Hausfarben der österreichischen Babenberger, eines Fürstengeschlechts, das im 13. Jahrhundert ausstarb, waren von den Habsburgern übernommen worden. Am 12. November 1918, als die Republik ausgerufen wurde, hatten Angehörige der Roten Garde vor dem Wiener Parlament die rotweißrote Fahne eingeholt, den weißen Mittelstreifen herausgerissen und die zusammengeknoteten roten Seitenbahnen gehißt.

253 *die Worte Leuthners vor dem Deutschmeisterdenkmal* – Karl Leuthner (vgl. die erste Anmerkung zu Seite 232) hatte am 2. November 1918, als die Rote Garde gebildet wurde, vor dem Deutschmeisterdenkmal eine Rede gehalten.

255 *Forstner* – August Forstner (1876–1941), österreichischer sozialdemokratischer Politiker; gehörte von 1907 bis 1918 dem Reichsrat an; von 1919 bis 1934 Abgeordneter des Nationalrates.

Tomschik – Josef Tomschik, Führer der österreichischen Eisenbahnergewerkschaft.

Hausersche Regierung – Der christlichsoziale Politiker Johann Nepomuk Hauser, der für eine Zusammenarbeit mit den Sozialdemokraten eintrat, amtierte lediglich als Zweiter Präsident der Provisorischen Nationalversammlung.

256 *Wardarlinie* – Der makedonische Fluß Vardar war in den Jahren 1916 bis 1918 zwischen bulgarischen und deutschen auf der einen und serbischen und englischen Truppen auf der anderen Seite hart umkämpft.

Chemin-des-Dames – Höhenzug nördlich der Aisne in Frankreich; 1917/18 Schauplatz großer Schlachten zwischen deutschen und französischen Truppen.

257 *das Zenkersche Buch* – Ernst Viktor Zenker, „Die Wiener Revolution in ihren sozialen Voraussetzungen und Beziehungen" (1897).

258 *„Wiener Schriftsteller und Journalisten ..."* – Don Spavento, „Wiener Schriftsteller und Journalisten. Typen und Silhouetten" (1874).

258 *im Benediktschen Sinne* – Im Sinne von Moriz Benedikt, dem Herausgeber der „Neuen Freien Presse".

„Wenn jemand Geld verdienen will..." – Ferdinand Lassalle, „Die Presse, der Hauptfeind der gesunden Entwicklung" (September 1863). Den Aufsatz nahm Kisch in seine Sammlung „Klassischer Journalismus" auf.

Bermann – Richard Arnold Bermann (1883–1939), Journalist und Schriftsteller.

263 *Kramarsch* – Karel Kramář (1860–1937), tschechischer Politiker; Abgeordneter im Wiener Reichsrat; 1915 wegen „Hochverrats" verhaftet, 1916 zum Tode verurteilt, später zu zwanzig Jahren Gefängnis begnadigt und 1917 amnestiert.

Raschin – Alois Rašín (1867–1923), tschechischer Politiker; Abgeordneter im Wiener Reichsrat; 1915 wegen „Hochverrats" verhaftet, 1916 zum Tode verurteilt, später zu zehn Jahren Gefängnis begnadigt und 1917 amnestiert.

Klofáč – Václav Klofáč (1868–1942), tschechischer Politiker; von 1901 bis 1918 Abgeordneter des Wiener Reichsrats; wurde 1914 wegen „Hochverrats" zum Tode verurteilt und 1917 amnestiert.

Machar – Josef Svatopluk Machar (1864–1942), tschechischer Lyriker und Publizist; Mitarbeiter der sozialdemokratischen Presse; wurde 1916 verhaftet und 1917 amnestiert.

„Kriminal" – Die Feuilletonsammlung „Kriminál" (deutsch unter dem Titel „K. u. k. Kriminal", 1919) von Machar erschien 1918.

265 *Radetzky* – Johann Joseph Wenzel Graf von Radetzky (1766–1858), österreichischer Feldmarschall.

269 *Reinhardt* – Walther Reinhardt (1872–1930), General; 1919 letzter preußischer Kriegsminister.

270 *Hammerbrot* – Die Wiener Hammerbrotwerke befanden sich im Besitz der Sozialdemokratischen Partei Österreichs. Hohe Funktionäre der SPÖ wie Karl Renner und Julius Deutsch waren Angestellte des Werkes.

271 *Freysche Resolution* – Am 6. Februar 1919 war von der Provisorischen Nationalversammlung ein Gesetz verabschiedet worden, das die allgemeine Dienstpflicht und ein Milizsystem vorsah. In einer Vollversammlung der Wiener Soldatenräte brachte Josef Frey eine Resolution ein, die das Milizsystem begrüßte. Die Resolution wurde von der Mehrheit der Delegierten angenommen.

275 *„Neue Armee"* – Die antimilitaristische Schrift „l'Armée nouvelle" (Die neue Armee) von Jean Jaurès erschien 1911.

277 *Pernerstorfer* – Engelberg Pernerstorfer (1850–1918), österreichischer sozialdemokratischer Politiker und Publizist.

287 *pièce touchée* – (franz.) berührtes Stück; Ausdruck beim Brettspiel: Berührt, nicht rückgängig zu machen.

288 *Damals schrieb ich von der Front* – Gemeint ist der Bericht „Wallfahrtsort", abgedruckt in der Zeitschrift „Der Friede", Band 2, Nr. 41, Wien, 31. Oktober 1918. Unter dem Titel „Wallfahrtsort für Kriegshetzer" nahm Kisch die Reportage in die Sammlung „Der rasende Reporter" auf.

291 *Herzl* – Theodor Herzl (1860–1904), der Begründer der zionistischen Bewegung, war Korrespondent und Redakteur der „Neuen Freien Presse".

Eisner – Kurt Eisner (1867–1919), Journalist und sozialdemokratischer Politiker; 1918/19 bayrischer Ministerpäsident; war 1892/93 Redakteur der „Frankfurter Zeitung" und leitete von 1907 bis 1910 die „Fränkische Tagespost" in Nürnberg.

Vágó – Béla Vágó (1881–1939), ungarischer Journalist und Revolutionär; gehörte zu den Gründungsmitgliedern der Kommunistischen Partei Ungarns; während der Räterepublik Stellvertreter des Volkskommissars des Innern, später Volkskommissar des Innern.

László – Jenő László (1878–1919), Rechtsanwalt und Journalist; gehörte dem ersten Zentralkomitee der Kommunistischen Partei Ungarns an; während der Räterepublik Politkommissar des Revolutionären Gerichts in Budapest; nach der Niederlage der Räterepublik zum Tode verurteilt und hingerichtet.

„Az Est" – (ung.) „Der Abend".

Schöllerblatt – Die Firma Schöller & Co. in Wien war im Besitz mehrerer Zeitungen, Zeitschriften und Druckereien.

FRS – Föderation Revolutionärer Sozialisten.

293 *Herzog von Reichstadt* – Napoleon Franz Joseph Karl (1811–1832), Herzog von Reichstadt; einziger Sohn Napoleon Bonapartes aus der Ehe mit Marie Louise von Österreich.

298 *Abtei Thélème* – Aus dem Roman „Gargantua und Pantagruel" von François Rabelais (1494–1553).

„Fay ce que voudras" – (franz.) Tu, was du willst.

Wuttkes Enthüllungen – In dem Werk „Die deutschen Zeitschriften und die Entstehung der öffentlichen Meinung" (1866) von Heinrich Wuttke.

300 *A. K. – Armee-Kommando.*

M. G. G. – Militär-General-Gouvernement (für die besetzten polnischen oder serbischen Gebiete).

301 *ex offo* – ex officio: (lat.) von Amts wegen.

Lustig-Prean – Karl von Lustig-Prean (1892–1965), Journalist, Regisseur, Theaterleiter und Musikpädagoge.

D. F. C. – Wahrscheinlich ist der Deutsche Fußball-Club in Prag gemeint; Karl von Lustig-Prean studierte vermutlich in Prag.

303 *Hegner* – Jakob Hegner (1882–1962), Verleger und Übersetzer; gründete 1912 den Hellerau Verlag; im Wiener Kriegspressequartier arbeitete Hegner gemeinsam mit Kisch an den „Österreichisch-Ungarischen Kriegsberichten".

„Religieuse" – Gemeint ist die von J. Max übersetzte und bearbeitete Ausgabe „Im Kloster" des Romans „La religieuse" von Denis Diderot, erschienen 1903.

in statu liquidationis – (lat.) im Zustand der Auflösung.

304 *Maringoten* – Wohnwagen wandernder Schausteller.

C.-M. – Conventions-Münze; der Wert der Münze war durch Übereinkunft festgelegt.

304 *Werndlgewehr* – Von dem Ingenieur und Industriellen Joseph Werndl (1831–1889) entwickeltes Gewehr mit aufsteckbarem Magazin.

307 *G. d. K.* – Generäle der Kavallerie.

odi profanum vulgus – Odi profanum vulgus et arceo: (lat.) Ich hasse und meide das gemeine Volk (Horaz, „Oden" III, 1, 1).

308 *Matteo Colleoni* – Gemeint ist der italienische Söldnerführer Bartolommeo Colleoni (1400–1475). Das 1479 bis 1488 geschaffene Reiterstandbild Colleonis von Andrea Verrocchio steht in Venedig.

309 *Kopper* – Als Koppen (Köken, Krippensetzen oder Krippenbeißen) bezeichnet man ein Symptom bei Pferden, das sich in einem mit hörbarem Geräusch (Kopperton) verbundenen fortgesetzten Luftverschlucken äußert.

dieser Brief wurde im „Freien Arbeiter" abgedruckt – Vgl. „Urlaub von der Politik", S. 288.

Nekrolog über unseren Leo Rothziegel – Vgl. „Der Kommunist Rothziegel gefallen", S. 306.

„Soziale Revolution" – Organ der Kommunistischen Partei Österreichs; erschien vom 1. Februar 1919 an.

„Revolutionär mit Retourbillett" – In der „Sozialen Revolution" vom 26. März 1919.

311 *Seidler* – Alma Seidler (geb. 1899), österreichische Schauspielerin; seit 1918 am Wiener Burgtheater.

eines ehemaligen Ministerpräsidenten – Gemeint ist der österreichische Politiker Ernst Seidler (1862–1931), von Juni 1917 bis Juli 1918 Ministerpräsident.

Souvarine – Gestalt aus Zolas Roman „Germinal".

Lautensack – Beim Begräbnis Frank Wedekinds am 12. März 1918 kam die Geisteskrankheit des Dichters Heinrich Lautensack (1881–1919) offen zum Ausbruch.

312 *Bonn* – Ferdinand Bonn (1861–1933), österreichischer Schauspieler und Dramatiker.

314 *Abadie* – Marke von Zigarettenhülsen.

Tschicks – Zigarettenstummel.

316 *Dörmann* – Felix Dörmann, eigentl. Felix Biedermann (1870–1928), österreichischer Erzähler, Dramatiker, Schauspieler und Regisseur, auch Verfasser von Operettenlibretti.

Leon – Viktor Léon, eigentl. Viktor Hirschfeld (1858–1940), österreichischer Schriftsteller; Verfasser und Mitverfasser zahlreicher Volksstücke, Operetten- und Opernlibretti.

318 *„sich mit ihren verrunzelten Gesichtern ..."* – Peter Altenberg, „Der 40fache Frauenmörder" in der Skizzensammlung „Mein Lebensabend" (1919).

„Man hat eben nicht ..." – „Mord", ebenda.

319 *„Von außen hinein ..."* – „Der Angriff", ebenda.

à tout prix – (franz.) um jeden Preis.

320 *„Eine Gabel, meine Herren ..."* – Peter Altenberg, „Diebstahl" aus der Skizzensammlung „Mein Lebensabend" (1919).

„Der Richter spricht sie frei ..." – „Kindermißhandlung", ebenda.

322 *Filia hospitalis* – Wirtstochter.
323 *Ikonosta* – In der griechisch-katholischen Kirche die mit Heiligenbildern bemalte Holz- oder Marmorwand, die das Allerheiligste vom Versammlungsraum der Gemeinde abschließt.
Mechitaristen – Von Mechitar de Petro (1676–1747) zur Verbreitung der armenischen Literatur und zur Bewahrung der altarmenischen Sprache in Konstantinopel gegründete Vereinigung armenischer Katholiken; seit 1810 gab es in Wien das Mechitaristenkollegium.
Strzygowski – Josef Strzygowski (1862–1941), österreichischer Kunsthistoriker; das zweibändige Werk „Die Baukunst der Armenier und Europa" erschien 1918.
324 *Tigranas* – Tigranes der Große (121–56 v. u. Z.), König von Armenien 95–56 v. u. Z.
325 *Etschmiadin* – Etschmiadzin, armenisches Kloster in Transkaukasien; Sitz des Patriarchen (Katholikos) aller Armenier.
327 *Breitwieser* – Der Einbrecher Johann Breitwieser war am 27. Dezember 1918 aus seiner Zelle im Wiener Landesgericht entkommen. Über die Verfolgung und das Ende Breitwiesers schrieb Kisch eine Reportage, die unter dem Titel „Wie der Einbrecher Breitwieser erschossen wurde" in die Sammlung „Der rasende Reporter" aufgenommen wurde.
330 *in plein parade* – in voller Parade.
Metzger – Josef Metzger (1870–1921), österreichischer General; Kommandant einer Infanterie-Division, die im Sommer 1918 an die Westfront verlegt und im Oktober in den schweren Abwehrkämpfen nördlich von Verdun eingesetzt wurde.
Podhoransky – Eugen von Podhoránszky (geb. 1862), österreichischer General; Kommandant einer Infanterie-Division, die an die Westfront verlegt wurde und im September 1918 an verlustreichen Abwehrkämpfen teilnahm.
332 *Adolf Hofrichter* – Über den „Fall Hofrichter" schreibt Kisch unter dem Titel „Zyankali gegen den Generalstab" im „Marktplatz der Sensationen" (vgl. „Gesammelte Werke", Band 8, Berlin und Weimar 1993, S. 176–188).
333 *m. p.* – manu propria: (lat.) eigenhändig.
am sechzehnten Jahrestag seiner Verhaftung – Oberleutnant Adolf Hofrichter wurde im November 1909 wegen Mordverdachts verhaftet.
335 *aus den ... Worten des Dorfrichters Adam* – Um das Fehlen seiner Perücke zu kaschieren, gibt Dorfrichter Adam in Kleists „Zerbrochnem Krug" (Zweiter Auftritt) vor, daß seine Katze darin „gejungt" hätte.
339 *Miniaturtorquemadas* – Nach Thomas de Torquemada (1420–1498), dem Großinquisitor von Kastilien und Aragonien.
Hledají se – (tschech.) Gesucht werden.
340 *Koníček* – Svatopluk Koníček-Horský, ein führender Repräsentant des tschechischen Widerstandskampfes gegen Österreich-Ungarn, war ein Gegenspieler von Tomáš Garrigue Masaryk, dem Begründer und Führer der liberalen Tschechischen Volkspartei.
341 *Omladina-Prozeß* – Vgl. Anm. zu S. 127.

343 *Denis* – Ernest Denis (1849–1921), französischer Historiker; arbeitete vor allem auf dem Gebiet der tschechischen Geschichte.

344 *Handschriftenstreit* – Vgl. „Zwei Begräbnisse", S. 114, und „Zeidlers Anteil an der Aufdeckung der Handschriftenfälschung", S. 121.

Hilsnerprozeß – Der Jude Leopold Hilsner wurde 1899 des „Ritualmordes" angeklagt. Über den 1899–1900 geführten Hilsnerprozeß erzählt Kisch im „Marktplatz der Sensationen" (vgl. „Gesammelte Werke", Band 8, Berlin und Weimar 1993, S. 28).

Vojna-Affäre – Im Jahre 1916 wurde der tschechische Politker Jan Vojna (geb. 1866), Abgeordneter des österreichischen Reichsrates, im Zusammenhang mit Ermittlungen gegen Masaryk gemeinsam mit anderen tschechischen Politikern verhaftet und zu einem Jahr Gefängnis verurteilt. Der Prozeß im August 1916 erregte großes Aufsehen.

345 *Ruský kroužek* – (tschech.) Russischer Zirkel.

Leitartikel der Abendausgabe vom 14. März 1914 – Gemeint ist der nicht gezeichnete Aufsatz „Prags politische Geheimpolizei", den das „Berliner Tageblatt" am 14. März 1914 veröffentlichte.

346 *„Beseda Slovan"* – (tschech.) Hier etwa: Slawisches Kasino.

Comité d'action tchèque à l'étranger – (franz.) Tschechisches Auslandskomitee. Das im November 1915 in Paris gegründete Komitee betrachtete sich als tschechische Regierung im Ausland; es wurde 1916 durch den tschechischen Nationalrat ersetzt.

Cecil – Edgar Algernon Robert Cecil (1864–1958), britischer Politiker; von 1916 bis 1918 Blockademinister.

Asquith – Herbert Henry Asquith (1852–1928), britischer liberaler Politiker; von 1908 bis 1916 Premierminister.

Bourgeois – Léon-Victor-Auguste Bourgeois (1851–1925), französischer Politiker; mehrfach Außenminister und Senatspräsident.

Pašić – Nicola Pašić (1845–1926), serbischer Politiker; zwischen 1904 und 1926 mehrfach Ministerpräsident.

Jovanović – Wahrscheinlich ist der serbische Politiker und Historiker Ljubomír Jovanović (1865–1928) gemeint, von 1914 bis 1918 Innenminister.

348 *wie in seinem Buch „Hiob"* – Gemeint ist das Feuilleton „Drei unnütze Dinge" in der Sammlung „Hiob" (1912).

wie in „Bewegung ist alles" – Gemeint ist „Der verlogene Heurige" in der Novellen- und Skizzensammlung „Bewegung ist alles" (1909).

349 *molzen* – weich machen.

Die Heimkehr eines Tramwaykondukteurs – Gemeint ist die Skizze „Rückkehr".

Altenbergs Tod – Peter Altenberg (geb. 1859) starb am 8. Januar 1919 in Wien.

350 *Frey* – Vgl. Anm. zu S. 243.

351 *Sohn des Parteichefs Viktor Adler* – Friedrich Adler.

Schlesinger – Therese Schlesinger (1863–1940), führende Frauenfunktionärin der österreichischen Sozialdemokratie; mit ihrer Tochter Anna war Josef Frey verheiratet.

352 *Wertheim* – Johannes Wertheim (geb. 1888), einer der Führer der linksradikalen Bewegung in Wien; wegen Teilnahme an den Streiks und Massendemonstrationen im Januar 1918 verhaftet; Mitglied der Roten Garde und der Föderation Revolutionärer Sozialisten „Internationale".

Haller – Deckname für Bernhard Förster (geb. 1897), einen der Gründer der Roten Garde; nach den Zusammenstößen vor dem Parlament am 12. November 1918 aus Österreich ausgewiesen.

353 *„unser Hauptfeind, die Presse"* – Vgl. 3. Anm. zu S. 258.

354 *Austerlitz* – Vgl. Anm. zu S. 231.

Benediktator – Anspielung auf Moriz Benedikt, den Herausgeber der „Neuen Freien Presse".

Funder – Friedrich Funder (1872–1959), österreichischer Publizist; Wortführer einer aggressiven Balkanpolitik; von 1903 bis 1938 Herausgeber der Wiener katholischen Tageszeitung „Reichspost".

Fettwanst, der sich fälschlich für Friedrich Adler ausgibt – Friedrich Adler hatte sich vom Wortführer der „Linken" in der österreichischen Sozialdemokratie zu einem Vertreter des reformistischen, antirevolutionären Flügels in der Partei entwickelt.

Frey – Vgl. „Hauptmann Frey – ein Gendarm?", S. 350.

Genosken – Wortspiel Kischs aus Genossen und Noske, dem rechten Sozialdemokraten, der 1919/20 als Reichswehrminister an der Spitze der bewaffneten Konterrevolution stand.

357 *Junistreik* – Ausgelöst durch eine neuerliche Kürzung der Mehlration, kam es in der Zeit vom 17. bis 24. Juni 1918 in vielen Industriebetrieben Wiens und Niederösterreichs zu Streiks.

358 *abolieren* – aufheben.

Druschinisten – Zu družina: (tschech.) Gefolge; Freiwilligeneinheiten vorwiegend aus tschechischen und slowakischen Kriegsgefangenen in der russischen Armee während des ersten Weltkrieges; Vorläufer der tschechoslowakischen Legion.

Persekution – Verfolgung.

359 *als Revolutionär gefallen* – Vgl. „Der Kommunist Rothziegel gefallen", S. 306.

Koritschoner – Franz Koritschoner (geb. 1892), einer der Führer der linksradikalen Bewegung in Österreich während des ersten Weltkrieges.

361 *Lustig von Preansfeld* – Karl von Lustig-Prean; vgl. S. 301 und Anm.

Eckstein – Gustav Eckstein (1875–1916), österreichischer Publizist; Mitarbeiter verschiedener sozialdemokratischer Zeitungen und Zeitschriften in Deutschland und Österreich.

362 *Chochemer loschen* – chakam: (hebr.) verständig, eingeweiht; laschon: (hebr.) Zunge, Sprache.

Volapük – In den achtziger Jahren des vorigen Jahrhunderts verbreitete, vorwiegend aus verkürzten englischen und lateinischen Wörtern gebildete Kunstsprache.

Ido – Dem Esperanto verwandte, Anfang des 20. Jahrhunderts entstandene internationale Hilfssprache.

363 *Wörterverzeichnis* – Wahrscheinlich ist das 1824 erschienene „Puchmajerův rýmovník, aneb rýmovní slovník" (Puchmajers Reimsteller oder Reimwörterbuch) gemeint.
Mährische Dialektologie – František Bartoš, „Dialektologie moravská" (1886–1895).
Slovník české Hantýrky – (tschech.) Wörterbuch des tschechischen Rotwelsch; dieses Werk von František Bredler erschien im Jahre 1914.
skopčáci – (tschech.) Hammelknechte; Schimpfwort für Deutsche.
švihlíci – (tschech.) Spatzen; spöttische Bezeichnung für Deutsche.

364 *„Anko, ty jsi támiš fórová ..."* – (tschech.) Etwa: Anne, du bist schrecklich schofel – ohne mich wärst du erledigt.
Bebel – Heinrich Bebel (1472–1518), deutscher Humanist; Professor der Poesie und Beredsamkeit in Tübingen.

365 *bos* – (lat.) Ochse.
mus – (lat.) Maus.
Desing – Anselm Desing (1699–1772), Benediktinerpater und Professor in Salzburg; sein siebenbändiges Werk „Auxilia historica oder Historischer Behülf Und Bequemer Unterricht von denen darzu erforderlichen Wissenschaften" erschien 1741 bis 1748.

366 *„Der Tscheche im deutschen Volksspott"* – Der Aufsatz von Albert Wesselski erschien in der Zeitschrift „Deutsche Arbeit", 13. Jg., Heft 11, Prag, August 1914.
Liber Vagatorum – (lat.) Buch der Fahrenden.
vejce – (tschech.) Ei.
„Das Wesen und Treiben der Gauner..." – Das Buch „Das Wesen und Teiben der Gauner, Diebe und Betrüger Deutschlands nebst Angabe von Maßregel, sich gegen Raub, Diebstahl und Betrug zu schützen, und einem Wörterbuch der Diebessprache" von Christian Rochlitz erschien 1846; wahrscheinlich handelt es sich um die neue Auflage eines bereits 1830 herausgekommenen, ähnlich betitelten Werkes.

367 *Kranz-Prozeß* – Josef Kranz, Bankier in Wien, während des Krieges u. a. Präsident der Spiritus-, Kartoffeltrocknungs- und Stärkezentrale und Aufsichtsratspräsident der Depositenbank, wurde in einem Aufsehen erregenden Prozeß vom 29. März bis 4. April 1917 in Wien der Spekulation und des Verstoßes gegen die Bestimmungen über Warenwucher und Kettenhandel angeklagt und zu neun Monaten Gefängnis verurteilt; das Urteil wurde wenig später aufgehoben und das Verfahren im März 1918 eingestellt.

368 *Grillparzers Ahnfrau* – „Die geistige Ahnfrau von Grillparzers ‚Ahnfrau' ist ‚Die Blutende Gestalt mit Dolch und Lampe, oder die Beschwöhrung im Schlosse Stern bey Prag', ein Ritter- und Räuberroman, 1799 bei Franz Haas in Wien und in Prag erschienen", schreibt Kisch in der Reportage „Der Räuberhauptmann Babinsky" (vgl. „Gesammelte Werke", Band 2, Berlin und Weimar 1992, S. 501).

369 *Gräfin von Coudenhove* – Vgl. „Der Räuberhauptmann Babinsky" in den „Abenteuern in Prag" („Gesammelte Werke", Band 2, Berlin und Weimar 1992, S. 504).

370 *Refektorium des Prager Klementinums* – Ursprünglich Speisesaal des Dominikanerkonvents in der Prager Altstadt; heute befindet sich hier der große Lesesaal der Staatsbibliothek.

371 *tichý blázen* – (tschech.) stiller Narr.

373 *Kocmata* – Karl F. Kocmata (geb. 1890), österreichischer Publizist, Lyriker und Erzähler.

374 *Kaiser* – Georg Kaiser war im Herbst 1920 wegen angeblicher Unterschlagung verhaftet worden.

Perutz – Leo Perutz (1882–1957), österreichischer Schriftsteller; der Roman „Die dritte Kugel" erschien 1915.

Kde – (tschech.) Wo.

375 *Bratrství* – (tschech.) Brüderschaft.

„Karel Havlíček" – Nach dem tschechischen Politiker, Journalisten und Schriftsteller Karel Havlíček Borovský (1821–1856) benannter Verein.

Sv. Václav – Svatý Václav: (tschech.) Heiliger Wenzel.

„Tělocvičná jednota Tyrš" – (tschech.) „Turnverein Tyrš"; Miroslav Tyrš (1832–1884) gehörte 1863 zu den Begründern der Turnerorganisation „Sokol".

376 *Tour de l'Aigle* – (franz.) Adlerturm.

pénétration pacifique – (franz.) friedliche Durchdringung.

General Headquarter, British Forces of the Rhine – (engl.) Hauptquartier der britischen Rheinarmee.

377 *Rhine Forces Officers' Club* – (engl.) Offiziersklub der Rheinarmee.

Church army – (engl.) Kirchenarmee; 1882 gegründete Gesellschaft für Innere Mission innerhalb der anglikanischen Kirche.

Salvation army – (engl.) Heilsarmee.

To the Blue Lamp Houses – (engl.) Zu den Häusern mit blauen Lampen.

The British Rhine Army Dramatic Co … – (engl.) Die dramatische Gesellschaft der britischen Rheinarmee spielt „Pygmalion", ein Stück in fünf Akten von G. B. Shaw; Mrs. Patrick Campbel als Eliza Doolittle.

378 *Pendrek* – (tschech.) Hier: Gummiknüppel.

379 *Pioupious* – (franz.) Umgangssprachlich für: französische Soldaten.

380 *Schmiles Bassewi* – Jakob Schmiles Bassewi von Treuenberg; vgl. „Familiäres, allzu Familiäres" in den „Abenteuern in Prag" („Gesammelte Werke", Band 2, Berlin und Weimar 1992, S. 315).

„alle die Ducaten …" – Wallenstein an Malowetz, 21. Februar 1634.

381 *„Österreichische Strafanstalten"* – Das Buch des österreichischen Schriftstellers Stefan Großmann (1875–1935) erschien 1905.

Babinsky – Vgl. „Der Räuberhauptmann Babinsky" in den „Abenteuern in Prag" („Gesammelte Werke", Band 2, Berlin und Weimar 1992, S. 496–507).

382 *Wasinski mit Adamski* – Vgl. „Weihnachtsbescherung" im „Marktplatz der Sensationen" („Gesammelte Werke", Band 8, Berlin und Weimar 1993, S. 133–143).

Sollizitator – Sachwalter, Angestellter einer Rechtsanwaltskanzlei.

383 *„To ale není …* – (tschech.) Das ist aber nicht der deutsche Dichter Goethe.

Já vím – (tschech.) Ich weiß.

384 *Sackerlpicken* – Tütenkleben.
Adalbert Beneš – Vojtěch Beneš (geb. 1878), Lehrer und Schulinspektor; sozialdemokratischer Abgeordneter.
Remedur – Abhilfe.
386 *Führt in Eile mich gen Prag!...* – Max von Schenkendorf, „Auf Scharnhorsts Tod. 1813"; nach der ersten Zeile folgt bei Schenkendorf: „Will mit Blut um Östreich werben." – Gerhard Johann David von Scharnhorst (geb. 1755) starb am 28. Juni 1813 in Prag.
Tempelhof – Georg Friedrich von Tempelhof (1737–1807), preußischer General; seine „Geschichte des siebenjährigen Krieges in Deutschland zwischen dem Könige von Preußen und der Kaiserin Königin mit ihren Alliierten als eine Fortsetzung der Geschichte des Generals Lloyd" erschien 1785–1801.
Lloyd – Das Werk des englischen Generals Henry Lloyd, „The History of the late War in Germany between the King of Prussia and the Empress of Germany and her Allies" (1766) erschien deutsch 1777 unter dem Titel „Geschichte des letzten Kriegs in Teutschland zwischen dem Könige von Preußen und der Kayserin Königin und ihren Alliierten". Es wurde später von Georg Friedrich von Tempelhof neu übersetzt und fortgeführt.
Archenholtz – Johann Wilhelm von Archenholz (1743–1812), deutscher Historiker; seine „Geschichte des Siebenjährigen Krieges" erschien 1793.
Carlyle – Thomas Carlyle (1795–1881), schottisch-englischer Historiker und Philosoph; sein Werk „History of Friedrich the Second of Prussia, called Frederick the Great" (1858–1865) kam unter dem Titel „Geschichte Friedrichs des Zweiten genannt Friedrich der Große" 1858–1869 in der deutschen Übersetzung von I. Neuberg und F. Althaus heraus.
387 *Zum Teufel ist der Genius...* – „Dem Kultus des Genius, den Carlyle mit Strauß teilt, ist in den vorliegenden Broschüren der Genius abhanden gekommen. Der Kultus ist geblieben", heißt es in einer nicht gezeichneten Rezension, die Marx und Engels im vierten Heft der Zeitschrift „Neue Rheinische Zeitung. Politisch-ökonomische Revue", April 1850, über eine Schrift von Carlyle veröffentlichten. Wahrscheinlich ist Friedrich Engels der Verfasser der Rezension.
388 *Der Feind verlor vierundzwanzigtausend Mann...* – Friedrich II. von Preußen, „Geschichte des Siebenjährigen Krieges", Sechstes Kapitel, Feldzug des Jahres 1757.
Sa mort a répandu... – Vgl. Anm. zu S. 60.
389 *gerieren* – ausgeben.
391 *Samostatnost* – (tschech.) Unabhängigkeit.
392 *Do pekla* – (tschech.) Zur Hölle.
Tě bůh – (tschech.) Etwa: Na, Servus.
to zase prr! – (tschech.) Etwa: jetzt aber stop!
394 *Wohlschläger* – Prager Scharfrichter; vgl. „Wohlschläger" im „Prager Pitaval", („Gesammelte Werke", Band 3).
395 *Panák* – (tschech.) Puppe, Hampelmann.

395 *„U modré nudle“* – (tschech.) „Zur blauen Nudel“.
396 *fuk* – (tschech.) egal.
397 *Frederick spoke to-day with Kaesebier…* – (engl.) Friedrich sprach heute mit Käsebier, einem Meister der Einbrecher und Diebe, der bis jetzt, mit einer Kugel am Knöchel gesichert, Zwangsarbeit in Stettin verrichtete. Ich vermute, Käsebier soll als Spion nach Prag geschmuggelt werden.
ralliiert – sammelt.
398 *uns protestantischen Friederichen* – Das protestantische böhmische Ständeheer unter dem 1619 zum böhmischen König gewählten Friedrich von der Pfalz wurde 1620 in der Schlacht am Weißen Berge von den kaiserlichen Truppen geschlagen.
Et je suis plein de soucis – (franz.) Und ich bin voll Sorgen.
C'est possible. Mais une victoire? – (franz.) Das ist möglich. Aber ein Sieg?
Mouvement – (franz.) Bewegung.
399 *Petardensplitter* – Splitter eines mit Zündschnur zur Explosion gebrachten Sprengkörpers.
Epouvantable – (franz.) Schrecklich.
Non cogito ergo non sum – (lat.) Ich denke nicht, also bin ich nicht. Anspielung auf den Satz des französischen Philosophen René Descartes: Cogito ergo sum (Ich denke, also bin ich).
Kleist gefangen – Der Dichter Ewald Christian von Kleist (1715–1759) nahm als preußischer Offizier 1744/45 am Feldzug in Böhmen teil und gehörte zur Besatzung in Prag, die von den nachrückenden Österreichern hart bedrängt wurde. Im Mai 1757 befand er sich in Leipzig.
403 *Funus* – (lat.) feierliches Begräbnis.
Vejšlap – Umgangssprachlicher Ausdruck für: výšlap: (tschech.) Spaziergang, Ausflug.
schlapint – Verdeutscht aus šlapat: (tschech.) zu Fuß gehen.
410 *Houslové solo…* – Violinsolo aus Smetanas Oper „Dalibor“ in der Daliborka.
411 *Jednota českých hudebníků* – (tschech.) Verein tschechischer Tonkünstler.
Popper – David Popper (1843–1913), Komponist und Cellovirtuose.
Dříve v Daliborce… – (tschech.) Etwa: Früher in der Daliborka (im Hungerturm), jetzt im Irrenhaus (im Narrenturm).
412 *Treue Liebe, treues Walten…* – Duett aus Smetanas Oper „Die verkaufte Braut“.
Staroměstská kavárna – (tschech.) Altstädter Café.
413 *geflamt* – gebummelt.
Tages Arbeit! Abends Gäste! – Goethe, „Der Schatzgräber“.
414 *Kapslovka* – Auch Kapslovna: (tschech.) Kapselfabrik; Sprengstofffabrik im Prager Stadtteil Žižkov.
Na Růžku – (tschech.) Am Eckchen.
415 *via facti* – (lat.) durch den Gang der Ereignisse.
Převrat – (tschech.) Umsturz.

415 *Maupasák* – Wortspiel aus Maupassant und pasák: (tschech.) Hirt; hier: Mädchenhirt, Zuhälter.

Marcel Previt – Wortspiel aus Marcel Prévost (1862–1941), dem französischen Romanschriftsteller, und previt: (tschech.) Nichtsnutz, Taugenichts.

Zwerenz – Mizzi Zwerenz, eigentl. Marie Guttmann (1876–1947), österreichische Sängerin; beliebte Operetten-Soubrette in Wien.

416 *holländische Furunkeln* – Vermutlich handelt es sich um ein Wortspiel zu furunculus: (lat.) Spitzbube.

417 *Kanzional* – Sammlung geistlicher Lieder.

Liber vetustissimus statutorum ... – (lat.) Ältestes Buch der Statuten und anderer denkwürdiger Angelegenheiten der Prager Altstadt.

418 *Secundus Liber* – (lat.) Zweites Buch.

De homicidiis ... – (lat.) Über Mordtaten, Körperverletzungen, Vergewaltigungen von Jungfrauen und Witwen und über andere Gewalttaten.

Sextus et ultimus liber proscriptorum – (lat.) Sechstes und letztes Buch der Ächtungen.

419 *„Der Student von Prag"* – Der Film, eine Produktion der Deutschen Bioscop GmbH, entstand 1913; das Drehbuch schrieb Hanns Heinz Ewers; Regie führte Stellan Rye; Hauptdarsteller war Paul Wegener.

der erste Golem-Film – „Der Golem" entstand 1914; das Drehbuch schrieben Paul Wegener und Henrik Galeen, die auch Regie führten.

420 *Jam* – (engl.) Konfitüre; hier im Sinne von Ozean.

Simon Abeles – Vgl. „Ex odio fidei" in der Sammlung „Prager Pitaval" („Gesammelte Werke", Band 3).

421 *Sippurim* – Gemeint ist die sechsbändige Sammlung von Ghettosagen, jüdischen Mythen und Legenden, „Sippurim", die Wolf Pascheles 1864–1870 herausgab.

Kircher – Athanasius Kircher (1601–1680) gilt als Erfinder der Laterna magica; sein Werk „Ars magna lucis et umbrae" (Die große Kunst von Licht und Schatten) erschien 1646.

„Der Golem, wie er in die Welt kam" – Der Film entstand 1920; das Drehbuch schrieben Paul Wegener und Henrik Galeen; Regie führten Paul Wegener und Carl Boese.

422 *Poelzig* – Hans Poelzig (1869–1936), Architekt und Filmarchitekt; Szenenbildner bei Max Reinhardt.

423 *Buschenschänke* – Gaststätte, in der Heuriger ausgeschenkt wurde; in der Zeit des Heurigenausschanks wurde das Buschenzeichen (ein Kranz oder ein Strohgebinde an einer Stange) ausgesteckt.

Gottschee – Stadt in Slowenien; Zentrum des Gottscheerlandes, einer deutschen Sprachinsel.

Malá – velká? – (tschech.) Kleine – große?

„Baruška", „A na Mariánce" – Populäre tschechische Lieder.

Hašleriána – Melodien des tschechischen Komponisten Karel Hašler (1879–1941).

424 *Ten slavíček* ... – (tschech.) Die Nachtigall auf dem Petřin, die Nachtigall, die bin ich.

pardálové – (tschech.) Hier im Sinne von Stutzer, Gecken.

424 *Mně už nemá žádný rád* – (tschech.) Mich hat schon niemand lieb.
Mesuse – mesusa: (hebr.) Türpfosten; im Jiddischen Bezeichnung für einen Behälter mit biblischen Texten, der am Türpfosten angebracht ist; eine Art Talisman, der das Haus und seine Bewohner schützen soll.
426 *Hummel* – Der österreichische Komponist Johann Nepomuk Hummel (1778–1837) wurde in Preßburg geboren.
Rákóczi – Ungarisches Magnatengeschlecht des 17./18. Jahrhunderts.
Lom-Palanka – Bulgarische Stadt an der Donau.
Milleniums-Ruine – Anläßlich der Tausendjahrfeier des ungarischen Staates 1896 wurde der Turm der Preßburger Franziskanerkirche rekonstruiert; der obere Teil dieses Turmes wurde in die Petrzalka, die „Engerau" oder „Au", verlegt und diente als Gedenkstätte; 1918 wurde die Gedenkstätte zerstört und blieb nur als Ruine übrig.
427 *Podol* – Gemeint ist das Freibad an der Moldau im Prager Vorort Podolí.
428 *„A. Lanna 6"* – Von Ende September bis Anfang November 1920 nahm Kisch an der Fahrt eines Moldaudampfers von Prag über Dresden, Hamburg, die Nordsee, Emden, Köln bis Frankfurt teil (vgl. die Reportage „Die Weltumsegelung der ‚A. Lanna 8'" in der Sammlung „Der rasende Reporter", „Gesammelte Werke", Band 6).
Pistyan – Badeort in der Slowakei; Kisch schrieb darüber in der Reportage „Pistyaner Schwefel" („Hetzjagd durch die Zeit", „Gesammelte Werke", Band 6).
„Lettres de mon moulin" – (franz.) „Briefe aus meiner Mühle"; Titel eines Erzählungsbandes von Alphonse Daudet (1840–1897).
429 *„Nach Kevlaar ging mancher auf Krücken ..."* – Heinrich Heine, „Die Wallfahrt nach Kevlaar".
430 *der alte Bobek* – Karel Bobek (1853–1926), tschechischer Komponist und Militärkapellmeister; vor dem Krieg Kapellmeister beim Infanterieregiment Nr. 102 in Trient und in Prag.
431 *Apachen* – Hier Bezeichnung für Ganoven, Gauner und Zuhälter in Paris.
Murger – Henri Murger (1822–1861), französischer Erzähler und Dramatiker; bekannt vor allem durch das Werk „Scènes de la vie de Bohème" (Szenen aus dem Künstlerleben, 1851), die Vorlage für das Libretto zu Puccinis Oper „La Bohème".
Steinlen – Théophile-Alexandre Steinlen (1859–1923), französischer Zeichner, Lithograph und Maler.
432 *Bruant* – Aristide Bruant (1851–1925), französischer Chansonnier.
Chat noir – (franz.) Schwarzer Kater; das erste Cabaret, das 1881 von Rodolphe Salis in Paris eröffnet wurde.
Mistinguett – Jeanne-Marie Bourgeois, genannt Mistinguett (1875–1956), französische Chansonette und Schauspielerin.
Je l'ai tellement dans la peau – (franz.) Es liegt mir so im Blut.
Il faut savoir ... – (franz.) Man muß alles mit einem Lächeln zu nehmen wissen.
433 *Cachin* – Marcel Cachin (1869–1958), französischer Politiker; Mitbegründer der Kommunistischen Partei Frankreichs; von 1920 bis 1932

Vorsitzender der kommunistischen Fraktion in der französischen Nationalversammlung.

433 *Le Néant, Le Ciel, L'Enfer* – (franz.) Das Nichts, Der Himmel, Die Hölle.

Pompe funèbre – (franz.) Hier: Leichenbestatter.

434 *Meissonier* – Jean-Louis-Ernest Meissonier (1815–1891), französischer Genre- und Historienmaler, Graphiker und Bildhauer.

436 *Reinhardt* – Max Reinhardt war 1893 in Preßburg als Schauspieler engagiert.

Bondy – Josef Adolf Bondy (geb. 1876), Journalist; von 1901 bis 1904 Redakteur der „Bohemia"; von 1904 an Korrespondent der „Neuen Freien Presse" in Berlin und bis 1933 Feuilletonredakteur der Berliner „Nationalzeitung".

Klar – Alfred Klaar (1848–1927), Journalist, Schriftsteller und Theaterhistoriker; Redakteur der „Bohemia"; ging 1899 nach Berlin und wurde Theaterkritiker und Feuilletonredakteur der „Vossischen Zeitung".

Faktor – Emil Faktor (1876–1942), Journalist, Lyriker und Dramatiker; Redakteur und Theaterkritiker der „Bohemia"; später in Berlin Redakteur beim „Tag" und beim „Berliner Börsen-Courier".

438 *Sadagora* – Kleinstadt in der ehemals zu Österreich-Ungarn gehörenden Bukowina; galt als „Stammsitz" des Wunderrabbinertums; der letzte „Wunderrabbiner" Israel Friedmann starb 1906.

440 *Spundus* – Angst.

441 *Je líbo bacchanale?* – (tschech.) Bacchanale gefällig?

443 *Maréchaux* – (franz.) Marschälle.

444 *vorgestern begraben* – Der tschechische Schriftsteller Jaroslav Hašek (geb. 1883) starb am 3. Januar 1923.

446 *„Polikuschka"* – Der Film wurde 1919 gedreht, aber erst im Oktober 1922 aufgeführt; das Drehbuch schrieben N. Efros und F. Ozep; Regie führte A. Samin; die Titelgestalt wurde von Iwan Moskwin gespielt.

Poelzig – Vgl. Anm. zu S. 422.

Stiller – Mauritz Stiller (1883–1928), schwedischer Filmregisseur.

Taïrow – Alexander Jakowlewitsch Taïrow (1885–1950), russisch-sowjetischer Regisseur und Theaterleiter.

448 *Moskwin* – Iwan Michailowitsch Moskwin (1874–1946), russisch-sowjetischer Schauspieler und Regisseur.

449 *Novák* – Vítězslav Novák (1870–1949), tschechischer Komponist und Musikpädagoge.

Suk – Josef Suk (1874–1935), tschechischer Komponist und Geiger.

Šrámek – Fráňa Šrámek (1877–1952), tschechischer Lyriker, Erzähler und Dramatiker.

Jirásek – Alois Jirásek (1851–1930), tschechischer Erzähler und Dramatiker.

Hilbert – Jaroslav Hilbert (1871–1936), tschechischer Erzähler und Dramatiker.

Šmíd – František Leopold Šmíd (1848–1915), tschechischer Schriftsteller, Liederkomponist und Kabarettist; sein Einakter „Batalión" handelt von einem verkommenen Juristen.

449 *Rakous* – Vojtěch Rakous (1862–1935), tschechischer Schriftsteller; schildert in seinen Erzählungen das Leben der Juden in den tschechischen Dörfern.

Burian – Vlasta Burian (1891–1962), tschechischer Komiker.

Longenová – Xena Longenová (1891–1928), tschechische Schauspielerin; bekannt u. a. als Darstellerin der Tonka Šibenice in der „Himmelfahrt der Galgentoni" von Kisch.

451 *Brynda* – (tschech.) Jauche, Gesöff.

453 *Omyl* – (tschech.) Irrtum.

Obsazeno – (tschech.) Besetzt.

454 *Přemysl Ottokar* – Otakar I. Přemysl (gest. 1230), König von Böhmen von 1198 bis 1230.

Les imposteurs insignes... – (franz.) Die vorzüglichen Betrüger oder Geschichte mehrerer nichtiger Männer aller Nationen, welche die Befugnis von Kaisern, Königen und Fürsten usurpiert haben.

455 *„Das Hussitentum in der Literatur"* – Gemeint ist das 1917–1924 erschienene dreibändige Werk „Husitství v literatuře, zejména německé" (Das Hussitentum in der Literatur, namentlich der deutschen) von Arnošt Kraus.

Ziska, le redoutable aveugle... – (franz.) Žižka, der fürchterliche Blinde, Generalhauptmann der Evangelischen Böhmischen Brüder im vorletzten Jahrhundert mit der Geschichte der Religionskriege und -unruhen im Königreich Böhmen.

Quatrain – (franz.) Vierzeiler.

Ziska, portant partout... – (franz.) Žižka, überall Schrecken und Furcht verbreitend, verdiente den Beinamen des fürchterlichen Blinden; elfmal siegte er, setzte Prag in Verwirrung und erbaute Tabor, eine sehr bemerkenswerte Stadt.

456 *Aeneas Sylvius* – Enea Silvio de' Piccolomini, latinisiert Aeneas Sylvius (1405–1464), italienischer Dichter und Publizist; als Pius II. Papst von 1458 bis 1464.

Die beiden Tschekas vor dem Reichsgericht – Der berüchtigte Tscheka-Prozeß fand in der Zeit vom 10. Februar bis 22. April 1925 vor dem Staatsgerichtshof in Leipzig statt.

457 *Attentat auf Seeckt* – Am 15. Januar 1924 erfuhr die Öffentlichkeit von einem Attentatsplan auf den Reichswehrgeneral Hans von Seeckt (1866–1936); der Plan ging von rechtsradikalen Kreisen aus.

458 *Haarmann* – Der vielfache Mörder Fritz Haarmann arbeitete als Spitzel für die Polizei in Hannover und blieb jahrelang unbehelligt.

459 *Cause célèbre* – (franz.) aufsehenerregender Prozeß.

464 *Angely* – Louis Angely (1787–1835), Schauspieler und Stückeschreiber; die Berliner Lokalposse „Das Fest der Handwerker" erschien 1828.

466 *„Dreizehnlinden"* – Das Versepos des Arztes und Dichters Friedrich Wilhelm Weber (1813–1894) erschien 1878.

469 *Freytag-Loringhoven* – Hugo Freiherr von Freytag-Loringhoven (1855–1924), preußischer General.

470 *einundzwanzig Matrosen in der Französischen Straße* – Am 11. März 1919 wurden in einem Bankgebäude in der Französischen Straße

29 Matrosen der Volksmarinedivision von konterrevolutionären Truppen ermordet.

470 *„Tageblätter"* – Es handelt sich um eine Sammlung von Aufsätzen, die Fred Hildenbrandt 1923/24 im „Berliner Tageblatt" veröffentlicht hatte.

471 *„Schreie auf dem Boulevard"* – Die Feuilletonsammlung von René Schickele erschien 1913.

472 *Szamuely* – Tibor Szamuely (1890–1919), ungarischer Revolutionär; gehörte dem ersten Zentralkomitee der Kommunistischen Partei Ungarns an; während der Räterepublik Stellvertreter des Volkskommissars für Verteidigung; einer der fähigsten militärischen Führer der Räterepublik.

473 *Tiberius* – Tiberius Claudius Nero (42 v.u.Z.–37 u.Z.) römischer Kaiser ab 14 u.Z.

475 *Zangwill* – Israel Zangwill (1864–1926), englischer Schriftsteller.
Buttonhole-Finisher – (engl.) Knopflochschneider.

481 *Oktroi* – Bewilligung.
Protest flamendrů... – (tschech.) Protest der Bummler gegen die Erhöhung der Bierabgabe.

482 *en pleine gala* – (franz.) in voller Prachtuniform; „in voller Kriegsbemalung", heißt es später im „Marktplatz der Sensationen" („Gesammelte Werke", Band 8, Berlin und Weimar 1993, S. 111).
Dobře, tak půjdeme domů... – (tschech.) Also gut, wir gehen nach Hause und scheißen auf den Kaiser.
Faits diverses – (franz.) verschiedene Vorfälle.
Thun – Franz Anton Fürst Thun-Hohenstein (1847–1916), österreichischer Politiker; Statthalter von Böhmen 1889–1896 und 1911–1915.

483 *Kollontay* – Alexandra Michailowna Kollontai (1872–1952), russisch-sowjetische Schriftstellerin.

INHALT

1906–1913

1914–1919

1920–1925

ANHANG